Tributação 4.0

Tributação 4.0

REPENSAR OS TRIBUTOS NA ERA DIGITAL

2023

Hadassah Laís de Sousa Santana
José Roberto R. Afonso
Celso de Barros Correia Neto
Coordenadores

ALMEDINA

FÓRUM DE INTEGRAÇÃO BRASIL EUROPA

TRIBUTAÇÃO 4.0
REPENSAR OS TRIBUTOS NA ERA DIGITAL

COORDENADORES: Hadassah Laís de Sousa Santana, José Roberto R. Afonso, Celso de Barros Correia Neto

DIRETOR ALMEDINA BRASIL: Rodrigo Mentz
EDITORA-CHEFE: Manuella Santos de Castro
EDITOR PLENO: Aurélio Cesar Nogueira
PRODUTORA EDITORIAL: Erika Alonso
ASSISTENTES EDITORIAIS: Letícia Gabriella Batista e Tacila da Silva Souza
ESTAGIÁRIA DE PRODUÇÃO: Natasha Oliveira

DIAGRAMAÇÃO: Almedina
DESIGN DE CAPA: FBA

ISBN: 9788584936533
Dezembro, 2023

Dados Internacionais de Catalogação na Publicação (CIP)
(Câmara Brasileira do Livro, SP, Brasil)

Tributação 4.0 : repensar os tributos na era digital / coordenação Hadassah Laís de Sousa Santana, José Roberto Rodrigues Afonso, Celso de Barros Correia Neto. – São Paulo : Almedina, 2023.

ISBN 978-85-8493-653-3

1. Criptomoedas - Leis e legislação 2. Direito tributário - Legislação - Brasil 3. Plataforma digital I. Santana, Hadassah Laís de Sousa. II. Afonso, José Roberto Rodrigues. III. Correia Neto, Celso de Barros.

23-178263 CDU-34:336.2(81)

Índices para catálogo sistemático:
1. Brasil : Direito tributário 34:336.2(81)
Eliane de Freitas Leite – Bibliotecária – CRB 8/8415

Este livro segue as regras do novo Acordo Ortográfico da Língua Portuguesa (1990).

EDITORA: Almedina Brasil
Rua José Maria Lisboa, 860, Conj.131 e 132, Jardim Paulista | 01423-001 São Paulo | Brasil
www.almedina.com.br

A Deus e a todos que se dedicam a pensar
o presente e o futuro dos impostos.

SOBRE OS COORDENADORES

Celso de Barros Correia Neto
Diretor-Geral da Câmara dos Deputados, Consultor Legislativo, Advogado, Doutor em Direito pela USP, Professor do Programa de Pós-graduação em Direito de Instituto Brasileiro de Ensino, Desenvolvimento e Pesquisa (IDP).

Hadassah Laís de Sousa Santana
Professora da Pós-Graduação stricto sensu da Fundação Getúlio Vargas EPPG. Pós-doutorado em Direito Tributário na Universidade de Brasília – UNB. Doutora em Educação pela Universidade Católica de Brasília – UCB. Mestre em Direito Tributário pela Universidade Católica de Brasília – UCB. Especialista em Finanças e Tributação pela Escola de Administração Fazendária – ESAF. Assessora Legislativa em matéria Tributária no PSD na Câmara dos Deputados. Advogada. Consultora.

José Roberto R. Afonso
Professor da Pós-Graduação *stricto sensu* do IDP. Investigador do Centro de Administração e Políticas Públicas do ISCSP da Universidade de Lisboa. Pós-doutor em Administração Pública pelo ISCSP da Universidade de Lisboa. Doutor em Desenvolvimento Econômico pela UNICAMP. Mestre em Economia da Indústria e da Tecnologia pela UFRJ. Consultor independente, especializado em finanças públicas. Sócio fundador das consultorias Finance, 3i e A&B. Economista. Contabilista.

SOBRE OS AUTORES

Alberto Barreix
Consultor fiscal. Ex Líder Principal Fiscal del BID y ex Director de Estadísticas y Estudios Tributarios DGI-MEF Uruguay. Ph. D. Harvard University. Coautor del Impuesto semi-dual a la renta y el IVA P.

Alisson Possa
Mestre em Direito Constitucional pelo Instituto Brasileiro de Ensino, Desenvolvimento e Pesquisa (IDP).

Ana Clarissa Masuko
Pós-doutorado pela Universidade Católica de Brasília (UCB). Pós-Doutoranda pela Escola de Políticas Públicas e Governo da Fundação Getúlio Vargas (FGV EPPG). Doutora em Direito Tributário pela Universidade de São Paulo (USP). Mestre em Direito Tributário pela Pontifícia Universidade Católica de São Paulo (PUC/SP). Graduada em Direito pela USP. Advogada.

Ângelo de Angelis
Auditor fiscal do estado de São Paulo, mestre em economia pela Unicamp.

Antonio Ali Brito
Acadêmico de Direito no Instituto Brasileiro de Ensino, Desenvolvimento e Pesquisa (IDP). Estagiário em Gabinete de Ministro do Supremo Tribunal Federal

Dalmiro Morán
Economista y consultor internacional especializado en políticas tributarias y de ingresos públicos. Autor de numerosos estudios sobre política tributaria

en América Latina, los cuales han sido publicados por organismos como la Comisión Económica para América Latina y el Caribe (CEPAL), el Centro Interamericano de Administraciones Tributarias (CIAT), la Organización Internacional del Trabajo (OIT), entre otros. Profesor de posgrado en cursos sobre tributación (Universidad de Buenos Aires) y expositor en seminarios y congresos internacionales sobre diferentes aspectos de la temática.

Daniel Corrêa Szelbracikowski
Advogado, formado em Direito pela Universidade de Brasília (UnB) e pós-graduado em Direito Processual Civil e em Direito Tributário pela Fundação Getulio Vargas (FGV). É especialista em Direito Tributário pelo Instituto Brasileiro de Estudos Tributários (IBET), instituição onde lecionou em cursos de especialização, e mestre em Direito Constitucional pelo Instituto Brasileiro de Ensino, Desenvolvimento e Pesquisa (IDP).

Daniel de Paiva Gomes
Advogado. Autor do livro "Bitcoin: a tributação de criptomoedas", publicado pela Thomson Reuters. Doutorando (PUC-SP) e Mestre (FGV Direito-SP) em Direito Tributário. MSc em Moedas Digitais e Blockchain pela Universidade de Nicosia.

Dayana de Carvalho Uhdre
Doutora pela Universidade Católica de Lisboa. Membro Associada da BABEL-Blockchains and artificial intelligence for Business, Economics and Law (Universidade de Firenze). Procuradora do Estado, coordenadora do curso de pós-graduação em direito dos criptoativos da ESMAFE-PR, professora em cursos de pós-graduação, autora do livro "Blockchain, Tokens e Criptomoedas. Análise jurídica".

Denise Lucena Cavalcante
Professora Titular de Direito Tributário e Financeiro da Faculdade de Direito/UFC. Pós-Doutorado em Direito pela Faculdade de Direito de Lisboa/Portugal. Doutorado em Direito pela PUC/SP. Mestrado em Direito pela UFC. Especialista em Direito Tributário Internacional – Universidade de Salamanca/Espanha (2001). Conselheira da ABDF – Associação Brasileira de Direito Financeiro. Tutora do CIAT – Centro Interamericano de Administraciones Tributárias. Procuradora da Fazenda Nacional.

Edilson da Silva Medeiros Junior
Mestrando em Direito, pela Universidade Federal do Ceará – UFC, Especialista em Direito e Processo Tributário, pela Universidade de Fortaleza – UNIFOR, Bacharel em Direito, pela Universidade de Fortaleza – UNIFOR, membro do Grupo de Pesquisa em Tributação Ambiental e Sustentabilidade e do PROSPECTO – Grupo de estudos e pesquisa em economia comportamental, ambos vinculados à Universidade Federal do Ceará – UFC e advogado com atuação na área tributária.

Eduardo de Paiva Gomes
Advogado. Autor do livro "Tributação da Impressão 3D: blueprint, software e impressora 3D", publicado pela Thomson Reuters. Doutorando (PUC-SP) e Mestre (FGV Direito-SP) em Direito Tributário. MSc em Moedas Digitais e Blockchain pela Universidade de Nicosia.

Eduardo Gallotti Rodrigues
Acadêmico de Direito na Universidade de Brasília (UnB). Estudante-visitante na Università Degli Studi di Roma Tor Vergata – Itália. Estagiário em Gabinete de Ministro do Supremo Tribunal Federal.

Edvaldo Brito
Professor Emérito da Universidade Federal da Bahia, onde leciona nos cursos de Mestrado e Doutorado. Professor Emérito da Universidade Mackenzie (São Paulo), onde lecionou Direito das Obrigações na graduação e na pós-graduação (1992 a 2009). Livre-Docente e Doutor em Direito Tributário pela Universidade de São Paulo (USP), onde foi aprovado em dois concursos públicos de prova e de títulos para Professor Titular da Faculdade de Direito: um de Legislação Tributária e outro de Direito Civil. Mestre em Direito Econômico pela Universidade Federal da Bahia.

Fabio Araújo
Graduado em engenharia pela UnB (1995) e se especializou em telecomunicações na Unicamp (1997). Em economia, fez Mestrado na EPGE-FGV (2003) e na da política monetária. Trabalhou no Congresso Nacional (2012 a 2017) com a análise Universidade de Princeton (2005); e doutorado na EPGE-FGV (2009). Ingressou na carreira pública (1998) no Banco Central, onde: ajudou na criação de seu departamento de pesquisas; participou

da implantação do regime de Metas para a Inflação; e se dedicou ao assessoramento da condução econômica de propostas legislativas. Mais recentemente foi chefe da assessoria econômica do presidente do BC e atualmente coordena os trabalhos para a futura implantação do Real Digital.

Fabrício Costa Resende de Campos
Professor Universidade Federal de São Paulo – UNIFESP; Doutorando em Direito Tributário pela University of Leeds; Mestre PUC-SP; Ex-Juiz TIT São Paulo; Advogado.

Fernando Rezende
Economista, foi professor na escola Brasileira de Administração Pública e de Empresas – EBAPE, Fundação Getúlio Vargas e Presidente do Instituto de Pesquisa Econômica Aplicada- IPEA. Atualmente é Consultor em Finanças Públicas e Federalismo Fiscal. Autor de vários livros e artigos, destacando-se, entre os mais recentes: "Em Busca do Tempo Perdido" e "A Política e a Economia da Despesa Pública".

Gabriel Araújo Souto
Graduado em Direito pelo Instituto Brasileiro de Ensino, Desenvolvimento e Pesquisa (IDP), com experiências acadêmicas pela Columbia Law School e Antonin Scalia Law School da George Mason University. Advogado.

Gabriel Bez-Batti
Mestrando em Direito Tributário pela Universidade de S. Paulo, mestre (LLM) em International Tax Law pela Vienna University of Economics and Business (passed with honours) e pós-graduado em Direito Empresarial pela FGV. Advogado associado em Brigagão Duque-Estrada Advogados.

Gabriela Gonçalves Barbosa
Advogada, formada em Direito pela Universidade de Brasília (UnB), especialista em Direito Tributário pelo Instituto Brasileiro de Ensino, Desenvolvimento e Pesquisa (IDP) e mestranda em Direito pela Universidade de Brasília (UnB).

Gisele Barra Bossa
Sócia Tributária no Demarest Advogados. Doutoranda, Mestre e Pós-Graduada Lato Sensu em Ciências Jurídico-Econômicas pela Universidade de

Coimbra – FDUC. Ex-Conselheira Titular do Conselho Administrativo de Recursos Fiscais – CARF (2018-2021). Coordenadora de Projetos Técnico-Acadêmicos para Redução do Contencioso Tributário e Tributação e Novas Tecnologias.

Gustavo Brigagão
Presidente nacional do Centro de Estudos das Sociedades de Advogados (CESA); presidente honorário da Associação Brasileira de Direito Financeiro (ABDF); vice-presidente do Fórum Permanente de Direito Tributário da Escola da Magistratura do Rio de Janeiro; former Executive Committee member of The International Fiscal Association (IFA); membro do Conselho de Altos Estudos de Finanças e Tributação – CAEFT, da Associação Comercial de São Paulo; membro do Conselho de Administração da Câmara Britânica (BRITCHAM); professor na pós-graduação de Direito Tributário da Fundação Getúlio Vargas – FGV; sócio fundador do escritório Brigagão, Duque Estrada – Advogados.

Gustavo Vettorato
Advogado, doutorando em Direito Constitucional (IDP), mestre em Direito Constitucional (IDP), especialista em Direito Tributário (IBET e UNIRONDON) e Direito Constitucional (IDP), graduado em Direito (UNISINOS), professor substituto de Direito Tributário da Universidade do Estado de Goiás (UEG) e de Direito Público da Universidade Federal de Goiás(UFG), pesquisador do Grupo de Pesquisa Observatório da Macrolitigância Fiscal e Aditus Iure, ex-professor substituto de Direito da Universidade Federal de Mato Grosso (UFMT), ex-conselheiro do Conselho Administrativo de Recursos Fiscais do Ministério da Fazenda (CARF/MF) e autor do livro "Transparência Tributária, Custos de Transação e Eficiência Arrecadatória".

Isadora Helena Gardés Cardoso
Advogada. Mestranda em Direito Acadêmico em Direito no Instituto Brasileiro de Ensino, Desenvolvimento e Pesquisa (IDP) e Graduada em Direito pela mesma instituição de ensino. Membro Discente Pesquisadora do Grupo de Pesquisa Tributação 4.0.

Heleno Taveira Torres
Professor Titular de Direito Financeiro e Livre-docente de Direito Tributário. Chefe do Departamento de Direito Econômico, Financeiro e Tributário da Faculdade de Direito da Universidade de São Paulo – USP. Advogado.

Jaqueline de Paula Leite Zanetoni
Doutoranda em Direito Financeiro pela Universidade de São Paulo. Master of Laws with honors (L.L.M) em Direito Internacional Tributário pela Wirtschaftsuniversität Wien – WU, Viena/Áustria. Mestre em Direito pela Universidade de Marília. Conselheira do Conselho Municipal de Tributos de São Paulo. Vice-presidente da Federação Nacional de Pós-Graduandos em Direito.

Jerónimo Roca
Consultor en política y administración tributaria y en evaluación de políticas públicas. Ha realizado consultorías para el Banco Interamericano de Desarrollo (BID), la Comisión Económica para América Latina (CEPAL), la Agencia de los Estados Unidos para el Desarrollo Internacional (USAID), el Departamento para el Desarrollo Internacional del gobierno de Reino Unido (DFID) y el Programa de Naciones Unidas para el Desarrollo (PNUD). Es candidato a Doctor en Economía Pública por la Universidad Complutense de Madrid y Máster en Análisis Económico y Economía Financiera por dicha universidad. Actualmente, forma parte del staff de la consultora ECOMOD de República Dominicana, donde reside.

Jonathan Barros Vita
Advogado, Consultor Jurídico e Contador. Especialista – IBET-SP, Mestre e Doutor – PUC-SP e Mestre em Segundo Nível – Universidade Comercial Luigi Bocconi – Milão – Itália. Estágio de pós-doutorado como Senior visiting research fellow na WU – Viena – Áustria. Coordenador e professor titular do Mestrado e Doutorado em Direito da UNIMAR. Professor de diversos cursos de pós-graduação no Brasil e exterior. Conselheiro CMT-SP. Ex-Conselheiro CARF. Ex-Juiz TIT-SP. Ex-Secretário da Comissão Especial de Direito Tributário do Conselho Federal da OAB.

José Evande Carvalho Araujo
Doutor em Direito Constitucional pelo Instituto Brasileiro de Ensino, Desenvolvimento e Pesquisa (IDP) (2021) e Consultor Legislativo da

Câmara dos Deputados (2015). Possui graduação em Ciência da Computação pela Universidade Estadual do Ceará (1989), graduação em Direito pela Universidade Federal do Maranhão (2006) e mestrado em Engenharia de Sistemas e Computação pela Universidade Federal do Rio de Janeiro (1992). Foi Auditor-Fiscal da Receita Federal (1997-2015), onde atuou como Conselheiro da Fazenda no CARF (2010-2015), e Técnico do Tesouro Nacional (1992-1997).

Juan Pablo Jiménez
Economista por la Universidad de Buenos Aires (Argentina), Master en Políticas Públicas de la Universidad de Columbia (EEUU) y Master en Economía del Instituto Di Tella (Argentina). Vice Presidente de la Asociación Iberoamericana de Financiación Local (AIFIL), Profesor de Finanzas Públicas de la Facultad Latinoamericana de Ciencias Sociales (FLACSO), Investigador del Proyecto Extractivism.de de la Universidad de Kassel.

Lais Khaled Porto
Doutora em Direito Constitucional, com ênfase em Ordem Econômica e Social, Desenvolvimento e Inovação pelo Instituto Brasileiro de Ensino, Desenvolvimento e Pesquisa (IDP). Mestra em Direito Constitucional e pós-graduada em Direito Tributário e Finanças Públicas pelo IDP. É professora da Graduação do IDP e advogada sênior no Mudrovistch Advogados.

Liziane Angelotti Meira
Professora, Pesquisadora e Coordenadora Adjunta do Programa de Mestrado em Políticas Públicas e Governo da FGV/ EPPG. Coordenadora do Grupo de Pesquisa Capes "Família e Políticas Públicas: Projeção Econômica das Famílias". Presidente da Terceira Seção do CARF.Auditora Fiscal da Receita Federal. Membro da Academia Internacional de Direito Aduaneiro. Doutora em Direito Tributário pela PUC-SP. Mestre em Direito e especialista em Tributação Internacional pela Universidade Harvard e agraciada com o Prêmio Landon H. Gammon Fellow por Harvard.

Luciana Oliveira de Souza
Doutoranda em Direito pelo IDP. Assessora de Ministro no STM.

Luciano Felício Fuck
Professor no Instituto Brasileiro de Ensino, Desenvolvimento e Pesquisa (IDP), doutor em Direito Tributário (USP), Mestre em Direito (LL. M. Eur, Munique), pesquisador do Grupo de Pesquisa Tributação 4.0.

Marcos Antônio Rios da Nóbrega
Doutor e Mestre em Direito pela UFPE. Visiting Scholar no Massachusetts Institute of Technoloy – MIT. Visiting Scholar na Harvard Law School (2008) e na Harvard Kennedy School of Government (2011) – Harvard University. Professor Visitante na Faculdade de Direito da Universidade de Lisboa (FDUL) (2013) e na Singapore Management University (SMU) – Singapura. Graduado em Economia e em Direito pela UFPE. Graduado em Administração pela Universidade Católica de Pernambuco. Conselheiro Substituto do Tribunal de Contas de Pernambuco e Professor Adjunto da Universidade Federal de Pernambuco – Faculdade de Direito do Recife.

Marcos Cintra Cavalcanti de Albuquerque
Ph.D. em Economia pela Universidade Harvard, Professor Titular da Escola de Administração de Empresas de S. Paulo da FGV. Foi Deputado Federal, Presidente da Finep, e Secretário Especial da Receita Federal do Brasil. Autor, dentre outras obras, de "Bank Transactions,pathway to the single tax ideal: a modern tax technology", Amazon Books, 2009, disponível em www.marcoscintra.org

María Belén Fonteñez
Economista (UBA) y MSc. en Metodologías de Investigación Social (LSE). Consultora fiscal y en protección social BID, CEPAL y Banco Mundial. Ex asesora y coordinadora en Ministerio de Economía del Gobierno Nacional de Argentina y en Agencia Gubernamental de Ingresos Públicos (AGIP) del GCBA.

Maria Júlia Bottoni
Advogada, graduada em Direito pela FACAMP – Faculdade de Campinas, atuou em pesquisa focada na área de Compliance.

Martín Bès
Asesor Especial en la VP de Sectores y Conocimiento del BID, ocupó posiciones en los Directorios, en la Oficina de la Presidencia y al frente de la

Secretaría del Grupo BID. Economista (UBA) y Maestrías en Economía (PUC-RJ) y en Políticas Públicas Internacionales (Escuela de Estudios Internacionales Avanzados, Johns Hopkins University).

Melina Rocha Lukic
Consultora Internacional Externa do Centro de Cidadania Fiscal (CCiF), Coordenadora Executiva do Projeto IVA no Século XXI do NEF/FGV-SP e Diretora de Cursos da York University – Canadá. Doutorado pela Université de la Sorbonne Nouvelle – Paris 3, foi Professora da FGV-Direito Rio e consultora do IPEA e Banco Mundial.

Mônica Defilippi Hobeika
Advogada. Doutora e Mestre pela Universidad Pablo de Olavide (Sevilla), especialista em Direito Tributário pelo Centro de Extensão Universitária (SP). Professora Doutora de Direito Tributário, Direito Internacional e Direitos Humanos. Membro Docente Pesquisadora do GP Compliance FACAMP.

Nicole Martendal Trotta
Graduanda em Direito pela PUC-SP e Ciências Contábeis pela FEA-USP.

Nilson José Franco Júnior
Advogado. Doutorando em Direito pelo Instituto Brasileiro de Ensino, Desenvolvimento e Pesquisa (IDP). Mestre em Direito Internacional, Econômico e Tributário pela Universidade Católica de Brasília – UCB; Pós-graduado lato sensu em Direito Tributário e Finanças Públicas pelo IDP; Pós-graduado *lato sensu* em Direito Penal e Processo Penal pelo IDP; LL. M. Direito Empresarial pelo IBMEC; formado na Universidade Regional e Integrada no Estado do Rio Grande do Sul; Sócio Administrador da Franco Júnior Advogados. Autor de Obras Jurídicas.

Núbia Nette Alves Oliveira de Castilhos
Mestre em Direito Constitucional pelo Instituto de Ensino, Pesquisa e Desenvolvimento (IDP), Brasília (DF). Especialista em Gestão Pública pela Fundação Getúlio Vargas. Procuradora da Fazenda Nacional desde 2007.

Oscar Fonseca
Economista costarricense. Posee un máster en Finanzas de la Universidad de Costa Rica. Actualmente, trabaja en la División de Política Fiscal del Ministerio de Hacienda de Costa Rica. Se ha especializado en modelos de simulación de impuestos sobre los hogares por nivel de ingreso, impactos en distribución e igualdad. Ha realizado charlas a petición del Banco Mundial en Washington sobre la creación de modelos y su aplicación como parte del equipo de trabajo de la última reforma fiscal aprobada en Costa Rica. Ha publicado estudios relacionados con incumplimiento tributario y gasto tributario, entre otros.

Rebeca Drummond de Andrade Müller e Santos
Advogada. Mestre em Direito Tributário pelo Instituto Brasileiro de Ensino, Desenvolvimento e Pesquisa (IDP). Foi assessora para a Reforma Tributária na Câmara dos Deputados. Pesquisadora-visitante da Universidade Humboldt de Berlim, Alemanha.

Santiago Díaz de Sarralde Miguez
Director de estudios de CIAT (Centro Interamericano de Administraciones Tributarias). Doctor en Economía y profesor titular en la URJC, ha desempeñado, entre otras, las funciones de subdirector en el Instituto de Estudios Fiscales, jefe del gabinete técnico de Financiación Territorial, director de estudios de la Administración Tributaria, director de gabinete del Secretario de Estado de Hacienda y consultor de instituciones como el BID, CIAT o el Banco Asiático de Desarrollo.

Saul Tourinho Leal
Doutor em Direito Constitucional (PUC/SP), tendo sido assessor estrangeiro na Corte Constitucional da África do Sul e da vice-presidência da Suprema Corte de Israel. Sócio de Ayres Britto Consultoria Jurídica e Advocacia.

Solon Sehn
Advogado, Graduado em Direito pela UFPR, Mestre e Doutor em Direito Tributário pela PUC/SP. Professor Conferencista no Curso Especialização em Direito Tributário do IBET (Instituto Brasileiro de Estudos Tributários). Coordenador Científico do Curso de Extensão em Direito Adua-

neiro e Tributação do Comércio Exterior da APET (Associação Paulista de Estudos Tributários). Professor convidado das Especialização em Direito da Aduana e do Comércio Exterior da Univali.

Tarsila Ribeiro Marques Fernandes
Doutora em Direito pela Radboud Universiteit em Nijmegen, na Holanda. Mestre em Direito Tributário pela Universidade Católica de Brasília. Professora do Instituto Brasileiro de Ensino, Desenvolvimento e Pesquisa (IDP). Procuradora Federal. Assessora de Ministro do Supremo Tribunal Federal.

Victor Oliveira Fernandes
Professor de Direito Econômico e de Direito da Concorrência nos cursos de Graduação, Pós-Graduação Latu Sensu, Mestrado e Doutorado do Instituto Brasileiro de Ensino, Desenvolvimento e Pesquisa (IDP). Doutor em Direito Comercial pela Universidade de São Paulo (FDUSP), Mestre em Direito, Estado e Constituição pela Universidade de Brasília (UnB) e Graduado em Direito pela mesma instituição de ensino.

AGRADECIMENTOS

Agradecemos a todos que contribuíram para a composição deste livro, especialmente: aos autores de cada um dos artigos, que pacientemente aguardaram as revisões e a composição final da obra, à editora pela parceria fundamental neste volume e nos demais que o antecederam e ao Fórum de Integração Brasil-Europa (FIBE) pelo apoio institucional.

Deixamos também o registro do nosso agradecimento a Isadora Helena Gardés Cardoso, cujo auxílio foi fundamental para que este volume pudesse ser finalmente publicado.

APRESENTAÇÃO

Trilhando o caminho já seguido pelas publicações anteriores desta mesma linha editorial – "Tributação 4.0", "Trabalho 4.0" e "Governance 4.0 para Covid-19 no Brasil" –, este livro representa um convite à discussão aberta sobre os impactos da era digital no setor público e ao oferecimento de propostas e soluções para lidar com os desafios impostos pelas rápidas e profundas transformações sociais e econômicas que vivenciamos em escala global.

Este segundo volume da obra "Tributação 4.0" aprofunda as discussões em torno dos reflexos tributários das transformações sociais e econômicas hoje em curso, especialmente as que decorrem da digitalização da economia. O ponto de vista proposto não é exclusivamente jurídico, inclui também as perspectivas econômica e filosófica, muitas vezes excluídas dos debates tributários no Brasil. Admitem-se, como premissas, as importantes mudanças sociais e econômicas em curso com implicações significativas no campo fiscal e a necessidade de se considerar que nem todos os institutos, as regras e as fórmulas adotadas para exigir e administrar tributos no século passado são adequados para o que agora se descortina.

Tanto quanto no primeiro livro, o chamamento ao debate é amplo: caminhos e entraves para a(s) reforma(s) tributária(s), controvérsias judiciais em torno da legislação vigente, experiências e oportunidades da administração tributária no Brasil e no estrangeiro – tudo isso faz parte dos estudos que compõem esse livro. O convite que formulamos aos autores dos capítulos foi para um olhar sobre o futuro, discutir o novo e o processo de digitalização que tão rápida e tão significativamente alterou a forma de fazer negócios, com profundas repercussões no campo tributário.

É fato que que as recentes transformações tecnológicas afetaram significativamente as relações humanas: a maneira como nos comunicamos, fazemos negócios e trabalhamos. Dificilmente poderíamos apontar alguma dimensão da nossa vida em sociedade inalcançada pelo movimento de digitalização em curso. O próprio sentido do que seja riqueza e propriedade parecem ter sofrido, até certo ponto, mudanças importantes e talvez não totalmente captadas pela legislação tributária em vigor.

Os tributos vigentes e a forma de cobrá-los nem sempre puderam acompanhar as mudanças econômicas com igual velocidade. Não é que a tributação não tenha sido afetada pela digitalização do mundo e da sociedade. Obviamente, foi, como todo o resto. O que queremos dizer é que alguns tributos, especialmente no Brasil, envelheceram mal, em um quadro de rápida e disruptiva mudança social e dos negócios. E isso naturalmente criou distorções e vantagens em favor daqueles que bem ou mal souberam aproveitar essa oportunidade de economia.

Os entraves às reformas tributárias, no Brasil, que nunca foram pequenos, tornam-se ainda maiores e mais complexos na era digital. No contexto de uma economia que, cada vez mais, baseia-se em trocas instantâneas, digitais e transnacionais, reformar a tributação – máxime a que incide sobre o consumo – demanda reavaliar institutos e conceitos que servem de lastro para a partilha de competências na Constituição brasileira, com repercussões importantes em diferentes segmentos econômicos e níveis da federação. O exemplo mais óbvio talvez seja o da "servicificação" das atividades econômicas, que pôs em xeque a dicotomia mercadoria-serviço, utilizada como base para a repartição de competências tributárias entre estados e municípios na Constituição Federal de 1988.

A aquisição, por meio de *download*, de um programa de computador é uma operação com uma mercadoria – tal e qual a compra de uma caneta, um frasco de perfume e uma televisão – ou, nesse caso, o que temos é mais propriamente a prestação de um serviço para fins do que dispõe o art. 156, III, da Constituição Federal? É relevante saber se estamos diante de um *software* padronizado e vendido em série ou feito sob encomenda para o consumidor? Que dizer dos casos em que o programa é acessado e utilizado, *on line*, na nuvem, sem que que tenha sido baixado ou instalado pelo consumidor final?

Debates tais tomam corpo não apenas nos plenários das Casas Legislativas do Congresso Nacional, mas também nos autos de processos e nas tribunas de Cortes de Justiça. Provocados, os Tribunais são obrigados a enfrentar discussões jurídico-tributárias nas quais novas relações sociais e formas de negócio desafiam preceitos formulados para outros tempos. Em termos estritamente jurídicos, é pouco provável que possamos solucionar todos os problemas da era digital apenas com base em princípios do direito romano.

A controvérsia a respeito da tributação de bens digitais – ou, mais precisamente, de operações com programas de computador ("software") – não é nova. Ao menos em parte, já havia sido examinada no âmbito do Supremo Tribunal Federal, no final década de 1990, em três julgamentos: RE 176.626, RE 199.464 e ADI 1.945.

O debate jurídico estava em saber se programas de computador deveriam ser tomados como mercadoria, para fins tributários, de modo que a operação comercial estivesse sujeita à incidência de ICMS, ou se estávamos diante, na verdade, de uma prestação de serviços, sujeita ao ISSQN. Ou ainda: uma terceira alternativa de interpretação, na qual o negócio não estaria sujeito a nenhuma das exações anteriores.

Com o passar dos anos, enquanto se aguardava o julgamento do mérito da ADI 1.945, o tema alcançou outra relevância à medida em que se expandiu esse mercado. Ganhou também outros contornos com a edição, em setembro de 2017, do Convênio ICMS n° 106, para disciplinar os procedimentos de cobrança do ICMS incidente nas operações com bens e mercadorias digitais comercializadas por meio de transferência eletrônica de dados. Disciplinando a matéria, o diploma normativo reconheceu a incidência imposto estadual sobre operações com programas de computador ("software"), a despeito da previsão contida no item 10.5 da Lista de serviços anexa à Lei Complementar nº 116, de 31 de julho de 2003 ("1.05 – Licenciamento ou cessão de direito de uso de programas de computação"), que previa a cobrança do imposto municipal.

Ainda em 2018, o Convênio foi questionado no Supremo Tribunal Federal por meio da Ação Direta de Inconstitucionalidade n° 5.659, proposta pela Confederação Nacional de Serviços (CNS), que veio a ser julgada somente em 2021, *pari passu* com o mérito das ADI n. 1.945 e Recurso Extraordinário nº 688.223. Em todos os casos, decidiu-se que os municípios é que são competentes para exigir impostos – imposto sobre serviços de qualquer natureza (ISSQN) – sobre operações com programas de computador, bem como sobre prestação de serviço no modelo denominado software-as-a-Service (SaaS).

A decisão é um exemplo ilustrativo do esforço para fazer caber novos negócios, operações e bens em normas fiscais para os quais eles não foram pensados. É pouco provável que em 1988 e antes, nos anos 1960, se pudesse imaginar a importância que têm hoje os bens e negócios digitais. Inteligência artificial, robótica, impressoras 3D, *big data*, internet das coisas, computação nas nuvens, *blockchain* ou criptoativos estavam mais propriamente no plano da ficção científica do que na realidade prosaica dos debates fiscais.

Mas os tributos vão aonde a propriedade – *rectius*: riqueza – está. Em linguagem jurídica: a regra de incidência tributária deve colher os fato-signos presuntivos de riqueza. Se mudam os fatos, se muda a riqueza, não se pode esperar que os tributos – e as formas de geri-los – permaneçam sempre os mesmos. Nenhuma das bases tradicionais da tributação – renda, consumo, propriedade e trabalho – é imune ao tempo. São antes o produto do momento histórico em que se encontram.

Repensar a cobrança de tributos é, portanto, um desafio institucional que hoje se coloca para instituições públicas e para a academia. A par das incertezas e do contencioso tributário que recrudescem em tempos de rápida digitalização, a tendência de esfacelamento das bases tributárias tradicionais, diante de um cenário de mudanças profundas e aceleradas, é também uma circunstância que não pode desconsiderada.

Tributar a renda – i. e. lucro – das corporações transnacionais, especialmente as gigantes de tecnologia, tornou-se tarefa árdua e complexa, a demandar coordenação internacional, em face de sofisticadas estratégicas de planejamento tributário internacional por meio de transferência de lucros para localidades com pouca ou nenhuma carga fiscal.

A iniciativa levada a cabo no âmbito do Projeto BEPS ("Base Erosion and Profit Shifting" ou, em português, "Erosão da Base Tributável e Transferência de Lucros") da Organização para a Cooperação e Desenvolvimento Econômico (OCDE), representa notório esforço de articulação transnacional, a fim de lidar com desafios tributários criados pela globalização e acirrados pela digitalização da economia. O objeto da Ação 1 do Projeto BEPS é exatamente "identificar as principais dificuldades impostas pela economia digital, no que diz respeito à aplicação das normas tributárias internacionais", para construir soluções capazes de enfrentá-las com uma abordagem global.[1]

[1] OCDE. **Combate à Erosão da Base Tributária e à Transferência de Lucros**. Paris: OECD Publishing, 2013, p. 36-7.

Há também impactos significativos na tributação sobre a folha, que perde relevância em um cenário de substituição maciça de mão de obra humana por inteligências artificiais e de crescente flexibilização das formas de trabalho. À medida que se alteram as relações trabalhistas tradicionais, nas quais trabalho se exercia na forma de emprego com carteira assinada e os tributos se descontavam na fonte ou incidiam sobre a folha salarial, esvazia-se essa base tributária e, por conseguinte, também o financiamento da seguridade social.

A aprovação da Proposta de Emenda à Constituição (PEC) nº 45/2019, na Câmara dos Deputados, voltada sobretudo à tributação do consumo, representa um passo importante num debate que em décadas pouco avançou no Congresso Nacional, mas está longe de esgotar a miríade de questões que a digitalização da economia descortina. Num sistema tributário rígido como o nosso, no qual a tributação do consumo está fragmentada nos três níveis da federação e em, pelo menos, cinco tributos diferentes, mudanças amplas, como as propostas nessa PEC e as requeridas pela digitação, desafiam novos arranjos federativos e outras formas de cobrar impostos e partilhar receitas.

Do ponto de vista teórico, é pouco provável que esse mundo novo e digital caiba perfeitamente nos conceitos, institutos e constructo teóricos pensados para uma realidade analógica. Ainda que pareça precipitado apontar quais devem ser os impostos e sistemas tributários do futuro, já se pode dizer: não serão como os do século XX, não serão como os que cobramos hoje.

Certamente, transformações econômicas e sociais sempre estiveram em curso, e a arrecadação tributária é naturalmente afetada por câmbios tecnológicos e econômicos. O que mudou, nos últimos dez anos? Por que o debate acadêmico-tributário, inclusive no Brasil, foi súbita e tão radicalmente alterado em suas temáticas e questões clássicas? Por que as matérias e abordagens tradicionais perderam espaço para as perplexidades geradas pelas novas tecnologias e, grosso modo, pela economia digital à cobrança de tributos?

Não é uma resposta simples. É provável que a resposta esteja no ritmo e na intensidade dos acontecimentos. Mudanças econômicas profundas e rápidas criam importantes incertezas fiscais. O presente nos obriga a (re) pensar o porvir. E, se já não podemos afirmar que se trata de um debate sobre o *futuro*, porque muito do que se discute já se faz presente e é realidade, nas relações sociais e econômicas, podemos dizer, no entanto, que este livro nos convida a pensar conjuntamente o "novo" e a propor caminhos para entender os tributos na era digital.

Boa leitura!

Brasília, 30 de agosto de 2023

CELSO DE BARROS CORREIA NETO
HADASSAH LAÍS SOUSA SANTANA
JOSÉ ROBERTO R. AFONSO
Coordenadores

PREFÁCIO

Novas Realidades, Velhos Tributos e Desafios Prementes

Já destaquei em votos e trabalhos doutrinários o caráter desafiador e delicado dos afazeres legislativos, bem como os inevitáveis riscos envolvidos. Citei, em diversas oportunidades, a rica imagem trazida por Victor Nunes Leal, que, para chamar atenção para as "precauções severíssimas" da elaboração legislativa, dizia que "Quem faz a lei é como se estivesse acondicionando materiais explosivos".

A metáfora parece-me, mais do que nunca, viva e atual. Os desafios envolvidos na atividade normativa em geral e, especialmente, na legislativa exigem peculiar cautela de todos aqueles que se ocupam do difícil processo de tomada de decisão política e elaboração normativa.

Evidentemente, não me refiro apenas aos pormenores da boa técnica legislativa nem aos aspectos ditos "estritamente jurídicos". Falo da necessidade de bem conhecer o contexto factual, muito antes de preparar o texto normativo, e, sobretudo, da importância de estarmos sempre atentos às consequências sociais e econômicas das decisões políticas, mormente aquelas que introduzem na ordem jurídica comandos gerais e abstratos. A atuação legislativa exige alicerces muito bem fincados na realidade, mas também um olhar para o futuro. É sempre uma certa visão para/sobre o futuro, que ganha forma na letra da lei e substância na prognose legislativa.

A bem da verdade, tais preocupações não dizem respeito apenas ao trabalho parlamentar. Assim como a formulação normativa – inclusive por normas gerais e abstratas e decisões com efeitos vinculantes contra todos –, que, em certo sentido, se espraia desde a Administração Pública até as Cortes Constitucionais, o dever de cautela também é de se aplicar em diferentes órgãos e instâncias decisórias. Vale dizer: aplica-se a todos os que se responsabilizam pelos destinos dos outros, isto é, àqueles a quem, na esfera pública, cabe projetar o futuro.

Maior é o desafio em momentos de profundas mudanças, como o que vivemos hoje. O mundo, a sociedade e a economia são outros: mais complexos, mais rápidos, com fronteiras opacadas e digitais. Os desafios que a ambiência digital apresenta à governança não são pequenos e ainda não parecem totalmente articulados. Algoritmos, inteligência artificial, redes sociais, negócios digitais, entre outros desenvolvimentos, hoje, atravessam o debate jurídico nos mais diferentes ramos e instâncias. Em muitos casos, ainda estamos a elucubrar conceitos-chave e discutir limites e possibilidades de elaboração normativa e decisória.

As perplexidades e cautelas não são menores na matéria tributária. Ao contrário, as circunstâncias exigem reformas que se desafiam a reparar uma aeronave em pleno voo e testam, num mundo digital e de fronteiras movediças, ferramentas e conceitos teóricos formulados para uma economia analógica e para uma sociedade em que o tempo corria muito mais devagar.

Ao tempo em que o Congresso Nacional discute a reforma tributária constitucional do consumo, os tribunais pátrios – inclusive o Supremo Tribunal Federal – são provocados a encontrar interpretações que reaproximem fatos e normas jurídicas, para fazer caber o mundo digital em um sistema tributário analógico, mesmo quando tal tarefa parece quase impossível.

No âmbito do STF, um bom exemplo está no julgamento da ADI 5.659, em que se discutia qual o imposto incidente sobre contratos de licenciamento ou de cessão de programas de computador (*softwares*). Por mais cautelosos e previdentes que pudessem ter sido os constituintes de 1988 – e, antes deles, os que firmaram as bases do nosso sistema tributário nos anos 1960 –, não poderiam jamais ter imaginado a sociedade em rede em que vivemos hoje nem as formas pelas quais se realizam os negócios com bens digitais.

Diante desse quadro jurídico e social, saúdo os coordenadores – Celso de Barros Correia Neto, Hadassah Laís de Sousa Santana e José Roberto R. Afonso – pelo enfrentamento dessa temática tão atual, desafiadora e importante. E meus cumprimentos não se referem apenas a esta obra, mas a todo o percurso que iniciaram muito antes: o lançamento do primeiro volume da obra "Tributação 4.0", em 2020; os cursos ministrados na pós-graduação do IDP e o grupo de pesquisa em funcionamento na faculdade ("Grupo de Pesquisa Tributação 4.0."). Conheço alguns dos passos da trajetória acadêmica dos coordenadores e pude testemunhar o quanto têm se dedicado ao tema desta obra.

Estendo também meus cumprimentos, pela qualidade dos trabalhos e pela ousadia da temática e da abordagem, aos autores de cada um dos capítulos da obra. Nesse rol, vejo com alegria alunos, ex-alunos e professores do IDP, que hoje se tornou um relevante espaço para discussão jurídica deste novo mundo digital, inclusive em matéria de tributos.

Os leitores poderão encontrar no livro uma boa fotografia do estado atual do debate brasileiro, com muitas das principais controvérsias tributárias relativas à economia digital, sem deixar de lado também o debate internacional vigente, notadamente nos pontos que interessam ao nosso País.

A obra tem a virtude de abordar a temática fiscal em perspectiva ampla, para incluir não apenas as controvérsias jurídico-tributárias que têm galgado os tribunais superiores, mas também as perspectivas de reformas, os desafios e as oportunidades que a economia digital trouxe para a Administração Pública, mormente no seu aspecto tributário. Isso não é comum, sobretudo, no quadro doutrinário brasileiro.

Por todos esses motivos, foi com grande satisfação que aceitei o convite para prefaciar esta obra. Espero que os debates e as soluções aqui propostas frutifiquem e possam estimular outras tantas discussões ainda por vir, nessa matéria ainda tão carente de estudos sérios e aprofundados.

Boa leitura!

Brasília, 15 de agosto de 2023

GILMAR FERREIRA MENDES
Ministro do Supremo Tribunal Federal

SUMÁRIO

1
TRIBUTAÇÃO E GOVERNO DIGITAL: NOVOS PARÂMETROS EM PROL DA TRANSPARÊNCIA FISCAL

DENISE LUCENA CAVALCANTE

Introdução

Após o fim da pandemia covid-19 e a assinatura do Governo brasileiro da Portaria GM/MS n. 913, de 22/04/2022, que declara o encerramento da Emergência em Saúde Pública de Importância Nacional (ESPIN), o Brasil segue agora com o imenso desafio da reconstrução econômica. Estamos diante do grave dilema entre a necessidade do aumento de arrecadação estatal e o auxílio financeiro aos diversos setores produtivos.

Nesse momento de redefinição das políticas públicas[1], devemos rever uma série de dispositivos normativos petrificados na nossa legislação e que não são mais compatíveis com a era digital. Disrupção é a palavra do momento e que vai muito além dos debates acadêmicos, exigindo não só uma profunda alteração comportamental da sociedade e dos agentes públicos, como também a revisão das normas jurídicas.

Diante desse contexto, trazemos algumas reflexões sobre a importância da transparência fiscal e o seu fortalecimento com a promulgação da Lei n. 14.129, de 29 de março de 2021 (Lei do Governo Digital), no âmbito da administração fazendária federal.

[1] Ver: SCHWAB, Klaus; MALLERET, Thierry. *COVID-19: The great reset.* Cologny/Geneve: Forum Publishing, 2020).

Muitos dispositivos legais se tornaram totalmente incompatíveis com os novos tempos, motivo pelo qual devem ser revistos com urgência, de maneira a aprimorar a atuação da administração fazendária e melhorar seu trabalho em prol da sociedade brasileira.

Não obstante, a Lei n. 14.129/2021 ter aplicação restrita aos órgãos da administração pública federal (Poderes Executivo, Legislativo e Judiciário), é inevitável que os demais entes da Federação também adotem as diretrizes da governança digital em prol do aumento da eficiência pública por meio da desburocratização, da inovação, da transformação digital e da participação do cidadão.

Num processo cada vez mais célere, os atos presenciais e o papel estão sumindo do dia a dia da gestão pública. Os serviços digitais estão alcançando todos os setores públicos e privados e, nesse momento de transição, acelerado nesses últimos dois anos em decorrência do isolamento social imposto pela pandemia covid-19, as mudanças são inevitáveis.

1. Transformação digital e o respeito aos vulneráveis

Como toda transição, sempre haverá aqueles que demorarão mais a se adequar às novas regras e, ainda, os que a elas não vão se harmonizar. É preciso termos consciência dessa realidade a fim de resguardar os direitos de todo cidadão, dando um tratamento diferenciado àqueles que necessitarem de apoio.

Ultimamente temos escutado muito a expressão "vulneráveis", sendo esta utilizada não só em relação ao critério econômico, mas também para com os vulneráveis digitais, como, por exemplo, os idosos e portadores de deficiências. Por isso devemos ter cautela e primar para que os avanços tecnológicos resguardem sempre os direitos humanos[2].

Daí a importância de mantermos, sempre que possível, a opção ao atendimento presencial e o apoio a todos aqueles que necessitem dos serviços públicos. A Lei n. 14.129/2021 atentou corretamente para essa situação, ao prever no art. 3º, incisos XVI, XIX e XXIV, a permanência da possibilidade de atendimento presencial, de acordo com as características, a relevância e o público-alvo do serviço; a acessibilidade da pessoa com deficiência ou com mobilidade reduzida, nos termos da Lei n. 13.146/2015 (Estatuto da Pessoa com Deficiência) e o tratamento adequado aos idosos.

[2] Sobre o tema, ver: FREITAS, Juarez; FREITAS, Thomas Bellini. *Direito e inteligência artificial:* em defesa do humano. Belo Horizonte: Fórum, 2020.

Vivenciamos durante o estado de emergência decorrente da pandemia covid-19 essa nova realidade, quando houve o atendimento em massa aos vulneráveis, que formaram longas filas nas agências das delegacias da Receita Federal no País para obterem o CPF (Cadastro de Pessoa Física) a fim de receberem o auxílio emergencial.

No primeiro ano da pandemia, o número de pessoas que necessitaram do auxílio emergencial foi muito maior do que imaginávamos. Embora o valor mensal recebido por pessoa fosse pouco (R$ 600,00), o peso no caixa do Governo foi alto. Para se mensurar aproximadamente este custo para os cofres públicos, registra-se que o valor gasto até setembro de 2020, já era 40% maior do que o orçamento total para a Educação de 2021[3].

Haja vista a necessidade de redefinir metas para taxas de pobreza e instaurar programas de governo com vistas à superação das vulnerabilidades sociais das famílias, surgem outros dispositivos normativos.

Destacamos, nesse contexto, a Emenda Constitucional n. 114, de 16 de dezembro de 2021, que incluiu no rol dos direitos sociais previstos no art. 6º, CF/88, o programa permanente de renda básica familiar aos vulneráveis[4]; e a Lei n. 14.284, de 29/12/2021[5], que institui o Programa Auxílio Brasil e o Programa Alimenta Brasil.

Em paralelo ao crescimento das despesas públicas, o País arrosta o declínio acentuado na arrecadação tributária em virtude da estagnação econômica agravada com a pandemia da covid-19.

[3] Disponível em: https://noticias.r7.com/economia/gasto-com-auxilio-emergencial-de-r-600-ja-supera-r-212-bilhoes-01092020. Acesso em: 5 maio 2022.

[4] "Art. 6º São direitos sociais a educação, a saúde, a alimentação, o trabalho, a moradia, o transporte, o lazer, a segurança, a previdência social, a proteção à maternidade e à infância, a assistência aos desamparados, na forma desta Constituição.

Parágrafo único. Todo brasileiro em situação de vulnerabilidade social terá direito a uma renda básica familiar, garantida pelo poder público em programa permanente de transferência de renda, cujas normas e requisitos de acesso serão determinados em lei, observada a legislação fiscal e orçamentária." (CF/88).

[5] "Art. 1ºEsta Lei institui o Programa Auxílio Brasil e o Programa Alimenta Brasil, em substituição ao Programa Bolsa Família, de que trata a Lei nº 10.836, de 9 de janeiro de 2004, e ao Programa de Aquisição de Alimentos, de que trata o art. 19 da Lei nº 10.696, de 2 de julho de 2003, respectivamente, e define metas para taxas de pobreza no Brasil.

Parágrafo único. O Programa Auxílio Brasil constitui uma etapa do processo gradual e progressivo de implementação da universalização da renda básica de cidadania a que se referem o caput e o § 1º do art. 1º da Lei nº 10.835, de 8 de janeiro de 2004."

Vale ressaltar que a elevada tributação regressiva e a desigualdade econômica acentuada no Brasil[6] não configuram algo novo, pois, ao contrário, são apontadas pelos especialistas há muitos anos[7]. Passa da hora de promovermos a necessária revisão das tradicionais bases de tributação, perfilhando um modelo de tributação mais justo, eficiente e focado na realidade das ruas e não petrificado nos códigos.

É cediço o fato de que a tributação sobre o consumo é uma das mais injustas, agravando-se em países com acentuada desigualdade social. No Brasil, ela representa quase a metade da carga tributária global. Acresce expressar o fato de que, por ser excessivamente regressiva e sem obedecer ao princípio da capacidade contributiva, alcança indistintamente os menos favorecidos, ou seja, a maioria da população brasileira.

Repensar novas fontes de arrecadação constitui, decerto, uma saída para a crise econômica atual. Tributar a riqueza, a economia digital e a poluição poderá ser a alternativa sustentável de auferir recursos de novas fontes e com possibilidades de redução da incidência sobre os menos favorecidos e vulneráveis.

Com o advento da economia digital, é imperiosa a inclusão de outros modelos de tributação. Como bem alerta Xavier Oberson[8], não devem ser desconsideradas as presenças econômicas significantes, como, por exemplo, os robôs, sendo estas potencialmente novas fontes de arrecadação.

O momento exige novas reflexões sobre o papel do Estado e das finanças públicas brasileiras neste universo de incertezas.

[6] Ver estudo recente sobre a pobreza no Brasil: CASTRO, Carla Appollinario de. Panorama da pobreza no Brasil: do eterno retorno aos desafios à realização substantiva do ODS 1 (erradicação da pobreza). *In*: WARPECHOWSKY, Ana Cristina; GODINHO, Heloísa Helena Antonacio Monteiro; IOCKEN, Sabrina Nunes (Coord.). *Políticas públicas e os ODS da Agenda 2030*. Belo Horizonte: Fórum, 2021, p 43-61.

[7] "Não obstante isso, o referido estudo parte do pressuposto de que 'os impostos na América Latina são vistos em grande medida como meio de gerar receita para manter o funcionamento do governo', minimizando-se o potencial como instrumento indutor do desenvolvimento econômico e social. Nesse sentido o estudo do BID [*Não basta arrecadar: a tributação como instrumento indutor de desenvolvimento*] reconhece também a significativa parcela de responsabilidade que a excessiva tributação sobre o consumo tem em relação ao disfuncional modelo tributário comum na América Latina e no Brasil em especial." (BUFFON, Marciano. *Tributação, desigualdade e mudanças climáticas*: como o capitalismo evitará seu colapso. Curitiba: Brazil Publishing, 2019, p. 207).

[8] OBERSON, Xavier. *Taxing robots*: helping the economy to adapt to use of artificial intelligence. Massachusetts (USA); Gloss (UK): Edgar Elgar Publishing, 2019, p. 62.

Os próprios conceitos de Estado, soberania, território, cidadania, domicílio fiscal, estabelecimento comercial, dentre outros, não devem ser restritos, pois a revolução digital e a própria pandemia covid-19 ratificaram a importância de uma organização global para solução de problemas que vão muito além das fronteiras tradicionais.

Por outro lado, importante também é alertar sobre a proteção dos servidores públicos em situação de vulnerabilidade, uma vez que, ante tantas mudanças, estão sendo exigidas novas atribuições que nem sempre eles estão habilitados a prestá-las.

Impende, portanto, às instituições públicas a habilitação dos seus servidores para bem cumprirem as novas funções na era digital. Nesse sentido, estão dispostos no art. 3º, incisos XX e XXI, da Lei n. 14.129\2021, a previsão de estímulos às ações educativas para qualificação dos servidores públicos para o uso das tecnologias digitais e inclusão digital da população, e o necessário apoio técnico aos entes federados para implantação e adoção de estratégias que visem à transformação digital da administração pública.

2. Transparência ativa e controle social das finanças públicas

A transparência fiscal sempre foi tema de efusivos debates no contexto brasileiro. Mesmo depois da legislação que prevê expressamente a necessidade de sua adoção, ainda reina no contexto da administração fazendária o dogma do sigilo fiscal.

A Lei Complementar n. 101/2000, conhecida como a Lei de Responsabilidade Fiscal, tratou da transparência na gestão fiscal e da modalidade de acesso às informações do Fisco, tendo sido aprimorada posteriormente pela Lei Complementar n. 131, de 27/05/2009 e pela Lei Complementar n. 156, de 28/12/2016, que acrescentaram, ao art. 48, parágrafos e incisos ampliando seu alcance, conforme transcrito a seguir:

> Art. 48. São instrumentos de transparência da gestão fiscal, aos quais será dada ampla divulgação, inclusive em meios eletrônicos de acesso público: os planos, orçamentos e leis de diretrizes orçamentárias; as prestações de contas e o respectivo parecer prévio; o Relatório Resumido da Execução Orçamentária e o Relatório de Gestão Fiscal; e as versões simplificadas desses documentos.
>
> § 1º A transparência será assegurada também mediante:
>
> I – incentivo à participação popular e realização de audiências públicas, durante os processos de elaboração e discussão dos planos, lei de diretrizes orçamentárias e orçamentos;

II – liberação ao pleno conhecimento e acompanhamento da sociedade, em tempo real, de informações pormenorizadas sobre a execução orçamentária e financeira, em meios eletrônicos de acesso público; e

III – adoção de sistema integrado de administração financeira e controle, que atenda a padrão mínimo de qualidade estabelecido pelo Poder Executivo da União e ao disposto no art. 48-A.

§ 2º A União, os Estados, o Distrito Federal e os Municípios disponibilizarão suas informações e dados contábeis, orçamentários e fiscais conforme periodicidade, formato e sistema estabelecidos pelo órgão central de contabilidade da União, os quais deverão ser divulgados em meio eletrônico de amplo acesso público.

§ 3º Os Estados, o Distrito Federal e os Municípios encaminharão ao Ministério da Fazenda, nos termos e na periodicidade a serem definidos em instrução específica deste órgão, as informações necessárias para a constituição do registro eletrônico centralizado e atualizado das dívidas públicas interna e externa, de que trata o § 4o do art. 32.

§ 4º A inobservância do disposto nos §§ 2º e 3º ensejará as penalidades previstas no § 2º do art. 51.

§ 5º Nos casos de envio conforme disposto no § 2º, para todos os efeitos, a União, os Estados, o Distrito Federal e os Municípios cumprem o dever de ampla divulgação a que se refere o caput.

§ 6º Todos os Poderes e órgãos referidos no art. 20, incluídos autarquias, fundações públicas, empresas estatais dependentes e fundos, do ente da Federação devem utilizar sistemas únicos de execução orçamentária e financeira, mantidos e gerenciados pelo Poder Executivo, resguardada a autonomia.

Art. 48-A.Para os fins a que se refere o inciso II do parágrafo único do art. 48, os entes da Federação disponibilizarão a qualquer pessoa física ou jurídica o acesso a informações referentes a:

I – quanto à despesa: todos os atos praticados pelas unidades gestoras no decorrer da execução da despesa, no momento de sua realização, com a disponibilização mínima dos dados referentes ao número do correspondente processo, ao bem fornecido ou ao serviço prestado, à pessoa física ou jurídica beneficiária do pagamento e, quando for o caso, ao procedimento licitatório realizado;

II – quanto à receita: o lançamento e o recebimento de toda a receita das unidades gestoras, inclusive referente a recursos extraordinários.

Também invocando a transparência, destacamos a Lei n. 12.527/2011, conhecida como LAI – Lei de Acesso à Informação – que determina uma reestruturação da administração pública perante a sociedade na era da informação, determinando que a regra é a transparência, enquanto o sigilo conforma a exceção. Destacamos, ainda, a ênfase legal no tocante à informação como direito fundamental, conforme expresso no art. 3º, a seguir transcrito:

> Art. 3º Os procedimentos previstos nesta Lei destinam-se a assegurar o direito fundamental de acesso à informação e devem ser executados em conformidade com os princípios básicos da administração pública e com as seguintes diretrizes:
>
> I – observância da publicidade como preceito geral e do sigilo como exceção;
>
> II – divulgação de informações de interesse público, independentemente de solicitações;
>
> III – utilização de meios de comunicação viabilizados pela tecnologia da informação;
>
> IV – fomento ao desenvolvimento da cultura de transparência na administração pública;
>
> V – desenvolvimento do controle social da administração pública.

No âmbito específico do gasto público referente à gestão fazendária, poucas informações terão a chancela de informações restritas, muito menos de ultrassecretas ou secretas[9], considerando que a missão maior do Estado,

[9] "Art. 23. São consideradas imprescindíveis à segurança da sociedade ou do Estado e, portanto, passíveis de classificação as informações cuja divulgação ou acesso irrestrito possam:
I – pôr em risco a defesa e a soberania nacionais ou a integridade do território nacional;
II – prejudicar ou pôr em risco a condução de negociações ou as relações internacionais do País, ou as que tenham sido fornecidas em caráter sigiloso por outros Estados e organismos internacionais;
III – pôr em risco a vida, a segurança ou a saúde da população;
IV – oferecer elevado risco à estabilidade financeira, econômica ou monetária do País;
V – prejudicar ou causar risco a planos ou operações estratégicos das Forças Armadas;
VI – prejudicar ou causar risco a projetos de pesquisa e desenvolvimento científico ou tecnológico, assim como a sistemas, bens, instalações ou áreas de interesse estratégico nacional;
VII – pôr em risco a segurança de instituições ou de altas autoridades nacionais ou estrangeiras e seus familiares; ou

nesse caso, é a prestação das atividades essenciais efetivadas com os valores arrecadados dos recursos da sociedade, que deve, em contrapartida, controlar diretamente a prestação de tais serviços. Daí a exata concepção de transparência da gestão pública, que deve ser realizada em prol dos próprios financiadores do Estado: os contribuintes.

Corroborando esse movimento em prol da transparência, merecem destaques os dispositivos da Lei n. 14.129/21, que reforçam a transparência e o monitoramento da qualidade na execução dos serviços públicos, além de incentivar, com os meios necessários, à participação social no controle e na fiscalização da administração pública (art. 3º, incisos IV e V).

Por **transparência ativa**, o art. 4º, inciso XI, da Lei n. 14.129/21, prevê a disponibilização de dados pela administração pública, independentemente de solicitações, resguardados, contudo, os dados com restrição legal de sigilo.

O art. 3º, inciso XXIII, da Lei do Governo Digital, prevê a implantação do governo como plataforma e a promoção do uso de dados com vistas à formulação de políticas públicas, pesquisas científicas, geração de negócios e de controle social.

A transparência ativa impõe a ampla divulgação dos dados públicos. A informação é essencial para o efetivo controle social. A Era da transparência fiscal exige a utilização de condutores eficientes para a compreensão das informações estatais e conhecimento de todas as exações incidentes sobre o preço pago e os valores transferidos ao Estado[10].

Só é possível o exercício do controle social das finanças públicas com a efetiva transparência dos dados da gestão fiscal. O montante arrecadado,

VIII – comprometer atividades de inteligência, bem como de investigação ou fiscalização em andamento, relacionadas com a prevenção ou repressão de infrações.
Art. 24. A informação em poder dos órgãos e entidades públicas, observado o seu teor e em razão de sua imprescindibilidade à segurança da sociedade ou do Estado, poderá ser classificada como ultrassecreta, secreta ou reservada.
§ 1º Os prazos máximos de restrição de acesso à informação, conforme a classificação prevista no caput, vigoram a partir da data de sua produção e são os seguintes:
I – ultrassecreta: 25 (vinte e cinco) anos;
II – secreta: 15 (quinze) anos; e
III – reservada: 5 (cinco) anos." (Lei n. 12.527/2011).

[10] Sobre o tema ver: CAVALCANTE, Denise Lucena. A atuação da administração fazendária após a Lei n. 12.527/2011: a questão do acesso às informações fiscais. In: SANTI, Eurico Marcos Diniz *et al.* *Transparência fiscal e desenvolvimento*: homenagem ao Prof. Isaías Coelho. São Paulo: FGV- Thompson Reuters, 2013, p. 119-137.

bem como sua destinação, devem ser controlados de perto pela sociedade e, para isso, os dados têm que ser claros e de fácil acesso. Na Era da sociedade digital, fica muito mais fácil cumprir essas diretrizes legais, devendo os cidadãos exercer com firmeza o controle social. Esse exercício é fruto da cidadania coletiva por cujo fortalecimento nós – os cidadãos e cidadãs – primamos.

2.1. A transparência dos incentivos fiscais

Tão relevante quanto a transparência dos tributos arrecadados e da sua destinação é o conhecimento dos benefícios fiscais concedidos pelo governo e que eximem determinados contribuintes a não pagarem tributos, como no caso dos incentivos fiscais.

"O poder de tributar traz consigo o poder de não tributar", como bem aprendemos nas lições de Fonrouge[11]. Ao conceder incentivos, deve-se ter em conta as razões do interesse geral, pois, do contrário, atuará contra a justiça fiscal, que prevê a colaboração de todos, segundo sua capacidade contributiva. Ressalta-se que este poder de tributar e o de não tributar são limitados pelos princípios gerais do Direito Tributário, não havendo de ser meras concessões políticas.

Os incentivos fiscais devem ser condicionados a resultados concretos, portanto, com uma consequente dependência daqueles com estes. Há um nexo biunívoco entre o incentivo fiscal e o seu resultado. A análise dos resultados esperados com os incentivos é fundamental, pois, como bem nos alerta Joseph Stiglitz[12], não se faz com que os incentivos fiscais concedam oportunidades a rendas que não passem de presentes do Estado ao setor.

A desoneração é a exceção e, como tal, deve ser cuidadosamente fiscalizada e com o devido controle dos resultados, devendo estes ser proporcionais às distorções que produzem. Se não alcançados os resultados previstos, o Ente federativo deverá atuar na retirada dos incentivos fiscais, contudo, com a observância dos trâmites jurídicos necessários, pois, do mesmo modo que os incentivos não podem ser concedidos com atos infralegais, também não podem assim ser suprimidos.

Tanto para concessão como para a supressão, é indispensável a lei. É importante ressaltar que os incentivos fiscais, comumente, são condicio-

[11] FONROUGE, C.M. Giuliani. *Conceitos de Direito Tributário*. Tradução de Geraldo Ataliba e Marco Aurélio Greco. São Paulo: Lael, 1973, p. 43.

[12] STIGLITZ, Joseph. *O preço da desigualdade*. Lisboa: Bertrand, 2014, p. 299.

nados a uma posterior produção de efeitos. Nesses casos, firma-se o compromisso estatal de não desonerar arbitrariamente, devendo ser garantida a segurança jurídica para o exercício da atividade, resguardando-se as expectativas geradas de boa-fé aos que recebem o benefício fiscal. É preciso, contudo, deixar clara a ideia de que incentivos fiscais não produzem direito adquirido, sendo passíveis de ser extintos, caso não ocorram os resultados que motivaram sua concessão, ou mesmo quando alcançado o objetivo esperado e não mais sendo justificada sua manutenção.

Os incentivos fiscais, como medidas de exceção, uma vez que a regra é a incidência tributária, hão de ter rigoroso controle na concessão, manutenção e, eventualmente, na supressão, de igual modo como a legislação que os concede haverá de ter interpretação literal, como prevê o art. 111, do Código Tributário Nacional. Não se cogita aqui em meras decisões políticas, mas sim em questões jurídicas e econômicas de grande complexidade. Incentivos injustificados e malconduzidos são responsáveis por desequilíbrios orçamentários que causam prejuízos a toda a sociedade.

No Brasil, o que se deixa de arrecadar em virtude de renúncias de receitas sempre foi um dado obscuro e equivocadamente justificado com o argumento do sigilo fiscal. Finalmente, esse argumento não mais há de ser levantado. Desde a Lei Complementar n. 187, de 16/12/2021, que acrescentou o inciso IV, no art. 198, do Código Tributário Nacional, foi expressamente permitida a divulgação das informações sobre renúncias de receitas fiscais. Assim prevê o novo dispositivo do CTN:

> **Art. 198**. Sem prejuízo do disposto na legislação criminal, é vedada a divulgação, por parte da Fazenda Pública ou de seus servidores, de informação obtida em razão do ofício sobre a situação econômica ou financeira do sujeito passivo ou de terceiros e sobre a natureza e o estado de seus negócios ou atividades.
>
> [...].
>
> **§ 3º Não é vedada a divulgação de informações relativas a:**
>
> [...].
>
> **IV - incentivo, renúncia, benefício ou imunidade de natureza tributária cujo beneficiário seja pessoa jurídica.**

Sem mais desculpas para a omissão das renúncias fiscais, consideramos a transparência dos benefícios fiscais no Brasil como um grande avanço para o controle social.

Com a exclusão de sigilo fiscal para os casos de incentivos, renúncias e benefícios fiscais (infelizmente ainda limitados aos beneficiários pessoas jurídicas) numa interpretação sistêmica com o princípio da transparência ativa, na Lei n. 14.129/2021, esperamos que sejam expostos com clareza, nas páginas eletrônicas dos entes federativos, todos os incentivos em curso no País. Tal atitude é essencial para o efetivo controle social das finanças públicas.

Essa nova regra merece ser comemorada como o fortalecimento da transparência fiscal, agora ampliada com a exposição das renúncias de receitas, cuja obscuridade foi um dos graves problemas no Sistema Tributário brasileiro.

Conclusões

A transformação digital, acelerada nos anos de 2020/2021, implica uma mudança comportamental de todos os envolvidos na dinâmica da relação jurídico-tributária (Fisco/contribuinte).

O governo digital vai muito além da conexão virtual, possibilitando uma nova modalidade de aprendizado e colaboração, bem como soluções coletivas, envolvendo todo o grupo, que, simultaneamente, pesquisa e checa a informação obtida. Quando nos referimos a mudança de cultura organizacional, não significa, simplesmente, adotar o comportamento tradicional na esfera virtual, mas, também, participar ativamente.

Os dados devem ser expressos de maneira clara e simples, permitindo que sejam compreensíveis para toda a sociedade.

No âmbito da administração fazendária, é imperioso compreender o ciberespaço além da mera estrutura virtual e digitalização de documentos, tanto do lado do **e-cidadão** como do **E-gov**, com uma interação adequada de ambos, tudo na devida observância do devido processo legal virtual.

Os entes da Federação, em obediência ao princípio da transparência ativa, devem reunir de modo claro e acessível todos os seus dados, principalmente o montante arrecadado, os gastos públicos e as renúncias fiscais realizadas. Um dos maiores problemas para análise das distorções do sistema é exatamente a falta de informação sobre os incentivos concedidos. São dados espalhados em leis diversas, sem conexão e de acesso difícil.

A transparência é fundamental na transição contemporânea para o governo digital, de tal modo que os valores devem ser incutidos nos sistemas eletrônicos e a escolha dos algoritmos pelo Fisco há que ser confiável e publicamente acessível. Só assim, teremos os meios viáveis para continuar em busca do aprimoramento da cidadania fiscal.

Referências

BUFFON, Marciano. *Tributação, desigualdade e mudanças climáticas*: como o capitalismo evitará seu colapso. Curitiba: Brazil Publishing, 2019.

CASTRO, Carla Appollinario de. Panorama da pobreza no Brasil: do eterno retorno aos desafios à realização substantiva do ODS 1 (erradicação da pobreza). *In*: WARPECHOWSKY, Ana Cristina; GODINHO, Heloísa Helena Antonacio Monteiro; IOCKEN, Sabrina Nunes (Coords.). *Políticas públicas e os ODS da Agenda 2030*. Belo Horizonte: Fórum, 2021, p. 43-61.

CAVALCANTE, Denise Lucena. A atuação da administração fazendária após a Lei n. 12.527/2011: a questão do acesso às informações fiscais. *In*: SANTI, Eurico Marcos Diniz; CHRISTOPOULOS, Basile Georges; ZUGMAN, Daniel Leib; BASTOS, Frederico Silva. *Transparência fiscal e desenvolvimento*: homenagem ao Prof. Isaías Coelho. São Paulo: FGV- Thompson Reuters, 2013, p. 119-137.

FONROUGE, C.M. Giuliani. *Conceitos de Direito Tributário*. Tradução de Geraldo Ataliba e Marco Aurélio Greco. São Paulo: Lael, 1973.

FREITAS, Juarez; FREITAS, Thomas Bellini. *Direito e inteligência artificial*: em defesa do humano. Belo Horizonte: Fórum, 2020.

OBERSON, Xavier. *Taxing robots*: helping the economy to adapt to use of artificial intelligence. Massachusetts (USA); Gloss (UK): Edgar Elgar Publishing, 2019.

SCHWAB, Klaus; MALLERET, Thierry. *COVID-19*: The great reset. Cologny/Geneve: Forum Publishing, 2020.

STIGLITZ, Joseph. *O preço da desigualdade*. Lisboa: Bertrand, 2014.

2
PLATAFORMAS DIGITAIS E A ADMINISTRAÇÃO TRIBUTÁRIA 4.0

Lais Khaled Porto
Gabriel Araújo Souto

Introdução

As tecnologias digitais estão transformando a sociedade e a economia global, causando o fenômeno definido, entre outras denominações, como Quarta Revolução Industrial (para Schwab, do Fórum Econômico Mundial)[1], Segunda Era das Máquinas (de Brynjolfsson e McAfee, do Massachussetts Institute of Technology – MIT)[2] ou Capitalismo de Multidão (em Sundararajan, da New York University – NYU)[3]. Guardadas as respectivas nomenclaturas e particularidades observadas nos diversos estudos sobre o tema, é clara – e unânime – a ideia de ruptura com o modelo de trocas socioeconômicas experienciado pela humanidade no contexto da terceira revolução industrial, simbolizado pelo desenvolvimento da computação.

A onipresença da *internet* e o desenvolvimento de sistemas cada vez mais sofisticados de computadores, *softwares* e redes estão mudando a natureza dos produtos e serviços, desde como são fabricados até a forma como são comercializados e vendidos. A *internet* também possibilita aos indivíduos acesso a novos fluxos de renda por meio de transações digitais, na forma

[1] Schwab, Klaus. *A Quarta Revolução Industrial.* Trad. Daniel Moreira Miranda. São Paulo: Edipro, 2016.

[2] Brynjolfsson, Erik; Mcafee, Andrew. *The Second Machine Age: Work, Progress and Prosperity in a Time of Brilliant Technologies.* Nova Iorque: W. W. Norton & Company, 2014.

[3] Sundararajan, Arun. *Economia Compartilhada: O Fim do Emprego e Ascensão do Capitalismo de Multidão.* Trad.: André Botelho. São Paulo: Editora Senac, 2018.

de moedas correntes virtuais, permitindo uma interação mais fácil, rápida e acessível entre pessoas, empresas e mesmo governos, sem restrições de tempo ou espaço, em radical eliminação das barreiras da presença física.

Os desdobramentos dessa revolução não param nos fenômenos resumidamente destacados supra, que servem apenas à exemplificação de alguns dos inúmeros porquês de se olhar para a tributação pela perspectiva 4.0.

Já discutimos em outras oportunidades, especialmente na primeira edição da obra coletiva Tributação 4.0, uma série de desafios que essa nova realidade traz para a seara tributária, especificamente, a dificuldade de se coadunar o ímpeto reformista brasileiro às transformações das bases tributárias já evidenciadas[4] e a necessidade de criação de um ambiente de adaptação em nosso sistema constitucional tributário, a fim de que se possa acompanhar um mundo em constante transformação[5].

O que ora se pretende analisar, no presente artigo em particular, é como a administração pública pode atuar diante desse cenário de erosão de bases fiscais, através do mapeamento de algumas estratégias que, para além das ideias de reformulação do sistema tributário propriamente dito, podem instrumentalizar a tributação 4.0, especificamente no contexto do consumo, que passa a se intensificar por meio da não tão nova (mais ainda intrigante) figura das **plataformas digitais**.

Afinal, o mundo digital nos aproxima de estratégias de cooperação e de um ideal de *e-government* que deve ultrapassar a mera digitalização (no sentido de mudança de meio, do físico para o digital) dos processos e serviços públicos já existentes. A digitalização que deve ser almejada é a implementação de processos que são justamente oportunizados pelas novas culturas virtuais. Técnicas consensuais e mecanismos colaborativos ganham força, evitando a acumulação descontrolada de dívidas, pela perspectiva dos contribuintes, e reduzindo os custos administrativos para todos os envolvidos[6], o que, em última análise, deve servir de incentivo à formalização das atividades privadas e expansão das bases e receitas tributárias.

[4] Afonso, José Roberto R.; Porto, Lais Khaled. Tributação sem Futuro. In: Afonso, José Roberto. Santana, Hadassah Laís (coord.). *Tributação 4.0*. São Paulo: Almedina, 2020.

[5] Afonso, José Roberto R.; Porto, Lais Khaled; Fuck, Luciano Felício. Sistema Constitucional *versus* Novos (e Desconhecidos) Tributos. In: Afonso, José Roberto. Santana, Hadassah Laís (coord.). *Tributação 4.0*. São Paulo: Almedina, 2020.

[6] Ver OCDE. *Technology Tools to Tackle Tax Evasion and Tax Fraud*. Paris: OECD Publishing, 2017. Disponível em: <https://www.oecd.org/tax/crime/technology-tools-to-tackle-tax-evasion-and-tax-fraud.htm>. Acesso em: 24 de abril de 2022.

Muito se discute ideais de simplificação pela perspectiva de uma reforma tributária. O que ora se propõe – não como alternativa excludente, mas eventualmente adicional – é que se busque por mecanismos de menor impacto global, menos voltados à perspectiva do *design* tributário e, sim, à organização administrativa das bases tributárias já exploradas, a fim de que se mitigue os efeitos negativos da erosão de bases e se tire proveito das novas possibilidades tecnológicas – inclusive da organização do mercado digital na figura das plataformas – para aumentar a eficiência arrecadatória.

Sob esse contexto, adotar-se-á a metodologia de pesquisa qualitativa, mediante análises descritivas e explicativas, a partir de pesquisa bibliográfica com enfoque na tributação de plataformas digitais e na administração tributária digital. Por fim, o artigo foi dividido em duas seções, além da introdução e da conclusão. A primeira seção apresenta um panorama sobre as principais características das plataformas digitais e como elas geram óbices à tributação. Já a segunda seção analisa as principais medidas e expõe as soluções para uma maior efetividade da administração tributária 4.0. Finalmente, a conclusão apresenta as reflexões finais sobre o assunto.

1. Breves considerações sobre o consumo *peer-to-peer* e a evolução das plataformas digitais

Nos relatórios finais da Organização para a Cooperação e Desenvolvimento Econômico (OCDE) sobre o Plano de Ação BEPS, em 2015, concluiu-se que era impossível delimitar com precisão a economia digital, uma vez que ela estava se tornando cada vez mais a economia em si[7]. No entanto, a economia digital e seus modelos de negócios possuem algumas características-chave que são relevantes do ponto de vista fiscal, a saber: mobilidade de ativos intangíveis, usuários e funções de negócios, importância dos dados, efeitos de rede, proliferação de modelos de negócios multifásicos, tendência ao monopólio ou oligopólio e volatilidade. Muitas empresas adotaram modelos empresariais mundiais, centralizando funções em nível regional ou mundial e não em nível de país por país, ainda que as pontas dos negócios – usuários e fornecedores ou prestadores de serviço – estejam espalhados pelo globo.

[7] Ver OCDE. *BEPS 2015 Final Reports*, 2015. Disponível em: <https://www.oecd.org/ctp/beps-2015-final-reports.htm>. Acesso em: 24 de abril de 2022.

Falar em plataformas digitais significa, essencialmente, olhar para as relações *peer-to-peer* (P2P), isto é, às transações caracterizadas pela venda ou compartilhamento entre duas partes – frequentemente indivíduos, pessoas físicas, ou pequenas empresas – por meio de canais virtuais (*online networks*)[8].

As plataformas digitais[9] são tecnologias, serviços ou produtos que criam e desenvolvem valor ao permitir interações diretas entre dois ou mais grupos de usuários[10] – isto é, são plataformas que, através de uma infraestrutura e um modelo de negócio, servem duas ou mais bases de clientes ao facilitar e intermediar as transações entre eles, tendo como característica majoritariamente comum o efeito de rede[11] indireto, externalidade de rede indireta ou *cross-side network effect* – ou seja, o aumento do valor de um produto ou serviço conforme o ganho de novos usuários.

[8] ASLAM, Aqib; SHAH, Alpa. *Taxation and the Peer-to-Peer Economy*. Washington, D.C.: IMF Working Paper No. 17/187, 2017. Disponível em: <https://papers.ssrn.com/sol3/papers.cfm?abstract_id=3030778>. Acesso em: 24 de abril de 2022.

[9] Faz-se necessário delimitar a diferença entre plataformas unilaterais e plataformas multilaterais. Como bem leciona Evans, as plataformas unilaterais possuem usuários dependentes apenas dos serviços que elas ofertam, já nas plataformas multilaterais, os usuários são interdependentes e dependentes dos serviços oferecidos pela plataforma. Por exemplo, o serviço de *streaming* Netflix lida apenas com usuários que dependem estritamente do produto que esta plataforma oferece, enquanto os usuários do Youtube possuem uma relação de interdependência, já que há diferentes tipos de usuários na mesma plataforma, como os criadores de conteúdo e os espectadores que interagem entre si, gerando valor para a plataforma e afetando consequentemente o seu lucro. EVANS, David S. The Antitrust Economics of Multi-Sided Platform Markets. *Yale Journal on Regulation*, v. 20, pp. 336-339, 2003. Disponível em: <http://digitalcommons.law.yale.edu/yjreg/vol20/iss2/4>. Acesso em: 17 de abril de 2022.

[10] HAGIU, Andrei. Strategic Decisions for Multisided Platforms. *MIT Sloan Management Review*, v. 55, n. 2, p. 71, 2014.

[11] O efeito de rede é o valor agregado ao produto ou serviço devido à adição do usuário, gerando uma rede de consumidores que aumenta a utilidade do produto ou serviço e consequentemente seu valor de mercado. Sendo assim, o efeito de rede pode ser classificado como direto (*same-side network effect*) ou indireto (*cross-side network effect*). O efeito de rede direto se difere do efeito de rede indireto pois o primeiro acontece quando há apenas um grupo de usuários, situação em que esse grupo se beneficia unicamente pela adição de um usuário nesse mesmo grupo. Essa é a situação do mercado de telefonia que, no âmbito das chamadas telefônicas, o valor agregado se dá quando as pessoas que o usuário necessita telefonar também possuem um telefone. Assim, quanto mais pessoas tiverem um telefone, mais útil será tê-lo, já que com a adição de um usuário a essa rede, que poderá fazer e receber chamadas telefônicas, mais valorizada ela será. SHAPIRO, Carl; VARIAN, Hal R. *Information Rules: A Strategic Guide to the Network Economy*. Cambridge: Harvard Business School Press, p. 13, 1999.

Aslam e Shah destacam que, embora a transação de bens e serviços entre compradores e vendedores individuais não seja uma forma propriamente nova de se conduzir negócios, as inovações tecnológicas vêm transformando essa atividade, eliminando uma série de custos de transação e permitindo que atividades que outrora se desenvolviam em pequena escala cresçam e, conjuntamente, organizadas por meio de plataformas, ganhem escala suficiente para desafiar os grandes negócios corporativos, o que suscita, inclusive, as reflexões acerca da vantajosidade tributária em comparação com os negócios tradicionais[12].

No Brasil, Ana Frazão traduz as relações P2P como de "mercados de dois lados" – e destaca que a internet é, nitidamente, um meio propulsor desses mercados. Afinal, dois lados que precisam se encontrar e interagir, como ofertantes e compradores, passam a se utilizar de plataformas para aproximações que facilitam a combinação de interesses *(matchmaking)*, através de um sistema de constante interação entre *players* que permite a otimização dos contratos e trocas econômicas[13].

Ocorre que, ao mesmo tempo que as plataformas representam um enorme desafio à administração tributária, igualmente lhe possibilitam novas formas de atuação, especialmente por reunirem quantidade significativa de informações e transações. Como bem observado por De Mello e Ter-Minassian, o cumprimento de obrigações tributárias pode ser incentivado e facilitado, por exemplo, por estratégias legais para que as plataformas provejam, às autoridades fiscais, acesso aos dados das transações realizadas por seu intermédio – o que exige, na outra ponta, que as administrações tributárias se dotem de capacidade para analisar tais dados com eficiência e celeridade[14].

Diante da observância dos supramencionados desafios, a OCDE tem se voltado cada vez mais à análise dessas novas ferramentas e à propositura de estratégias para a administração tributária 4.0.

[12] ASLAM, Aqib; SHAH, Alpa. *Op. cit.*, p. 4.

[13] FRAZÃO, Ana. Plataformas Digitais e os Desafios para a Regulação Jurídica. In: PARENTONI, Leonardo (coord.); GONTIJO, Bruno Miranda; LIMA, Henrique Cunha Souza. *Direito, Tecnologia e Inovação.* Belo Horizonte:D`Plácido, v. 1, pp. 636-637, 2018.

[14] DE MELLO, Luiz; TER-MINASSIAN, Teresa. *Digitalisation Challenges and Opportunities for Subnational Governments.* Paris: OECD Publishing, p. 8, 2020. Disponível em: <https://joserobertoafonso.com.br/digitalisation-challenges-mello-ter-minassian/>. Acesso em: 22 de abril de 2022.

Em 2019, na perspectiva de dirimir dúvidas comuns aos diversos *players* da economia compartilhada quanto às suas obrigações fiscais, o Fórum da OCDE sobre Administração Tributária (FTA) consolidou três recomendações, sob o prisma de *standard-setting organization*[15]:

a) a elaboração de um Código de Conduta para padronizar as abordagens adotadas por diferentes administrações tributárias, que pode ter efeitos positivos na redução de encargos, inclusive permitindo que as plataformas desenvolvam soluções amplamente aplicáveis em diferentes jurisdições[16];
b) a continuidade de discussões para construir a base de evidências de riscos fiscais e oportunidades para reduzir os encargos tributários[17]; e
c) o desenvolvimento de um modelo de padronização de relatórios de escala de riscos fiscais e de *compliance*, para garantir que o uso de possíveis novas soluções tecnológicas – por exemplo, de *Application Programming Interfaces* (APIs)[18] para minimização de encargos – e que as opções de conformidade por *design* sejam habilitadas sempre que possível e praticável[19].

[15] *Standand-setting organization* é uma entidade que promove a estandardização de padrões aplicáveis a uma ampla base de usuários com o objetivo de gerar a aceitação de novos protocolos e tecnologias ao mercado. BARON, Justus et al. *Making the Rules: The Governance of Standard Development Organizations and their Policies on Intellectual Property Rights*. Luxemburgo: Publications Office of the European Union, pp. 24-25, 2019. Disponível em: <https://papers.ssrn.com/sol3/papers.cfm?abstract_id=3364722>. Acesso em: 17 de abril de 2022.

[16] OCDE. *The Sharing and Gig Economy: Effective Taxation of Platform Sellers: Forum on Tax Administration*. Paris: OECD Publishing, p. 43, 2019. Disponível em: <https://www.oecd.org/tax/the-sharing-and-gig-economy-effective-taxation-of-platform-sellers-574b61f8-en.htm>. Acesso em: 22 de abril de 2022.

[17] *Ibidem*.

[18] APIs são interfaces que permitem a comunicação e a interoperabilidade entre *softwares* de diferentes empresas, concedendo assim o aumento da eficiência de transações eletrônicas envolvendo dados. SANTORO, M. et al. *Web Application Programming Interfaces (APIs): General-Purpose Standards, Terms and European Commission Initiatives*. Luxemburgo: Publications Office of the European Union, pp. 5-6, 2019. Disponível em: <https://core.ac.uk/download/pdf/237642158.pdf>. Acesso em: 17 de abril de 2022.

[19] OCDE. *The Sharing and Gig Economy: Effective Taxation of Platform Sellers: Forum on Tax Administration*. Paris: OECD Publishing, p. 44, 2019. Disponível em: <https://www.oecd.org/tax/the-sharing-and-gig-economy-effective-taxation-of-platform-sellers-574b61f8-en.htm>. Acesso em: 22 de abril de 2022.

No mesmo documento, denominado *The Sharing and Gig Economy: Effective Taxations of Platfom Sellers,* foram compiladas séries de experiências e sugestões, que serviram como ponto de partida para as análises dispostas no capítulo a seguir.

2. Estratégias para uma maior efetividade da administração tributária 4.0.

A partir da compreensão dos desafios impostos à tributação pelas novas dinâmicas das plataformas digitais e da observância das preocupações e sugestões levantadas pela OCDE para endereçar essa realidade, propomos que a administração tributária observe 5 (cinco) eixos de atuação, enquanto pilares estruturantes de uma atuação 4.0 eficiente.

A seguir, serão detalhados e justificados cada um desses pilares, com exemplos práticos de atuação coletados de experiências do Brasil e do mundo.

2.1. Educação e informação

A educação dos contribuintes abrange uma ampla gama de atividades e atores – desde programas governamentais para incentivar comportamentos, até iniciativas da sociedade civil para trazer os cidadãos para debates políticos sobre arrecadação de impostos e (re)distribuição financeira.

A educação do contribuinte, em essência, não é simplesmente uma estratégia para arrecadar mais, nem é exclusivamente focada em explicar por que os tributos devem ser pagos. Em vez disso, procura fomentar atitudes de compromisso com o bem comum, enfatizando o valor social do imposto e sua vinculação com os gastos públicos, o que inclui conscientizar sobre como o dinheiro público é usado e os efeitos prejudiciais da evasão fiscal e da corrupção para um país e seus cidadãos.

Estudos realizados em 2011 e 2013 pela OCDE já indicavam que campanhas educativas podem ser uma forma eficiente e eficaz de construir confiança e aumentar o envolvimento de particulares[20] – o que pode levar,

[20] OCDE et. al. *Supporting the Development of More Effective Tax Systems: A Report to the G-20 Development Working Group by the IMF, OECD, UN and World Bank.* Paris: OECD Publishing, p. 26, 2011. Disponível em: <https://www.oecd.org/ctp/48993634.pdf>. Acesso em: 22 de abril de 2022.Ver também *Id. Tax and Development: Aid Modalities for Strengthening Tax Systems.* Paris: OECD Publishing, p. 36, 2013. Disponível em: <https://www.oecd-ilibrary.org/development/tax-and-development_9789264177581-en>. Acesso em: 22 de abril de 2022.

inclusive, à uma redução da economia informal. Mas esses esforços são, em sua maioria, relativamente novos. A maioria dos programas de educação dos contribuintes, especialmente na América Latina, foram criados na última década, enquanto se nota um vanguardismo do Brasil pelo Programa Nacional De Educação Fiscal (PNEF) na década de 90[21]. No entanto, apesar desta curta história, a educação dos contribuintes está cada vez mais incluída entre as linhas estratégicas de políticas públicas das administrações fiscais.

A ideia central do PNEF, por exemplo, é fortalecer os laços entre o Estado e a sociedade a partir da disseminação de conhecimento sobre a regulamentação tributária e, como resultado, aumentar o cumprimento voluntário dos deveres fiscais, bem como a aceitação social da tributação.

Os objetivos concebidos pelo programa[22] são ***(i)*** informar os cidadãos sobre seus direitos e deveres, o papel socioeconômico da tributação e do controle societário dos gastos públicos, bem como aos contribuintes dos serviços da Receita Federal, especialmente seus serviços de contribuinte online; ***(ii)*** sensibilizar para as obrigações fiscais e aduaneiras e envidar todos os esforços para as simplificar; ***(iii)*** contribuir para a melhoria contínua da qualidade do serviço e para integrar a agência no dia a dia das pessoas; e ***(iv)*** promover a cooperação entre parceiros institucionais[23].

Na via da digitalização de serviços da administração pública, especificamente, o Brasil também tem desenvolvido algumas estratégias que aproximam o fisco do contribuinte. Em âmbito federal, o lançamento do e-CAC (Centro Virtual de Atendimento ao Contribuinte) permitiu uma comunicação direta via *internet* (por meio de *chat*) entre o contribuinte e

[21] Ver, por exemplo, o panorama histórico do desenvolvimento da educação fiscal no Brasil: SECRETARIA DE ESTADO DE FAZENDA DE MINAS GERAIS. *Programa Nacional de Educação Fiscal Convite à Cidadania,* 2022. Disponível em: <http://www.fazenda.mg.gov.br/cidadaos/educacao_fiscal/programas/pnef.html>. Acesso em: 22 de abril de 2022.

[22] BRASIL. Receita Federal do Brasil. *Portaria RFB nº 896, de 05 de abril de 2012.* Disciplina as atividades relacionadas à Educação Fiscal no âmbito da Secretaria da Receita Federal do Brasil. Diário Oficial da União, 9 de abril de 2012, Seção 1, p. 50. Disponível em: <http://normas.receita.fazenda.gov.br/sijut2consulta/link.action?visao=anotado&idAto=37706>. Acesso em: 24 de abril de 2022.

[23] OCDE et. al. *Building Tax Culture, Compliance and Citizenship: A Global Source Book on Taxpayer Education.* Paris: OECD Publishing, 1ª ed., p. 38, 2015. Disponível em: <https://www.oecd-ilibrary.org/taxation/building-tax-culture-compliance-and-citizenship_9789264205154-en>. Acesso em: 22 de abril de 2022.

a Receita Federal do Brasil, reduzindo o *gap* informacional e aproximando o contribuinte do ideal de cidadania fiscal.

No caso do e-CAC, percebe-se que a maior oportunidade de aperfeiçoamento está na ampliação do escopo e efetividade do atendimento. Embora o serviço funcione como um suporte para informações mais básicas, poderia contar com profissionais com maior qualificação técnica e/ou mandato para, efetivamente, resolver demandas mais complexas – cujo acesso e discussão pelo contribuinte ainda são repletos de entraves burocráticos.

Já no âmbito estadual, importante exemplo é o da TERESA, atendente virtual da SEFAZ do Piauí, criada no âmbito do Programa Pró-Fisco, vem ao encontro do exercício da cidadania fiscal, demonstrando seu sucesso com mais de 5 mil atendimentos mensais no primeiro semestre de 2020[24].

Às autoridades fiscais não restam dúvidas de que o conhecimento tributário leva a uma melhor conformidade fiscal. No trabalho em que combinou projetos de educação em um relatório de fontes globais[25], os técnicos da OCDE notaram a dificuldade de mudar as percepções dos contribuintes quanto maior a idade, o que fez com alguns países, como Ruanda, Jamaica, Quênia, Ilhas Maurício, Marrocos e Peru iniciem seus projetos de educação de contribuintes em nível escolar[26]. No Burundi, na África Ocidental, os alunos são treinados para auxiliar contribuintes de baixa renda e pequenas empresas em seus assuntos fiscais.

A OCDE relata ainda que muitos países reconhecem que a nova era tecnológica requer novos treinamentos, razão pela qual Colômbia, Estônia, El Salvador e Chile já oferecem educação fiscal *online* para estudantes e educadores. O Uruguai, por exemplo, através do denominado Plano Ceibal, fornece às crianças atividades fiscais eletrônicas em um computador portátil. Outros países, como Índia e África do Sul, utilizam-se de anúncios

[24] SECRETARIA DE FAZENDA DO ESTADO DO PIAUÍ. *Sefaz Amplia Serviços de Atendimento Virtual*, 2021. Disponível em: <https://portal.sefaz.pi.gov.br/noticias/sefaz-amplia-servicos-de-atendimento-virtual>. Acesso em: 22 de abril de 2022.

[25] OCDE. *Building Tax Culture, Compliance and Citizenship: A Global Source Book on Taxpayer Education*. Paris: OECD Publishing, 2ª ed., 2021. Disponível em: <https://www.oecd.org/tax/building-tax-culture-compliance-and-citizenship-second-edition-18585eb1-en.htm>. Acesso em: 24 de abril de 2022.

[26] Ver OCDE et. al. *Building Tax Culture, Compliance and Citizenship: A Global Source Book on Taxpayer Education*. Paris: OECD Publishing, 1ª ed., 2015. Disponível em: <https://www.oecd-ilibrary.org/taxation/building-tax-culture-compliance-and-citizenship_9789264205154-en>. Acesso em: 22 de abril de 2022.

televisivos, enquanto a Nigéria promove o pagamento de impostos por meio de uma telenovela[27]

As novas tecnologias geram ainda mais oportunidades para atingir o contribuinte e otimizar a arrecadação tributária, especialmente aos jovens, pelos quais as administrações fiscais visam provocar uma mudança cultural de longo prazo.

Comparativamente, a gamificação (técnicas de *design* de jogos voltadas à educação) fiscal no Brasil ainda é muito incipiente. Existem iniciativas como a da Controladoria-Geral do Estado do Mato Grosso do Sul intitulado "Cidadão Quiz – Game educativo sobre cidadania e Educação Fiscal" e outros projetos acadêmicos como o "Game ODS", "Cidadão Infiltrado" e "Game da Educação Fiscal"[28], todas atuações pontuais e não coordenadas entre as esferas da federação.

Diante do crescimento do mercado *peer-to-peer* essa conscientização dos contribuintes individuais passa a ser ainda mais relevante, na medida em que as relações econômicas se encontram desierarquizadas. A outrora concentração das vendas é diluída entre os *peers* (que se encontram concentrados nas plataformas, mas são contribuintes individuais), o que faz com que a educação e informação tenham que chegar, cada vez mais, a uma ampla coletividade.

2.2. Engajamento direto

Estudo recente da OCDE e da Comissão Econômica para a América Latina e o Caribe (CEPAL/ONU) indica uma ligação entre a moral tributária – a percepção dos cidadãos sobre questões tributárias – e a percepção da qualidade dos gastos sociais[29]. Em outras palavras, as pessoas que recebem serviços públicos de boa qualidade estão mais dispostas a pagar tributos. A baixa moralidade tributária, por sua vez, não apenas enfraquece o compromisso dos cidadãos com o projeto social comum (seja nacional,

[27] ALAKAM, Japhet. *Nigeria: Firs's New Drama Series Harps On Tax Compliance,* 2013. Disponível em: <https://allafrica.com/stories/201308051996.html>. Acesso em: 24 de abril de 2022.

[28] SECRETARIA DE FAZENDA DO ESTADO DO PARANÁ. *Games Auxiliam na Educação Fiscal de Crianças e Jovens,* 2021. Disponível em: <https://www.fazenda.pr.gov.br/Noticia/Games-auxiliam-na-educacao-fiscal-de-criancas-e-jovens>. Acesso em: 24 de abril de 2022.

[29] OCDE et. al. *Latin American Economic Outlook 2021: Working Together for a Better Recovery.* Paris: OECD Publishing, pp. 45-46, 2021. Disponível em: <https://repositorio.cepal.org/bitstream/handle/11362/47519/3/2100931_en.pdf>. Acesso em: 24 de abril de 2022.

estadual ou municipal), mas também reforça um círculo vicioso: as pessoas justificam não pagar seus impostos alegando que o Estado não está cumprindo sua parte na barganha social; o que leva à insuficiência de receita para melhorar os serviços e fortalece as escusas para a evasão fiscal – e assim o ciclo se perpetua.

O enorme alcance dos sistemas tributários modernos exige um novo modelo de comunicação que convença os contribuintes, em vez de forçá-los, a pagar impostos. O referido estudo conjunto da OCDE com a CEPAL ainda demonstra que esses esforços são especialmente relevantes naqueles países onde as administrações tributárias foram historicamente percebidas como agentes coercitivos e repressivos[30]. No entanto, embora as administrações fiscais possam ter mudado, as percepções causadas podem levar algum tempo para serem recuperadas.

Daí a ideia de conectar o cumprimento fiscal à cidadania e aos valores que defendem a responsabilidade coletiva e a convivência democrática, em um verdadeiro ideal de *e-government* que leva a um verdadeiro *compliance* fiscal – o que perpassa pela educação e informação, mas não só.

Podem ser utilizadas, por exemplo, as mais variadas estratégias de arquitetura de escolha (ou *nudge*) que, de modo não coercitivo, induza os contribuintes a adimplirem com suas obrigações tributárias.

Exemplo de estratégia de *nudge* é a criação de um efeito manada, como no exemplo destacado por Thaler e Sunstein[31] ao discorrerem sobre um experimento comportamental realizado no estado norte-americano de Minnesota. Na ocasião, contribuintes foram divididos em quatro grupos e cada grupo recebeu uma informação diferente: os primeiros foram informados sobre a destinação de seus tributos, em bons projetos educacionais e de segurança pública; os segundos foram ameaçados com informações acerca dos riscos de punição pelo inadimplemento; os integrantes do terceiro foram informados sobre como buscar ajuda se estiverem confusos com o preenchimento de declarações; e, por fim, o quarto grupo recebeu a informação de mais de 90% dos contribuintes do estado já haviam cumprido por completo com suas obrigações tributárias.

A pesquisa demonstrou um aumento significativo no adimplemento em apenas um dos grupos, o quarto, o que leva a crer que a percepção

[30] *Ibid.*, p. 54.

[31] SUNSTEIN, Cass; THALER, Richard. *Nudge: Improving Decisions about Health, Wealth, and Happiness*. Yale University Press, p. 66, 2008.

de que as taxas de inadimplemento são elevadas serve de incentivo para que contribuintes descumpram suas obrigações tributárias; enquanto são igualmente incentivados positivamente pelo comportamento dos demais.

Em suma, precisamos reconhecer que o indivíduo gosta de se sentir parte importante e atuante da realidade em que está inserido. É por essa razão que tenderá a reverter a condição de ser um dos poucos contribuintes a não colaborar, atrapalhando um projeto coletivo, no exemplo trazido acima, como se tornará também mais propenso a cumprir com suas atribuições quando envolvido nos respectivos resultados, por meio de canais participativos, cuja estruturação é substancialmente facilitada pelo contexto digital.

A Austrália, por exemplo, criou o *Board of Taxation*, que é um órgão consultivo não estatutário encarregado de contribuir, com uma perspectiva empresarial e comunitária ampla, para o aprimoramento das leis tributárias e operacionalização das estratégias fiscais. O *Board of Taxation* traz uma perspectiva *multistakeholder* que legitima o processo tributário através da participação social.

O engajamento direto também pode ser incentivado pela informatização e facilitação dos processos aos quais estão submetidos os contribuintes. O preenchimento eletrônico de declarações está sendo amplamente disponível em diversos países, como no Brasil, onde o Sistema Público de Escrituração Digital (SPED) é pioneiro na unificação de informações fiscais que, por um lado, auxiliam o controle exercido pela administração tributária – inclusive pelo cruzamento de dados, enquanto, por outro, diminui os custos administrativos do contribuinte, aumenta sua segurança e agiliza procedimentos sujeitos ao controle da administração (como compensações tributárias e usufruto de regimes especiais), o gera um ciclo positivo no fornecimento de cada vez mais informações.

A OCDE estimou que, em um lapso temporal de 10 (dez) anos (2009-2019), divulgações voluntárias renderam 462 milhões de euros na Austrália, 13,6 bilhões no Brasil, quase 6 bilhões na Alemanha, 29 milhões na Hungria, 54 milhões no Luxemburgo e mais de 900 milhões no México[32].

[32] OCDE. *Transparency and Exchange of Information for Tax Purposes Multilateral Co-operation Changing the World*. Paris: OECD Publishing, p. 32, 2019. Disponível em: <https://www.oecd.org/tax/transparency/global-forum-10-years-report.pdf>. Acesso em: 24 de abril de 2022.

2.3. Cooperação com os contribuintes

Associado ao engajamento direto – no qual incluímos estratégias relacionadas à voluntariedade do contribuinte de direito em adimplir com suas obrigações tributárias – está a cooperação com contribuintes – isto é, os mecanismos pelos quais a interlocução com um grupo de contribuintes se torna um meio de incentivar ou mesmo coagir outro grupo a cumprir com suas obrigações.

Não deixa de se estar diante de um processo educativo, mas ao invés do enfoque na informação ou no *compliance* fiscal, busca-se a indução de resultados em outros contribuintes que não são necessariamente aqueles que participam ativamente das estratégias de cooperação.

Estratégias de *self-reporting*, por exemplo, como a Nota Fiscal Eletrônica, faz com que os indivíduos exijam a declaração dos bens e serviços que consomem, pois, pelo registro fiscal do CPF do consumidor, o mesmo aufere benefícios, por meio da participação de sorteios e abatimento de impostos (usualmente sobre a propriedade de imóveis e veículos automotores). De outro lado, para o contribuinte de fato, é imposta uma barreira à informalidade e à sonegação. Os contribuintes-consumidores são incentivados a agirem, na prática, como fiscais – o que se dá mesmo nas relações nas plataformas digitais, que já contém campos para a inserção do CPF do consumidor.

Outro exemplo interessantíssimo é o da *Tax and Customs Board* da Estônia, que dá notas para as empresas de acordo com sua conformidade fiscal. Essas notas são públicas e a transparência social acaba criando efeitos coercitivos benéficos para os cidadãos – bem como podem ser utilizadas positivamente por *sellers* que estão tentando se estabelecer e gerar confiança no meio digital.

2.4. Cooperação com as plataformas digitais

O escopo das obrigações legais e a extensão da responsabilidade das plataformas digitais pelos produtos e serviços comercializados por seu intermédio têm amplas implicações tributárias. Essas implicações surgem na verificação de como é operacionalizado o pagamento, os repasses aos fornecedores e descontos de taxas de serviço, com suas implicações tributárias diretas, e se estendem ao amplo volume de dados de transações tutelados pelas plataformas.

A título de exemplo, as plataformas que operam reservas de apartamentos podem optar por faturar a sua taxa apenas a uma ou a ambas as partes, enquanto as partes providenciam em privado o pagamento do serviço ou podem optar por cobrar do cliente o preço integral, com a taxa de comissão embutida, e depois transferir o pagamento do serviço para o fornecedor. Neste último caso, poderia a plataforma se abster de toda e qualquer responsabilidade tributária?

A questão gerou controvérsia na cidade de Amsterdã, na Holanda, onde desde 2012 são frequentes os embates regulatórios, notadamente no que refere ao cumprimento das regras de hospedagem e na recusa da plataforma em realizar a fiscalização interna dos usuários, ou mesmo em fornecer informações para auxiliar a administração a fazê-lo.

Em 2014, então, o Airbnb e a cidade de Amsterdã firmaram um acordo que incluía a retenção, pela plataforma, das taxas de turismo que seriam devidas pelos anfitriões responsáveis pelas hospedagens, tradicionalmente pagas por hotéis. Certamente, mecanismos como esse otimizam a atividade do fisco, embora Lee observe que subsiste um sério lapso de fiscalização, que perpassa pela ausência de colaboração da plataforma no que se refere ao fornecimento de informações sobre as transações[33].

No México, desde 2020, já se faz retenção tributária por meio de plataformas, como as de delivery de alimentos e aluguel por temporada, que são responsáveis pelo recolhimento da tributação sobre a renda e o consumo, em substituição ao vendedor ou locador[34]. Adicionalmente, a Cidade do México ainda instituiu uma tributação de 2% (dois por cento) sobre os valores cobrados pelas plataformas para intermediação[35].

Já na França as plataformas também funcionam como agentes colaboradores por sua obrigação de informar todas as transações realizadas em seu âmbito[36], além de auxiliarem no recolhimento voluntário de tributos,

[33] LEE, Tom. *Uberização: A Nova Onda do Trabalho Precarizado*. Trad.: João Peres; notas da ed. Tadeu Breda, João Peres. São Paulo: Editora Elefante, pp. 44-48, 2017.

[34] SERVICIO DE ADMINISTRACIÓN TRIBUTARIA. *Plataformas Tecnológicas de Servicios Digitales: ¿Cuáles son los Servicios Digitales Sujetos de Impuesto al Valor Agregado (IVA)?*, 2020. Disponível em: <http://omawww.sat.gob.mx/plataformastecnologicas/Paginas/PlataformasTecnologicas_ServiciosDigitales/pt_sd_inicio.html>. Acesso em: 24 de abril de 2022.

[35] GOBIERNO DE LA CIUDAD DE MÉXICO. Artículo 307 Ter. Gaceta Oficial de la Ciudad de México de 30 de Diciembre de 2021, n. 758, tomo I, pp. 62-63, 2021. Disponível em: <https://data.consejeria.cdmx.gob.mx/portal_old/uploads/gacetas/6d3c8c39ab3ee36ed5b951ae4866767b.pdf>. Acesso em: 24 de abril de 2022.

[36] PWC SOCIÉTÉ D'AVOCATS. *Réforme 2023/2025 ou la Généralisation de la Facturation Électronique en France: Les Contours du Rapport de la DGFIP*, 2020. Disponível em: <https://

na medida em que têm que encaminhar anualmente, a cada indivíduo que vendeu bens, prestou serviços ou efetuou trocas, um extrato de seus ingressos, indicando quanto têm que pagar *Value-Added Tax (VAT)*, e o *link* para a página de pagamento da administração tributária.

As plataformas digitais que operam na França também estão sujeitas à tributação específica sobre seu serviço de intermediação, caso tenham receita global maior que 750 milhões de euros ou obtenham na França receita superior a 25 milhões de euros. O imposto denominado GAFA – no acrônimo para Google, Apple, Facebook and Amazon, foi aprovado em meados de 2019, com a alíquota de 3%[37].

Acredita-se que a tributação dos serviços de intermediação tenha valor para além do arrecadatório, consistente na mensuração do fluxo de operações que passam pelas plataformas. Paradoxalmente, é imensurável o espaço para sonegação, potencializado pela ausência de transparência acerca do volume e valores das transações. Nesse contexto, o ideal seria buscar formatos em que tanto os *peers* (vendedores e locadores, por exemplo) quanto as plataformas tenham responsabilidades, o que permitiria o cruzamento de informações e preveniria a evasão fiscal.

Também deve ser observado o potencial de ganho das plataformas digitais com estratégias de cooperação, especialmente considerando-se que a regulação dessas atividades ainda é incipiente e há muito espaço para barganhas. É possível, por exemplo, que se estabeleça regramentos menos rígidos ou mesmo que se conceda benefícios tributários em razão do auxílio direto (retenção) ou indireto (informação) à administração.

2.5. A cooperação jurisdicional

Em um mundo cujas fronteiras não são mais bem delimitadas, é fundamental que não só os diferentes entes de um mesmo Estado, mas os próprios Estados cooperem entre si, a fim de compartilhar informações e evitar tanto a dupla tributação quanto a dupla não tributação.

Na ausência de uma governança global bem estruturada, o G20 vem desempenhando relevante papel na pressão das organizações internacio-

www.pwcavocats.com/fr/ealertes/ealertes-international/2020/reform-2023-2025-or-the-generalisation-of-e-invoicing-in-france.html>. Acesso em: 24 de abril de 2022.

37 GOUVERNEMENT FRANÇAIS. *Taxation: The Outlines of the GAFA Tax Revealed*, 2019. Disponível em: <https://www.gouvernement.fr/en/taxation-the-outlines-of-the-gafa-tax-revealed>. Acesso em: 24 de abril de 2022.

nais, o que preocupa na perspectiva de que os diálogos podem não englobar devidamente as particularidades atinentes aos países mais pobres. Não obstante, é inegável a importância de que se desenvolvam mecanismos cooperativos transfronteiriços para endereçar a tributação das plataformas digitais, que, domiciliadas em um país, intermediam o consumo *peer-to-peer* entre indivíduos de diversos outros. As próprias estratégias de cooperação com contribuintes e plataformas, descritas supra, se beneficiariam da cooperação entre jurisdições.

Com a rede ampliada de cooperação subsidiada pela OCDE, é fato que o fluxo de informações entre as jurisdições se intensificou. O número de pedidos de informação, por exemplo, mais do que duplicou entre 2009 e 2018. Em dez anos, mais de 250.000 pedidos[38] foram recebidos pelos membros do *Global Forum on Transparency and Exchange of Information for Tax Purpose*, que já conta com 163 membros[39]. A maior lacuna ainda residiria na construção de estratégias efetivas para além da pura troca de dados, para coibir os paraísos fiscais e combater a erosão de bases pela transferência interestadual de lucros, na linha do proposto pela OCDE no Projeto BEPS (*base erosion and profit shifting*)[40].

A problemática está envolta, especialmente, no fato de inexistir acordo internacional sobre como e onde tributar adequadamente a economia digital e muito menos, o tipo de ações de controle que devem ser realizadas pelas administrações tributárias. Continua-se a tributar empresas e plataformas majoritariamente conforme sua presença física, o que, em uma dinâmica 4.0, faz com que não enfrentem grandes complexidades na migração e instalação nos países que ofereçam o menor ônus fiscal, com tributação baixa ou nula.

[38] Ver OCDE. *Transparency and Exchange of Information for Tax Purposes Multilateral Co-operation Changing the World*. Paris: OECD Publishing, 2019. Disponível em: <https://www.oecd.org/tax/transparency/global-forum-10-years-report.pdf>. Acesso em: 24 de abril de 2022.

[39] Ver *Id. Global Forum on Transparency and Exchange of Information for Tax Purposes*, 2010. Disponível em: <https://www.oecd.org/tax/transparency/>. Acesso em: 24 de abril de 2022.

[40] Como bem observa Ana Paula Dourado, à ausência de governa global *"Há dois grupos de respostas: a troca de informações para efeitos fiscais, apregoada desde o início de 2009 como padrão a ser adotado por todas as jurisdições dos cinco continentes, e a anunciada eliminação dos paraísos fiscais; e, desde 2012, o combate à erosão de bases fiscais através da transferência interestadual de lucros (o comportamento designado em inglês por Base Erosion Profit Shifting (BEPS)), num quadro de boa governação fiscal."* DOURADO, Ana Paula. *Governação Fiscal Global*. Coimbra: Almedina, 2ª ed., p. 13, 2018.

Aliás, o Projeto BEPS parte da tríade coerência, substância e transparência para endereçar a problemática, de onde advém importantes diretrizes – como para definição de estabelecimento permanente (ação 7) e sobre preços de transferência (ações 8 a 10) – que precisam, no entanto, ganhar maior aplicabilidade prática. A ideia é prevenir a ocorrência de casos como o da Apple na Irlanda, do ano de 2016, quando a Comissão Europeia descobriu que o Estado irlandês teria facilitado as estratégias internacionais de evasão fiscal da empresa, ao permitir que a gigante da tecnologia, com sede nos EUA, se instalasse no país europeu sem pagar sequer seu imposto corporativo padrão de 12,5%, que foi substituído pela alíquota de 0,005%[41].

Precisamente, o cerne do debate não são apenas os montantes substanciais que os Estados deixam de arrecadar, mas também a enorme desigualdade entre os impostos cobrados dos "gigantes digitais" e de outros contribuintes.

Para endereçar tal situação é necessário que as autoridades tributárias tenham à disposição informações sobre os agentes e suas atividades econômicas, bem como capacidade regulatória para a determinação de suas obrigações e capacidade gerencial para aplicação eficiente da legislação. Nesse contexto, a OCDE lançou uma nova estrutura de relatórios fiscais globais, o *Model Rules for Reporting by Platform Operators with respect to Sellers in the Sharing and Gig Economy* (MRDP)[42], sob o qual as plataformas digitais são obrigadas a recolher informações sobre os rendimentos auferidos por quem oferece alojamento, transporte e serviços pessoais através de plataformas e a reportar a informação às autoridades fiscais.

O que se observa, portanto, é um avanço gradual de estratégias de cooperação entre jurisdições, mas as experiências práticas ainda demonstram que ainda há um longo caminho a seguir e uma série de instrumentos e conceitos a aperfeiçoar, especialmente diante da perda de influência do conceito de territorialidade.

[41] KOTTASOVA, Ivana. *How Apple Paid just 0.005% Tax on its Global Profits*, 2016. Disponível em: <https://money.cnn.com/2016/08/30/technology/apple-tax-ruling-numbers/>. Acesso em: 24 de abril de 2022.

[42] Ver OCDE. *Model Rules for Reporting by Platform Operators with respect to Sellers in the Sharing and Gig Economy*. Paris: OECD Publishing, 2020. Disponível em: <https://www.oecd.org/tax/exchange-of-tax-information/model-rules-for-reporting-by-platform-operators-with-respect-to-sellers-in-the-sharing-and-gig-economy.pdf>. Acesso em: 24 de abril de 2022.

Conclusões

Não há receita pronta para a tributação da economia digital, nem mesmo para endereçar a ascensão e expansão do comércio *peer-to-peer* por meio das plataformas digitais. O que se verifica, contudo, é que as soluções são esparsas e que inexiste solução que advenha de uma simples transformação no *design* tributário de um país. Outras ferramentas práticas precisam ser observadas pela administração tributária e muitos já são os exemplos e modelos que têm se mostrado efetivos ou, minimamente, promissores para evitar a evasão fiscal no cenário digital.

É nesse contexto que, com base nas análises da OCDE sobre o tema, especialmente do estudo denominado *The Sharing and Gig Economy: Effective Taxations of Platfom Sellers,* propusemos cinco grupos de estratégias a serem observadas, que denominamos como pilares da administração tributária 4.0.

Da observância desses cinco eixos de atuação, observamos que as estratégias já implementadas ao redor do mundo são muitas, porém na maioria das vezes são geograficamente isoladas. Embora a OCDE tenha um forte papel na estipulação de *guidelines* sobre o tema, ainda há muito a ser desenvolvido em termos de políticas de cooperação.

Também consideramos de máxima importância a análise dos exemplos – mesmo os isolados – contemplados exemplificativamente neste trabalho, bem como a busca por outros recursos que possam auxiliar o desenvolvimento nacional de cada um dos cinco pilares. Temos muito a aprender com as ideias e experiências uns dos outros.

Percebe-se que o Brasil, enquanto se destaca pelas estratégias de informação, carece de mais políticas educativas. Igualmente, o país é pioneiro em estratégias como o SPED e a Nota Fiscal Eletrônica, que fomentam o engajamento direto e a cooperação com contribuintes, mas estamos longe de implementar mecanismos de *e-government* e outros que aumentem a confiança dos contribuintes na atividade estatal.

Acredita-se ser importante, ainda, que se desenvolvam estratégias de cooperação com plataformas, o que ainda não é uma realidade no país. No âmbito da cooperação jurisdicional, por sua vez, a presença cada vez mais forte do Brasil na OCDE é de suma relevância, considerando-se que, nesse âmbito, há maior dificuldade no desenvolvimento de estratégias isoladas.

Todas as estratégias neste analisadas apenas ressaltam a complexidade de tributar as plataformas digitais, mas, especialmente, demonstram que parte do caminho está na evolução e adequação da administração tributária para a nova realidade 4.0 e que ideias de como fazê-lo não faltam, embora precisem ser mais divulgadas, discutidas e aprimoradas.

Referências

AFONSO, José Roberto R.; PORTO, Lais Khaled. Tributação sem Futuro. In: AFONSO, José Roberto. SANTANA, Hadassah Laís (coord.). *Tributação 4.0*. São Paulo: Almedina, 2020.

AFONSO, José Roberto R.; PORTO, Lais Khaled; FUCK, Luciano Felício. Sistema Constitucional *versus* Novos (e Desconhecidos) Tributos. In: AFONSO, José Roberto. SANTANA, Hadassah Laís (coord.). *Tributação 4.0*. São Paulo: Almedina, 2020.

ALAKAM, Japhet. *Nigeria: Firs's New Drama Series Harps On Tax Compliance*, 2013. Disponível em: <https://allafrica.com/stories/201308051996.html>. Acesso em: 24 de abril de 2022.

ASLAM, Aqib; SHAH, Alpa. *Taxation and the Peer-to-Peer Economy*. Washington, D.C.: IMF Working Paper No. 17/187, 2017. Disponível em: <https://papers.ssrn.com/sol3/papers.cfm?abstract_id=3030778>. Acesso em: 24 de abril de 2022.

BARON, Justus et al. *Making the Rules: The Governance of Standard Development Organizations and their Policies on Intellectual Property Rights*. Luxemburgo: Publications Office of the European Union, 2019. Disponível em: <https://papers.ssrn.com/sol3/papers.cfm?abstract_id=3364722>. Acesso em: 17 de abril de 2022.

BRASIL. Receita Federal do Brasil. *Portaria RFB nº 896, de 05 de abril de 2012*. Disciplina as atividades relacionadas à Educação Fiscal no âmbito da Secretaria da Receita Federal do Brasil. Diário Oficial da União, 9 de abril de 2012, Seção 1, p. 50. Disponível em: <http://normas.receita.fazenda.gov.br/sijut2consulta/link.action?visao=anotado&idAto=37706>. Acesso em: 24 de abril de 2022.

BRYNJOLFSSON, Erik; MCAFEE, Andrew. *The Second Machine Age: Work, Progress and Prosperity in a Time of Brilliant Technologies*. Nova Iorque: W. W. Norton & Company, 2014.

DE MELLO, Luiz; TER-MINASSIAN, Teresa. *Digitalisation Challenges and Opportunities for Subnational Governments*. Paris: OECD Publishing, p. 8, 2020. Disponível em: <https://joserobertoafonso.com.br/digitalisation-challenges-mello-ter-minassian/>. Acesso em: 22 de abril de 2022.

DOURADO, Ana Paula. *Governação Fiscal Global*. Coimbra: Almedina, 2ª ed., 2018.

FRAZÃO, Ana. Plataformas Digitais e os Desafios para a Regulação Jurídica. In: PARENTONI, Leonardo (coord.); GONTIJO, Bruno Miranda; LIMA, Henrique Cunha Souza. *Direito, Tecnologia e Inovação*. Belo Horizonte:D`Plácido, v. 1, 2018.

GOBIERNO DE LA CIUDAD DE MÉXICO. Artículo 307 Ter. Gaceta Oficial de la Ciudad de México de 30 de Diciembre de 2021, n. 758, tomo I, pp. 62-63, 2021. Disponível em: <https://data.consejeria.cdmx.gob.mx/portal_old/uploads/gacetas/6d3c8c39ab3ee36ed5b951ae4866767b.pdf>. Acesso em: 24 de abril de 2022.

GOUVERNEMENT FRANÇAIS. *Taxation: The Outlines of the GAFA Tax Revealed*, 2019. Disponível em: <https://www.gouvernement.fr/en/taxation-the-outlines-of-the-gafa-tax-revealed>. Acesso em: 24 de abril de 2022.

HAGIU, Andrei. Strategic Decisions for Multisided Platforms. *MIT Sloan Management Review*, v. 55, n. 2, 2014.

KOTTASOVA, Ivana. *How Apple Paid just 0.005% Tax on its Global Profits*, 2016. Disponível em: <https://money.cnn.com/2016/08/30/technology/apple-tax-ruling-numbers/>. Acesso em: 24 de abril de 2022.

LEE, Tom. *Uberização: A Nova Onda do Trabalho Precarizado*. Trad.: João Peres; notas da ed. Tadeu Breda, João Peres. São Paulo: Editora Elefante, 2017

OCDE. *BEPS 2015 Final Reports*, 2015. Disponível em: <https://www.oecd.org/ctp/beps-2015-final-reports.htm>. Acesso em: 24 de abril de 2022.

OCDE. *Building Tax Culture, Compliance and Citizenship: A Global Source Book on Taxpayer Education*. Paris: OECD Publishing, 2ª ed., 2021. Disponível em: <https://www.oecd.org/tax/building-tax-culture-compliance-and-citizenship-second-edition-18585eb1-en.htm>. Acesso em: 24 de abril de 2022.

OCDE et. al. *Latin American Economic Outlook 2021: Working Together for a Better Recovery*. Paris: OECD Publishing, pp. 45-46, 2021. Disponível em: <https://repositorio.cepal.org/bitstream/handle/11362/47519/3/2100931_en.pdf>. Acesso em: 24 de abril de 2022.

OCDE et. al. *Supporting the Development of More Effective Tax Systems: A Report to the G-20 Development Working Group by the IMF, OECD, UN and World Bank*. Paris: OECD Publishing, 2011. Disponível em: <https://www.oecd.org/ctp/48993634.pdf>. Acesso em: 22 de abril de 2022.

OCDE. *Global Forum on Transparency and Exchange of Information for Tax Purposes*, 2010. Disponível em: <https://www.oecd.org/tax/transparency/>. Acesso em: 24 de abril de 2022.

OCDE. *Model Rules for Reporting by Platform Operators with respect to Sellers in the Sharing and Gig Economy*. Paris: OECD Publishing, 2020. Disponível em: <https://www.oecd.org/tax/exchange-of-tax-information/model-rules-for-reporting-by-platform-operators-with-respect-to-sellers-in-the-sharing-and-gig-economy.pdf>. Acesso em: 24 de abril de 2022

OCDE. *Tax and Development: Aid Modalities for Strengthening Tax Systems*. Paris: OECD Publishing, p. 36, 2013. Disponível em: <https://www.oecd-ilibrary.org/development/tax-and-development_9789264177581-en>. Acesso em: 22 de abril de 2022.

OCDE. *Technology Tools to Tackle Tax Evasion and Tax Fraud*. Paris: OECD Publishing, 2017. Disponível em: <https://www.oecd.org/tax/crime/technology-tools-to-tackle-tax-evasion-and-tax-fraud.htm>. Acesso em: 24 de abril de 2022.

OCDE. *The Sharing and Gig Economy: Effective Taxation of Platform Sellers: Forum on Tax Administration*. Paris: OECD Publishing, p. 43, 2019. Disponível em: <https://www.oecd.org/tax/the-sharing-and-gig-economy-effective-taxation-of-platform-sellers-574b61f8-en.htm>. Acesso em: 22 de abril de 2022.

OCDE. *Transparency and Exchange of Information for Tax Purposes Multilateral Co-operation Changing the World*. Paris: OECD Publishing, 2019. Disponível em: <https://www.oecd.org/tax/transparency/global-forum-10-years-report.pdf>. Acesso em: 24 de abril de 2022.

PWC SOCIÉTÉ D'AVOCATS. *Réforme 2023/2025 ou la Généralisation de la Facturation Électronique en France: Les Contours du Rapport de la DGFIP*, 2020. Disponível em: <https://www.pwcavocats.com/fr/ealertes/ealertes-international/2020/reform-2023-2025-or-the-generalisation-of-e-invoicing-in-france.html>. Acesso em: 24 de abril de 2022.

SANTORO, M. et al. *Web Application Programming Interfaces (APIs): General-Purpose Standards, Terms and European Commission Initiatives.* Luxemburgo: Publications Office of the European Union, 2019. Disponível em: <https://core.ac.uk/download/pdf/237642158.pdf>. Acesso em: 17 de abril de 2022.

SECRETARIA DE ESTADO DE FAZENDA DE MINAS GERAIS. *Programa Nacional de Educação Fiscal Convite à Cidadania,* 2022. Disponível em: <http://www.fazenda.mg.gov.br/cidadaos/educacao_fiscal/programas/pnef.html>. Acesso em: 22 de abril de 2022.

SECRETARIA DE FAZENDA DO ESTADO DO PIAUÍ. *Sefaz Amplia Serviços de Atendimento Virtual,* 2021. Disponível em: <https://portal.sefaz.pi.gov.br/noticias/sefaz-amplia-servicos-de-atendimento-virtual>. Acesso em: 22 de abril de 2022.

SECRETARIA DE FAZENDA DO ESTADO DO PARANÁ. *Games Auxiliam na Educação Fiscal de Crianças e Jovens,* 2021. Disponível em: <https://www.fazenda.pr.gov.br/Noticia/Games-auxiliam-na-educacao-fiscal-de-criancas-e-jovens>. Acesso em: 24 de abril de 2022.

SCHWAB, Klaus. *A Quarta Revolução Industrial.* Trad. Daniel Moreira Miranda. São Paulo: Edipro, 2016.

SERVICIO DE ADMINISTRACIÓN TRIBUTARIA. *Plataformas Tecnológicas de Servicios Digitales: ¿Cuáles son los Servicios Digitales Sujetos de Impuesto al Valor Agregado (IVA)?,* 2020. Disponível em: <http://omawww.sat.gob.mx/plataformastecnologicas/Paginas/PlataformasTecnologicas_ServiciosDigitales/pt_sd_inicio.html>. Acesso em: 24 de abril de 2022

SUNDARARAJAN, Arun. *Economia Compartilhada: O Fim do Emprego e Ascensão do Capitalismo de Multidão.* Trad.: André Botelho. São Paulo: Editora Senac, 2018.

SUNSTEIN, Cass; THALER, Richard. *Nudge: Improving Decisions about Health, Wealth, and Happiness.* Yale University Press, 2008

3
DIGITAL NUDGING: CONSIDERAÇÕES ACERCA DO USO DE *LEGAL DESIGN* NAS OPERAÇÕES ENTRE OS ENTES FISCAIS E O CONTRIBUINTE

EDILSON DA SILVA MEDEIROS JUNIOR

Introdução

Em dados recentes, retira-se que 82,7% (oitenta e dois vírgula sete por cento) dos brasileiros dispõe de acesso à internet em casa. Em razão da pandemia, o processo de digitalização dos serviços avançou rapidamente. Diz-se que se antecipou dez anos, em apenas um. Deixando de lado eventuais exageros que possam ocorrer, é certo que muitos serviços do âmbito da atuação fiscal estatal passaram a ser realizados de forma híbrida ou exclusivamente por meio do ambiente digital.

A preocupação que surge é se o contribuinte, e o próprio Estado, estão preparados para lidar com esse tipo de relação digital? Cerca de 50% (cinquenta por cento) da população de 25 (vinte e cinco) anos ou mais tem formação de até um ensino médio incompleto. Tais números apontam para grau de compreensão inadequada, inclusive do uso de termos de natureza técnica nos sítios eletrônicos da Receita Federal, transformando o ambiente digital em uma verdadeira muralha intransponível para a maior parte da população destinatária de tais serviços.

A proposta é que sejam aproveitados elementos do *legal design* nessa relação. O *legal design* nada mais é que uma proposta de unir o âmbito jurídico com elementos de *design* objetivando torná-los acessíveis aos seus destinatários. Ocorre que, diante do *gap* de informações existente entre os contribuintes, a proposta deve ser estendida a uma combinação dos elementos visuais apresentados pelo *legal design* às técnicas de indução comportamental no ambiente digital, por meio do *digital nudging*.

O *digital nudging* utiliza-se do reconhecimento da racionalidade limitada dos sujeitos, para, fazendo uso de heurísticas e vieses existentes no processo decisório, direcionando as decisões dos usuários dos serviços digitais às melhores opções capazes de beneficiá-los, sem que sejam excluídas as possibilidades de opção em sentido contrário.

Destaca-se que a transição entre essas abordagens, passa por elementos interdisciplinares, envolvendo, dentre outras áreas de conhecimento, a psicologia, em especial, a psicologia fiscal, que contribui ao identificar os principais elementos da relação entre estado-fiscal e contribuinte que geram atritos e que devem ser contornados, reconhecendo-se ainda elementos inerentes às formações sociais, em especial, dos países de origem latina.

Ao final, o presente trabalho pretende propor alguns aproveitamentos de heurísticas e vieses para aplicação no âmbito digital, destacando falhas, atualmente observáveis, no que se refere às comunicações entre estado e contribuinte, fornecendo elementos para que outros estudos, partindo dessas premissas, possam verificar os seus benefícios por meio de análises empíricas, que só podem ser desenvolvidas por servidores e pesquisadores inseridos no seio da administração fazendária, uma vez que tais elementos de informação encontra-se, em muitos casos, abrangido pelo sigilo fiscal, dificultando, severamente, levantamentos e apresentações de dados mais concretos.

1. *Nudges* e sua influência no processo decisório

Nudges nada mais são que incentivos ou "conduções" oferecidas ao processo decisório, que faz uso de heurísticas e vieses, os quais influenciam diretamente no processo decisório, de maneira previsível, barata e fácil de evitar.[1]

A sua construção teórica se deu através das pesquisas de Richard H. Thaler, professor da *University of Chicago*, membro da *National Academy of Science*, da *American Academy of Arts and Sciences* e pesquisador na área de economia comportamental, finanças e psicologia do processo decisório, e Cass R. Sunstein, professor em Havard, fundador e diretor do *Program on Behavioral Economics and Public Policy* na *Harvard Law School*, e, atualmente, desenvolve trabalhos em diversos projetos, dentre os quais *regulatory state*, *"sludge"*, *fake news* e liberdade de expressão.

[1] HALER, Richard H.; SUNSTEIN, Cass R., *Nudge: Como tomar melhores decisões sobre saúde, dinheiro e felicidade,* 1ª ed. Rio de Janeiro: Objetiva, 2019, p. 10.

Em suas pesquisas, ambos identificaram a possibilidade de dirigir o processo decisório do público ao qual fossem dirigidas técnicas de *nudge*, fazendo-se uso de alterações na arquitetura de escolhas envolvida, com uso de baixos recursos ou ainda com custos irrisórios.

Para tanto, foram promovidos e observados diversos experimentos. A título exemplificativo, cabe destacar um experimento relatado na obra de divulgação, conduzido por Brigitte Madrian e Dennis Shea[2], em que foi identificado, no que se refere à adesão dos funcionários por uma previdência privada, que, nos 03 (três) primeiros meses de ingresso em uma empresa a adesão a uma previdência privada ocorria, em média, de 25% (vinte por cento), aumentando para 65% (sessenta e cinco por cento), após 36 (trinta e seis) meses da contratação. Ao propor uma adesão automática, com a possibilidade dos funcionários requererem seu desligamento a qualquer momento, por meio de uma carta, verificou-se uma adesão de 95% (noventa por cento) nos novos funcionários, com até três meses de contratação, e de 98% (noventa e oito por cento), naqueles com mais de 36 (trinta e seis) meses de empresa.

Outros experimentos vieram ratificar essas experiências, tais como a observação de James Choi, David Laibson, Brigitte C. Madrian, e Andrew Metrick[3], em que foi identificado que, quando foram utilizadas opções-padrão de adesão à plano de previdência privada, manteve-se uma adesão média, superior a 90% (noventa por cento).

Utilizando-se da observação da mesma técnica (manutenção de um *status quo*), um estudo realizado por Andreas Herrmann, Daniel G. Goldstein, Rupert Stadler, Jan R. Landwehr, Mark Heitmann, Reto Hofstetter e Frank Huber[4] identificou um aumento nas vendas de uma loja online, quando, por padrão, os produtos eram listados por ordem de preço, do

[2] MADRIAN, Brigitte C.; SHEA, Dennis F. The power of suggestion: Inertia in 401(k) participation and savings behavior. NBER Working Paper, v. 7682, p. 1–68, 2000. Disponível em: http://www.nber.org/papers/w7682%0ANATIONAL, p. 40-42.

[3] CHOI, James; LAIBSON, David; MADRIAN, Brigitte; et al. For Better or for Worse: Default Effects and 401(k) Savings Behavior. In: WISE, David A. (Org.). *Perspectives on the Economics of Aging*. Chicago: University of Chicago Press, 2004, p. 81–126. Disponível em: http://www.nber.org/chapters/c10341, p. 120.

[4] HERRMANN, Andreas; GOLDSTEIN, Daniel G; STADLER, Rupert; et al. The effect of default options on choice – Evidence from online product configurators. *Journal of Retailing and Consumer Services*, v. 18, p. 483–491, 2011. Disponível em: http://dx.doi.org/10.1016/j.jretconser.2011.06.005, p. 400.

menor para o maior, verificando, os pesquisadores, apesar disso, que a melhor situação seria posicionar, por padrão, os produtos entre preços médios e altos, pois, além do *default effect*, os consumidores estavam sendo submetidos a efeitos de ancoragem, desestimulando a compra de produtos com preço mais elevado.

As técnicas de *nudge* desenvolvidas por Richard Thaler e Cass Sustein tornam-se efetivas, pois fazem uso de heurísticas e vieses observados nos estudos desenvolvidos por Daniel Kahneman, professor de psicologia da Universidade Princeton e de relações públicas da *Woodrow Wilson School of Public and International Affairs*, ganhador do prêmio Nobel de Economia, em 2002, e Amos Tversky, doutor em psicologia pela Universidade de Michigan em 1965, foi professor na Universidade Hebraica de Jerusalém e da Universidade de Stanford, vindo a falecer em 02 de junho de 1996.

Os estudos de Kahnman e Tversky identificaram que o processo decisório é realizado por dois sistemas. O Sistema 1 é responsável por decisões rápidas e com baixo grau de esforço. O Sistema 2 é responsável pelas respostas que exigem maior grau de complexidade e, consequentemente, maior esforço[5].

Identificando-se os referidos sistemas, passa-se a compreensão de como as heurísticas e vieses interferem no processo decisório. As heurísticas, na definição de Kahneman[6], é um "[...] método de investigação com base na aproximação progressiva de um problema, de modo que cada etapa é considerada provisória", ou seja, um método de aproximação pelo Sistema 1, em resposta a um problema proposto, enquanto os vieses surgem como erros sistemáticos decorrentes da confiança construída pela heurística nos julgamentos formulados pelo Sistema 1[7].

Ao identificar a ocorrência de tais mecanismos inerentes no processo decisório, revolucionou-se a visão da econômica clássica de que os sujeitos econômicos procederiam com suas decisões de maneira a maximizar seus benefícios e minimizar suas dores, abrindo as portas para a economia comportamental, como a entendemos hoje, ou seja, uma visão da economia que não se resume na visão racional e egoísta do homem econômico, bus-

[5] KAHNEMAN, Daniel, *Rápido e devagar: Duas formas de pensar*, Rio de Janeiro: Objetiva, 2012, p. 26.

[6] *Ibid.*, p. 22.

[7] *Ibid.*, p. 10.

cando subsídio nas teorias e resultados obtidos pela psicologia, sociologia, antropologia, neurologia e outras ciências,e fazendo uso de metodologia empírica para demonstrar as inconsistências entre o homem econômico clássico e as decisões econômicas experimentadas na realidade[8].

O sincretismo entre economia, psicologia e finanças avançou e lançou luzes sobre diversos aspectos marginalizados nos estudos anteriormente desenvolvidos.

Assim, faz-se imprescindível que sejam analisados os aspectos de uma determinada situação-problema de maneira multidisciplinar e, portanto, multiprofissional para que se possa aproximar ao máximo de soluções concretas e, por meio da abordagem científica, contribuir ao desenvolvimento social almejado.

2. Entendendo o contribuinte: uma abordagem através da psicologia fiscal

Os estudos de economia comportamental trazem luz sobre diversos elementos da psicologia que interferem no processo decisório e apontam para as falhas da economia tradicional, que trata os indivíduos como se permanentemente racionais e munidos de informação integral, para tomar decisões que maximizem seus benefícios e minimizem suas perdas.

As luzes da psicologia também são lançadas nas relações entre o estado-fiscal e o contribuinte, com a finalidade de entender como se dá e o que interfere nessa relação, muitas vezes, tão tumultuada.

A justificativa para recolher a tributação surge diante da necessidade de financiamento dos direitos sociais protegidos, em especial, aqueles constitucionalmente previstos, servindo como base de sustentação ao estado social. Nas palavras do professor Casalta Nabais [9] "[...] os direitos, todos os direitos, porque não são dádiva divina nem frutos da natureza, porque não são auto-realizáveis nem podem ser realisticamente protegidos num estado falido ou incapacitado, implicam a cooperação social e a responsabilidade individual".

A imposição, entretanto, de medidas desarrazoadas, excessivas ou ainda o não conhecimento da destinação dos valores arrecadados, combinado a

[8] OGAKI, Masao; TANAKA, Saori C, *Behavioral Economics:* Toward a new economics by integration with traditional economics, Singapore: Springer, 2017, p. 4.

[9] NABAIS, José Casalta, Reflexões Sobre Quem Paga a Conta do Estado Social, *Revista Tributária e de Finanças Públicas*, v. 88, p. 269–283, 2009, p. 270.

relatos constantes de desvios de verba pública gera, o que Vogel [10] chama de secret *tax revolt*, ou seja:

> [...] uma tentativa de escapar da carga tributária considerada opressiva pelos contribuintes, mediante sofisticados esquemas de planejamento tributário, atuação na economia informal, ocultação de renda e/ou de circunstâncias que possam gerar responsabilidade fiscal por violação à lei (Souza, 2019, posição 452).

A sonegação no Brasil, tem reduzido, conforme pesquisa de 2020, em que se verificou uma sonegação média de 14,65% (quatorze vírgula sessenta e cinco por cento), representando R$ 417.000.000.000,00 (quatrocentos e dezessete bilhões de reais) por ano[11], entretanto, a litigiosidade entre fisco e contribuinte permanece altíssima, representando 190,4 bilhões em autos de infração federais, 69,5 bilhões de reais em autos de infração estaduais e 13,1 bilhões em autos de infração municipais [12].

Tais elementos, apontam para uma relação ainda conflituosa entre fisco e contribuinte, sendo importante uma análise interdisciplinar nessa relação, uma vez que a norma, por si só, tem sido ineficiente em promover uma relação harmônica entre ambos.

Nesse sentido, a psicologia fiscal apresenta elementos de indispensável observação pela administração pública, quando da estruturação dos serviços públicos, construção de normas e políticas fiscais. A proposta da psicologia fiscal é estudar os sentimentos e atitudes humanas, enquanto contribuintes, em sua relação com estado-fiscal, passando por uma análise do comportamento humano frente às obrigações fiscais, observando, dentre outras coisas, a imagem da administração pública, a percepção dos indivíduos quanto à justiça fiscal, destinação dos tributos e retorno, por meio de serviços públicos[13].

Um exemplo de uso dado à psicologia fiscal, pode ser retirado de um estudo português de 2015, analisando as influências da psicologia fiscal

[10] The Justification for Taxation: A Forgotten Question, T*he American Journal of Jurisprudence*, v. 33, n. 1, p. 19–59, 1988, p. 19–24.

[11] Amaral, Gilberto Luiz do *et al*, *Estudo sobre sonegação fiscal das empresas brasileiras*, São Paulo: [s.n.], 2020, p. 18–19.

[12] *Ibid.*, p. 17.

[13] Souza, Danielle Nascimento Nogueira de. Neurodireito, psicologia e economia comportamental no combate à evasão fiscal. Rio de Janeiro: Lumen Juris, 2019, posições 512-516.

nos casos de sonegação do Imposto sobre o Valor Agregado (IVA). O referido estudo identificou que a percepção da desigualdade e a contabilidade mental são elementos que contribuem, significativamente, na sonegação do referido tributo [14].

Nesse sentido, é importante compreender que países de origem latina possuem uma resistência inata à cobrança de impostos, que se confirma desde a semântica da terminologia utilizada para designá-los, já que "imposto" traduz o sentido de "imposição", nesse caso, destinada aos contribuintes, sendo, portanto, alvo de uma visão inicial depreciativa de seu uso[15].

A proposta, então, é reconhecer as resistências inatas, bem como os elementos psicológicos capazes de influenciar negativamente na relação entre o estado-fiscal e o contribuinte, buscando construir pontes visando maior transparência, segurança e simetria nas relações e, fazendo-se uso dos meios digitais, para encontrar pontos de contato capazes de garantir a construção da relação harmônica necessária.

3. *Legal design*: Repensando o Direito por meio de técnicas de *design*

As últimas pesquisas apontam que 94% (noventa e quatro por cento) dos brasileiros possuem um ou mais aparelhos de telefonia móvel (celular)[16]. Na mesma pesquisa, identificou-se que 82,7% (oitenta e dois vírgula sete por cento) dos brasileiros dispõe de acesso à internet em casa[17]. Interessante destacar que o mecanismo de uso de internet preponderante é o celular, que corresponde a 99,5% (noventa e nove vírgula cinco por cento) dos meios de acesso[18].

As tendências apontam a continuidade de expansão das redes de internet 4G, 5G e banda larga, conforme as pesquisas PNAD Contínua TIC 2018. É o que se extrai dos gráficos a seguir[19]:

[14] CRUZ, Isabel Maria Duarte, *A psicologia económica associada ao cumprimento fiscal em IVA*, Universidade de Lisboa, 2015, p. 17.

[15] SCHMÖLDERS, Günter, *The psychology of money and public finance*, New York: Palgrave Macmillan, 2006, p. 193–194.

[16] IBGE, *Pesquisa nacional por amostra de domicílios contínua (PNAD contínua)*, Rio de Janeiro: [s.n.], 2021, p. 5.

[17] *Ibid.*

[18] *Ibid.*, p. 6.

[19] IBGE, *ACESSO À INTERNET E À TELEVISÃO E POSSE DE TELEFONE MÓVEL CELULAR PARA USO PESSOAL PNAD CONTÍNUA 2018*, Brasília: [s.n.], 2018, p. 53.

Figura 01 – Percentual de domicílios com conexão por banda larga fixa e móvel

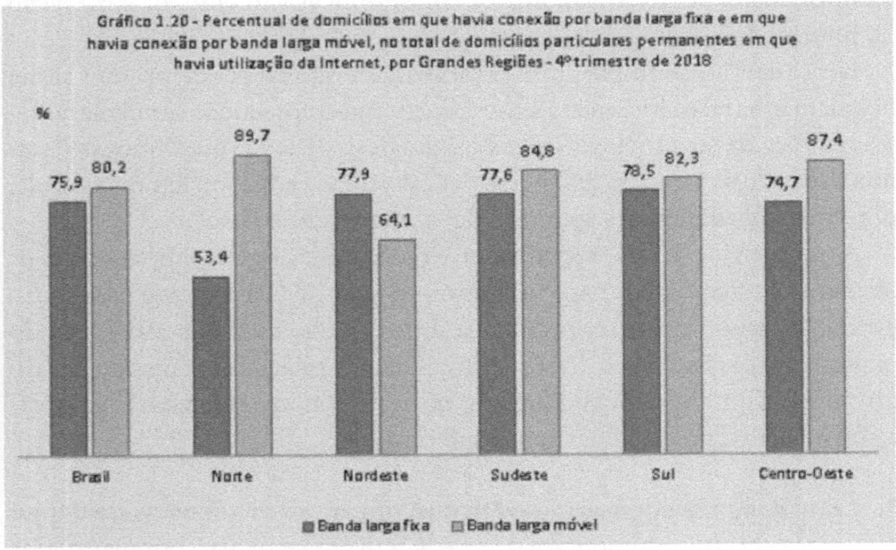

Os avanços no acesso à internet, entretanto, não encontram similitude com a formação educacional da população brasileira.

As pesquisas, como a Pesquisa Nacional por Amostra de Domicílios Contínua – PNAD Contínua de 2019, sobre educação, mostram um sinal desolador quanto ao avanço da educação brasileira, oferecendo diversos sinais de que estaremos atrás em fatores essenciais, como pesquisas em tecnologia, no futuro.

Isso pode ser extraído dos índices de nível de instrução da população superior a 25 (vinte e cinco) anos[20]:

[20] IBGE, *Pesquisa nacional por amostra de domicílios contínua: Educação 2019 (Informativo)*, Rio de Janeiro: [s.n.], 2020, p. 3.

Figura 02 – Distribuição das pessoas de 25 anos ou mais, segundo o nível de instrução (%)

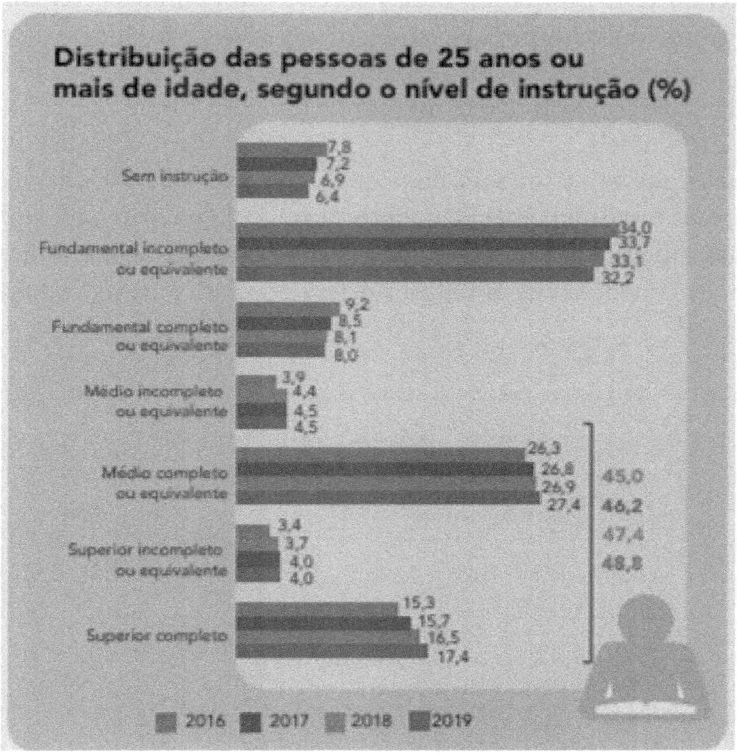

Os números e dados funestos retratam a realidade a ser experimentada nos próximos anos e os impactos disso serão sentidos, experimentados e reverberados por muitos anos, entretanto, diante desses fatos, mostra-se clara a necessidade de garantir a participação e acesso da sociedade civil às instituições fiscais.

Como já foi objeto de análise, a dificuldade de comunicação e compreensão na relação contribuinte-fisco mostra-se como fator de frustração, inconformidade ou até, em último caso, negação ou evasão, razão pela qual essa relação merece atenção e deve ser objeto de incessante trabalho por parte da administração pública.

Levando-se em consideração a migração de diversos serviços fiscais para o âmbito das redes digitais, por meio de sistemas como o caso do Centro Virtual de Atendimento, ou seja, o "e-cac" da Receita Federal, que faz uso de dados do "e-gov", mostra-se imprescindível repensar os mecanismos de acesso às referidas plataformas.

A revisão da disposição das informações é imprescindível quando se fala de um amplo público que, apesar de alfabetizado, não dispõe de conhecimento acerca de questões de ordem jurídica ou tem dificuldade com os mecanismos burocráticos indispensáveis (ou não) para o acesso às plataformas disponíveis.

Àqueles cuja oportunidade ou necessidade impuseram-lhes o acesso às plataformas fiscais federais de comunicação, cujo recorte aqui se deterá, verificará dificuldades relacionadas a grande quantidade de informações em tela. Para facilitar sua visualização, lança-se aqui uma reprodução parcial da tela[21]:

Figura 03 – Tela de entrada do sistema "ecac" com nome do usuário apagado

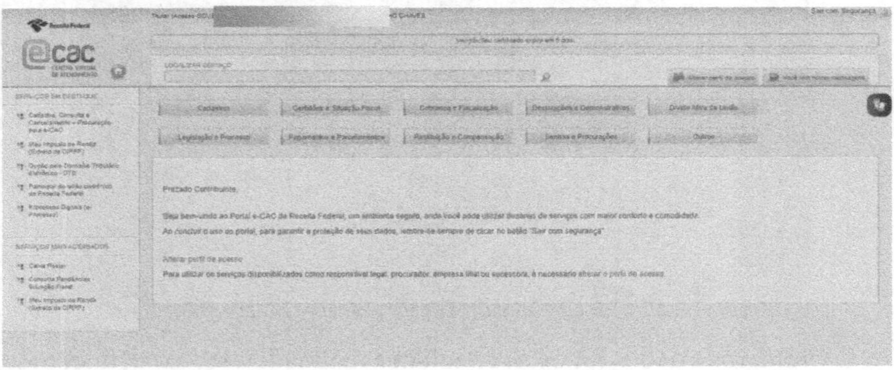

Nota-se nesse *layout* o uso extensivo de termos de cunho jurídico, como "situação fiscal", "dívida ativa da união", "domicílio tributário eletrônico", dentre tantos outros na tela reproduzida ou em suas páginas derivadas.

Em sentido contrário, verifica-se experiências interessantes no uso de plataformas com menor complexidade e uso de *design* pensando no usuário ao qual tais ferramentais são disponibilizadas[22]:

[21] MINISTÉRIO DA ECONOMIA. *Centro Virtual de Atendimento (eCAC)*. Brasília: Receita Federal, 2021. Disponível em: https://cav.receita.fazenda.gov.br/ecac/. Acesso em: 05 set. 2021.

[22] BRASIL. *Meu INSS*. Brasília: Instituto Nacional do Seguro Social, 2021. Disponível em: https://meu.inss.gov.br/#/. Acesso em: 05 set. 2021.

Figura 04 – Tela de entrada do sistema "Meu INSS" com nome do usuário e CPF apagados

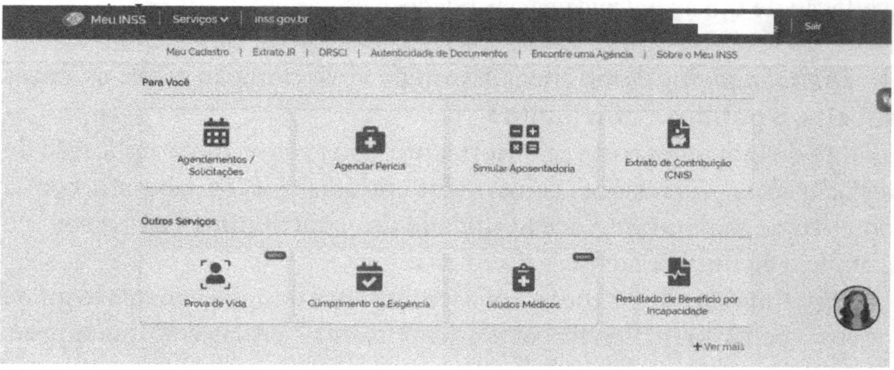

É nesse contexto que entra a importância do *legal design*, que busca aproximar a linguagem jurídica àqueles a quem é destinado o seu uso.

O *legal design* é uma proposta que tem sua origem atribuída, em geral, à *Stanford Law School* e tem por propósito convergir uma interdisciplinaridade envolvendo o conhecimento jurídico e o conhecimento de *design* de maneira a prevenir problemas e facilitar a compreensão e captação da mensagem jurídica, utilizando por parâmetro diversos elementos, com foco no usuário [23].

Observa-se que com a ampliação do uso de mecanismos digitais para acesso pela população brasileira e seu inquestionável déficit educacional, o uso de mecanismos de aproximação com a compreensão popular dos mecanismos fiscais deve ser extensivo, como forma de garantir um exercício regular de cidadania fiscal, construída através do acesso adequado às informações fiscais [24].

Para além de um *design* adequado, verifica-se a necessidade de direcionamento das decisões tomadas em circunstâncias de baixo grau de infor-

[23] CORRALES, Marcelo; FENWICK, Mark; HAAPIO, Helena, Digital Technologies , Legal Design and the Future of the Legal Profession, *in*: CORRALES, Marcelo; FENWICK, Mark; HAAPIO, Helena (Orgs.), *Legal Tech, Smart Contracts and Blockchain: Perspectives in Law, Business and Innovation*, Singapore: Springer, 2019, p. 6–7.

[24] CAVALCANTE, Denise Lucena; CAMURÇA, Eulália, Cidadania fiscal: O direito à informação da carga tributária no Brasil, *Revista Tributária e de Finanças Públicas: RTrib*, v. 20, p. 35–52, 2012, p. 37–40.

mação ou conhecimento, de maneira a beneficiar o público leigo. Dessa forma, considerando o ambiental digital no qual está inserido, propõe-se a adoção de um *digital nudging* nas relações fisco-contribuinte.

4. *Digital nudging* como mecanismo de aproximação entre os entes fiscais e o público-contribuinte

Diante do que foi exposto anteriormente, constrói-se aqui a aplicação de *digital nudging* nas relações construídas entre fisco e contribuinte, com o objetivo de maximizar a acessibilidade dos contribuintes e promover o exercício de uma cidadania fiscal plena.

Digital nudging "[...] is the use of user-interface design elements to guide people's behavior in digital choice environments"[25]. A questão que surge é: como os mecanismos de *nudge* poderiam ser aproveitados na relação entre o fisco e o contribuinte no ambiente digital?

Os mecanismos podem ser propostos de acordo com os vieses que se objetiva atingir. Assim, dividindo-se a abordagem, passando por duas heurísticas e vieses amplamente conhecidos no meio acadêmico, propõe-se algumas alternativas em seu uso que podem ser objeto de aproveitamento em futuras reestruturações das respectivas plataformas fiscais federais.

4.1. Aversão à perda

Para os economistas tradicionais, a *risk aversion* derivaria da maximização da utilidade[26], entretanto, ao abordá-la sob o prisma da economia comportamental, tem-se outros elementos que afastam essa abordagem puramente racional.

Um caso curioso mencionado por Rabin e Thaler é que, em casos de apostas com 50% (cinquenta por cento de chance) de perda e de ganho, há uma tendência daquele submetido à aposta, não aceitar apostas superiores ao patamar de $ 100.00 (cem dólares), mesmo diante de perspectivas de ganho bem superior, como 200 a 2.000 dólares, trazendo consigo o aspecto irracional da aversão à perda[27].

[25] WEINMANN, Markus; SCHNEIDER, Christoph; BROCKE, Jan vom, Digital Nudging, *Business and Information Systems Engineering*, v. 58, n. 6, p. 433–436, 2016, p. 433.

[26] RABIN, Matthew; THALER, Richard H., Anomalies Risk Aversion, *The Journal of Economic Perspectives*, v. 15, n. 1, p. 219–232, 2001, p. 219.

[27] *Ibid.*, p. 219–221.

Como seria possível aproveitar tal mecanismo na relação entre o estado e o contribuinte no meio digital? Considerando a virtualização dos processos fiscais, uma das formas mais eficientes de fazê-lo seria na comunicação dos débitos do contribuinte, em especial, quando da lavratura do auto de infração ou no momento da cobrança extrajudicial.

Em um exemplo extraído de um Auto de Infração do Simples Nacional (que atinge, portanto, contribuintes menores), verifica-se que é lançado o cálculo do tributo devido, entretanto, apesar de ser possível o pagamento com redução de 50% (cinquenta por cento) de desconto, nos termos do inciso I, do parágrafo único do artigo 96 da Resolução CGSN nº 140, de 22 de maio de 2018, não é mostrada essa opção, permanecendo contida em um pequeno trecho da notificação fiscal, que não é reproduzida neste artigo, por estar abrangida por sigilo fiscal.

O mesmo problema pode ser relatado quanto à possibilidade de parcelamento legal do débito lançado em Auto de Infração do Simples Nacional, que dispõe de previsão contida na alínea "a", do inciso IV do artigo 46 da Resolução CGSN nº 140, de 22 de maio de 2018, que permite uma redução de 40% (quarenta por cento) da multa aplicada, desde que o débito seja parcelado nos 30 (trinta) primeiros dias após seu lançamento e notificação do contribuinte, entretanto, não há qualquer demonstrativo de como poderia funcionar tal parcelamento ou redução, tratando-se de mera informação lançada em um pequeno e, quase imperceptível, trecho da intimação.

Nesse sentido, o estado-fiscal deixa de garantir maior transparências das informações e dispô-las de maneira a auxiliar o contribuinte tomar uma decisão mais adequada, podendo avaliar com muito maior propriedade os riscos de perda, caso opte por uma impugnação sem fundamentos jurídicos sólidos, maximizando a litigiosidade fiscal, em detrimento da possibilidade de aumentar a opção pelo pagamento ou parcelamento, gozando dos benefícios de redução da multa, garantidos pela legislação.

4.2. *Status quo*

Uma importante consequência da aversão à perda é o viés do *status quo*, que indica que os indivíduos possuem uma tendência a permanecer no mesmo ponto, numa opção-padrão ou ainda manter o *status quo*[28]. Nesse sentido,

[28] KAHNEMAN, Daniel; KNETSCH, Jack L.; THALER, Richard H., Anomalies: The endowment effect , loss aversion , and status quo bias, *Journal of Economic Perspectives,* v. 5, n. 1, p. 193–206, 1991, p. 197–198.

os experimentos de Samuelson e Zeckhauser[29] trouxeram experimentos que ratificaram a existência do referido viés, ao propor diversas situações em que se estabelecia sempre um *status quo* que, em todas as situações, era a opção preferida pela maior parte dos participantes.

Uma vez que esse viés já foi melhor abordado no tópico 1, passa-se a uma proposta de como ele poderia ser utilizado para favorecer a relação entre o estado e o contribuinte.

Pode-se dizer que há inúmeras oportunidades de uso do viés do *status quo* na relação eletrônica entre o estado e o contribuinte. Dentre as quais, podem ser destacadas as opções padrão de escolha de forma de apuração do imposto, de acordo com o CNAE da empresa e seu faturamento dos últimos 12 (doze) meses, o que pouparia ao contribuinte a necessidade de realizar tais avaliações ou sofrer um desenquadramento de uma modalidade mais benéfica, por erro em seus levantamentos.

Outro ponto, que foi adotado em 2021 e, mais uma vez, deixa de apresentar a imagem em razão de questões relativas ao sigilo fiscal, está a indicação da modalidade de lançamento do imposto de renda da pessoa física nas modalidades completa ou simplificada, com indicação dos benefícios da opção de uma ou outra, já indicando a opção mais benéfica como padrão. Esse foi um avanço importante na relação entre estado e contribuinte que pode ser ampliado.

Importa destacar que o uso de tais heurísticas e vieses não pode e não deve ser o único mecanismo, devendo vir complementado, conforme já explicitado, por uma construção de *design* capaz de destacar às vantagens que se busca evidenciar entre uma ou outra opção, fazendo-se uso de uma linguagem de amplo conhecimento, evitando-se uso de termos técnicos e permitindo que todos os elementos da construção do *digital nudging* venham a convergir em uma política fiscal que aproxime o estado e o contribuinte.

Conclusões

Conforme proposta inicial, buscou-se pontuar e destacar elementos de *digital nudging* e *legal design* que podem convergir para auxiliar as políticas fiscais que visam construir uma relação mais includente dos contribuintes.

Reconhecendo-se um aumento significativo do uso da internet por parte da população brasileira, uma migração dos serviços dos entes públi-

[29] Samuelson, William; Zeckhauser, Richard, Status quo bias in decision making, *Journal of Risk and Uncertainty*, v. 1, n. 1, p. 7–59, 1988, p. 14–19.

cos para o ambiente digital e, ao mesmo tempo, uma baixa escolaridade desse mesmo público, deve-se buscar elementos do *legal design* capazes de auxiliar na compreensão e facilitar a realização dos procedimentos digitais sem a necessidade de contratação de terceiros, aumentando os custos para os contribuintes.

Ademais, considerar a racionalidade limitada dos contribuintes e a necessidade de superar dificuldades inerentes à relação fiscal entre estado e contribuintes no âmbito dos países latinos, como o Brasil, aumenta a eficácia das políticas públicas fiscais e reforça a necessidade do uso, no âmbito eletrônico, de *digital nudges* com o intuito de direcionar as escolhas dos contribuintes para àquelas que se mostrem mais favoráveis, mas, ao mesmo tempo, fornecer-lhes elementos que reduzam o vácuo de informações, consolidando uma relação menos assimétrica entre ambos.

É certo, entretanto, que a proposta do presente artigo, apesar de contribuir lançando luzes sobre elementos de atrito existentes na relação digital entre o estado e o contribuinte, atinge apenas uma pequena parte da matéria, merecendo o desenvolvimento de experimentos empíricos no sentido de verificar qual ou quais técnicas mostram melhores resultados, bem como a análise sob outros prismas e técnicas de indução comportamental.Uma vez que a base do presente trabalho é largamente bibliográfica, verifica-se imprescindível o aprofundamento das pesquisas e, sem dúvidas, melhorias significativas nos ambientes digitais destinados aos contribuintes.

Referências

AMARAL, Gilberto Luiz do; OLENIKE, João Eloi; AMARAL, Letícia Mary Fernandes do; *et al. Estudo sobre sonegação fiscal das empresas brasileiras*. São Paulo: [s.n.], 2020. Disponível em: <https://ibpt.com.br/estudo-autos-de-infracao-e-sonegacao-fiscal/>.

BAUER, Martin; GASKELL, George. *Pesquisa qualitativa com texto, imagem e som*: um manual prático. Rio de Janeiro: Vozes, 2002.

BRASIL. Comitê Gestor do Simples Nacional. *Resolução CGSN nº 140, de 22 de maio de 2018.* Dispõe sobre o Regime Especial Unificado de Arrecadação de Tributos e Contribuições devidos pelas Microempresas e Empresas de Pequeno Porte (Simples Nacional). Brasília, DF: CGSN. Disponível em: http://normas.receita.fazenda.gov.br/sijut2consulta/link.action?idAto =92278. Acesso em: 05 set. 2021.

______. *Meu INSS*. Brasília: Instituto Nacional do Seguro Social, 2021. Disponível em: https://meu.inss.gov.br/#/. Acesso em: 05 set. 2021.

CAVALCANTE, Denise Lucena; CAMURÇA, Eulália. Cidadania fiscal: O direito à informação da carga tributária no Brasil. *Revista Tributária e de Finanças Públicas: RTrib*, v. 20, p. 35–52, 2012. Disponível em: <https://core.ac.uk/download/pdf/79123478.pdf>.

CHOI, James; LAIBSON, David; MADRIAN, Brigitte; *et al.* For Better or for Worse: Default Effects and 401(k) Savings Behavior. *In*: WISE, David A. (Org.). *Perspectives on the Economics of Aging*. Chicago: University of Chicago Press, 2004, p. 81–126. Disponível em: <http://www.nber.org/chapters/c10341>.

CORRALES, Marcelo; FENWICK, Mark; HAAPIO, Helena. Digital Technologies , Legal Design and the Future of the Legal Profession. *In*: CORRALES, Marcelo; FENWICK, Mark; HAAPIO, Helena (Orgs.). *Legal Tech, Smart Contracts and Blockchain: Perspectives in Law, Business and Innovation*. Singapore: Springer, 2019, p. 1–15. Disponível em: <http://dx.doi.org/10.1007/978-981-13-6086-2_1>.

CRUZ, Isabel Maria Duarte. *A psicologia económica associada ao cumprimento fiscal em IVA*. Universidade de Lisboa, 2015. Disponível em: <https://www.repository.utl.pt/bitstream/10400.5/11864/1/DM-IMDC-2015.pdf>.

HERRMANN, Andreas; GOLDSTEIN, Daniel G; STADLER, Rupert; *et al.* The effect of default options on choice – Evidence from online product configurators. *Journal of Retailing and Consumer Services*, v. 18, p. 483–491, 2011. Disponível em: <http://dx.doi.org/10.1016/j.jretconser.2011.06.005>.

IBGE. *ACESSO À INTERNET E À TELEVISÃO E POSSE DE TELEFONE MÓVEL CELULAR PARA USO PESSOAL PNAD CONTÍNUA 2018*. Brasília: [s.n.], 2018. Disponível em: <https://ftp.ibge.gov.br/Trabalho_e_Rendimento/Pesquisa_Nacional_por_Amostra_de_Domicilios_continua/Anual/Acesso_Internet_Televisao_e_Posse_Telefone_Movel_2018/Analise_dos_resultados_TIC_2018.pdf>.

IBGE. *Pesquisa nacional por amostra de domicílios contínua: Educação 2019 (Informativo)*. Rio de Janeiro: [s.n.], 2020. Disponível em: <https://biblioteca.ibge.gov.br/visualizacao/livros/liv101736_informativo.pdf>.

IBGE. *Pesquisa nacional por amostra de domicílios contínua (PNAD contínua)*. Rio de Janeiro: [s.n.], 2021. Disponível em: <https://biblioteca.ibge.gov.br/visualizacao/livros/liv101794_informativo.pdf>.

KAHNEMAN, Daniel. *Rápido e devagar: Duas formas de pensar*. Rio de Janeiro: Objetiva, 2012.

KAHNEMAN, Daniel; KNETSCH, Jack L.; THALER, Richard H. Anomalies: The endowment effect , loss aversion , and status quo bias. *Journal of Economic Perspectives*, v. 5, n. 1, p. 193–206, 1991. Disponível em: <http://www.jstor.org/stable/1942711 .>.

LAMY, Marcelo. *Metodologia da pesquisa jurídica: Técnicas de investigação, argumentação e redação*. São Paulo: Elsevier, 2011.

MADRIAN, Brigitte C.; SHEA, Dennis F. The power of suggestion: Inertia in 401(k) participation and savings behavior. *NBER Working Paper*, v. 7682, p. 1–68, 2000. Disponível em: <http://www.nber.org/papers/w7682%0ANATIONAL>.

MINISTÉRIO DA ECONOMIA. *Centro Virtual de Atendimento (eCAC)*. Brasília: Receita Federal, 2021. Disponível em: https://cav.receita.fazenda.gov.br/ecac/. Acesso em: 05 set. 2021.

NABAIS, José Casalta. Reflexões Sobre Quem Paga a Conta do Estado Social. *Revista Tributária e de Finanças Públicas*, v. 88, p. 269–283, 2009.

OGAKI, Masao; TANAKA, Saori C. *Behavioral Economics: Toward a new economics by integration with traditional economics*. Singapore: Springer, 2017.

RABIN, Matthew; THALER, Richard H. Anomalies Risk Aversion. *The Journal of Economic Perspectives*, v. 15, n. 1, p. 219–232, 2001. Disponível em: <http://www.jstor.org/stable/2696549>.

SAMUELSON, William; ZECKHAUSER, Richard. Status quo bias in decision making. *Journal of Risk and Uncertainty*, v. 1, n. 1, p. 7–59, 1988.

SCHMÖLDERS, Günter. *The psychology of money and public finance.* New York: Palgrave Macmillan, 2006.

SOUZA, Danielle Nascimento Nogueira de. *Neurodireito, psicologia e economia comportamental no combate à evasão fiscal.* Rio de Janeiro: Lumen Juris, 2019.

THALER, Richard H.; SUNSTEIN, Cass R. *Nudge: Como tomar melhores decisões sobre saúde, dinheiro e felicidade.* 1ª ed. Rio de Janeiro: Objetiva, 2019.

VOGEL, K. The Justification for Taxation: A Forgotten Question. *The American Journal of Jurisprudence*, v. 33, n. 1, p. 19–59, 1988. Disponível em: <https://academic.oup.com/ajj/article-lookup/doi/10.1093/ajj/33.1.19>.

WEINMANN, Markus; SCHNEIDER, Christoph; BROCKE, Jan vom. Digital Nudging. *Business and Information Systems Engineering*, v. 58, n. 6, p. 433–436, 2016.

4

ADMIRÁVEL MUNDO NOVO: OS DESAFIOS DA TRIBUTAÇÃO DE OPERAÇÕES COM NFT'S NA ERA DOS METAVERSOS

DANIEL CORRÊA SZELBRACIKOWSKI
GABRIELA GONÇALVES BARBOSA

Introdução

O termo metaverso tem origem no livro de ficção científica *Snow Cash*, escrito por Neal Stephenson no ano de 1992. Podemos entender conceitualmente um metaverso como um espaço virtual compartilhado, criado pela convergência entre realidade física, virtualmente ampliada, e espaço virtual, fisicamente persistente, que proporciona experiências imersivas, coletivas e compartilhadas[1].

Metaversos são mundos virtualmente viabilizados que se modificam, em tempo real, enquanto avatares – representações gráficas dos usuários, renderizadas por computadores – interagem entre si e com o meio, a partir de tecnologias como realidade aumentada e virtual.

A ideia é que os metaversos se tornem espaços colaborativos, em que os avatares possam executar, virtualmente, quase todos os tipos de atividades do mundo real, como socializar com outros usuários, comprar ou vender itens, assistir ou fornecer apresentações artísticas, praticar esportes, trabalhar, reproduzir e dar à luz novos avatares.

Atualmente, plataformas como Fortnite, Second Life, Minecraft, Decentraland, The SandBox ou Roblox contam com milhares de usuários e nos fornecem versões iniciais de metaversos. Segundo estimativas,

[1] Glossary. Some proposed definitions for words relevant to the emerging 3D-enabled participatory web. Disponível em: https://metaverseroadmap.org/inputs4.html#glossary. Acesso em 13 de abril de 2022.

até 2026, 25% da população mundial, ou cerca 2 bilhões de pessoas estarão, no metaverso[2] e até o fim desta década, as pessoas passarão mais tempo no universo virtual do que no real[3].

O aprimoramento dos metaversos está muito relacionado aos avanços na tecnologia de *blockchain* e no setor de criptoativos.

Blockchain é uma tecnologia de registro distribuídos (*distributed ledger technology*) que armazena e gerencia blocos de registros digitais. Esses blocos estão ligados entre si por meio de criptografia, o que possibilita o rastreio do envio e recebimento de dados pela *internet* para que estes registros não sejam violados[4]. Assim, *blockchain* é um sistema de armazenamento de dados que possibilita, dentre outras coisas, a realização de transações com criptoativos em segurança.

Criptoativo, por sua vez, é o termo comumente utilizado para se referir a ativos digitais que utilizam a tecnologia *blockchain* e a criptografia como parte de seu valor intrínseco[5]. Abrange, dentre outras espécies, ativos financeiros, criptomoedas e *tokens* digitais não fungíveis (NFT's)[6]. No âmbito nacional, a Receita Federal do Brasil – RFB conceitua criptoativos como "a representação digital de valor denominada em sua própria unidade de conta, cujo preço pode ser expresso em moeda soberana local ou

[2] Gartner Predicts 25% of People Will Spend At Least One Hour Per Day in the Metaverse by 2026. Gartner, 2022. Disponível em: https://www.gartner.com/en/newsroom/press-releases/2022-02-07-gartner-predicts-25-percent-of-people-will-spend-at-least-one-hour-per-day-in-the-metaverse-by-2026. Acesso em 13 de abril de 2022.

[3] Tudo sobre o futuro dos investimentos no metaverso. Investnews, 2021. Disponível em: https://investnews.com.br/cafeina/o-metaverso-e-o-futuro-dos-investimentos/ Acesso em 13 de abril de 2022.

[4] Schueffel, Patrick; Groeneweg, Nikolaj; Baldegger, Rico (2019). The Crypto Encyclopedia: Coins, Tokens and Digital Assets from A to Z. Bern: School of Management Fribourg/Switzerland.Disponível em: https://www.heg-fr.ch/fr/medias-et-communication/news/vient-de-paraitre-crypto-encyclopedia/. Acesso em 13 de abril de 2022.

[5] "Nevertheless, the term crypto-asset is commonly used to refer to types of digital financial assets that are based on distributed ledger technology (DLT) and cryptography as part of their perceived or inherent value". OECD (2020), Taxing Virtual Currencies: An Overview Of Tax Treatments And Emerging Tax Policy Issues, OECD, Paris. www.oecd.org/tax/tax-policy/taxing-virtual-currencies-an-overview-of-tax-treatments-and-emergingtax-policy issues.htm Acesso em 13 de abril de 2022.

[6] Gomes, Daniel de Paiva e Gomes, Eduardo de Paiva. Controvérsias tributárias envolvendo NFT's (non-fungible tokens) e seu uso no setor artístico. In: Eroles, Alexandre Evaristo Pinto Pedro e Mosquera, Roberto Quiroga. Criptoativos – Estudos Regulatórios e Tributários. 2021. São Paulo: Quartier Latin.

estrangeira, transacionado eletronicamente com a utilização de criptografia e de tecnologias de registros distribuídos, que pode ser utilizado como forma de investimento, instrumento de transferência de valores ou acesso a serviços, e que não constitui moeda de curso legal"(art. 5º, inciso I, da IN RFB 1.888/2019).

Os *tokens* não fungíveis (NFT's) são uma espécie de criptoativo e podem ser conceituados como ativos digitais criptografados que possuem um emissor identificado e representam um conjunto de direitos oponíveis a terceiros. Nesse sentido, caracteriza "um certificado de autenticidade para um objeto, real ou virtual (...) o NFT não contém o pedaço de arte digital, a música, o vídeo, etc., em si considerados, mas atesta que 'o Sr. A deve ao Sr. B um arquivo digital de X'"[7]. Portanto, o NFT não é o direito ou o bem em si, mas o registro de sua propriedade em um sistema distribuído que confere exclusividade a um determinado item.

A expectativa é que este tipo de ativo digital seja a principal forma de adquirir itens dos mais variados tipos nos metaversos, tais como arte, jogos, música, esportes, vestuário, colecionáveis, imóveis, etc. Relatórios apontam que as vendas de NFT's aumentaram 21.000% em 2021, o que representa um volume de vendas de US$ 17,6 bilhões[8].

Diante deste cenário, é notório que os mundos virtuais estão aumentando diariamente em importância comercial. O potencial da interação entre empresas, marcas e usuários pode atingir US$ 800 bilhões até 2024[9].

De olho nesse mercado, as grandes empresas estão investindo em ações e integrações com universos virtuais[10]. Exemplo disso é a busca por NFTs de itens de moda de luxo para utilização dentro dos metaversos. Recen-

[7] OKONKWO, Ifeanyi E. NFT, Copyright; and Intellectual Property Commercialisation. In: GOMES, Daniel de Paiva e GOMES, Eduardo de Paiva. Controvérsias tributárias envolvendo NFT's (non-fungible tokens) e seu uso no setor artístico. In: EROLES, Alexandre Evaristo Pinto Pedro e MOSQUERA, Roberto Quiroga. Criptoativos – Estudos Regulatórios e Tributários. 2021. São Paulo: Quartier Latin.

[8] Negociações de NFTs aumentaram 21.000% em 2021, mostra relatório. Época Negócios. Disponível em: https://epocanegocios.globo.com/Tecnologia/noticia/2022/03/negociacoes-de-nfts-aumentaram-21000-em-2021-mostra-relatorio.html. Acesso em 13 de abril de 2022.

[9] Metaverso: o que é a economia do mundo paralelo e como ela pode ser explorada nos próximos anos. Portal G1, 2021. Disponível em: https://g1.globo.com/tecnologia/noticia/2021/11/26/metaverso-o-que-e-a-economia-do-mundo-paralelo-e-como-ela-pode-ser-explorada-nos-proximos-anos.ghtml. Acesso em 13 de abril de 2022.

[10] Walmart se prepara para entrar no metaverso. Disponível em: https://www.moneyreport.com.br/negocios/walmart-se-prepara-para-entrar-no-metaverso/. Acesso em 13 de abril de 2021.

temente, a Gucci vendeu versões digitais da bolsa *Dionysus* na plataforma Roblox por preço superior à versão física do produto[11].

Atualmente, a maioria dos usuários paga para acessar os metaversos pelo valor social e de entretenimento das plataformas. Entretanto, ainda que o intuito primário não seja realizar atividades empresariais no ambiente virtual, com o desenvolvimento do metaverso, haverá novas oportunidades para pessoas e empresas ampliarem suas atividades.

Conforme o valor das atividades econômicas desenvolvidas nos metaversos aumenta, surgem questões relacionadas à repercussão jurídico-tributária das operações com criptoativos realizadas no ambiente virtual. Por exemplo: Qual (ais) País (es) ostenta (m) a capacidade tributária ativa para exigir impostos nesse ambiente? Qual a qualificação jurídica de tais operações? Elas devem ou não figurar como hipótese de incidência dos tributos existentes em nossa legislação? A lei tributária atual está apta a alcançar estes fatos ou há necessidade de regulação própria? Em que medida a tributação dos ativos digitais é necessária para preservar a isonomia, inclusive do ponto de vista concorrencial, entre negócios realizados no ambiente digital e no ambiente físico?

A atual repartição constitucional de competências tributárias parece não comportar a dinâmica dos fatos sociais e da (r)evolução tecnológica que insiste em criar novos negócios até então inimagináveis. Isso, porque, no Brasil, ISS e ICMS possuem materialidades distintas e rigidamente estabelecidas na Constituição. Diante disso, quando surgem novas manifestações de riqueza decorrentes de novas atividades, especialmente em meio digital, sobram dúvidas interpretativas, a exemplo do que ocorreu na última alteração da lista de serviços anexa à LC 116/03 para alcançar o *streaming*[12].No caso do IVA europeu não haveria tantas dúvidas assim, pois a prestação de um serviço não é sinônimo de uma prestação de fazer humana (atividade) associada a uma utilidade, mas à própria utilidade decorrente de uma atividade que venha a *agregar valor no processo econômico*[13].

[11] Indústria da moda aposta em roupas para uso no mundo virtual. Exame, 2021. Disponível em: https://exame.com/casual/industria-da-moda-aposta-em-roupas-para-uso-no-mundo-virtual/. Acesso em 13 de abril de 2021.

[12] SZELBRACIKOWSKI, Daniel Corrêa. Novas tecnologias e a Necessidade de Reforma Tributária. In: Tributação 4.0. Coordenadores: José Roberto Afonso, Hadassah Laís Santana. São Paulo: Almedina, 2020. Vários autores.

[13] "Na Europa, para determinar o que é uma prestação de serviço, a análise parte de um referencial prévio de ser algo que implica uma agregação de valor no processo econômico.

Nesse contexto, o presente artigo busca compreender as relações e fatos jurídicos envolvidos nas transações realizadas no metaverso para, então, verificar as possibilidades de tributação à luz das competências tributárias rigidamente estabelecidas na Constituição Federal. Sem pretender esgotar o assunto, as seções a seguir examinam alguns dos desafios fiscais em relação à tributação da propriedade, do consumo de bens e serviços e da renda na era dos metaversos.

1. Territorialidade, isonomia e neutralidade concorrencial.

As novas formas de fazer negócio, proporcionadas pelo crescimento da economia digital, impõem desafios aos intérpretes do Direito na aplicação de conceitos teóricos como territorialidade, isonomia e neutralidade concorrencial.

No que se refere a territorialidade, a grande questão que surge é a possibilidade de se estabelecer um nexo que possibilite aos Estados realizarem a cobrança de tributos de empresas que atuem no seu território sem qualquer tipo de presença física ou representação nacional.

A OCDE endereçou como um dos principais desafios para a tributação internacional o fato de as empresas da nova economia digital possuírem menor, ou nenhuma, presença física no local em que residem os consumidores[14]. Nesse contexto disruptivo, é difícil determinar onde as atividades econômicas são, de fato, realizadas para fins fiscais.

Agregação de valor é conceito que funciona como um guarda-chuva que cobre todas as atividades econômicas que tenham esse efeito, sejam quais forem a sua origem, sua natureza, ou as atividades que o provocam. (...) Por isso, o artigo 6 da Diretiva prevê expressamente que, por prestação de serviço: "... entende-se qualquer prestação que não constitua uma entrega de bens na acepção do artigo 5º"(grifei e realcei). Neste contexto, a definição legal da prestação de serviço é obtida pela negativa (não ser entrega) o que implica em estar debaixo deste conceito um conjunto amplíssimo de hipóteses, pois este modo de definir prestação de serviço alcança todos os casos de agregação de valor que não correspondem a entregas de bens.Por isso, quando se lê a literatura tributária européia não há dúvida que lá certas hipóteses de serviços financeiros etc. (p. ex., arrendamento mercantil) ou de utilização de bens (p.ex., locação de bens) são tributadas, sob a cláusula da prestação de serviços. Esta visão – transplantada acriticamente para o Brasil – está na base de várias exigências que se pretende fazer a título de ISS, como se a noção de serviço fosse de conteúdo unívoco onde quer que a encontremos. Ocorre que, no Brasil a situação é completamente diferente, pois a discriminação constitucional de competências se operacionaliza de outra maneira". (Greco, Marco Aurélio – Parecer proferido para a FEBRABAN, 15/12/2003).

[14] OCDE/G20 Base Erosion and Profit Shifting Project. Addressing the Tax Challenges of the Digital Economy. Action 1: 2014. Final report. Paris: OCDE Publishing, 2015. Disponível

Por isso, muito se discute se o critério territorial ainda deve ser aplicado às atividades da nova economia, que são caracterizadas pela descentralização e pelo fato de prescindirem da presença física das empresas no mesmo território em que o mercado consumidor explorado está.

No relatório final do Projeto BEPS (*Base Erosion and Profit Shiting*), divulgado pela OCDE em 2015, e intitulado *"Addressing Base Erosion and Profit Shifting"*, uma das principais tendências adotadas é a tributação com base no destino em oposição à tributação na fonte[15]. O objetivo é assegurar que a tributação ocorra onde houver manifestação de capacidade contribuitiva para conduzir ao desenvolvimento econômico, pois a adoção desse critério inibe a concentração das empresas do setor de tecnologia nos países com baixa carga tributária. Além disso, fornece diretrizes importantes para possibilitar, com segurança jurídica, a tributação dessas novas atividades.

Afinal, do ponto de vista da isonomia e neutralidade concorrencial tributária, não parece admissível que atividades similares sejam oneradas de forma absolutamente distinta, isto é, tributadas se praticadas em ambiente físico e não tributadas em ambiente digital. A isonomia sugere que atividades similares se submetam à carga tributária equivalente, sob pena de tratar-se desigualmente, de forma mais gravosa, as empresas "físicas" em detrimento das digitais.

No Brasil, o artigo 146-A da Constituição Federal prescreve que "lei complementar poderá estabelecer critérios especiais de tributação, com o objetivo de prevenir desequilíbrios da concorrência, sem prejuízo da competência de a União, por lei, estabelecer normas de igual objetivo". Referida norma constitucional decorre da ponderação entre os princípios da ordem econômica e do sistema tributário. Segundo Hamilton Dias de Souza, ao introduzir esse dispositivo, o constituinte deixou três claros significados: O primeiro diz respeito à interferência do tributo na atividade econômica. O segundo, de que o tributo não deve causar concorrência desequilibrada. O terceiro, que o Estado deve adotar mecanismos para inibir a ocorrên-

em: https://www.oecd-ilibrary.org/docserver/9789264218789-en.pdf?expires=1650903577&id=id&accname=guest&checksum=82158CB85CCB95183373CD3E4CF0DF64 . Acesso em 17 de abril de 2022.

[15] Ver os *"action plans"* nº 2 (*Addressing the Tax Challenges of the Digital Economy*), 3(*Neutralising the Effects of Hybrid Mismatch Arrangements*), 4 (*Limiting Base Erosion Involving Interest Deductions and Other Financial Payments*) e 5 (*Countering Harmful Tax Practices More Effectively, Taking into Account Transparency and Substance*).

cia de tais desequilíbrios e manter a uniformidade e isonomia tributária[16]. Antes da Emenda Constitucional nº. 42/03, tais conclusões decorriam da análise conjugada de princípios constitucionais que, hoje, estão corporificadas no referido dispositivo constitucional.

Portanto, à luz da isonomia e neutralidade concorrencial, parece-nos que, havendo definição segura quanto aos elementos de conexão que permitam ao Estado verificar onde ocorrido eventual fato gerador (territorialidade) e base fática (negócios que denotem capacidade contributiva) e jurídica (competência constitucional a denotar sujeição ativa) para tanto, nada obstaria a incidência de tributos, no Brasil, sobre operações realizadas no metaverso.

2. Propriedade

A compra e venda de terrenos e imóveis virtuais nos metaversos é um mercado que já movimenta milhões de dólares por ano. De acordo com plataformas de métrica do setor de NFT's, mais de US$ 86 milhões foram movimentados, somente em novembro de 2021, com a compra de terrenos em universos como o The SandBox[17].

Imagine que você tem um avatar em um metaverso. Ciente de que o mercado imobiliário virtual está aquecido, você decide investir em um terreno virtual. Afinal, há inúmeras possibilidades de utilização desse ativo, desde construir uma casa para seu avatar receber os amigos, até alugar o espaço para instalação de anúncios publicitários ou para outros avatares. A transação costuma ser feita em *marketplaces* de NFT's e, após o pagamento com criptomoedas, o terreno é enviado para sua carteira de criptoativos. A partir disso, você recebe o *token* representativo do terreno virtual, uma sequência de números e letras devidamente registrada em rede descentralizada, o que garante a sua exclusividade.

Porém, antes de investir expressivas cifras virtuais, é preciso avaliar qual será o tratamento tributário aplicável às transações de compra e venda de terrenos no metaverso, uma vez que não existe regramento específico no

[16] SOUZA, Hamilton Dias de (coord); Tributação Específica; Prefácio, São Paulo: Quartier Latin, 2007, p. 18.

[17] Mercado imobiliário do metaverso atrai investimentos com o avanço da realidade virtual. Estadão, 2021. Disponível em: https://imoveis.estadao.com.br/noticias/mercado-imobiliario-do-metaverso-atrai-investimentos-com-o-avanco-da-realidade-virtual/. Acesso em 17 de abril de 2022.

País. Qual competência tributária alcança a aquisição destes ativos digitais com criptomoedas? Os itens virtuais em questão constituem propriedade imobiliária?

Embora o terreno em questão seja intangível e exista somente em formato digital, é possível identificar algumas características que o aproxima de bens do mundo real. Por exemplo, se o seu avatar possui um terreno em particular, o avatar de mais ninguém possuirá essa unidade, pois o *token* representativo deste imóvel é único. Mesmo que você esteja *offline*, o lote não deixa de existir. Além disso, outros avatares podem ver e interagir com o terreno.

Por outro lado, ao comprar um NFT, o adquirente não obtém o terreno em si, pois este *token* não se confunde com o direito ou o bem a que ele se refere. Contudo, se considerarmos o teor dos bens transmitidos por meio do NFT, a tributação poderá ser aquela que incidiria em operações com os bens da vida real a que estes ativos se assemelham. Se o *token* em questão representa uma propriedade, deve-se analisar se assim ele pode ser tributado.

A propriedade é o direito de utilização econômica das coisas. O direito à propriedade engloba não apenas os bens imóveis e móveis, mas todo e qualquer bem de valor econômico, material ou imaterial, significativos de patrimonialidade[18]. O proprietário tem a faculdade de usar, gozar e dispor da coisa, e o direito de reavê-la do poder de quem quer que injustamente a possua ou detenha[19].

Como é cediço, por ser um signo presuntivo de riqueza, a propriedade é materialidade apta a atrair a incidência de tributos. A Constituição Federal de 1988 instituiu quatro impostos sobre o patrimônio, dentre os quais estão o IPTU (art. 156, I, da Constituição Federal) e o ITR (art. 153, VI, da Constituição Federal), que incidem sobre a propriedade de bens imóveis[20] urbanos[21] ou rurais[22], o IPVA, que incide sobre a propriedade de veículo

[18] ALVIM, Arruda Comentários ao Código Civil brasileiro: livro introdutório ao Direito das Coisas e o Direito Civil, pp. 38-42.

[19] GOMES, Orlando. Direitos Reais. Atualizador: Luiz Edson Fachin. 19ª ed. Forense, p. 109 e 110.

[20] O art. 79 do Código Civil conceitua bem imóvel como o solo e tudo que se lhe incorporar natural ou artificialmente.

[21] O parágrafo primeiro do art. 32 do Código Tributário Nacional estabelece que, para fins de incidência do IPTU, considera-se zona urbana a definida em lei municipal; observado o requisito mínimo da existência de melhoramentos indicados em pelo menos 2 dos itens

automotor terrestre (art.155, III, da Constituição Federal), e o IGF (art. 153, VII, da Constituição Federal) que, embora incidente sobre grandes fortunas, até hoje não foi regulado por lei complementar.

Para fins de incidência do IPTU ou ITR, há a distinção entre imóvel urbano e rural decorre de sua localização e destinação. De acordo com o critério da localização, o imóvel rural situa-se fora do perímetro urbano, a ser fixado pelo município. Assim, por exclusão, o imóvel rural é aquele que não é urbano. Outrossim, segundo o critério da destinação econômica, o imóvel rural é aquele que possui finalidade de exploração agrícola, pecuarista ou extrativa.

Desse modo, não parece possível aplicar aos terrenos adquiridos no metaverso o mesmo regramento válido para bens imóveis a fim de tributá-lo. Afinal, à luz da legislação brasileira, estes bens digitais não podem ser considerados **imóveis** para o fim de atrair a incidência do IPTU ou do ITR.

Entretanto, na hipótese de se admitir que a propriedade de tais ativos digitais, enquanto bens intangíveis **móveis**, deva ser tributada, nada obsta a utilização da competência residual da União Federal, prevista no artigo 154, inciso I, da Constituição Federal, como ferramenta apta a alcançar materialidades intrínsecas da nova economia digital.

Recentemente, muito se noticiou a respeito da tributação de terrenos virtuais nos Estados Unidos, o que foi lido por alguns como uma espécie de IPTU da realidade virtual[23]. Isso, porque a plataforma Second Life comunicou aos seus usuários que passaria a recolher o imposto sobre vendas (*sales tax*) nas compras recorrentes[24], como as assinaturas *premium* e as

seguintes, construídos ou mantidos pelo Poder Público: meio-fio ou calçamento, com canalização de águas pluviais; sistema de esgotos sanitários; rede de iluminação pública, com ou sem posteamento para distribuição domiciliar; escola primária ou posto de saúde a uma distância máxima de 3 (três) quilômetros do imóvel considerado.

[22] O art. 4º, I, da Lei n. 4.504/64 define "imóvel Rural" como sendo o prédio rústico, de área contínua qualquer que seja a sua localização que se destina à exploração extrativa agrícola, pecuária ou agroindustrial, quer através de planos públicos de valorização, quer através de iniciativa privada.

[23] Novo metaverso nem chegou direito e já pode cobrar 'IPTU'. Portal Uol. 2022. Disponível em: https://www.uol.com.br/tilt/noticias/redacao/2022/03/11/metaverso-mal-chegou-e-ja-pode-cobrar-iptu.htm?cmpid=copiaecola. Acesso em 17 de abril de 2022.

[24] Sales tax on U.S. purchases. Seconde Life Community. 2022.Disponível em: https://community.secondlife.com/blogs/entry/10207-sales-tax-on-us-purchases/. Acesso em 17 de abril de 2022.

taxas de uso de terrenos[25]. Este enquadramento pode indicar que a aquisição de NFT's ou serviços no metaverso receberá um tratamento tributário semelhante em breve.

A mudança decorre da observância do entendimento fixado pela Suprema Corte dos Estados Unidos no caso Dakota do Sul *versus* Wayfair[26]. Na ocasião, decidiu-se que os estados americanos estão autorizados a cobrar impostos sobre vendas, a cada compra virtual ou aquisição de serviços realizada por seus habitantes, mesmo que a empresa vendedora não possua presença física em seu território. Assim, as vendas *on-line* em geral serão tributadas no estado do destino.

A decisão reformou o precedente do caso Quill *versus* Dakota do Norte, vigente desde 1992, no sentido de que a presença física da empresa no estado era o nexo indispensável para o pagamento de imposto sobre vendas. Porém, o julgado foi proferido antes da difusão da *internet*, referindo-se às vendas feitas pelo correio.

Por 5 votos a 4, prevaleceu o entendimento de que a regra da presença física não se aplica à realidade econômica atual, além de resultar em perdas de receitas significativas para os estados. Estima-se que aplicação do caso Quill *versus* Dakota do Norte causou aos estados perdas de até US$ 33 bilhões em impostos não recebidos todos os anos.

A parcela dissidente da Corte não desconheceu a relevância da economia digital, mas entendeu que o judiciário deveria deixar para o Congresso decidir se, quando e em que medida esse novo segmento deveria ser tributado.

Portanto, apesar da especulação em torno da cobrança de uma espécie de IPTU (vg.: imposto sobre propriedade) sobre os terrenos virtuais nos Estados Unidos, na prática, não se verificou a incidência de imposto sobre a propriedade em si (o que, no caso do Brasil, apenas poderia ser aventado com base na competência residual da União prevista no artigo 154, I, da Constituição), mas sobre a sua aquisição.

[25] No Second Life, o usuário paga uma taxa que lhe dá direito a um limite potencial de posse de terreno e não ao terreno em si. Por exemplo, se você paga a taxa correspondente a um limite de 1000 m^2, você pode ser proprietário de qualquer combinação de lotes até um limite de 1000 m^2. Para ocuparmais terrenos, você precisa aumentar o seu limite mediante incremento do valor da sua taxa.

[26] 17-494 South Dakota *versus* Wayfair, Inc. Supreme Court of The United States. 2018. Disponível em: https://www.supremecourt.gov/opinions/17pdf/17-494_j4el.pdf. Acesso em 17 de abril de 2022.

Traçando um paralelo com a legislação nacional, a próxima seção analisará a aquisição de bens e serviços digitais no metaverso sob a perspectiva da tributação do consumo no Brasil.

3. Consumo de bens e serviços

Em continuidade ao debate sobre a natureza das atividades realizadas no metaverso, surgem questionamentos sobre a tributação de operações com bens e serviços, sob a perspectiva da tributação sobre o consumo.

Atualmente, de acordo com a Constituição Federal de 1998, compete aos Estados e ao Distrito Federal instituir o ICMS sobre operações relativas à circulação de mercadorias e prestações de serviços de transporte interestadual e intermunicipal e de comunicação, ainda que as operações e as prestações se iniciem no exterior (art. 155, II, da Constituição Federal).

A competência não recai sobre a mercadoria em si, mas sobre a operação de circulação jurídica que enseje a transmissão da propriedade de um bem voltado à mercancia. O vocábulo "operação" revela a necessidade de existência de um ato jurídico relativo à transmissão de um direito, um ato mercantil. Assim, não é possível falar-se em incidência de ICMS sobre atos que não se revestem dessa característica, a exemplo do comodato[27] (Súmula 573/STF)[28], remessa de mercadorias para fins de demonstração, exame e divulgação,[29] a integralização de bens de capital de empresas e respectivas fusão, cisão e incorporação;[30] dentre outros.

Nesse contexto, é importante imaginar se o fisco pode enquadrar operações com NFT's como operações com mercadorias.

Não há, na Constituição Federal, orientação expressa no sentido de que o alcance do ICMS abrangeria apenas os bens corpóreos e a mercadoria em sentido estrito. Aliás, o próprio texto constitucional submete o fornecimento de energia elétrica, coisa incorpórea, à incidência do imposto (art. 155, §3º, da Constituição Federal).

Porém, por muito tempo prevaleceu, no âmbito da jurisprudência do Supremo Tribunal, o entendimento de que o conceito de mercadoria não

[27] Vide artigo 570 do Código Civil.

[28] Vide Súmula 573/STF: "Não constitui fato gerador do imposto de circulação de mercadorias a saída física de máquinas, utensílios e implementos a título de comodato".

[29] STJ: REsp 34.594-0 – 1ª T. – Rel. Min. César Asfor Rocha, DJU 09/05/1994.

[30] STJ: REsp 242.721, Min. Humberto Gomes de Barros, DJU 19/09/2001.

incluiria os bens incorpóreos, mas apenas o bem corpóreo objeto de atos de comércio ou destinado a sê-lo[31].

Contudo, a interpretação do conceito de mercadoria evoluiu ao longo do tempo e dissociou-se da ideia de bem corpóreo, o que ensejou o reconhecimento da possibilidade de incidência do ICMS sobre operações com bens incorpóreos e imateriais[32].

Por bens incorpóreos se entende um conjunto de bens formados pelos direitos que as pessoas podem ter sobre as coisas. Em grandes linhas, abrange aquilo que não pode ser fisicamente tocado, mas que possui um valor aferível dentro do processo econômico e do mercado[33].

Desse modo, a inexistência de bem corpóreo ou mercadoria em sentido estrito não afasta, por si só, a incidência de ICMS nas operações de aquisição de *tokens* digitais não fungíveis no metaverso.

Até porque, se algo possui valor dentro do processo econômico, isto implica manifestação de capacidade contributiva e, sempre que houver capacidade contributiva, ao menos em tese, há espaço para a tributação[34].

Ademais, as últimas manifestações do Supremo Tribunal Federal, ao analisar operações com bens *digitais*, indicam que a aplicação do ICMS deve ser afastada quando não houver transferência de propriedade e/ou a atividade estiver prevista na lista de serviços do ISS, superando-se a antiga distinção relacionada a tratar-se de mercadoria de prateleira ou por encomenda[35]. Trata-se de importante diretriz para a tributação de operações com bens digitais dentro do metaverso.

[31] Ver voto do Min. Sepúlveda Pertence no RE nº 176.626/SP, julgado em 10/11/1998, DJ 11/12/1998.

[32] Ver voto dos Min. Dias Toffoli e Roberto Barroso nas ADI's 1.945/MT e 5.659/MG, julgados em 24/02/2021, DJ 20/05/2021.

[33] GRECO, Marco Aurélio. Sobre o Futuro da Tributação: a Figura dos Intangíveis. Texto elaborado a partir de conferência proferida no XII Simpósio do Instituto de Estudos Tributários do Rio Grande do Sul, em Porto Alegre, em 2003.

[34] GRECO, Marco Aurélio. Sobre o Futuro da Tributação: a Figura dos Intangíveis. Texto elaborado a partir de conferência proferida no XII Simpósio do Instituto de Estudos Tributários do Rio Grande do Sul, em Porto Alegre, em 2003.

[35] "A Corte tem tradicionalmente resolvido as indefinições entre ISS e do ICMS com base em critério objetivo: incide apenas o primeiro se o serviço está definido por lei complementar como tributável por tal imposto, ainda que sua prestação envolva a utilização ou o fornecimento de bens, ressalvadas as exceções previstas na lei; ou incide apenas o segundo se a operação de circulação de mercadorias envolver serviço não definido por aquela lei complementar". (ADI's 1.945/MT e 5.659/MG, Rel. Min. Dias Toffoli, Tribunal Pleno, julgados em 24/02/2021, DJ 20/05/2021).

Superadas essas questões, é preciso identificar se as operações com criptoativos no metaverso envolvem a efetiva transferência de propriedade do bem transacionado, pois a incidência de ICMS exige uma circulação jurídica da mercadoria.

A esse respeito, vale referir que cada bem digital pode ser comercializado de diversas maneiras. Nos casos de aquisição de NFT's, pode-se considerar que há a transmissão dos direitos relacionados à propriedade daquele ativo. Contudo, também existem operações com bens digitais que não resultariam em transferência de propriedade e, consequentemente, não atrairiam a tributação pelo ICMS, como é o caso das taxas de uso de espaços, em que o usuário não adquire o espaço em si, mas paga uma mensalidade para usufruir de determinados ambientes dentro do mundo virtual.

Outra questão que surge é saber qual seria a jurisdição responsável pela arrecadação, se consideramos que incide ICMS nas hipóteses em que há transferência de propriedade na aquisição de itens digitais no metaverso. Ao estado em que reside o comprador ou o que hospeda a plataforma do metaverso que emite o NFT? E se a plataforma não possuir representação nacional?

Até o momento, não parece haver resposta satisfatória para essa complexa questão, mas o tratamento do comércio eletrônico no Brasil, em especial a partir da Emenda Constitucional nº. 87/2015, pode indicar o caminho para a tributação das operações interestaduais envolvendo o metaverso, sempre que a plataforma possuir representação nacional.

A Constituição, em sua redação original, conferia integralmente aos estados de origem a instituição do ICMS sobre as vendas interestaduais de mercadorias.

Entretanto, o aumento significativo de vendas realizadas pela *internet* resultou desequilíbrio financeiro entre os estados, pois a maioria das empresas possuem domicílio fiscal nos estados de São Paulo e Rio de Janeiro, de modo que a arrecadação tributária ficou concentrada nestas unidades da federação.

Diante deste quadro, dezenove estados se uniram e aprovaram o Protocolo ICMS nº 21, de 2011, com o intuito de assegurar ao estado de destino uma parcela de arrecadação do tributo[36]. Exigiu-se o recolhimento de parte

[36] Acre, Alagoas, Amapá, Bahia, Ceará, Espírito Santo, Goiás, Maranhão, Mato Grosso, Pará, Paraíba, Pernambuco, Piauí, Rio Grande do Norte, Roraima, Rondônia e Sergipe e o Distrito Federal.

do ICMS em favor do estado de destino, ou seja, onde reside o consumidor final, nas operações interestaduais realizadas por meios eletrônicos.

Esse acordo representou, na realidade, um aumento considerável da carga tributária no comércio eletrônico, na medida em que os estados de origem e destino passaram a tributar as operações.

O Supremo Tribunal Federal – STF reconheceu a inconstitucionalidade do Protocolo ICMS nº 21, de 2011, no julgamento das ADI's nº 4.628 e 4.713, por entender que houve afronta ao pacto federativo e não observância da exigência de edição de lei complementar para instituição da cobrança em questão.

Diante desse cenário, o Congresso Nacional aprovou, em 2015, a Emenda Constitucional nº 87, que ficou conhecida como a emenda do *e-commerce*.Por meio desta emenda, ficou estabelecido que o ICMS, após um período progressivo de transição, seria destinado ao estado de destino da mercadoria.

Portanto, é possível arriscar dizer que, à luz do tratamento tributário do comércio eletrônico vigente, e em linha com as diretrizes internacionais da OCDE, aplicar-se-ia a regra da tributação no destino para operações interestaduais com criptoativos no metaverso, caso se entenda pela incidência do ICMS.

Ainda nesse debate, é relevante verificar se as operações com bens digitais no metaverso poderiam ser tratadas como atividades sujeitas ao ISS, o que afastaria a incidência do ICMS.

Com efeito, o ISS é o imposto que compete aos municípios e incide sobre os serviços não compreendidos no âmbito do ICMS, que estão definidos na lista anexa à Lei Complementar nº 116/03 (art. 156, III, da Constituição Federal).

O Supremo Tribunal Federal tem, pouco a pouco, sinalizado uma abertura à interpretação do conceito de serviço sob a ótica econômica e não apenas em função da clássica dicotomia, oriunda do direito privado, entre obrigações de dar e fazer. Nesse sentido, cabe rememorar que, em 29/09/2016, ao julgar o caso do ISS sobre planos de saúde (RE 651.703), o STF entendeu haver serviço tributável. O Relator, Ministro Luiz Fux, claramente adotou como fundamento de seu voto um conceito econômico do termo "serviço", de modo a abandonar o conceito de direito privado, ao fundamento de que "o direito constitucional tributário adota conceitos próprios, razão pela qual não há um primado do direito privado", razão por que "a classificação das obrigações em 'obrigação de dar', de 'fazer' e 'não fazer' (...) não é a mais apropriada para o enquadramento dos produtos e serviços resultantes da atividade econômica". Nesse sentido, concluiu que serviço consistiria no "oferecimento de uma utilidade para outrem, a partir de um conjunto de atividades materiais ou imateriais, prestadas com habitualidade e intuito de lucro, podendo estar conjugada ou não com a entrega de bens ao tomador". Embora resultasse claro do voto do Relator[37] a aparente superação do conceito de serviço tal como suposto pela Súmula Vinculante 31/STF, outros votos – divergente[38] e, especialmente, convergente[39] – julgaram a matéria ainda à luz da distinção clássica entre "obrigações de dar" e "obrigações de fazer".

Como houve dúvida a respeito do conceito de serviço vigente na jurisprudência do STF e a compatibilidade da posição então adotada com o verbete vinculante 31/STF, foi preciso que Plenário da Corte, em 2019, esclarecesse, em embargos de declaração, que a *ratio decidendi* do julgamento que declarou a constitucionalidade da incidência do ISS sobre as atividades prestadas pelos operadores de planos de saúde ainda havia partido do conceito civilista de serviço consistente em obrigação de fazer (em contraposição às obrigações de dar), mantendo-se hígido o entendimento plasmado no Recurso Extraordinário 116.121 e na Súmula Vinculante 31 (ED-RE 651.703), não obstante o Relator, Ministro Luiz Fux, tenha utilizado a técnica do *signaling*[40] para manifestar sua preocupação com a manutenção desse conceito e sinalizar a possibilidade de sua superação pelo STF[41].

[37] E também, por exemplo, do voto do Ministro Roberto Barroso.

[38] Ministro Marco Aurélio Mello, por exemplo.

[39] Ministro Edson Fachin, por exemplo.

[40] Nos termos do enunciado 320 do FPPC, "os tribunais poderão sinalizar aos jurisdicionados sobre a possibilidade de mudança de entendimento da corte, com a eventual superação ou a criação de exceções ao precedente para casos futuros". De acordo com essa técnica do *signaling*, a Corte "manifesta sua preocupação com a justiça da solução nele expressa" (MARINONI, Luiz Guilherme; ARENHART, Sérgio Cruz; MITIDIERO, Daniel. **Novo Código de Processo Civil comentado**. São Paulo: Editora Revista dos Tribunais, 2015, p. 876.

[41] "Apesar de ressalvar o meu ponto de vista pessoal durante o julgamento de mérito, no sentido de que a classificação dicotômica entre "obrigação de dar" e "obrigação de fazer", com o pretenso objetivo de recortar a realidade econômica em duas categorias estanques, possui cunho eminentemente civilista e não corresponde à classificação efetuada pelo constituinte ao atribuir competências aos entes federados, assumo que essa não foi a *ratio decidendi* de todos os votos proferidos na sessão de 29/09/16. Esse é o principal ponto que denota a não superação ainda do precedente do RE 116.121 (Tribunal Pleno, Rel. Min. Octávio Gallotti,

Em 29/05/2020, ao apreciar a incidência do ISS sobre contratos de franquia, o STF novamente explicitou seu conceito de serviço. O Relator, Ministro Gilmar Mendes, reservou capítulo específico de seu voto para abordar a "demarcação do conceito de serviço na jurisprudência do Supremo Tribunal Federal".

Nesse contexto, o Relator mencionou julgamentos históricos do STF que assentaram a não incidência do ISS sobre locação pura de bens móveis, inclusive a Súmula Vinculante 31/STF, assentando a "*ratio decidendi* do Tribunal neste e em outros julgamentos de mesmo teor", no sentido de que "a locação, em si mesma, não poderia ser tomada como serviço, por tratar-se de uma obrigação de dar, e não de fazer". Ao mencionar o decidido pelo STF no caso dos planos de saúde, o Relator aduziu que a incidência do ISS fora validada porque "as atividades realizadas pelas operadoras de planos de saúde foram consideradas de natureza mista (isto é, englobam tanto um 'dar' quanto um 'fazer')", de modo que "não se pode afirmar que tenha havido – ainda – uma superação total do entendimento de que o ISS incide apenas sobre obrigações de fazer, e não sobre obrigações de dar". O mesmo ocorreu no julgamento do RE 603.136, relativamente ao ISS sobre apostas[42].

Conforme um de nós demonstrou em outra oportunidade[43], o STF ainda mantém o conceito de direito privado de serviço, o que fica eviden-

Rel. p/ acórdão Min. Marco Aurélio, DJ de 25/05/01), relativo à incidência do ISSQN sobre a atividade de locação de guindastes, bem como da Súmula Vinculante 31, editada por esta Corte com amparo no mencionado julgamento.(...) Por isso, digo que o Colegiado entendeu que prevalece no caso o elemento inerente ao "fazer", devido às características específicas dos contratos de assistência privada à saúde celebrados pelas operadoras de planos de saúde, de natureza complexa. (...)" (RE 651703 ED/PR, Rel. Min. Luiz Fux, DJe 07/05/2019, pp.14/18 do voto do Relator)

[42] Recurso extraordinário com repercussão geral. Tema 300. 2. Tributário. Imposto Sobre Serviços de Qualquer Natureza. 3. Incidência sobre contrato de franquia. Possibilidade. Natureza híbrida do contrato de franquia. Reafirmação de jurisprudência. 4. Recurso extraordinário improvido.
(RE 603136, Relator(a): GILMAR MENDES, Tribunal Pleno, julgado em 29/05/2020, PROCESSO ELETRÔNICO REPERCUSSÃO GERAL – MÉRITO DJe-149 DIVULG 15-06-2020 PUBLIC 16-06-2020)

[43] SOUZA, Hamilton Dias de. SZELBRACIKOWSKI, Daniel Corrêa. Teoria das cortes superiores em matéria tributária é o que garante a segurança jurídica. In:Temas de Direito Tributário: em Homenagem a Gilberto de Ulhôa Canto – v. 1 / Organizado por Gustavo Brigagão e Juselder Cordeiro da Mata. Belo Horizonte: Arraes Editores, 2020.

ciado no caso dos serviços ditos "puros", tal como uma locação simples de guindaste (Súmula Vinculante 31). Porém, tratando-se de serviços "mistos", basta que, ao lado de outras prestações (inclusive de dar), exista alguma atividade – um fazer – a cargo do prestador e que o serviço esteja previsto na lista de serviços prevista por lei complementar para que incida, validamente, o ISS. Nos casos desses serviços mistos, não é relevante saber se a atividade preponderante é de dar ou fazer. Havendo ao menos uma prestação de fazer, isso possibilita a incidência do imposto, desde que haja previsão em lei complementar do ISS.

Considerando o cenário jurisprudencial acima, a compra de uma casa virtual no metaverso não parece estar sujeita ao ISS, uma vez que, além de envolver a transferência de um *token* para o adquirente, esta atividade – ao menos, até o momento – não está prevista na lista de serviço da Lei Complementar nº 116/03.

No entanto, imagine que um artista brasileiro, sem sair de casa, utilize a mansão do seu avatar em um metaverso para dar festas e venda NFT's dos ingressos. Os avatares que comprarem os *tokens* podem participar de uma experiência interativa com o avatar do artista e assistir a apresentações musicais ao vivo[44].

Não há dúvidas de que as festas, os shows e a recreação são atividades que, se realizadas em meio físico, estão previstas na lista anexa à Lei Complementar nº 116/03 como serviços tributáveis pelo ISS[45]. Assim, o município em que reside o artista poderia exigir o ISS sobre a receita da venda dos ingressos? E os municípios em que residem os usuários que adquiriam o *token* do ingresso do show? Se houver a prestação de serviço, onde ela terá ocorrido? E se o artista morar fora do país?

Caso o artista desenvolva sua atividade por meio de uma pessoa jurídica, a receita decorrente da venda dos NFT's de ingressos deve ser tributada

[44] Ver Snoop Dogg vende ingressos em NFT para festa virtual. Minuto NFT. 2021. Disponível em: https://br.noticias.yahoo.com/snoop-dogg-vende-ingressos-em-nft-para-festa-virtual-080159221.html. Acesso em 20 de abril de 2022.
Justin Bieber se une à Wave para uma experiência musical interativa inesquecível em metaverso. Universal Music. 2021. Disponível em: https://www.universalmusic.com.br/2021/11/10/justin-bieber-se-une-a-wave-para-uma-experiencia-musical-interativa-inesquecivel-em-metaverse/. Acesso em 20 de abril de 2022.

[45] Ver itens 12.06, 12.07, 12.12, 12.13, 12.16 e 12.17 da lista de serviço anexa à Lei Complementar nº 116/03.

como tal? E se os adquirentes realizarem o pagamento com criptoativos, essas operações seriam venda ou permuta de ativos?

As perguntas são tantas quanto as possibilidades oferecidas pelos metaversos e desafiam uma legislação tributária voltada para um mundo de operações físicas, com fronteiras bem definidas.

4. Renda

Por fim, a questão também possui inúmeros desdobramentos no âmbito da tributação sobre a renda. Considerando o exemplo dado no último tópico, o usuário deve informar em sua declaração de imposto de renda a aquisição do NFT do ingresso da festa? Em que momento? Se o usuário resolve vender o NFT porque o item sofreu uma grande valorização, caberia a incidência de imposto de renda na modalidade ganho de capital? Dessa maneira, os NFT's são equiparados aos ativos financeiros?

A instrução normativa IN 1.888/2019 instituiu a obrigatoriedade de informar ao fisco as operações realizadas com ativos virtuais. O seu artigo 5º conceitua um criptoativo como uma "representação digital de valor denominada em sua própria unidade de conta, cujo preço pode ser expresso em moeda soberana local ou estrangeira, transacionado eletronicamente com a utilização de criptografia e de tecnologias de registros distribuídos, que pode ser utilizado como forma de investimento, instrumento de transferência de valores ou acesso a serviços, e que não constitui moeda de curso legal".

Entretanto, há dúvidas quanto a aderência do NFT ao conceito de criptoativo descrito pela Receita Federal do Brasil – RFB. Por um lado, estes ativos utilizam criptografia e estão inseridos em tecnologias de registros distribuídos. Por outro lado, não há que se falar em "sua própria unidade de conta", pois estes *tokens* podem ser adquiridos por meio de moeda fiduciária ou criptomoedas.

Apesar disso, a RFB enquadrou os NFT's como criptoativos. Tanto é assim que, para a declaração de imposto de renda da pessoa física de 2022, foi criado um grupo de bens referentes aos criptoativos (Grupo 08) e os NFT's estão incluídos (Código 10).

Ao responder "como os criptoativos devem ser declarados", o órgão fazendário dispõe queos criptoativos não são considerados moeda de curso legal nos termos do marco regulatório atual. Entretanto, podem ser equiparados a ativos sujeitos a ganho de capital e devem ser declarados pelo valor de aquisição, quando o valor de aquisição de cada tipo de criptoativo for igual ou superior a R$ 5.000,00 (cinco mil reais)[46].

Além disso, a RFB entende que os ganhos obtidos com a alienação de criptoativos cujo total alienado no mês seja superior a R$ 35.000,00 (trinta e cinco mil reais) são tributados, a título de ganho de capital, segundo as alíquotas progressivas estabelecidas em função do lucro (15%, 17,5%, 20% e 22,5%). O ganho de capital apurado na alienação de criptomoedas, quando uma é diretamente utilizada na aquisição de outra, ainda que a criptomoeda de aquisição não seja convertida previamente em real ou outra moeda fiduciária, é tributado pelo imposto sobre a renda da pessoa física, sujeito a alíquotas progressivas, devendo o valor de alienação da criptomoeda ser avaliado em reais pelo valor de mercado que tiver na data do recebimento[47].

Diante dessas premissas, imagine que o usuário vende (ou melhor, permute) o NFT do ingresso para outro avatar e o pagamento é feito com criptomoeda. Segundo orientação da RFB, a transação entre estes criptoativos atrairia a incidência do IRPF na modalidade ganho de capital, nos termos do art. 21 da Lei 8.981/1995 e do art. 22 da Lei 9.250/1995.

Neste exemplo, tanto o vendedor, quanto o adquirente, teriam seus ganhos de capital tributados. Para o vendedor, o IRPF-ganho de capital incidiria sobre o valor pelo qual foi vendido o NFT. Para o adquirente, a diferença entre o valor das criptomoedas permutadas na data da transação e o custo de aquisição seria tributada.

Apesar do avanço que a IN 1.888/2019 representa para a regulamentação das operações com NFT's, tributar todas as transações que envolvam criptoativos e representem acréscimo patrimonial com base no quadro de perguntas e respostas da RFB, sem a edição de lei específica, parece um tanto quanto temerário.

Ademais, o fisco certamente enfrentará limitações para rastrear essas transações, pois, até o momento, elas só são verificáveis a partir das declarações de imposto de renda.

[46] BRASIL. Secretaria da Receita Federal do Brasil. Imposto sobre a renda. Pergunta n. 455. Perguntas e Respostas IRPF 2022. Disponível em: https://www.gov.br/receitafederal/pt-br/centrais-de-conteudo/publicacoes/perguntas-e-respostas/dirpf/pr-irpf-2022.pdf/view. Acesso em 17 de abril de 2022.

[47] BRASIL. Secretaria da Receita Federal do Brasil. Imposto sobre a renda. Pergunta n. 619. Perguntas e Respostas IRPF 2022. Disponível em: https://www.gov.br/receitafederal/pt-br/centrais-de-conteudo/publicacoes/perguntas-e-respostas/dirpf/pr-irpf-2022.pdf/view. Acesso em 17 de abril de 2022.

Interessante notar que as dificuldades impostas à tributação e fiscalização das transações com criptoativos não existem apenas dentro das fronteiras nacionais. Recentemente, a OCDE lançou o *Crypto-Asset Reporting Framework*, uma consulta pública com o intuito de reunir sugestões para a criação de um sistema de compartilhamento de informações relacionadas às operações com criptoativos. A ideia geral é que as *exchanges* de criptoativos possuam o mesmo dever de trocar informações das instituições financeiras tradicionais. O ideal é que a mesma obrigação possa ser estendida às plataformas de metaverso.

A possibilidade de fiscalização das operações realizadas com criptoativos no ambiente digital é pressuposto indispensável ao recolhimento dos tributos sobre as operações com criptoativos e outros bens virtuais intangíveis.

Conclusões

Consoante exposto, enquanto não houver regulamentação específica sobre o tema, os debates estão longe de nos levar a respostas definitivas quanto à tributação de operações realizadas com criptoativos, notadamente os NFT's, nos metaversos.

No atual estágio da legislação tributária, cabe ao intérprete do direito analisar, caso a caso, a possibilidade de qualificação jurídica de tais operações segundo os institutos jurídicos vigentes para, se possível, enquadrar as atividades econômicas desenvolvidas nos metaversos nas hipóteses legais de incidência dos tributos brasileiros.

Ao final, se constatado que nenhum dos impostos incidentes sobre a propriedade, o consumo e a renda são aptos, da forma em que positivados, a adequada tributação dessas novas realidades, cabe à União Federal valer-se da competência residual para alcançá-los, sendo, ainda, necessário e oportuno endereçar essas questões nos debates que envolvem a reforma tributária.

Afinal, na medida em que tais operações possuem tamanho potencial econômico, a capacidade contributiva deste mercado não pode ser desprezada, até para preservar a isonomia entre negócios realizados no ambiente digital e no ambiente físico e a arrecadação dos entes federativos.

Referências

ALVIM, Arruda. Comentários ao Código Civil brasileiro: livro introdutório ao Direito das Coisas e o Direito Civil – v. 11. São Paulo: Editora Forense, 2009.

BBC NEWS. Metaverso: o que é a economia do mundo paralelo e como ela pode ser explorada nos próximos anos. Portal G1, 2021. Disponível em: https://g1.globo.com/tecnologia/noticia/2021/11/26/metaverso-o-que-e-a-economia-do-mundo-paralelo--e-como-ela-pode-ser-explorada-nos-proximos-anos.ghtml. Acesso em: 13 abr. 2022.

BRASIL. Secretaria da Receita Federal do Brasil. Imposto sobre a renda. Pergunta n. 619. Perguntas e Respostas IRPF 2022. Disponível em: https://www.gov.br/receitafederal/pt-br/centrais-de-conteudo/publicacoes/perguntas-e-respostas/dirpf/pr-irpf-2022.pdf/view. Acesso em: 17 abr. 2022.

BRASIL. Superior Tribunal Federal. Acórdão proferido nas ADI's 1.945/MT e 5.659/MG. Relator: Min. Dias Toffoli. Tribunal Pleno, 24 de fevereiro de 2021. Brasília, 20 maio 2021.

BRASIL. Superior Tribunal Federal. Acórdão proferido no RE 651703 ED/PR. Relator: Min. Luiz Fux. Brasília, DF de maio de 2019. Dje. Brasília, 07 maio 2019.

BRASIL. Superior Tribunal Federal. Acórdão proferido no RE 603136. Relator: Min. Gilmar Mendes. Tribunal Pleno, 29 de maio de 2020. Brasília: 16 de junho de 2020.

BRASIL. Superior Tribunal de Justiça. Acórdão proferido no REsp 242.721. Relator: Min. Humberto Gomes de Barros. Brasília, DF 19 set. 2001.

BRASIL. Superior Tribunal de Justiça. Acórdão proferido no REsp 34.594-0. Relator: Min. César Asfor Rocha. Brasília, DF 09 maio 1994.

DUARTE, Marcella. Novo metaverso nem chegou direito e já pode cobrar 'IPTU'. Portal Uol. 2022. Disponível em: https://www.uol.com.br/tilt/noticias/redacao/2022/03/11/metaverso-mal-chegou-e-ja-pode-cobrar-iptu.htm?cmpid=copiaecola. Acesso em: 17 abr. 2022.

ÉPOCA NEGÓCIOS. Negociações de NFTs aumentaram 21.000% em 2021, mostra relatório. Disponível em: https://epocanegocios.globo.com/Tecnologia/noticia/2022/03/negociacoes-de-nfts-aumentaram-21000-em-2021-mostra-relatorio.html. Acesso em: 13 abr. 2022.

GOMES, Daniel de Paiva e GOMES, Eduardo de Paiva. Controvérsias tributárias envolvendo NFT's (non-fungible tokens) e seu uso no setor artístico. In: EROLES, Alexandre Evaristo Pinto Pedro e MOSQUERA, Roberto Quiroga. Criptoativos – Estudos Regulatórios e Tributários. 2021. São Paulo: Quartier Latin.

GOMES, Orlando. Direitos Reais. Atualizador: Luiz Edson Fachin. 19ª ed. São Paulo: Editora Forense, 2008.

GRECO, Marco Aurélio. Sobre o Futuro da Tributação: a Figura dos Intangíveis. Porto Alegre: XII Simpósio do Instituto de Estudos Tributários do Rio Grande do Sul, 2003.

MARINONI, Luiz Guilherme; ARENHART, Sérgio Cruz; MITIDIERO, Daniel. Novo Código de Processo Civil comentado. São Paulo: Editora Revista dos Tribunais, 2015.

METAVERSE ROADAP. Glossary: Some proposed definitions for words relevant to the emerging 3D-enabled participatory web. Disponível em: https://metaverseroadmap.org/inputs4.html#glossary. Acesso em 13 de abril de 2022.

MONEY REPORT. Walmart se prepara para entrar no metaverso. Disponível em: https://www.moneyreport.com.br/negocios/walmart-se-prepara-para-entrar-no-metaverso/. Acesso em: 13 abr. 2021.

OCDE ILIBRARY. OCDE/G20 Base Erosion and Profit Shifting Project. Addressing the Tax Challenges of the Digital Economy. Action 1: 2014. Final report. Paris: OCDE Publishing, 2015. Disponível em: https://www.oecd-ilibrary.org/docserver/9789264218789-en.pdf?expires=1650903577&id=id&accname=guest&checksum=82158CB85CCB95183373CD3E4CF0DF64 . Acesso em:17 abr 2022.

OECD. "Nevertheless, the term crypto-asset is commonly used to refer to types of digital financial assets that are based on distributed ledger technology (DLT) and cryptography as part of their perceived or inherent value". OECD (2020), Taxing Virtual Currencies: An Overview Of Tax Treatments And Emerging Tax Policy Issues. Paris. Disponível em: www.oecd.org/tax/tax-policy/taxing-virtual-currencies-an-overview-of-tax-treatments-and-emergingtax-policy issues.htm Acesso em: 13 abr. 2022.

Okonkwo, Ifeanyi E. NFT, Copyright; and Intellectual Property Commercialisation. In: Gomes, Daniel de Paiva e Gomes, Eduardo de Paiva. Controvérsias tributárias envolvendo NFT's (non-fungible tokens) e seu uso no setor artístico. In: Eroles, Alexandre Evaristo Pinto Pedro e Mosquera, Roberto Quiroga. Criptoativos – Estudos Regulatórios e Tributários. 2021. São Paulo: Quartier Latin.

ONG, Thuy. Indústria da moda aposta em roupas para uso no mundo virtual. Exame, 2021. Disponível em: https://exame.com/casual/industria-da-moda-aposta-em-roupas-para-uso-no-mundo-virtual/. Acesso em 13 de abril de 2022.

Ribeiro, Janaina; Dana, Samy; Nuccio, Dony de. Tudo sobre o futuro dos investimentos no metaverso. 2021. Disponível em: https://investnews.com.br/cafeina/o-metaverso-e-o-futuro-dos-investimentos/. Acesso em: 13 abr. 2022.

Schueffel, Patrick; Groeneweg, Nikolaj; Baldegger, Rico. The Crypto Encyclopedia: Coins, Tokens and Digital Assets from A to Z. Bern: School of Management Fribourg/Switzerland.2019. Disponível em: https://www.heg-fr.ch/fr/medias-et-communication/news/vient-de-paraitre-crypto-encyclopedia/. Acesso em: 13 abr. 2022.

SECOND LIFE COMMUNITY. Sales tax on U.S. purchases. 2022.Disponível em: https://community.secondlife.com/blogs/entry/10207-sales-tax-on-us-purchases/. Acesso em: 17 abr. 2022.

Souza, Hamilton Dias de. Tributação Específica. Prefácio, São Paulo: Quartier Latin, 2007.

Stamford, Conn. Gartner Predicts 25% of People Will Spend At Least One Hour Per Day in the Metaverse by 2026. Disponível em: https://www.gartner.com/en/newsroom/press-releases/2022-02-07-gartner-predicts-25-percent-of-people-will-spend-at-least-one-hour-per-day-in-the-metaverse-by-2026. Acesso em: 13 abr. 2022.

SUPREME COURT OF THE UNITED STATES. 17-494 South Dakota *versus* Wayfair, Inc. 2018. Disponível em: https://www.supremecourt.gov/opinions/17pdf/17-494_j4el.pdf. Acesso em 17 de abril de 2022.

Souza, Hamilton Dias de. Szelbracikowski, Daniel Corrêa. Teoria das cortes superiores em matéria tributária é o que garante a segurança jurídica. In:Temas de Direito Tributário: em Homenagem a Gilberto de Ulhôa Canto – v. 1 / Organizado por Gustavo Brigagão e Juselder Cordeiro da Mata. Belo Horizonte: Arraes Editores, 2020.

Szelbracikowski, Daniel Corrêa. Novas tecnologias e a Necessidade de Reforma Tributária. In: Tributação 4.0. Coordenadores: José Roberto Afonso, Hadassah Laís Santana. São Paulo: Almedina, 2020. Vários autores.

UNIVERSAL MUSIC. Justin Bieber se une à Wave para uma experiência musical interativa inesquecível em metaverso. Universal Music. 2021. Disponível em: https://www.universalmusic.com.br/2021/11/10/justin-bieber-se-une-a-wave-para-uma-experiencia-musical-interativa-inesquecivel-em-metaverse/. Acesso em: 20 abr 2022.

YAHOO. Snoop Dogg vende ingressos em NFT para festa virtual. Minuto NFT. 2021. Disponível em: https://br.noticias.yahoo.com/snoop-dogg-vende-ingressos-em-nft-para-festa-virtual-080159221.html. Acesso em: 20 abr. 2022.

ZANATTA, Bianca. Mercado imobiliário do metaverso atrai investimentos com o avanço da realidade virtual. Estadão, 2021. Disponível em: https://imoveis.estadao.com.br/noticias/mercado-imobiliario-do-metaverso-atrai-investimentos-com-o-avanco-da-realidade-virtual/. Acesso em: 17 abr. 2022.

5
TRIBUTAÇÃO DO *SOFTWARE* E INOVAÇÃO NAS CIDADES

SAUL TOURINHO LEAL

Introdução

O Supremo Tribunal Federal (STF) encerrou o histórico julgamento no qual reputou inconstitucional a incidência do Imposto sobre Operações relativas à Circulação de Mercadorias e Prestação de Serviços de Transporte Interestadual e Intermunicipal e de Comunicação (ICMS) sobre os serviços de *software*. O tributo devido é o Imposto Sobre Serviços (ISS) e a história que ilustra essa decisão precisa ser contada.

O século XIX foi o dos impérios. O XX, o das nações. Estamos no século das cidades. O advento da Indústria 4.0, somado à grande urbanização e à consolidação de um robusto setor de serviços fizeram com que o ISS deixasse de ser uma utopia e passasse a significar emancipação financeira dos municípios. É a realização da antevisão da Constituição Federal de 1988, no art. 156, III, segundo o qual compete aos Municípios instituir impostos sobre "serviços de qualquer natureza, não compreendidos no art. 155, II, definidos em lei complementar".

O setor de tecnologia é feito por uma lógica global: *hardware* e *software*. O primeiro, físico, tangível, corpóreo, que muda de titularidade, é uma mercadoria. Já o *software*, esse constitui a formatação das ideias, a força dos dados impulsionada pela inventividade humana, a parcela fluida, intangível, incorpórea, que não muda de titularidade, mas propicia experiências que ganham novas utilidades. É um serviço, de fato.

O constitucionalismo brasileiro entrega a competência tributária do *hardware* para os Estados, com o ICMS, e, do *software*, aos municípios, pelo

ISS. Este, expressamente regido pela Lei Complementar nº 116/2003, que tem itens próprios (1.04 e 1.05) destinados aos programas de computadores, qualquer que seja a modalidade. Com o recente leilão do 5G e a chegada da Internet das Coisas (IoT), tudo terá potencial de se transformar num *hardware*. Uma geladeira, um fogão, um carro, um relógio, entre outros, todos poderão integrar essa vasta economia digital. Não faltará base tributária ao ICMS. Quando a maré sobe, todas as jangadas se elevam.

A Suprema Corte, depois de quase duas décadas, concluiu o julgamento da Ação Direta de Inconstitucionalidade (ADI) nº 1945 (Rel. Min. Cármen Lúcia) e da ação direta de inconstitucionalidade nº 5659 (Rel. Min. Dias Toffoli). Em seguida, replicou, na ADI nº 5958 (Rel. Min. Cármen Lúcia) e no RE nº 688.223 (Rel. Min. Luiz Fux, Tema 590), na prática, a posição anteriormente tomada pela maioria do plenário do STF.

Na ADI nº 1945, pediu-se a declaração de inconstitucionalidade da Lei nº 7.098/1998, em especial, do inciso VI do art. 2º, que fazia incidir o ICMS sobre "as operações com programa de computador – software –, ainda que realizadas por transferência eletrônica de dados" e também do § 6º do art. 6º, que aponta como base de cálculo "qualquer outra parcela debitada ao destinatário, inclusive o suporte informático, independentemente de sua denominação".

Similarmente, a ADI nº 5659, ajuizada pela Confederação Nacional de Serviços, alegou a inconstitucionalidade do Decreto estadual nº 46.877/2015-MG, e interpretação conforme do art. 5º da Lei nº 6.763/75; do art. 1º, I e II, do Decreto nº 43.080/2002, ambos de Minas Gerais; bem como do art. 2º da LC 87/96, a fim de excluir das hipóteses de incidência do ICMS as operações com *software*.

Segundo a maioria de 7 votos a 4, o tributo devido é o ISS. Ao reputar o *software* como serviço, a Suprema Corte abriu o caminho para o reconhecimento da força inesgotável das cidades na construção de inovação na prestação desse serviço. O que a Suprema Corte disse foi que o talento é um serviço.

1. O que se entende por *software* e sua proteção legal

Para entendermos esses novos arranjos, precisamos dar o primeiro e mais elementar passo: conhecer os conceitos que envolvem os *softwares*. O que são?

Dia 19 de fevereiro de 1998, o presidente da República, Fernando Henrique, discursava na cerimônia da sanção das Leis do Direito Autoral e da

Proteção da Propriedade Intelectual de Programa de Computador. Disse: "(...) nós passamos da era da absoluta inexistência de qualquer instrumental de análise mais sofisticada, em matéria de computação, para a regulação da produção intelectual, nem mais de *hardware*, mas de *software*. Quer dizer, isso é uma coisa extraordinária."

O termo *software* foi criado na década de 1940, num trocadilho com o termo *hardware*, a ferramenta física. *Software* seria tudo o que faz o computador funcionar excetuando-se a sua parte física. *Smartphones*, câmeras digitais, MP3 *players*, *tablets*, *notebooks* e computadores só funcionam graças a parte incorpórea. A isso se somam funcionalidades como o download de jogos, músicas e aplicativos.

Então, o presidente Fernando Henrique finalizou:

> [...] podemos dizer que, ao firmar estes dois diplomas legais, hoje, nós estamos dando um avanço grande quanto ao respeito que nós temos que ter ao criador intelectual, a que se garantem os direitos, a liberdade de criatividade, a expansão do espírito.[1]

Entrava em vigor a Lei nº 9.609/1998, que "dispõe sobre a proteção da propriedade intelectual de programa de computador, sua comercialização no País", cujo art. 1º conceitua programa de computador como:

> a expressão de um conjunto organizado de instruções em linguagem natural ou codificada, contida em suporte físico de qualquer natureza, de emprego necessário em máquinas automáticas de tratamento da informação, dispositivos, instrumentos ou equipamentos periféricos, baseados em técnica digital ou análoga, para fazê-los funcionar de modo e para fins determinados.

Na mesma data, foi sancionada a Lei nº 9.610/1998, que "altera, atualiza e consolida a legislação sobre direitos autorais". Segundo o art. 7º, XII, "são obras intelectuais protegidas as criações do espírito, expressas por qualquer meio ou fixadas em qualquer suporte, tangível ou intangível, conhecido ou que se invente no futuro, tais como: XII – os programas de computador".

[1] Revista Consultor Jurídico. *Leis tutelam direito autoral e dos softwares.* 19 de fev. 1998. Disponível em: https://www.conjur.com.br/1998-fev-19/sancionadas_leis_direito_autoral_softwares. Acesso em: 14/9/22.

2. A tributação no desenvolvimento e funcionamento das cidades

Esses *softwares* são a exteriorização da inventividade humana, elemento essencial à inovação. Em Tel Aviv, em janeiro de 2019, o primeiro-ministro de Israel, Benjamin Netanyahu, falando na CyberTech 2019, o maior evento da indústria cibernética do planeta, afirmou o seguinte:

> Então a política que nós temos é a de manter a tributação baixa e de manter as regulações também baixas. Reduzir as regulações. Não há outra indústria mais suscetível e mais convidativa a regulações do que a indústria de segurança cibernética.

Israel é a 11ª mais inovadora nação do mundo, além de ter sido imortalizada como "Nação Startup".

Mas essa relação entre tributação e inovação tecnológica precisa reconhecer que os motores da inovação estão nas metrópoles. Florença nos deu o Renascimento. Birmingham, a Revolução Industrial. Na época de Platão e Sócrates, se debatia filosofia num mercado ateniense. No século VI a.C., Mileto, um porto dos produtores de lã no oeste da Turquia, produziu o primeiro filósofo, Tales, e o pai do planejamento urbano europeu, *Hipodamo*, cujas plantas em forma de grade foram modelos para os romanos e para inúmeras cidades. O primeiro teatro importante para o público de língua inglesa foi feito por James Burbage, em 1576. Londres havia crescido muito no século XVI e sua burguesia queria entretenimento.

Para Edward Glaeser,

> seja nas galerias comerciais enfeitadas de Londres, seja nas favelas do Rio, seja nos arranha-céus de Hong Kong, seja nos ambientes de trabalho empoeirados de Dharavi, nossa cultura, nossa prosperidade e nossa liberdade são, em última instância, dádivas obtidas pelo fato de as pessoas viverem e pensarem em conjunto.

Para ele, "essa integração é o triunfo da cidade".[2]

Trata-se de um triunfo que também precisa ser compreendido a partir de decisões emblemáticas como essa, tomada pelo Supremo Tribunal

[2] Glaeser, Edward. Os centros urbanos: a maior invenção da humanidade: como as cidades nos tornam mais ricos, inteligentes, saudáveis e felizes. Trad.: Leonardo Abramowicz. Rio de Janeiro: Elsevier: 2011, p. 267.

Federal, reconhecendo a natureza jurídica de serviço ao *software* e, por via de consequência, fazendo sobre ele incidir o ISS.

O fracasso ou sucesso das nações se define pela capacidade que elas têm de construir um ambiente que anime nas pessoas a certeza do Direito, o qual não precisa ser imutável, mas há de ser, no mínimo, previsível. É para isso que ele existe.

Na contemporaneidade, a Constituição de 1988 exorta o compromisso indeclinável com a segurança jurídica em matéria tributária, a ponto de a Seção II, do Capítulo I (Do Sistema Tributário Nacional) do Título VI (Da Tributação e do Orçamento) se dedicar exclusivamente às "Limitações do Poder de Tributar". Limitar esse poder é a forma que do Constituinte de dizer: o poder de tributar não significa nem envolve o poder de destruir, como anotou, nos Estados Unidos, o *justice* Oliver Wendell Holmes Jr, sempre citado pelo ministro Celso de Mello.

O inciso I do art. 150, por exemplo, veda à União, aos Estados, ao Distrito Federal e aos Municípios "exigir ou aumentar tributo sem lei que o estabeleça". E não é só.

As alíneas "a", "b" e "c" do inciso III do art. 150 replicam tais vedações "a fatos geradores ocorridos antes do início da vigência da lei que os houver instituído ou aumentado"; "no mesmo exercício financeiro em que haja sido publicada a lei que os instituiu ou aumentou"; e "antes de decorridos noventa dias da data em que haja sido publicada a lei que os instituiu ou aumentou, observado o disposto na alínea b".

São comandos reputados, pelo STF, cláusulas pétreas implícitas, e cuja finalidade é afastar quaisquer incursões estatais sobre o patrimônio dos contribuintes quando guiadas pelo norte da surpresa. A sabedoria da previsibilidade é insumo vital no Direito Tributário.

Não bastasse, no Brasil, o direito à inovação encontra uma base jurídico-constitucional não vista em qualquer outro país. Demos à ciência e à tecnologia o destaque de um capítulo próprio na Constituição. A ele, diversos dispositivos foram inseridos pela Emenda Constitucional nº 85, de 2015, resultando no Capítulo IV, da "Ciência, Tecnologia e Inovação".

A inovação é, entre nós, um direito, tanto quanto o é a saúde ou o meio ambiente ecologicamente equilibrado. Há, em nosso País, um estatuto constitucional da inovação. Nessa perspectiva, estamos numa via de mão única, numa viagem apenas de ida, caminho sem volta. Mas temos de convir que a viagem deve ser segura e essa segurança vem da própria Constituição, que traz balizas por meio das quais esse direito será realizado. Ela associa a inovação ao desenvolvimento e ao progresso.

O art. 218, § 1º diz o seguinte: "A pesquisa científica básica e tecnológica receberá tratamento prioritário do Estado, tendo em vista o bem público e o progresso da ciência, tecnologia e inovação". Ou seja: almeja-se o "progresso" da ciência, tecnologia e inovação, não o seu regresso ou retrocesso. O comando tem índole positiva, de transformação, de ação. A ciência, tecnologia e inovação precisam encontrar um ambiente de acolhimento, proteção e incentivo.

Conclusões

O futuro chegou e esse emblemático julgamento sobre a tributação do *software* mostra isso. Ontem, bancos. Hoje, algo novo: as *fintechs*. Ontem, empresas. Hoje, algo também novo: as *startups*. Ontem, corretores de imóveis. Hoje, a inovação de donos de casas inserirem, em plataformas digitais, cômodos ociosos, ou até imóveis inteiros, para receberem hóspedes de passagem, além dos edifícios desenhados para, com o uso intenso da tecnologia, serem multifuncionais. Ontem, táxis. Hoje, a novidade de o carro de qualquer um de nós ser utilizado, por meio de aplicativos, para dar caronas para pessoas ou, até mesmo, veículos autônomos, que dispensam motoristas. Ontem, cidades. Hoje, esse admirável mundo novo: as cidades inteligentes.

Essa é a transformação presente, vista no Brasil, e que nem de longe alcançou o seu estado da arte. É como se estivéssemos segurando a cauda de um cometa. Não sabemos ao certo onde vamos parar. Estamos apenas percorrendo o caminho. E sentindo a adrenalina em nossos corpos sem querer que o passeio acabe.

Logo, por que constituir, em desafio à Constituição, um conceito artificial que arremessaria esse setor tão dinâmico no terreno pantanoso da guerra fiscal do ICMS, com todas as suas disputas paroquiais profundamente hostis à inovação? Por isso, é justo compreender a decisão do STF – reconhecendo o *software* como um serviço e fazendo incidir sobre ele o ISS – como sendo uma das mais importantes já tomadas em matéria tributária nos últimos tempos.

Referências

GLAESER, Edward. *Os centros urbanos: a maior invenção da humanidade: como as cidades nos tornam mais ricos, inteligentes, saudáveis e felizes*. Trad.: Leonardo Abramowicz. Rio de Janeiro: Elsevier: 2011.

6
A VIABILIDADE DE IMPLANTAÇÃO DO *DRAWBACK* SOBRE SERVIÇOS NO BRASIL

Ana Clarissa Masuko
Liziane Angelotti Meira
Solon Sehn

1. Sobre o Regime Aduaneiro Especial de *Drawback*

O *drawback* constitui o mais relevante instrumento fiscal de estímulo à exportação. O seu efeito é potencializado na proporção direta da complexidade e do índice de valor agregado da atividade industrial. Daí a sua importância no desenvolvimento econômico dos países fato que já se observava no Século XVIII, conforme observou Basaldúa.[1]

No Brasil, o instituto foi previsto originalmente no ano de 1934, com a edição do Decreto-Lei nº 994, porém, a sua utilização foi intensificada apenas a partir de 1992[2]. Atualmente, o fundamento legal do regime é o art. 78 do Decreto-Lei nº 37/1966.[3]

É relevante observar que o regime de *drawback* constitui um incentivo à exportação amplamente, em regra, aceito internacionalmente e legitimado pelas regras internacionais de comércio internacional. No âmbito

[1] Basaldúa, Ricardo Xavier. La aduana: concepto y funciones esenciales y contingentes. *Revista de Estudios Aduaneros* nº 18, primer semestre de 2007. Buenos Aires: Instituto Argentino de Estudios Aduaneros, p. 47; Araújo, Ana Clarissa M. S.; Sartori, Angela. *Drawback* e o comércio exterior: visão jurídica e operacional. São Paulo: Aduaneiras, 2004, p. 354.

[2] O *drawback*, segundo destacam Araujo e Sartori, é utilizado desde 1934, sendo que, a partir de 1992, o regime adquiriu importância crescente (Araujo; Sartori, *op. cit.*, p. 53).

[3] Para aprofundamento sobre o regime jurídico do drawback sugere-se remissão à obra Meira, Liziane Angelotti. *Regimes Aduaneiros Especiais*. São Paulo: IOB, 2002, p. 211/225.

da Organização Mundial de Comércio (OMC), o regime de *drawback* historicamente não se caracteriza como subsídio, dentre outras razões, por não discriminar segmentos industriais, favorecer agentes econômicos, ou destino dos produtos finais.

Atualmente, segundo dados do Ministério da Economia, do ano de 2021, as exportações amparadas pelo regime de *drawback* atingiram US$ 62 bilhões, o que representa 21,9% do total exportado. No mesmo ano, as importações sob o regime aduaneiro especial de *drawback* foram de US$ 7 bilhões, correspondendo a 3,2% do total importado[4].

Os valores mencionados apontam para o impacto do regime aduaneiro especial de *drawback* nas exportações brasileiras, sendo tradicionalmente consagrado como o mais importante incentivo na legislação brasileira.

São denominados regimes aduaneiros especiais aqueles que se distinguem do regime comum de importação e de exportação em decorrência de: incentivos fiscais concernentes aos tributos sobre o comércio exterior (desoneração total ou parcial dos tributos); controle aduaneiro em relação aos bens objeto da operação; e aspecto cronológico, prazo (as importações ou exportações têm caráter temporário, diferentemente do regime comum).[5]

[4] Dados disponíveis em: <https://www.gov.br/siscomex/pt-br/informacoes/drawback/paineis-drawback#entendendo>. Acesso em: 13 mai. 2022.

[5] Para elucidar um pouco essa distinção entre regimes aduaneiros comuns e regimes aduaneiros especiais, colacionamos um texto com exemplos:
"Os regimes aduaneiros são divididos em: 1) regime aduaneiro comum; 2) regimes aduaneiros especiais; e 3) regimes aduaneiros aplicados em áreas especiais.
Somente para se ter uma visão mais concreta, propõem-se alguns exemplos:
a) O primeiro exemplo é de regime comum de importação. Imaginemos que um brasileiro adquiriu a obra de arte tida atualmente como a mais cara do mundo, "Salvador Mundi", de Leonardo da Vinci. Quando o quadro chegar no Brasil, vai sofrer tributação na importação, com a perspectiva de que fique definitivamente por aqui, como um bem nacionalizado. Mas nada impede que algum tempo depois seja leiloado, vendido a um colecionador estrangeiro, desnacionalizado e exportado.
b) Imaginemos então um regime aduaneiro especial na importação, também com arte, para ser mais interessante. Um conjunto de dez quadros de Pablo Picasso, pertencentes ao museu Picasso em Paris, chegam no Brasil para exposição em algumas cidades. Infelizmente ninguém no Brasil adquiriu essas obras e a perspectiva é que elas permaneçam temporariamente no país, como bens estrangeiros. Não é exigido (naturalmente) imposto sobre a importação, nem os demais tributos sobre a entrada das obras. Os quadros ficam sob controle aduaneiro e devem deixar o Brasil no prazo estipulado. O regime adequado seria o regime aduaneiro especial de admissão temporária.

No regime aduaneiro especial de *drawback*, permite-se a aquisição de insumos importados para industrialização ou aperfeiçoamento[6] no Brasil e exportação do produto final. Há desoneração tributária, que atinge os tributos incidentes sobre a importação – imposto de importação (II), Imposto sobre Produtos Industrializados (IPI), Programas de Integração Social (PIS), Contribuição para o Financiamento da Seguridade Social (COFINS), Adicional ao Frete de Renovação Marinha Mercante (AFRMM), Imposto sobre a Circulação de Mercadorias e Serviços e sobre Prestação de Serviços de Transporte Interestadual e Intermunicipal e de Comunicação (ICMS) (em regra, apenas na modalidade suspensão), desde que o produto seja exportado.

Observe-se que o universo dos bens alcançados pela desoneração no regime de *drawback* consiste em tangíveis, com exceção do AFRMM, contribuição de intervenção no domínio econômico que incide sobre o serviço de frete marítimo.

c) Agora vamos pensar na exportação... ainda com arte. O quadro "Abaporu", de Tarsila do Amaral – primeira obra de arte brasileira a ser vendida por mais de um milhão de dólares – foi adquirido por um empresário argentino em 1995. Infelizmente, nessa ocasião, houve uma exportação definitiva. Regime comum de exportação, a obra foi despachada para exportação, desnacionalizada.
d) Permaneçamos um pouco mais com Tarsila do Amaral, com a obra "Operários", que é brasileira, bem nacional, pertencente ao acervo do governo do Estado de São Paulo. Caso seja organizada uma exposição de Tarsila no Malba, o quadro iria para Argentina temporariamente, no regime aduaneiro especial de exportação temporária. Neste caso, não seriam devidos nem o imposto sobre a exportação nem os tributos sobre a importação no retorno. O quadro continuaria a ser bem nacional e deveria voltar para o Brasil no prazo estipulado.
e) Somente para mostrar a última face desse espectro, cumpre anotar que a expressão "regimes aduaneiros aplicados em áreas especiais" é reservada para desonerações tributárias destinadas a certas regiões delimitadas do país. Por exemplo, as desonerações de imposto de importação, IPI e contribuições estabelecidas para a Zona Franca de Manaus, desde que preenchidos certos requisitos legais.
Cumpre anotar que os exemplos foram oferecidos para que o leitor consiga vislumbrar de forma sistemática os três regimes aduaneiros, mas não se pretende explicar de modo integral as especificidades e submodalidades dos regimes aqui. Observe-se, além disso, que fora utilizada a expressão "desoneração", mas, na nossa perspectiva, trata-se de isenções sob condição, conforme se explica no parágrafo que segue." MEIRA, Liziane Angelotti. Regime Aduaneiro Especial de drawback. *In*: Gisele Barra Bossa. (Org.). *Eficiência Probatória e a Atual Jurisprudência do CARF*, 2020, p. 716/717.

[6] A Portaria da Secretaria Especial de Comércio Exterior e Assuntos Internacionais nº 44/2020 elenca as operações que geralmente podem ser realizadas sob o amparo do regime: transformação, beneficiamento, montagem, renovação ou recondicionamento, acondicionamento ou reacondicionamento, embalagem para transporte.

A desoneração é condicionada à exportação do produto com agregação de valor, por isso, a legislação refere-se ao *drawback* como um incentivo à exportação.[7] Embora não haja na legislação a determinação exata de quanto se deva agregar de valor na operação, a aprovação do ato concessório do regime, o potencial beneficiário deverá demonstrar quais as condições amparam o seu processo produtivo e, portanto, qual será a agregação de valor e de ganho cambial para o Brasil.

O *drawback* brasileiro é subdividido em modalidades que não necessariamente coincidem com o regime no âmbito internacional. Normalmente, o regime de *drawback* se restringe à posterior restituição dos tributos recolhidos na importação dos insumos utilizados em produto exportado. Nesse sentido, a definição constante do glossário da Aladi:

> *DRAWBACK*
>
> *Régimen aduanero que permite, con motivo de la exportación de las mercaderías, obtener la restitución total o parcial de los gravámenes a la importación que se haya pagado, sea por esas mercaderías, sea por los productos contenidos en las mercaderías exportadas o consumidas durante su producción (ALADI/CR/Resolución 53 (1986))*[8]

No Brasil, o mecanismo de restituição dos tributos na importação corresponde a uma das modalidades de *drawback*, que raramente é utilizada, especialmente em razão de entraves burocráticos. Nas demais modalidades, que são efetivamente empregadas, *drawback* suspensão e *drawback* isenção, os tributos incidentes na importação deixam de ser recolhidos.[9]

Na modalidade "drawback/suspensão", o insumo é importado desonerado dos tributos incidentes a importação, desde que se dê a posterior exportação dos produtos resultantes.

Na modalidade "*drawback* isenção", é importado insumo para emprego em produto a ser exportado; concluída a operação de exportação, insumo semelhante em qualidade e quantidade pode ser importado em substitui-

[7] Nesse sentido, o caput do artigo 383 do Decreto nº 67.59/2009 (Regulamento Aduaneiro): "Art. 383.O regime de *drawback* é considerado incentivo à exportação, e pode ser aplicado nas seguintes modalidades: (...)"

[8] Disponível em: < http://www2.aladi.org/nsfaladi/vbasico.nsf/6d971a5f2ad0b610032574ad004e7051/3a9adb7ecc0cdd18032574a2005b35a8?OpenDocument>. Acesso em: 13 mai. 2022.

[9] No meu estudo (MEIRA, Liziane Angelotti. *Regimes Aduaneiros Especiais*, São Paulo: IOB, 2002), concluí que se tratam de isenções condicionais.

ção ao primeiro, sem o pagamento de imposto sobre a importação, IPI e Contribuição para o PIS e o COFINS.

Na modalidade *drawback* restituição, também é importado insumo para ser utilizado na produção de bem a ser exportado; após a exportação, o contribuinte tem direito à compensação dos valores recolhidos a título de imposto sobre a importação e IPI, com impostos federais relativos a futuras importações (não necessariamente de produtos semelhantes ao insumo estrangeiro utilizado).

Na evolução do regime no Brasil, o seu escopo foi ampliado para permitir que o industrial adquira também (ou somente) insumos internos, sem pagamento dos tributos internos incidentes sobre essa aquisição, para produzir os bens a serem exportados, "*drawback* integrado".[10]

Tal extensão do tratamento tributário conferido aos insumos importados para os nacionais inicialmente foi instituída pela Lei nº 8.402/92 sendo apelidada de "*drawback* verde e amarelo". Posteriormente, no intuito de desburocratizar essa modalidade, as Leis nº 10.833/03 e nº 11.945/09 criaram o "*drawback* integrado", permitindo-se a suspensão de tributos de produtos adquiridos no mercado interno para industrialização de produto a ser exportado, com suspensão dos tributos incidentes nas operações de consumo internas (IPI, PIS/Pasep e COFINS), com menos formalidades.

No direito brasileiro também há a possibilidade da aquisição no mercado interno ou importação por empresas denominadas "fabricantes-intermediários", para industrialização de produto intermediário a ser fornecido a "empresas industriais-exportadoras", para emprego ou consumo na industrialização de produto final a ser exportado, regime conhecido como "*drawback* intermediário".

No âmbito das referidas modalidades, há operações atípicas de *drawback*, como as envolvendo o conceito de "exportação ficta" (*drawback* para embarcação e para fornecimento no mercado interno) sobre as quais, no âmbito do escopo do presente trabalho, apenas vale ressaltar que ao longo da vida do regime no direito positivo brasileiro, houve uma evolução legislativa que visou adaptá-lo aos novos cenários econômicos que foram se descortinando.

Considerando a preocupação do legislador em adaptar a legislação do *drawback* a conjunturas econômicas que se seguiram ao longo dos tempos,

[10] A base legal do *drawback* integrado é o artigo 12 da Lei nº 11.945/2009.

para que o regime se mantivesse como um instrumento de incentivo à exportação, duas ponderações são tecidas no contexto da temática do *drawback* de serviços.

Primeiramente, a inclusão dos tributos incidentes sobre os serviços na sistemática do âmbito do regime de *drawback* é uma realidade inelutável no ambiente da economia digital, tema a ser discorrido adiante.

Em segundo lugar, a implementação do *drawback* sobre serviços esbarra numa realidade mais ampla, que é a ineficiência estrutural e a obsolescência do sistema tributário brasileiro, que não somente repercute os seus malefícios para uma potencial implantação de um *drawback* sobre serviços, como também, na sua forma vigente no direito brasileiro.

O processo de desoneração das exportações no Brasil não alcança o grau de eficiência de outros sistemas tributários mais simples. Na grande maioria dos países do mundo, é praxe desonerar dos tributos a exportação e onerar a importação com os tributos incidentes sobre a produção/consumo (em muitos países, mediante a incidência de tributos do tipo IVA – imposto sobre o valor agregado).

No Brasil, a dinâmica é similar, porém, o sistema tributário brasileiro é muito mais complexo, há um maior número de tributos incidentes no ciclo produtivo, que são exigidos por diferentes entes da Federação. Por isso, não é possível desonerar alguns desses tributos da cadeia produtiva de bens voltados à exportação e outros, somente é possível mais tarde, mediante a utilização de crédito ou a restituição em dinheiro.

Ou seja, no sistema tradicional brasileiro, primeiro são recolhidos os tributos incidentes na cadeia produtiva do produto a ser exportado e depois o exportador toma as providências para recuperar parte dos valores, mediante crédito, ou, o que costuma ser mais moroso e burocrático[11], mediante restituição em dinheiro. [12]

A recuperação é ainda mais complicada em relação ao tributo estadual ICMS. Muitas vezes, este imposto é recolhido em um Estado (onde a mercadoria foi produzida ou circulou), mas a restituição deve ser solicitada a outro (por onde foi exportada). O ISS, por sua vez, sequer comporta desoneração em relação à incidência na cadeia anterior à exportação.

[11] Esta segunda forma tem de ser adotada se o contribuinte é majoritariamente exportador ou, por outro motivo, não tem tributos internos a compensar.

[12] Conforme MEIRA, Liziane Angelotti. Regime Aduaneiro Especial de drawback. *In*: Gisele Barra Bossa. (Org.). *Eficiência Probatória e a Atual Jurisprudência do CARF*, 2020, p. 724/726.

Apesar de o regime de *drawback* ser muito importante na perspectiva econômica, possui legislação muito complexa – envolve várias modalidades, submodalidades, situações atípicas, regras e requisitos – o que torna difícil sistematizá-lo e entendê-lo.

No que tange à legislação brasileira, envolve uma gama enorme de tributos, divididos em três níveis de entes federativos e, em consequência, não se logra, com a mesma eficiência dos outros países, desonerar as exportações, tornando-as mais competitivas. É nesse esforço que se desvirtuam os regimes aduaneiros especiais, especificamente o *drawback*, enquanto um forte instrumento de incentivo e desoneração tributária das exportações.

Diversos aspectos essenciais da aplicabilidade do *drawback* ainda não encontraram solução legislativa adequada. É o caso, por exemplo, dos limites da competência fiscalizatória da Receita Federal e da Subsecretaria de Operações de Comércio Exterior, do Ministério da Economia; do termo inicial do prazo decadencial; da fungibilidade entre insumos nacionais e importados; os efeitos jurídicos do descumprimento do regime. Na falta de regras claras e objetivas, essas e outras questões ficam dependentes de interpretações administrativas inconstantes, em um clima de insegurança jurídica, agravado pela ausência de interesse doutrinário no estudo do tema.

Por conseguinte, o regime de *drawback* encontra óbices para que cumpra integralmente o seu desígnio, que demandariam, por si, uma revisão da legislação correlata e de sua operacionalização. A introdução da desoneração dos serviços no regime nessa equação, por conseguinte, aponta para um horizonte que parece distante da realidade atual, que, todavia, é imperativa, sob pena de se esvaziar o seu desígnio de estímulo às exportações e competitividade do produto nacional, em face de uma realidade econômica em que o peso econômico dos serviços não pode ser desprezado.

Nesse panorama, fica realmente visível a importância dos regimes aduaneiros especiais; vislumbra-se o motivo desses regimes se proliferarem e se multiplicarem tanto no Brasil. Basicamente porque alguns regimes, dentre os quais o *drawback*, permitem que o industrial/produtor importe insumos desonerados produza o bem e o exporte, alcançando a almejada desoneração das exportações com menor dependência dos complexos e morosos instrumentos do crédito e da restituição tributários.

Esses temas abordados preambularmente, serão retomados a seguir, sob a premissa de do objeto do presente estudo, qual seja, o *drawback* de serviços.

2. A tributação do comércio exterior de serviços no Brasil

Nos últimos anos, a eficácia dos sistemas tributários tradicionais vem sendo testada com o surgimento de novas tecnologias. Parcela expressiva da receita de grandes companhias internacionais ainda tem ficado de fora do campo da tributação, em meios às dificuldades enfrentadas pelas autoridades fiscais para fazer frente às operações de computação em nuvem, o SaaS (*software as service*) e, mais recentemente, os *over-the-air softwares updates* que, mediante pagamento de uma remuneração, acrescentam funcionalidades em produtos convencionais (*v.g.* veículos). Essas operações "invisíveis" e sem fronteiras, estimadas em mais de US$ 4 trilhões, tem gerado desequilíbrios na distribuição isonômica da carga tributária entre os agentes econômicos. Também há preocupação em torno da própria repartição da arrecadação entre os países de origem e de consumo desses intangíveis. Diante dessas e de outras questões, o tema da chamada importação de serviços vem ganhando cada vez mais protagonismo na pauta de preocupações dos organismos internacionais.[13]

No Brasil são altos os custos tributários na importação de serviços, o que impacta as condições de competitividade, havendo sete exações que oneram nosso comércio exterior, estruturadas com racionalidades próprias, perfazendo um quase ininteligível regime jurídico de tributação, extremamente dispendioso, agravado pela repartição de competências tributárias, em que concorrem os três entes federativos.

Em regra, oneram as importações de serviços o IRRF, a CIDE, PIS e Cofins, o IOF-câmbio, o ISSQN, e nos casos de serviços de comunicação e de transporte internacional, o ICMS.

Os tributos internos incidentes na importação geram altos custos de conformidade aos contribuintes, pois, além de serem administrados e arrecadados por entes federativos distintos, possuem a base de mercadorias

[13] Sobre o tema, recomenda-se remissão a MASUKO, Ana Clarissa. *Princípio do destino no comércio exterior de serviços*. Rio de Janeiro: Lumen Juris, 2021; SEHN, Solon. Tributação da importação de serviços no direito brasileiro. *In*: OLIVO, Luiz Carlos Cancellier; MACHADO, Carlos Henrique; MOTA, Sergio Ricardo Ferreira. (Org.). *Direito tributário: homenagem ao Professor Ubaldo Cesar Balthazar*. Florianópolis: Insular, 2017, p. 305-321; SEHN, Solon. Tributação da importação de serviços no direito brasileiro. In: Cláudio Augusto Gonçalves Pereira; Raquel Segala Reis. (Org.). *Ensaios de direito aduaneiro*, São Paulo: Intelecto, 2015, p. 266-286. SEHN, Solon. *Importação de serviços*. Disponível em: <http://genjuridico.com.br/2021/09/01/importacao-de-servicos/>. Acesso em:16/05/2022.

e serviços tributadas separadamente e se valem de distintas técnicas de tributação. Nesses tributos, mesclam-se tributo monofásico com plurifásicos que são quase cumulativos, na medida em que há diversas restrições para tomada de créditos; bem como tributos com características de diretos, mas que gravam a receita bruta.

A sistemática de tributação é extremamente cumulativa: vide a contribuição para o PIS/Pasep e a Cofins incidentes sobre a importação de serviços, que incluem na base o ISSQN e os valores das próprias contribuições.

A tributação na importação de serviços, gravada por espécies distintas de tributos, envolvendo a competência impositiva de todos os entes federativos gera complexidades que redundam em violações aos direitos dos contribuintes, invasão de competências, além de, no plano internacional, ceder espaço a situações de múltiplas tributações ou de ausência de tributação.

A opção do legislador constitucional brasileiro foi pela adoção do princípio do destino que, a partir do Poder Constituinte Originário, tomou contornos mais definidos, pela edição de diversas emendas constitucionais, que se refletiram na legislação infraconstitucional.

A EC nº 03/1993, que dispõe sobre o ISSQN, incluiu o §3º, inciso II, ao art. 156, estabelecendo que "*compete ao Município da situação do bem excluir da sua incidência exportações de serviços para o exterior.*" A LC nº 116/2003, por sua vez, prescreve a tributação na importação de serviços e a não incidência nas exportações.

A EC nº 33/2001 determinou a exclusão das contribuições de intervenção no domínio econômico e sociais sobre as receitas decorrentes de exportação de serviços, pela inclusão do inciso I, ao §2º do art.149.

Posteriormente, a EC nº 42/2003 incluiu o inciso IV do art.195 e o inciso II, do §2º, no art.149, alterando as disposições para instituição de competências, para a União exigir contribuições sociais ao PIS e à COFINS, sobre bens e serviços importados, que foi exercida com a edição da MP nº 164/04, posteriormente convertida na Lei nº 10.865/04[14]. Prescreve a

[14] Na exposição de motivos da MP nº 164/2004, depreende-se a preocupação em implementar, nas contribuições sociais, o princípio da não discriminação, inerente aos tributos sobre o consumo, no comercio exterior brasileiro:
"12. Por fim, justifica-se a edição de Medida Provisória diante da relevância e urgência em equalizar, mediante tratamento isonômico, principalmente após a instituição da Contribuição para o PIS/PASEP e da COFINS não cumulativa e da EC nº 49/2003, a tributação dos bens e serviços produzidos no País com os importados de residentes ou domiciliados no exterior,

lei que as contribuições incidem nas hipóteses de "*serviços provenientes do exterior prestados por pessoa física ou pessoa jurídica residente ou domiciliada no exterior*", "*executados no País*" ou "*executados no exterior, cujo resultado se verifique no País*" (art.1º, §1º, da Lei nº 10.865/2004).

Sobre a desoneração nas exportações de serviços pelas contribuições sociais, a Lei nº 10.637/2002, em seu art. 5º, II, prescreveu a não incidência da contribuição para o PIS/Pasep sobre receitas decorrentes das operações de exportação para pessoas residentes ou domiciliadas no exterior cujo pagamento implique em ingresso de divisas; similarmente, a Lei nº 10.833/2003, art.6º, II, estabeleceu as mesmas disposições para a Cofins.

O legislador constitucional derivado veio, ao longo do tempo, aperfeiçoando o princípio do destino tanto no comércio exterior de serviços, como de mercadorias. No caso do ICMS, por exemplo, a EC nº 33/2001 e nº 42/2003 introduziram relevantes modificações para a realização do princípio do destino, implementando técnicas aplicáveis aos tributos indiretos e realizando vetores como a neutralidade.[15]

A incidência do ICMS merece atenção porque, a despeito de a CF estabelecer a competência tributária para os Estados tributar apenas alguns serviços, notadamente os de comunicação e transporte internacional, verifica-se que, com a edição do Convênio nº ICMS 106/2017, a questão se tornou sensível para a tributação de modelos de negócios digitais no Brasil.

Em relação ao IRRF, que onera pesadamente a importação de serviços, classifica-se como um tributo direto, sujeito ao regime jurídico correlato no direito. Não se ignora, todavia, que a sua técnica de tributação na fonte, desde sempre gerou muitas controvérsias, dentre as quais, a ques-

sob pena de prejudicar a produção nacional, favorecendo as importações pela vantagem comparativa proporcionada pela não incidência hoje existente, prejudicando o nível de emprego e a geração de renda no País."

[15] Nesse sentido, Alberto Macedo, para quem:
"Um esforço constante do poder constituinte derivado, ao longo da vigência da presente Constituição, tem sido envidado no sentido de se adotar, na tributação do comércio internacional de bens e serviços, o princípio do destino, ou seja, não tributar a origem do comércio internacional, a fim de não se 'exportar tributos'.[...] Com a adoção do princípio do destino para os tributos sobre o consumo, busca-se uma neutralidade no comércio internacional, de forma que não faça diferença e os bens ou serviços são obtidos no mercado interno ou exterior, aplicando sempre os tributos nacionais sobre o consumo."(MACEDO, Alberto. *ISS e PIS-COFINS-importação – critérios espacial e pessoal na prestação internacional de serviços*, Revista Dialética de Direito Tributário nº 187, São Paulo: Dialética, 2011, p.10).

tão de possuir características de um tributo indireto. Destarte, o IRRF, ao incidir sobre a receita bruta advinda da operação e, ainda que haja previsão de deduções e isenções no país de residência, afigura-se como um tributo híbrido.

Nesse contexto, observe que a CIDE-remessas, contribuição de intervenção no domínio econômico, embora seja classificada como um tributo indireto, historicamente, é um "descolamento" do IRRF.[16]

Com a EC nº33/2001, que alterou o art. 149 da CF, instituiu-se a competência para a "CIDE-remessas". O tributo incide sobre as importâncias pagas, creditadas, entregues, empregadas ou remetidas, a cada mês, a residentes ou domiciliados no exterior, a título de *royalties* ou remuneração, previstos nos respectivos contratos, que tenham por objeto licença de uso ou aquisição de conhecimentos tecnológicos, contratos que impliquem transferência de tecnologia, firmados com residentes ou domiciliados no exterior. A Lei nº 10.332/2001, que alterou a Lei nº 10.168/2001, que instituiu a CIDE, determinou que a contribuição passasse a ser devida também pelas pessoas jurídicas signatárias de contratos de serviços técnicos, assistência administrativa e semelhantes, prestados por residentes ou domiciliados no exterior.

A afetação da CIDE é estabelecida pela Lei nº 10.168/2000, que, logo no art. 1º enuncia que sua destinação é estimular o desenvolvimento tecnológico brasileiro, mediante programas de pesquisa científica e tecnológica cooperativa entre universidades, centros de pesquisa e o setor produtivo.

O IOF/câmbio possui uma base de incidência bastante específica: os serviços de compra e venda de moedas estrangeiras. É um componente relevante da carga tributária que onera a exportação de serviços, somando-se ao seu custo, tendo como base de cálculo o valor, em moeda nacional, correspondente à transferência para o exterior, sob alíquota de 0,38%. Observe-se que o IOF nas operações de câmbio sobre bens corpóreos é isento, por força do DL n. 2434/1988.

Ainda no âmbito dos Estados e Distrito Federal, há a competência para a instituição do ICMS sobre prestações de serviços de transporte interestadual, intermunicipal, de comunicação por qualquer meio, prestadas no

[16] Sobre o tema: MASUKO, Ana Clarissa e MEIRA, Liziane Angelotti. *Cide-remessas: referibilidade, extrafiscalidade e fomento à inovação tecnológica*. Revista Nomos v. 39 n. 2 (2019). Fortaleza: Universidade Federal do Ceará, 2019.

exterior ou cuja prestação se tenha iniciado no exterior; como dispõe o art. 155, II da CF e a LC n. 87/96.

O arcabouço normativo do comércio exterior de serviços brasileiro, assim como no resto do mundo, é jovem, por conseguinte, ainda estão sendo consolidados entendimentos sobre o tema, havendo, ainda, esparsas manifestações jurisprudenciais, especialmente dos tribunais superiores, a preparar piso para orientar os aplicadores do direito.

A Confederação Nacional da Indústria (CNI), em 2013, estimou que a carga tributária sobre a importação de serviços em 41,08%, podendo alcançar 51,26%, a depender da sistemática de cálculo, ou seja, a inclusão de tributos na base de cálculo de outros, além do próprio *gross up,* isto é, o reajuste das bases de cálculo dos tributos para pagamento de valores líquidos do preço dos serviços para o prestador.[17]

Em estudo mais recente, a CNI estimou a carga tributária sobre os serviços em cerca de 58,60% (também considerando IRRF, Cide-remessas, ISSQN, PIS, COFINS, IOF); levantou também que, entre 2014-2019, os serviços representaram até R$196 bilhões nas vendas para o exterior, de um total de R$ 4,3 trilhões, e que o valor da participação dos serviços no valor da produção da indústria de transformação saltou de 9,2%, em 2005, para 23,7%, em 2015.[18]

A relevância do tema é notória: hoje o comércio exterior de serviços excede em volume e em valor o comércio exterior de mercadorias. As professoras da *Haas School of Business na Universidade de Berkeley,* Laura Tyson e Susan Lund, em estudo realizado em 2019, afirmam a importância crescente dos intangíveis na economia global, que não são devidamente apuradas, na medida em que o valor desses fluxos transfronteiras não é captado pelas medidas oficiais de comércio exterior, são "invisíveis" a esse monitoramento.

Estima-se que o montante correspondente a US$ 4 trilhões de comércio exterior de serviços não figura na estatística oficial de comércio exte-

[17] Confederação Nacional da Indústria. *Tributação sobre importação de serviços: impactos, casos e recomendações de políticas. Brasília*: CNI, 2013. Disponível em: <http://arquivos.portaldaindustria.com.br/app/conteudo_24/2014/12/09/518/TributaosobreImportaaodeServios-ImpactosCasoseRecomendaesdePolticas.pdf>. Acesso: em 16 mai. 2022.

[18] Otta, Lu Aiko e Mariana Ribeiro. Tributação de serviços na produção mobiliza a indústria. Jornal Valor Econômico, São Paulo, 22/02/2021.

rior; ademais, o valor correspondente a US$ 4,3 trilhões de comércio de serviços é atualmente contabilizado como de produtos.[19]

Em nível global, o comércio de serviços cresceu 60% mais rápido que o de mercadorias na última década, especialmente por conta de serviços de telecomunicações e tecnologia da informação, serviços corporativos e encargos de propriedade intelectual superaram o crescimento do comércio.

A economia digital surgiu no seio das grandes transformações promovidas pela informação e tecnologias de comunicação (TIC), que ficaram mais acessíveis e amplamente padronizadas, melhorando os processos de negócios e reforçando a inovação em todos os segmentos econômicos.

A revolução nas telecomunicações e a criação de novas tecnologias, permitiram não apenas o surgimento de novos serviços, como o fenômeno da "servicificação", entendido como a crescente interconexão entre o setor de serviços e os demais setores econômicos. Os serviços são importantes insumos para a produção, agregam valores dentro dos processos internos das empresas e agregam-se às mercadorias.

O crescente aumento no consumo dos serviços também pode ser justificado porque a maior intensidade tecnológica das indústrias demanda serviços mais sofisticados, que tomam espaço dos mais tradicionais no comércio internacional, como os de produção e montagem.

Questiona-se se o atual estado do direito positivo é suficiente para apreender essas novas incidências e quais são os novos rumos que deve trilhar. No Brasil, como será possível acolher essas novas hipóteses de incidência, diante de um sistema tributário complexo, cuja matriz ainda se assenta nas bases da Reforma de 1965?

Da mesma forma, está claro que os debates de reformas no Brasil gravitam em torno de questões que estão em estágios anteriores em relação a diversos outros países do mundo. O "salto de modernidade" necessário, passa, primeiramente, pela sistematização da tributação indireta, pela melhor equalização entre receitas oriundas da tributação direta e indireta, pela redução dos encargos sobre a folha de salários, dentre outros.

Nas palavras empregadas em relatório do Senado Federal, *"enquanto o mundo se preocupa com as leis necessárias para criar um ambiente favorável para o desenvolvimento da 'Indústria 4.0', como vem sendo chamada a tendência atual de*

[19] TYSON, Laura e Susan Lund. *The blind spot in the trade debate.* Disponível: <https://www.gulf-times.com/story/626893/The-blind-spot-in-the-trade-debate>. Acesso em: 16 mai. 2022.

automação e troca de dados nas tecnologias de fabricação, o Brasil ainda está organizando a casa".[20]

Nesse contexto, a discussão sobre a implantação de regimes especiais, como o *drawback* sobre serviços, é bastante prejudicada pelo ambiente geral em que se insere a tributação de serviços brasileira, que não mereceu atenção devida.

3. *Drawback* sobre Serviços

O alcance dos serviços pelo regime de *drawback* deve ter como premissa as formas como esses se incorporam à produção. Os serviços poderão ser incorporados na produção de bens, especialmente os mais sofisticados e com maior valor agregado, além de gravitarem em torno desses produtos, na forma de serviços de *marketing, design* e logística.

Em face da conjuntura e dos desafios da economia digital, bem como do ônus tributário excessivo sobre os serviços importados, diversos países desenvolvem medidas para desonerar a tributação sobre os serviços. Foi não apenas medida geral em seus ordenamentos jurídicos, como também inclusão em regimes aduaneiros especiais de aperfeiçoamento ativo, como é o caso do *drawback*, sempre de acordo com a mesma racionalidade já existente em relação às mercadorias.

Na esteira dessa tendência mundial, no Brasil, de acordo com levantamento realizado pela Secretaria de Comércio Exterior, para cada dólar exportado pelo Brasil no setor manufatureiro, 40 centavos são referentes a serviços, dos quais 31 são contratados no mercado doméstico e no exterior; a tributação doméstica é de 20%, enquanto a importada chega a 45%. Contudo, de forma geral o serviço fornecido no Brasil é de baixo valor agregado, ao passo que os importados, com alto valor agregado, estão com utilização abaixo de seu potencial.[21]

Em face dessa realidade econômica, o governo brasileiro acena para a criação de um "*drawback* de serviços", no âmbito do qual se aplicaria aos serviços a racionalidade já existente para os bens corpóreos empregados em produtos voltados à exportação.

[20] SENADO FEDERAL. *Relatório do Grupo de Trabalho Destinado a Avaliar a Funcionalidade do Sistema Tributário Nacional,* 2017, p. 39. Disponível em: <https://legis.senado.leg.br/sdleg-getter/documento?dm=7229607&disposition=inline>. Acesso em: 16 mai. 2022.

[21] OTTA, Lu Aiko e Mariana Ribeiro. Governo estuda estender regime de '*drawback*' para serviços importados. Valor Econômico, São Paulo, edição de 01/03/2021.

Em estudo do Ministério da Economia, conduzido pela Subsecretaria de Operações de Comércio Exterior – SUEXT, com o intuito de se fazer um *benchmark* sobre a prática internacional relativa à aplicação do *drawback* de serviços no direito internacional, denominado *"Análise de prática internacional relativa à inserção de serviços em regimes aduaneiros especiais de industrialização para exportação"*, analisou-se a sua forma de implementação e extensão em dez países do G-20 e na União Europeia[22].

Alguns achados relevantes do estudo foram que todos os países analisados tributam o consumo sob um modelo IVA, que seria mais compatível com regimes especiais para estímulo à exportação, desonerativos de serviços.

Ademais, verificou-se que esses regimes especiais, invariavelmente, são empregados em conjunto com medidas de desoneração dos serviços no âmbito da legislação geral, cujo escopo são os serviços fornecidos ao longo da cadeia produtiva do bem exportado, além de estabelecerem mecanismos de compensação e restituição de tributos eficazes e céleres.

Uma das principais distinções encontradas entre os países analisados pelo estudo foi o estabelecimento de serviços que estariam acobertados pelos regimes especiais e na legislação interna. Assim, de forma geral, entende-se que os serviços utilizados no processamento e exportação seriam equiparáveis a exportações de serviços, porém alguns países analisados valem-se de listas de serviços elegíveis para o regime[23].

A Índia, um dos países analisados pelo estudo, é um caso de interessante exemplificação, na medida em que, além de estar incluída no grupo dos BRICs, passou pela ampla reforma de seu sistema tributário, focada na tributação indireta, em 2017.

O *Goods and Services Tax (GST)* indiano veio para substituir um sistema tributário extremamente cumulativo, com cerca de quatro tributos divididos entre entes federativos federal e estadual, com sobreposição de legislações, ineficiente e altos custos de conformidade, índices elevados de evasão, diversos incentivos tributários distribuídos de forma assistemática; isso resultava diretamente na falta de competitividade dos produtos exportados pelo país.[24]

[22] Salles, Luiz Eduardo *et. al. Análise Da Prática Internacional Relativa À Inserção De Serviços Em Regimes Aduaneiros Especiais De Industrialização Para Exportação.* Disponível <http://siscomex.gov.br/wp-content/uploads/2021/05/IND_SER.pdf>. Acesso: em 16 mai. 2022.

[23] Op. Citada, p. 25-26

[24] Sobre o tema: Gouveia, Carlos Marcelo. A Reforma Da Tributação Sobre O Consumo Na Índia / *The India Tax Reform Of Consumption*. Revista de Finanças Públicas, Tributação e Desenvolvimento. v. 7, n. 9 (2019).

Em relação à tributação do comércio exterior, o governo indiano, institui o *Integrated Goods and Services Tax (IGST)*, cuja arrecadação é compartilhada entre a União e os Estados; o tributo incide sobre operações interestaduais, de importação e exportação e foi estabelecido com base no princípio do destino.

No bojo dessa ampla reforma indiana, foram estabelecidos regramentos para os regimes aduaneiros especiais, incluindo-se a tributação dos serviços no *drawback*. A peculiaridade mais notória foi um conceito bastante amplo de serviços, para fins de elegibilidade. Empregou-se na legislação de *drawback* uma definição de "insumos-serviços" que compreenderia aqueles utilizados por um fornecedor em um serviço resultante, aqueles utilizados por um produtor em manufaturas, intermediárias ou finais, serviços em relação à instalação, modernização, renovação ou reparação de fábrica, publicidade ou promoção de vendas, pesquisas de mercado, armazenagem, atividades relacionadas aos negócios, tais como contabilidade, auditoria, financiamento, recrutamento e controle de qualidade, capacitação e treinamento, redes de computadores, transportes, corretagens, dentre outros.

Por outro lado, em outros países, como a Itália, verifica-se que os serviços elegíveis, são preponderantemente relacionados a transportes, movimentações, agenciamentos, corretagens, manipulação, dos bens exportados.[25]

Uma primeira sugestão que se depreende desse cenário, é que a grande variação de serviços elegíveis, é concernente à própria definição do alcance semântico de "serviços", que é heterogênea nos ordenamentos jurídicos.

Essa multiplicidade de definições decorre da própria natureza econômica dos serviços, classificados no setor terciário, que açambarcará bens com características bem distintas entre si, sendo complexa a sua normatização. Portanto, os problemas de qualificação são recorrentes, o que repercute nos respectivos regimes jurídicos; no âmbito dos acordos internacionais, verificam-se, da mesma forma, critérios classificatórios, que não são, propriamente, uma definição a servir de referência segura.

Tendo em conta o corte epistemológico deste trabalho, é certo que ao transportar essa discrepância na normatização dos serviços para o âmbito dos regimes aduaneiros voltados à exportação, esbarra-se no desafio adi-

[25] SALLES, Luiz Eduardo *et. al. Análise Da Prática Internacional Relativa À Inserção De Serviços Em Regimes Aduaneiros Especiais De Industrialização Para Exportação.* Disponível <http://siscomex.gov.br/wp-content/uploads/2021/05/IND_SER.pdf >. Acesso: em 16 mai. 2022.

cional dos limites das medidas desonerativas, para a não caracterização de subsídio, no plano do comércio internacional.

A esse desafio, acresce-se a questão da dificuldade de efetivação dos instrumentos de fiscalização na tributação de serviços, considerando características das quais se revestem alguns tipos de serviço, tais como a intangibilidade, a perecibilidade de serviços que são consumidos no próprio ato da produção, a impossibilidade de estocagem, dificuldade de mensuração da eficiência pela sua subjetividade, grande variação de preços; características essas que, ademais, estão em plena transformação com os avanços tecnológicos.[26]

Aliás, é interessante observar que no Brasil, estamos passos aquém. No estado vigente do *drawback n*a legislação brasileira, que se circunscreve à tributação de mercadorias, como pudemos observar nos itens iniciais deste estudo, e assim subsistem discussões sobre a necessidade de vinculação física entre o insumo importado e o produto a ser exportado. Entraves burocráticos e interpretações restritivas, redundam em óbices para que o regime alcance a sua plenitude, enquanto estímulo às exportações.

Retomando o dado segundo o qual os países que implementaram o *drawback* sobre serviços adotaram um modelo IVA em sua tributação indireta, tem-se que esse ambiente de tributação lhes confere diversas condições favoráveis de implantação.

Com efeito, a tributação indireta, pela sua racionalidade, pressupõe a existência de cadeias de produção e distribuição, podendo-se optar pela implementação de técnicas monofásicas, plurifásicas cumulativas e plurifásicas não cumulativas. O modelo IVA, ao se enquadrar na última categoria, pode ser visto como um híbrido dos impostos sobre o consumo monofásicos e plurifásicos cumulativos, pois combina a generalidade dos sujeitos passivos daqueles últimos com a distribuição da pressão fiscal do imposto em uma só fase do processo de produção e distribuição.[27]

Ademais, por prever o sistema de deduções, facilitar as fiscalizações e tratar equitativamente as exportações, sob a perspectiva do comércio exterior e a adoção do princípio do destino, permite-se quantificar o encargo tributário a que um bem se submete, para efeitos de reembolso ou compensação.

[26] Kon, Anita. Nova Economia Política dos Serviços, p.203 e s.s.. São Paulo, Perspectiva, CNPq, 2015.

[27] Saiz, Ricardo Calle. Introdução ao livro "*El impuesto sobre el valor anãdido: Primer impuesto europeo*", p.10-15. Madrid: Instituto de Estudios Fiscales, 1971.

A despeito de a experiência mundial demonstrar que o modelo IVA ainda comporta altos índices de cumulatividade, onerando as cadeias de comercialização e distribuição, o que se deve, principalmente, à existência de operações ou agentes que não se submetem ao tributo, como no caso de isenções, ou pela dificuldade de dedução de créditos, gerando-se cumulatividade residual, tais efeitos distorcivos são bem menores se comparados às outras estruturas de tributação.

Outro aspecto digno de nota no modelo IVA é que este poderá incluir apenas o consumo de bens corpóreos ou alcançar também os serviços (*broad based*). Para David Williams, o modelo ideal de IVA deverá abranger toda a atividade econômica, identificada, de modo geral, nas legislações como *"supply of goods and services"*, incluindo-se transações com propriedade imóvel e direitos de propriedade intelectual[28].

Portanto, um modelo de IVA *broad based*, com ampla possibilidade de creditamento, seria compatível com o regime de *drawback* para serviços, na medida em que se permitiria a redução da cumulatividade residual da cadeia de um produto. Nessa configuração da tributação indireta, a possibilidade de técnicas céleres para a recuperação dos referidos créditos gerados ao longo da cadeia, além de créditos acumulados para grandes exportadores, coaduna-se com uma política tributária de estímulo às exportações, com a inclusão dos serviços.

Voltando-se para o direito brasileiro, a miríade de técnicas de tributação distinta incidente sobre os serviços representa, por si só, um grande desafio para a implantação de um regime de *drawback* para serviços.

O norte para implementação do regime de *drawback* para serviços seria o princípio do destino, que rege a tributação indireta no comércio exterior. De acordo com o princípio, a carga tributária é alocada no país de consumo final de um bem, isto é, onde há a importação, desonerando-se as exportações; outro pilar do referido princípio é a previsão da desoneração da carga tributária da cadeia de produção do bem exportado, de sorte que devem ser desenvolvidas técnicas correlatas, para que os tributos incidentes ao longo da cadeia, não sejam repassados aos preços, afetando a neutralidade dos tributos indiretos.[29]

[28] WILLIAMS, David. *Value – Added Tax, In Tax Law Design and Drawing.* Org. Victor Turongi. Holanda: *Kluwer Law International*, 2000, p. 184.

[29] Sobre o tema: MASUKO, Ana Clarissa. *Princípio do destino no comércio exterior de serviços.* Rio de Janeiro: Lumen Juris, 2021.

De forma sucinta e não taxativa, apontam-se algumas dificuldades de se implementar o *drawback* de serviços, no estágio atual do direito brasileiro.

Na importação, o primeiro desafio seria estabelecer a lista de serviços elegíveis para o regime, considerando-se que ainda não é assente na doutrina e na jurisprudência o alcance semântico de "serviço"; isso se traduz no embate das correntes "econômica" e "jurídica" ou "civil". De acordo com a primeira, o Direito Tributário apropria-se do conceito atribuído pela Economia aos serviços, ao passo que, na segunda, esse conceito é construído pelo Direito Civil.[30]

Essas celeumas antigasmas ainda não superadas, afetam a tributação dos serviços e, por conseguinte, a implementação de políticas de estímulo à exportação voltadas para o setor terciário. Assim, em consonância com a sistemática estabelecida pelo ordenamento jurídico brasileiro, a determinação do que é "serviço" deveria ser prescrita por lei complementar, nos termos do art. 146, III, 'a', da CF.

A CF divide as bases imponíveis entre o ISS e o ICMS, as Leis Complementares nº116/2003 e nº 87/1996 também, na medida em que há a competência tributária para a tributação de serviços dividida entre Estados e Municípios. Contudo, essa normativa não é suficiente para definir essa separação em face de novos modelos de negócios digitais.

O Código Tributário Nacional, 1966, apenas previa a competência para o ISSQN e eram suficientes as suas disposições para um cenário econômico e jurídico de pouca expressão deste item. O peso econômico adquirido pelos serviços, todavia, demonstrou que a LC nº 116/2003 e a nº 87/1996 são insuficientes para dirimir os conflitos de competência correlatos, além de apontar que há uma lacuna na legislação federal sobre o tema.

O grande exemplo dessas controvérsias foi a edição do Convênio ICMS n. 106/2017, que pretendeu disciplinar procedimentos de cobrança do ICMS sobre "bens e mercadorias digitais comercializadas por meio de transferência eletrônica de dados", como *softwares*, programas, jogos eletrônicos, aplicativos, arquivos eletrônicos e congêneres, padronizados, ainda que adaptados, comercializadas por meio de transferência eletrônica de dados.

[30] Sobre o tema: MASUKO, Ana Clarissa. O conceito de serviço como "obrigação de fazer" no Direito Tributário brasileiro, seus reflexos para a reforma tributária e economia digital. In: AFONSO, José Roberto; SANTANA, Hadassah Laís (Org.). Tributação 4.0. Brasília: Grupo Almedina, 2020, p. 303-338

O Convênio criou diversas disposições que não amparadas na CF, como o próprio conceito de "mercadoria digital", cujo negócio jurídico subjacente que determina a ocorrência do fato gerador é a cessão de direitos, não a transferência de titularidade, ignora as alíquotas interestaduais, além das disposições da lei complementar.

Ressalte-se que a LC n. 116/2003, com as alterações da LC n. 157/2016, traz à lista de serviços diversos itens que se chocam frontalmente com as disposições do Convênio.

No âmbito da CIDE sobre serviços técnicos, assistência administrativa e semelhantes, *royalties*, contratos de transferência de tecnologia e os relativos à exploração de patentes, de uso de marcas, todos estes itens deveriam estar presentes dentre os "serviços elegíveis" para o *drawback* de serviços, na medida em que, invariavelmente, são bens intangíveis passíveis de agregar considerável valores a bens a serem exportados.

Quanto ao ISSQN, a competência para instituí-lo, de acordo como o art. 156, III da CF, é dos Municípios. No comércio exterior, adotou-se o princípio do destino, estabelecendo-se a não incidência para os serviços exportados, e o inciso I do art. 3º, da LC n. 116/2003 determina, a incidência na importação, independentemente do item de enquadramento na lista de serviços, anexa.

Entretanto, a inclusão do ISSQN em um regime de *drawback* para serviços esbarraria na questão das isenções heterônomas. Ademais, há diversas discussões sobre os elementos de conexão utilizados na lei complementar que provocam discussões acerca da configuração da importação e exportação de um serviço, para efeitos da incidência do tributo, quais sejam: a regra do local do estabelecimento do prestador ou fornecedor (art. 3º, I) da proveniência da prestação do serviço (art. 1º, §1º), do local do resultado (art.2º, I e parágrafo único), para os casos de exportação.

Os enunciados da LC n. 116/2003 são de intelecção complexa, causando dificuldades ao intérprete para delimitar a incidência nas importações e não incidência nas exportações, sendo relevante analisar com detenção o significado dos termos que os compõem.

O ISSQN é cumulativo e plurifásico, ou seja, há incidência em cada uma das etapas da cadeia de fornecimento dos serviços, sem a possibilidade de quaisquer deduções. A base de cálculo é o preço bruto, com alíquota máxima de 5%, não se permitindo a dedução de insumos empregados na prestação, nem do quanto pago de imposto em operações anteriores.

A contribuição para o PIS/Pasep e a COFINS, por sua vez, são tributos com características de indiretos, traços bem distintos dos demais, especialmente porque a sua base de cálculo é a receita bruta.

A EC n. 42/2003 veiculou a possibilidade da não-cumulatividade para a contribuição para o PIS/Pasep e COFINS (ainda existindo setores sob regime cumulativo em ambas as contribuições), determinando que os setores de atividades econômicas abrangidos pela não-cumulatividade serão definidos por lei, bem como determinou a incidência sobre a importação de produtos e serviços estrangeiros, de acordo com a redação ao inciso II ao § 2º, do art.149 e inciso IV, ao art.195, da CF. Em 2004, institui-se a tributação das operações de importação de mercadorias e serviços, resultado da MP n. 164/2004, convertida na Lei n. 10.865/2004, portanto, complementando-se o princípio do destino, em vista de já haver previsão normativa para a desoneração das exportações.

A não-cumulatividade da contribuição para o PIS/Pasep e da Cofins foi introduzida na legislação tributária federal, bem como expressamente foram incluídos no conceito de insumos, os serviços, passíveis de direito a crédito, caso considerados essenciais no processo produtivo.

As contribuições incidentes sobre as importações, além de seguirem uma racionalidade distinta de técnica de tributação, possuem elementos de conexão distintos do ISSQN. O art. 5º, II, Lei n. 10.865/2004, dispõe sobre o local de pagamento (irrelevante para o ISSQN); o inciso II do §1º, do art. 1º da mesma lei determina que o local do resultado; o art.5º, III, traz o "beneficiário do serviço" como contribuinte (art.5º, III), ao mesmo tempo em que estabelece que seja indiferente para a incidência, o local da execução do serviço, que pode ser executado no Brasil e no exterior, desde que o resultado aqui se verifique.

Contudo, o tema da desoneração da cadeia produtiva, um dos pilares do princípio do destino, encontra ingentes dificuldades para sua implementação nessas contribuições sociais. As Leis n. 10.637/2002 e n. 10.833/2003 instituíram o regime não cumulativo, sobre o total das receitas auferidas no mês pela pessoa jurídica, com a permissão de desconto de créditos apurados com base em custos, despesas e encargos da pessoa jurídica, sob a sistemática de "base contra base".

A análise da legislação demonstra que há diversas disposições controversas na aplicação do regime, como o tratamento diferenciado para receitas de segmentos econômicos, como as financeiras e o elenco de possibilidades para a tomada de créditos, que estão dispostas no art. 3º, tanto da Lei n. 10.637/02 e n. 10.833/03, que, analisadas em seu conjunto, revelam a sua natureza heterogênea e casuística. Dessa lista de possibilidades, têm-se bens adquiridos para revenda, exceto as mercadorias e os produtos referidos, aluguéis de prédios, máquinas e equipamentos, pagos a pessoa jurídica, valor das contraprestações de operações de arrendamento mercantil de pessoa jurídica, máquinas, equipamentos e outros bens incorporados ao ativo imobilizado, dentre outros.

A primordial fonte de controvérsia é o inciso II, do art. 3º, da Lei n. 10.637/02 e n. 10.833/03, que prescreve a possibilidade de dedução de créditos referentes a "bens e serviços, utilizados como insumo na prestação de serviços e na produção ou fabricação de bens ou produtos destinados à venda", que dá margem a interpretações sobre as possibilidades creditórias.

De forma sucinta, para que fosse implementado o *drawback* para serviços, além de se perpassar sobre toda a problemática já reinante para a efetivação da não-cumulatividade das contribuições, seria necessário estabelecer se determinado serviço seria usado direta ou indiretamente na produção do bem a ser exportado e quais seriam os fornecedores de serviço nos elos anteriores da cadeia que gerariam direito a crédito.

Em face dessas questões pontuais e de diversas outras que exsurgem de um sistema tributário que sequer possui arcabouço normativo suficiente para disciplinar as novas realidades que surgem com a digitalização da economia, a implementação de um regime de tributação desonerativa de serviços fornecidos sobre bens destinados à exportação afigura-se quase como "colocar a carroça na frente dos bois".

Seja na desoneração dos serviços importados ou em relação aos serviços fornecidos internamente, a implementação do *drawback* sobre serviços, defronta-se com a complexidade e assistematicidade da tributação brasileira, recrudescida pela divisão de competências entre os três entes federativos, pelos entraves burocráticos e interpretações administrativas restritivas relativas a regimes especiais, pelas dificuldades estruturais em reduzir a cumulatividade residual da produção brasileira.

Certamente, não se deve afastar a possibilidade de aplicação de soluções paliativas, considerando a desoneração de alguns tributos federais, por força do entrave das isenções heterônomas, como PIS, Cofins, IOF, CIDE; listas restritas de serviços elegíveis; circunscrição do regime a apenas algumas categorias de contribuintes, como os preponderantemente exportadores, dentre outras propostas pontuais.

Entretanto, as condições econômicas que impõem essas mudanças no direito brasileiro caminham a passos mais e mais acelerados e diversos países têm promovido em seus ordenamentos as alterações necessárias, de sorte que se alcançará um ponto de inflexão que trará a marginalização econômica de economias que não se adaptaram às novas realidades sociais.

Conclusões

Os serviços são o centro das atenções das economias mundiais e o estudo voltado à busca de instrumentos que os tornem mais competitivo está na agenda dos Estados e das negociações internacionais.

O Brasil deve perseguir políticas tributárias que permitam a maior agregação de valor aos seus produtos, que racionalizem e equalizem a carga tributária no contexto do sistema tributário em seu conjunto, mas também, especificamente, precisa focar na tributação dos serviços, que são ingredientes fundamentais para a competitividade dos bens e serviços brasileiros na exportação.

É certo que a natureza intangível dos serviços, sua instabilidade e dificuldade de padronização e heterogeneidade, diferentemente dos bens corpóreos, trazem entraves para a sua medição e análise, fiscalização e normatização.

Todavia, no momento atual, em que debates candentes sobre um modelo de reforma tributária estão constantemente na pauta do meio jurídico, a tributação dos serviços e a eficiência no comércio exterior, deve refletir as tendências econômicas no plano interno e internacional e desafiar as nossas adversidades crônicas, como o desenho das competências tributárias, um sistema de altíssimos custos de administração, alta carga tributária, a ausência de mecanismos para a eliminação da cumulatividade residual.

O ambiente da tributação indireta brasileira é tão caótico que impõe uma reforma iniciada pela base, pois suas demandas são transversais a todos os segmentos econômicos. O Brasil se encontra bastante defasado em relação a essas reformas, mesmo quando comparado a países em estágios de desenvolvimento semelhante, como os outros países dos BRICs, conforme se verificou na ampla reforma na tributação indireta promovida pela Índia, mencionada neste artigo.

A reforma tributária indiana unificou e sistematizou todos os tributos incidentes sobre o consumo, sob um modelo IVA, com delineamentos amplamente favoráveis à eliminação da cumulatividade e simplificação, cuja estrutura permitiu que se veiculasse um regime de *drawback* de serviços, que confere vastas possibilidades para a desoneração de serviços relacionados a bens voltados à exportação.

No Brasil, os mecanismos e técnicas para desoneração das exportações demonstram-se ineficientes para a redução da cumulatividade residual e geram altos custos de conformidade, ainda que considerando apenas cadeias produtivas e tributação concernentes às mercadorias.

Na importação de serviços, incide a contribuição para o PIS/Pasep, a COFINS, a CIDE-remessas, o ISSQN, o IRRF, o ICMS e o IOF, sem que haja sequer um conceito unívoco de "serviços" para determinar com precisão a incidência de cada uma das exações. São escassos os mecanismos para a desoneração de tributos sobre serviços na cadeia de produção; na exportação, dificuldades exegéticas e interpretações restritivas causam óbices significativos para a realização do princípio do destino.

Os debates sobre reforma tributária no Brasil gravitam em torno de questões que estão em estágios anteriores em relação a diversos outros países do mundo, pois é urgente que haja a sistematização da tributação indireta, além de outros problemas que afetam a sua organicidade, como a melhor equalização entre receitas oriundas da tributação direta e indireta, redução dos encargos sobre a folha de salários, dentre outros.

Entretanto, fixando-se no objeto desse trabalho, não é possível dissociar a ideia de competitividade do produto brasileiro no exterior do estabelecimento de uma política tributária que contemple adequadamente a tributação dos serviços, como elemento fundamental de indução econômica.

A introdução dos serviços no regime aduaneiro especial de *drawback* é um item de política tributária, especificamente de estímulo às exportações, e é muito relevante, como verifica da implementação dessa política em diversos países do mundo. Contudo, os adotaram esse modelo possuem um ambiente tributário favorável para tanto, especialmente por adotarem um modelo IVA compatível com a tributação de serviços e eliminação da cumulatividade residual das cadeias.

Nesses termos, a adoção do *drawback* sobre serviços no Brasil poderá enfrentar entraves, tanto no plano normativo, como de sua operacionalização. Entretanto, ainda que essa implantação seja restrita em seu alcance, pode ser um passo em direção ao reconhecimento da relevância dos serviços para a competitividade das exportações brasileiras.

Referências

BASALDÚA, Ricardo Xavier. *La aduana: concepto y funciones esenciales y contingentes.* Revista de Estudios Aduaneros nº 18, primer semestre de 2007. Buenos Aires: Instituto Argentino de Estudios Aduaneros, p. 47;

ARAÚJO, Ana Clarissa M. S.; SARTORI, Angela. *Drawback e o comércio exterior: visão jurídica e operacional.* São Paulo: Aduaneiras, 2004.

ARAÚJO, Ana Clarissa M. S.; SARTORI, Angela. *Drawback e o comércio exterior: visão jurídica e operacional.* São Paulo: Aduaneiras, 2004.

CONFEDERAÇÃO NACIONAL DA INDÚSTRIA. Tributação sobre importação de serviços: impactos, casos e recomendações de políticas. Brasília: CNI, 2013. Disponível em: <http://arquivos.portaldaindustria.com.br/app/conteudo_24/2014/12/09/518/TributaosobreImportaaodeServios-ImpactosCasoseRecomendaesdePolticas.pdf>. Acesso: em 16 mai. 2022.

GOUVEIA, Carlos Marcelo. A Reforma Da Tributação Sobre O Consumo Na Índia. *The India Tax Reform Of Consumption.* Revista de Finanças Públicas, Tributação e Desenvolvimento. v. 7, n. 9 (2019).

KON, Anita. *Nova Economia Política dos Serviços.* São Paulo, Perspectiva, CNPq, 2015.

MACEDO, Alberto. *ISS e PIS-COFINS-importação – critérios espacial e pessoal na prestação internacional de serviços.* Revista Dialética de Direito Tributário, nº 187, São Paulo: Dialética, 2011.

MASUKO, Ana Clarissa. *Princípio do destino no comércio exterior de serviços.* Rio de Janeiro: Lumen Juris, 2021.

MASUKO, Ana Clarissa. O conceito de serviço como "obrigação de fazer" no Direito Tributário brasileiro, seus reflexos para a reforma tributária e economia digital. *In*: AFONSO, José Roberto; SANTANA, Hadassah Laís (Org.). *Tributação 4.0.* Brasília: Grupo Almedina, 2020.

MASUKO, Ana Clarissa e MEIRA, Liziane Angelotti. *Cide-remessas: referibilidade, extrafiscalidade e fomento à inovação tecnológica.* Revista Nomos v. 39 n. 2 (2019). Fortaleza: Universidade Federal do Ceará, 2019.

MEIRA, Liziane Angelotti. *Regimes Aduaneiros Especiais.* São Paulo: IOB, 2002.

MEIRA, Liziane Angelotti. Regime Aduaneiro Especial de drawback. In: Gisele Barra Bossa. (Org.). Eficiência Probatória e a Atual Jurisprudência do CARF. 1ed., São Paulo: Almedina Press, 2020b, v. 1

OTTA, Lu Aiko e RIBEIRO, Mariana. *Tributação de serviços na produção mobiliza a indústria.* Jornal Valor Econômico, São Paulo, 22/02/2021.

OTTA, Lu Aiko e RIBEIRO, Mariana. *Governo estuda estender regime de 'drawback' para serviços importados.* Valor Econômico, São Paulo, edição de 01/03/2021.

SAIZ, Ricardo Calle. Introdução ao livro "*El impuesto sobre el valor anãdido: Primer impuesto europeo*", p.10-15. Madrid: Instituto de Estudios Fiscales, 1971.

SALLES, Luiz Eduardo et. al. *Análise Da Prática Internacional Relativa À Inserção De Serviços Em Regimes Aduaneiros Especiais De Industrialização Para Exportação.* Disponível em: <http://siscomex.gov.br/wp-content/uploads/2021/05/IND_SER.pdf>. Acesso: em 16 mai. 2022.

SEHN, Solon. Tributação da importação de serviços no direito brasileiro. *In*: OLIVO, Luiz Carlos Cancellier; MACHADO, Carlos Henrique; MOTA, Sergio Ricardo Ferreira.

(Org.). *Direito tributário: homenagem ao Professor Ubaldo Cesar Balthazar*. Florianópolis: Insular, 2017.

SEHN, Solon. Tributação da importação de serviços no direito brasileiro. *In*: Cláudio Augusto Gonçalves Pereira; Raquel Segala Reis. (Org.). *Ensaios de direito aduaneiro,* São Paulo: Intelecto, 2015.

SEHN, Solon. Importação de serviços. Disponível em: <http://genjuridico.com.br/2021/09/01/importacao-de-servicos/>. Acesso em:16/05/2022.

SENADO FEDERAL. Relatório do Grupo de Trabalho Destinado a Avaliar a Funcionalidade do Sistema Tributário Nacional, 2017, p. 39. Disponível em: <https://legis.senado.leg.br/sdleg-getter/documento?dm=7229607&disposition=inline>. Acesso em: 16 mai. 2022.

TYSON, Laura e Susan Lund. The blind spot in the trade debate. Disponível: <https://www.gulf-times.com/story/626893/The-blind-spot-in-the-trade-debate>. Acesso em: 16 mai. 2022.

WILLIAMS, David. Value – Added Tax, *In: Tax Law Design and Drawing*. Org. Victor Turongi. Holanda: Kluwer Law International, 2000.

BRASIL, GOV.BR. Painéis Drawback. Disponível em: <https://www.gov.br/siscomex/pt-br/informacoes/drawback/paineis-drawback#entendendo>. Acesso em: 13 mai. 2022.

7
DIGITALIZAÇÃO DA ECONOMIA: OPERAÇÕES COM FONTE DE PAGAMENTO NO BRASIL E RESPECTIVOS REFLEXOS TRIBUTÁRIOS (IRF, CIDE-*ROYALTIES*, PIS/COFINS-IMPORTAÇÃO E ISS)

Gustavo Brigagão
Gabriel Bez-Batti

Introdução

Os problemas tributários relacionados à economia digital não são novos. No passado, a dicotomia entre estados da fonte e de residência era relacionada à divisão entre países desenvolvidos e países em desenvolvimento. Atualmente, o fato de alguns países terem evoluído em tecnologia e inovação de forma superior a outros acabou por demonstrar a necessidade de que os lucros provenientes dessas atividades – quando auferidos por não residentes – passassem a ser tributados nos países onde localizados os seus consumidores.

A tentativa de alargamento da competência tributária do país da fonte não é mais particularidade dos países em desenvolvimento. As questões de *state aid* que envolveram a Apple na Europa (especialmente no caso da Irlanda), os pilares 1 e 2 da Organização para a Cooperação e Desenvolvimento Econômico – OCDE e outros elementos/iniciativas relacionados à tributação das maiores empresas americanas de tecnologia, as denominadas "GAFAM" (Google, Apple, Facebook, Amazon e Microsoft), ampliaram as discussões relativas à tributação pelo estado de fonte, inclusive por países da OCDE, que começaram a questionar se os não residentes que executavam negócios em seus territórios estavam sendo adequada e suficientemente tributados.

Os países latino-americanos são um dos maiores interessados na tributação da renda decorrente dos negócios digitais auferida por não residentes, por haver, neles, grande concentração de consumidores dessas utilidades, para os quais pouco importa de onde elas provêm. De fato, nessa economia digital, a criação de valor se dá no local onde há quem se disponha a consumir os produtos que são ofertados por empresas localizadas em qualquer canto do globo, e não onde essas empresas estão localizadas.

No Brasil, a legislação dispõe que a tributação da renda dos não residentes (que não tenham a natureza de estabelecimento permanente) ocorre por meio da sistemática de tributação na fonte, que se dá, inclusive, em relação às rendas ativas. Além do imposto sobre a renda, há também a potencial incidência de PIS, da Cofins, Cide, ISS e IOF.

A incidência dos tributos mencionados acima resulta em alto custo para os fornecedores estrangeiros e, também, para os tomadores de serviços importados no País.

O objetivo deste estudo é apresentar as discussões que se dão em relação a essa tributação, para, ao final, demonstrar ao leitor que a complexidade do sistema e a alta carga tributária ocasionada pelos tributos já existentes tornam desnecessária a criação de novo imposto sobre a economia digital (pelo menos no Brasil).

1. Imposto de renda retido na fonte

No Brasil, a tributação da renda dos não residentes, como visto, ocorre por meio da sistemática de tributação na fonte. A retenção ocorre em rendas passivas e ativas, como na remessa de rendimentos decorrentes da prestação de serviços. Nesta hipótese, a legislação brasileira prevê, no art. 97, "a", do Decreto-lei 5.844/1943 e no art. 741, I, do RIR/18[1], que a renda e os proventos de qualquer natureza "provenientes" de fontes situadas no País e percebidos por pessoas físicas ou jurídicas residentes ou domiciliadas no exterior estão sujeitos à incidência do IRRF.

A alíquota é de 25% e a incidência na remessa de rendimentos do trabalho, com ou sem vínculo empregatício, de aposentadoria, de pensão, bem

[1] Art. 741. Ficam sujeitos à incidência do imposto sobre a renda na fonte, observado o disposto neste Capítulo, a renda e os proventos de qualquer natureza provenientes de fontes situadas no País, quando percebidos: I – pelas pessoas físicas ou jurídicas residentes ou domiciliadas no exterior.

como de rendimentos da prestação de serviços, pagos, creditados, entregues, empregados ou remetidos a residentes ou domiciliados no exterior (Lei 9.779/99, art. 7º e RIR/18, art. 746[2]).

Para a remessa de rendimentos de serviços técnicos e de assistência técnica, administrativa e semelhantes derivados do País, recebidos por pessoa física ou jurídica residente ou domiciliada no exterior, a alíquota é de 15% (Lei 10.168, art. 2º-A e RIR/18, art. 765[3]), mas, nesses casos, conforme será melhor e mais minuciosamente explorado a seguir, incide a Cide-Royalties, prevista no art. 2º da Lei n. 10.168[4], à alíquota de 10% (Lei n. 10.168, art. 2º, § 4º).

A combinação do art. 741, I, e do art. 746, do RIR/18, indica que a tributação dos não residentes exige a cumulação de dois elementos de conexão: fonte de pagamento e fonte de produção[5]. Alberto Xavier[6] destaca que o termo "proveniência da fonte", previsto no art. 97, "a", do Decreto-lei 5.844/1943 (RIR/18, art. 741, I), alude à "fonte de produção, fonte econômica ou fonte objetiva, que é a origem da renda".

O termo "pagamento", por sua vez, previsto no art. 7º da Lei 9.779/1999 (RIR/18, art. 746) alude à "fonte de pagamento, fonte financeira ou fonte subjetiva, que é a pessoa que efetua o pagamento da renda ao seu titular". O autor aponta, ainda, que a lei exige "que estejam localizados no Brasil

[2] Art. 746. Os rendimentos do trabalho, com ou sem vínculo empregatício, de aposentadoria, de pensão e os rendimentos da prestação de serviços, pagos, creditados, entregues, empregados ou remetidos a residentes ou domiciliados no exterior, ficam sujeitos à incidência do imposto sobre a renda na fonte, à alíquota de vinte e cinco por cento, excepcionado, no que se refere a serviços o disposto no art. 765.

[3] Art. 765. Ficam sujeitos à incidência do imposto sobre a renda na fonte, à alíquota de quinze por cento, os rendimentos de serviços técnicos e de assistência técnica, administrativa e semelhantes derivados do País e recebidos por pessoa física ou jurídica residente ou domiciliada no exterior, independentemente da forma de pagamento e do local e da data em que a operação tenha sido contratada, os serviços executados ou a assistência prestada

[4] Art. 2º Para fins de atendimento ao Programa de que trata o artigo anterior, fica instituída contribuição de intervenção no domínio econômico, devida pela pessoa jurídica detentora de licença de uso ou adquirente de conhecimentos tecnológicos, bem como aquela signatária de contratos que impliquem transferência de tecnologia, firmados com residentes ou domiciliados no exterior (...) § 4º A alíquota da contribuição será de 10% (dez por cento).

[5] SCHOUERI, Luís Eduardo. "Princípios no direito tributário internacional: territorialidade, universalidade e fonte". In: FERRAZ, Roberto (org.). *Princípios e limites da tributação*. S. Paulo: Quartier Latin, 2005. pp. 339-340.

[6] XAVIER, Alberto. *Direito Internacional do Brasil*. 8º ed. Rio de Janeiro: Forense, 2015. p. 517.

cumulativamente a fonte de produção e a fonte de pagamento", ainda que haja exceções, como, por exemplo, o caso da remuneração da prestação de serviços prestados por residentes no exterior, em relação aos quais a lei se contenta com a localização, no Brasil, da fonte de pagamento e considera irrelevante o local da fonte de produção[7].

A tributação na fonte encontra sua motivação no fato de que, ao contrário de outros países, não há, no País, regras claras ou suficientes para a tributação de estabelecimentos permanentes.

De fato, a legislação brasileira não prevê regras específicas para a tributação de estabelecimento permanente no que diz respeito a agente dependente vinculado a empresas prestadoras de serviços, não residentes no País. Além disso, não há, no Brasil, regras internas que determinem a tributação de canteiros de obras ou de projetos de construção ou de instalação.

Nesses casos, o não residente será tributado normalmente na fonte, às alíquotas de 15% ou 25%, de acordo com os artigos 744 a 746 do RIR/18, levando-se em consideração, nos casos em que os tratados tributários são aplicáveis, todas as despesas relevantes que tenham sido incorridas por esse estabelecimento permanente no Brasil.Trata-se de raro caso de tributação na fonte de receita líquida – ainda que tal dedução não venha sendo aplicada na prática –, tendo em vista que o País observa o artigo 7º (3) da Convenção Modelo das Nações Unidas. Portanto, o estabelecimento permanente poderá deduzir todas as despesas que tenha incorrido para a realização dos seus negócios, inclusive despesas executivas e administrativas em geral.

As filiais, sucursais, agências ou representações de empresas estrangeiras são tributadas no Brasil como se pessoas jurídicas fossem (RIR/18, art. 159). Observe-se, ainda, que dependendo das circunstâncias (apesar de raro[8]), a administração tributária poderá considerar que a pessoa jurídica estrangeira prestadora de serviços no País terá constituído "filial de fato" no Brasil, caso: a) exista um conjunto de ativos ou ativos pertencentes ou controlados pela sociedade estrangeira suficiente para realizar, no todo ou em parte, suas atividades de forma autônoma e independente no Brasil; b) exista um corpo de empregados, de propriedade ou designados

[7] Ibidem. p. 518.

[8] Há acórdãos no Carf que citam as chamadas "filiais de fato". Veja-se, nesse sentido, Acórdão CSRF n. 01-0.968, rel. Const. Antonio da Silva Cabral, j. 28.11.1989 e Acórdão n. 401-00.967.

por terceiros, dedicados a exercer a totalidade ou parte das atividades da empresa estrangeira; e c) haja pessoas domiciliadas no país responsáveis pela administração da empresa ou dos seus negócios no Brasil, com poderes para administrar negócios, alienar ativos, celebrar contratos que vinculem a pessoa estrangeira e imponham riscos ou obrigações de natureza patrimonial.

Em outras palavras, é possível considerar que a empresa estrangeira tenha estabelecimento permanente no Brasil, por meio de uma "filial de fato", caso um número significativo de pessoas integrantes da administração da empresa esteja domiciliado no País, e algumas das suas reuniões deliberativas sejam realizadas no Brasil. Nesse caso, o estabelecimento permanente será tributado como empresa brasileira e, portanto, todas as receitas e despesas incorridas serão levadas em consideração para avaliar a base de incidência do imposto sobre a renda.

Portanto, no contexto em exame, a prestação de serviços na economia digital enseja, no Brasil, a tributação da renda na fonte sobre os rendimentos remetidos ao exterior, exceto nos casos em que o prestador desses serviços esteja localizado no País.Nessa hipótese, ele será tributado de acordo com as regras aplicáveis às pessoas jurídicas localizadas em território nacional.

Note, porém, que as regras de tributação na fonte não são suficientes para tributar a criação de valor no Brasil. De fato, essa tributação depende da efetiva remessa de numerário ao exterior, e, por razões óbvias, não abrange a renda que poderia ser alocada ao País por conta do número de usuários de determinado serviço no Brasil.

1.1. A aplicação dos tratados contra a bitributação

Não é nosso objetivo, neste artigo, reprisar a discussão que envolve a tributação pelo imposto de renda na fonte ("IRF") e a aplicação de tratados tributários.

Em resumo, a jurisprudência da Corte firmou-se no sentido da impossibilidade de enquadrar tais verbas no art. 21 ("outros rendimentos") da Convenção, conforme decidido no "Caso Copesul" (REsp 1.161.467) e em outros casos posteriores.

A Receita Federal do Brasil ("RFB"), que se posicionava pelo enquadramento desses rendimentos no art. 21 (ADN Cosit 1/2000), após o julgamento do caso acima, passou a entender, por meio da ADI 5/2014, que o art. 12 (*royalties*) deve ser aplicado na prestação de serviços técnicos e de assistência técnica, sempre que houver equiparação desses serviços a *royalties* em protocolo. Caso não haja essa equiparação, os rendimentos devem ser qualificados no art. 14 (serviços independentes) ou no art. 7º (lucros das empresas).

Apenas cinco tratados não preveem a equiparação dos serviços técnicos e de assistência técnica a *royalties* (Suécia[9], Japão, Áustria[10], França e Finlândia).

Na prática, o que ocorre é que: a) na ausência de protocolo que equipare serviços técnicos e de assistência técnica a *royalties* (Suécia, Japão, Áustria, França e Finlândia), não poderá haver incidência do IRRF (há diversas soluções de consulta da RFB nesse sentido, v.g. Soluções de Consulta Cosit 65/2018 e 99.006/2020; e a jurisprudência do Superior Tribunal de Justiça ("STJ") também se encaminha dessa forma); b) na hipótese em que haja essa equiparação (todos os demais tratados), resta ao contribuinte buscar afastar o IRRFou pela alegação de que o serviço não é técnico ou de assistência técnica (a definição do que é, ou não, serviço técnico é dada pelo art. 17, II, da IN RFB 1455/14), ou pela demonstração de que a equiparação só seria possível para os serviços técnicos e de assistência técnica com transferência de tecnologia.

Recentemente, o STJ julgou os REsps 1.759.081/SP, j. 15.12.2020, 1.808.614/RJ, j. 16.03.2021, e 1.743.319/SP, j. 03.05.202 (todos da Segunda Turma daquele Tribunal e da relatoria do Ministro Mauro Campbell Marques), em que examinou novos aspectos da matéria.

O REsp 1.759.081/SP tratou de situação em que o contribuinte remetia verbas à Espanha, por uma empresa de engenharia consultiva que prestava serviços de coordenação e gestão de estudos. O e. Tribunal Regional Federal da Terceira Região ("TRF-3") entendeu pela aplicação do art. 7º dos tratados ("Lucro das Empresas"), sem analisar se os rendimentos se enquadrariam, ou não, no conceito de *royalties*.

A Segunda Turma do STJ decidiu pelo retorno dos autos à corte de origem, a fim de que fosse verificado, entre outros aspectos, se os rendimentos do caso concreto poderiam, ou não, ser qualificados como tal. O Relator mencionou, ainda, que o tribunal de origem deveria analisar se

[9] Há protocolo de emenda, ainda não em vigor, prevendo essa equiparação.

[10] Em negociação.

a classificação híbrida dos rendimentos poderia levar à dupla não tributação internacional ou a situações não protegidas pelo tratado. O Ministro apontou que a possibilidade do hibridismo poderia levar a situação em que não haveria a cobrança do tributo nem no Brasil, caso o País qualificasse o rendimento como "Lucros das Empresas", nem no exterior.

Para essa e. Turma, a qualificação a ser dada a um rendimento pelo país de residência é determinante para a qualificação a ser dada pelo país da fonte (no caso, o Brasil). Para tanto, o tribunal menciona a Ação 2 do Projeto BEPS, que, no âmbito dos planos de ações da OCDE/G20 para combater a erosão da base tributária, tratou de medidas e recomendações para evitar a dupla não tributação decorrente de instrumentos e de estruturas híbridas.

Com a devida vênia, não nos parece correta a conclusão a que chegou a Corte, tendo em vista que o objetivo da Ação 2 do BEPS foi combater os arranjos híbridos que, fundamentados em leis de duas ou mais jurisdições fiscais, explorem diferenças no tratamento fiscal de uma entidade ou de um instrumento financeiro, com o objetivo de obter a dupla não tributação da renda. O objetivo da Ação 2 foi a implementação do *single tax principle* para assegurar, por exemplo, que certos instrumentos financeiros classificados como dívida, em um estado, e capital, em outro, fossem tributados em pelo menos em uma das jurisdições.

Tanto, que a principal medida sugerida pela OCDE, nesses casos, é a alteração da legislação interna para a inclusão de regras que: a) garantam a não dedutibilidade da remuneração atrelada ao instrumento financeiro híbrido, caso o respectivo rendimento não tenha sido tributado no estado do seu beneficiário; e b) garantam a tributação dessa remuneração, caso tenha sido admitida a sua dedutibilidade pela sociedade emissora.

Na Ação 2 do Projeto BEPS, não há qualquer recomendação para que o estado da fonte altere a qualificação do rendimento para evitar a dupla não tributação. Nem poderia ser diferente, considerando que os conflitos de qualificação se resolvem ou por meio de procedimentos amigáveis, caso o interessado se sinta prejudicado com a qualificação feita por um dos estados contratantes, ou pela aplicação do art. 23 da Convenção[11], segundo o qual o estado de residência, e não o estado da fonte, pode não aplicar o método

[11] Where a resident of a Contracting State derives income or owns capital which may be taxed in the other Contracting State **in accordance with the provisions of this Convention**, the first-mentioned State shall allow (...).

para eliminar a dupla tributação, caso entenda que o estado da fonte tributou o rendimento em desacordo com as disposições da Convenção.

Ou seja, para o Brasil, o fato de o país de residência qualificar, ou não, os rendimentos decorrentes de serviços técnicos ou de assistência técnica como *royalties* ou "lucro das empresas" não influencia a forma pela qual o País deve qualificar esses rendimentos.

Na prática, com a devida vênia, a preocupação com a dupla não tributação demonstrada pelo Ministro Mauro Campbell Marques no seu voto não nos parece fundada, tendo em vista que os países de residência dos prestadores de serviço normalmente negam o direito de crédito relativo ao imposto de renda pago na fonte no Brasil. Portugal, por exemplo, nega o direito de crédito quando a tributação na fonte não ocorre nos termos dos tratados[12]. Há acórdão proferido pelo Centro de Arbitragem Administrativa de Portugal[13], no qual os julgadores negam a possibilidade de o fornecedor, residente em Portugal, creditar o imposto pago no Brasil sobre os rendimentos de serviços técnicos e de assistência técnica prestados no País, o que confirma que a tributação na fonte pelo Brasil pode resultar em dupla tributação da renda.

Recentemente, o IRS americano editou regras que impedem o direito de crédito, nos Estados Unidos, de rendimentos para tanto não elegíveis naquele país, como o imposto de renda retido na fonte pelo tomador de serviços[14]. Os Estados Unidos não assinaram tratado contra a bitributação com o Brasil, e são outro exemplo de país que, pela sua legislação interna, nega o direito de crédito de imposto pago no País.

Na prática, por já estarem cientes de que a administração tributária do Estado em que residem não concede o crédito relativo ao imposto de renda pago no Brasil, é bastante comum que fornecedores localizados no

[12] Ver, nesse sentido, CAAD: Arbitragem Tributária Processo nº: 393/2019-T Tema: IRC – Crédito do imposto por dupla tributação internacional. Contrato de fretamento. Assistência técnica. Disponível em https://caad.org.pt/tributario/decisoes/decisao.php?listOrder=Sorter_data&listDir=DESC&listPage=2&id=4636. Acesso em 21 de fevereiro de 2022.
Em caso envolvendo o Brasil:

[13] CAAD: *Arbitragem Tributária Processo nº 232/2013-T.* Disponível em https://caad.org.pt/tributario/decisoes/decisao.php?listPage=36&id=324. Acesso em 14 de março de 2022.

[14] Treasury and IRS release final foreign tax credit regulations.Disponível em: https://www.pwc.com/us/en/services/tax/library/treasury-and-irs-release-final-foreign-tax-credit-regulations.html. Acesso em 21 de fevereiro de 2022.

exterior exijam que o importador de serviços, no Brasil, faça o *gross up* na fatura e já contabilize no preço o imposto devido internamente no País.

Por fim, destaca-se, também com a devida vênia, outra conclusão que nos parece equivocada nos referidos precedentes do STJ: afirmar que, nos tratados em que os protocolos estendem a aplicação do art. 12 (*royalties*) para os serviços técnicos e de assistência técnica, tal conceito deve ser ampliado para abranger qualquer espécie de pagamento recebido em razão da prestação desses serviços. Nos termos do voto do Ministro Campbell Marques, "haver ou não transferência de tecnologia é desinfluente para a aferição da norma tributária aplicável, já que irrelevante para a conceituação de '*royalties*'".

No caso do tratado firmado entre o Brasil e a Espanha, essa afirmativa poderia encontrar fundamento, porque o art. 3º, I, do Ato Declaratório Interpretativo (ADI) SRF nº 4, de 17 de março de 2006, é claro no sentido de que o conceito de *royalties* abrange todos os serviços técnicos ou de assistência técnica, independentemente de suporem, ou não, em si mesmos, a transferência de tecnologia. A edição desse ADI decorreu de negociação entre o Brasil e a Espanha, concluída em 2004, no âmbito de procedimento amigável realizado em conformidade com o artigo 25 do respectivo tratado contra a dupla tributação[15].

Porém, não nos parece correto esse entendimento, relativamente a outros tratados celebrados pelo Brasil. Para tanto, basta examinar o art. 12 (3) da Convenção Modelo da OCDE, segundo o qual o termo *royalties* não abrange a prestação de serviços sem a transferência de *know how*. Confira-se: "3. O termo "*royalties*" empregado neste artigo designa as remunerações de qualquer natureza pagas pelo uso ou pela concessão do uso de direitos de autor sobre obras literárias, artísticas ou científicas (inclusive os filmes cinematográficos, filmes ou fitas de gravação de programas de televisão ou radiodifusão), de patentes, marcas de indústria ou de comércio, desenhos ou modelos, planos, fórmulas ou processos secretos, bem como pelo uso ou concessão do uso de equipamentos industriais, comerciais ou científicos e por informações correspondentes à experiência adquirida no setor industrial, comercial ou científico".

[15] Santos, Ramon Tomazela. *A classificação da remuneração proveniente da prestação de serviços técnicos e de assistência técnica nos acordos de bitributação celebrados pelo Brasil*. Revista Tributária e de Finanças Públicas, v. 121, mar-abr 2015.

No art. 12 (3) da Convenção, dispôs-se que os rendimentos a serem qualificados como *royalties*, nos termos da Convenção, são as remunerações pagas: a) pelo uso ou pela concessão do uso de direitos de autor, de patentes, de marcas de indústria ou de comércio, de desenhos ou modelos, de planos, fórmulas ou processos secretos; b) pelo uso ou pela concessão do uso de equipamentos industriais, comerciais ou científicos; c) por informações correspondentes à experiência adquirida no setor industrial, comercial ou científico.

Ou seja, segundo o art. 12 das convenções internacionais, a expressão *royalties* é utilizada para denominar: a) as remunerações correspondentes às formas de propriedade industrial; b) ou outra realidade ligada à transferência de tecnologia, que é a prestação de informações correspondentes à experiência adquirida (*know-how*).

O item 11 dos Comentários da OCDE ao art. 12 dispõe que "in classifying as royalties payments received as consideration for information concerning industrial, *commercial or scientific experience*, paragraph 2 is referring to the concept of 'know how'[16]". E, no item 11.4, a Organização destaca que os serviços de assistência técnica pura não devem ser considerados fornecimento de *know how*. Veja-se: "examples of payments which should therefore not be considered to be received as consideration for the provision of know-how but, rather, for the provision of services, include: (...) payments for pure technical assistance[17].

Afora as remunerações correspondentes às formas de propriedade industrial, só são *royalties* as remunerações decorrentes de contratos em que há a transferência de tecnologia – isto é, quando o conhecimento é passado a outrem, que executa o serviço – não se incluindo, nesse conceito, os pagamentos de serviços puros de assistência técnica. Nos casos em que há equiparação em protocolo, ambos os estados terão acordado que os serviços técnicos e de assistência técnica devem ser qualificados no art. 12, mas apenas quando há transferência de tecnologia. Essa é a única interpretação que não desnatura a definição de *royalties* dada pela própria Convenção.

[16] Ao classificar como pagamentos de royalties recebidos como contraprestação por informações relativas à experiência industrial, comercial ou científica, o parágrafo 2 se refere ao conceito de 'know how'.

[17] Exemplos de pagamentos que, portanto, não devem ser considerados como recebidos como contraprestação pelo fornecimento de know-how, mas, sim, pela prestação de serviços, incluem: (...) pagamentos por assistência técnica pura.

Não nos parece correto, por tais razões, o entendimento do STJ no sentido de que a transferência ou não de tecnologia é irrelevante para a qualificação dos rendimentos decorrentes da prestação de serviços como *royalties*. Note-se que o STJ utilizou-se do mesmo racional para julgar o REsp n. 1.743.319/SP, que trata de caso envolvendo o tratado assinado pelo Brasil com Portugal, e o REsp n. 1.808.614/RJ, que trata de caso envolvendo o tratado firmado pelo Brasil com a França.

Há preocupação com o que está por vir. O fato de o STJ ter se alongado nos argumentos para fundamentar a remessa dos autos ao Tribunal de origem pode resultar em decisão incompatível com os princípios e regras que orientam a tributação internacional.

2. Contribuições para o PIS e Cofins na importação

Além do imposto de renda, a importação de serviços pode gerar a incidência das contribuições para o PIS e para a Cofins. A Constituição Federal, no art. 149, § 2º, II, dispõe que o PIS e a Cofins incidirão sobre a importação de produtos estrangeiros e de serviços[18]. Tal dispositivo foi incluído no art. 149 da CF pela Emenda Constitucional n. 42/2003. Diante do permissivo constitucional, a Lei n. 10.865/2004 instituiu o PIS e a Cofins sobre a importação de serviços, que passaram a ser exigidas sobre os fatos geradores ocorridos a partir de 1º de maio de 2004, conforme previsto no art. 53 da Lei n. 10.865/2004[19].

O PIS e a Cofins incidem sobre os serviços provenientes do exterior, prestados por pessoa física ou por pessoa jurídica residente ou domiciliada no exterior, executados no País, ou executados no exterior cujo resultado

[18] Art. 149. Compete exclusivamente à União instituir contribuições sociais, de intervenção no domínio econômico e de interesse das categorias profissionais ou econômicas, como instrumento de sua atuação nas respectivas áreas, observado o disposto nos arts. 146, III, e 150, I e III, e sem prejuízo do previsto no art. 195, § 6º, relativamente às contribuições a que alude o dispositivo.
(...)
§ 2º As contribuições sociais e de intervenção no domínio econômico de que trata o caput deste artigo:
(...)
II – incidirão também sobre a importação de produtos estrangeiros ou serviços.

[19] Art. 53. Esta Lei entra em vigor na data de sua publicação, produzindo efeitos a partir do dia 1o de maio de 2004, ressalvadas as disposições contidas nos artigos anteriores.

se verifique no País[20]. O fato gerador das contribuições é o pagamento, o crédito, a entrega, o emprego ou a remessa de valores a residentes ou domiciliados no exterior como contraprestação por serviço prestado[21], e o seu recolhimento deve ser efetuado na data do pagamento, crédito, entrega, emprego ou remessa, pela pessoa física ou jurídica contratante dos serviços[22].

Há dúvidas acerca do significado do termo "resultado" estatuído pelo legislador no art. 1º, § 1º, da Lei n. 10.865/2004, e, consequentemente, sobre o momento em que ocorre a subsunção do fato tributável à hipótese de incidência do PIS e da Cofins na importação de serviços.

Para a administração tributária, o termo "resultado" refere-se ao "resultado-utilidade". Por essa vertente, "resultado" corresponderia à possibilidade de utilização, pelo tomador localizado no Brasil, do "produto" resultante da execução do serviço, e apenas nessa hipótese haveria a incidência do PIS e da Cofins na importação.

Esse entendimento foi manifestado pelo Conselho Administrativo de Recursos Fiscais ("CARF"), no Acórdão n. 3302-001.927, de 30 de janeiro de 2013, em que a Turma decidiu que o PIS e a Cofins-Importação não incidem sobre a prestação de serviços de frete internacional, pois, nesse caso, ainda que a mercadoria fosse recebida no território nacional, a contratação e a produção do resultado do serviço teriam ocorrido fora do País.

Houve uma única decisão (Acórdão n. 3301-004.585, de 11 de junho de 2018) que adotou a corrente de que o termo "resultado" previsto na legislação significa "resultado financeiro". Nesse caso, a fonte pagadora realizava pagamentos ao exterior pela prestação de serviços diversos, como serviços aeroportuários e de manutenção de aeronaves, e o relator concluiu que o fato de as remessas terem sido realizadas no Brasil seria suficiente para a incidência do PIS e da Cofins na importação.

[20] Art. 1º, § 1º, da Lei n. 10.865/2004: § 1o Os serviços a que se refere o caput deste artigo são os provenientes do exterior prestados por pessoa física ou pessoa jurídica residente ou domiciliada no exterior, nas seguintes hipóteses: I – executados no País; ou II – executados no exterior, cujo resultado se verifique no País.

[21] Lei n. 10.865/2004, art. 3º O fato gerador será: (...) II – o pagamento, o crédito, a entrega, o emprego ou a remessa de valores a residentes ou domiciliados no exterior como contraprestação por serviço prestado.

[22] Art. 13. As contribuições de que trata o art. 1o desta Lei serão pagas (...) II – na data do pagamento, crédito, entrega, emprego ou remessa, na hipótese do inciso II do caput do art. 3o desta Lei.

Repita-se que essa é a posição minoritária do CARF. A que prevalece é a de que o termo "resultado" previsto pelo legislador corresponde à possibilidade de utilização do serviço pelo tomador. Além das decisões proferidas por esse tribunal administrativo, a RFB editou soluções de consulta em que ela se posicionou pela incidência do PIS e da Cofins na importação na hipótese em que a utilidade do serviço é usufruída pelo importador no Brasil.

Ela adotou esse entendimento nas seguintes Soluções de Consulta:Cosit 76, de 25.06.2018, Cosit 228, de 05.12.2018, SRRF08/Disit 325, de 11.09.2008, SRRF08/Disit 100, de 26.02.2010, SRRF08/Disit 86, de 27.03.2012, Cosit 99008, de 06.08.2018 e SRRF08/Disit 220, de 16.08.2012.

Manifestou-se também nesse sentido no Parecer Normativo Cosit n. 01, de 11 de outubro de 2018, em que restou assinalado que o elemento determinante para verificar onde o serviço é prestado é o local em que a demanda é atendida. Veja-se trecho do documento: "É óbvia a equivalência entre o atendimento à demanda por um serviço e a verificação do seu resultado. O resultado não é a satisfação que possa resultar para o tomador. O resultado se materializa como consequência direta da prestação. No conserto de uma máquina, o resultado não é o conserto em si nem o eventual ganho econômico do tomador, mas à nova condição da máquina, agora disponível ao usuário, usufruível no local onde ele normalmente a utiliza".

Seguida essa linha de entendimento, percebe-se que serão raras, se é que existentes, as hipóteses em que a prestação de serviços digitais não resultará na utilização, pelo tomador localizado no Brasil, do "produto" resultante da execução do serviço no País ou no exterior. Basta imaginar a prestação de serviços de *streaming* e de computação em nuvem. Nessas hipóteses, o usuário brasileiro usufrui e utiliza os serviços importados.

3. Cide – Remessas

Além do imposto de renda e das contribuições para o PIS e a Cofins, a importação de serviços pode gerar a incidência da Cide-Remessas. A instituição da Cide, pela Lei n. 10.168/2000, foi objeto de polêmica, porque o legislador previu que a alíquota da contribuição seria de 10%, mas concomitantemente, determinou que o imposto de renda na fonte incidiria à alíquota reduzida de 15% nas operações em que houvesse prestação de serviços técnicos e de assistência técnica. Essa prática, qualificada na doutrina internacional como *treaty dodging*, enseja a tributação dos serviços técnicos e de assistência no Brasil à alíquota de 25% (15%, de IRF; e 10%, de Cide), conforme previsto na lei interna, a despeito de haver, ou não, tratado contra a bitributação em vigor. Isso porque a limitação (*cap*) disposta nos tratados assinados pelo Brasil não abrange o percentual referente à Cide (os tratados visam a impedir a dupla tributação da renda, que não é a materialidade da contribuição).

Caso essa medida não tivesse sido tomada pelo Estado, as autoridades tributárias brasileiras deveriam limitar a tributação na fonte dos rendimentos de serviços técnicos, assistência técnica e *royalties*, em geral, ao *cap* previsto no tratado, que geralmente é de 10% ou de 15%.

O preâmbulo da Lei 10.168/2000 dispõe que a Cide foi criada para financiar o Programa de Estímulo à Interação Universidade-Empresa para o Apoio à Inovação. O objetivo do legislador, ao instituir a Cide-Remessas, foi estimular o desenvolvimento tecnológico nacional, através de incentivos a programas de pesquisa e de capacitação, de desenvolvimento tecnológico experimental, de capacitação de recursos humanos e de outras atividades previstas nos incisos do art. 3º do Decreto n. 4.195/2002, que regulamentara a Lei 10.168/2000 e a Lei 10.322/2001.

O art. 2ª da Lei 10.168/2000 dispõe que o sujeito passivo da Cide é a pessoa jurídica detentora de licença de uso ou adquirente de conhecimentos tecnológicos e, também, a pessoa jurídica signatária de contratos que impliquem transferência de tecnologia, firmados com residentes ou domiciliados no exterior.

Disso decorre que o contribuinte do tributo é o sujeito localizado no Brasil, que é parte legítima para pleitear a restituição da Cide, caso seja recolhida indevidamente. Nesse aspecto, a Cide se diferencia do IRRF, porque, no caso deste último, a fonte pagadora atua como mero agente retentor do tributo e não pode pleitear a repetição do imposto pago por equívoco, conforme jurisprudência do STJ[23].

Inicialmente, a Cide foi instituída para incidir sobre as quantias pagas a pessoas jurídicas residentes e domiciliadas no exterior, referentes a contratos que supunham, em si mesmos, a transferência de tecnologia[24]. Com

[23] STJ: Embargos de Divergência no Recurso Especial n. 1.318.163/PR, rel. Min. Og Fernandes, j. 09.05.2018.

[24] SCHOUERI, Luís Eduardo; CEZAROTI, Guilherme. *A Cide-royalties e as remessas por licença de distribuição e comercialização de programas de computador*. Revista Dialética de Direito Tributário. n. 130. São Paulo: Dialética, p. 49.

a entrada em vigor do art. 6º da Lei n. 10.332/2001, a Cide passou a ser devida pelas pessoas jurídicas signatárias de contratos que tenham por objeto serviços técnicos e de assistência administrativa e semelhantes[25].

Sacha Calmon e André Moreira[26], após analisarem esse dispositivo, afirmaram que a hipótese de incidência da Cide foi alargada para incluir no rol de contribuintes as pessoas jurídicas signatárias de contratos que tenham por objeto serviços técnicos, de assistência técnica administrativa e semelhantes, a serem prestados por residentes ou domiciliados no exterior, bem como as pessoas jurídicas que pagarem *royalties* a qualquer título a beneficiários residentes ou domiciliados no exterior.

Atualmente, a lei é clara no sentido de que a contribuição incide sobre os serviços técnicos e de assistência técnica, tenha, ou não, transferência de tecnologia envolvida na prestação desses serviços. Não obstante, há quem entenda que a Cide deve recair somente sobre a remessa de valores pagos pela prestação de serviços técnicos com transferência de tecnologia, porque a sua incidência sobre os serviços em geral resultaria no desvio de finalidade da instituição do tributo: a de estimular o desenvolvimento tecnológico nacional.

Fundamenta-se, ainda, essa mesma conclusão por meio de uma interpretação sistemática da Lei 10.168/2000. Para os defensores dessa posição, as hipóteses de incidência previstas no § 2º (serviços técnicos e de assistência técnica) pressuporiam que os contratos celebrados entre as partes partiriam, em si mesmos, da premissa de que há transferência de tecnologia, conforme definido no caput do art. 2º da Lei 10.168/2000. Em contraposição a esse argumento, o fisco argumenta que a redação do art. 2º, § 2º, da Lei 10.168/2000 não diferencia serviço técnico com ou sem transferência de tecnologia.

No CARF, a discussão se encontra pacificada em sentido contrário às pretensões dos contribuintes. Há, inclusive, Súmula Vinculante do Tribunal (Súmula 127) no sentido de que a incidência da Cide na contratação de serviços técnicos prestados por residentes ou domiciliados no exterior prescinde da transferência de tecnologia.

[25] Art. 2º, § 2º, da Lei n. 10.168/2000.

[26] Navarro Coêlho, Sacha Calmon; Moreira, André Mendes. *Inconstitucionalidades da contribuição de intervenção no domínio econômico incidente sobre remessas ao exterior – Cide royalties.* Revista Dialética de Direito Tributário. n. 89. São Paulo: Dialética, p. 72.

No Judiciário, o cenário ainda é indefinido. A jurisprudência dos Tribunais Regionais Federais tem seguido a linha de que a incidência da Cide na contratação de serviços técnicos prestados por residentes ou domiciliados no exterior prescinde de transferência de tecnologia[27], mas ainda não há decisão vinculante sobre a matéria.

O Supremo Tribunal Federal ("STF") deve julgar, com repercussão geral, o RE 928.943 (Tema 914: "Constitucionalidade da Contribuição de Intervenção no Domínio Econômico – Cide sobre remessas ao exterior, instituída pela Lei 10.168/2000, posteriormente alterada pela Lei 10.332/2001"). No recurso extraordinário, o contribuinte pleiteia a inconstitucionalidade genérica da Cide-Remessas, com base nos seguintes argumentos: a) não há ação interventiva no domínio econômico que legitime a sua incidência; b) houve desvio de finalidade do ato legislativo que instituiu a Cide; c) não há definição do grupo econômico sujeito à intervenção estatal; e d) há violação ao princípio da isonomia. A Procuradoria-Geral da República opina pela constitucionalidade da Cide. não ser, é claro, que o Supremo julgue que a contribuição é inconstitucional, e improvável que o julgamento do STF influencie na discussão relativa à incidência da Cide sobre a contratação de serviços técnicos prestados por residentes ou domiciliados no exterior sem transferência de tecnologia, tendo em vista que, no recurso, o contribuinte pede que a contribuição seja declarada inconstitucional com base em argumentos que variam entre a violação ao princípio da isonomia e a ausência de definição do grupo econômico sujeito à intervenção estatal.

Diante desse cenário, não há, a nosso ver, argumentos convincentes para afastar a incidência da Cide sobre os serviços prestados na economia digital, exceto se restar demonstrado que determinado serviço não se enqua-

[27] TRF 2 – não há jurisprudência firmada. De relevante, apenas 1 (uma) decisão: Ap. Cív. n. 0005383-48.2004.4.02.5101, rel. Desa. Lana Regueira, j. 05.07.2013, contrária aos interesses dos contribuintes.
TRF3 – há firme jurisprudência pela incidência da CIDE, ainda que o serviço seja prestado sem transferência de tecnologia. Confira-se: Agravo de Instrumento – Proc n. 5007139-92.2020.4.03.0000 – Rel. Des. Fed. Antonio Carlos Cedenho – Data do Julgamento 07.11.2020; TRF3 – Apelação/Reexame Necessário – Proc n. 0024042-59.2002.4.03.6100 – Rel. Des. Fed. Monica Autran Machado Nobre – Data do Julgamento 26.06.2020; No mesmo sentido: Ap. Cív. n. 1369517, rel. Des. Rubens Calixto, j. 17.12.2009; Ag. em Ap. Cív. n. 0900033-03.2005.4.03.6100, rel. Des. Mairan Maia, j. 08.11.2018; Ag. Instr. n. 5002813-26.2019.4.03.0000, rel. Desa. Cecília Marcondes.

dra no conceito de "serviço técnico" ou de "assistência técnica". Porém, a RFB já se posicionou no sentido de que os tributos incidentes sobre a importação de serviços incidem sobre contratos de *data center*[28]. A mesma conclusão foi adotada na Solução de Divergência Cosit n. 6, de 03.06.2014.

Além disso, a Coordenação-Geral de Tributação da RFB, na Solução de Consulta Cosit 191/2017, entendeu que a contribuição incide sobre os valores pagos, creditados, entregues, empregados ou remetidos, a cada mês, a residentes ou domiciliados no exterior, decorrentes de autorizações de uso e acesso a *Software as a Service* (SaaS). A Receita considerou que esses serviços, por sua própria natureza, qualificam-se como "serviços técnicos", porque dependem de conhecimento especializado em informática e decorrem de estruturas automatizadas com claro conteúdo tecnológico.

Note-se, porém, que tal como o IR fonte, a Cide-Remessas não é suficiente para tributar a criação de valor no Brasil. De fato, a tributação pela Cide depende da efetiva remessa de numerário ao exterior, e, por razões óbvias, não abrange a renda que poderia ser alocada ao País por conta do número de usuários de determinado serviço no Brasil.

3.1. Cide – Digital

Como, de acordo com a legislação vigente, a tributação pela Cide-Remessas depende de efetiva remessa para o exterior e, consequentemente, o tributo não incide sobre a receita que poderia ser alocada ou atribuída ao País, tendo por base o número de usuários do serviço no Brasil, o deputado federal João Maia (PL/RN) apresentou, no dia 04.05.2020, o Projeto de Lei 2.358/2020, que prevê a instituição de uma Contribuição de Intervenção sobre o Domínio Econômico incidente sobre a alocação de "receita bruta de serviços digitais prestados pelas grandes empresas de tecnologia" (Cide-Digital).

A justificativa do relator, ao propor o novo tributo, é que, nas suas palavras, o Brasil "não poderia ficar fora"[29] do movimento internacional de tributação da receita bruta das grandes empresas de tecnologia, conforme

[28] Ato Declaratório Interpretativo RFB n. 7/2014

[29] Projeto de Lei n. 2.358/2020, que Institui a Contribuição de Intervenção no Domínio Econômico incidente sobre a receita bruta de serviços digitais prestados pelas grandes empresas de tecnologia (CIDE-Digital). Disponível em camara.leg.br/proposicoesWeb/prop_mostrarintegra;jsessionid=node01f759pgns9nzeljeuqex2kfug416811168.node0?codteor=1889339&filename=PL+2358/2020. Acesso em 04.05.2022.

proposto pela Comissão Europeia[30] e, unilateralmente, por alguns países europeus, por meio do *Digital Service Tax*.

O objetivo do relator foi inserir o Brasil no movimento global que busca tributar as receitas auferidas por empresas de tecnologia nos países em que os consumidores estão localizados. Tal movimento avançou com o trabalho realizado pela OCDE na Ação 1 do Projeto BEPS da OCDE/G20, publicado em 2013, em que foram estabelecidas as diretrizes para a tributação dos negócios digitais.

Essa iniciativa da OCDE, contudo, foi motivo de críticas de especialistas por conta da sua pouca efetividade, já que, no relatório, foram demonstrados os desafios da tributação na economia digital sem que soluções tenham sido apresentadas para o problema[31]. Posteriormente, em novembro de 2015, a OCDE propôs que os países compusessem um Quadro Inclusivo (*Inclusive Framework*) com o objetivo de garantir que as jurisdições interessadas, incluindo as economias em desenvolvimento, participassem no desenvolvimento de questões relacionadas ao Projeto BEPS. Esse trabalho resultou na publicação de um *Interim Report*[32], que trouxe duas questões basilares para a instituição de um novo tributo que possa alcançar os rendimentos decorrentes da economia digital: a) a definição de um novo elemento de conexão para definição da jurisdição competente; e b) a definição de como os lucros devem ser alocados entre as jurisdições.

Em outubro de 2021, a OCDE publicou o documento "*Statement on a Two-Pillar Solution to Address the Tax Challenges Arising from the Digitalisation of the Economy*[33]", no qual a Organização e os países que compuseram o grupo de trabalho manifestaram-se sobre medidas para enfrentar os desafios fiscais decorrentes da digitalização da economia. Na reunião do Quadro Inclusivo da OCDE/G20, os países resolveram adotar a solução de dois pilares para tratar dos desafios fiscais decorrentes da digitalização da economia. Participaram da reunião representantes de 140 (cento e quarenta) países e a solução contou com o suporte de 136 (centro e trinta e

[30] https://ec.europa.eu/taxation_customs/fair-taxation-digital-economy_en

[31] BRAUNER, Yariv. *What the BEPS?*. Florida Tax Review, n. 16, 2014. p. 73.

[32] Disponível em https://www.oecd.org/ctp/tax-challenges-arising-from-digitalisation-interim-report-9789264293083-en.htm. Acesso em 14 de março de 2022.

[33] Disponível em oecd.org/tax/beps/statement-on-a-two-pillar-solution-to-address-the-tax-challenges-arising-from-the-digitalisation-of-the-economy-october-2021.pdf. Acesso em 14 de março de 2022.

seis) países, entre eles o Brasil. A proposta aprovada contém os princípios gerais desse novo modelo de tributação e o compromisso dos países em estabelecer o imposto corporativo mínimo global.

O primeiro pilar prevê a realocação de parcela do lucro pertencente a empresas multinacionais com faturamento superior a EUR 20 (vinte) bilhões e com lucratividade acima de 10%: a parcela de lucros excedentes seria realocada e tributada pelo país onde os consumidores estão localizados[34].Em contrapartida, os países se comprometeram a eliminar os impostos digitais que tenham sido instituídos unilateralmente e, também, a não instituir novos tributos similares.

Diante desse cenário, a nós nos parece que o Projeto de Lei 2.358/2020, que prevê a instituição da Cide-Digital, não terá avanços significativos, mas certamente – só que incorretamente, a nosso ver – novas proposições serão apresentadas quando os países da OCDE definirem e implementarem esse novo modelo de tributação, sobretudo com o propósito brasileiro de integrar a Organização.

4. ISS – Importação

Além do imposto de renda, das contribuições para o PIS e a Cofins e da Cide-Remessas, a importação de serviços também pode resultar na incidência do ISS.

O legislador complementar previu, no § 1º do art. 1º da Lei Complementar 116/03 ("LC 116/03"), a possibilidade de os municípios fazerem incidir o ISS "sobre o serviço proveniente do exterior do país ou cuja prestação se tenha iniciado no exterior do país". Ocorre que não há regra, na Constituição, que disponha que o ISS pode incidir sobre a importação de serviços. Por isso, entendemos que a regra infraconstitucional que criou o ISS na importação extrapolou a competência constitucionalmente outorgada aos municípios.

Note-se, ainda, que a LC 116/03 determina que o município competente para a cobrança do ISS na importação do serviço é aquele em que localizado o estabelecimento beneficiário (tomador) do respectivo serviço, mas não dirime eventuais conflitos de competência na hipótese em que hou-

[34] Disponível em https://www.gov.br/economia/pt-br/canais_atendimento/imprensa/notas-a-imprensa/2021/outubro/paises-da-ocde-chegam-a-um-acordo-sobre-os-caminhos-para-a-digitalizacao-da-economia. Acesso em 14 de março de 2022.

ver diversos estabelecimentos tomadores de um mesmo e único serviço importado, localizados em mais de um município.

Isso ocorreria, por exemplo, no treinamento via internet de equipe de vendedores vinculados a filiais de determinada empresa localizadas em municípios diversos. Note-se que, nessa hipótese, haveria um único serviço (treinamento), que, apesar de contratado por uma única pessoa jurídica, seria prestado simultaneamente a todos os seus diversos estabelecimentos (filiais) localizados em municípios diversos. Todos eles, com fundamento no que dispõe a LC 116/03, se julgariam competentes para fazer incidir o ISS sobre o serviço prestado, apesar de o fato gerador ser um só.

Situação muito semelhante foi julgada pelo plenário do STF quando afastou a incidência do Adicional do Imposto sobre a Renda ("ADIR") por não haver lei complementar que indicasse as regras que solucionariam eventuais conflitos de competência decorrentes da aplicação das leis estaduais que o instituíssem, e, também, quando afastou a incidência do ICMS na prestação de serviço de transporte aéreo de pessoas. A ausência dessa lei complementar (que dispusesse como seriam solucionados os conflitos de competência) impediu a incidência genérica daqueles tributos, e não somente nas hipóteses em que ficassem configurados os referidos conflitos.

A terceira razão que impede a incidência do ISS sobre a importação de serviços decorre do fato de a LC 116/03 não ter definido quem seria o contribuinte do imposto nessa hipótese. A única definição existente é a que se refere aos serviços que são prestados internamente, e, nessa hipótese, o contribuinte é o prestador do serviço.

Na importação de serviços, o seu prestador está localizado no exterior, não mantendo, portanto, vínculo jurídico com qualquer município brasileiro. O tomador (importador) do serviço, esse sim, deveria ter sido indicado contribuinte (como faz a legislação do Imposto de Importação, ICMS, Cide e PIS/Cofins–Importação) por ser o único que mantém relação pessoal e direta com o fato gerador do imposto e que está apto a integrar a necessária relação jurídico-tributária com o município.

A ausência dessa determinação importa em descumprimento do nosso sistema tributário constitucional vigente, que impõe a definição do contribuinte do tributo como pré-requisito para a sua exigibilidade. Note-se que a LC 116/03 não supre esse requisito constitucional ao eleger como responsável pelo pagamento do ISS "o tomador ou intermediário de serviço proveniente do exterior do país", pois, se não há contribuinte, como visto acima, não há que se falar em responsabilidade tributária.

No dia 04.12.2021, o STF, no RE n. 688.223, analisou de forma bastante superficial – com a devida vênia – a (in)constitucionalidade da incidência do ISS sobre serviços provenientes ou iniciados no exterior. Nesse recurso, a principal questão suscitada perante a Corte foi a inconstitucionalidade da incidência do ISS no licenciamento ou na cessão de direito de uso de programas de computação desenvolvidos para clientes de forma personalizada. Como a recorrente, em um dos pedidos, requereu que fosse declarada a inconstitucionalidade do ISS na importação, com o argumento de que não há, no texto constitucional, previsão expressa determinando a incidência do imposto nessas hipóteses. O relator, Ministro Dias Toffoli, teve de se manifestar sobre o ponto, e destacou que o § 1º do art. 1º da LC n. 116/03 está em harmonia com o texto constitucional, porque prestigia o princípio da tributação no destino.

O Ministro Alexandre de Moraes, no seu voto, também afirmou que é constitucional a incidência do imposto de serviços no país de destino. O Ministro destacou que, caso o ISS não incidisse na importação, o princípio da igualdade seria violado, pois, nessa hipótese, apenas os serviços prestados por empresas situadas no território nacional seriam tributados.

Não nos parece, com a devida vênia, que os argumentos apresentados pelos ministros devam prevalecer, por terem sido insuficientemente fundamentados no que diz respeito aos aspectos que abordamos acima: a) não há regra, na Constituição, que disponha que o ISS pode incidir sobre a importação de serviços; b) a LC 116/03 não define o contribuinte do imposto na importação; c) a LC 116/03 não dirime o problema de conflito de competência que pode surgir na hipótese em que houver diversos estabelecimentos tomadores de um mesmo e único serviço, localizados em mais de um município.

Ainda com a devida vênia, a alegação de que o Estado brasileiro pode cobrar o ISS na importação com o objetivo de prestigiar a tributação de destino é argumento principiológico ou de política tributária, e não fundamento constitucional para a definição de competências tributárias nem para o estabelecimento de regras gerais de incidência de tributos, sem os quais qualquer incidência se inviabiliza. Além disso, o princípio da igualdade tributária, por estar previsto na Constituição na seção "limitação do poder de tributar", somente pode ser invocado pelo contribuinte para protegê-lo de tributação inconstitucional, e não pelo poder público para imputar ao contribuinte qualquer tributação.

Ainda em relação ao ISS – no que é relevante para a tributação da economia digital –, destaque-se que as últimas decisões proferidas pelo Supremo seguiram o entendimento que o ISS – e não o ICMS – incide sobre a prestação de serviços digitais. A tendência é que prevaleça na Corte o argumento de que o ISS incide sobre os serviços que gerem utilidade a outrem. No RE n. 651.703/PR, de relatoria do Ministro Luiz Fux[35], a Corte considerou que a disponibilidade de aplicativos e de programas por meios digitais atrai a incidência do ISS, e não do ICMS, na medida em que o fornecedor, nesses casos, oferece uma utilidade a outrem a partir de um conjunto de atividades materiais ou imateriais, prestadas com habitualidade e intuito de lucro.

Além disso, o STF julgou, em definitivo, a ADI 1.945/MT, em conjunto com a ADI 5.659/MG, e decidiu que o ISS incide sobre o *download* de *softwares*. Na ementa do voto, o relator apontou que "a tradicional distinção entre *software* de prateleira (padronizado) e por encomenda (personalizado) não é mais suficiente para a definição da competência para a tributação dos negócios jurídicos que envolvam programas de computador em suas diversas modalidades".

Para a Corte, *software* é criação intelectual, para a qual é imprescindível a existência de esforço humano a ela direcionado (obrigação de fazer), independentemente da natureza que se queira atribuir a ele (padronizado ou personalizado).

Há uma tendência da Corte de considerar que o ISS deve incidir sobre os serviços prestados por meios digitais, mas a tributação desses serviços, pelo imposto municipal, depende de expressa previsão na lista anexa e taxativa da LC 116/03, como, por exemplo, o item 1.09, que estabelece que o ISS incide sobre a disponibilização, sem cessão definitiva, de conteúdos de áudio, vídeo, imagem e texto por meio da internet, o que compreende os serviços de *streaming*.

No município de São Paulo, há parecer[36] do Secretário Municipal da Fazenda do Estado no sentido de que o item 1.05 (licenciamento ou ces-

[35] STF. RE n. 651703/PR, rel. Min. Luiz Fux, j. 29-9-2016, em que o relator utilizou o conceito de utilidade para definir "serviços" e então decidir que incide o ISS nos serviços prestados pelas operadoras de planos privados de assistência à saúde.

[36] Parecer Normativo SF 1 DE 18/7/17, que dispôs sobre a incidência do ISS relativamente aos serviços de licenciamento ou cessão de direito de uso de programas de computação, por meio de suporte físico ou por transferência eletrônica de dados, ou quando instalados em servidor externo.

são de direito de uso de programas de computação) da lista anexa alcança os serviços de computação em nuvem.

Antes disso, a Diretora do Departamento de Tributação e Julgamento da Prefeitura de São Paulo, na Solução de Consulta SF/Dejug n. 40/2013, esclareceu que os serviços de *Software as a Service* se enquadram na hipótese de incidência do item 1.05 e que os serviços de *Platform as a Service* se enquadram a hipótese de incidência do item n. 1.03 da lista anexa ("processamento de dados e congêneres")[37].

Conclusões

Nosso objetivo, neste estudo, é o de apresentar as principais questões que envolvem a incidência dos tributos sobre a importação de serviços no Brasil. O sistema é complexo e a alta carga tributária ocasionada por essas incidências revela que é desaconselhável a criação de novo imposto sobre a economia digital.Essa nova incidência pode ser necessária em outros países, mas não no Brasil.

O imposto de renda pago no Brasil, que geralmente não é compensado no Estado de residência do prestador de serviços, incide sob a sistemática da fonte, por meio de alíquotas de 15% ou de 25%. São raras as hipóteses em que se pode considerar que o estrangeiro possui estabelecimento permanente no País. Ainda em relação ao IRRF, há, também, questões antigas que ainda não foram uniformizadas pelos Tribunais, como a qualificação dos serviços importados para fins de aplicação dos tratados contra a bitributação.

Em relação às contribuições para o PIS e para a Cofins, a RFB, para estabelecer se essas contribuições incidem, ou não, na importação de serviços, associa o termo "resultado" à ideia do "resultado-utilidade" e, por isso, são raras, se existirem, as hipóteses em que a prestação de serviços digitais não constituirá fato gerador dessas contribuições, porque é da sua natureza a utilização, pelo tomador localizado no Brasil, do "produto" resultante da execução do serviço no País ou no exterior.

No tocante à Cide, a jurisprudência dos Tribunais Administrativos e Judiciais é firme no sentido de que a incidência da contribuição, na contratação de serviços técnicos prestados por residentes ou domiciliados no

[37] Solução de Consulta SF/DEJUG nº 40, de 1 de agosto de 2013. Disponível em <https://www.prefeitura.sp.gov.br/cidade/upload/s40_1389109466.pdf>. Acesso em 10 de setembro de 2021.

exterior, prescinde de transferência de tecnologia. Ao contribuinte que adquire os serviços digitais resta demonstrar que determinado serviço não se enquadra no conceito de "serviço técnico" ou de "assistência técnica".

Por fim, em relação ao ISS incidente sobre a importação de serviços, entendemos que há fortes argumentos para considerá-lo inconstitucional. Caso prevaleça efetivamente o entendimento de que a sua incidência é constitucional, ainda assim, a tribulação dos serviços digitais pelo ISS, mesmo na importação, dependerá sempre de expressa previsão na lista anexa e taxativa da Lei Complementar 116/2003.

Diante disso, nos parece que os tributos atualmente existentes são complexos, envolvem questões que ainda não foram solucionadas pelos tribunais e impõem custo bastante alto para os fornecedores estrangeiros, e também para os adquirentes desses serviços no Brasil.Tudo isso torna inadequada e desaconselhável a criação de qualquer outro tributo, em sobreposição aos demais, com o objetivo de onerar ainda mais os negócios digitais.

Referências

BRAUNER, Yariv. *What the BEPS?*. Florida Tax Review, n. 16, 2014. p. 72

NAVARRO COÊLHO, Sacha Calmon; MOREIRA, André Mendes. *Inconstitucionalidades da contribuição de intervenção no domínio econômico incidente sobre remessas ao exterior – Cide royalties*. Revista Dialética de Direito Tributário. n. 89. São Paulo: Dialética, p. 72.

SANTOS, Ramon Tomazela. *A classificação da remuneração proveniente da prestação de serviços técnicos e de assistência técnica nos acordos de bitributação celebrados pelo Brasil.* Revista Tributária e de Finanças Públicas, v. 121, mar-abr 2015.

SCHOUERI, Luís Eduardo; CEZAROTI, Guilherme. *A Cide-royalties e as remessas por licença de distribuição e comercialização de programas de computador*. Revista Dialética de Direito Tributário. n. 130. São Paulo: Dialética, p. 49.

SCHOUERI, Luís Eduardo. *"Princípios no direito tributário internacional: territorialidade, universalidade e fonte"*. In: FERRAZ, Roberto (org.). Princípios e limites da tributação. S. Paulo: Quartier Latin, 2005. pp. 339-340.

XAVIER, Alberto. *Direito Internacional do Brasil.* 8ª ed. Rio de Janeiro: Forense, 2015. p. 517.

8
IMPRESSÕES 3D – PI, SERVIÇO OU MERCADORIA?

Fabrício Costa Resende de Campos
Nicole Martendal Trotta

Introdução

Ao longo da história humana ocorreram disrupções tecnológicas que mudaram a forma como vivemos e consumimos. Inclusive, Clayton M. Christensen, professor de Administração na Havard Business School, aborda o conceito de disrupção tecnológica quando o mercado atribui um valor muito diferente daquilo que estava disponível anteriormente. Ressalva se faz quanto à impressão 3D em relação ao seu desempenho inferior ao mercado produtivo de hoje, porém, ainda assim, podem se tornar competitivas no mesmo mercado em um cenário futuro[1]. Nesse sentido, apesar da Organização para a Cooperação e Desenvolvimento Econômico (OCDE) relatar a perspectiva limitada do uso da impressão 3D a curto-médio prazo[2], ainda assim, há expectativa que sua participação na fabricação global aumente para 5% nas próximas duas décadas[3].

1 Christensen, Clayton M. *The innovator's dilema:* when new Technologies cause great firms to fail. Boston, MA: Havard Business School Press, 1997, p. 15-16.

2 OECD. *3D printing and international trade: what is the evidence to date?* OECD Trade Plicy Paper, nº 256, nov. 2021, p. 4. Disponível em: < https://www.oecd-ilibrary.org/docserver/0de14497-en.pdf?expires=1651448670&id=id&accname=guest&checksum=3CCEAA993970F1DADE6E7C618892811F< > Acesso em: 30 de abr. de 2022.

3 Leering, Raoul. *3D printing is a threat to world trade but its impact is still limited.* ING Think Economic and Financial Analysis, 2021. Disponível em: <https://think.ing.com/articles/the-threat-for-world-trade-is-limited-for-now> Acesso em: 30 de abr. de 2022.

Por todas as inovações que promovem, as tecnologias disruptivas representam desafios jurídicos. Contudo, isso não significa que o Direito e, em especial, o Tributário, também precise ser disruptivo. No caso, é necessário identificar se existe ou não o preenchimento dos requisitos das hipóteses de incidência para a cobrança do tributo. Assim, nos moldes dos ensinamentos de Paulo de Barros Carvalho, a regra-matriz de incidência tributária representa norma de conduta que, concretizando os fatos descritos na hipótese, ocasionam uma obrigação patrimonial do contribuinte perante o Estado[4].

Diante desse contexto, o presente trabalho se propõe a entender o que consiste a impressão 3D para, posteriormente, compreender quais são os impactos tributários envolvidos com o advento desta nova tecnologia. Para fins tributários, existe diferença entre impressoras 3D utilizadas em escalas industriais ou pessoais? Quanto a escolha do material a ser impresso, mereceria para fins fiscais tratamento distinto? E sobre o arquivo digital (*Blueprint*), altera a relação jurídica se quem imprimir tiver, ou não, o domínio? Não há entendimento consolidado quanto a essas perguntas e nem se pretende com esse trabalho esgotar o assunto. Todavia, busca-se, acima de tudo, ponderações dos possíveis dilemas que podem ser enfrentados nas questões que envolvem tributação e impressora 3D.

1. Impressora 3D: imprescindível compreensão do objeto analisado para posterior compreensão jurídica

1.1. O que é uma Impressora 3D?

A impressora 3D é uma máquina que a partir de um arquivo digital (*Blueprint*) permite a criação de objetos tridimensionais (3D) personalizados. Segundo o Prof. Dr. Marlon Wesley Machado Cunico, há várias nomenclaturas para esse processo tecnológico, tais quais: Manufatura Aditiva (*Additive Manufacturing*), Fabricação de Formas Livres (*Free-form Fabrication*), Prototipagem Rápida (*Rapid Prototyping*), Fabricação por camadas (*Layer Manufacturing*) e Impressão 3D (*3DPrinting*)[5].

Assim como diversos nomes, também existe uma variedade de tecnologias de impressora 3D. Elas serão escolhidas de acordo com a finalidade

[4] CARVALHO, Paulo de Barros. *Curso de Direito Tributário*. 31. ed. rev. atual. São Paulo: Noeses, 2021, p. 379.

[5] CUNICO, Marlon Wesley Machado. Impressoras 3D: o novo meio produtivo. Concep3D Pesquisas Científicas Ltda.: Curitiba, 2014, p. 9. Ebook.

do objeto, levando-se em consideração as características da máquina de velocidade, precisão, produtividade, preço e diversidade de materiais utilizados. A depender do que for aplicado, a densidade, a leveza, a resistência, o acabamento e o tamanho do objeto serão alterados.

Para fins exemplificativos, algumas dessas tecnologias são: FDM (Modelagem da Deposição Fundida), SLA (Estereolitografia), DPL (Processo de luz digital), SLS (*Sisterização seletiva a laser*), DMLS (Sinterização a laser de metal direto), SLM (derretimento seletivo a laser), EBM (Derretimento de feixe de elétrons), MJF (Multi Jet Fusion) e PolyJet (Injeção de resina em gota)[6]. Dentre as tecnologias, destacam-se as que envolvem base de fusão e deposição (extrusão), de Polímeros Líquidos, de sólidos laminados e de pó[7]. E mais, existem também escalas diferentes de impressora, desde grande porte para serem utilizadas na indústria, até mesmo menores, em ambientes domiciliares.

Apesar das diferenças, como regra geral, todas constroem seus objetos através de processamento camada por camada[8]. O modo como essas camadas são construídas depende de cada modelo, mas giram em torno de uma variação da plataforma e/ou do cabeçote pelo sistema cartesiano ortogonal (eixos "x", "y" e "z") e pelo eixo de rotação[9].

Além de diversas técnicas, também há várias alternativas de materiais que podem ser utilizados neste processo, por exemplo: termoplástico, "CountourCraft" (cerâmicos), "Bioplotter" (gel), FAB@Home (silicone), base de recursos renováveis, fibra de carbono, biomateriais e dentre outros[10]-[11].

[6] GUEY, William. Tipos de Impressora 3D e sias aplicações. Print it 3D. Disponível em: < https://www.printit3d.com.br/post/tipos-de-impressora-3d >Acesso em: 16 de abr. de 2022.

[7] Impressoras 3D: o novo meio produtivo. Concep3D Pesquisas Científicas Ltda.: Curitiba, 2014, p. 17.

[8] Ibid., p. 9.

[9] DEC, Marlus. Avaliação e otimização da exatidão geométrica de impressora 3D utilizando medição por coordenadas. Dissertação de mestrado em Mecatrônica. IFSC.Disponível em: <https://repositorio.ifsc.edu.br/bitstream/handle/123456789/1194/Dissertacao%20Mestrado%20em%20Mecatronica%20-%20Marlus%20Dec.pdf?sequence=1&isAllowed=y> Acesso em:16 de abr. de 2022.

[10] Id. Impressoras 3D: o novo meio produtivo. Concep3D Pesquisas Científicas Ltda.: Curitiba, 2014, p. 18.

[11] MUV3DPRINT. *Quais são os materiais utilizados na Impressão 3D?* [2022]. Disponível em: <https://muv3dprint.com.br/materiais-impressao-3d/ > Acesso em 17 de abr. de 2022.

Após escolhida qual máquina será utilizada e quais materiais servirão de instrumento, é necessário observar qual a relação do sujeito com arquivo digital (*Blueprint*). De quem é a autoria daquele trabalho? Foi realizada impressão através de cessão de uso? Ou foi concedido o domínio a quem contrata o serviço de impressão? O objetivo em si[12] é somente um objeto ou há interesse também no domínio digital? Por ser um bem que detêm valor econômico por si só, tais reflexões são pertinentes, pois sua mudança de contexto negocial altera sua situação jurídico-tributária[13].

Em suma, quando pensamos em uma impressora tradicional, de papel, imaginamos àquelas dispostas em diversas casas ou àquelas presentes em gráficas, um pouco mais robustas. De certo, espera-se um modelo tradicional, o que não é aplicável à impressora 3D. Elas possuem finalidades próprias, predominantemente voltadas para a relação de consumo ou pessoal, com diferentes tecnologias e formas de realizar impressões, com aceitação melhor ou pior a determinados materiais e, ainda, muitas vezes, necessita de um processo de finalização. Por outro lado, a tradicional impressão de papel sofre influência significativa na transmissão do conhecimento ou de artigos específicos de leitura.

Portanto, a impressora não se resume a um modelo rígido de máquina e, neste mesmo sentido, a sua tributação não deve ser padronizada.

1.2. Da fase industrial para a esfera pessoal: possíveis mudanças na relação sujeito-objeto com a acessibilidade econômica da impressora 3D

Quando do seu surgimento, na década de 1980, houve desenvolvimento relevante da impressora 3D no meio industrial, com o objetivo principal da "construção de protótipos de maneira rápida, sem a necessidade de construção e situação de moldes, ou mesmo de remoção de material,

[12] Vale ressaltar que, na maior parte das tecnologias, o procedimento não acaba na impressão. Para que se chegue no visual e na forma desejada, ainda é imprescindível uma fase de *smoothing*, a qual depende de jateamento, lixamento e/ou envernizamento.Cf. Id. Impressoras 3D: o novo meio produtivo. Concep3D Pesquisas Científicas Ltda.: Curitiba, 2014, p. 23.

[13] Corrobora essa ideia Roberto Alexandre Lazaro Pinto, ao proferir que: "É evidente que as novidades tecnológicas desafiam a aplicação dos tradicionais arquétipos normativos existentes e as rotineiras contendas entre Fisco e contribuintes, criando novas situações fáticas adjacentes aos conceitos já concretizados pelo Ordenamento Jurídico doméstico e internacional." Cf. PANISSON, Isabella Foschesatto. A tributação da impressão 3D: uma análise da tributação incidente sobre o "arquivo digital" (modelo 3D). In: BARRETO, Paulo Ayres (Coord.) Estudos tributários sobre a economia digital. São Paulo: Noeses, 2020, p. 210.

como em fresas e tornos"[14]. Trata-se de uma revolução perante o modelo industrial padronizado que até então havia sido adotado, uma vez que permite a materialização de objetos em baixa escala e sem moldes físicos pré-definidos.

Com esse avanço e com a possível democratização do acesso à impressora 3D, os efeitos seriam a redução de custos na produção e melhores planejamentos estratégicos de protótipos, pois não se necessitaria mais mobilizar uma parcela da fábrica para a concretização do item. Logo, ocasionaria maior economia de energia, diminuição de peso e de lixo, incentivando o desenvolvimento da sustentabilidade na Industria 4.0[15].

Os avanços que essa temática proporciona ao teor econômico e social estão presentes em muitas áreas, como na medicina, engenharia, arquitetura, design e, inclusive, no mundo da moda, além de outras. Na medicina, dinamiza os procedimentos cirúrgicos e a engenharia de tecidos (*bioprinting*).[16] Na faculdade de engenharia, tem potencial para ser uma ferramenta que desperta o interesse dos alunos, já que teriam liberdade para criar seus próprios protótipos[17]. Na arquitetura e engenharia civil, permitirá a construção de casas em dias e teria seus custos reduzidos em relação à alvenaria estrutural[18]. No design, amplia a cultura material, por permitir, em grande parte, a concretização da criatividade de objetos[19]. Na moda, apesar dos desafios de aplicá-la em tecidos devido a

[14] Id., p. 9.

[15] MALIK, A. et al. *3D printing towards implementing Industry 4.0:* sustainability aspects, barries and challenges. Industrial Robot, Vol. 49, nº 3, abr. 2022, p. 491-511. Disponível em: < https://doi.org/10.1108/IR-10-2021-0247> Acesso em: 25 de abr. de 2022.

[16] CÔRREA, Cristiane Rodrigues. *Impressão 3D:* Inovações no campo da medicina. Revista Interdisciplinar Ciências Médicas – MG., v. 1, n. 1, p. 143-162, 2017. Disponível em: < http://revista.fcmmg.br/ojs/index.php/ricm/article/view/14> Acesso em: 25 de set. de 2022.

[17] BARBOSA, J. B. M. et. al. *Use of 3D printers for the development of active methodologies in Engineering courses*, v. 10, n. 10, p.1, ago. 2021

[18] LIMA, Daniel Ramos Barbosa; MEIRA, Leomar Rodrigues; DANTAS, Alexon Braga. *Alvenaria estrutural e método 3D:* comparativo de custo para construção de habitações de interesse social. Revista Integralização Universitária. v. 14, n. 22, p. 94-110. jan-jul, 2020. Disponível em: < https://to.catolica.edu.br/revistas/index.php?journal=riu&page=article&op=view&path%5B%5D=571> Acesso em: 25 de abr. de 2022.

[19] CHICCA JUNIOR, Natal Anacleto; CASTILLO, Leonardo Gómez. *Impressão 3D na cultura do design contemporâneo.* Congresso Brasileiro de Pesquisa e Desenvolvimento em Design, p. 1-10, set-out. 2022. Disponível em: http://www.ufrgs.br/ped2014/trabalhos/trabalhos/523_arq2.pdf Acesso em: 25 de abr. de 2022.

maleabilidade e conforto, ainda assim pode ser utilizado para produzir acessórios[20].

A tendência é de que nos próximos anos, com a diminuição do custo das impressoras 3D, mais pessoas tenham acesso a esses equipamentos[21], alterando a relação de consumo entre pessoa-objeto, tendo em vista que o próprio sujeito passaria a produzir determinados produtos em detrimento do processo industrial tradicional.

2. Impressão 3D: produto, serviço, propriedade intelectual ou nenhuma dessas hipóteses?

Para a incidência do tributo é importante averiguar o contexto que aquela impressora está inserida e quais ações são praticadas. Somente assim é possível definir a regra-matriz de incidência. Abaixo passamos a analisar grandes grupos de eventos jurídico-tributários.

2.1. Produto industrial? Mercadoria?

De acordo com o entendimento da Receita Federal do Brasil (RFB), entende-se a atividade de impressora 3D como:

> " (...) aquela que se utiliza de equipamentos para a produção de modelos tridimensionais físicos (prototipagem rápida) a partir de modelos virtuais, que operam em câmaras fechadas, através de tecnologia de deposição de filamentos termoplásticos fundidos, utilizando um tipo de material ou mais, mediante deposição de camadas, caracteriza-se como uma mera operação de industrialização na modalidade de transformação, nos termos do art. 4º, inciso I, do RIPI/2010."[22] (COSIT nº 97/2019)

A receita em outras Soluções de Consulta aborda a possibilidade do uso de outras técnicas e materiais, tais quais:

> "Aparelho destinado à fabricação de produtos em matéria cerâmica, apresentando-se sob a forma de uma impressora 3D, que permite a fabricação de

[20] GOMES, Juliana Neves. *Moda e Impressão 3D:* Estado da arte, tecnologia, materiais e inovação. Dissertação (Mestrado Têxtil e Moda) – Universidade de São Paulo, São Paulo, 2019.

[21] Id. it. 1. p. 12.

[22] NORMAS – RECEITA FEDERAL DO BRASIL. *Solução de Consulta COSIT nº 97, de 25 de março de 2019.* Publicado no DOU de 01/04/2019, seção 1, página 76. Disponível em: SC Cosit nº 97/2019 (fazenda.gov.br) Acesso em: 02 de mai.de 2022.

objetos por depósitos sucessivos de um filamento que é expelido por um bico extrusor até formar um objeto tridimensional."[23] (COSIT nº 98555/2019)

"Máquina de prototipagem rápida (RP – Rapid Prototyping), que utiliza a tecnologia de estereolitografia (Stereolithography Apparatus – SLA) na produção de produtos tridimensionais plásticos, a partir de resina de fotopolímero, comumente denominada ′impressora 3D"[24]. (COSIT Nº 98369/2017)

"Código NCM: 8477.80.90 Mercadoria: Máquina de prototipagem rápida (RP – Rapid Prototyping), que utiliza a tecnologia FFF (Fused Filament Fabrication – Fabricação por Filamento Fundido) na produção de produtos tridimensionais plásticos, a partir de filamentos de poli(ácido láctico) (PLA) de 1,75 mm, comumente denominada "impressora 3D′".[25] (COSIT Nº 98368/2017)

"Máquina para produzir protótipos de papel encolado, monocromáticos, a partir de desenhos assistidos por programas de computador (CAD – computer aided desing), munida de uma cabeça multifuncional que encola o papel tamanho A4 (seguida de compressão e secagem por aquecimento) e realiza no material resultante o seccionamento por uma lâmina cortante metálica, sem eliminação de aparas. Denominada vulgarmente "impressora 3D" ou "máquina de produzir protótipos de papel".[26] (COSIT Nº 98356/2017)

"Aparelho destinado à fabricação de produtos em matéria plástica, apresentando-se sob a forma de uma impressora 3D, do tipo FDM (Fused Deposition Modeling), que permite a fabricação de objetos por depósitos sucessivos de um filamento termoplástico que é derretido e expelido por um bico extrusor, que pode ejetar um filamento de 1,75mm ou 3mm, até formar um objeto tridimensional. O material termoplástico é depositado camada por camada até formar o produto desejado."[27] (COSIT Nº 98240/2017)

[23] NORMAS – RECEITA FEDERAL DO BRASIL. *Solução de Consulta COSIT nº 98555, de 28 de novembro de 2019.* Publicado no DOU de 23/12/2019, seção 1, página 95. Disponível em: SC Cosit nº 98555/2019 (fazenda.gov.br) Acesso em: 02 de mai. de 2022.

[24] NORMAS – RECEITA FEDERAL DO BRASIL. *Solução de Consulta COSIT nº 98369, de 12 de setembro de 2017.* Publicado no DOU de 18/09/2017, seção 1, página 31. Disponível em: SC Cosit nº 98369/2017 (fazenda.gov.br) Acesso em: 02 de mai. 2022.

[25] NORMAS – RECEITA FEDERAL DO BRASIL. *Solução de Consulta COSIT nº 98368, de 12 de setembro de 2017.*Publicado no DOU DE 18/09/2017. Disponível em: SC Cosit nº 98368/2017 (fazenda.gov.br) Acesso em: 02 de mai. 2022.

[26] NORMAS – RECEITA FEDERAL DO BRASIL. *Solução de Consulta COSIT nº 98356, de 30 de agosto de 2017.* Publicado no DOU de 08/09/2017. Disponível em: SC Cosit nº 98356/2017 (fazenda.gov.br) Acesso em: 02 de mai. de 2022.

[27] NORMAS – RECEITA FEDERAL DO BRASIL. *Solução de Consulta COSIT nº 98240, de 06 de julho de 2017.* Publicado no DOU de 27/07/2017. Disponível em: SC Cosit nº 98240/2017 (fazenda.gov.br) Acesso em: 02 de mai. de 2022.

> "Monofilamento de poli(ácido lático) (PLA), com diâmetro da seção transversal de 1,75 mm, fornecido em rolos, na cor natural ou pigmentado, utilizado para impressão 3D, acondicionado em caixas contendo aproximadamente 1 kg."[28] (COSIT Nº 98311/2021)
>
> "Monofilamento de poli(ácido lático) (PLA), com diâmetro da seção transversal de 1,75 ou 2,85 mm, fornecido em rolos, pigmentado em cores diversas, utilizado para impressão 3D, acondicionado em caixas de aproximadamente 1 kg."[29] (COSIT Nº 98153/2021)

Todavia, a crítica quanto essas definições propostas pela RFB é que a abordagem não contém todos os materiais e tecnologias utilizados para a impressão 3D. Como visto, na prática não há um padrão de impressoras 3D. Nesse sentido, ao restringir a classificação ao uso de termoplásticos e cerâmicas, por exemplo, ocorreria a limitação da incorporação de outros materiais como "Bioplotter" (gel), FAB@Home (silicone), fibras de carbono, entre outros.

Sob a ótica jurídico-tributária, a manifestação da RFB implica as hipóteses de incidência do IPI:

> "(...) O estabelecimento que executar essa operação, desde que resulte em produto tributado, ainda que de alíquota zero ou isento, é considerado contribuinte do IPI, devendo submetê-lo à incidência do imposto quando da saída de seu estabelecimento, de acordo com os artigos 8º, 24, inc. II e 35 do RIPI/2010. Essa atividade não será considerada industrialização se o produto resultante for confeccionado por encomenda direta do consumidor ou usuário, na residência do preparador ou em oficina, desde que, em qualquer caso, seja preponderante o trabalho profissional, nos termos do art. 5º, inc. V c/c art. 7º, II, "a" e "b", do RIPI/2010." (COSIT nº 97/2019)[30]

Deste modo, existe uma diferenciação de tributação pela própria RFB. Isto é, uma situação é essa operação ser de industrialização em um estabe-

[28] NORMAS – RECEITA FEDERAL DO BRASIL. *Solução de Consulta COSIT nº 98311, de 18 de agosto de 2021.* Publicado no DOU de 17/09/2021. Disponível em: SC Cosit nº 98311/2021 (fazenda.gov.br) Acesso em: 02/05/2022.

[29] NORMAS – RECEITA FEDERAL DO BRASIL. *Solução de Consulta COSIT Nº 98153, de 29 de abril de 2021.* Publicado no DOU de 07/05/2021. Disponível em: SC Cosit nº 98153/2021 (fazenda.gov.br) Acesso em: 02 de mai. de 2022.

[30] Id. it. 22.

lecimento, incidindo IPI nos moldes do art. 4º, I, RIPI 2010[31], pois manejar matéria-prima ou produto intermediário, com a obtenção de espécie nova, se caracteriza a transformação e, consequentemente, gera industrialização. Outro caso divergente é a realização de uma encomenda direta do consumidor ou usuário, não incidindo IPI, por se enquadrar na exclusão do art. 5º, V, da RIPI/10[32].

A mesma lógica pode ser aplicada ao ICMS, que em sua hipótese de incidência prevê a atividade de mercancia, ou seja, atividades econômicas vinculadas à transferência jurídica da propriedade de um bem realizada por contribuinte eleito pela legislação como contribuinte, nessa hipótese inclui-se pessoas físicas, nos termos da Lei Complementar 87/96.

Por outro lado, hipótese diversa estabeleceria se, quem utiliza a impressão 3D, possui o intuito de produzir itens em série com a destinação para o mercado de consumo, quer seja o produtor pessoa física ou pessoa jurídica. Tendo o intuito de mercancia, atingiria os eventos econômicos e, por conseguinte, o ICMS teria sua incidência.

Entendemos, portanto, ainda que de forma inicial em relação ao tema, não incidir o IPI e ICMS caso o produtor e consumidor se configurem na mesma pessoa e a impressão 3D aconteça sem a prestação profissional. Nessa relação, pensando num contexto domiciliar, não seria possível afirmar qual seria a base de cálculo final, posto que, após a transformação, o produto será destinado a consumo próprio. Já quando existir o intuito de mercancia em relação ao evento de produção nas impressoras 3D, implicaria em incidência dos impostos normalmente exigidos nessas operações.

2.2. Propriedade Intelectual?

A utilização do código fonte nas impressões 3D implicaria quais aspectos fiscais? O que se pretende com o código fonte da impressão? Haverá

[31] Art. 4º do RIPI/2010: Caracteriza industrialização qualquer operação que modifique a natureza, o funcionamento, o acabamento, a apresentação ou a finalidade do produto, ou o aperfeiçoe para consumo, tal como:
I – a que, exercida sobre matérias-primas ou produtos intermediários, importe na obtenção de espécie nova (transformação); (...)

[32] Art. 5º da RIPI/10: Não se considera industrialização: (...)
V – o preparo de produto, por encomenda direta do consumidor ou usuário, na residência do preparador ou em oficina, desde que, em qualquer caso, seja preponderante o trabalho profissional;

remuneração ou se trata de *free software*? Os questionamentos decorrem de um ponto relevante em termos de classificação econômica do evento.

Cumpre-nos identificar, previamente, a natureza jurídica da remuneração a ser paga pelo licenciamento de uso e direito de comercialização de *softwares* (incluso nessa hipótese os códigos fonte necessários para impressão) e, a partir daí, estabelecer a premissa necessária e fundamental no que tange à subsunção ou não do pagamento nas hipóteses de incidência tributárias.

A Lei 9.609/98, em seu artigo 1º, conceitua programa de computador como:

> a expressão de um conjunto organizado de instruções em linguagem natural ou codificada, contida em suporte físico de qualquer natureza, de emprego necessário em máquinas automáticas de tratamento da informação, dispositivos, instrumentos ou equipamentos periféricos, baseados em técnica digital ou análoga, para fazê-los funcionar de modo e para fins determinados.

Referida lei atribui à propriedade intelectual de programa de computador o mesmo regime de proteção das obras literárias estabelecida pela Lei de Proteção dos Direitos Autorais[33]. Referidas obras são remuneradas mediante os *royalties*, consistindo em valores pagos ao detentor de uma marca, patente industrial, processo de produção, produto ou obra literária original pelos direitos de sua exploração comercial.

Os *royalties*, em situações como a presente, de cessão de direitos de uso e/ou comercialização visam, portanto, a remunerar os detentores de propriedade intelectual[34], representando a contrapartida por sua exploração econômica, sem que com isso ocorra a transmissão do título de propriedade.

A Lei de Propriedade Intelectual de Programas de Computador, promulgada sob o nº 9.609/98, dispõe de forma cristalina sobre as formalidades legais que regem a licença de uso e comercialização de *softwares*:

[33] Trata-se da Lei 9.610/98, a qual, em seu artigo 7º, XII, dispõe, "*verbis*": "Art. 7º. São obras intelectuais protegidas as criações do espírito, expressas por qualquer meio ou fixadas em qualquer suporte, tangível ou intangível, conhecido ou que se invente no futuro, tais como: (...) XII – os programas de computador; (...)".

[34] Os quais, conforme disposição expressa da Lei 9.610/98, em linha com o princípio da autonomia da vontade, poderão, no exercício do direito de reprodução da obra, disponibilizá-la ao público na forma, local e pelo tempo que desejarem, a título oneroso ou gratuito.

Art. 2º O regime de proteção à propriedade intelectual de programa de computador é o conferido às obras literárias pela legislação de direitos autorais e conexos vigentes no País, observado o disposto nesta Lei.

(...)

CAPÍTULO IV
DOS CONTRATOS DE LICENÇA DE USO, DE COMERCIALIZAÇÃO E DE TRANSFERÊNCIA DE TECNOLOGIA

Art. 9º O uso de programa de computador no País será objeto de contrato de licença.

Parágrafo único. Na hipótese de eventual inexistência do contrato referido no caput deste artigo, o documento fiscal relativo à aquisição ou licenciamento de cópia servirá para comprovação da regularidade do seu uso.

Art. 10. Os atos e contratos de licença de direitos de comercialização referentes a programas de computador de origem externa deverão fixar, quanto aos tributos e encargos exigíveis, a responsabilidade pelos respectivos pagamentos e estabelecerão a remuneração do titular dos direitos de programa de computador residente ou domiciliado no exterior.

§ 1º Serão nulas as cláusulas que:

I – limitem a produção, a distribuição ou a comercialização, em violação às disposições normativas em vigor;

II – eximam qualquer dos contratantes das responsabilidades por eventuais ações de terceiros, decorrentes de vícios, defeitos ou violação de direitos de autor.

§ 2º O remetente do correspondente valor em moeda estrangeira, em pagamento da remuneração de que se trata, conservará em seu poder, pelo prazo de cinco anos, todos os documentos necessários à comprovação da licitude das remessas e da sua conformidade ao caput deste artigo.

Art. 11. Nos casos de transferência de tecnologia de programa de computador, o Instituto Nacional da Propriedade Industrial fará o registro dos respectivos contratos, para que produzam efeitos em relação a terceiros.

Parágrafo único. Para o registro de que trata este artigo, é obrigatória a entrega, por parte do fornecedor ao receptor de tecnologia, da documentação completa, em especial do código-fonte comentado, memorial descritivo, especificações funcionais internas, diagramas, fluxogramas e outros dados técnicos necessários à absorção da tecnologia.

Em que pese aos direitos de comercialização traduzirem a subjetiva pretensão de mercancia, a propriedade intelectual do *software* (código fonte) permanecerá inalterada e em poder da pessoa física ou empresa desenvolvedora do programa computacional. Inexiste, tampouco, na operação em foco, transferência de tecnologia da detentora da tecnologia para a empresa que adquirirá os direitos de uso e comercialização.

A empresa adquirente da licença de uso e/ou comercialização traduz-se em intermediária, especificamente no tocante ao *software*, na medida em que a transferência da propriedade do bem ou direito para revenda é condição primária para as concernentes prerrogativas, obrigações e limitações de mercadoria, bem como para o registro contábil e sujeição desta às imposições concernentes (ativação na conta estoque, registro no RICMS, incidência de depreciação, etc.). Como não há, relativamente ao código fonte, transferência da titularidade do respectivo direito de propriedade, restando íntegra sua titularidade pela desenvolvedora da tecnologia, fica descaracterizada a situação jurídica de aquisição de "mercadoria" no negócio jurídico celebrado entre empresas.

Assim, em não se tratando os *royalties* de preço para aquisição de mercadorias, mas de contraprestação pela licença de uso e de direitos de comercialização, referidas remessas a serem realizadas escapam às hipóteses de incidência do II[35], IPI[36], ICMS[37] e PIS/COFINS[38], gravames normalmente

[35] II – Decreto-Lei 37/1966:
"Art.1º – O Imposto sobre a Importação incide sobre mercadoria estrangeira e tem como fato gerador sua entrada no Território Nacional. (Redação dada pelo Decreto-Lei nº 2.472, de 01/09/1988)"

[36] IPI Importação – Lei 4.502/1964:
"Art. 2º Constitui fato gerador do imposto:
I – quanto aos produtos de procedência estrangeira o respectivo desembaraço aduaneiro;
(...)"

[37] ICMS Importação – Lei Complementar 87/96:
"Art. 2º O imposto incide sobre:
(...)
§ 1º O imposto incide também:
I – sobre a entrada de mercadoria ou bem importados do exterior, por pessoa física ou jurídica, ainda que não seja contribuinte habitual do imposto, qualquer que seja a sua finalidade; (Redação dada pela Lcp 114, de 16.12.2002)
II – sobre o serviço prestado no exterior ou cuja prestação se tenha iniciado no exterior;"

[38] PIS/COFINS Importação – Lei 10.865/04:
"Art. 1º Ficam instituídas a Contribuição para os Programas de Integração Social e de Formação do Patrimônio do Servidor Público incidente na Importação de Produtos Estrangeiros ou Serviços – PIS/

presentes em operações de importação de bens destinados ao comércio. No tocante ao ISS, a norma que regula tal tributo no âmbito nacional (Lei Complementar 116/03) apresenta:

> "Art. 1º O Imposto Sobre Serviços de Qualquer Natureza, de competência dos Municípios e do Distrito Federal, tem como fato gerador a prestação de serviços constantes da lista anexa, ainda que esses não se constituam como atividade preponderante do prestador.
>
> *§ 1º O imposto incide também sobre o serviço proveniente do exterior do País ou cuja prestação se tenha iniciado no exterior do País.*
>
> (...)
>
> Lista de serviços anexa à Lei Complementar nº 116, de 31 de julho de 2003.
>
> (...) *1.05 – Licenciamento ou cessão de direito de uso de programas de computação (...).*"

Por fim, ressalta-se que existe a prescrição de incidência do ISS em operações que envolvam o licenciamento ou cessão de direito de uso de softwares, inclusive aqueles oriundos do exterior.

Conclusões

A incidência de tributos no âmbito das impressões 3D, tecnologia esta que possui potencial de larga de escala de utilização, é um tema contemporâneo e controverso, fazendo-se necessário que haja um maior dos Fiscos (Federal, Estadual e Municipal).

Sobre o tema, verifica que a sua utilização poderá potencializar a chamada disrupção, permitindo que pessoa físicas, no seio do seu lar, se tornem utilitários finalísticos do conteúdo impresso ou em verdadeiros industriais/comerciantes/licenciadores.

As normas tributárias no formato atual não constituem o meio mais adequado para a efetiva tributação desta nova tecnologia, visto que, sua hipótese de incidência está vinculada, ainda, a uma economia tradicional, do século passado e com sua divisão estratificada em União, Estados e Municípios. Com esse panorama, vislumbra-se a possibilidade de sone-

PASEP-Importação e a Contribuição Social para o Financiamento da Seguridade Social devida pelo Importador de Bens Estrangeiros ou Serviços do Exterior – COFINS-Importação, com base nos arts. 149, § 2º, inciso II, e 195, inciso IV, da Constituição Federal, observado o disposto no seu art. 195, § 6º."

gação e/ou não atingimento das finalidades tributárias da produção em impressões 3D.

O presente trabalho teve como pretensão abarcar uma economia pujante e inovativa com normas antiquadas e irreais. Porém, apesar do trabalho hercúleo, peca-se pela visão dos autores. Conclui-se que o tema implicará em novo contencioso administrativo/judicial ou em até novas normas que remendem a estrutura tributária brasileira que, atualmente, encontra-se em falha sobre este aspecto.

Referências

BARBOSA, J. B. M. et. al. *Use of 3D printers for the development of active methodologies in Engineering courses*, v. 10, n. 10, p.1-13, ago. 2021

CARVALHO, Paulo de Barros. *Curso de Direito Tributário*. 31. ed. rev. atual. São Paulo: Noeses, 2021.

CHRISTENSEN, Clayton M. *The innovator's dilema:* when new Technologies cause great firms to fail. Boston, MA: Havard Business School Press, 1997.

CHICCA JUNIOR, Natal Anacleto; CASTILLO, Leonardo Gómez. *Impressão 3D na cultura do design contemporâneo*. Congresso Brasileiro de Pesquisa e Desenvolvimento em Design, p. 1-10, set-out. 2022. Disponível em: <http://www.ufrgs.br/ped2014/trabalhos/trabalhos/523_arq2.pdf> Acesso em: 25 de abr. de 2022.

CÔRREA, Cristiane Rodrigues. *Impressão 3D:* Inovações no campo da medicina. Revista Interdisciplinar Ciências Médicas – MG., v. 1, n. 1, p. 143-162, 2017. Disponível em: < http://revista.fcmmg.br/ojs/index.php/ricm/article/view/14> Acesso em: 25 de set. de 2022.

CUNICO, Marlon Wesley Machado. *Impressoras 3D: o novo meio produtivo*. Concep3D Pesquisas Científicas Ltda.: Curitiba, 2014. Ebook.

DEC, Marlus. *Avaliação e otimização da exatidão geométrica de impressora 3D utilizando medição por coordenadas*. Dissertação de mestrado em Mecatrônica. IFSC.Disponível em: <https://repositorio.ifsc.edu.br/bitstream/handle/123456789/1194/Dissertacao%20Mestrado%20em%20Mecatronica%20-%20Marlus%20Dec.pdf?sequence=1&isAllowed=y> Acesso em:16 de abr. de 2022.

GOMES, Juliana Neves. *Moda e Impressão 3D:* Estado da arte, tecnologia, materiais e inovação. Dissertação (Mestrado Têxtil e Moda) – Universidade de São Paulo, São Paulo, 2019.

GUEY, William. *Tipos de Impressora 3D e sias aplicações. Print it 3D.* Disponível em: < https://www.printit3d.com.br/post/tipos-de-impressora-3d >Acesso em: 16 de abr. de 2022.

LEERING, Raoul. *3D printing is a threat to world trade but its impact is still limited.* ING Think Economic and Financial Analysis, 2021. Disponível em: <https://think.ing.com/articles/the-threat-for-world-trade-is-limited-for-now> Acesso em: 30 de abr. de 2022.

LIMA, Daniel Ramos Barbosa; MEIRA, Leomar Rodrigues; DANTAS, Alexon Braga. *Alvenaria estrutural e método 3D:* comparativo de custo para construção de habitações de interesse social. Revista Integralização Universitária. v. 14, n. 22, p. 94-110. jan-jul, 2020.

Disponível em: < https://to.catolica.edu.br/revistas/index.php?journal=riu&page=article&op=view&path%5B%5D=571> Acesso em: 25 de abr. de 2022.

MALIK, A. et al. *3D printing towards implementing Industry 4.0:* sustainability aspects, barries and challenges. Industrial Robot, Vol. 49, nº 3, abr. 2022, p. 491-511. Disponível em: < https://doi.org/10.1108/IR-10-2021-0247> Acesso em: 25 de abr. de 2022.

MUV3DPRINT. *Quais são os materiais utilizados na Impressão 3D?* [2022]. Disponível em: <https://muv3dprint.com.br/materiais-impressao-3d/ > Acesso em 17 de abr. de 2022.

OECD. *3D printing and international trade: what is the evidence to date?* OECD Trade Plicy Paper, nº 256, nov. 2021, p. 4. Disponível em: < https://www.oecd-ilibrary.org/docserver/0de14497-en.pdf?expires=1651448670&id=id&accname=guest&checksum=3CCEAA993970F1DADE6E7C618892811F> Acesso em: 30 de abr. de 2022.

PANISSON, Isabella Foschesatto. A tributação da impressão 3D: uma análise da tributação incidente sobre o "arquivo digital" (modelo 3D). In: BARRETO, Paulo Ayres (Coord.) Estudos tributários sobre a economia digital. São Paulo: Noeses, 2020, p. 210.

9

ÍNDICE DE *INNOVACIÓN, DIGITALIZACIÓN Y TECNOLOGÍA (INDITEC) EN LAS ADMINISTRACIONES* TRIBUTARIAS

Dalmiro Morán
Santiago Díaz de Sarralde Miguez

Introducción[1]

Para cumplir con su principal finalidad -la de asegurar la recolección efectiva de recursos fiscales fundamentales para el financiamiento público- las Administraciones Tributarias (AT) de todo el mundo han comprendido a lo largo de los últimos años, y más aún a partir de la pandemia de COVID-19, la necesidad cada vez mayor de acelerar los procesos de transformación digital en todas sus áreas. Esto les permitiría utilizar de manera más eficiente los recursos financieros y humanos disponibles, mejorar las estrategias de control del cumplimiento tributario y también satisfacer las necesidades y preferencias de los contribuyentes (CIAT, 2020).

En ese sentido, si bien existe un amplio consenso internacional que reconoce la utilidad de poder conocer los avances y las experiencias particulares de otros países -para contar con modelos o puntos de referencia

[1] Los autores desean expresar un especial agradecimiento, por su imprescindible colaboración, a los representantes de las Administraciones Tributarias de los países participantes en ISORA, así como de las restantes instituciones que forman parte del proyecto (FMI -Fondo Monetario Internacional-, OCDE -Organización para la Cooperación y el Desarrollo Económicos-, IOTA -Organización Intra-Europea de Administraciones Tributarias- y BAD -Banco Asiático de Desarrollo-). También se agradecen, de manera singular, el constante apoyo y la labor de los técnicos del CIAT, Julio López y Gaspar Maldonado, en la recopilación y el seguimiento de los datos estadísticos utilizados para la elaboración del documento de trabajo 2/2022 del CIAT en el que se basa este trabajo.

internacional- en la incorporación de herramientas y tecnologías innovadoras para múltiples finalidades, la diversidad de casos generalmente limita la posibilidad de ponderar y evaluar el ritmo, la intensidad y el éxito relativo de estas transformaciones desde una perspectiva comparada.

Atendiendo a esta necesidad, y tal como quedara plasmado en la reciente publicación del Panorama de las Administraciones Tributarias en los Países del CIAT (Morán y Díaz de Sarralde Miguez, 2021), la Encuesta Internacional sobre Administración Tributaria (ISORA, por sus siglas en inglés) se ha convertido en una poderosa herramienta de información en esta materia. En su más reciente edición, con datos para los años fiscales 2018 y 2019, ha contado con la participación de 156 jurisdicciones y ha permitido obtener, a partir de datos estandarizados provistos directamente por las AT, una imagen muy detallada de las áreas principales de estas agencias, especialmente en lo que se refiere a su estructura organizacional, al manejo de los recursos disponibles y a sus tareas operativas específicas.

Con esa primera etapa de análisis satisfactoriamente cumplida, el objetivo de este trabajo es el de avanzar en la construcción de índices sintéticos de un conjunto de dimensiones directa o indirectamente vinculadas con los aspectos que hacen al desarrollo y la transformación digital de las AT, de manera tal que permitan realizar comparaciones entre los países participantes de la Encuesta ISORA 2020. El que aquí se denominará Índice de Innovación, Digitalización y Tecnología (INDITEC) pretende constituir un indicador global del grado relativo de avance de las AT en materia de incorporación de innovaciones técnicas (ya sea para mejora del cumplimiento como para procesamiento de información), digitalización de las operaciones centrales (entre las que se encuentran el manejo de las declaraciones impositivas, los canales de atención y pago efectivo) así como la disponibilidad y la gestión de los recursos tecnológicos y del presupuesto en un sentido amplio (lo que incluye a los recursos humanos de cada AT).[2]

[2] Como los últimos datos disponibles corresponden al año fiscal 2019 en cada una de las jurisdicciones, debe advertirse que los resultados no podrán captar (aún) los efectos que pudiera haber originado la pandemia de COVID-19 sobre los procesos de transformación digital de los principales procesos operativos y servicios al contribuyente. Es por ello que las cifras del índice INDITEC que serán presentadas a lo largo de este trabajo pueden ser consideradas como un diagnóstico previo del estado de las AT en dichos aspectos, justo antes de la ocurrencia de dicho desafortunado evento extraordinario, y servirían de punto de comparación en futuras ediciones de la Encuesta ISORA.

El presente documento acompaña el proceso de construcción del Índice INDITEC y resume los principales resultados obtenidos a partir de su cálculo. Por lo tanto, seguido a esta breve introducción, en la primera sección se describen detalladamente los principales aspectos abordados en el diseño metodológico de este índice sintético. En una segunda sección se presentan los valores calculados tanto para los promedios de distintos agrupamientos de jurisdicciones (por región geográfica y por nivel de ingreso) como para los casos individuales, con especial foco en los países miembros del CIAT.

1. El Índice INDITEC: Aspectos de diseño metodológico

Como fue señalado en la introducción de este trabajo, la amplísima información recopilada a través de la Encuesta ISORA 2020 permite obtener una imagen muy detallada de las características estructurales y del funcionamiento operativo de las 156 Administraciones Tributarias (AT) participantes[3]. A partir de los datos y respuestas procesadas (correspondientes a los años fiscales 2018 y 2019 de cada país), es posible identificar y analizar una serie de tendencias regionales y globales y los principales hechos estilizados referidos a los países miembros del CIAT, las cuales pueden encontrarse en la más reciente edición del Panorama de las Administraciones Tributarias en los Países del CIAT (Morán y Díaz de Sarralde, 2021).

La disponibilidad de un gran número de variables cualitativas y cuantitativas referidas a las AT participantes en ISORA brinda la posibilidad de construir indicadores sintéticos sobre distintos aspectos centrales de estas agencias, los cuales pueden ser utilizados no sólo para la evaluación comparativa de las mismas sino también para efectuar diagnósticos preliminares en diferentes dimensiones, al menos como una manera práctica de conocer el estado de situación relativo de cada país respecto a otros de una misma región o de otras latitudes con algún denominador en común (por ejemplo, el nivel de renta según criterios convencionales como los del

[3] La Encuesta Internacional sobre Administración Tributaria ISORA es una herramienta de recolección de información estandarizada sobre administración tributaria, que se encuadra en un proyecto conducido por cinco organizaciones: el Fondo Monetario Internacional (FMI), la Organización Intra-Europea de Administraciones Tributarias (IOTA), la Organización para la Cooperación y el Desarrollo Económicos (OCDE), el Centro Interamericano de Administraciones Tributarias (CIAT) y, desde 2018, el Banco Asiático de Desarrollo (BAD).

Banco Mundial). El Índice de Innovación, Digitalización y Tecnología de las AT (INDITEC) será concebido bajo esa misma lógica.

La construcción de índices sintéticos en materia de administración tributaria requiere primeramente definir una serie de cuestiones metodológicas en cuanto a la determinación de las dimensiones de análisis y la selección de las variables más representativas. Esto incluye una explicación breve del tratamiento estadístico de los distintos componentes de cada índice -para asegurar una adecuada ponderación de los mismos- y de la estrategia de agregación de todos los elementos en un índice sintético de carácter global.

1.1. Dimensiones de análisis y variables de ISORA a considerar

En primer lugar, dada la diversidad de la información recolectada a través de ISORA[4], resulta necesario definir un conjunto acotado de dimensiones de análisis que, por un lado, deberían estar vinculadas a los objetivos que motivan la construcción de indicadores sintéticos -contribuyendo a reflejar aspectos centrales del funcionamiento de las AT participantes- y, por otro lado, deberían servir para englobar y ordenar determinadas variables individuales que serán seleccionadas con la misma finalidad.

Por lo tanto, conviene explicitar que el objetivo fundamental de la construcción y cálculo del Índice INDITEC apunta a obtener ***un indicador sintético que refleje el grado de desarrollo/avance de cada AT en materia de adopción de herramientas innovadoras en la gestión tributaria y la mejora del cumplimiento, transformación digital de sus principales procesos operativos y aprovechamiento eficiente de sus recursos (financieros y humanos) con foco en la modernización tecnológica***. En ese sentido, se definen las cuatro dimensiones que serán consideradas dentro del índice INDITEC, además de las variables individuales que serán incluidas en cada una de las primeras, a saber:

A. INNOVACIÓN TECNOLÓGICA: Con el objetivo de captar la incorporación de técnicas y herramientas innovadoras orientadas a la gestión tributaria, lo que incluye tanto a los servicios de apoyo a los

[4] En virtud del trabajo conjunto acumulado durante gran parte de la última década, la Encuesta ISORA ha sido simplificada en su última versión (2020), reduciéndose su tamaño e incrementándose la precisión de sus preguntas, con el objetivo de incrementar los porcentajes de respuesta y mejorar la robustez de los resultados obtenidos.

contribuyentes como al procesamiento estadístico de la información tributaria recibida por las AT, esta dimensión incluirá como variables las respuestas de los países acerca de la utilización (efectiva o en fase de implementación) de instrumentos específicos, a saber:

1) *Ciencia de datos y herramientas analíticas* (orientadas al diagnóstico y la toma de decisiones)
2) *Computación en la nube* (como modelo de servicio en línea con recursos informáticos)
3) *Inteligencia artificial* (incluido el aprendizaje automático y orientada a una amplia variedad de tareas cognitivas, por ejemplo, detección, predicción, reconocimiento de patrones, etc.)
4) *Tecnología de registro distribuido (DLT) o cadena de bloques (Blockchain)* (que permite el manejo eficiente de grandes caudales de información combinables con el cifrado de seguridad)
5) *Interfaces de programación de aplicaciones (API)* (para acelerar el procesamiento seguro de información y afianzar una interacción fluida con los contribuyentes) [5]
6) *Tecnologías de identificación digital* (aplicadas a procesos de registro de los contribuyentes)
7) *Asistentes virtuales* (software que simulan interacciones al responder preguntas o pedidos que, de otro modo, serían atendidos por seres humanos, por ejemplo *chatbots* en línea)
8) *Sistemas de identificación del gobierno en su conjunto* (para agilizar todo tipo de trámites y mejorar el manejo de la información provista por los contribuyentes)
9) *Automatización robótica de procesos* (utilizada para automatizar tareas repetitivas, implicando ahorros de tiempo y carga laboral para el personal de la administración tributaria)

B. MEJORA DEL CUMPLIMIENTO: Otra dimensión valiosa en materia de administración tributaria está vinculada con la adopción de herramientas avanzadas para mejorar los niveles de cumplimiento tributario voluntario y, simultáneamente, reducir los niveles exis-

[5] Una API es un conjunto de funciones y procedimientos de software que permiten que las aplicaciones accedan a las características y/o datos de otra solución de software; las aplicaciones pueden enviar solicitudes a esta interfaz y recibir respuestas. Tiene la ventaja de proteger la complejidad e información sensible dentro de la solución del software, puesto que la comunicación con otras aplicaciones se realiza exclusivamente a través de la API.

tentes de evasión impositiva (lo que afecta con mayor intensidad, por diferentes causas, a los países de menor nivel de ingreso). En esta dimensión se dará relevancia a determinadas variables (derivadas de las respuestas de las propias AT en ISORA 2020), a saber:

1) *Enfoque cooperativo para grandes contribuyentes* (justificado por la importancia recaudatoria de este segmento de contribuyentes en la gran mayoría de los países) [6]
2) *Uso de técnicas cognitivo-conductuales basadas en el comportamiento* (incrementando el conocimiento de las motivaciones y decisiones de los contribuyentes en relación con la AT)
3) *Factura electrónica obligatoria* (ya sea para un conjunto o para todos los contribuyentes) [7]
4) *Exigencia de dispositivos fiscales electrónicos* (para un grupo o para todos los contribuyentes)
5) *Declaraciones prellenadas por la AT* (con información impositiva o de terceros; ya sean rellenadas de manera parcial o completa; ya sea con presunción directa de aceptación o bien que requieran confirmación par parte del contribuyente) [8]

C. DIGITALIZACIÓN OPERATIVA: Un índice sintético que busque mostrar el grado de modernización de las distintas AT, en el contexto actual, requerirá relevar algunas características y modalidades de su propio funcionamiento operativo. En particular, una dimensión a considerar se relaciona con los distintos indicadores que ilustran la cada vez más indispensable transformación digital de sus procesos internos (registro, declaración, pago de obligaciones), especialmente aquellos donde la disponibilidad de medios digitales

[6] Los mecanismos de cumplimiento cooperativo se caracterizan por estar condicionados a que el contribuyente demuestre: a) buena gestión de las cuestiones tributarias, y b) voluntad de operar de modo abierto y transparente, y plena revelación de sus riesgos tributarios a medida que ocurren. A cambio, la AT se compromete a proporcionar un servicio mejorado al contribuyente mediante: a) puntos exclusivos de contacto; b) resolución ágil de cuestiones técnicas y administrativas; c) asignación de una calificación reducida de riesgo para fines de auditoría, y d) sanciones reducidas.

[7] Para un mayor detalle puede consultarse el libro de CIAT-BID (2018) sobre factura electrónica.

[8] Para mayor información acerca de esta herramienta y su potencialidad en los países del CIAT puede consultarse un reciente documento de trabajo de CIAT-GIZ (2019) sobre la materia.

es considerada una ventaja relativa sustancial respecto de prácticas o métodos más tradicionales. En este caso fueron seleccionadas las siguientes variables:

1) *Ratio de pago electrónico* (proporción de los pagos captados a través de medios electrónicos respecto del total de pagos registrados, tomando en cuenta el valor monetario de los mismos -equivalente a la recaudación efectiva de la AT-)
2) *Ratio de presentación electrónica en IRE* (proporción de declaraciones juradas recibidas a través de canales electrónicos -algunas de las cuales pueden ser prellenadas por la AT- en el Impuesto sobre la Renta Empresarial)
3) *Ratio de presentación electrónica en IRP* (ídem anterior para el Impuesto sobre la Renta Personal)
4) *Ratio de presentación electrónica en IVA* (ídem anterior para el Impuesto al Valor Agregado)
5) *Canales digitales de contacto por servicios al contribuyente* (proporción -uso efectivo- respecto del número total de contactos entrantes; considera las alternativas "en línea", "asistente digital" y "correo electrónico" las cuales se asumen como más flexibles y ágiles al no requerir la presencialidad del contribuyente)
6) *Canales digitales de registro tributario* (disponibilidad efectiva de los canales de registro "en línea" y "correo electrónico" que no requieren presencialidad del contribuyente)

D. RECURSOS Y PRESUPUESTO: Una última dimensión a considerar está vinculada con la disponibilidad y la utilización efectiva de los recursos humanos y económicos disponibles para las AT. En este sentido son bien valoradas la profesionalización del staff así como la asignación de una parte del presupuesto operativo al desarrollo e implementación de las TIC en distintas áreas de la gestión tributaria, al igual que la posibilidad de contar con un presupuesto total acorde con las tareas desarrolladas, medido en términos comparables. Del mismo modo, se intenta ponderar la carga laboral relativa que deben administrar las distintas plantillas de empleados en las AT, así como la magnitud de los gastos operativos en relación con los ingresos fiscales administrados.

1) *Formación Académica Nivel de Grado* (proporción de empleados ETC[9] con título de grado universitario en relación con el staff total de la AT)
2) *Formación Académica Nivel de Posgrado* (proporción de empleados ETC con título de posgrado universitario -además de título de grado- en relación con el staff total de la AT)
3) *Habitantes totales por empleado ETC* (se considera con una connotación negativa al reflejar, de manera aproximada, la carga laboral que enfrentan las AT)
4) *Contribuyentes Activos del IRP por empleado ETC* (ídem anterior, con connotación negativa, específicamente enfocado en un impuesto ampliamente difundido como el Impuesto sobre la Renta Personal)
5) *Gastos Operativos TIC, en porcentajes del PIB* (como medida absoluta y comparable del gasto específico de las AT en el segmento de Tecnologías de Información y Comunicaciones)
6) *Gastos Operativos TIC, en porcentajes del Presupuesto Operativo* (como medida relativa de la importancia asignada al rubro de tecnologías TIC dentro de los gastos operativos totales)
7) *Gastos de Capital (en % del PIB)* (como medida comparable del gasto de inversión total de las AT, el cual se destina, principalmente, a infraestructura y recursos materiales y técnicos)
8) *Presupuesto Total (en % del PIB)* (si bien puede ser muy diverso y tener relación con el nivel de ingreso de los países y el grado de desarrollo institucional de las respectivas AT, esta variable brinda una imagen rápida de su dotación total de recursos financieros)
9) *Costo de la recaudación, en porcentajes* (como indicador parcial de la eficiencia de la AT en el uso de los recursos financieros disponibles, sirve para identificar brechas entre países en cuanto a la relación entre los ingresos fiscales recibidos -neto de IVA importaciones- y los gastos operativos vinculados; relación inversa por tener una connotación negativa)

[9] En todos los casos y para mayor comparabilidad, se refiere a Equivalentes de Tiempo Completo (ETC). Un ETC de 1.0 significa que los recursos equivalen a un miembro del personal a tiempo completo que trabaja durante un año entero.

En suma, la Encuesta ISORA cuenta con un amplio número de indicadores y variables individuales, cualitativas y cuantitativas, que serán concentradas en las cuatro dimensiones detalladas más arriba, todas las cuales representan distintas áreas de diagnóstico de las AT y serán resumidas en indicadores sintéticos parciales (Innovación Tecnológica, Mejora del Cumplimiento, Digitalización Operativa, Recursos y Presupuesto). Finalmente, esos cuatro índices serán integrados en un índice global utilizando ponderadores proporcionales. El gráfico 1 muestra un resumen de los componentes utilizados en la creación y cálculo del Índice INDITEC para la evaluación comparativa de las AT participantes de ISORA 2020.

Gráfico 1: Dimensiones y variables incluidas en el diseño del Índice INDITEC (basado en ISORA 2020)

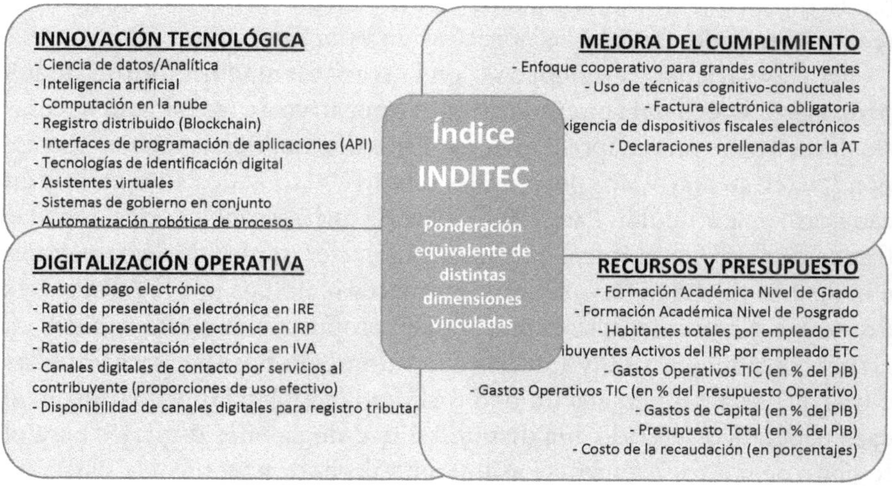

Fuente: Elaboración de los autores sobre la base de la Encuesta ISORA 2020.

1.2. Normalización y agregación de las variables seleccionadas

Dada la previsible diversidad de las variables consideradas para la construcción del INDITEC, sumado al hecho de que los valores registrados pueden presentar ciertos sesgos y brechas entre países que podrían distorsionar los resultados generales, en cada uno de los casos será necesario efectuar transformaciones y adaptaciones con el fin de obtener variables cuantitativas homogéneas.

Así, por ejemplo, en lo que se refiere a la incorporación de **herramientas innovadoras** se tomarán en cuenta las respuestas de los países acerca de cada una de las tecnologías de vanguardia consideradas, asignándose valores de acuerdo a la siguiente escala:

- 1,0: a las AT donde la tecnología en cuestión está implementada y es utilizada al momento de responder la encuesta;
- 0,5: a aquellas que hayan declarado encontrarse en fase de implementación para uso futuro;
- 0,0: a los casos en los que la tecnología analizada no está en uso, incluyendo casos donde la implementación aún no ha comenzado.

En lo que respecta a las **técnicas para mejorar el cumplimiento tributario**, la transformación de las respuestas (Sí/No) se realizará considerando directamente variables binarias, donde las respuestas afirmativas recibirán un valor de 1,0 y las negativas un valor nulo (0,0).

Para las variables relacionadas con la **transformación digital de los procesos básicos del funcionamiento operativo** de las AT será necesario llevar a cabo una adaptación de las cifras disponibles, las cuales corresponden, en su mayoría, a porcentajes relativos al total de cada variable en cada caso en particular. Para ello, la mayoría de las variables seleccionadas (ratios de pago electrónico, de presentación electrónica de declaraciones e incluso la cantidad de contactos entrantes recibidos por la AT a través de medios electrónicos) se expresarán en proporciones comprendidas en forma continua entre 0 y 1, todas con valoración positiva para aquellas cifras que se acerquen a la unidad (máximo factible). Sin embargo, en el caso específico referido a la disponibilidad de canales digitales para el registro de contribuyentes, se asignarán valores de acuerdo a la siguiente escala: 1,0 a las AT que cuentan con los canales "en línea" y "correo electrónico" para dicho procedimiento; 0,5 a las AT que disponen de alguno de dichos dos canales digitales de registro; y 0,0 para el resto de las AT que aún no ofrecen esas alternativas a sus contribuyentes (al menos hasta el cierre del año fiscal 2019, que es la última información disponible en la Encuesta ISORA).

Por último, el aprovechamiento eficiente de los **recursos materiales, financieros y humanos** puede verse reflejada en una serie de variables cuantitativas las cuales pueden expresarse como proporciones de un valor total de referencia (por ejemplo, el staff total de empleados o el presupuesto operativo total) o bien como cantidades muy diversas de habitantes o contribuyentes por empleado de la AT. Es por ello que, dada la naturaleza distinta de las variables consideradas y a fin de evitar sesgos innecesarios en uno u otro sentido (donde los máximos "factibles" pueden resultar muy diferentes según el indicador considerado), todas las variables seleccionadas para esta dimensión de análisis serán normalizadas utilizando la siguiente ecuación:

$$Y_{x,it} = \frac{x_{it} - min(x_{it})}{max(x_{it}) - min(x_{it})}$$

Donde "$Y_{x,it}$" es la variable normalizada "*x*" del país "*i*" en el año "*t*"; "$min(x_{it})$" es el valor mínimo[10] de la variable "x_{it}" para el universo de 156 países en ISORA 2020; mientras que "$max(x_{it})$" es el valor más alto de "x_{it}" en toda la muestra. Cabe destacar que la ecuación presentada más arriba se aplicaría para todas aquellas variables que integran esta dimensión específica con una valoración positiva como las referidas a la formación académica de los empleados, al gasto de capital o al presupuesto operativo asignado a TICs.[11]

En cambio, la dimensión referida a "Recursos y Presupuesto" también contiene variables con una connotación negativa en cuanto a la utilización eficiente o disponibilidad de recursos -es decir, donde valores bajos resultan positivos en función de la dimensión considerada-, tales como la cantidad de habitantes por empleado y el número de contribuyentes del IRP por empleado (ambos implicando pesadas cargas laborales para las respectivas plantillas, más allá de las posibles diferencias en la producti-

[10] Debe notarse que, sobre todo en las variables cuantitativas, ha sido posible comprobar un porcentaje variable de casos sin respuesta por parte de la AT, lo que ha sido resuelto asignándoles un valor nulo. Esto se justifica en la intención de no afectar ni "inflar" los promedios generales y por grupos de países, por lo cual, en esos casos, el valor 0 se ha transformado en el mínimo a considerar al momento de calcular la fórmula de normalización.

[11] Si bien podría haberse aplicado esta transformación a las variables de la dimensión relativa a digitalización operativa, el hecho de que todas ellas mostraran cifras preliminares comprendidas entre 0 y 1 hace innecesario este procedimiento a los efectos de contar con variables normalizadas y homogéneas. Distinto es el caso de variables expresadas según el número de empleados o en porcentajes del PIB donde la ausencia de esta técnica estadística podría conducir a una asignación desigual de la importancia relativa de cada variable en su agregación, primero en los índices parciales por dimensión y, finalmente, en el cálculo global del índice INDITEC.

vidad laboral) o el coeficiente de costo de la recaudación (como medida muy aproximada de eficiencia en el uso global de los recursos disponibles). Para estos casos, la normalización de las cifras obtenidas en ISORA 2020 se realizará aplicando la siguiente fórmula inversa:

$$Y_{x,it} = 1 - \frac{x_{it} - min(x_{it})}{max(x_{it}) - min(x_{it})}$$

Vale aclarar que en todos los casos se utilizará la información derivada directamente de las respuestas de las propias AT a los cuestionarios que integraron la edición de la Encuesta ISORA 2020. No obstante ello, se efectuará una revisión integral de las cifras para detectar cualquier incongruencia que pudiera provenir del procesamiento de la encuesta al momento de recolección de la información estadística individualizada. Adicionalmente, si existiera algún caso puntual en donde fuera factible disponer de la información faltante se procederá a ajustar o completar las cifras correspondientes a partir de información oficial, siempre con el objetivo de mejorar la representatividad de los resultados individuales y grupales promedio calculados para los índices sintéticos.[12]

Un obstáculo en materia informativa está vinculado a la falta de respuesta por parte de algunas AT en determinadas variables, particularmente las correspondientes a las dimensiones de digitalización operativa y manejo de recursos y presupuesto. A los fines de poder contar con valores medios equivalentes y homogéneos se optó por rellenar estos casos "vacíos" con valores nulos que, precisamente, constituyen las cifras mínimas en cada una de las variables seleccionadas. Por tal razón, los promedios a calcular también deberán considerarse valores mínimos estimados a partir de los datos disponibles en la última edición de la Encuesta ISORA referidos al año fiscal 2019 (o 2018 en casos faltantes). Para tener este detalle en consideración al momento de analizar los resultados del Índice INDITEC se calcularán también los porcentajes de respuesta para cada país y los promedios por grupos de países en las 29 variables consideradas.

[12] El caso más evidente es el de Alemania donde, a pesar de no figurar en los datos originales de ISORA, se ha completado la información referente a la incorporación de innovaciones tecnológicas con un valor intermedio (0,5) el cual implica que las mismas están, al menos, en fase de implementación para utilización efectiva en el futuro. Algo similar ocurre, puntualmente, con la utilización de sistemas de identificación digital en los casos de Argentina, Chile y Colombia.

Luego de definir los valores asignados a cada variable de acuerdo a los criterios detallados más arriba, se calcularán índices totales por dimensión, primeramente en términos absolutos a partir de la suma de las cifras individuales de cada variable. Cabe destacar que, dado que la cantidad de variables es distinta por dimensión, antes de proceder a su integración en un índice sintético (INDITEC), los valores asignados a los distintos países para cada una de las variables o indicadores individuales considerados serán relativizados (por el número de variables de cada dimensión) para asegurar una contribución equivalente (en términos absolutos) de cada dimensión analizada.

Seguidamente, se calcularán los índices por dimensión en términos relativos aplicando, nuevamente, la ecuación de normalización expresada en párrafos anteriores (con connotación positiva, es decir que valores elevados representan mejor desempeño relativo). De este modo, los índices sintéticos por dimensión se ponderan en función de los valores máximos calculados para cada uno de ellos, los cuales son alcanzados al menos por uno de los países analizados.

Para el cálculo de índice INDITEC -en un proceso de agregación de las cuatro dimensiones señaladas- y luego de realizar pruebas simultáneas con distintos métodos para establecer las ponderaciones, se aplicarán ponderadores equivalentes en donde cada índice parcial (por dimensión) contribuye con la cuarta parte del total, tal cual se expresa en la siguiente ecuación para cada país “i” (156) en el momento “t” (2019):

$$INDITEC_{it} = {}^{1}/_{4} \times Innovación_{it} + {}^{1}/_{4} \times Cumplimiento_{it} + {}^{1}/_{4} \times Digitalización_{it} + {}^{1}/_{4} \times Recursos_{it}$$

Asimismo, se determinarán los valores promedio de cada índice sintético (por dimensión y en total) para distintos agrupamientos de países, por ejemplo, según región geográfica, nivel de ingreso, membresía en el CIAT y en OCDE.

Adicionalmente, se calculará un segundo índice sintético de similar naturaleza, INDITEC 2, con la única diferencia de tomar en cuenta las tres primeras dimensiones señaladas (con ponderaciones equivalentes de un tercio del total) sin incluir las variables referidas a la disponibilidad y uso de los recursos humanos y financieros. Este nuevo indicador pondría aún más énfasis en las herramientas e instrumentos innovadores que reflejan los procesos de transformación digital y tecnológica que las distintas AT están experimentando en la actualidad y que, indudablemente, deberán reforzar y consolidar en los años venideros. En notación matemática, el índice INDITEC 2 -cuyos resultados deberían servir para proveer de robustez y consistencia estadística al índice sintético global original- se calculará en los siguientes términos:

$$INDITEC\,2_{it} = {}^{1}/_{3} \times Innovación_{it} + {}^{1}/_{3} \times Cumplimiento_{it} + {}^{1}/_{3} \times Digitalización_{it}$$

Finalmente, a los fines de evaluar comparativamente a los países -con especial énfasis en los miembros del CIAT-, se calcularán los cuartiles para el INDITEC y se determinará la posición relativa de cada caso en particular dentro de la ordenación de las ATs participantes en ISORA 2020. La distribución por cuartiles también será analizada, previamente, por grupos de países para intentar identificar tendencias y patrones generales de acuerdo con características de clasificación de los mismos como la ubicación geográfica o el nivel de renta expresado en términos comparables.

De esta manera, y con todas las precauciones necesarias al momento de extraer conclusiones generales, se podrá tener una perspectiva comparada general del grado relativo de modernización, innovación tecnológica y transformación digital de las AT a nivel mundial, lo que también pondrá de manifiesto la utilidad de este tipo de indicadores sintéticos en materia de diagnóstico y evaluación comparativa de estas agencias.

2. Principales resultados del índice INDITEC

A partir de la metodología planteada, en esta sección se procederá a calcular una serie de índices sintéticos para todos los países participantes en ISORA, primeramente, diferenciando por cada una de las dimensiones identificadas y luego de manera global a partir del índice INDITEC para todos los países de ISORA y para los grupos de países según clasificaciones convencionales por región geográfica y por niveles de renta. También se calcularán los cuartiles del INDITEC y se evaluarán cómo quedan compuestos los distintos agrupamientos de jurisdicciones relevadas a través de ISORA.

Mismo procedimiento se seguirá poniendo énfasis en un análisis individual de los países miembros del CIAT con la más reciente información disponible (año 2019). Así se pretende conformar un ránking de estos casos de acuerdo con el resultado obtenido para el INDITEC, con correspondencia a los cuartiles estimados para el universo de 156 países, así como las cifras acumuladas en cada una de las cuatro dimensiones incluidas.

Por último, se analizarán los resultados obtenidos y las ventajas y desventajas que puedan identificarse respecto de este método de evaluación de las AT alrededor del planeta, en comparación con otros existentes, en particular los basados en el establecimiento de estándares de cumplimiento preestablecidos y la valoración experta externa.

2.1. Cálculos globales y según las principales dimensiones consideradas

En primer lugar se presentarán los resultados (promedios simples) asociados a distintos agrupamientos de países de referencia. Los valores medios de los índices pueden interpretarse tanto como el grado de avance general de las distintas dimensiones de análisis o bien, alternativamente, como el margen existente para avanzar con mejoras en las variables particulares que componen cada índice parcial o total.

Así, es posible comprobar que, para todo el universo de países participantes en ISORA, los índices resultan más bajos en el área de innovación tecnológica (0,37) significando un ámbito relativamente más amplio para la introducción de mejoras de cara al futuro, más allá de los progresos logrados en los últimos años. El desempeño global resulta algo superior en materia de herramientas modernas orientadas a combatir el incumplimiento tributario (0,46) y de transformación digital de las operaciones internas de las AT (0,46). Algo mejor es el resultado promedio alcanzado en materia de recursos y presupuesto (0,61), aún con margen para avanzar siempre desde una perspectiva comparada con el resto de los países (cuadro 1).

En suma, el índice INDITEC para el "universo ISORA" de 156 jurisdicciones se ubica en 0,48 con datos (disponibles) correspondientes al año fiscal 2019. Debe tenerse en cuenta que el porcentaje de respuesta de los países para todas las variables que conforman el INDITEC (29 en total) ronda el 91%, el cual es considerablemente elevado pero alerta sobre la cautela necesaria al momento de evaluar la precisión de los resultados obtenidos.

Cuadro 1[13]: Índices por dimensiones y global (INDITEC) y porcentajes globales de respuesta (en porcentajes). Promedios simples para grupos seleccionados de países.

[13] Fuente: Elaboración de los autores sobre la base de la Encuesta ISORA 2020.

Código	Grupos de Países	Innovación tecnológica	Mejora del Cumplimiento	Digitalización operativa	Recursos y Presupuesto	INDITEC (Total)	Porcentaje Respuesta
ISORA	**ISORA**	**0,37**	**0,46**	**0,46**	**0,61**	**0,48**	**91%**
AOP	Asia Oriental y Pacífico	0,42	0,45	0,30	0,56	**0,43**	87%
EAC	Europa y Asia Central	0,49	0,60	0,68	0,70	**0,62**	94%
ALC	América Latina y el Caribe	0,31	0,39	0,49	0,68	**0,47**	95%
MNA	Medio Oriente y Norte de África	0,48	0,50	0,56	0,58	**0,53**	92%
AMN	América del Norte	0,69	0,40	0,65	0,68	**0,60**	93%
ASU	Asia del Sur	0,18	0,37	0,37	0,50	**0,35**	90%
ASS	África Sub-Sahariana	0,25	0,36	0,25	0,49	**0,34**	87%
Bajo	Ingreso Bajo	0,25	0,34	0,15	0,47	**0,30**	86%
Medio-Bajo	Ingreso Medio-bajo	0,29	0,46	0,38	0,54	**0,42**	88%
Medio-Alto	Ingreso Medio-alto	0,32	0,42	0,50	0,64	**0,47**	92%
Alto	Ingreso Alto	0,53	0,54	0,60	0,69	**0,59**	94%
CIAT	Miembros CIAT	0,46	0,53	0,64	0,66	**0,57**	96%
No-CIAT	No Miembros CIAT	0,35	0,44	0,41	0,59	**0,45**	90%
OCDE	Miembros OCDE	0,63	0,63	0,71	0,72	**0,67**	96%
No-OCDE	No Miembros OCDE	0,29	0,41	0,38	0,58	**0,41**	90%

El análisis por diferentes agrupamientos de países muestra algunos resultados de interés, los cuales podrían ser considerados como tendencias o hechos estilizados en cada una de las dimensiones evaluadas. Por ejemplo, los promedios calculados al desagregar por región geográfica ponen en evidencia grandes brechas en cuanto a la utilización/implementación de instrumentos innovadores para la gestión tributaria y también al avance en materia de digitalización operativa (cuadro 1 y gráfico 2). En las cuatro dimensiones, las regiones de mejor desempeño son América del Norte, Europa y Asia Central, y Medio Oriente y África del Norte; América Latina y el Caribe aparece un escalón por debajo excepto en la dimensión referida a la disponibilidad y al manejo de los recursos y el presupuesto donde alcanza un valor de 0,68 a un mismo nivel de las regiones compuestas por países de mayor grado de desarrollo.[14]

Si se ponderan los resultados individuales de acuerdo al nivel de ingreso[15] (según los criterios de clasificación del Banco Mundial) de los países participantes en ISORA 2020, se puede detectar una clara asociación

[14] Otro factor que obliga a relativizar las comparaciones directas -y que las mantiene sólo como "orientativas de tendencias"- se relaciona con el muy desigual número de países participantes en ISORA que se incluyen en cada una de las regiones geográficas identificadas (véase el cuadro 2 al respecto).

[15] Del total de jurisdicciones que respondieron ISORA en 2020, el 33% corresponde a países de "Ingreso Alto", con participación mayoritaria de las regiones de Europa y Asia Central, América del Norte y algunos de América Latina y el Caribe. El grueso de los países (55%) se encuentra comprendido en grupos de ingresos intermedios ("Ingreso Medio-Alto" con el 29% e "Ingreso Medio-Bajo" con el 26% del total) que, además de las regiones mencionadas, también incluyen a países asiáticos, africanos y de Oceanía. Finalmente, el 12% restante

positiva donde los valores medios crecen con el nivel de renta y alcanzan su máximo en el grupo de países de Ingreso Alto. Nuevamente, las brechas son más notorias en lo que se refiere a las dimensiones de innovación tecnológica y digitalización operativa (gráfico 2). El conglomerado de países miembros del CIAT muestra mejor desempeño en las cuatro dimensiones respecto de los países que participaron en ISORA 2020 y no son miembros de esta institución (No-CIAT).

Algo similar se puede constatar para el conjunto de países de la OCDE (frente a los no miembros del organismo) aunque con diferencias más significativas en todos los aspectos. Cabe señalar que, si bien resulta elevado y muy satisfactorio para todos los grupos de países, el porcentaje de respuesta resulta levemente creciente con el nivel de renta y visiblemente superior para el caso de los países pertenecientes al CIAT y a la OCDE respecto del resto.

Gráfico 2[16]: Índices por dimensiones de análisis (paneles). Promedios simples para grupos de países.

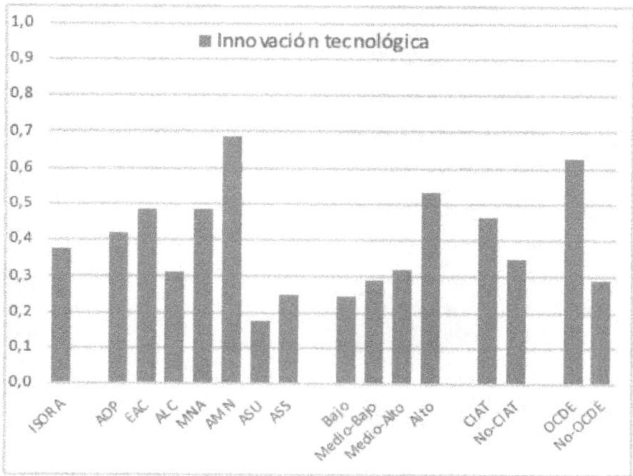

corresponde a jurisdicciones catalogadas como de "Ingreso Bajo", en su amplia mayoría ubicados en la región de África Sub-Sahariana.

16 Fuente: Elaboración de los autores sobre la base de la Encuesta ISORA 2020.

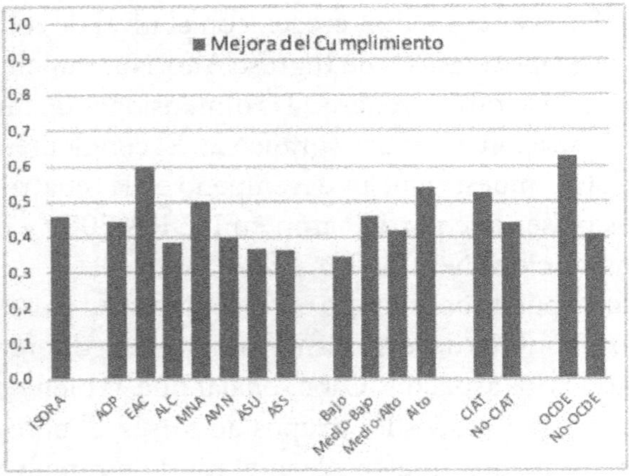
Mejora del Cumplimiento
1,0
0,9
0,8
0,7
0,6
0,5
0,4
0,3
0,2
0,1
0,0
ISORA
AOP
EAC
ALC
MNA
AMN
ASU
ASS
Bajo
Medio-Bajo
Medio-Alto
Alto
CIAT
No-CIAT
OCDE
No-OCDE

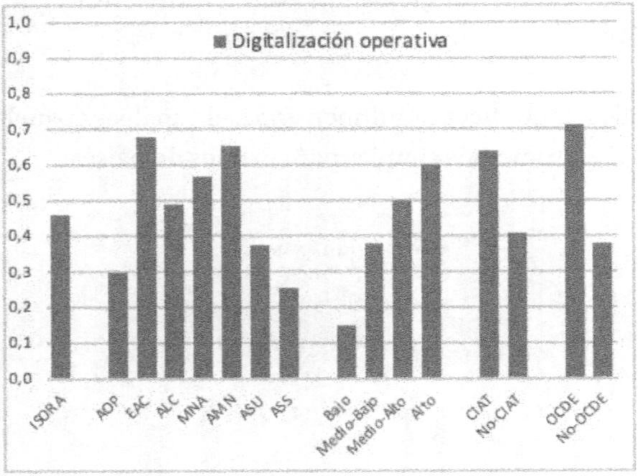
Digitalización operativa
1,0
0,9
0,8
0,7
0,6
0,5
0,4
0,3
0,2
0,1
0,0
ISORA
AOP
EAC
ALC
MNA
AMN
ASU
ASS
Bajo
Medio-Bajo
Medio-Alto
Alto
CIAT
No-CIAT
OCDE
No-OCDE

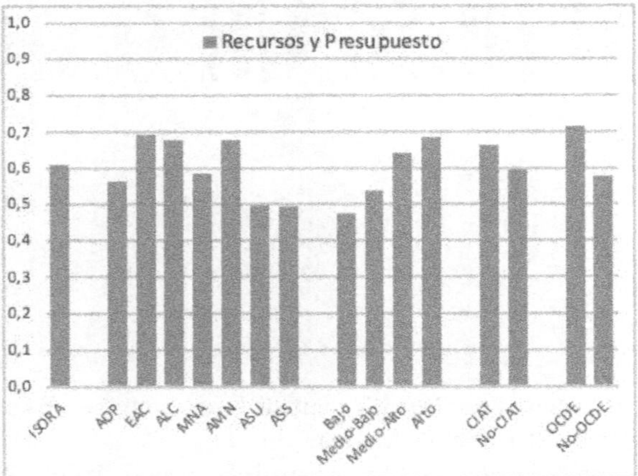
Recursos y Presupuesto
1,0
0,9
0,8
0,7
0,6
0,5
0,4
0,3
0,2
0,1
0,0
ISORA
AOP
EAC
ALC
MNA
AMN
ASU
ASS
Bajo
Medio-Bajo
Medio-Alto
Alto
CIAT
No-CIAT
OCDE
No-OCDE

Una forma alternativa de visualizar las brechas existentes entre grupos de países en cada una de las dimensiones analizadas está dada por la utilización de gráficos radiales. En el gráfico 3 puede corroborarse que las diferencias relativas de desempeño son más claras y significativas en lo que se refiere a la incorporación de innovaciones tecnológicas y a la digitalización de los procesos operativos, especialmente cuando se evalúan los valores medios de los índices calculados según el nivel de renta de los países (panel derecho). El conglomerado "CIAT" muestra cifras destacadas, algunas cercanas a los promedios "OCDE".

Gráfico 3[17]: Índice INDITEC (paneles). Promedios simples para grupos de países.

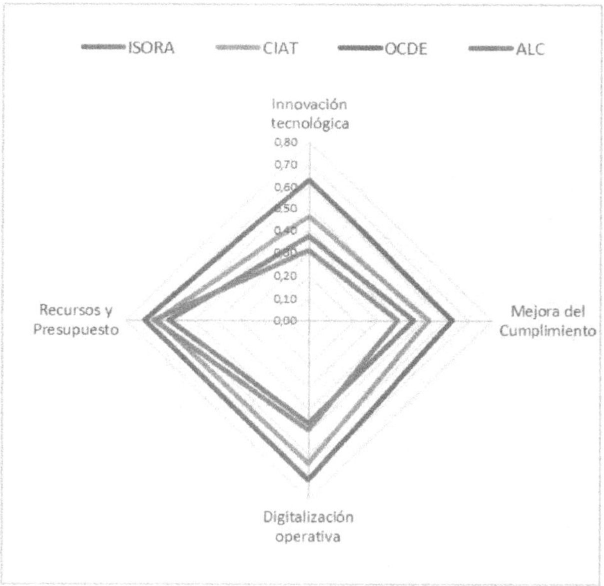

[17] Fuente: Elaboración de los autores sobre la base de la Encuesta ISORA 2020.

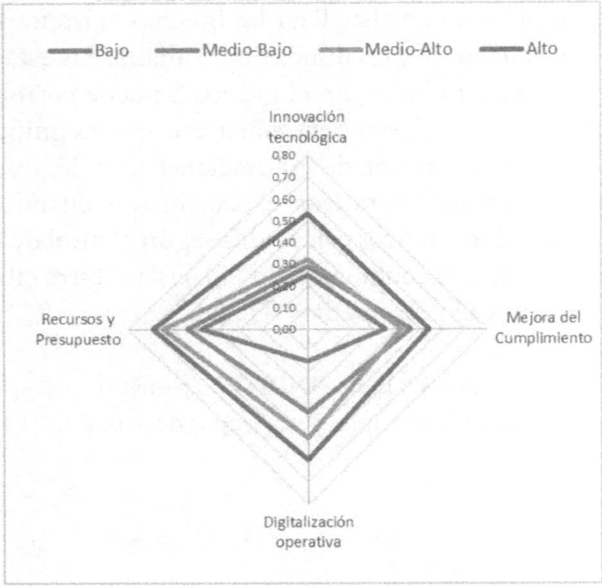

Al agregar los índices por dimensiones (con ponderadores equivalentes) se obtiene el índice sintético INDITEC. Respecto del promedio global para ISORA (0,48) y desagregando por región geográfica pueden observarse diferencias entre los promedios de cada grupo de países: nuevamente América del Norte, Europa y Asia Central, y Medio Oriente y África del Norte exhiben medias por encima de dicho valor de referencia; América Latina y el Caribe apenas por debajo (0,47); mientras otras regiones aparecen más rezagadas en el índice global INDITEC (Asia Oriental y Pacífico, Asia del Sur y África Subsahariana).

Por nivel de ingreso se comprueba una clara relación positiva, con una brecha muy importante entre los grupos de países de Ingreso Bajo (0,30) y de Ingreso Alto (0,59). Tanto para las jurisdicciones que forman parte del CIAT como de la OCDE, los valores medios del INDITEC resultan muy superiores respecto del grupo de países que no pertenecen a estos conglomerados de países (gráfico 4).

Gráfico 4[18]: Índice INDITEC. Promedios simples para grupos de países.

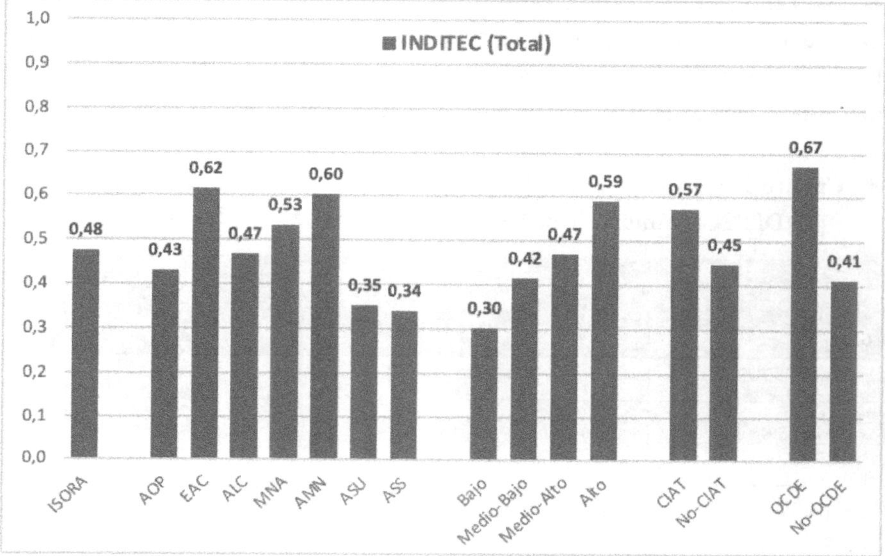

A partir de la construcción del índice INDITEC para cada uno de los países participantes en ISORA 2020 es posible realizar un ordenamiento de los casos en función de las cifras resultantes. Además de un ránking individual, resulta factible distribuir el número total de países en cuatro cuartiles de 39 países cada uno de acuerdo al resultado obtenido en el índice INDITEC. Los valores de referencia son 0,00-0,32 para el cuartil 1; 0,32-0,48 para el cuartil 2; 0,48-0,64 para el cuartil 3; 0,64-1,00 para el cuartil 4.[19]

Sin embargo, la distribución de los países entre cuartiles es muy diferente al desagregar por clasificaciones de países como, por ejemplo, la región geográfica a la que pertenecen (cuadro 2). Así, se comprueba una elevada concentración de jurisdicciones de las regiones asiáticas (Oriental-Pacífico y Sur) y de África Subsahariana en el primero y segundo cuartil de menores cifras en el INDITEC. Inversamente, los países de Europa y

[18] Fuente: Elaboración de los autores sobre la base de la Encuesta ISORA 2020.

[19] Se aclara que los valores máximos del índice INDITEC para esta edición de ISORA 2020, tomando en cuenta la información disponible para cada variable, correspondieron a Dinamarca (0,852) y a Noruega (0,845). Por su parte, Lesoto obtuvo el valor mínimo entre los 156 países participantes (0,017).

Asia Central, de Norteamérica y de Medio Oriente y Norte de África (si bien son mucho menores en número) se concentran mayormente en los dos cuartiles de mayores valores en cuanto a este índice sintético. América Latina y el Caribe se muestra como una región más heterogénea con varios casos en cada uno de los cuartiles identificados.

Cuadro 2[20]: Distribución de los países según cuartil y en total del índice INDITEC. Número de países para grupos seleccionados de países.

Grupos de Países	INDITEC Cuartil 1	INDITEC Cuartil 2	INDITEC Cuartil 3	INDITEC Cuartil 4	INDITEC Total
ISORA	**39**	**39**	**39**	**39**	**156**
Asia Oriental y Pacífico	8	8	8	2	**26**
Europa y Asia Central	2	8	13	26	**49**
América Latina y el Caribe	10	6	6	9	**31**
Medio Oriente y Norte de África	0	1	3	0	**4**
América del Norte	0	0	1	1	**2**
Asia del Sur	2	3	1	0	**6**
África Sub-Sahariana	17	13	7	1	**38**
Ingreso Bajo	9	6	3	0	**18**
Ingreso Medio-bajo	11	18	9	3	**41**
Ingreso Medio-alto	13	9	12	12	**46**
Ingreso Alto	6	6	15	24	**51**
Miembros CIAT	4	6	9	16	**35**
No Miembros CIAT	35	33	30	23	**121**
Miembros OCDE	0	2	12	24	**38**
No Miembros OCDE	39	37	27	15	**118**

Esta desigual distribución de los países según cuartiles del índice INDITEC también puede comprobarse en términos relativos (gráfico 5). De este modo, por niveles de renta se puede observar una relación lineal con los valores medios del INDITEC. Mientras el grupo de Ingreso Bajo posee una gran concentración de países en los cuartiles más bajos, la situación se va revirtiendo a medida que se consideran grupos de mayor nivel de ingreso, especialmente en el grupo de Ingreso Alto donde, prácticamente, la mitad de los países se ubica en cuartil 4 del INDITEC. Entre los países miembros del CIAT, más del 70% (25 de 35) se ubica en los cuartiles 3 y 4, lo cual se magnifica en el caso de los países de la OCDE donde más del 95% de ellos cae dentro de los dos cuartiles más elevados sin ningún país miembro ubicado en el cuartil 1 del INDITEC.

20 Fuente: Elaboración de los autores sobre la base de la Encuesta ISORA 2020.

Gráfico 5[21]: Distribución de los países según cuartil y en total del índice INDITEC. Proporción de países (en porcentajes) para grupos seleccionados de países.

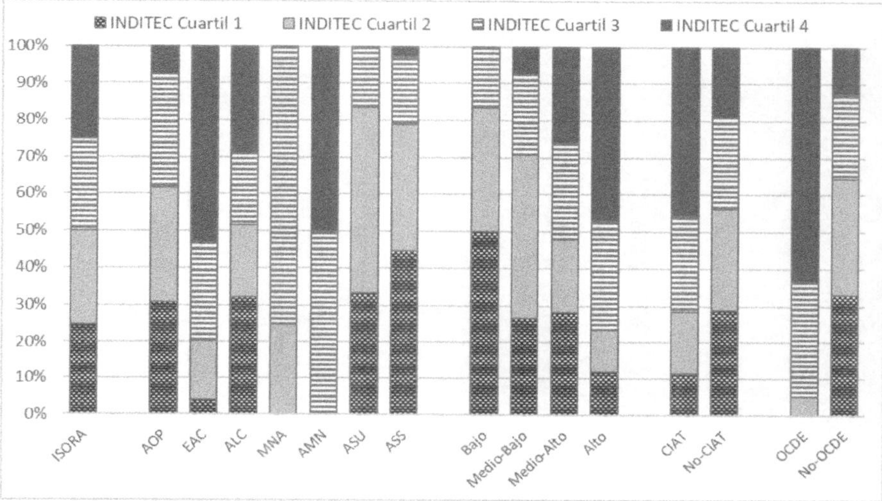

Como fue explicado en la metodología, para proveer de mayor robustez y consistencia al procedimiento de estimación del índice INDITEC, se procederá a calcular un índice sintético alternativo, el INDITEC 2, el cual se conformará con las mismas dimensiones que la versión original a excepción de la vinculada con la disponibilidad y aplicación de los recursos y el presupuesto total (que, por otro lado, es donde se advierte una menor brecha relativa entre las distintas jurisdicciones y los grupos de países). El índice resultante conjuga tres dimensiones con ponderadores equivalentes (1/3), resultando algo menor en todos los casos, pero manteniendo todas las tendencias señaladas, cuando se analizan los datos tanto por región geográfica como por nivel de ingreso (gráfico 6). En algunos grupos, particularmente en la región de América Latina y el Caribe o en el grupo de Ingreso Bajo, se advierten mayores diferencias entre los dos índices lo que sería indicativo de la significativa contribución relativa de la dimensión de "Recursos y Presupuesto" al desempeño global de estas agencias de recaudación.

[21] Fuente: Elaboración de los autores sobre la base de la Encuesta ISORA 2020.

Gráfico 6[22]: Índices INDITEC e INDITEC 2 (sin "Recursos"). Promedios simples para grupos de países.

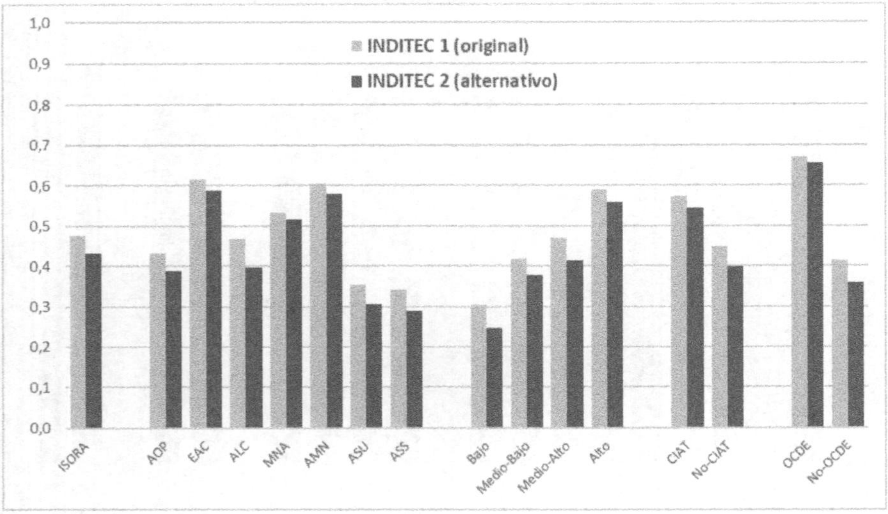

2.2. La situación específica de los países miembros del CIAT

Una vez ponderados los promedios calculados para distintos agrupamientos de jurisdicciones, seguidamente se presentará la información más detallada con énfasis en los países miembros del CIAT. Como se ha anticipado en la sección previa, este conglomerado alcanza valores de los índices calculados que se ubican por encima del promedio global para ISORA, incluso a niveles cercanos a los que corresponden a grupos o regiones de mayor grado de desarrollo económico.[23]

Primeramente, el cuadro 3 expone las cifras de los índices por dimensiones para los 35 países que forman parte del CIAT y que participaron en la más reciente edición de la Encuesta ISORA 2020. Si bien se registran algunos valores nulos (que simplemente reflejan la falta de respuesta en las

[22] Fuente: Elaboración de los autores sobre la base de la Encuesta ISORA 2020.

[23] No obstante, este grupo de países también contiene una gran diversidad de casos, realidades y estados de situación. Así, de los 35 países 10 de ellos (el 29%) corresponden al grupo de "Ingreso Alto", 14 (el 40%) se clasifican como de "Ingreso Medio-Alto" y 11 (el 31%) pertenecen al grupo de "Ingreso Medio-Bajo", sin casos identificables de países de "Ingreso Bajo". Además, si bien la mayoría de los países CIAT corresponde a la región de América Latina y el Caribe, también pueden identificarse representantes de otras regiones del mundo.

variables seleccionadas por parte de esos países), sobresalen algunos países por sus alentadores resultados. Por ejemplo, en materia de innovación tecnológica, Kenia (0,88), Colombia (0,81), Costa Rica, España y Uruguay (los tres con 0,75) se destacan por encima de países como Canadá, Estados Unidos o los Países Bajos (los tres alcanzan 0,69 en esa dimensión).

En cuanto a la incorporación de herramientas modernas para mejorar el cumplimiento tributario, si bien los países ya citados obtienen, en su mayoría, resultados valorables, se identifican otros casos sobresalientes -con un valor de 1,00- tales como Ecuador, Italia y Portugal (además de Kenia, nuevamente). Brasil, Ecuador, Paraguay y República Dominicana, todos con cifras superiores a 0,9, muestran los mejores resultados del índice específicamente enfocado en la digitalización de procesos operativos. Finalmente, en lo referido a los recursos disponibles y la utilización estratégica del presupuesto de las AT, la gran mayoría de los países exhibe resultados aceptables si bien se destacan algunos casos como los de Países Bajos (0,90), Barbados (0,90) y Costa Rica (0,81).

Cuadro 3[24]: Índices individuales por dimensiones de análisis. Países miembros del CIAT.

Código	Países CIAT	Innovación tecnológica	Mejora del Cumplimiento	Digitalización operativa	Recursos y Presupuesto
AGO	Angola	0,50	0,00	0,50	0,57
ARG	Argentina	0,31	0,80	0,76	0,70
BRB	Barbados	0,31	0,60	0,59	0,90
BLZ	Belice	0,13	0,20	0,00	0,59
BOL	Bolivia	0,38	0,40	0,68	0,73
BRA	Brasil	0,63	0,60	0,96	0,62
CAN	Canadá	0,69	0,40	0,81	0,68
CHL	Chile	0,44	0,80	0,65	0,69
COL	Colombia	0,81	0,60	0,74	0,63
CRI	Costa Rica	0,75	0,20	0,79	0,81
ECU	Ecuador	0,38	1,00	0,91	0,75
SLV	El Salvador	0,00	0,40	0,65	0,66
ESP	España	0,75	0,60	0,82	0,66
USA	Estados Unidos	0,69	0,40	0,49	0,68
FRA	Francia	0,50	0,80	0,81	0,66
GTM	Guatemala	0,50	0,60	0,78	0,61
GUY	Guyana	0,00	0,20	0,19	0,69
HND	Honduras	0,38	0,00	0,60	0,67
IND	India	0,63	0,60	0,51	0,49
ITA	Italia	0,44	1,00	0,77	0,71
JAM	Jamaica	0,25	0,40	0,57	0,73
KEN	Kenia	0,88	1,00	0,83	0,62
MAR	Marruecos	0,31	0,40	0,84	0,71
MEX	México	0,63	0,80	0,66	0,63
NIC	Nicaragua	0,25	0,20	0,67	0,68
NGA	Nigeria	0,56	0,20	0,20	0,47
NLD	Países Bajos	0,69	0,60	0,75	0,90
PAN	Panamá	0,13	0,20	0,27	0,51
PRY	Paraguay	0,25	0,40	0,98	0,45
PER	Perú	0,69	0,80	0,84	0,73
PRT	Portugal	0,50	1,00	0,83	0,71
DOM	Rep. Dominicana	0,63	0,60	0,94	0,77
SUR	Surinam	0,00	0,60	0,00	0,54
TTO	Trinidad y Tobago	0,50	0,40	0,25	0,65
URY	Uruguay	0,75	0,60	0,74	0,63

24 Fuente: Elaboración de los autores sobre la base de la Encuesta ISORA 2020.

Luego de calcular los índices individuales por dimensión de análisis, se ha calculado el índice INDITEC para cada uno de los países miembros del CIAT (cuadro 4). Los resultados homogeneizados han permitido ordenar a los distintos casos considerados. Si bien este ránking debe tomarse con cierta cautela por las salvedades y las limitaciones informativas ya señaladas, la determinación de los cuartiles para el conjunto total de países en ISORA 2020 brinda una imagen rápida y efectiva acerca del estado de situación actual (previo a la pandemia de COVID-19) de las AT integrantes del CIAT en materia de digitalización e innovación tecnológica aplicada a la gestión tributaria.

En cierta manera, los resultados obtenidos también son indicativos del grado relativo de desarrollo institucional de las diferentes AT, dada la relevancia creciente que adquiere la implementación de distintos avances tecnológicos en el desempeño global de estas instituciones. Auspiciosamente, la mayoría de los miembros del CIAT se encuadran en los dos cuartiles más altos del universo ISORA (25 de 35). Con la excepción de Surinam, Panamá y la India, todos los países relevados presentan además, un porcentaje muy elevado de respuesta -superior al 90%- respecto de las variables cuantitativas y cualitativas que componen el índice INDITEC.

Cuadro 4[25]: Índice INDITEC, cuartil y porcentaje global de respuesta (en porcentajes). Países miembros del CIAT.

Código	Países CIAT	INDITEC (Total)	Cuartil del INDITEC	Porcentaje Respuesta
BLZ	Belice	0,23	1	93%
GUY	Guyana	0,27	1	100%
PAN	Panamá	0,28	1	86%
SUR	Surinam	0,28	1	72%
NGA	Nigeria	0,36	2	93%
AGO	Angola	0,39	2	90%
HND	Honduras	0,41	2	100%
SLV	El Salvador	0,43	2	100%
NIC	Nicaragua	0,45	2	100%
TTO	Trinidad y Tobago	0,45	2	90%
JAM	Jamaica	0,49	3	100%
PRY	Paraguay	0,52	3	93%
BOL	Bolivia	0,55	3	100%
IND	India	0,56	3	86%
USA	Estados Unidos	0,56	3	93%
MEX	Marruecos	0,57	3	100%
BRB	Barbados	0,60	3	100%
GTM	Guatemala	0,62	3	100%
CRI	Costa Rica	0,64	3	100%
ARG	Argentina	0,64	4	100%
CHL	Chile	0,64	4	97%
CAN	Canadá	0,64	4	93%
MAR	México	0,68	4	97%
URY	Uruguay	0,68	4	97%
FRA	Francia	0,69	4	97%
COL	Colombia	0,69	4	100%
BRA	Brasil	0,70	4	100%
ESP	España	0,71	4	97%
ITA	Italia	0,73	4	100%
DOM	Rep. Dominicana	0,73	4	100%
NLD	Países Bajos	0,73	4	100%
ECU	Ecuador	0,76	4	100%
PRT	Portugal	0,76	4	100%
PER	Perú	0,77	4	100%
KEN	Kenia	0,83	4	100%

[25] Fuente: Elaboración de los autores sobre la base de la Encuesta ISORA 2020.

Una mirada en perspectiva a los 35 países miembros del CIAT participantes en ISORA 2020 permite comprobar que los países cuyos resultados en el INDITEC los posicionan en los cuartiles 3 y 4 (calculados a nivel global) superan el valor medio para el total de países relevados en la encuesta y que, de manera aún más destacada, la mayoría de los que recaen en el cuartil 4 alcanzan cifras del INDITEC que superan a la media de los países miembros de la OCDE que, como fue comentado anteriormente, pueden considerarse a la vanguardia en estos aspectos de la administración tributaria a nivel internacional (gráfico 7). Entre otros, sobresalen los casos de Kenia, Perú, Portugal, Ecuador, Países Bajos, República Dominicana e Italia.

Gráfico 7[26]: Índice INDITEC, diferenciado por cuartiles. Países miembros del CIAT y promedios globales.

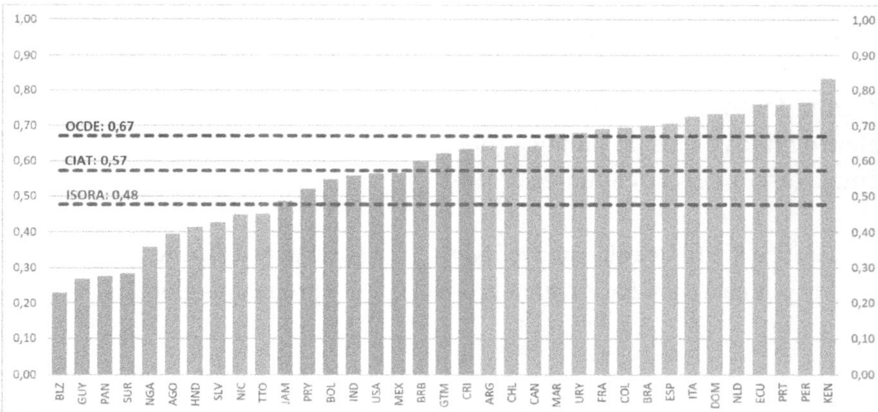

Como puede verse en el gráfico 7, los resultados del INDITEC para los países del CIAT participantes en ISORA 2020 resultan razonables más allá de algunas salvedades que pudieran existir al respecto (por ejemplo, la ubicación de Estados Unidos en el cuartil 3, asociada a resultados magros en materia de "mejora del cumplimiento" y "digitalización operativa" lo que, no obstante, no significaría falta de eficacia u obsolescencia tecnológica en ningún caso). Además, siempre deberá tenerse en cuenta que la información de base proviene directamente desde las propias AT por lo

[26] Fuente: Elaboración de los autores sobre la base de la Encuesta ISORA 2020.

que, en principio, tendrían un elevado grado de precisión estadística y no sería esperable encontrar datos muy sesgados respecto de la situación "real" puesto que la construcción del índice INDITEC no se conocía de antemano.

Por otra parte, como se detalló en la metodología y a los fines de comprobar la robustez de los resultados individuales, se calculó un índice alternativo (INDITEC 2) más específicamente enfocado en los aspectos tecnológicos asociados a la transformación digital de las AT en el contexto actual. En primer lugar se pudo comprobar que, en general, los valores finales resultan algo más bajos en todos los casos en comparación con la versión completa del INDITEC (al no considerar la dimensión de "recursos" donde la mayoría de los países, especialmente los de menor nivel de ingreso, muestran mejores resultados relativos). De allí que, como se expuso en el gráfico 6, los promedios globales y por grupos de países resulten inferiores: la media para ISORA resulta ser equivalente a 0,43; para CIAT, 0,54; y para OCDE, 0,66.

No obstante ello y más importante, se confirma que el ordenamiento de los países del CIAT permanece, prácticamente, invariante con esta nueva versión del indicador sintético (gráfico 8), excepto por un reposicionamiento en los casos de Jamaica (descendería del cuartil 3 al 2) y de Guatemala (ascendería del cuartil 3 al 4).

Gráfico 8[27]: Índice alternativo INDITEC 2 (sin Recursos), diferenciado por cuartiles. Países miembros del CIAT y promedios globales.

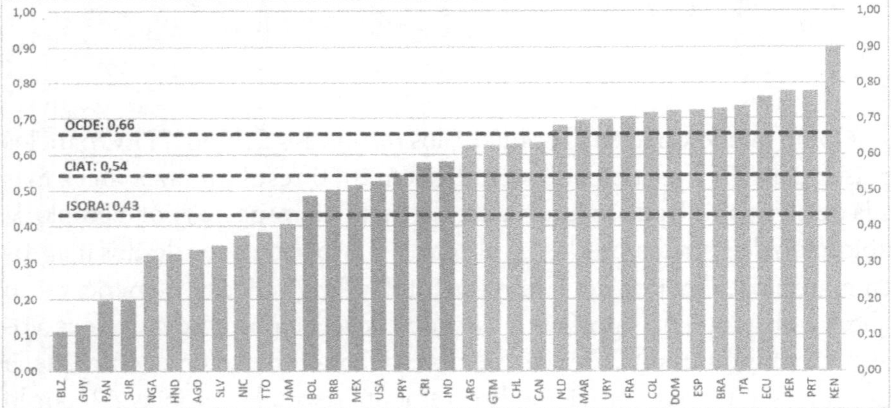

[27] Fuente: Elaboración de los autores sobre la base de la Encuesta ISORA 2020.

En definitiva, el índice INDITEC aparece como una nueva forma de sintetizar el grado de avance relativo de las distintas AT en cuanto a la innovación tecnológica, la digitalización operativa y a la orientación estratégica de estas instituciones en ese sentido. Como todo método para la evaluación comparativa se pueden reconocer ciertas ventajas y desventajas relativas frente a otras alternativas existentes, en particular los basados en el establecimiento de estándares de cumplimiento preestablecidos y la valoración experta externa. En todo caso, este novedoso instrumento pretende complementar y fortalecer los existentes, entendiendo la relevancia que la evaluación comparativa ha adquirido en años recientes como herramienta de diagnóstico técnico.

Lógicamente, la dependencia estadística del INDITEC respecto de la información provista por las agencias de recaudación en cada edición de la Encuesta ISORA representa su principal ventaja y desventaja en simultáneo. Esto porque, por un lado, se nutre de datos que, en varios casos, sólo podrían generar, procesar y proveer las propias AT (al no ser de carácter público por la sensibilidad de estos y el respeto a las normas de secreto fiscal). Además, la información se corresponde con las actividades rutinarias de las AT, directamente relacionadas con su desempeño operativo y no forman parte de una evaluación de carácter excepcional bajo parámetros externos que requieran adaptarse a dichos requerimientos.

En sentido inverso, el índice sintético depende de dos factores que influyen sobre la calidad y representatividad de los resultados: a) el porcentaje de respuesta de las AT para cada una de las preguntas o requerimientos informativos que constituyen la base fundamental de las variables seleccionadas que componen el INDITEC, y b) la veracidad y exactitud de dichas respuestas para garantizar resultados confiables y precisos. Sin embargo, ambas debilidades potenciales pueden verse minimizadas en futuras ediciones de ISORA en tanto se incremente el interés de los países por obtener un diagnóstico integral rápido y comparado del grado de avance de los procesos de digitalización e innovación tecnológica en las respectivas AT.

Además, esto puede verse reforzado con una mayor precisión de las preguntas de los cuestionarios o bien, eventualmente, con algún sistema recíproco de comprobación de la información provista por cada agencia bajo parámetros homogéneos y normalizados. El muy elevado grado de participación de las 156 jurisdicciones en la más reciente edición de ISORA resulta auspicioso en ese sentido y abre posibles líneas de trabajo futuro para continuar mejorando y consolidando esta valiosa herramienta.

Referencias

CIAT (2020), "Las TIC como Herramienta Estratégica para Potenciar la Eficiencia de las Administraciones Tributarias", Ed. CIAT, Panamá. Disponible en español e inglés en https://www.ciat.org/publicaciones/

CIAT-BID (2018), "Factura electrónica en América Latina". Ed. CIAT. Disponible en español e inglés en https://www.ciat.org/publicaciones/

CIAT-GIZ (2019), "Declaraciones Tributarias Pre-elaboradas", DT-02-2019, CIAT. Disponible en https://www.ciat.org/publicaciones/

Morán, D. y Díaz de Sarralde Miguez, S. (2021), "Panorama de las Administraciones Tributarias en los Países del CIAT: Ingresos, recursos, funcionamiento y estado de la transformación digital en la antesala previa a la pandemia de COVID-19. Resultados de la Encuesta ISORA 2020 (Datos 2018-2019)", Ed. CIAT, Panamá. Disponible en español e inglés en https://www.ciat.org/publicaciones/

OECD (2021), "Tax Administration: Digital Resilience in the COVID-19 Environment", OECD Policy Responses to Coronavirus (COVID-19), OECD Publishing, Paris. Disponible en http://dx.doi.org/10.1787/2f3cf2fb-en.

10
A TRIBUTAÇÃO E A PROTEÇÃO DOS DIREITOS HUMANOS PELA PROMOÇÃO DOS OBJETIVOS DO DESENVOLVIMENTO SUSTENTÁVEL: COMO A NÃO TRIBUTAÇÃO DOS NEGÓCIOS DIGITAIS AFETA A CONCRETIZAÇÃO DESSAS AGENDAS

Mônica Defilippi Hobeika
Isadora Helena Gardés Cardoso
Maria Júlia Bottoni

Introdução

O surgimento e a rápida expansão da economia digital trouxe um grande campo de pesquisa que precisa ser explorado e impôs vários desafios para o Estado brasileiro acompanhar, tanto na questão da tributação, como na garantia de direitos e de um ambiente digital ético. E a modernização tecnológica não surge acompanhada de regulação, balizada pelos princípios éticos e de respeito e concretização dos direitos humanos básicos.

Este trabalho visa analisar, com base na economia digital, os seus reflexos, inicialmente, na arrecadação fiscal no país e, após esta análise, aprofundar sobre o ponto de vista da proteção dos direitos humanos.

O intuito é conseguir buscar respostas, ou ao menos, iniciar uma abordagem crítica quanto à seguinte questão: Será que a falta de tributação dos negócios advindos da economia digital, representando menos receitas aos Estados, impedem a implementação efetiva de políticas públicas idealizadas para a promoção dos Direitos Humanos?

Isso porque precisa partir do seguinte pressuposto: essa nova forma de fazer negócios, advindos com a digitalização da economia, não possui uma legislação que consiga abarcá-la de forma ampla, igual aos negócios tidos como tradicionais, e isto prejudica a arrecadação tributária, visto que há uma clara lacuna legal, que desafia o Princípio da Legalidade Tributária e gera esta perda de arrecadação para os Estados.

Antes de analisar a questão principal ligada aos Direitos Humanos, foi necessário fazer uma sucinta análise da dificuldade da tributação destas novas bases surgidas com a economia digital[1].

Em seguida, avançando na problemática que envolve a efetividade dos Direitos Humanos, destaca-se uma ação internacional de compromisso de diversos países, inclusive o Brasil, para a tomada de ações de desenvolvimento e incremento de receitas públicas por variadas medidas, inclusive a instituição interna e em nível internacional da tributação digital. Esta ação é chamada Agenda de Ação Adis Abeba e seus principais pontos ligados à temática da tributação são analisados.

Com efeito, uma vez analisada a expansão da economia digital, as dificuldades de se tributar bens e serviços, circulados ou prestados por estes meios, e, ainda, as iniciativas internacionais assumidas como compromisso para incremento de receitas públicas, o presente trabalho tenta responder ao questionamento relativo aos direitos humanos, qual seja: Como a não tributação dos negócios digitais afeta a concretização dessas agendas?

Os desafios são inúmeros, pois a realidade que se apresenta deve ainda ser entendida ao mesmo tempo em que evolui a passos largos. O trabalho se torna muito árduo, pois ao final do tempo de pesquisa e escrita de determinado tema, descobrem-se que as novas reflexões foram produzidas, reinventadas e as antigas modificadas.

A única certeza que se tem, mesmo com todos os avanços tecnológicos pelos quais a sociedade atual passa e na rapidez pela qual somos surpreendidos, é sobre a necessidade de se respeitar os Direitos Humanos, inclusive com respeito à sua característica de historicidade e que, nos debates acerca da falta de arrecadação tributária, seja incluído, em seu aprimoramento, a utilização da receita para a efetivação de políticas públicas.

Isso porque os Direitos Humanos se atribuem uma característica importante para sua afirmação e efetivação: a historicidade. Os Direitos Humanos são fruto de um processo de luta da sociedade de acordo com sua evolu-

[1] CORREIA NETO, Celso de Barros; RODRIGUES AFONSO, José Roberto; FUCK, Luciano Felício. *A Tributação na era digital e os desafios do sistema tributário no Brasil*. Revista Brasileira de Direito, Passo Fundo, v. 15, n. 1, set. 2019. ISSN 2238-0604. Disponível em: https://seer.imed.edu.br/index.php/revistadedireito/article/view/3356. Acesso em: 18 nov. 2020. doi:https://doi.org/10.18256/2238-0604.2019.v15i1.3356.

ção histórica. Como ensina Beltramelli[2], os Direitos Humanos têm um caráter histórico, cujo reconhecimento e afirmação representam a consagração de valores importantes para a sociedade e isto é importante para a sociedade, influenciando a enunciação, interpretação e aplicação e, até mesmo, sua exclusão.

Uma das funções desempenhadas pelos Direitos Humanos – a função de prestação social – tão bem explicada por Canotilho[3] – representa o direito do particular a obter do Estado saúde, educação, segurança social, moradia, etc. E o Estado somente poderá exercer este poder-dever se houver recursos financeiros para tanto. A implementação dos Direitos Humanos, principalmente, os da segunda dimensão, denominados sociais, econômicos e culturais, depende ainda de políticas sociais ativas, capazes de promover a dignidade da pessoa humana.

A dignidade da pessoa humana precisa ser respeitada, protegida e efetivada por ações estatais (ou governamentais), para que a tecnologia se apresente como uma nova forma de aprimoramento e ampliação da proteção dos direitos humanos, e não de campos sem lei, como vêm ocorrendo.

1. A economia digital como nova base tributável

O Sistema Tributário Nacional tem por objetivo arrecadar dinheiro para que o Estado cumpra suas finalidades de promover e financiar as atividades Estatais, promovendo investimentos e infraestruturas, subsidiando o pagamento dos funcionários públicos e, também buscando aprimorar e fornecer melhorias nos serviços prestados a toda à população.

As chamadas receitas derivadas, percebidas pelo Estado sobre a exteriorização de riqueza do particular decorrente de imposição legal, são compostas pelos tributos. O Estado precisa de dinheiro para cumprir as suas funções e este bem comum é alterado quando se muda a concepção do mundo tida como verdadeira para um Estado específico e há consequências:

> Como o tempo, aquela filosofia do mundo modifica-se ou é substituída por outra que – nesse ínterim – fortaleceu-se e tornou-se a predominante. Em

[2] BELTRAMELLI NETO, Silvio. *Curso de Direitos Humanos.* 6ª ed., rev., ampl., atua., São Paulo: Atlas, 2021.

[3] CANOTILHO, J.J. Gomes. *Direito Constitucional e Teoria da Constituição.* 7ª ed., Coimbra: Almedina, 2003, p. 408

consequência, o direito positivo vai sofrendo alterações a fim de adequá-lo ao novo conteúdo do Bem Comum, sob pena de o Estado manejar instrumento jurídico impraticável para a proteção de seu Bem Comum[4].

Para tanto, basta pensar em como era a vida há 10 anos, certo que houve muitas alterações. E isto não só na vida individual, mas na sociedade como um todo. A sociedade evoluiu e, junto, houve também a modificação das formas de comércio e a chegada de novas tecnologias. Por óbvio que o Direito também precisa acompanhar estas mudanças.

O Sistema Tributário Nacional atual foi constituído no ano de 1966 e, mesmo havendo algumas alterações legislativas e jurisprudenciais ao decorrer dos anos, estas não foram significativas a ponto de abranger inteiramente essa nova forma de economia a qual tem-se vivenciado.

O tema da tributação da economia digital é discutido mundialmente como um novo paradigma tributário que surgiu da evolução da humanidade. Piscitelli[5], comentando o fenômeno, diz que

> "A tributação da economia digital envolve a imposição de ônus sobre diversas atividades e transações que se verificam pelo uso maciço da internet, que expandiu as possibilidades de realização de operações comerciais".

Com a chegada do século XXI, especialmente na sua primeira década, a economia digital – que já começava a ser debatida pelos seus primeiros efeitos na década de 1990 –, estabeleceu-se coexistindo e paulatinamente se inserindo na economia tradicional (real ou física), tornando-se a economia atual, de fato.

Nesse novo cenário, empresas como Google, Apple, Amazon, Facebook e Netflix estão posicionadas como as mais valiosas do mundo. Nesse mesmo sentido, conforme exposto por Dias[6]:

[4] BECKER, Alfredo Augusto. *Teoria Geral do Direito Tributário*, São Paulo: Ed. Saraiva, 2ª ed., 1972.

[5] PISCITELLI, Tathiane. *Tributação Indireta da Economia Digital: O Brasil está pronto para aderir às orientações da OCDE?* RDT Atual 43-2019 – IBDT Disponível em: https://ibdt.org.br/RDTA/tributacao-indireta-da-economia-digital-o-brasil-esta-pronto-para-aderir-as-orientacoes-da-ocde/ Acesso em: 27/07/2021.

[6] DIAS, Felipe Wagner de Lima. *Action 1 do BEPS, medidas unilaterais adotadas por países e seus impactos na tributação dos negócios da economia digital*. RDTI Atual, v. 07, p. 141-160, 2020.

> No Brasil, de acordo com relatório emitido pela McKinsey & Company, temos mais de 7,5 milhões de usuários da Netflix, mais de 69 milhões de espectadores por mês no YouTube, mais de 13 milhões de assinantes dos serviços do Spotify, mais de 20 milhões de usuários registrados no Uber (motoristas e usuários) em mais de 100 cidades no País, e já foram realizadas mais de 1 bilhão de viagens. No Waze são mais de 3,8 milhões de usuários somente em São Paulo.
>
> Quando pensamos em redes sociais, o Brasil também está em posição de destaque, uma vez que existem mais de 130 milhões de usuários no Facebook, mais de 50 milhões no Instagram e mais de 120 milhões de usuários no WhatsApp, aplicativo de comunicação mais utilizado no Brasil com penetração de 91% entre usuários da internet.

Isto posto, salienta-se que, com a economia digital, surgem novas formas negociais, marcadas, principalmente, pela: I) massificação de intangíveis (em síntese, mercadorias não corpóreas); e II) desterritorialização[7]. Desses novos modelos negociais, surgem desafios tributários significativos, em especial, a perda de receitas pelas administrações tributárias estatais, pois os negócios jurídicos digitais não se subsumem às normas tributárias tradicionais.

Como reflexo desta transformação, existem duas questões fiscais relevantes que estão em discussão. A primeira delas relaciona-se às *Big Techs*[8], caracterizadas como grandes corporações, sobretudo modernizadas que, utilizando-se da tecnologia, atingem o mercado mundial. Estas empresas possuem como característica a utilização de uma produção dinâmica, operando de uma forma que ultrapassa o mundo corpóreo, apresentando como o seu produto bens intangíveis.

Como falado, a sua presença é mundial e, usualmente, os sistemas adotados são otimizados de tal forma que lhes permitem reduzir de forma expressiva a carga tributária, aproveitando as lacunas entre os tributos

[7] IBDT; *Do Pau-Brasil ao bitcoin: breves apontamentos sobre os impactos da digitalização da economia na tributação.* Disponível em: https://ibdt.org.br/RDTA/do-pau-brasil-ao-bitcoin-breves-apontamentos-sobre-os-impactos-da-digitalizacao-da-economia-na-tributacao/. Acesso em: 12 de fevereiro de 2022.

[8] Blog, Simply (ed.). *Big Techs: o que são e seu impacto no mercado financeiro.* 2020. Disponível em: https://blog.simply.com.br/big-techs-o-que-sao-e-seu-impacto-no-mercado-financeiro/. Acesso em: 16 jun. 2020.

de cada país. Há como se falar que a forma de tributação atual, inclusive, auxiliou no crescimento exponencial deste nicho:

> [...] é inegável que o aparato legal e fiscalizador foi construído, muitas vezes, em passado já distante, para tributar mercadorias e serviços que eram transnacionais unicamente em meios físicos. Não se construíram sistemas tributários considerando que muito do que era apenas ficção científica pudesse se tornar realidade. O diferencial de tratamento tributário exerceu um forte ou decisivo para ditar o rumo da concorrência entre negócios digitais e convencionais.[9]

Além disso, é comum que estas empresas, que possuem como produto bens intangíveis, podendo estar sediadas em qualquer espaço, buscam, como forma de planejamento tributário, locais em que serão tributadas da menor forma possível. Em alguns casos, quando alcançadas pelos Fiscos, abrem empresas em paraísos fiscais, nos quais os tributos são mais baixo do que em outros países.

As estratégias de evasão fiscal usadas por algumas empresas transnacionais privam, em muitos casos, as comunidades mais pobres do mundo de suas receitas fiscais, que são vitais para tornar as finanças públicas sustentáveis e previsíveis. A *ActionAid* publicou um Relatório em 2016, denominado *Mistreated – The tax treaties that are depriving the world's poorest countries of vital revenue*[10], onde examinou mais de 500 tratados internacionais firmados por países de renda mais baixa na Ásia e na África.

As empresas transnacionais de todos os setores, e não só as de tecnologia, usam tratados internacionais fiscais para reduzir ou eliminar o pagamento de tributos nos países onde geram lucros. E se estes países forem de baixa renda a violação de direitos humanos se torna mais evidente, porque o prejuízo da arrecadação das receitas atinge as pessoas mais vulneráveis do mundo.

Nos últimos anos, houve um aumento vertiginoso de ofertas digitais, caracterizada pelo oferecimento de produtos e serviços pelos canais digitais, observáveis em praticamente todo segmento econômico. Isto é de

[9] ARAUJO, José Evande Carvalho; AFONSO, José Roberto R. *A tributação dos lucros das gigantes da tecnologia: possibilidades para o Brasil.* In: AFONSO, José Roberto; SANTANA, Hadassah Laís (Org.). *Tributação 4.0.* Brasília: Grupo Almedina, 2020.

[10] Texto na íntegra disponível em: https://actionaid.org/publications/2016/mistreated Acesso em 21/09/2021.

conhecimento notório. E, como visto, as *Big Techs*, próprias da economia digital, são as grandes empresas de tecnologia que dominaram o mercado e exportam seus serviços digitais em nível global. Essas empresas, comumente, criaram serviços inovadores e disruptivos se utilizando de um modelo de negócios escalável, dinâmico e ágil. Os produtos criados pelas *Big Techs* passaram a fazer parte do dia a dia de várias pessoas, como é o caso dos serviços do Google, da Uber e da Netflix.

A digitalização não é restrita a estas empresas que já nasceram digitais, pois os setores tradicionais também foram altamente digitalizados. O setor bancário com as *fintechs*, o *agribusiness*, muito intensivo em IOT, o setor automotivo, com desenvolvimento de carros autônomos, a educação, com suas plataformas *online*, e até a indústria de base, que implantou linhas de fábrica inteligentes.

As empresas estão em transformação e desenvolvem sistemas que não podem mais se prender a um determinado tipo de plataforma. A tendência do mercado, levando em consideração a demanda dos usuários, é a criação de soluções multiplataforma e que, garantindo mobilidade, muitas vezes extrapola limites territoriais.

É por esta razão que tem havido discussão em âmbito global quanto ao tema. Inclusive, retomando o assunto quanto às Big Techs, a Organização para Cooperação e Desenvolvimento Econômico (OCDE), em outubro de 2019, abordou o tema buscando descobrir um meio para que a distribuição da arrecadação destas empresas aconteça de forma mais homogênea entre os países que elas possuem atuação[11].

E a questão mais complexa para os Estados, seja agindo de forma individual e internamente, ou ainda, de forma coletiva e internacional, como iniciativas da OCDE ou da Comissão Europeia, é a adequação correta precisa, típica, entre as novas tecnologias e suas infinitas possibilidades de produzir riquezas com a imposição do dever de pagar tributos. Soluções isoladas, internas de cada País, podem resolver os problemas da eficaz tributação digital num mundo globalizado[12], este é a conclusão exposta em Carneiro[13] alertando que

[11] ARAUJO, José Evande Carvalho; AFONSO, José Roberto R. *A Tributação dos Lucros das Gigantes da Tecnologia: Possibilidades para o Brasil.* In: AFONSO, José Roberto; SANTANA, Hadassah Laís (org.). Tributação 4.0. Brasília: Grupo Almedina, 2020.

[12] O mundo globalizado, ou mundo plano com diz Thomas L. Friedman (2005, p. 15), exige novas posturas e o fato é que já se observa há anos como ele relata na experiência em sua

"as políticas públicas relacionadas ao comércio exterior estão cada vez mais integradas entre os blocos econômicos, com a celebração de acordos internacionais, cuja relação é afetada pela incidência de tributos em cada país".

2. Iniciativa internacional: a OCDE e o BEPS

Seria incompleta a abordagem das novas tendências internacionais de tributação, cooperação e digitalização sem mencionar as iniciativas da OCDE sobre o tema, pois vem se esforçando para obter um acordo multilateral que permita a tributação destas novas bases tributárias advindas da economia digital, podendo, assim, tributar as grandes empresas do setor tecnológico. Isso porque há uma preocupação que os novos negócios da economia digital e a liberdade do planejamento tributário pela ausência de tributação estão causando perdas de grande monta para a arrecadação tributária dos países.

O Relatório da OCDE sobre o tema, denominado *Addressing Base Erosion and Profit Shifting* (BEPS), iniciado em 2013 e finalizado em 2015, sendo publicado como "*Beps 2015 Final Reports*", traz que o objetivo do Plano de Ação seria "dotar os países de instrumentos domésticos e internacionais para uma melhor harmonização dos poderes de imposição tributária com as atividades econômicas".

O Plano BEPS tem três pilares, quais sejam: I) identificação das "ações necessárias para enfrentar a erosão da base tributária e a transferência de

visita à Índia em conversa com um CEO que lhe diz: "A terceirização não passa de umas das facetas de algo muito mais fundamental que está acontecendo hoje no mundo – discorreu Nilekani, – O que aconteceu nos últimos anos foi que houve um investimento maciço em tecnologia, sobretudo no período da bolha, quando centenas de milhões de dólares foram investidos na instalação de conectividade em banda larga no mundo inteiro, cabos submarinos, essas coisas. – Paralelamente, acrescentou, houve o barateamento dos computadores, que se espalharam pelo mundo todo, e uma explosão dos softwares: correio eletrônico, motores de busca como o Google e softwares proprietários capazes de retalhar qualquer operação e mandar um pedaço para Boston, outro para Bangalore e um terceiro para Pequim, facilitando o desenvolvimento remoto. – Quando de repente todos esses fatores se reuniram, por volta dos anos 2000 – continuou Nilekani – engendraram uma plataforma com base na qual o trabalho e o capital intelectuais poderiam ser realizados de qualquer ponto do globo; tornou-se possível fragmentar projetos e transmitir, distribuir, produzir e juntar tudo de novo as suas peças, conferindo uma liberdade muito mais ampla ao nosso trabalho, principalmente, o trabalho intelectual. (...) O que se vê em Bangalore, hoje, não passa do clímax desse processo de convergência." Processo este que só aumentou e tomou novas formas.

[13] Carneiro, Claudio. *Curso de Direito Tributário e Financeiro*, São Paulo: Saraiva, 5ª ed., 2014.

lucros"; II) fixação de "prazos para implementação dessas ações"; e III) identificar "os recursos necessários e a metodologia adequada para implementar as ações" (OCDE, 2015)

Ademais, em maio de 2017,[14] a OCDE publicou um estudo conhecido como Projeto BEPS – chamado de *Base Erosion and Profit Shiting*. Este estudo visou discorrer acerca dos desafios enfrentados pelo crescimento da economia digital e suas consequências para a tributação internacional. Buscou-se traçar um plano de ação com o intuito de desenvolver uma forma que preencha as lacunas existem na atual tributação. Nele, foi apresentado quinze planos de ação, em que foram embasados em três pontos: coerência, substância e transuarência.

A coerência está, como explicado por Brigagão[15], na "(...) harmonização da tributação internacional, eliminando-se as lacunas normativas que permitem a baixa ou nula tributação de empreendimentos lucrativos". Segundo o autor, visam à uniformização em nível internacional as ações 2 – neutralizar os efeitos dos instrumentos híbridos, 3 – reforçar as normas relativas às SEC, 4 – limitar a erosão da base tributária através da dedução de juros e outras compensações financeiras e 5 – combater de modo mais eficaz as práticas tributárias prejudiciais, tendo em conta a transparência e a substância.

Já a substância é representada pelo foco da tributação nas "(...) jurisdições em que há efetiva manifestação de capacidade contributiva, isto é, criação de valor". Para tanto, foram propostas as ações 6 – prevenir a utilização abusiva do convênio, 7 – prevenir que o status de estabelecimento permanente seja artificialmente evitado, 8, 9 e 10 – garantir que os resultados dos preços de transferência estejam alinhados com a criação de valor.

Importa destacar que, embora a economia digital tenha características próprias, a ação 1 do plano BEPS sugere a transformação da legislação tributária, de forma a tangenciar, também, esses novos modelos negociais, não recomendando, nesses termos, a criação de normas específicas. Segundo Brigagão:

[14] OECD (2015); *NOVOS DESAFIOS PARA A TRIBUTAÇÃO INTERNACIONAL*. – interim report 2015: Inclusive Framework on BEPS; OCDE/G20. OECD Publishing; Turquia 2015.

[15] Brigagão, Gustavo. *O BEPS e os Desafios da Tributação Eletrônica internacional*. IBET, 2017. Disponível em: <https://www.ibet.com.br/o-beps-e-os-desafios-da-tributacao-eletronica-internacional/>. Acesso em: 2, de maio de 2021.

Alega-se que, em razão do seu imenso potencial de crescimento e natural inserção na nossa vida cotidiana, a economia digital provavelmente se tornará a própria economia, de forma que será simplesmente impossível segregar as operações "digitais" das demais transações.

Essa assertiva é extremamente realística, na medida em que desenvolvemos hoje tecnologias absolutamente revolucionárias, como a chamada "internet das coisas" (*Internet of things*), que permite a conexão de praticamente qualquer objeto à internet, desde geladeiras até outros itens cotidianos, como tênis e peças de vestuário em geral!

Some-se a isso o fato de que, além dos tradicionais modelos de negócio B2B e B2C, tornou-se comum a realização de transações entre os próprios consumidores, fenômeno conhecido como C2C (*consumer to consumer*). Nesse caso, as empresas atuam como meras intermediárias, no auxílio a consumidores individuais na conclusão de negócios entre si (por exemplo, venda de bens usados), ou mesmo na realização de intercâmbio de dados (músicas, filmes etc.).

Justamente por seu alto grau de abstração, o *action 1* não define o que se deve entender por economia digital, optando por destacar as características centrais desse mercado[16].

Ainda, consta do BEPS que:

> as ações implementadas para conter a erosão da base tributária e a transferência de lucros não podem ser bem sucedidas sem uma maior transparência, nem sem segurança e previsibilidade para o setor privado", sendo fundamental "que a informação relevante esteja disponível de forma tempestiva e abrangente para permitir aos poderes públicos uma rápida identificação das áreas de risco[17].

Nesses termos, a cooperação entre as administrações tributárias e contribuintes é um dos principais pressupostos para a efetividade das ações desenvolvidas pela OCDE. Além, é claro, da basilar cooperação entre os

[16] Brigagão, Gustavo. *O BEPS e os Desafios da Tributação Eletrônica internacional*. IBET, 2017. Disponível em: <https://www.ibet.com.br/o-beps-e-os-desafios-da-tributacao-eletronica-internacional/>. Acesso em: 2, de maio de 2021.

[17] OECD (2014), *Plano de ação para o combate à erosão da base tributária e à transferência de lucros. OECD* Publishing, Paris. Disponível em:https://doi.org/10.1787/9789264207790-pt. Acesso em: 27 de maio de 2022.

Estados, a fim de se estabelecer uma coerência internacional no que toca a tributação dessas novas formas negociais.

As tendências de *compliance* fiscal cooperativo – que consiste, resumidamente, em uma mudança de paradigma na relação conflituosa entre fisco e contribuinte, objetivando maior transparência na prática tributária – estão intrinsecamente presentes nas discussões envolvendo a tributação na economia digital, funcionando, inclusive, como parte da solução de certos desafios fiscais atualmente existentes, tais como evasão fiscal e consequente perda de arrecadação pelos Estados.

Importa mencionar a pontuação de Dias sobre o Relatório BEPS:

> No primeiro relatório, emitido em 2015, a OCDE havia apresentado algumas possíveis soluções para a tributação da economia digital, sendo elas: (i) alteração das isenções admissíveis para reconhecimento de estabelecimento permanente (art. 5º, § 4º, da Convenção Modelo da OCDE); (ii) estabelecimento de novo *nexus* – elemento de conexão – para configuração de estabelecimento permanente com base na presença digital significativa; (iii) criação de testes de presença significativa para caracterização do estabelecimento permanente; (iv) criação de imposto de incidência da fonte para transações digitais *crossborder*; ou (v) criação de imposto sobre fluxo de dados de internet (conhecido como *bit tax*)[18].

Entretanto, ante a falta de consenso e cooperação entre os países sobre as medidas, nenhuma delas foi implementada internacionalmente, nos termos do relatório da *OCDE Tax Challenges Arising from Digitalisation – Interim Report 2018.* Em que pese não terem sido implementadas internacionalmente, "(...) diversos países instituíram, de maneira não coordenada, modelos tributários em suas legislações domésticas para alcançar a riqueza gerada pelas empresas de tecnologia em seu mercado consumidor"[19].

Salienta-se, assim, que, nos termos do estudo da OCDE, três medidas unilaterais aplicadas pelos Estados da fonte se destacam, quais sejam: "(i) aplicação de limites alternativos para estabelecimento permanente; (ii) retenções na fonte; (iii) tributos sobre volume de negócio (*turnover taxes*); e (iv) regimes tributários para grandes companhias multinacionais"[20].

[18] DIAS, Felipe Wagner de Lima. *Action 1 do BEPS, medidas unilaterais adotadas por países e seus impactos na tributação dos negócios da economia digital.* RDTI Atual, v. 07, p. 141-160, 2020.

[19] Ibidem.

[20] Ibidem.

A determinação de um conceito de estabelecimento para uma possível tributação do lucro obtido pelas empresas que atuam na economia digital e são transnacionais, já previsto no artigo 5º do Modelo da OCDE, vem sendo revisado e atualizado. A Comissão Europeia, em 2018, consignou dois novos conceitos para tributar o lucro obtido em um país sem aferimento da presença física do contribuinte: estabelecimento permanente virtual e o tributo sobre serviços digitais[21].

Ao passo que a OCDE, por intermédio Plano de Ação 1 do Projeto BEPS propôs a criação de um tributo chamado "*equalisation levy*"[22], cujo fato gerador será a constatação de uma presença econômica significativa em um determinado território, desconsiderando-se, assim, a presença física, que era pressuposto da definição de estabelecimento permanente tradicional.

A OCDE vem estudando a instituição de um imposto digital que não prejudique os países e nem os negócios destas empresas. A proposta é de que parte dos lucros globais de uma multinacional seja tributada conforme uma métrica local, ou seja, que paguem imposto da jurisdição na qual obtêm lucro. O acordo é fundamental para evitar a adoção de medidas unilaterais e as atuais disparidades.

3. A ausência da tributação digital e seus reflexos nos direitos humanos

É sabido que os Estados, para terem êxito no cumprimento de seus deveres, incluindo a tutela dos direitos humanos, necessitam da tributação e sua consequente arrecadação, já que todas as atividades inerentes ao cumprimento de tais deveres pressupõem dispêndio financeiro. Nesse sentido, conforme observado por Alves[23] em seu artigo "Caridade e Progressividade: Um Ensaio de Filosofia do Direito Tributário", "(...) todos os direitos têm custos, todos os direitos demandam uma articulação institucional capaz de lhes garantir um mínimo de eficácia".

A arrecadação, desse modo, pode ser entendida como instrumento direto para tutela dos direitos humanos, ou seja, é por meio da arrecadação tributária que os Estados conseguem ter subsídios para a concretização

[21] Dias Júnior, Antônio Augusto Souza. *Tributação da economia digital – propostas doutrinárias, OCDE e o panorama brasileiro.* Disponível em:https://www.ibdt.org.br/RDTIA/wp-content/uploads/2019/12/antonio-augusto.pdf;

[22] Ibidem.

[23] Alves, Henrique Napoleão. *Caridade e progressividade: um ensaio de filosofia do direito tributário.* RDTA, v. 45.

das suas agendas constitucionalmente – e internacionalmente – previstas. Nada obsta, porém, que os Estados desenvolvam tributos específicos para a tutela dos direitos humanos ou para, por exemplo, a promoção do desenvolvimento sustentável, haja vista a noção de extrafiscalidade da tributação.

A ausência de fixação legal de novas bases tributáveis acarreta uma menor arrecadação do Estado e, consequentemente, menos recursos disponíveis para implementação de políticas públicas necessárias à efetividade dos direitos humanos.

Fazendo referência ao embate entre Estados-membros e Municípios sobre a tributação de serviços digitais, já descrito acima, e analisando dados das receitas municipais de Barueri[24] e de Campinas[25], ambas do Estado de São Paulo, é possível concluir que, ao contemplar novas bases tributárias com as alterações, principalmente, trazidas pela Lei Complementar nº. 157/2016, os Municípios que alteraram suas leis internas aumentaram sua arrecadação de forma considerável.

O Município de Barueri, em 19/05/2017, pela Lei Complementar nº. 399, acrescentou os novos serviços digitais em sua lista anexa e, com isso, sua arrecadação de Imposto sobre Serviços que era, por exemplo, de R$ 78.431.007,37, em maio de 2017, saltou para R$ 113.445.515,25 em maio de 2018, dados estes retirados do Portal da Transparência da Municipalidade. E o que se observa dos novos dados lançados nos anos seguintes é um aumento significativo da arrecadação tributária municipal sob a rubrica do ISSQN.[26]

O Município de Campinas, em 11/09/2017, alterou a Lista de Serviços anexa à Lei n. 12392/2005 e sua arrecadação do ISSQN (sujeito ao lançamento por homologação) que foi de R$ 335.866.291,36, em maio de 2017, passou para R$ 471.887.348,80, em maio de 2018 e alcançou R$ 613.875.646,95, em janeiro de 2019.

[24] Em um estudo realizado em 2019, a consultoria de inteligência de mercado Urban Systems destacou a Cidade de Barueri como a 1ª colocada num ranking de desenvolvimento econômico como melhor cidade para fazer negócios. Estudo disponível em: https://d335luupugsy2.cloudfront.net/cms/files/48668/15706551682019_MCN_Urban_Systems.pdf. Acesso em: 04/02/2022.

[25] No mesmo estudo mencionado acima, a Cidade de Campinas aparece como 2ª colocada no requisito infraestrutura para fazer negócios, perdendo apenas para a Capital do Estado. Estudo disponível em:https://d335luupugsy2.cloudfront.net/cms/files/48668/15706551682019_MCN_Urban_Systems.pdf. Acesso em:04/02/2022.

[26] Dados coletados e disponíveis em: https://www.barueri.sp.gov.br/transparência/Receitas.aspx?np=1. Acesso em: 04/02/2022.

Nesta simples análise de dados coletados observa-se que, ao se determinar novas bases de tributação que contemplam serviços atrelados à economia digital, a arrecadação do ente federativo competente – no exemplo os Municípios – aumentou de forma considerável e como tendência de aumento nos próximos anos, devido em parte a solução dada à judicialização do tema pelo Supremo Tribunal Federal.

Diante da conclusão de que a arrecadação representa um mecanismo direto para os Estados concretizarem a proteção dos direitos humanos e, também, a agenda de desenvolvimento sustentável, o raciocínio lógico é de que, as empresas, quando cumprem com as suas obrigações tributárias, possibilitam o desenvolvimento e implementação de instrumentos reais de proteção dos direitos humanos.

Apesar da alta carga tributária para as empresas, especialmente no nosso país, também fere a livre concorrência a tributação não alcançar esses negócios digitais, em detrimento das empresas físicas. A tributação dos negócios digitais atualmente feita de forma tímida pelos Estados, permitirá abarcar um mercado com potencial de crescimento elevado e com tendência a se tornar exclusivamente digital, permitindo ao estado gerir esses novos recursos para efetivação dos direitos humanos.

A ausência de normas tributárias de incidência sobre novas formas de economia digital é o principal objetivo das iniciativas internacionais, posto que prejudicam uma política efetiva de proteção dos direitos humanos.

Do ponto de vista das ações empresariais que buscam a promulgação de direitos humanos, importa destacar a promoção de políticas internas em muitas empresas, como cotas para mulheres, negros e deficientes, bem como elaboração de códigos de ética. Porém, isso não é tudo. Se as empresas se aproveitam das lacunas existentes nas normas tributárias tradicionais e obstam a arrecadação dos Estados, conforme já exposto, acabam prejudicando na tutela dos direitos humanos.

Em estudos sobre os desafios para implementação efetiva dos direitos sociais, principalmente, na realidade sul-americana, Piovesan[27] aponta a necessidade de se garantir uma prioridade orçamentária para implementação desta dimensão de Direitos Humanos. Assim se respeitaria o princípio

[27] PIOVESAN, Flavia. *Temas de Direitos Humanos*. São Paulo: Saraiva Jur. 10ª ed., rev., ampl., e atua., 2017.

da utilização máxima de recursos disponíveis[28] voltados à implementação destes direitos.

No cenário internacional, como visto, além das iniciativas para uma tributação efetiva dos negócios advindos da economia digital, também se encontram iniciativas de promoção da efetividade dos direitos humanos, que necessitam para sua implementação de ações de arrecadação que possibilitem lograr êxito nas políticas públicas garantidoras da proteção à dignidade humana.

4. A Agenda de Ação Addis Abeba

Falando acerca das iniciativas para garantir políticas públicas que visam a tutela dos direitos humanos, uma delas é a chamada Agenda de Ação de Addis Abeba que, em 27/07/2015, por Resolução da Assembleia Geral das Nações Unidas, foi aprovada como fruto da 3ª Conferência Internacional sobre o Financiamento para o Desenvolvimento, ocorrida de 13 a 16 de julho de 2015, na Etiópia. Este acordo alcançado pelos 193 Estados-membros que participaram da Conferência fornece a base para os líderes mundiais implementarem a agenda de desenvolvimento sustentável global.

O financiamento é essencial para o sucesso na implementação dos 17 Objetivos de Desenvolvimento Sustentável e a Agenda Adis Abeba traz medidas concretas para obtenção dos valores necessários, seja por fontes de financiamento interno ou de cooperação internacional. O aumento dos recursos internos, como sugere o documento, pode ser alcançado com medidas como ampliar a base de arrecadação tributária, melhorar a cobrança tributária e combater a evasão fiscal e o fluxo financeiro ilícito.

Esta agenda tem por objetivo principal o desenvolvimento sustentável em 3 vertentes: promoção do crescimento econômico inclusivo, a proteção ao meio ambiente e o fomento a inclusão social, respeitando os direitos humanos (direito ao desenvolvimento), em um espírito de aliança e solidariedade mundiais.

Em alinhamento com o investimento privado, a Agenda de Ação de Adis Abeba propõe políticas públicas e quadros regulatórios incentivando o setor privado de maneira que reverta cada vez mais em efetividade aos direitos humanos.

[28] O Pacto Internacional de Direitos Econômicos, Sociais e Culturais, ratificado pelo Brasil e promulgado pelo Decreto n.591/1992, consagra o Princípio da utilização do máximo de recursos disponíveis voltados à implementação dos direitos sociais, em seu artigo 2º.

Com efeito, o documento é um marco ao incluir importantes compromissos políticos visando resultados em áreas críticas para o desenvolvimento sustentável como infraestrutura para energia, transporte, água, saneamento, proteção social e tecnológica.

No documento de conclusão do Fórum do Conselho Econômico e Social das Nações Unidas[29] que ocorreu em 2021, os países participantes se comprometeram a aumentar os esforços para a implementação da Agenda de Ação de Adis Abeba, mas com a necessidade de uma maior solidariedade e cooperação para combater as consequências da pandemia da Covid-19. O cenário é pessimista, pois o documento revela que, mesmo antes da pandemia, o mundo não estava logrando êxito em alcançar os Objetivos do Desenvolvimento Sustentável e a situação atual parece que afastou ainda mais a realização dos objetivos.

Especificamente sobre o tema deste artigo, nos itens de 22 a 28, os países participantes reconhecem os esforços feitos para a implementação de sistemas tributários e fiscais mais transparentes que possam de fato ampliar as receitas oriundas de tributos e capacitar as administrações tributárias para uma maior e efetiva arrecadação.

Retomando quanto à tributação da economia digital, o tema não foi esquecido pelo Fórum. Conclamou-se as Nações Unidas e outras organizações internacionais para apoiar os países, principalmente, os em desenvolvimento, na construção de uma tributação eficaz e eficiente sobre a economia digital. Tudo isto com vista para uma administração e arrecadação tributárias capazes de gerar ativos para o desenvolvimento sustentável. Por fim, o documento conclui[30] que a Agenda de Ação Adis Abeba seja o roteiro para alcançar um futuro resiliente, sustentável e equitativo para todos.

Conclusões

As questões sobre a possível tributação digital da nova economia têm íntima ligação com os direitos humanos. Não é possível se omitir diante

[29] Disponível na íntegra em: https://www.un.org/development/desa/financing/sites/www.un.org.development.desa.financing/files/2021-04/E-FFDF-2021-L1_0.pdf, Acesso em agosto de 2021.

[30] No original em inglês: *89. The devastating impact of the pandemic demands bold solutions. We are committed to tackling this unprecedented crisis through bold leadership, determination and solidarity, with the 2030 Agenda as our road map to achieve a resilient, sustainable and equitable future for all.*

das dificuldades legislativas internas do Brasil, optar pela não tributação, ou ainda, o pior, uma tributação imprecisa nos termos legais, que suscite interpretações diversas e seja objeto de planejamentos tributários capazes de evadir as receitas de um país a outro.

A evolução da economia para uma economia digital, dizem até que será exclusivamente digital num futuro próximo, demanda o acompanhamento do direito tributário. Este ramo do Direito sempre persegue a riqueza e não há como ignorar os valores vultuosos de receita da economia digital nestes últimos anos.

A urgência do tema é que menos tributos são cobrados e arrecadados a cada ano, devido a esse mercado eletrônico emergente sem regulação e a consequência é que menos direitos são efetivados. A pandemia de Covid-19 demonstrou a fragilidade dos Estados, principalmente, os de economia precárias em enfrentar adversidades além das já conhecidas.

E, num paradoxo, também demonstrou o forte crescimento de grandes empresas tecnológicas que, aproveitando a evolução da sociedade, conseguiram ampliar os serviços, antes restritos a certos grupos sociais, devido ao confinamento obrigatório, fazendo da necessidade de se consumir produtos e serviços por meios virtuais a oportunidade de crescimento.

Não há como desvencilhar tributação de novas bases oriundas da economia digital com a efetividade dos direitos humanos e cada ausência de hipóteses de incidência sobre estas novas bases tributárias representa uma deficiência de recursos para políticas públicas de promoção dos direitos humanos.

Espera-se que as iniciativas internacionais sobre o tema e o debate mundial tributação digital que deve ser feita internamente pelos países e também pensada de uma forma global, sejam guia e roteiro para o avanço na tributação destas novas expressões de riqueza, mas de uma forma legal, legítima, evitando-se ao máximo a judicialização destas questões, por falhas em sua implementação.

O debate acadêmico torna-se imprescindível para uma reflexão que deve ser célere, mas também com discussões legítimas e profundas. Caso contrário resultará na elaboração de leis que podem ser burladas ou que contenham tantas falhas e brechas de interpretação que sejam judicializadas ou alvo fácil de abusos no planejamento tributário que correspondam a verdadeiras evasões fiscais.

A questão aqui analisada se concentrou na figura do Estado, como detentor do poder de tributar, constitucionalmente assegurado pela Constituição brasileira, nas dificuldades enfrentadas para que, respeitando a legalidade tributária, possa ampliar suas receitas por meio da tributação da economia digital.

Uma vez ocorrida a tributação desta nova economia digital, quem sabe, em breve, possamos caminhar para um cenário onde os mesmos Estados que agora buscam a tributação possam promover a desoneração tributária de empresas comprometidas com a efetividade dos Direitos Humanos. O foco sairia do Estado e passaria para a ação das grandes empresas tecnológicas e também de outros setores que, oferecendo a efetividade dos Direitos Humanos pudessem ser beneficiadas com a ausência de tributação.

A perda da arrecadação estatal estaria sendo compensada com ações efetivas, cujas sugestões são dadas inclusive nos documentos internacionais citados neste artigo, em prol da sociedade que se beneficia de seus produtos e serviços. Tal discussão é lançada como semente para a continuação do debate e como conclamação da sociedade acadêmica para a redação de um futuro próximo artigo.

Referências

ALVES, Henrique Napoleão. *Caridade e progressividade: um ensaio de filosofia do direito tributário*. RDTA, v. 45, p. 174-201.

BALEEIRO, Aliomar. *Direito Tributário Brasileiro*, Rio de Janeiro: Forense, 1985.

BECKER, Alfredo Augusto. *Teoria Geral do Direito Tributário*, São Paulo: Ed. Saraiva, 2ª ed., 1972. P. 149-150

BELTRAMELLI NETO, Silvio. *Curso de Direitos Humanos*. 6ª ed., rev., ampl., atua., São Paulo: Atlas, 2021.

BRASIL, *Constituição da República Federativa do Brasil*, de 05.10.1988. Brasília, 1988. Disponível em: <http://www.planalto.gov.br/ccivil_03/constituicao/constituicao.htm>. Acesso em: 8 fev. 2021.

BRIGAGÃO, Gustavo. *O BEPS e os Desafios da Tributação Eletrônica internacional*. IBET, 2017. Disponível em: <https://www.ibet.com.br/o-beps-e-os-desafios-da-tributacao-eletronica-internacional/>. Acesso em: 2, de maio de 2021.

CANOTILHO, J.J. Gomes. Direito Constitucional e Teoria da Constituição. 7ª ed., Coimbra: Almedina, 2003.

CARNEIRO, Claudio. *Curso de Direito Tributário e Financeiro*, São Paulo: Saraiva, 5ª ed., 2014.

CARVALHO, Paulo de Barros. *Curso de Direito Tributário*, São Paulo: Editora Saraiva, 10ª ed,. rev., aum., 1998.

DIAS, Felipe Wagner de Lima. *Action 1 do BEPS, medidas unilaterais adotadas por países e seus impactos na tributação dos negócios da economia digital*. RDTI Atual, v. 07, p. 141-160, 2020.

DIAS JÚNIOR, Antônio Augusto Souza. *Tributação da economia digital – propostas doutrinárias, OCDE e o panorama brasileiro*. Disponível em:https://www.ibdt.org.br/RDTIA/wp-content/uploads/2019/12/antonio-augusto.pdf

MITHA, Aiaze; ZADEK, Simon; ARNER, Douglas W. *Governing Global Digital Finance*. Available at SSRN 3678518, 2020.

OECD (2014), *Plano de ação para o combate à erosão da base tributária e à transferência de lucros*. OECD Publishing, Paris. Disponível em:https://doi.org/10.1787/9789264207790-pt.

OECD (2015), *Addressing the Tax Challenges of the Digital Economy, Action 1 – 2015 Final Report*, OECD/G20 Base Erosion and Profit Shifting Project, OECD Publishing, Paris, Disponível em: https://doi.org/10.1787/9789264241046-en.

OECD (2018), *Tax Challenges Arising from Digitalisation – Interim Report 2018: Inclusive Framework on BEPS*, OECD/G20 Base Erosion and Profit Shifting Project, OECD Publishing, Paris. Disponível em:https://doi.org/10.1787/9789264293083-en.

OLBERT, Marcel; SPENGEL, Christoph. *International taxation in the digital economy: challenge accepted*. World tax journal, v. 9, n. 1, p. 3-46, 2017. Disponível em: https://pdfs.semanticscholar.org/fb10/4916f1e2566f598de2d433ea4e79a664966a.pdf

ONU – *Agenda de ação de Addis Abeba de la Tercera Conferencia Internacional sobre la Financiación para el Desarrollo* – Resolução aprovada pela Assembleia Geral em 27/07/2015. Disponível em: https://unctad.org/system/files/official-document/ares69d313_es.pdf Acesso em agosto de 2021.

PINTO, Gustavo Mathias Alves. *Tratados internacionais em matéria tributária e sua relação com o direito interno no Brasil*. Revista Direito GV, v. 4, n. 1, p. 135-163, 2008.

PIOVESAN, Flavia. *Temas de Direitos Humanos*. São Paulo: Saraiva Jur. 10ª ed., rev., ampl., e atua., 2017, p. 108

PISCITELLI, Tathiane. *Tributação Indireta da Economia Digital: O Brasil está pronto para aderir às orientações da OCDE?* RDT Atual 43-2019 – IBDT Disponível em: https://ibdt.org.br/RDTA/tributacao-indireta-da-economia-digital-o-brasil-esta-pronto-para-aderir-as-orientacoes-da-ocde/. Acesso em: 27/07/2021.

QUEIRÓS, Fábio. *A Economia Digital: novos desafios para um regime estabelecido*. Tese de Doutorado. 2017.

11
DISTOPIA TRIBUTÁRIA

MARCOS CINTRA

Introdução

A tributação no mundo passa por um momento de profunda incerteza, senão de perplexidade. Os gestores e estudiosos deste tema parecem ignorar os novos caminhos da organização do processo produtivo no mundo exponencial no qual vivemos. Continuam presos a modelos conceituais datados do século passado, marcados pela preponderância da produção industrial e da economia analógica. Ainda raciocinam quase que exclusivamente em cadeias lineares de produção e de agregação de valor.

Assim, continuam insistentemente a adotar protótipos tributários adaptados àquela realidade, que está distante do mundo em profunda transformação no qual vivemos. Seguem metodicamente os modelos dos livros textos convencionais de economia, pouco ajustados ao mundo intangível dos serviços, da inovação exponencial, dos nódulos de produção organizados em rede, da inteligência artificial e do metaverso onde a matéria perde espaço para os avanços dos *bits and bites* da era digital da informática.

A sociedade sente que o sistema tributário herdado do passado corrobora, senão agrava, com o surgimento de problemas de distribuição de renda, de explosão de custos de transação e de desigualdade crescentes.

As inovações tecnológicas recentes introjetaram características totalmente diferentes nas velhas relações de produção do século passado, particularmente nas formas e contratos laborais heterodoxos, e que eram dantes rejeitados por serem considerados (equivocadamente) como precarização do trabalho.

Vale reproduzir (ZILVETI, 2018) ao afirmar que

> "O mundo globalizado se inclina, sob a perspectiva econômica, para a prestação de serviços, com contratos complexos abrangendo múltiplas relações. Assim, o cidadão não compra mais veículo, compartilha; não compra mais casa, ocupa espaços comuns de maneira consentida; não compra mais roupas ou sapatos, os imprime em impressoras 3D. Até a moeda como meio de pagamento está em profunda transformação, com as criptomoedas a tirar o sono dos financistas."

O esforço de modernização da tributação não tem considerado adequadamente esse novo ambiente, nem criado formas de exação adequadas a esta nova realidade. Ao invés disso, buscam-se adaptações, escoras e outros artifícios pontuais de ajustes no afã de manter em funcionamento a mesma estrutura envelhecida de antanho. O resultado desta miríade de improvisações, regras casuísticas e muletas institucionais estão fazendo explodir os custos de *compliance* e de transação no sistema tributário mundial, acarretando incertezas, insegurança jurídica e incremento da litigiosidade.

1. "Ensaio sobre a cegueira"[1]

Em (CINTRA, 2003), eu apontava que até a virada para o século 21

> *"os modelos tributários tradicionais assumiam que a produção e a geração de renda tributável surgiam em processos produtivos manuais, (e posteriormente mecânicos) concentrados em espaços geográficos definidos, centrados em estruturas organizacionais autônomas, independentes e submetidas a regras nacionais definidas por um Estado soberano. Essa realidade está moribunda..."* (p.XIV).

A usual aceitação desse paradigma convencional implica que a autoridade científica, como nos ensina (FARIA, 1999), é

> *"orientada por critérios de demarcação autoritariamente prevalecentes... (e, portanto,) se cada paradigma estabelece as condições de cientificidade do conhecimento produzido em seu âmbito, as provas invocadas em favor dos demais paradigmas tendem a ser desqualificados a priori" (pp.49).*

[1] José Saramago escreveu Ensaio sobre a Cegueira (1995), uma distopia apocalítica a nos inspirar para abrirmos novos caminhos e evitar a trilha do precipício.

Contudo, notava-se nitidamente o gradual esgotamento do conhecimento tributário convencional que perdia legitimidade a partir de sua incapacidade de fornecer explicações, e soluções, para fatos novos que surgiram no panorama econômico moderno. De fato, percebia-se o típico início do rompimento de um paradigma científico (KUHN, 1970), produzindo a perda de um consenso tido como imperativo.

A partir de estudos iniciados no começo da década de 90, era possível vislumbrar as danosas consequências que adviriam de a incapacidade dos modelos tributários convencionais evoluírem para formas de exação mais consentâneas com o mundo digital.

A construção de um novo paradigma para o melhor ajustamento da tributação ao mundo digital tem sido uma tarefa negligenciada e inconclusa nos raros debates surgidos nas últimas décadas. A visão convencional tem resistido aos desafios modernizadores.

As soluções para os problemas emergentes têm sido procuradas no espelho retrovisor da história, buscando-se sustentar os paradigmas convencionais correntes em vez de se produzir novas e modernas formas de tributação mais adequadas ao mundo hodierno. E assim, os sistemas tributários mundiais continuam apegados ao formalismo teórico da economia neoclássica que abusa, por motivos heurísticos, de premissas estilizadas e utópicas, inexistentes no mundo real. Ao se apegarem a modelos criados em laboratórios, e saídos de provetas experimentais, as tentativas de reforma tributária convencionais contrastam vivamente com as palavras de Peggy Musgrave referindo-se ao marido Richard Musgrave, falecido em 2007 e sem dúvidas o maior economista de finanças públicas de sua geração, que afirmou em (Head, 2009) que

> *"His visions of the good society led him (Richard Musgrave) to place emphasis on equity in taxation, a concept which has tended to become obscured in later general equilibrium models of optimal taxation in which efficiency plays a dominant role. While he was bemused by and admired the intellectual content of such latter-day optimal tax models and the insides they may provide, his major interest was in a system of taxation which would be understandable and acceptable to the electorate. The policy relevance of many optimal tax models he considered marred by the questionable assumptions made and the fact that the equity implications were less than transparent. Moreover, the assumptions such models employ frequently differ and are sometimes in conflict, thus rendering questionable their policy applicability." (p.8)*

O ponto a merecer destaque no pensamento de R. Musgrave foi sua insistência na construção de uma "boa sociedade" (*good society*), que não necessariamente implica adesão incondicional a uma sociedade eficiente (*efficient society*) segundo os cânones da economia neoclássica. Reproduzo aqui um pensamento que me escuso por não lembrar a autoria, mas que afirmava algo como "*a boa teoria marginalista deve ser interpretada como a gramática da política pública, e jamais como ela própria*".

Em outras palavras, deve haver o pleno reconhecimento de que a política tributária é acima de tudo uma construção social. Neste mister contribuem economistas, advogados, e políticos, sem qualquer protagonismo de um sobre os demais. Ao contrário, seria bom se economistas pensassem mais como políticos, se os políticos pensassem mais como economistas, e se advogados pensassem mais como economistas e como políticos.

O corolário imediato desta constatação é o de que os modelos de tributação ótima que classificam tributos de acordo com a mensuração do grau de eficiência, neutralidade ou não-cumulatividade, incluíssem em suas funções objetivas a serem otimizadas variáveis adicionais como custos de aquiescência, litigiosidade, transparência, sonegação e corrupção, variáveis quase incomensuráveis e notoriamente ausentes desses exercícios.

Os *trade-offs* entre todas essas variáveis certamente tornaria o processo decisório muito mais complexo nas comparações e escolhas entre *turnovers* ou IVA's (Imposto sobre Valor Agregado), tributação de renda ou de consumo, do trabalho ou do capital, e que são simploriamente reduzidas a singelas decisões lastreadas em critérios de pura eficiência alocativa. A modelagem tradicional é contaminada por pressupostos, premissas e fatos estilizados puramente heurísticos e acadêmicos. A construção da gramática tributária é necessária, porém está longe de ser suficiente para a formulação de critérios de escolha na construção de uma "boa sociedade".

Em duas coletâneas recentes (ROCHA, 2021) e (BRIGAGÃO, 2020), chamei atenção para o fato de que a economia digital e a explosão da tecnologia em todas as áreas de atividade humana não vêm sendo aproveitadas para o que poderíamos denominar de *tax design*, mas sim, única e tão somente como ferramentas de *tax administration*. O primeiro implica a abertura de caminhos inovadores para tratar os novos desafios, ao passo que o segundo, se reduz a manter os antigos modelos, ainda que mais eficientemente operacionalizados, tal como a expressão popular do "remendo novo em calça velha".

Apesar das inovações tecnológicas ocorrendo em velocidade alucinante nas últimas décadas, no mundo tributário tudo continua ocorrendo mais ou menos como sempre aconteceu.

A apuração de débitos e créditos tributários continua presidida por conceitos como territorialidade, materialidade, e tipicidade de produtores e de produtos. A estrutura de arrecadação continua sendo preponderantemente o sistema artesanal de "auto apuração e auto recolhimento com auditoria" como vem sendo feito há mais de cem anos, ainda que agilizada por registros e instrumentos de controle informatizados.

Em (Rocha, 2021) afirmo que

> "ainda que os métodos administrativos de controle e a atividade do Fisco tenham sido operacionalmente modernizados, as estruturas conceituais sobre as quais estão assentados os paradigmas usualmente defendidos nas propostas convencionais de reforma tributária continuam em grande parte em desacordo com a realidade do novo modo de produção e circulação de bens e serviços que surge na sociedade atual" (p.384).

Hoje, nas discussões em torno de reformas tributárias rejeitam-se sumariamente quaisquer propostas que possam contrariar os cânones dos modelos neoclássicos da tributação ótima, ainda que as conclusões e prescrições convencionais apenas se sustentem a partir de medidas de gestão e de controle que tornam os sistemas tributários mundiais cada vez mais complexos, burocráticos, e, surpreendentemente, antagônicos a muitos dos dogmas tidos como verdades imperativas pela ortodoxia. Ignoram-se os *trade-offs* existentes entre eficiência por um lado, e por outro, simplicidade, transparência, equidade, custos administrativos e de *compliance*, erradicação da corrupção, combate à evasão e universalização da base de contribuintes.

2. *A race to the past*

Exemplos gritantes dessa tendência de buscar a solução de novos problemas com o uso de velhos tributos (seguindo a anedótica frase de que "imposto bom é imposto velho") podem ser observados nas proposições de novos modelos de tributação internacional em voga no mundo.

Nestas propostas, abundam algoritmos, fórmulas, regras, convenções e, sobretudo, ordenamento legal complexo para dar concretude a conceitos de difícil entendimento e de quase impossível mensuração, tais como "preço justo", "lucros normais", "lucros residuais" "geração de valor" e outros temas que vêm desafiando economistas há séculos. Tal mister tem resultado em propostas que, com excessiva ligeireza, ignoram considerações a respeito de custos e de crescente litigiosidade, além de tornar necessários acordos internacionais e convenções universais para sustentarem exigências cuja complexidade estimulará a evasão, a burocracia, e o aumento dos custos de produção.

No governo Trump, as medidas tributárias implementadas tiveram como objetivo reduzir a carga tributária sobre as empresas e estimular as multinacionais americanas a repatriarem os lucros gerados no exterior e a investirem internamente. O objetivo foi o de atenuar a perda de competitividade da tributação norte-americana frente à de vários países cujos sistemas tributários se apresentavam como mais favoráveis às multinacionais daquele país, como por exemplo Irlanda, Holanda, sem falar nos tradicionais paraísos fiscais.

Como a alíquota da tributação de lucros internos vinha sendo significativamente reduzida em todo o mundo, o governo Trump introduziu novas regras para as multinacionais norte-americanas que, contudo, aumentaram significativamente a burocracia e o contencioso tributário naquele país. A alíquota do imposto de lucros corporativo foi reduzida, e novas regras como a GILTI (*Global Intangible Low Tax Income*) e a FDII (*Foreign-Derived Intangible Income*) foram introduzidas para atenuar o problema de planejamento tributário abusivo das multinacionais americanas.

Novos ajustes casuísticos e pontuais voltaram a ser discutidos no governo Biden. Com o objetivo de financiar seu ambicioso programa de investimentos, o governo pretendeu reverter a redução de 29% para 21% no imposto sobre lucros que havia sido aprovada pelo governo Trump, aumentando-o para 28%.

Ao mesmo tempo, a ordem tributária convencional vem sofrendo impactos disruptivos causados por dois grandes problemas gerados pelo mundo digital e pela globalização: *profit shifting* e a competição tributária. Mais uma vez, a solução proposta pelos tributaristas *mainstream* se concentra em sobrecarregar com novas regras operacionais os tributos de sempre, destacadamente o Imposto de Renda.

Para tentar evitar a guerra fiscal e o fantasma lembrado por Janet Yellen, Secretária do Tesouro americano, da "*race to the bottom*", o governo Biden propôs um imposto mínimo global, sugestão acatada e adotada com modificações pela OCDE e transformada nos dois pilares a serem adotados em breve, caso as negociações para a reforma cheguem a bom termo.

O primeiro pilar implica o compartilhamento dos lucros das multinacionais que antes eram tributados exclusivamente segundo a jurisdição da sede da empresa e que passariam a ser partilhados com as jurisdições de seus consumidores; e o segundo pilar implicaria a aceitação de uma tributação mínima global de 15% para controlar o *profit shifting*.

Vê-se, portanto, o uso de velhos tributos para solucionar novos problemas. E na esteira desse esforço, a explosão da burocracia, das regras casuísticas, e de fantasiosos algoritmos transforma os tributaristas em novos alquimistas desejosos de fazer com que uma estrutura tributária em processo de envelhecimento seja capaz de lidar com problemas inerentemente estranhos ao seu ambiente original.

Vejamos a proposta de partilha do lucro das grandes empresas globais, a serem consolidados mundialmente e subdivididos em parcelas de lucros "normais" e lucros "residuais" (ou extraordinários). Estes últimos seriam identificados, e distribuídos às jurisdições de destino das transações econômicas segundo a proporcionalidade dos consumidores nos vários países.

Não seria necessário mais de uns minutos de reflexão para aferir a virtual impossibilidade de mensuração e administração desses sistemas, o custo do gigantesco aparato que se tornaria necessário, e o potencial de litigiosidade que seria gerado.

(Goulder, 2021) assim se refere a esta tarefa:

> *"Treasury should demand that the OECD rethink the idea of differentiating between residual and routine profits...Asking multinationals to bifurcate their profits into these pools is asking for trouble. They're going to game the system – and why shouldn't they? These are amorphous numbers that don't exist in any real context".*

Na mesma linha crítica, a opinião generalizada é de que o projeto de reforma do imposto de renda das grandes multinacionais mundiais poderá dar margem a enormes litígios e novas formas de planejamento tributário, a exemplo de (EDEN, 2021) que afirma

> *"The OECD's Pillar One Blueprint proposes a new taxing right, Amount A, that would shift the pre-tax profits of multinational enterprises (MNEs) from Residence and Source jurisdictions to Market jurisdictions. The Amount A formula provides multiple*

opportunities for both MNEs and tax jurisdictions to engage in "tax games" that would increase the overall complexity of the international tax system."

Uma das honrosas exceções ao frustrante uso de velhos tributos para solucionar novos problemas acha-se na DBCFT, *Destination-Based Cash Flow Tax*, como descrita em (DEVEREUAX, 2021). Trata-se de tributação inovadora e que por sua característica de maior simplicidade e transparência poderia auxiliar na questão de *profit shifting* de forma mais rápida e menos burocrática que as propostas dos dois pilares. Segundo Alan Auerbach, um dos formuladores da DBCFT, as propostas em discussão pelo governo Biden e pela OCDE são "*designed for a bigone era*" (DEVEREUAX, 2021). Segundo ele,

> "The *measures being proposed seem designed for an earlier era, when it was easy to identify the factories and refineries where companies produced and earned their profits, and when a corporation's nationality was largely determined by the location of its main operations and its shareholders. In the modern era, multinational companies with international shareholder bases operate global supply chains, creating value using intangible capital with no natural location. As such, trying to modify a tax system based on a company's residence and where its profits are earned amounts to trying to replace the race to the bottom with a race to the past*...the most decisive reform would be a "destination-based cash flow tax" (DBCFT). Among other things, this would provide immediate expensing for all investment, eliminate the tax advantage for corporate borrowing, and impose border tax adjustments to eliminate taxes on export revenues and tax deductions for import costs. At the end of the day, only domestic cash flows would be taxed. And, because transactions between domestic companies and related foreign parties would have no US tax consequences, the practice of profit shifting would disappear."

A partir desse desencontro da prática tributária com a realidade do mundo digital temos assistido ultimamente a posicionamentos curiosos no campo tributário, como por exemplo o pedido feito por bilionários globais para que, por se sentirem injustamente favorecidos, sejam mais tributados.

O pedido de maior tributação dos super ricos foi prontamente atendido pelo governo Biden com a proposta de instituição de um *billionaire minimum income tax*.

De fato, a questão da equidade no sistema tributário tem ganhado muito espaço no debate público e motivado inúmeras recomendações por maior progressividade nos sistemas tributários mundiais. E no Brasil não é diferente.

A proposta do governo Biden de tributação de ganhos de capital não realizados por pessoas de alto rendimento retoma antiga discussão sobre tributação de ganhos não realizados sobre ativos. Se a tributação normal sobre rendimentos ordinários de tais pessoas físicas de alto rendimento não atingir 20% da soma dos rendimentos ordinários somados aos ganhos não realizados, a diferença será recolhida como adiantamento da tributação dos ganhos quando de sua realização. Ou seja, se introduz um imposto mínimo incidente sobre ganhos de papel travestido de adiantamento sobre a tributação de ganhos futuros.

Neste caso, contudo, sua exigibilidade alcança as pessoas físicas, com o agravante de ocorrer em um mundo digital, etéreo, virtual, diversificado, com ativos antes desconhecidos e caracterizados pela descentralização, independência de autoridades públicas, controle distribuído, intangível e não raro com "*high frequency trading*". As dificuldades operacionais serão insuperáveis.

A tributação corrente de ganhos não realizados tem similar no "come cotas" aplicado há décadas nos fundos de investimentos no Brasil. Lembremos, contudo, que aqui, os rendimentos são tributados através da realização forçada dos ganhos até o limite do tributo devido, pois o valor equivalente do crédito tributário é convertido em cotas e transferido como recolhimento definitivo do tributo. Não se trata de adiantamento, mas sim tributação final dos rendimentos como se realizados naquele momento, e pagos em cotas dos respectivos fundos.

No caso americano busca-se também evitar o diferimento da tributação dos ganhos, mas com diferenças importantes relativamente ao que é feito no Brasil.

Em primeiro lugar, a tributação dos ganhos não realizados ocorre nos ativos das pessoas físicas. Em segundo lugar ele pode incidir sobre ativos não divisíveis tais como propriedades imobiliárias, além de ações, títulos, ou qualquer outro ganho de capital não realizado, inclusive obras de arte, criptos e outros ativos a serem definidos no mundo real, e até no mundo imaginário do metaverso.

O "come quotas", por ser aplicado sobre ativos totalmente divisíveis, como é o caso de cotas de fundos de investimentos, permite a realização forçada e definitiva de parte dos ganhos apurados. No caso de ativos indivisíveis, como uma objetos, imóveis, ou participação em sociedades, por exemplo, isto seria impossível. Portanto, no caso da proposta americana, não haverá realização forçada de ganhos, mas apenas um adiantamento de um valor imputado, com a manutenção do ativo íntegro sob propriedade do contribuinte.

No caso de perda de valor de um ativo no futuro, deverá haver a necessária compensação o que naturalmente faz prever que esta forma de tributação será de difícil operacionalização não apenas na aferição dos "ganhos não realizados", como no tratamento de casos específicos que certamente surgirão quando o tributo recolhido não ocorre de forma definitiva como no caso do "come cotas".

Além de ter como justificativa a maior tributação efetiva dos ricos, um dos objetivos deste esdrúxulo imposto mínimo é evitar os diferimentos contínuos e sem limite de ganhos acumulados, considerado um tipo de planejamento tributário discriminatório em favor dos contribuintes de alta renda, além de aparente injustiça tributária relativamente ao cidadão menos abastado.

Intuitivamente o argumento é atraente pelos padrões convencionais de pensamento econômico. Mas há que avaliá-lo mais cuidadosamente.

Além da maior complexidade que sobrecarregará o IR norte-americano, já longe de ser simples e transparente, sua justificativa pode carecer de razoabilidade do ponto de vista do bem-estar social, qualquer que seja o extrato socioeconômico do contribuinte desta nova incidência tributária.

O que esta proposta indica é a visão convencional de que a renda no sentido de Haig-Simon deve ser tributada, qualquer que seja a forma que venha a assumir uma vez gerada. Sendo consumida ou poupada, a renda total deve ser tributada. Mas se a visão tradicional implica tributar renda gerada (distribuída ou não), o que se propõe agora é a tributação de uma valorização, ou renda, não realizada no mercado e lastreada em meras expectativas. Ou seja, o imposto de renda passaria a incidir não apenas sobre a renda, mas também sobre a expectativa de renda.

O que se percebe é que no afã de garantir a arrecadação sobre um dos fatos geradores tradicionais – a renda -, amplia-se o conceito para incluir renda potencial esperada. Diferentemente do "come cotas" que tributa em bases correntes, a proposta Biden tributa uma expectativa a ser confirmada, ou não, em futuro incerto.

Nota-se aqui uma tentativa desastrada de adaptar um veículo clássico de tributação, a renda, a um mundo incerto, onde o planejamento tributário, a mobilidade de todos os fatores de produção e a imaterialidade do objeto das transações econômicas ameaçam os Estados nacionais em sua capacidade soberana de tributação. Tendo como objetivo a tributação de renda em todas as suas configurações, gastas ou poupadas, realizadas ou esperadas, criam-se mecanismos de suporte ao conceito tradicional de renda para ajustá-la a essas expectativas, ignorando-se custos, difícil operacionalidade, evasão e outras contraindicações deles resultantes.

Não seria a hora de mudar o conceito tradicional de renda tributável afastando-se da visão convencional do conceito globalizante de renda no sentido dado por Haig-Simon? Não seria o momento, considerando a dificuldade material da correta identificação e mensuração dentro de um mundo digital, considerar como alternativa a tributação do consumo seguindo Fisher, Kaldor e Meade? Ou mesmo considerar princípios totalmente novos, porém fruto do mundo digital, como a tributação dos fluxos de pagamento?

O esforço conjunto de capital e trabalho abastece a sociedade com bens e serviços disponibilizados para consumo ou investimento. Existe consenso na área tributária que há preferências sociais pelos investimentos de capital, pois recebem incentivos e estímulos para ocorrerem. Ao permanecerem dentro do circuito produtivo, o capital, juntamente ao trabalho, está gerando bens e serviços e abastecendo o *pool* comum de produtos colocados à disposição da sociedade. E ao se tributar apenas o consumo evita-se a bitributação da poupança e o desestímulo à acumulação de capital, essencial para o aumento da produtividade e dos salários.

Vê-se, portanto, que sob esta ótica a tributação deve se assentar sobre o ato de retirada de bens e serviços do *pool* coletivo para satisfação de desejos individuais (*rival goods*). Já o ato de incrementar o estoque de bens deve ser estimulado, e, portanto, não tributado.

Na interpretação convencional, a progressividade atinge uma abrangência na qual a mera posse ou propriedade de riqueza, independentemente do uso que esteja sendo dada a ela deve ser tributada, ou seja, retirada para uso do setor público. Mas ao permanecer no circuito produtivo a riqueza acumulada e não consumida, e, portanto, utilizada para multiplicar a geração de mais emprego e renda, não estaria cumprindo uma função social, semelhante ao gasto público, *lato sensu*?

A renda não distribuída, e, portanto, não consumida, gera benefícios sociais tal qual uma despesa pública, ainda que pertencente a um agente econômico privado de alta renda. O lucro não distribuído ao proprietário da empresa, e, portanto, não disponível para consumo, permanece no circuito produtivo, contribuindo para a geração de emprego, produto e renda. E isto independe da característica econômica de seu proprietário. Nesse sentido, um indivíduo que não consuma a sua renda, mas que poupe e invista não deveria ser tributado, independentemente de seu extrato socioeconômico.

3. *Follow the money*

Em artigo incluído na coletânea organizada por (Brigagão, 2020) afirmo que

> "Não obstante o uso intensivo em tecnologia como instrumento de gestão do sistema tributário, as bases e conceitos fundamentais da política tributária hodierna são as mesmas de um século atrás, ou seja, renda, consumo, folha salarial e patrimônio. A principal forma de cobrança dos fiscos se dá em moldes convencionais. Continua centrada na movimentação física de produtos, com inspeções visuais de mercadorias feitas em barreiras estaduais ou nacionais para conferências com as respectivas notas fiscais que as acompanham." (p.380)

No mesmo texto sugiro que a preocupação com o ajustamento dos sistemas tributários atuais às novas circunstâncias deveria adotar a mutação do alvo tributário básico atual, que são os **bens e serviços**, para o **pagamento.** O rastreamento da mercadoria seria substituído pela verificação do pagamento, o que se adaptaria melhor ao mundo tecnológico digital no qual as mercadorias e serviços tornam-se crescentemente "invisíveis" e a contraparte da transação econômica, o pagamento, é cada vez mais transparente.

Propus o que chamei de "*follow the money*". (p.383)

Propostas de uso do conceito de pagamento como base de incidência tributária têm sido levantadas desde a virada do século, estimuladas pelo uso no Brasil de um tributo sobre movimentação financeira (IPMF/CPMF) que perdurou quase doze anos e cuja detalhada avaliação acha-se em (Cintra,2009).

Vários trabalhos sustentando a tributação sobre pagamentos são encontrados em (Cintra, 1990, 1994(a), 1994(b), 1994(c), 2003(a), 2003(b), 2008(a), 2008(b), 2008(c), 2010), (FEIGE, 2000), (SECRETARIA DA RECEITA FEDERAL, 2019 (a) e (b)), (Suescun, 2004), (Mattos Filho,

1993), entre outros. Críticas a eles têm alimentado a polêmica com posicionamentos contrários à tese[2].

Em vários momentos o uso da tributação sobre movimentação financeira foi sugerido como um tributo substitutivo de vários outros, como em (Cintra, 2003,2009), ou como um tributo para recepcionar a função de financiamento da seguridade social, como no Relatório Final da Comissão Executiva de Reforma Fiscal (CERF), (Mattos Filho,1993), criada no governo Collor para propor a revisão do capítulo tributário da Constituição de 1988. As conclusões da CERF resultaram no envio de uma PEC ao Congresso Nacional, mas que não teve andamento em função do impedimento do então presidente da República, mas influenciou profundamente todas as demais PEC's de reforma tributária discutidas no país desde então.

Interessante notar, contudo, que o relatório final da CERF incluiu o uso da tributação da movimentação financeira para complementar a base de financiamento da seguridade social, cuja incidência na folha de salários vinha sofrendo erosão pelas inovações nos contratos de trabalho e pela inclusão dentre os beneficiários da previdência pública de uma massa significativa de não-contribuintes. Dizia o relatório final (Mattos Filho, 1993) que

> "A fonte de recursos deste regime (de seguridade social) deve ser um imposto de ampla base de arrecadação, a exemplo da contribuição sobre operações relativas à movimentação financeira ou transmissão de titularidade de numerário, créditos e direitos. A preferência por esta forma de financiamento para o regime universal é clara obediência ao princípio da equidade fiscal: como todos os cidadãos serão beneficiados, não se deve restringir o financiamento apenas ao mercado formal de trabalho." (p.45).

Na PEC sugerida ao Executivo em 1993, o relatório propôs a tipificação do tributo sobre movimentação financeira, e o texto foi a base da criação do IPMF em 1993 pelo Ministro da Fazenda Fernando Henrique Cardoso no governo de Itamar Franco, e que depois foi transformado em CPMF em 1996, vigendo até 2007. Seu uso, porém, como um tributo auxiliar para o ajuste fiscal do Plano Real implicava ter como objetivo o aumento da carga tributária, o que foi conseguido ao custo de grande antipatia popular.

[2] Todos os textos mencionados acima sobre o tema da tributação de pagamentos podem ser encontrados em www.marcoscintra.org/bibliografia-iu

A tributação da movimentação financeira, vem sendo fortemente criticada por agredir formalmente o conceito de eficiência, dada sua natural cumulatividade. Contudo, tais afirmações exigem uma validação empírica por três razões fundamentais, como pode ser visto em (Cintra, 2009). Em primeiro lugar, a alegação de existência de distorções alocativas nos tributos cumulativos depende da aceitação de premissas referentes ao funcionamento dos mercados que, sabidamente, não são atendidas factualmente; em segundo lugar, e nestas condições, a própria lógica neoclássica indica que em um mundo em *second best,* onde há distorções alocativas, apenas aferições empíricas permitiriam um ordenamento de ambientes econômicos alternativos, o que exclui que *a priori* um imposto cumulativo seja considerado necessariamente mais ou menos eficiente que outro não--cumulativo; e em terceiro lugar, trabalhos empíricos demonstram que um tributo cumulativo com baixas alíquotas pode ser menos distorcivo que um tributo sobre valor agregado com alíquotas mais elevadas, dado nível determinado de arrecadação.[3] [4]

Importante considerar que dois estudos feitos pelo Banco Central (Albuquerque,2001) e (Koyama 2001) demonstraram efeitos indesejados da CPMF no mercado financeiro. Os problemas apontados levaram ao aperfeiçoamento daquele instrumento que deixou de incidir no mercado financeiro e de capitais, sanando o problema identificado. Não obstante, estudos da (SECRETARIA DA RECEITA FEDERAL, 2001) da lavra de Andrea Lemgruber Viol, hoje chefe de divisão na área tributária do Fundo Monetário Internacional, apontam em outra direção. No texto, em defesa da CPMF, se busca desfazer os mitos e preconceitos que rondam o tributo:

> "Este trabalho procurou desmistificar os chamados impostos sobre débitos bancários, em particular, a CPMF. Como muitos outros fatos em maté-

[3] A cumulatividade implícita nos IVA's se instala automaticamente dependendo do período de produção, ou seja, do descasamento entre o registro de crédito na aquisição de insumos, e os débitos constituídos na venda da mercadoria. A neutralidade exigiria alíquota única, universalidade de incidência, e creditamento instantâneo. Adicionalmente, o problema de créditos acumulados é fonte de forte cumulatividade praticamente todos os IVAs utilizados no mundo, em maior ou menor escala, o que desarma qualquer argumentação acerca da neutralidade inerente aos IVAs.

[4] Para uma demonstração formal de como um tributo cumulativo pode ser menos distorcivo e socialmente preferível a um tributo não-cumulativo, vide capítulos 1 e 2 de (Cintra, 2009), pp.26-125.

ria tributária, há uma série de mitos em torno dessa contribuição, a maioria deles desprovida de uma análise bem fundamentada acerca dos reais impactos desse tributo. Torna-se necessário, portanto, rever alguns conceitos que caíram na vala comum e reavaliá-los em termos de uma teoria econômica centrada na realidade do País, e não apenas utilizar modelos abstratos para sustentar argumentações que não se sustentam quando aplicadas aos processos políticos, econômicos e sociais de uma nação". (p17)

Curioso observar que, como demonstrado por (CAGNIN, 2015), (CINTRA, 2009) e (SECRETARIA DA RECEITA FEDERAL, 2001) a experiência da CPMF no Brasil foi extremamente bem-sucedida, sem que nenhuma das graves distorções apregoadas por seus críticos ocorresse com significativa intensidade. Até mesmo estudiosos críticos de tributos sobre movimentação financeira, como por exemplo (KIRILENKO, 2003) reconhecem que, diferentemente de outros países analisados por ele, onde a implantação deste tributo causou perdas de superavit do consumidor (*deadweight losses*) e desintermediação financeira, o caso brasileiro foi diferente.

Segundo o autor, *"This analysis does not find significant disintermediation or deadweight losses in Brazil, for which the data series is not really long enough to allow effective use of the study's method."* [5]

Propostas divergentes dos cânones tradicionais da teoria da tributação, como é o caso do eterno conflito entre tributos cumulativos, como a tributação sobre pagamentos, e os IVAs, não-cumulativos, não podem ser sumariamente rejeitadas por serem consideradas distorcivas sem um esforço de validação empírica. Quando muito, e com raras exceções, tais estudos se baseiam em corolários formais da teoria convencional, sem aprofundamento quantitativo empírico que confirmem tais pressupostos.

Andrea Lemgruber Viol, em (SECRETARIA DA RECEITA FEDERAL, 2002) complementa suas observações ao afirmar que

> *"Não é objetivo do presente estudo questionar a superioridade da tributação sobre o valor agregado, em termos de distorção econômica, para sistemas de fácil administração, harmonizados nacionalmente e de baixo grau de sonegação. Isso é pacífico em termos de teoria econômica e os autores concordam que um IVA realmente amplo e nacional, com uma ou duas alíquotas, gera uma solução econômica superior ao modelo atual.*

[5] A qualificação feita pelo autor para justificar o sucesso do caso brasileiro é curiosa, considerando que o tributo vigorou por doze anos praticamente de forma ininterrupta no país.

Porém, dentro da restrição do factível, pois o ideal não nos parece uma solução possível de curto prazo, é preciso orientar o debate e não permitir que soluções parciais acabem por comprometer o funcionamento do sistema... A divergência é aparente porque a transposição de um IVA conceitual para o mundo real está sempre sujeita a adaptações que desvirtuam o pretenso caráter neutro da tributação. Tal fenômeno é mais evidente no Brasil, onde, dada a sua restrita abrangência e multiplicidade de alíquotas, ainda há controvérsia na identificação do ICMS e IPI como impostos sobre o valor agregado. O PIS/COFINS, ao contrário, embora não possua a característica essencial da incidência sobre valor agregado, incorpora as outras duas características desejáveis: abrangência e reduzido número de alíquotas. E é exatamente essa desvirtuação do conceito puro de IVA que explica os resultados obtidos." (p.18)

Considerando as limitações impostas pela realidade e pelas inovações tecnológicas à operação ideal de impostos convencionais, há que se buscar formas de tributação mais consentâneas com a realidade e com a evolução do mundo digital.Nesse sentido, a uso do **fato gerado**, ao invés de **fatos geradores** como base imponível pode ser uma forma mais simples, mais realista e mais moderna de tributação.

A proposta da compra de ativos como o Twitter pelo valor de US$ 45 bilhões ocorrida recentemente, jamais poderia ter sido antecipada por qualquer algoritmo tradicional de cálculo de valores. Já o valor da transação realizada, sem qualquer outra necessidade de qualificação, torna-se um instrumento mais confiável e mais objetivo para compor uma estrutura de arrecadação de impostos.

A tributação deve acompanhar a sociedade em sua evolução natural. Os padrões de consumo se alteraram profundamente, concentrando-se em serviços em detrimento de bens. Isto não pode deixar de influenciar os padrões tributários, como afirma (Zilveti, 2018) ao afirmar que

> "Se o consumo mudou profundamente, é de se esperar que o tributo sobre ele também seja alterado. Não parece razoável que se siga pensando em "valor agregado" ou "circulação de mercadorias" se a tecnologia e o consumidor desprezam essas expressões. Não se pensa mais em cadeia produtiva, como Von Siemens idealizou no início do século 20 para o IVA (imposto sobre valor agregado) europeu.
>
> Tampouco se considera relevante o "trânsito de bens", perceptível pela entrada ou saída física de bens em fronteiras hoje inexistentes. O tributo de mercado, como se diz do IVA, pressupõe um limite jurisdicional, hoje virtual."

De fato, os conceitos tradicionais de renda, patrimônio, consumo, poupança e ganhos de capital eram mais transparentes e homogêneos do que são hoje no mundo digital. As formas de recebimento de valores, de pagamento e a valoração de ativos passaram mais recentemente a ser de mais difícil identificação e tipificação. Tomemos como exemplo a questão da valoração de ganhos de capital não realizados, como analisada acima.

Considerando o grau de inovação tecnológica e mercadológica dos ativos gerados na economia exponencial de hoje, a forma usual de tomar as transações registradas como parâmetro para uma *marcação a mercado* não são confiáveis. O exercício usual de calcular o valor presente de fluxos previstos de valores futuros transformou-se em exercício de enorme incerteza, senão nebuloso e indecifrável no mundo do *blockchain*, das criptomoedas e de novos ativos difíceis de serem categorizados pelos conceitos tradicionais. Pior ainda quando se trata de antecipar tributação sobre ganhos esperados de papel, como no caso da proposta Biden.

Dadas as incertezas e dificuldades apontadas com a tributação convencional no mundo digital a exação do **fato gerado**, em contraponto ao do **fato gerador,** se mostra mais simples e dispensa qualquer mensuração prévia, pois incide sobre um fato conhecido e realizado.

Ademais, vale lembrar, como em (Cintra 2009) que o **fato gerado** do pagamento, ainda que de forma cumulativa, é uma síntese de todos os fatos geradores convencionais, exceto a riqueza (ou patrimônio). Não obstante, a alcança com mais eficiência que os tributos convencionais quando qualquer transferência de riqueza ou patrimônio é realizada.

É compreensível que novas formas de tributação como a tributação dos pagamentos enfrentem resistências pois em economias como a brasileira a maior parte do processo produtivo ainda se encontra no estágio da *indústria 2.0.* Nesse sentido, a rejeição a propostas como a da tributação sobre movimentação financeira é respaldada na ausência de problemas graves a serem solucionados e, portanto, os paradigmas convencionais ainda são operacionais nestes setores mais antigos da sociedade.

Contudo, uma reflexão sobre a velocidade da revolução tecnológica nos levaria rapidamente a imaginar um mundo onde o ambiente econômico, social e cultural passe a ser dominado pelos espaços virtuais como o metaverso, onde transações comerciais de compra, venda, aluguel e acumulação de patrimônio ocorram com características semelhante às que ocorrem no mundo real. Daí surgem problemas. Devem ser tributadas? Podem ser tributadas? Como tributá-las?

Antes de abordar estas questões gostaria de relembrar uma estória de ficção científica, mas que coloca com clareza o tom do problema.

Nações em guerra tradicional causam perdas de vidas e destruição de ativos. Incomodados com a destruição de bens e propriedades, convencionou-se que a guerra seria virtual, realizada em um mundo paralelo onde, através de algoritmos e levando em consideração o potencial bélico real de cada país, se determinaria o vencedor. Nesta guerra virtual não haveria destruição de bens. O preço da guerra, como indenizações ou reparações, seria pago em vidas humanas, no mundo real. O país perdedor executaria um número de pessoas definido pelos algoritmos das batalhas virtuais, e as guerras seriam travadas sem destruição de ativos. Vejam que na paródia aqui relatada, o mundo virtual tem sua lógica e sua dinâmica no mundo paralelo, mas ao cabo de tudo, o seu efeito final, a execução dos seres humanos, ocorre no mundo real.

Transpondo esta paródia ao mundo tributário, haveria no metaverso uma economia onde as atividades seriam tributadas dentro deste mundo imaginário, com suas regras e métodos de recolhimento, mas em algum momento a ligação com o mundo real teria que existir pois as necessidades de governos para a produção de bens públicos são reais, como escolas, hospitais, infraestrutura, segurança e outras.

Conclusões

Nesse sentido, a indagação de se as transações no metaverso devem ser tributadas, endereçam uma resposta positiva pois há conexão entre as atividades virtuais e ganhos financeiros no mundo real.

De fato, as cripto moedas usadas no metaverso são compradas, e eventualmente convertidas em moeda de curso forçado emitida pela autoridade monetária dos Estados nacionais. Ou seja, por enquanto as criptomoedas utilizadas nos circuitos econômicos virtuais mantêm ligações com os circuitos reais.

A compra de uma obra de arte em NFT paga em bitcoin tem vínculo com o mundo real por meio da aquisição dos *bitcoins* pagos em moeda convencional. Portanto, abre-se o espaço para a tributação, ainda que com enormes dificuldades de enquadramento dessas operações nos regulamentos dos tributos existentes, e que não raro levam a intermináveis discussões que deságuam nas cortes da lei após décadas de incertezas e frustrações.

Em outras palavras, as moedas virtuais utilizadas no metaverso são, por enquanto utilizadas como **unidade de conta**, e ao final e ao cabo das operações dentro do circuitos virtuais, elas são liquidadas por meio da moeda convencional, que ainda mantém sua função de **meio de pagamento**.

Vê-se, portanto, que o pagamento, ou a transação financeira convencional é o elo entre o mundo real e o virtual. Assim sendo, o conceito da tributação do **fato gerado,** ou seja, a tributação do pagamento puro e simples, se apresenta como uma alternativa viável e de singela implementação para a tributação do mundo virtual. Tributam-se os fluxos de pagamento, sem a tentativa bizantina de enquadrá-los aos tributos convencionais.

Deixo, no entanto, para reflexão, uma visão apocalítica do futuro da tributação no dia em que as criptomoedas assumirem funções de meios de pagamento. Sendo universalmente aceitas, descentralizadas e não sujeitas a qualquer autoridade central, nem a governos, a tributação como hoje a conhecemos desaparecerá inapelavelmente. É difícil imaginar qual a nova forma de organização social que a substituirá, e quais seus impactos políticos e sociais que terão no futuro da humanidade.

Finalizo esta nota parafraseando distopicamente a Professora Lorraine Eden da Texas A&M: *Hic sunt dracones.*

Referências

ALBUQUERQUE, Pedro. *How bad is BAD taxation? Disintermediation and illiquidity in a Bank Account Debits Tax Model.* University of Wisconsin – Madison. International Tax and Public Finance, 13:5, 11/11/2001.

CAGNIN, Rafael F.; FREITAS, Maria C. P. de. *Financial Transaction Taxes: the Brazilian Experience with IOF and CPMF.* Comissão Econômica para a América Latina e o Caribe CEPAL, 2011. Tradução disponível,Tributação das Transações Financeiras: a Experiência Brasileira com o IOF e a CPMF. Análise Econômica, Porto Alegre, ano 33, n.63, p. 139-169, mar. 2015.

DEVEREUX, M., AUERBACH, A., KEEN M., OOSTERHUIS P., SCHON W., VELLA J., *Taxing Profit in a Global Economy.* Oxford Economic Press, 2021.

CINTRA, M. *Por uma Revolução Tributária.* Folha de São Paulo, SP 14 de janeiro, 1990.

CINTRA, Marcos. *A Verdade sobre o Imposto Único.* São Paulo, LCTE, 2003(a).

CINTRA, M. *Globalização Impõe novo Paradigma Tributário.* In: WALD A., GANDRA MARTINS I, PRADO N. *O Direito Brasileiro e os Desafios da Economia Globalizada.* Rio de Janeiro, América Jurídica 2003(b).

CINTRA, M. (Org.). *Tributação no Brasil e o Imposto Único.* São Paulo, Makron Books, 1994(a).

CINTRA, M. *Imposto Único sobre Transações* (IUT). In: CINTRA, M. (Org.). "Tributação no Brasil e o Imposto Único". São Paulo, Makron Books, 1994(b).

CINTRA M. *A Marcha do Imposto Único.* São Paulo, Revista dos Tribunais, Cadernos de Direito Tributário e Finanças Públicas, ano 3, número 9, Editora Revista dos Tribunais, out/dez 1994(c).

CINTRA, M. *A Polêmica da CPMF.* In: SANTI E. (org.). *Curso de Direito Tributário e Finanças Públicas.* São Paulo, Editora Saraiva, 2008(a).

CINTRA M. *Globalização, Modernização e Inovação Fiscal.* In: VASCONCELLOS R,. (org). *Política Fiscal.* São Paulo, Editora Saraiva, Série GV-Law, 2008(b).

CINTRA, M. *Paradigmas Tributários: do Extrativismo Colonial à Globalização na Era Eletrônica.* In: SANTI E. (org). *Curso de Direito Tributário e Finanças Públicas.* São Paulo, Editora Saraiva, 2008(c).

CINTRA, M. *Bank Transactions: Pathway to the Single Tax Ideal A Modern Tax Technology.* Amazon Books, 2009.

CINTRA, Marcos. *A New Tax Technology: The Brazilian Experience with a General Bank Transactions Tax.* Journal of Accounting and Taxation, Vol. 2, p.15-24, junho de 2010.

HEAD, J.G; KREVER R. (eds). *Tax Reform in the 21st Century Series on International Taxation.* Wolters Kluwer, Netherlands, 2009.

FEIGE, Edgar L. *Taxing All Transactions. The Automated Payment Transaction Tax System.* University of Wisconsin – Madison. Estudo apresentado no International Institute of Public Finance Conference em Buenos Aires, Argentina, em 28 de agosto de 1989.

KIRILENKO A, SUMMERS V., Bank Debit Taxes: *Yield Versus Disintermediation. In:* HONOHAN P. *Taxation of Financial Intermediation, Theory and Practice for Emerging Economies.* World Bank and Oxford University Press, 2003.

KOYAMA, Sergio; NAKANE, Marcio. *Os Efeitos da CPMF Sobre a Intermediação Financeira.* Banco Central do Brasil, Trabalhos para Discussão 23, julho de 2001.

MATTOS FILHO, A.O. (ed). *Reforma Fiscal: Relatório da Comissão Executiva da Reforma Fiscal.* DBA-Dorea Books and Art, São Paulo, 1993 (disponível em https://www2.senado.leg.br/bdsf/handle/id/557745.

ROCHA, W. *Reforma Tributária em Pauta.* São Paulo: Almedina, 2021.

SECRETARIA DA RECEITA FEDERAL. CPMF. *Mitos e Verdades sob as Óticas Econômica e Administrativa.* Textos para discussão 15, 2001.

SECRETARIA DA RECEITA FEDERAL. *A Progressividade no Consumo – Tributação Cumulativa e Sobre o Valor Agregado.* Coordenação Geral de Política Tributária, Estudos Tributários n. 4, Brasília, abril de 2002.

ZILVETI, F. *Reforma Tributária na Contramão.* Folha de São Paulo, 23 de março, 2018.

12

MOEDAS DIGITAIS SOBERANAS E O DESENVOLVIMENTO DE UMA PLATAFORMA BRASILEIRA DE LIQUIDAÇÃO PARA A ECONOMIA DA INFORMAÇÃO

FABIO ARAÚJO[1]

Introdução

O processo de transformação digital vem trazendo mudanças em todos os setores da sociedade e profundas alterações na economia. Com a crescente tendência de digitalização em serviços de pagamentos, o dinheiro passou à vanguarda da inovação. Serviços de pagamentos são sempre bem documentados gerando um fluxo de dados de elevada integridade sobre o comportamento das pessoas, que é matéria-prima da economia da informação.[2] Esses fluxos de informação realimentam o processo de transformação digital em uma dinâmica que levanta questões de governança de dados, proteção ao consumidor e prevenção de práticas anticompetitivas decorrentes da formação de silos de dados nas *bigtechs*.[3]

[1] Este texto não deve ser relatado como representando os pontos de vista do Banco Central do Brasil. As opiniões aqui expressas são de responsabilidade exclusiva do autor e não necessariamente refletem as do Banco Central do Brasil.

[2] Economia da informação é um termo que tem sido usado, principalmente, em dois contextos. Inicialmente, já na década de 70, no sentido de parte das Ciências Econômicas devotadas ao estudo das relações econômicas onde os conjuntos a informação detidos por diferentes agentes ajudam a determinar seu comportamento econômico. Mais recentemente, a partir dos anos 1990, a expressão passou a determinar o ramo da atividade econômica que usa informação como insumo, como é o caso de empresas como Google, Meta (antigo Facebook) e Apple, entre outros

[3] Por *bigtech* entende-se o conglomerado econômico, atuante na economia da informação, que em decorrência de externalidades de rede verticaliza diversas atividades trazendo para sua plataforma serviços como mensagens, rede social, comércio eletrônico, streaming de áudio e vídeo. Além das gigantes globais Google, Meta, Amazon e Apple, se enquadram nessa definição Mercado Livre, WeChat e Alibaba, entre outros.

Este texto examina o papel de uma moeda digital de banco central (MDBC)[4] no desenho de um sistema monetário aberto, seguro, eficiente e competitivo que promova a inovação e atenda às demandas da sociedade. As MDBCs são uma forma digital de dinheiro, denominado na unidade nacional de conta, que são um passivo direto do banco central. É importante entender que há outras formas de dinheiro digital. A forma digital de dinheiro a qual o público tem acesso usual é o depósito – em bancos, cooperativas de crédito ou instituições de pagamento – que junto com o Banco Central do Brasil (BCB) disponibilizam moeda de alta liquidez para a economia.[5]

Conforme estudo feito pelo *Bank for International Settlements* (BIS), BIS (2021), o desenvolvimento de MDBCs tem recebido crescente atenção internacional e interesse dos bancos centrais ao redor do mundo. Atualmente, de acordo com o sítio de internet *CBDC Tracker*[6] cerca de 80 países, responsáveis por mais de 90% do PIB mundial, estão engajados em pesquisas ou testes relativos ao desenvolvimento de uma moeda digital soberana.

Em 2019, o Facebook, hoje Meta, mostrou interesse por empregar uma *stablecoin* global[7] em suas plataformas com a finalidade de facilitar pagamentos entre seus usuários, inclusive em diferentes países. Com mais de 2 bilhões de usuários ativos em diversos países, uma moeda digital operando nessa plataforma perturbaria fortemente os sistemas monetários nacionais. Por outro lado, esse interesse sinalizou avanços no processo de transformação digital e o amadurecimento da demanda por meios de pagamentos digitais, tais como *stablecoins*.

Em paralelo aos avanços da transformação digital, a pandemia de Covid-19 evidenciou a importância de haver disponíveis métodos confiáveis de pagamento digital, o que ajuda a entender o engajamento das autoridades monetárias em projetos de MDBCs.

Cada país busca em uma MDBC a solução para seus problemas domésticos. Ao se analisar os esforços dos bancos centrais no desenvolvimento de suas MDBCs, os projetos apresentados podem ser divididos em três gran-

[4] Também comumente referidas por CBDC, da sigla do inglês *central bank digital currencies*.

[5] Esse trecho se refere ao agregado monetário M1, para maiores detalhes veja a BCB (2018).

[6] Para atualizações sobre o assunto veja cbdctracker.org.

[7] O conceito de *stablecoin* será tratado mais adiante no texto. Para informações sobre *stablecoins* e *stablecoins* globais veja FSB (2020).

des categorias: i) projetos de pagamentos de atacado, onde se enquadram os projetos para pagamentos transfronteiriços; ii) os projetos de pagamentos de varejo, onde predominam os projetos voltados a pagamentos instantâneos; e iii) projetos que buscam fomentar a inovação, ao reconhecer a capacidade das MDBCs de gerar novos modelos de negócios. É nessa última categoria que se enquadra o projeto da MDBC brasileira, a iniciativa do Real Digital.[8]

O Sistema de Pagamentos Brasileiro (SPB) conta com soluções que são referência internacional nos segmentos de atacado – com o Sistema de Transferência de Reservas (STR) – e de varejo – com o pagamento instantâneo brasileiro (Pix). Analisando as evoluções recentes na economia da informação, com a incorporação de soluções baseadas na tecnologia de *blockchain*,[9] o próximo passo no mercado de pagamentos no Brasil parece ser o desenvolvimento de uma MDBC, para incorporar essas tecnologias e dar base a uma plataforma de pagamentos inteligentes.

As tecnologias de *blockchain* deram origem aos mercados de criptoativos, que são sustentados por várias formas de intermediação. Algumas das formas de intermediação de criptoativos têm análogos diretos nas finanças tradicionais. Mas nos últimos anos, formas de negociação conhecidas como finanças descentralizadas, ou DeFi – do inglês *decentralized finance*,[10]ganharam força. O ecossistema de DeFi, com ferramentas fundamentalmente novas, fornece serviços financeiros sem intermediários centralizados, operando por meio de protocolos automatizados em *blockchains*. Esse ecossistema gira em torno de dois elementos: (i) novos protocolos para negociação, empréstimo e investimento; e (ii) *stablecoins*, que facilitam a transferência de fundos e que, em primeira análise, não adicionam volatilidade às operações por manterem um valor fixo em relação à moeda fiduciária de referência, usualmente o dólar americano.

[8] Veja https://www.bcb.gov.br/estabilidadefinanceira/real_digital.

[9] Blockchain é uma tecnologia de banco de dados com registros distribuído que descentraliza sua hospedagem, contanto com várias cópias distribuídas na rede, de modo a garantir sua acessibilidade sem a necessidade de uma infraestrutura centralizada. Cada bloco de dados é registrado e validado por consenso e protegidos por criptografia para garantir sua integridade, o que o torna imutável na prática. Nesse processo o bloco adicionado à cadeia de blocos anteriormente registrados, daí o nome *blockchain* ou "cadeia de blocos".

[10] O termo DeFi, além de representar uma forma reduzida de *decentralized finance*, é pronunciado como a palavra inglesa *defy*, que significa desafiar.

Embora a proposta das DeFi seja a intermediação financeira sem entidades centralizadas, a centralização da governança é necessária para tomada de decisões estratégicas e operacionais. Além disso, algumas características do DeFi, como mecanismos de votação baseados no princípio "um dólar, um voto", favorecem a concentração de poder.

Apesar de as DeFi terem potencial para complementar as atividades financeiras tradicionais, atualmente sua atuação é voltada à autorreplicação do ambiente de criptoativos, dando liquidez a operações com esses ativos. Um desafio regulatório é incorporar essas novas tecnologias aos fluxos econômicos que abastecem com liquidez a todos os setores da atividade econômica.

Esse texto, na seção 1, descreve inicialmente as características gerais de sistemas de pagamentos digitais e algumas particularidades do sistema brasileiro. Com base no contexto oferecido por essa descrição, são tratadas as inovações recentes no ambiente de pagamentos que resultaram no atual interesse que se observa sobre as MDBCs. Na seção 2, os potenciais usos para uma MDBC são apresentados buscando contextualizar a dificuldade de determinação da função específica de uma MDBC, o que depende das necessidades específicas do país que pretende implementá-la. Por fim, a seção 3 apresenta um uso potencial para uma MDBC brasileira, apresentando-a como base para uma plataforma de pagamentos compatível com as necessidades da economia da informação.

1. Pagamentos digitais

O dinheiro e seus fundamentos institucionais evoluem em paralelo com a tecnologia disponível. Dessa forma, inovações recentes em serviços de pagamento foram baseadas em melhorias de infraestruturas, construídas ao longo desse processo de evolução. Bancos centrais em todo o mundo instituíram sistemas de liquidação bruta em tempo real[11] nas últimas décadas – como foi o caso no Brasil, onde o Sistema de Transferência de Reservas (STR) entrou em atuação em 2002, permitindo a instauração da Transferência Eletrônica Disponível (TED).

Um número crescente de países – que já ultrapassava 50 ao fim de 2020 – vem introduzindo sistemas de pagamentos instantâneo de varejo,[12] que

[11] Internacionalmente referidos por RTGS, do inglês *real time gross settlement.*

[12] Internacionalmente referidos por FPS, do inglês *fast payment system.*

permitem a liquidação instantânea de pagamentos entre pessoas e empresas 24 horas por dia. Os sistemas de pagamentos instantâneo de varejo oferecem suporte a um ecossistema de provedores de serviços de pagamento (PSP), formado por bancos e por agentes não bancários – no Brasil, as instituições de pagamentos (IP).

Exemplos de sistemas de pagamentos instantâneo incluem *TARGET Instant Payment Settement* (TIPS) na área do euro, a *Unified Payments Interface* (UPI) na Índia, *Cobro Digital* (CoDi) no México e a proposta *FedNow* nos Estados Unidos, entre muitos outros. No Brasil, transferências e pagamentos instantâneos são feitos através do Pix, que se suporta sobre o Sistema de Pagamentos instantâneos (SPI).

1.1. Pagamentos digitais no Brasil

O SPB disponibiliza diversos serviços através de sistemas que são denominados Infraestruturas do Mercado Financeiro (IMF),[13] buscando promover interoperabilidade, inovação, solidez, eficiência, competição e amplo acesso aos serviços. Dessa forma, as IMF desempenham seu papel na sociedade buscando garantir a privacidade, a qualidade e a continuidade dos serviços.

As IMF são, portanto, essenciais para a manutenção da confiança nos mercados financeiros, promovendo a estabilidade financeira e dando as condições necessárias para a efetividade dos canais de transmissão da política monetária. Desta forma as IMF do SPB são estruturas fundamentais para o BCB, pois lhe dão ferramentas eficazes para o atingimento de suas missões de estabilidade financeira e monetária.

Para atingir esses objetivos, o BCB tem as competências de regulamentar e supervisionar o SPB e suas IMF. Mas, mais que isso, em um ambiente de rápida atualização, como experimentado nesse momento de transformação digital, ações modernizadoras são essenciais.

Os mercados financeiros estão se reorganizando para melhor lidar com o fluxo de informações gerado nas atividades do nosso dia a dia. Os bancos centrais têm de se adequar a essa realidade. Na convergência de tecnologias e serviços, o uso de informações de pagamento traz potencial para a inovação financeira, para a oferta de novos serviços e para o aumento da eficiência dos serviços atualmente disponíveis.

[13] Informações adicionais sobre o SPB (IMF, STR, Pix e Real Digital) podem ser encontradas no link https://www.bcb.gov.br/estabilidadefinanceira/spb.

Antes de discutir os potenciais da MDBC, é importante compreender o cenário onde ela se insere. Desta forma buscamos descrever a seguir algumas das principais IMF do mercado de pagamentos brasileiro e inovações que vêm ocorrendo no cenário de pagamentos que estão diretamente relacionadas a uma MDBC.

O Brasil conta com um sistema de pagamentos moderno composto por três elementos de liquidez – Contas de Reserva Bancária, Contas de Pagamentos e Contas Pagamento Instantâneo – que se dividem em duas camadas.

A camada de pagamentos de atacado se baseia no STR, com protocolo proprietário, que disponibiliza a TED – entre outros serviços. Ela foi constituída inicialmente para ser operada por agentes que detêm conta de reserva no BCB – essencialmente os bancos – e se encontra em operação há 20 anos.

No STR, onde ocorre a liquidação final de obrigações financeiras no Brasil, a transferência de fundos é irrevogável, dando finalidade à transação. Desta forma, não há possibilidade de lançamentos a descoberto ou de se efetuar uma transação baseada em crédito nesse sistema, já que em ambas as situações a finalização da operação se daria posteriormente.

O STR, ao efetivar cada operação em separado e instantaneamente, representa um avanço em comparação aos sistemas de compensação onde transações são agrupadas entre os participantes e apenas os valores líquidos são movimentados entre as instituições.

Para exemplificar as vantagens do STR sobre o sistema de compensação, imagine a situação em que três instituições trocam recursos de modo que um montante passa da instituição A para a instituição B e daí para a instituição C. Em um sistema de compensação, as movimentações financeiras somente ocorrerão ao fim de um determinado período, normalmente ao fim do dia. Nesse caso haverá apenas uma movimentação no sistema, o montante referido será transferido de A para C. Já em um sistema de liquidação bruta em tempo real, haverá duas transferências, uma de A para B e outra de B para C, imediatamente após o comando de transferência ser registrado no sistema.

Essa metodologia reforça a integridade do sistema, pois todos os operadores devem ter imediatamente disponível a liquidez para as transações que estejam conduzindo, eliminando o risco de falta de recursos no momento da compensação.

O STR, entretanto, foi construído tendo em mente a troca de grandes valores entre os participantes do SPB, com foco no atacado. Assim, esse sistema processa as operações dos bancos e não de seus clientes. Por isso a TED não é instantânea. O banco tem a opção de agregar as ordens de TED a outras movimentações, de modo a efetuar um menor número de transações no sistema.

Em 2013, essa camada de pagamentos de atacado passou a contar com as IPs que, por serem agentes não bancários, operam com base em contas de pagamentos e não em contas de reservas. O sistema de dinheiro eletrônico, que alimenta as contas de pagamentos, é operado pelo ecossistema de IPs e está em operação há quase uma década.

Já a segunda camada, se baseia no SPI, que usa Protocolo ISO20022, e disponibiliza o Pix. Essa camada entrou em operação em novembro de 2020 e foi muito bem recebida pelo público, contando com a adesão de cerca de dois terços da população adulta brasileira, e já ultrapassando os 350 milhões de chaves individuais em operação, em uso por pessoas físicas e pessoas jurídicas. Nos primeiros 12 meses de operação do Pix, cerca de 20% da população brasileira fez sua primeira transferência digital, um importante avanço na inclusão financeira.

Do ponto de vista das operações de pagamento de varejo, o SPI representa um avanço na flexibilidade do SPB. O SPI é uma infraestrutura centralizada para liquidação de pagamentos instantâneos entre instituições distintas no Brasil, e, assim como o STR, o SPI é um sistema que faz liquidação bruta em tempo real, sem possibilidade de lançamentos a descoberto e, uma vez liquidadas, as transações são finais.

Análogo à TED, construída sobre o STR, o Pix é um serviço de pagamentos instantâneos, construído sobre o SPI, no qual os recursos são transferidos em poucos segundos, a qualquer hora de dia. O Pix pode ser iniciado a partir de uma conta corrente, conta poupança ou conta de pagamento pré-paga. Desta forma o Pix colabora para induzir a competitividade e a eficiência do mercado. Ao incentivar o uso de meios digitais de pagamento no mercado de pagamentos de varejo, o Pix promove a inclusão financeira ocupando nichos não atendidos nesse mercado.

Quando esses elementos – Pix e moeda eletrônica com um ecossistema diversificado de IPs – se conectam às políticas de universalização de acesso a serviços de pagamentos digitais promovidas pelo BCB – que podem ser exemplificadas pelo processo simplificado de abertura de conta, pela obrigatoriedade de participação no Pix dos maiores provedores de serviços de pagamentos e pelas baixas taxas de transação desse sistema – pode-se considerar que o Brasil já tem uma MDBC sintética[14] disponível para sua população.

1.2. Inovações recentes

Apesar de o Brasil já contar com um sistema de pagamentos avançado, importantes mudanças estão ocorrendo no sistema monetário. Com as mudanças na demanda por pagamentos de varejo há, em diversos países, um menor número de transações em dinheiro, que têm migrado para formas digitais. E essa tendência se acelerou desde o início da pandemia de Covid-19.

Em resposta a essas mudanças de comportamento, vemos na iniciativa privada o amadurecimento de transações de pagamento baseadas em criptoativos. Esse amadurecimento ocorreu principalmente devido ao desenvolvimento das *stablecoins*, que não estão sujeitas às flutuações de preços da mesma forma que os criptoativos. Nos governos, muitos bancos centrais estão ativamente engajados em trabalho sobre MDBCs como uma representação avançada do dinheiro do banco central para a economia digital, também buscando dar uma resposta às mudanças de comportamento observadas na sociedade.

Até o momento parece claro que os criptoativos se prestam à função de ativos especulativos, mas não à função de meio de pagamento. Além disso, em muitos casos, criptoativos são usados para facilitar a lavagem de dinheiro e para cometer outros crimes financeiros e atividades ilícitas. Para atacar o primeiro problema, as *stablecoins* tentam importar credibilidade ao se apoiarem nas moedas fiduciárias. Assim, o ponto fundamental a se questionar sobre uma *stablecoin* é a governança por trás da promessa de sua convertibilidade na moeda fiduciária de referência.

Ademais, serviços financeiros e de pagamentos construídos sobre diferentes *stablecoins* podem ter dificuldades de interoperabilidade construídas em seu desenho, de modo a explorar externalidades de rede.[15] Com isso

[14] Uma MDBC sintética é um arranjo de pagamentos que permite acesso aos serviços que uma MDBC pode oferecer. Essa forma de moeda não constitui passivo do banco central, mas é um passivo da instituição emissora completamente lastreado em ativos de alta qualidade e liquidez, como títulos públicos e moeda nacional, em depósito no banco central.

[15] Como introduzido em Katz e Shapiro (1986).

as *stablecoins* têm o potencial de fragmentar a liquidez do sistema monetário e reduzir o papel do dinheiro como um dispositivo de coordenação.

Um importante desenvolvimento recente nesse cenário foi a entrada de grandes empresas de tecnologia, as *bigtechs*, nos serviços financeiros. Para essas empresas, dados são a matéria-prima essencial e seu modelo de negócios se baseia na observação direta das interações entre seus usuários. Assim, sua entrada no espaço financeiro representa a aquisição uma nova fonte de informação sobre o comportamento de empresas e indivíduos. Dessa forma, os dados do usuário em transações de comércio eletrônico e outros pagamentos se associa àqueles gerados por mensagens, mídia social ou pesquisa, proporcionando uma vantagem competitiva por meio de fortes efeitos de rede. Pois, quanto mais usuários migram para uma plataforma específica, mais atraente é para um novo usuário ingressar nessa mesma rede.

No entanto, não é inevitável que os efeitos de rede que sustentam as *bigtechs* resultem em comportamento lesivo para seus usuários. Se por um lado, a concentração de usuários representa a concentração do mercado de pagamentos, o que traz a oportunidade de comportamento monopolístico das empresas.[16] Por outro, a concentração de usuários em uma mesma rede pode criar um círculo virtuoso, gerando ganhos de escala que tendem a reduzir custos, melhorar serviços e promover maior inclusão financeira.

Outro desenvolvimento recente importante nos mercados de pagamentos e liquidação é o rápido crescimento do sistema financeiro criptográfico baseado em ferramentas de DeFi. O crescimento do mercado de criptoativos remonta à publicação de Nakamoto (2008) descrevendo um mecanismo de *blockchain*, permitindo transações diretas entre pares e a criação em 2009 do Bitcoin.

O número de plataformas de *blockchain*, com seus criptoativos base, vem crescendo muito rapidamente. Um marco importante nesse ecossistema foi o desenvolvimento da plataforma Ethereum e seu criptoativo Ether, em 2015. Essa tecnologia suporta contratos automatizados com protocolos predefinidos executados em *blockchains*, comumente chamados de "contratos inteligentes", ou *smart contracts* na denominação original em inglês.

[16] Na China, por exemplo, as duas maiores bigtechs, donas das redes sociais Weibo e WeChat, controlam mais de 90% do mercado de pagamentos móveis, que tem grande difusão naquele país.

Essa tecnologia de programabilidade tem sido fundamental para estimular o ecossistema de DeFi.

As DeFi diferem das finanças tradicionais não tanto pelos tipos de serviço que procuram oferecer, mas pela forma de execução, buscando eliminar intermediários e dar aos usuários finais o controle sobre o processo. Para tanto, os protocolos de DeFi fazem uso de alguns elementos fundamentais, oferecidos pela programabilidade e pelas *stablecoins*.

O papel das *stablecoins* no ecossistema de DeFi é o de facilitar transferências de fundos entre plataformas e entre usuários. As *stablecoins* permitem que os recursos dos participantes do mercado de criptoativos participem de diversas transações sem que, por um lado, tenham que entrar e sair do mercado a cada transação, incorrendo em custos de conversão para moeda fiduciária a cada rodada ou, por outro lado, tenham que manter em carteira uma quantidade indesejada de um dado criptoativo, incorrendo em volatilidade de preço até que possam se engajar em uma outra negociação.

O crescimento das *stablecoins* tem sido exponencial desde meados de 2020, período no qual a capitalização de mercado das 10 maiores *stablecoins* ultrapassou os US$ 10 bilhões. No final de 2021, o valor das principais *stablecoins* em circulação ultrapassou os US$ 130 bilhões, um valor ainda pequeno em comparação com a capitalização de mercado de ativos mais tradicionais – como ações de empresas globais ou ouro, que se situam na faixa dos US$ trilhões – mas que tem crescido de forma acelerada. Em particular, a *stablecoin* Tether ganhou escala substancial, ultrapassando a marca de US$ 75 bilhões de capitalização de mercado ao final de 2021, se estabelecendo como um importante veículo para investidores que buscam negociar dentro e fora do mercado de criptoativos.

Com as *stablecoins*, o ecossistema de DeFi registra todo o histórico de transações diretamente na cadeia (no *blockchain*), sem o envolvimento de intermediários centralizados. O ecossistema conta com fundos de criptoativos que oferecem garantia em excesso ao valor das transações, ou seja, os ativos usados em garantia valem mais do que as *stablecoins* em circulação. Como o método de garantia por criptografia gera elevada volatilidade de preço, as stablecoins que suportam o ambiente de DeFi incentivam os usuários a monitorar ativamente a taxa de garantia.

Os contratos inteligentes por trás dos protocolos de DeFi permitem que qualquer usuário recupere os ativos de garantia quando o nível de garantia cai abaixo de um determinado limite, usualmente superior a 100%. Essa estratégia busca garantir o valor das operações e estabiliza o valor das *stablecoins* no mesmo valor da moeda fiduciária.

Outras *stablecoins* são algorítmicas, ou seja, operam para minimizar sua volatilidade de preço dispensando garantias e se baseando apenas em algoritmos que controlam sua oferta para atender à demanda a um preço igual ao valor da moeda fiduciária. Nenhuma *stablecoin* puramente algorítmica foi amplamente adotada até o momento.

O ambiente de criptoativos, *stablecoins* e DeFi vêm se desenvolvendo à margem da regulação, e operando em bases legais precárias. Mas devido ao seu ganho de importância ao longo de 2020 e 2021, reguladores ao redor do globo passaram a consideram seriamente alternativas de incorporação desses mercados, ou ao menos de suas tecnologias, ao perímetro regulatório dos mercados financeiros.

As razões do interesse dos bancos centrais sobre o assunto ficam claras quando se contrapõe a missão de estabilidade financeira e monetária dessas entidades aos desenvolvimentos no ambiente de criptoativos. Por um lado, as *stablecoins* – ao viabilizarem mecanismos de pagamentos e liquidação – ameaçam a capacidade de gestão da política monetária, o que se agrava ainda mais para o caso das economias de mercados emergentes, já que as principais *stablecoins* estão denominadas em dólares americanos, facilitando a dolarização de suas economias. Por outro, os protocolos de DeFi – ao reproduzirem a prestação de serviços financeiros em ambiente não regulado – ameaçam a capacidade de gestão da política de estabilidade financeira. Ou seja, esses elementos fragilizam os mecanismos de controle que os bancos centrais têm para cumprir sua missão institucional.

As MDBCs oferecem, em formato digital, vantagens exclusivas do dinheiro do banco central: finalidade de liquidação, liquidez e integridade – potencialmente compatível com o ecossistema de criptoativos. As moedas digitais soberanas são uma representação avançada do dinheiro para a economia digital e, na visão do BCB, para além disso, na economia da informação.

O poder de emissão de moeda concedido aos bancos centrais já é muito significativo. Atualmente os bancos centrais se relacionam apenas com seus regulados, mas com as MDBCs isso pode mudar. Associar o poder de emissão às operações cotidianas de famílias e empresas pode levar os formuladores de políticas a mesclar suas ações com políticas fiscais e de provisão de crédito, nem sempre com o melhor interesse da população em mente.

Portanto, tal plataforma deve ser projetada após uma análise cuidadosa do impacto na economia e também na condução da política econômica.

O dinheiro digital deve ser projetado com o interesse público em mente. Como ocorreu na última geração de sistemas de pagamento instantâneo de varejo – Pix no caso do Brasil – as MDBCs podem garantir plataformas de pagamento abertas e condições competitivas que fomentem a inovação. A mesma tecnologia que pode estimular um círculo virtuoso de maior acesso, menores custos e melhores serviços pode igualmente induzir um círculo vicioso de silos de dados, poder de mercado e práticas anticompetitivas. As MDBCs lançadas em plataformas abertas dão condições para que sua governança leve a resultados favoráveis a toda a população.

Assim as MDBCs correspondem à resposta dos agentes reguladores à inovação tecnológica recente e à demanda da sociedade por meios mais eficientes de pagamentos e liquidação.

2. Usos de uma MDBC

Nesse contexto, a exploração de uma MDBC oferece uma oportunidade para reforçar junto ao público a importância e o interesse dos Estados no tema dinheiro digital. Os bancos centrais e o setor privado têm envidado esforços para organizar o pensamento e a terminologia sobre o assunto buscando trazer os diversos pontos de vista em foco, de modo a compreender o papel dessas novas ferramentas no sistema monetário[17] – um bem público que afeta a vida de todas as pessoas e a atividade de todas as empresas. Dessa forma, na medida em que os pagamentos digitais aumentam e o uso do papel moeda cai internacionalmente, mudando a forma de operação dos sistemas monetários, os projetos de MDBC vêm avançando.

As MDBCs têm sido defendidas como potencial solução para diversos problemas enfrentados na operacionalização dos sistemas monetários. Alguns se preocupam com a possibilidade de a moeda física desaparecer. Outros, quanto ao sistema de pagamentos, argumentam que ele provê acesso limitado, operações lentas e caras sendo inviável para muitas pessoas, assim uma MDBC poderia promover a inclusão financeira.

Há ainda a preocupação com a insuficiente inovação em algumas áreas e com a promoção de inovações indesejáveis em outras, dificultando a manu-

[17] O BIS tem trabalhado muito sobre o tema, e uma fonte da terminologia geral pode ser encontrada em BIS (2021b).

tenção da integridade do sistema. Uma MDBC poderia também oferecer uma coleta mais ampla de informações sobre as transações financeiras, dando um rico conjunto de dados para que as autoridades possam melhor compreender o comportamento da sociedade. Finalmente, há a preocupação de que as novas formas de dinheiro privado representem uma ameaça para os bancos centrais na condução das políticas de estabilidade financeira e monetária.

Todos esses pontos podem ser tratados pela emissão de uma MDBC. Mas cada país deve focar eu um conjunto consistente de preocupações, que reflita suas necessidades domésticas, para que assim possa buscar o desenho de uma MDBC adequada e uma forma eficiente de implementá-la. Assim, não parece haver um formato geral de MDBC que atenda a todas as necessidades, mas um formato para cada jurisdição, a depender das necessidades locais.

Ante a ampla gama de problemas que podem ser atacados por uma MDBC, há que se registrar que, na opinião de formuladores de política em vários países, as MDBCs são um problema em busca de solução. Waller (2021), por exemplo, declara que os problemas que uma MDBC pode resolver são melhor tratados por outras ferramentas.

Quanto à possibilidade de desaparecimento da moeda física, apesar de haver uma tendência global de redução em seu uso, esse é um problema que afeta muito poucos países, sendo que a Escandinávia apresenta os principais exemplos, com Noruega e Suécia. A maior parte dos países, Brasil e EUA aí incluídos, não anteveem o desaparecimento do dinheiro físico em um futuro próximo.

Sobre os potenciais problemas apontados no sistema de pagamentos – de esse ser limitado, lento, caro ou inacessível – o provimento de um serviço de pagamentos instantâneos com regulação adequada é capaz de resolver essas questões, como se observa no caso do Brasil com o Pix. Quanto a fomentar a inovação, essa não parece ser uma necessidade ante os desenvolvimentos recentes descritos na seção 1.2. Já se as inovações nesse setor são indesejáveis, ou conduzem a arranjos danosos à população, cabe às autoridades regular o setor.

A questão da ampliação da coleta de informações é muito delicada. Por um lado, pode-se argumentar que a informação atualmente coletada pelas autoridades monetárias já é suficiente para garantir a integridade do sistema financeiro, sendo, portanto, desnecessário ampliá-la. Por outro lado, o crescimento das moedas digitais privadas implica que um novo conjunto de informação será gerado, ainda que fora do controle das autoridades, e fatalmente será custodiado por empresas, que podem até mesmo não se sujeitar à legislação e à regulação domésticas.

Como se pode ver, esse ponto da coleta de informações afeta não somente as transações financeiras como também a maior parte das atividades realizadas no dia a dia das pessoas em um ambiente altamente conectado como o atual. Atribuir a coleta de informação financeira mais detalhada aos bancos centrais poderia salvaguardá-la do mau uso que grandes empresas de tecnologia poderiam dar a ela. Isso colocaria os bancos centrais na posição não apenas de guardiões da estabilidade financeira e monetária, mas também da informação financeira dos indivíduos – o que pode ser uma tentação adicional a Estados com inclinação autoritária. Aí o ponto chave é existência de um estado de direito forte, que possa proteger o cidadão tanto contra desvios de conduta de grandes empresas, quanto de tendências autoritárias locais. Como garantir isso é ainda alvo de uma discussão global em andamento.

Finalmente, quanto à possibilidade de novas formas de dinheiro privado representarem uma ameaça à habilidade dos bancos centrais de conduzirem suas políticas monetária e de estabilidade financeira, Waller (2021) argumenta que, como as *stablecoins* são predominantemente denominadas em dólares americanos, seu efeito sobre a efetividade da política monetária americana seria reforçado, bastando regular o ambiente para garantir que ele não se torne uma ameaça à estabilidade sistêmica dos mercados financeiros.

Nesse último ponto há discordância provocada, inicialmente, pelo fato de Waller (2021) tratar do tema sob uma perspectiva puramente do interesse da política econômica americana. Ademais, aprofundando a análise nos deparamos com a questão de como encarar a natureza do sistema monetário – se como um bem público ou não. Atualmente, mesmo em países com baixo desenvolvimento tecnológico, o sistema monetário pode ser acessado através do dinheiro físico. Vimos, entretanto, durante os períodos de afastamentos social ocorridos ao longo da pandemia que a ausência de acesso a meios digitais de pagamento pode limitar o exercício da cidadania das pessoas. O que reforça a defesa do sistema monetário como um bem público.

Assim como o sistema legal e outras funções fundamentais do Estado, a confiança induzida pela política do banco central no sistema monetário lhe dá os atributos de um bem público. A base do sistema monetário é a confiança na moeda, que fornece a unidade final de conta, garantida pelo banco central, sendo um reflexo da confiança no próprio banco central.

Atualmente, os bancos centrais fornecem o meio final de pagamento para os bancos (reservas bancárias) e um meio altamente conveniente e visível para o público (dinheiro físico), buscando garantir segurança, integridade, eficiência e facilidade de acesso ao sistema de pagamentos. Para tanto, além da unidade de conta para o sistema monetário, fornece os meios para garantir a finalidade dos pagamentos por atacado, usando seus balanços como o meio final de liquidação, garantem o funcionamento do sistema de pagamentos e, em momentos de estresse, assumem a função de credor de última instância. Por fim, cabe aos bancos centrais regular esses mercados.

As MDBCs devem ser vistas nesse contexto de funções do banco central. Nos pagamentos de atacado, um benefício adicional da liquidação em MDBC é permitir novas formas de condicionalidade de pagamentos, exigindo que um pagamento seja liquidado apenas na condição de entrega de outro pagamento ou de entrega de um ativo. Aprimorando mecanismos de entrega contra pagamento[18] em sistemas análogos ao STR.

Em comparação às MDBCs de atacado, uma inovação de maior alcance é a introdução de MDBCs de varejo, disponibilizando dinheiro digital do banco central para o público em geral, que hoje só tem acesso ao dinheiro digital na forma de depósitos bancários ou em IPs. Essa mudança no sistema monetário pode ter impactos importantes sobre a intermediação financeira e sobre o fornecimento de crédito, como será discutido na sessão 3.

3. MDBCs além dos pagamentos instantâneos

No caso do Brasil, os maiores ganhos associados à emissão de uma MDBC parecem surgir de sua implantação como a base de uma plataforma de pagamentos inteligentes. No entanto, é importante ressaltar que uma MDBC brasileira não deveria ser o único meio de liquidez disponível nessa plataforma. É importante buscar um arranjo que preserve a bem-sucedida parceria público-privada entre bancos centrais e o setor bancário para o fornecimento de liquidez, que vem funcionando bem há mais de um século.

[18] Os métodos de entrega contra pagamento são normalmente referidos pela sigla em inglês DvP, de *delivery versus payment*.

No contexto de um sistema de pagamentos moderno, já disponível para a população brasileira, uma MBDC deve possibilitar novas funcionalidades, além daquelas trazidas por um arranjo de pagamentos instantâneos. Então no caso brasileiro, parece claro que o principal objetivo da introdução de uma MDBC seria o de proporcionar a empreendedores um ambiente seguro e confiável para inovar por meio do uso de tecnologias de programabilidade, como dinheiro programável e contratos inteligentes, levando, assim, à população serviços mais acessíveis e mais alinhados às suas necessidades.

As tecnologias disponíveis para pagamentos inteligentes, como se observa no ecossistema de criptoativos, são mais adequadas para atender a demanda por meios de liquidação nativos da economia da informação e, assim, abrem espaço para o desenvolvimento de novos modelos de negócios. A tokenização[19] de ativos e a emissão de ativos digitais é uma realidade. Cabe aos reguladores proporcionar um ambiente seguro com os incentivos adequados para que essas inovações possam favorecer uma base maior de cidadãos, "sem que esses necessitem se expor às incertezas de um ambiente financeiro não regulamentado" – como afirma BCB (2021c).

O potencial de inclusão financeira dessas tecnologias fica claro quando associado a outras ações promovidas pelos bancos centrais. Conforme discutido em Schär (2021), recursos tecnológicos disponíveis no ecossistema de criptoativos, como padronização e interoperabilidade, reusabilidade de protocolos e componibilidade de serviços financeiros, podem resultar em novos produtos que atinjam seu público-alvo em um período mais curto, sejam mais adequados às necessidades das pessoas, e capazes de operar com transações com valores mais baixos do que o atualmente possível. Ao mesmo tempo, tais recursos permitem um alto grau de auditabilidade, rastreabilidade e transparência, fornecendo as ferramentas necessárias para a supervisão.

No entanto, uma governança madura é um aspecto fundamental de sistemas estáveis de prestação de serviços financeiros e de pagamentos. Embora inovações baseadas em tecnologias de pagamentos inteligentes

[19] O processo de tokenização gera representações digitais – tokens – de bens ou ativos financeiros convencionais, que têm sua autenticidade, integridade ou outra característica que se julgue relevante garantida por métodos criptográficos. Para garantir associação entre a propriedade do bem tokenizado – um imóvel, por exemplo – e o bem em si é necessária a previsão legal. Assim, o token de um imóvel poderia fazer o papel que a escritura cumpre atualmente, além de permitir inovações como posse fracionária do bem tokenizado.

estejam sendo utilizadas no ecossistema de DeFi, seus atuais dispositivos de governança ficam aquém dos requisitos compatíveis com o nível de integridade essencial à operação dos sistemas financeiros e de pagamentos. Assim, conforme observado em Aramonte & Schrimpf (2021), um ambiente totalmente descentralizado provavelmente não é alcançável sob os atuais requisitos de integridade. Portanto, incorporar tais inovações ao perímetro regulatório dos bancos centrais implicará em mudanças importantes na governança dessas novas tecnologias.

Assim, dedicar o tempo necessário para discutir possíveis projetos de MDBC é uma medida importante para que se alcance um ambiente financeiro seguro, estável e eficiente. Em geral, a implementação de MBDC para fins de atacado tem implicações mais fáceis de entender, pois os países onde os sistemas de liquidação bruta em tempo real estão em operação fornecem uma diretriz bastante fiel para os efeitos esperados de tal implementação. As aplicações de varejo, no entanto, levarão a desdobramentos muito mais amplos e ainda não mapeados.

BCB (2021a) e BCB (2021b) apresentam diretrizes para o real digital brasileiro, que resumidamente podem ser expressas como:

- Foco na incorporação de tecnologias que possam fomentar modelos de negócios inovadores e aumentar a eficiência do mercado financeiro;
- Uso no varejo, em complementação aos meios já disponíveis como contas bancárias, contas de pagamento, cartões e dinheiro;
- Operação *online* com integração aos sistemas de pagamento atualmente disponíveis;
- Pagamentos *offline*[20] também estão sendo considerados, embora não sejam um recurso inicial obrigatório;
- Modelo de distribuição em dois níveis, com emissão do BCB em reais digitais e acesso por meio de custodiantes no sistema de pagamentos;
- Ausência de remuneração da MDBC brasileira de varejo diretamente pelo BCB, indicando que o BCB não pretende utilizar sua MDBC como ferramenta adicional de política monetária;

[20] O termo *offline* aqui seria mais precisamente descrito pela expressão "*dual offline*". A expressão "*dual offline*" se refere à situação na qual nenhuma das partes envolvidas na transação de pagamento tem acesso à rede para sua validação. Assim, o pagamento offline a que se refere o texto é a situação na qual, apesar de impossibilitada a verificação online da operação, e operação se processa de maneira final.

- Cumprimento do sigilo bancário, da Lei Geral de Proteção de Dados (LGPD) e dos demais dispositivos legais e regulatórios aplicáveis, o que busca equipar as transações com o real digital às demais transações atualmente realizadas pelo sistema de pagamentos;
- Mecanismos para prevenir a lavagem de dinheiro, o financiamento do terrorismo e o financiamento da proliferação de armas de destruição em massa;
- Possibilidade de uso para pagamentos transfronteiriços, buscando soluções de interoperabilidade com bancos centrais de outros países com a possibilidade de adoção de padrões acordados internacionalmente;
- Por fim, a resiliência a ataques cibernéticos deve ser comparável àquela adotada nas infraestruturas críticas dos mercados financeiros brasileiros.

Essas características qualificariam a MDBC brasileira como uma MDBC híbrida, no sentido de Auer & Böhme (2021), onde a distribuição da MDBC por intermédio das instituições financeiras é uma característica fundamental.

Como infraestrutura para pagamentos inteligentes, o sistema proposto para o Real Digital oferece uma conexão entres fontes convencionais de liquidez – fornecidas por agentes autorizados – e os ecossistemas de ativos digitais, conforme ilustrado na Figura 1. Para isso, é importante que uma plataforma MDBC seja interoperável com os sistemas de pagamento tradicionais.

Com a regulamentação desses espaços, novos modelos de negócios poderão ser incorporados ao perímetro regulatório, com potenciais benefícios para a população. Além disso, o risco de substituição de moeda é maior se os bancos centrais nacionais não conseguirem atender à demanda da população por serviços financeiros e de pagamento digitais.

Figura 1: MDBC como plataforma de pagamento inteligente e interoperabilidade

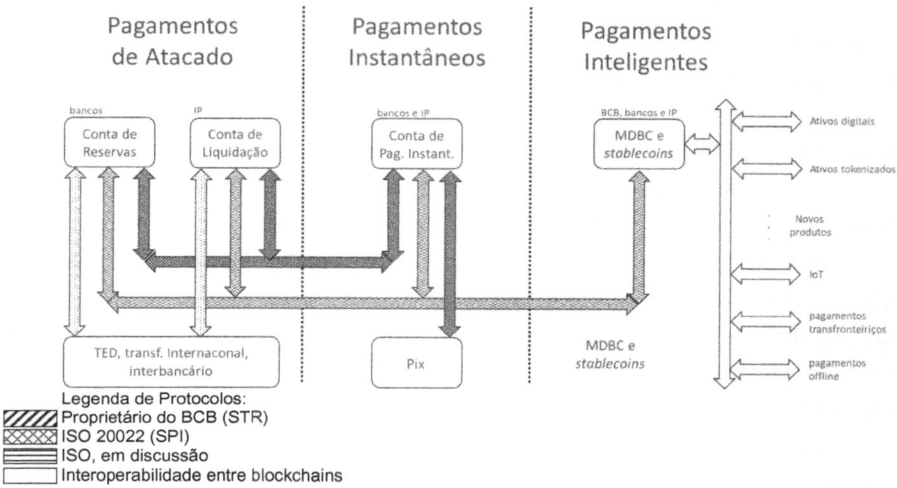

O aumento da eficiência na prestação desses serviços, demandado pela crescente interação da sociedade por canais virtuais – sejam esses serviços fornecidos por uma MDBC ou por *stablecoins* regulamentadas denominadas em moeda local – tem o potencial de reduzir ameaças de substituição das moedas nacionais, com a qual se deparam economias emergentes.

Nesse ambiente, os clientes bancários podem transformar seus depósitos, atualmente mantidos tanto em bancos quanto em IPs, em tokens capazes de acessar serviços prestados nesta nova plataforma, sob o compromisso dos bancos e IPs de converter esses tokens em MDBC sob demanda. Os tokens de depósitos com bancos comerciais herdariam todas as regulamentações e recursos aplicáveis de seus ativos originários, como exigências de reservas fracionárias e seguro depósito. Da mesma forma, os tokens de depósitos com IPs herdariam suas características, como os requisitos de reserva total.

Essa estratégia cria duas *stablecoins* reguladas na economia brasileira. Os tokens emitidos por IPs se encaixam na descrição básica de uma *stablecoin*, sendo uma forma estrita dessas moedas, em que o total dos depósitos é garantido por reservas mantidas no banco central. Além disso, os tokens emitidos por bancos – ao se submeterem às restrições regulatórias sobre liquidez, risco de portfólio e seguros já existentes – corrigem os problemas apresentados pelas *stablecoins* em geral, como a Tether.

Do ponto de vista regulatório, a construção dessa nova camada de pagamentos inteligentes deve ser muito cuidadosa, de modo a evitar assimetrias regulatórias entre as plataformas existentes e a plataforma de pagamentos inteligentes que o BCB estuda implantar. Uma preocupação digna de nota, levantada por essa arquitetura, é a fragmentação das reservas mantidas por agentes autorizados que pode estimular fluxos ineficientes de recursos entre as camadas do sistema de pagamento.

Atualmente, cada uma das camadas desse sistema tem sua categoria de contas de liquidez: i) Conta Reserva e Conta de Liquidação na camada de pagamentos de atacado; e ii) Conta de Pagamentos Instantâneos, na camada de pagamentos instantâneos de varejo. Com a criação de mais uma camada no sistema de pagamentos, as instituições participantes teriam que realocar parte dos recursos presentes nessas contas de modo a cobrir a necessidade de liquidez em suas operações na camada de pagamentos inteligentes. Fluxos ineficientes de recursos entre essas contas podem ser minimizados por uma estratégia de regulação que evite a criação de assimetrias regulatórias.

Além dessa preocupação, destacamos aqui duas outras muito discutidas na literatura, ver por exemplo BoE (2021). A primeira dessas preocupações é quanto à velocidade com que as transações podem ocorrer empregando uma MDBC. Em um ambiente onde transferências podem ser feitas instantaneamente, no caso de haver dúvidas quanto ao estado financeiro de uma entidade depositária (banco ou IP), seus clientes poderiam transferir todos seus recursos para uma outra entidade ou mesmo convertê-los em MDBC. Hoje já há estratégias em uso – que inclusive podem ser operacionalizadas de maneira mais eficiente através de contratos inteligentes – que permitem conter transferências excessivas, como por exemplo limite de valores de transações diárias. Além disso, com a disponibilidade do Pix a velocidade das transações já é muito elevada. Assim, essa não seria uma preocupação nova trazida pela tecnologia de MDBC.

Já a segunda preocupação que gostaríamos de destacar se refere à desintermediação financeira. Caso a MDBC seja a única fonte de liquidez nessa nova plataforma, há o risco de o novo meio de pagamento ser percebido como superior aos atualmente disponíveis, já que – além de oferecer interoperabilidade, potencialmente disponibilizando todos os serviços hoje oferecidos no sistema de pagamento – um MDBC oferece a possibilidade de novos serviços, baseados em programabilidade, e mais segurança, uma vez que constitui obrigação direta do BCB – que traz menos risco que o depósito bancário, que constitui uma obrigação do banco.

Figura 2: Rede de passivos regulados – coexistência entre MDBC e moedas privadas (*stablecoins*)

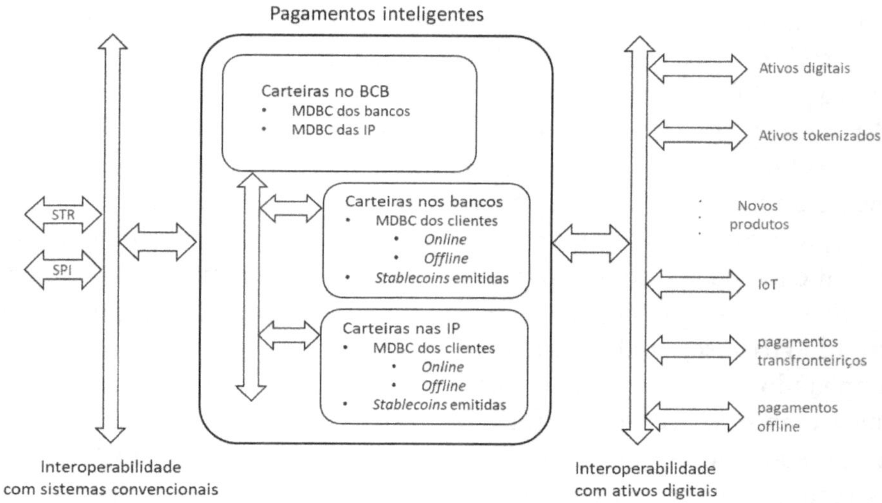

Em um cenário extremo, o BCB poderia concentrar toda a captação de depósitos da economia, dificultando a obtenção de fundos por parte dos bancos para que esses deem continuidade a sua atividade de alocação de crédito na economia. Dessa forma, parece importante que os bancos centrais mantenham a parceria com o setor privado na oferta de liquidez ao mercado. Nessa linha, o BCB prevê a coexistência entre a MDBC brasileira e moedas privadas emitidas por instituições reguladas na plataforma de pagamentos inteligentes que se pretende implantar.

Uma rede de passivos regulados, similar à apresentada em McLaughlin (2021), poderia impedir um cenário de desintermediação financeira forçada ou abrupta. A arquitetura proposta na Figura 2 permite a coexistência entre moedas privadas (*stablecoins*) fornecidas por entidades reguladas e uma MDBC. No caso do Brasil, onde uma MDBC detida pelo público em geral não renderá juros, se a percepção de risco das instituições depositárias for limitada, a preferência por uma MDBC pode ser compensada por recompensas que elevem a demanda por suas *stablecoins*. Tais recompensas podem ser, por exemplo, uma pequena incidência de juros sobre os depósitos em *stablecoins* ou a oferta de serviços adicionais.]

Conclusões

Bancos centrais estão no centro de uma rápida transformação do setor financeiro e do sistema de pagamentos. Na esteira da transformação digital e da transição para a economia da informação, inovações como criptoativos, *stablecoins* e os ecossistemas de DeFi, além da entrada de *bigtechs* nesses mercados dificultam a manutenção das características de bem público do sistema de pagamentos, o que pode levar à perda da efetividade das ferramentas hoje de posse dos bancos centrais para trabalharem pelo cumprimento de suas missões de estabilidade financeira e monetária.

É preciso buscar soluções, que estimulem um círculo virtuoso ampliando a facilidade de acesso, reduzindo os custos e a melhorando os serviços. As tecnologias que hoje se apresentam com potencial para gerar esse círculo virtuoso, também são capazes de fomentar um círculo vicioso, ampliando a concentração de poder de mercado. Assim, o fundamental, nesse caso, é determinar a infraestrutura adequada para garantir o acesso a empreendedores e usuários; e desenhar um ambiente regulatório e uma estrutura de governança de dados que previnam resultados desfavoráveis.

Os bancos centrais de todo o mundo estão trabalhando para manter a confiança do público nas moedas e nos sistemas de pagamentos nacionais. Para moldar o sistema de pagamento do futuro, o desenvolvimento de MDBCs, juntamente com outras inovações para aprimorar os sistemas de pagamento convencionais, parecem trazer as ferramentas necessárias para que esse trabalho se mantenha dando bons frutos. O objetivo desse esforço é, portanto, promover a inovação que atenda ao interesse público e que permita aos bancos centrais continuarem em sua missão de garantir a estabilidade financeira e monetárias de suas economias.

As MDBCs representam um caminho entre o sistema financeiro e de pagamentos que temos hoje e o sistema que teremos em um futuro breve, plenamente integrado às ferramentas da economia da informação. Essa é uma oportunidade de oferecer os recursos exclusivos de finalidade, liquidez e integridade, trazidos pelo dinheiro do banco central, de modo a garantir a transição mais ordeira possível.

A proposta do BCB para sua MDBC é a de incorporar a seu perímetro regulatório tecnologias e inovações que hoje estão disponíveis apenas nos ambientes de criptoativos, usando sua moeda digital para construir uma nova camada de pagamentos inteligentes que constituirá uma plataforma sobre a qual novos produtos financeiros possam ser oferecidos à população, com impactos diretos sobre a inclusão financeira. Nessa plataforma a MDBC brasileira irá conviver com *stablecoins*, emitidas por entidades autorizadas, e que tenham as mesmas capacidades programação que a moeda digital do BCB.

Quando se fala de inovação se pensa em disrupção, mas a missão dos bancos centrais é de estabilidade. A mudança já está ocorrendo, os mercados já estão se reorganizando, então os bancos centrais têm de participar desse processo oferecendo um caminho seguro para que essas inovações, e outras que se apresentem, possam ser proveitosamente incorporadas no dia a dia de toda a população.

Referências

Aramonte, S, W Huang & A Schrimpf. *DeFi risks and the decentralisation illusion.* BIS Quarterly Review, December, pp 21–36, https://www.bis.org/publ/qtrpdf/r_qt2112b.pdf, 2021.

Auer, R & R Böhme. *Central bank digital currency: the quest for minimally invasive technology.* BIS Working Papers, nº 948, https://www.bis.org/publ/work948.pdf, 2021.

Banco Central do Brasil. *Revisão Metodológica das Estatísticas de Meios de Pagamento.* Nota Técnica do Banco Central do Brasil, nº 48, NT 48_Dstat_Dimob_novembro_2018.pdf (bcb.gov.br), 2018.

–––. *BC apresenta diretrizes para o potencial desenvolvimento do real em formato digital.* Nota à imprensa, www.bcb.gov.br/detalhenoticia/548/noticia, 2021a.

–––. *Banco Central do Brasil releases general guidelines for a Brazilian CBDC.* Nota à imprensa, www.bcb.gov.br/en/pressdetail/2397/nota, 2021b.

–––. *Apontamentos do Presidente Roberto Campos Neto – 7º Webinar sobre Real Digital.* Nota à imprensa, www.bcb.gov.br/detalhenoticia/17579/nota, 2021c.

Bank of England. *New forms of money.* https://www.bankofengland.co.uk/paper/2021/new-forms-of-digital-money, Discussion Paper, 2021.

Bank of International Settlements. Ready, steady, go? – Results of the third BIS survey on central bank digital currency. Disponível em https://www.bis.org/publ/bppdf/bispap114.pdf, 2021a.

–––. *CBDCs: an opportunity for the monetary system.* BIS Administration Report, Chapter III, https://www.bis.org/publ/arpdf/ar2021e3.htm, 2021b.

Financial Stability Board. *Regulation, Supervision and Oversight of "Global Stablecoin" Arrangements.* Final Report and High-Level Recommendations, https://www.fsb.org/wp-content/uploads/P131020-3.pdf, 2020.

McLaughlin, T. *The regulated internet of value.* Disponível www.citibank.com/tts/insights/articles/article191.html, 2021.

Nakamoto, S. *Bitcoin: A Peer-to-Peer Electronic Cash System.* Disponível em https://bitcoin.org/bitcoin.pdf, 2008.

Katz, M. L. & C. Shapiro. *Technology Adoption in the Presence of Network Externalities.* Journal of Political Economy, vol. 94, nº 4, pp. 822-841, https://www.jstor.org/stable/1833204?seq=1,1986.

Schär, F. *Decentralized finance: on blockchain- and smart contract-based financial markets.* Federal Reserve Bank of St Louis Review, segundo trimestre, vol 103, nº 2, pp 153–74, https://research.stlouisfed.org/publications/review/2021/02/05/decentralized-finance-on--blockchain-and-smart-contract-based-financial-markets, 2021.

Soderberg, G. *Behind the Scenes of Central Bank Digital Currency: Emerging Trends, Insights, and Policy Lessons.* International Monetary Fund, Fintech Notes, nº 004, 2022.

Waller, C. *CBDC: A Solution in Search of a Problem?* The American Enterprise Institute https://www.federalreserve.gov/newsevents/speech/files/waller20210805a.pdf, Comentários de Christopher Waller, membro do Board of Governors do Federal Reserve System, 2021

13
SIGILO DE INFORMAÇÕES FISCAIS NA ERA DIGITAL

Rebeca Drummond de Andrade Müller e Santos

Introdução

A era digital traz consigo a informação como uma das principais matérias-primas da atualidade, ressignificando as fontes tradicionais que mantêm a sociedade e compõem não apenas as relações pessoais, mas também o processo de tomada de decisões do Estado.

É com o avanço dessa nova realidade que a busca pela proteção da arrecadação tributária e por mecanismos de aperfeiçoamento da persecução penal ganha novos aspectos. A intensificação desse objetivo comum possui reflexo direto no uso do compartilhamento de dados e informações como uma importante ferramenta à disposição do Poder Público, uma verdadeira aliada para que as autoridades exerçam as competências desenhadas pela Constituição Federal ou pelo legislador ordinário.

Conforme o cenário avança no uso intensivo de informações, garantias fundamentais como a privacidade e a intimidade ganham nova dimensão, enquanto o sigilo é revestido por uma nova vertente que o flexibiliza em nome do interesse público, colocando-o em uma posição horizontal – i.e., com carga reduzida – quando do outro lado está uma autoridade estatal. O sigilo fiscal está, portanto, intrinsecamente conectado ao compartilhamento de dados.

Neste artigo percorreremos o panorama do universo do sigilo, iniciando pelas informações fiscais por ele protegidas e passando para a sua classificação dentro do ordenamento constitucional. Após, trataremos da evolução jurisprudencial e de precedentes do Supremo Tribunal Federal, importante para compreendermos como a hermenêutica tem acompanhado as necessidades dessa nova era, sem deixar de lado as preocupações para o futuro.

1. Informações fiscais protegidas pelo sigilo

As informações fiscais sigilosas são aquelas obtidas "sobre a situação econômica ou financeira do sujeito passivo ou de terceiros e sobre a natureza e o estado de seus negócios ou atividades" (art. 198 do Código Tributário Nacional – CTN) e "são colhidas com as chamadas obrigações acessórias (deveres instrumentais), que registram dados da atividade dos sujeitos passivos relevantes à apuração de tributos devidos", além dos levantamentos de "fatos sobre a vida dos contribuintes" realizados pelo próprio Estado por meio das atividades de fiscalização.

No plano exegético da jurisdição constitucional brasileira construída pelo STF, o Ministro Joaquim Barbosa, relator da ACO nº 1.271/RJ, entende que as informações fiscais sigilosas se voltam para dois aspectos: esfera privada e esfera pública. Na primeira, a proteção tem como foco impedir que terceiros acessem os dados que revelem, direta ou indiretamente, o patrimônio ou as atividades do sujeito passivo.

Na esfera pública, por sua vez, a restrição imposta pelo sigilo possui o viés funcional, ou seja, "se as informações servem para auxiliar o Fisco a constituir e cobrar créditos tributários, somente os agentes públicos destacados para tal atividade específica é que devem ter acesso aos dados".[1]

Essas são concepções que nos remetem às lições de Hannah Arendt, no plano filosófico. Ao citar Werner Jaeger, Arendt constata que o "surgimento da cidade-Estado significou que o homem recebera, 'além de sua vida privada, uma espécie de segunda vida, o seu *bios politikos*". Desse modo, contrastando com o individualismo, "agora cada cidadão pertence a duas ordens de existência; e há uma nítida diferença em sua vida entre aquilo que lhe é próprio (*idion*) e o que é comum (*koinon*)."[2]

No plano normativo, a Portaria RFB nº 2.344, de 24 de março de 2011, regulamentou o acesso a informações protegidas por sigilo fiscal constantes de sistemas informatizados da Secretaria da Receita Federal (SRF)[3].

[1] STF. ACO nº 1.271/RJ, Rel. Min. Joaquim Barbosa, Pleno, julgado em 12/02/2014.

[2] ARENDT, Hannah. *A condição humana*. Trad. Roberto Raposo. 13. ed. Rio de Janeiro: Forense Universitária, 2020, p. 82.

[3] Vale destacar que a Portaria RFB nº 1.277, de 9 de julho de 2012, delegou a competência para classificação de informação sigilosa "às autoridades que exerçam cargo em comissão do Grupo-Direção e Assessoramento Superiores-DAS, nível 101.4".

Segundo o ato, elas englobam (i) a situação econômica ou financeira e (ii) a natureza e o estado de negócios ou atividades, sejam referentes ao sujeito passivo[4] ou a terceiros, obtidas com o fim de proteger a arrecadação e fiscalizar os tributos (art. 2º da Portaria RFB nº 2.344/2011). São informações que vão abarcar dados como os seguintes, a teor do inciso II do mencionado art. 2º:

(a) relativos a rendas, rendimentos, patrimônio, débitos, créditos, dívidas e movimentação financeira ou patrimonial;
(b) que revelam negócios, contratos, relacionamentos comerciais, fornecedores, clientes e volumes ou valores de compra e venda;
(c) relativos a projetos, processos industriais, fórmulas, composição e fatores de produção.

Desse modo, documentos como o Balanço Patrimonial, a Declaração do Imposto de Renda da Pessoa Física, Declaração de Informações Econômico-Financeiras, Escrituração Fiscal Digital e Notas Fiscais Eletrônicas devem ser protegidos pelo sigilo fiscal, assim como as informações obtidas pela autoridade na apuração de elementos que auxiliarão no lançamento do crédito tributário, como aquelas que revelem fluxo de vendas, valores e o processo produtivo do contribuinte.

Estão fora do rol sigiloso as informações cadastrais, a exemplo de nome, data de nascimento, endereço, filiação, qualificação, composição societária, relativas à regularidade fiscal dentre outras de caráter mais genérico. São dados que, sem a proteção do sigilo fiscal, serão disponibilizados a órgãos e entidades da Administração Pública e podem ser extraídos de bases como as do Cadastro de Imóveis Rurais (CAFIR), das inscrições em Dívida Ativa, dentre outros[5].

[4] Os arts. 121 e 122 do CTN definem o conceito de sujeito passivo da obrigação principal e da obrigação acessória. O primeiro pode ser entendido como contribuinte, "quando tenha relação pessoal e direta com a situação que constitua o respectivo fato gerador", ou responsável, "quando, sem revestir a condição de contribuinte, sua obrigação decorra de disposição expressa de lei". Já a segunda hipótese, de obrigação acessória, o sujeito passivo é aquela "pessoa obrigada às prestações que constituam o seu objeto".

[5] A Portaria RFB nº 34, de 14 de maio de 2021, trata do compartilhamento de dados não protegidos por sigilo fiscal dentro da Administração Pública. Ainda, a Portaria RFB nº 4.255, de 27 de agosto de 2020, autorizou a disponibilização, pelo SERPRO, do acesso a terceiros de dados e informações relativos à NFe. São atos administrativos que vão de acordo com o previsto nos arts. 28 e 29 do Decreto nº 10.046, de 9 de outubro de 2019.

A Procuradoria da Fazenda Nacional possui entendimento de que os dados cadastrais, os quais individualizam o contribuinte, se incluem na esfera da vida social e não da intimidade, "sendo dotados de certo grau de publicidade inerente ao seu uso na sociedade". São dados que podem ser fornecidos pelo próprio indivíduo de forma espontânea ou por obrigação legal, encontrados, inclusive, em registros públicos, como ocorre no caso das juntas comerciais.[6]

Entretanto, a era da proteção de dados mostra que o raciocínio não é perfeito, isto é, a possibilidade de fornecimento espontâneo pelo contribuinte não é consequência lógica à conclusão de que as informações não pertençam à esfera íntima do indivíduo. Dados que a rigor seriam meramente cadastrais, como os referentes à religião, sexo e de origem racial ou étnica são, por exemplo, considerados sensíveis pela Lei Geral de Proteção de Dados (Lei nº 13.709/2018).

Na prática, aqueles dados e informações que não forem classificados como sigilosos podem ser compartilhados com as autoridades sem a necessidade de autorização judicial. Isso não significa, porém, que eles possam circular sem critérios de controle. Há margem para que a requisição dirigida à Receita Federal necessite de autorização legal para requerer o fornecimento e o uso deverá atender à finalidade do órgão requerente[7]. Esse, aliás, talvez seja um dos maiores desafios da era digital – a capacidade de controlar o fluxo das informações de maneira que seja possível analisar a obediência aos limites normativos e constitucionais.

A Representação Fiscal para Fins Penais (RFFP) é um exemplo de informação enquadrada pelo legislador como uma suposta exceção ao sigilo, ao lado das inscrições em Dívida Ativa, do parcelamento ou moratória, e das informações relativas a benefícios e incentivos fiscais auferidos pelas pessoas jurídicas (art. 198, §§1º e 3º do Código Tributário Nacional).

Todavia, a flexibilização realizada pela lei tem como pressuposto o envio da RFFP ao Ministério Público, que a receberá somente após a constitui-

[6] Parecer PGFN/CDA nº 2152/2007.

[7] A MC nº 13.721/RS é um exemplo de direcionamento da questão, apesar de não se tratar de sigilo fiscal, mas de dados cadastrais dos usuários de telefonia. Conforme o entendimento, as informações (nomes e endereços) poderiam ser fornecidas ao Ministério Público, mas uma vez compartilhadas, deveriam estar restritas ao procedimento investigatório, sob pena de responsabilização criminal por eventual utilização indevida (STJ, Rel. Min. Barros Monteiro, julgada em 11/01/2008).

ção definitiva do crédito[8] e deverá assegurar o sigilo. Não se permite, pois, que haja a divulgação ao público.[9]

Do ponto de vista da tecnologia da informação, em ambos os casos – i.e., dados protegidos ou não por sigilo fiscal – a Coordenação de Tecnologia e Segurança da Informação da Receita Federal, por meio da Portaria COTEC nº 21, de 9 de abril de 2020, prevê procedimentos de segurança para a entrega dessas informações a outros entes, autoridades ou cidadãos.

2. Privacidade em seu sentido amplo e estrito, intimidade e o sigilo como ferramenta de equalização

Privacidade, intimidade e a inviolabilidade do sigilo de dados são elementos intrinsecamente conectados pela Constituição Federal de 1988 (art. 5º, X e XII), todavia, guardam entre si diferenças importantes para as discussões envolvendo dados fiscais no plano da hermenêutica constitucional e no âmbito das evoluções interpretativas trazidas pela era digital.

A ligação entre intimidade, privacidade e proteção ao sigilo é uma constatação abordada no paradigmático trabalho de Tércio Sampaio Ferraz Júnior, com base no qual a jurisprudência do Supremo Tribunal Federal, a partir dos anos 1990, direcionou-se para sedimentar a interpretação de que a reserva jurisdicional para a "quebra" da inviolabilidade do sigilo, prevista na parte final do inciso XII do art. 5º da Constituição, se lançava apenas aos dados frutos de uma comunicação.

De outro lado, os dados estáticos, como aqueles armazenados em um banco de dados, teriam a sua proteção, não na mencionada inviolabilidade do sigilo (art. 5º, XII), mas no âmbito da privacidade (art. 5º, X), o que autorizaria o acesso pelas autoridades fiscalizadoras sem a necessidade de interferência prévia do Poder Judiciário.

A diferenciação entre dados armazenados e aqueles que permanecem em comunicação já não mais se encaixam na era digital, mas o debate dos anos noventa trouxe critérios de ponderação importantes para a análise constitucional da privacidade e da intimidade, funcionando o sigilo

[8] Cf. STF, ADI 4.980, Rel. Min. Nunes Marques, Pleno, julgada em 10/03/2022, a qual tratou da impossibilidade de envio da RFFP antes de constituído, de forma definitiva pela esfera administrativa, o crédito tributário, ainda que se tratasse de contribuições previdenciárias.

[9] No RE nº 1.055.941, Rel. Min. Dias Toffoli, Pleno, Tema nº 990 da Repercussão Geral, prevaleceu o entendimento de que a íntegra do procedimento fiscalizatório poderia ser encaminhada ao Ministério Público.

como uma ferramenta de equalização frente a esses dois direitos. Isso significa, pois, que a privacidade resguarda o indivíduo dentro de sua vida social e pública, enquanto o sigilo funciona como um escudo (quase) impenetrável.[10]

Além da dicotomia privacidade e inviolabilidade do sigilo, a intimidade é o outro elemento da equação. Para Ferraz Júnior, "no recôndito da privacidade se esconde, pois, em primeiro lugar, a intimidade. A intimidade não exige publicidade, porque não envolve direitos de terceiros".[11]

É bem verdade, ainda, que não é comum que jurisprudência e doutrina distingam a privacidade da intimidade[12], contudo, nos alinhando a outra parcela que assim o faz, separamos a privacidade em seu sentido amplo e em seu sentido estrito, sendo neste último onde repousa a intimidade.

A mesma distinção é revisitada por Gilmar Ferreira Mendes ao definir o sentido estrito do direito à privacidade como a pretensão do indivíduo de manter os seus assuntos e informações pessoais fora do campo de observação de terceiros ou ao público.[13]

Nesse seguimento, a intimidade, apesar de não ser revestida por um conceito absoluto, teria como pressuposto o direito de ficar só – e aqui relembramos Samuel Warren e Louis Brandeis com a expressão *the right to be let alone*, lançada pelo juiz Thomas Cooley e pelos autores reavivada –[14],

[10] Ferraz Júnior relembra que o princípio da exclusividade, a teor do que abordado por Celso Lafer, advém dos ensinamentos de Hannah Arendt com base em Kant. Esse princípio tem como objetivo "assegurar ao indivíduo a sua identidade diante dos riscos proporcionados pela niveladora pressão social e pela incontrastável impositividade do poder político". Além disso, ele possui três atributos principais, quais sejam (i) a solidão; (ii) o segredo; e (iii) a autonomia. (FERRAZ JÚNIOR, Tércio Sampaio. Sigilo de dados: o direito à privacidade e os limites à função fiscalizadora do Estado. Revista da Faculdade de Direito, Universidade de São Paulo, São Paulo, p. 439-459, 1993, p. 441; QUEIROZ, Rafael Mafei Rabelo; PONCE, Paula Pedigoni. Tércio Sampaio Ferraz Júnior e Sigilo de dados: o direito à privacidade e os limites à função fiscalizadora do Estado: o que permanece e o que deve ser reconsiderado. *Internet&Sociedade*, São Paulo, n. 1, v.1, p. 64-90, fev. 2020, p. 69.

[11] FERRAZ JÚNIOR, Tércio Sampaio. Sigilo de dados: o direito à privacidade e os limites à função fiscalizadora do Estado. *Revista da Faculdade de Direito, Universidade de São Paulo*, São Paulo, p. 439-459, 1993, p. 442.

[12] MENDES, Gilmar Ferreira; BRANCO, Paulo Gustavo Gonet. *Curso de direito constitucional.* 7. ed. São Paulo: Saraiva, 2012, p. 420.

[13] Ibidem, p. 411.

[14] WARREN, Samuel D; BRANDEIS, Louis D. The right to privacy. *Harvard Law Review*, v. 5, n. 5, p. 193, 1890.

remetendo a um aspecto mais individual do que social. Nela, portanto, o ato de se comunicar com terceiros inexistiria.

A privacidade em seu sentido amplo, igualmente um direito subjetivo fundamental, abrange informações cujo conteúdo, pertencente a um indivíduo, possui repercussão social, não se subsumindo ao "direito de estar só", como ocorre no caso da intimidade.

Os direitos ao nome, à imagem e à reputação, por exemplo, compõem a esfera da privacidade, mas "demarcam a individualidade em face dos outros". Informações desse cunho devem ser protegidas de acordo com o grau de sensibilidade que a reveste e, nada obstante sejam de conhecimento de terceiros, "não podem transformar-se em objeto de troca de mercado, salvo se houver consentimento".[15]

A partir desses ensinamentos, entendemos que os dados fiscais não se conectam à intimidade – ou à privacidade em seu sentido estrito –, uma vez que as informações são tratadas por terceiros, a exemplo da Receita Federal. Tampouco os dados bancários poderiam ser encaixados como tal, já que, antes de serem repassados ao Fisco, eles também são tratados por terceiros, como as instituições financeiras.

São informações de teor sigiloso, mas que são compartilhadas, por força de lei, entre o titular e a autoridade que possui o dever de preservar tal sigilo, sendo abraçadas, pois, pela privacidade *lato sensu*, isto é, a sua vertente que não abarca a intimidade já que possuem um valor social, como o da proteção à arrecadação e a manutenção da capacidade contributiva, nos moldes determinantes do §1º do art. 145 da CF[16].

Na perspectiva do sigilo bancário, os Tribunais Superiores o têm sob a proteção da vida privada. Por exemplo, funcionários de uma instituição financeira possuem acesso às informações dos clientes, mas, por outro lado, devem agir com discrição[17].

[15] FERRAZ JÚNIOR, Tércio Sampaio. Sigilo de dados: o direito à privacidade e os limites à função fiscalizadora do Estado. *Revista da Faculdade de Direito, Universidade de São Paulo,* São Paulo, p. 439-459, 1993, p. 442.

[16] O princípio da capacidade contributiva do art. 145, §1º da CF/88 teve a sua forma originária na Constituição de 1824, contudo, foi a Constituição de 1946, em seu art. 202, que o assumiu de fato, sendo posteriormente revogado pela Emenda nº 18/1965. Veja em: TORRES, Heleno Taveira. Comentário ao artigo 145. In: CANOTILHO, J.J. Gomes et al. *Comentários à Constituição do Brasil.* São Paulo: Saraiva/Almedina, 2013, p. 3396.

[17] MENDES, Gilmar Ferreira; BRANCO, Paulo Gustavo Gonet. *Curso de direito constitucional.* 7. ed. São Paulo: Saraiva, 2012, p. 385.

Além disso, há margens para a sua flexibilização nas hipóteses em que haja a relevância dos dados para o contexto social, isto é, uma tensão entre o interesse do indivíduo e o da coletividade, pois não se trata de um direito absoluto[18].

Nessa equação, à luz de Ferraz Júnior, o sigilo não é computado como um direito fundamental, a exemplo do que ocorre com o direito ao nome, à imagem, à reputação, ligados à privacidade. Ele (o sigilo) funcionaria, em verdade, como uma ferramenta que equaliza e efetiva a proteção à privacidade que, como dito, aqui denominamos de *lato sensu* e *stricto sensu* (art. 5º, X), à inviolabilidade do domicílio (art. 5º, XI), da correspondência e das comunicações telegráficas, de dados e telefônicas (art. 5º, XII), e está calcado na faculdade de agir e de resistir à devassa, servindo não apenas ao indivíduo de forma isolada, mas também à sociedade e ao Estado, quando as informações forem sensíveis à segurança de ambos.[19]

Como não se trata de um direito absoluto, a sua inviolabilidade estará à mercê de uma ponderação, na fórmula de Robert Alexy[20], pelo intérprete, que deverá, quando a Constituição Federal de antemão assim não o fizer, balanceá-lo com os interesses e direitos do indivíduo, a exemplo do direito à privacidade, dos interesses da sociedade e do Estado.

Portanto, como conclusão, temos que a inviolabilidade do sigilo não busca proteger os dados em si, mas, sim, conceder a liberdade de ponderação para que o acesso ao seu conteúdo possa ser negado.

3. O sigilo sob a perspectiva do Supremo Tribunal Federal: entre a quebra e a transferência

A proteção do sigilo bancário e fiscal ganhou novas nuances à medida que a estrutura jurisprudencial e de precedentes do Supremo Tribunal Federal evoluiu sobre o tema.

[18] Ibidem., p. 385.

[19] A exemplo do que prevê o inciso XXXIII do art. 5º da CF, que trata do acesso à informação pela sociedade, hipótese em que haverá um dever de sigilo – e não propriamente um direito.

[20] Seguindo a ponderação de Alexy quanto a "restrição das restrições". Em suas palavras, "Da natureza principiológica das normas de direitos fundamentais decorriam não apenas a restrição e a restringibilidade dos direitos fundamentais em face de princípios colidentes, mas também que sua restrição e sua restringibilidade têm limites." ALEXY, Robert. *Teoria dos direitos fundamentais*. Trad. Virgílio Afonso da Silva. São Paulo: Malheiros Editores, 2008, p. 295-296.

É possível identificar que a intensificação do uso de dados pelas autoridades exerceu grande influência nas mudanças ocorridas, que podem ser resumidas (i) na concepção da transferência do sigilo entre autoridades, e não na de sua quebra, o que atrairá a desnecessidade de decisão judicial para o compartilhamento e (ii) na definição de alguns limites para que essa transferência possa acontecer.

Ao lado das leis e decretos regulamentadores, os julgados do STF foram protagonistas, não apenas validar os parâmetros antes previstos por essas normas, mas também por direcioná-los com o uso da hermenêutica. A partir de 2016, o compartilhamento de dados passa a ser utilizado, obedecidas algumas circunstâncias, sem a anuência anterior de um terceiro não interessado (Poder Judiciário).

É o que pode ser observado dos julgamentos (i) de 2016, em que preponderou a proteção da arrecadação tributária – RE nº 601.314, Tema nº 225 da Repercussão Geral, Rel. Min. Edson Fachin; ADI's nºs 2.390, 2.386 e 2.397, Rel. Min. Dias Toffoli); (ii) de 2019, em que a persecução penal prevaleceu – RE nº 1.055.941, Tema nº 990 da Repercussão Geral, Rel. Min. Dias Toffoli.

No fim, os passos foram dados em busca do interesse público, o que acarretou a flexibilização do sigilo, considerando que as discussões permaneceram centradas na necessidade do uso de dados para, via compartilhamento entre órgãos e autoridades, proteger as bases tributárias e combater o crime organizado. Para esse objetivo, seria necessário eliminar entraves que representassem a burocracia e o atraso na coleta de provas, como a necessidade de prévia decisão judicial.

Para além da flexibilização do sigilo fiscal, o que se observa é a ocorrência de sua horizontalização, ou seja, a sua carga é maior quando falamos da relação entre um particular e outro, mas reduzida quando do outro lado figura o Estado.

De toda sorte, os ventos que sopraram para o rumo da consecução das atividades estatais e do bem coletivo hoje se voltam à preocupação do acúmulo de informações nas mãos do Estado. A era digital trouxe consigo o chamamento ao "direito à governança, [à] transparência e sindicabilidade do tratamento de dados"[21], cuja tendência deve influenciar os próximos debates sobre sigilo fiscal no âmbito da Suprema Corte.

[21] STF, Referendo da Medida Cautelar nas ADI's nº's 6.387, 6.388, 6.390 e 6.393, Pleno, Rel. Min. Rosa Weber, julgado em 06/05/2020, em que foram suspensos os efeitos da Medida

O encontro do sigilo com o compartilhamento de informações fiscais tem revelado para o controle de constitucionalidade os entrelaçados tons do debate, os quais se agravam tendo em vista que, em searas como o Direito Tributário e o Direito Penal, diferentemente do campo privado, as entidades estatais são partes diretamente interessadas[22].

Tal constatação exigirá o esforço do legislador e da jurisdição em busca da preservação das garantias fundamentais em face da intensificação do uso de dados fiscais sigilosos. Afinal, é preciso que haja o controle do controlador, uma vez que "a experiência eterna mostra que todo homem que tem poder é tentado a abusar dele; vai até onde encontra limites"[23].

3.1. Julgamento de 2016 e a proteção da arrecadação tributária: Tema nº 225 da Repercussão Geral e ADI's nºs 2.390, 2.386 e 2.397

Percorrendo o caminho das decisões do STF é possível identificar que, no período anterior a 2016, o entendimento condutor na Corte era o de que o inciso XII do art. 5º permitiria a quebra de sigilo desde que autorizada pelo Poder Judiciário, enquanto órgão equidistante, e somente para fins penais[24].

A partir de 2016, o Plenário do STF analisou julgamento conjunto do RE nº 601.314, vinculado ao Tema nº 225 da Repercussão Geral[25], de relatoria do Ministro Edson Fachin, e das ADIs nº 2390, 2386 e 2397, todas de relatoria do Ministro Dias Toffoli[26].

A essência do debate envolveu a constitucionalidade dos arts. 5º e 6º da LC nº 105/2001 e, por consequência, dos Decretos nº 3.724/2001 e nº 4.489/2002. Em sede de controle concentrado, também foi questionado o

Provisória nº 954/2020, a qual dispôs sobre o compartilhamento de dados de usuários de telefônicas com o IBGE.

22 Leão, Martha. O Supremo Tribunal Federal e a (in)coerência Interpretativa: o Caso da Quebra de Sigilo Bancário. *Revista Direito Tributário Atual*. 42. 2019, p. 332.

23 Montesquieu. *O espírito das leis*. São Paulo: Martins Fontes, 2012. p. 165.

24 Veja-se, por exemplo: STF, RE nº 389.808, Pleno, Rel. Min. Marco Aurélio, julgado em 15/12/2010.

25 A delimitação do tema foi sinalizada da seguinte forma "a) fornecimento de informações sobre movimentações financeiras ao Fisco sem autorização judicial, nos termos do art. 6º da Lei Complementar nº 105/2001; b) Aplicação retroativa da Lei nº 10.174/2001 para apuração de créditos tributários referentes a exercícios anteriores ao de sua vigência."

26 O julgamento foi finalizado em 21.02.2016. Por maioria, vencidos os Ministros Marco Aurélio e Celso de Mello, o Tribunal julgou improcedente o pedido formulado nas ADIs. O RE teve o seu provimento negado, pela mesma maioria.

art. 1º da LC nº 104/2001, que inseriu o inciso II do §1º e o §2º ao art. 198 do CTN, e o §3º do art. 3º da LC nº 105/2001.

A discussão dizia respeito a possível quebra do sigilo bancário na proporção do acesso da Receita Federal às informações obtidas por intermédio das instituições financeiras. Embora o enfoque seja nos dados protegidos pelo sigilo bancário, vale lembrar que uma vez repassadas à Fazenda Pública, essas informações adquirem a proteção do sigilo fiscal.

O Ministro Edson Fachin, relator do RE paradigma e cujo voto fora acompanhado pela maioria do Tribunal, vencidos os Ministros Marco Aurélio e Celso de Mello, deixou o registro de que o tema era "grave e complexo". Afirmações como essas não são incomuns nos outros julgados que discutem o compartilhamento de dados e a configuração, ou não, de quebra de sigilo bancário e fiscal. São alertas que de fato antecipam a dificuldade da temática.

Do julgamento, dentre tantos elementos, destaca-se a premissa contida no art. 145, §1º da CF, com base na qual ao Fisco é conferido o amplo acesso ao patrimônio, rendimentos e atividades econômicas dos contribuintes. Trata-se de uma busca da proteção da arrecadação e da preservação da isonomia de acordo com a capacidade contributiva.

Esse raciocínio deriva do pressuposto de que a tributação tem por finalidade a produção de igualdade, o financiamento de direitos; ou seja, o nosso modelo constitucional de tributação refletiria um verdadeiro Estado Fiscal[27]. Nas ADI's, o Rel. Ministro Dias Toffoli, seguiu a mesma linha de pensamento[28].

[27] O alto custo imposto ao Estado para construção e manutenção do Estado Social, que pode se materializar, dentre outros, em forma de hospitais, universidades, escolas e funcionários públicos, gera "a necessidade de adaptar o sistema de financiamento público para atender à demanda de recursos". Além disso, os direitos políticos também demandam "cada vez mais recursos na importante missão de colher a participação popular". (FUCK, Luciano Felício. *Estado Fiscal e Supremo Tribunal Federal*. São Paulo: Saraiva, 2017, p. 49).

[28] Conforme voto proferido no âmbito das ADI's nºs 2390, 2386 e 2397, julgadas em conjunto, o Ministro Dias Toffoli ressaltou: "O tributo corresponde, pois, à contribuição de cada cidadão para a mantença do Estado e, consequentemente, para a realização de atividades que assegurem os direitos fundamentais – notadamente os direitos daqueles que possuem menos condições de contribuir financeiramente com o Estado". Com isso, o Ministro relator, acompanhado pela maioria dos demais Ministros, reconhece o Estado Fiscal, uma vez que a função dos tributos seria a de financiar as atividades, assim como a correlação entre tributo e a capacidade contributiva.

O Ministro Gilmar Mendes, reconhecendo o papel dos tributos para o Estado Social de Direito, ressaltou que o tema sob julgamento ia além da mera autorização do Fisco para acessar os dados financeiros para alcançar a sua utilização como forma de "promover cruzamentos, averiguações e conferências com outros de que já dispõe e, ao fim, exigir os tributos".

Dito isso, a questão ali posta poderia ser resumida no duelo entre o direito ao sigilo bancário e o dever de pagar tributos, ou seja, a autonomia individual de um lado e, do outro, o autogoverno coletivo, o que transforma o sigilo bancário, o sigilo fiscal e a privacidade em uma norma de caráter não absoluto quando confrontado com as "legítimas expectativas de obtenção de receitas públicas" [29].

Com essa diretriz de interpretação, baseada na dicotomia sigilo, intimidade e privacidade *versus* o dever de pagar tributos, onde este último deve prevalecer, construiu-se o entendimento de que o dever de sigilo segue observado durante todo o fluxo de informações da esfera fiscal para a bancária. Nesse sentido, em resumo, foram três os principais fundamentos da tese vencedora:

> (1) a necessidade de instrumentos eficientes de fiscalização tributária, (2) a estreita conexão entre o acesso à informação e a concretização da Justiça fiscal, por meio da capacidade contributiva (dever fundamental de pagar impostos), e (3) a tendência internacional ao fim do sigilo bancário contra o Fisco e à troca de informações entre países. Haveria, segundo a maioria, não propriamente uma "quebra", mas uma "transferência" de sigilo dos bancos para a Administração Tributária, que se comprometeria a preservá-lo.[30]

Mudou-se, portanto, o posicionamento anterior, no qual se lançou mão da interpretação de que primeiro entendia o compartilhamento de dados bancários com a Receita Federal como uma quebra de sigilo e, depois, se apoiava na impossibilidade de estender essa quebra de sigilo a situações

[29] Segundo o Ministro Fachin: "Ao fim e ao cabo, o litígio constitucional posto se traduz em um confronto entre o direito ao sigilo bancário e o dever de pagar tributos, ambos referidos a um mesmo cidadão e de caráter constituinte no que se refere à comunidade política."

[30] CORREIA NETO, Celso de Barros; MÜLLER, Rebeca Drummond de Andrade. Faltam parâmetros para compartilhar informações entre Fisco e MP. **Consultor Jurídico,** 14 set. 2019. Disponível em: <https://www.conjur.com.br/2019-set-14/faltam-parametros-compartilhamento-informacoes-entre-fisco-ministerio-publico >. Acesso em: 27 abr 2022.

outras que não aquelas ligadas à investigação ou instrução penal – e desde que contasse com a autorização do Judiciário[31].

A alteração da jurisprudência considerou como suficiente, para efeitos da ressignificação da intimidade, privacidade e do sigilo, o fato de a Lei Complementar nº 105/2001 trazer parâmetros para o envio das informações bancárias, tais como os previstos em seu art. 6º (processo administrativo prévio e indispensabilidade do exame de documentos pela autoridade competente), além da preservação e manutenção do sigilo, somadas às diretrizes do Decreto nº 3.724/2001, responsável por regulamentar o dispositivo.

Em 2009, a percepção de que haveria hipóteses em que o sigilo bancário deveria ser relativizado ou mitigado já havia sido capitaneada pelo Ministro Luiz Fux, quando ainda compunha a Primeira Turma do Superior Tribunal de Justiça (STJ).

Ao apreciar o REsp nº 1.134.665/SP, submetido ao rito dos recursos repetitivos, o Rel. Ministro Fux, ponderou que, quando do outro lado estivessem "transações bancárias (...) denotadoras de ilicitude", o sigilo bancário não poderia ser enxergado como absoluto.

Ademais, diferentemente do que sinalizou o Ministro Edson Fachin[32], a oposição de sigilo bancário ao Fisco não se relacionaria com as garantias constitucionais à intimidade e à privacidade e, para além disso, o legislador possui relativa liberdade para restringir, com razoabilidade, o sigilo de informações financeiras – o qual "não se encontra no núcleo essencial do direito à intimidade" ou, "ainda que tenha, não estão no seu núcleo essencial a ponto de apresentarem a eficácia jurídica de regra"[33].

A evolução do debate sobre o compartilhamento de dados bancários e fiscais nos mostra que, mais do que discutirmos a obrigação da presta-

[31] O voto-condutor do Ministro Marco Aurélio, relator do RE nº 389.808 (DJe 10.05.2011), delimita que "apenas se permite o afastamento do sigilo mediante ato de órgão equidistante, mediante ato do Estado-juiz, que não figura em relação jurídica a envolver interesses, e, mesmo assim, para efeito de persecução criminal".

[32] Em seu voto, o Ministro Fachin reconhece que "do ponto de vista da autonomia individual, o sigilo bancário é uma das expressões do direito de personalidade que se traduz em ter suas atividades e informações bancárias livres de ingerências ou ofensas, qualificadas como arbitrárias ou ilegais, de quem quer que seja, inclusive do Estado ou da própria instituição financeira".

[33] Voto do Ministro Roberto Barroso no RE nº 601.314, Plenário, Rel. Ministro Edson Fachin, DJe 21/10/2016, p. 65. A mesma premissa consta dos votos do Ministro nas ADI's nºs 2390, 2386 e 2397.

ção de informações pelo contribuinte à Autoridade Fiscal, a utilização e a finalidade desses dados, em nome da proteção a essas informações, assim como por meio de quais instrumentos esse compartilhamento ocorrerá, deve ser objeto de preocupação e alerta contínuo.

A modificação do entendimento que prevalecia até antes de 2016 decorre da preocupação externada por quase todos os ministros quanto à movimentação de cooperação global no combate a crimes como o de lavagem de dinheiro e o terrorismo.

Merece destaque, inclusive, a mudança de posicionamento do Ministro Ricardo Lewandowski diante desse novo argumento. Em 2010, no RE nº 389.808, o ministro proferiu interpretação restritiva ao art. 5º, XII da CF.

Veja-se que, em 2016, preponderou o enfoque voltado à proteção da arrecadação. Isso é relevante para entendermos o alcance do compartilhamento de dados e a sua evolução, passando a abranger novos atores no fluxo da sistemática.

Para além das ponderações de direitos fundamentais, o elemento crucial se resumiu na sedimentação da premissa de que o compartilhamento de informações, nessas circunstâncias, não tratava de quebra do sigilo, mas mera transferência deste, com a obrigação de os agentes envolvidos o resguardarem.

Nas palavras do Ministro Dias Toffoli, relator das ADIs, "[T]rata-se, desse modo, de uma transferência de dados sigilosos de um determinado portador, que tem o dever de sigilo, para outro, que mantém a obrigação de sigilo". Portanto, "essa utilização não desnatura o caráter sigiloso da movimentação bancária do contribuinte, e, dessa forma, não tem o condão de implicar violação de sua privacidade".

Para o RE, a tese quanto ao compartilhamento de dados bancários com a Receita Federal ficou assim definida:

> O art. 6º da Lei Complementar 105/01 não ofende o direito ao sigilo bancário, pois realiza a igualdade em relação aos cidadãos, por meio do princípio da capacidade contributiva, bem como estabelece requisitos objetivos e o translado do dever de sigilo da esfera bancária para a fiscal.

Já com relação às ações de controle concentrado, prevaleceu o mesmo racional da tese fixada na Repercussão Geral, incluindo o art. 5º da mesma lei, sendo delimitados, ainda, parâmetros que guiarão o compartilhamento de informações bancárias com a Receita, a ser enfrentado nas diretrizes estabelecidas no âmbito dos Três Poderes.

Portanto, os arts. 5º e 6º da LC nº 105/2001, assim como o Decreto nº 4.489, foram reconhecidos como constitucionais e o acesso da Receita Federal às informações protegidas pelo sigilo bancário definido em duas etapas, separadas como acesso amplo ou sistêmico e acesso incidental, à luz da própria Lei Complementar. São eles:

1ª Etapa – Acesso amplo ou sistêmico (art. 5º, §§1º e 2º da Lei Complementar nº 105/2001)

Acesso do Fisco (Federal, Estadual, Distrital ou Municipal) limitado à identificação dos titulares das operações bancárias e dos montantes globais mensalmente movimentados (dados genéricos e cadastrais). Vedado qualquer elemento que identifique a origem ou a natureza dos gastos.

2º Etapa – Acesso incidental (art. 5º, §4º e art. 6º da Lei Complementar nº 105/2001)

Acesso do Fisco (Federal, Estadual, Distrital ou Municipal), após verificação de indícios de irregularidades, falhas ou incorreções, a informações mais detalhadas, condicionado à instauração de Processo Fiscal e à indispensabilidade do exame dos documentos, livros e registros das instituições financeiras, incluindo os referentes a contas de depósitos e aplicações financeiras.

No caso do acesso incidental, ou seja, na segunda etapa do acesso aos dados bancários, a instauração do Procedimento Fiscal implica a intimação do contribuinte e todas as garantias processuais inerentes ao procedimento, com apoio da Lei nº 9.784/1999, além, claro, do Decreto nº 3.724/2001 que regulamenta o art. 6º da LC nº 105/2001.

Por fim, o envolvimento de outros órgãos da Administração Pública nessa relação somente ficaria mais claro a partir de 2019, sinalizando que o precedente que analisamos, de 2016, passou a ser o fio condutor dos debates. No próximo tópico, abordamos o panorama do julgamento.

3.2. Julgamento de 2019 e a persecução penal: RE nº 1.055.941, Tema nº 990 da Repercussão Geral.

Em 2019, o tema sobre a (im)possibilidade de compartilhamento de dados fiscais sigilosos sem autorização judicial volta à tona por meio do RE nº 1.055.941/SP, Tema nº 990 da Repercussão Geral, de relatoria do Ministro

Dias Toffoli. Dessa vez, entretanto, com novos detalhes e com a inclusão de outros atores no fluxo dessa sistemática.

Se em 2016 as delimitações do paradigma levavam em consideração a primeira etapa do fluxo do compartilhamento – das instituições financeiras para a Receita Federal (transformação do sigilo bancário em sigilo fiscal) – em 2019 o retrato inicial mostrava o envio de dados, já em posse do Fisco, para o Ministério Público Federal (MPF).

Tratava-se, portanto, da utilização de dados para fins penais, ou seja, uma finalidade que atrai contornos cuidadosos em razão da restrição potencial da liberdade de um indivíduo, sobretudo ao considerarmos que o MPF, além de parte interessada no processo, detém poder investigatório e acusatório.

No caso concreto, houve o encaminhamento, após a constituição do crédito tributário, da íntegra da Representação Fiscal para Fins Penais (RFFP) ao MPF, cujo conteúdo incluía dados acobertados pelo sigilo fiscal, inclusive aqueles repassados na etapa anterior, com apoio do art. 6º da LC nº 105/2001, pelas instituições financeiras a pedido da Receita Federal. Estavam sob análise a inviolabilidade de dados (inciso XII do art. 5º da CF) e o direito à intimidade e à vida privada (inciso X do art. 5º da CF), igualmente relacionada à honra.

Um dos elementos de relevo, que influenciou na discussão do caso concreto, trata da expansão para incluir a análise do fluxo de compartilhamento das informações entre o Conselho de Controle de Atividades Financeiras (COAF), e o compartilhamento de informações, via Relatório de Inteligência Financeira (RIF), para o MP, dada a premissa de que o compartilhamento dos dados entre os órgãos de fiscalização e controle também ocorre sob a égide da LC nº 105/2001.

A inclusão do COAF na análise rendeu alguma polêmica, o que levou o Procurador-Geral da República a levantar questão de ordem com o intuito de que o julgamento se limitasse a analisar o fluxo da Receita Federal para o Ministério Público, além de reiterar a possibilidade de, na esteira do precedente de 2016, ser prescindível a reserva de jurisdição para que ocorra o envio das RFFPs. O aparte lançado pelo Procuradoria-Geral da República (PGR) naquela oportunidade merece dois destaques.

O primeiro se refere à afirmação de que os relatórios de inteligência produzidos pelo COAF se distinguem dos relatórios fiscais. Isso porque, enquanto estes são acompanhados de Processo Administrativo Fiscal, trazendo consigo um ambiente em que o contribuinte exercera o contraditório, a ampla defesa e o devido processo legal, aqueles, originados do COAF, tratariam de um ato de inteligência, servindo apenas "como elementos informativos para que se busquem provas, que é um outro lado da realidade". Ademais, considerando que supostamente o MPF não requisita as informações, não haveria "interferência humana. Há apenas uma relação passiva de recepção de dados, seja *ex officio* pela UIF, seja pela solicitação também de recepção passiva do MP."

Esse panorama acende o alerta para o desenvolvimento da cultura de proteção de dados, considerando que a concepção atual admite que todas as informações carregam consigo a capacidade de se transmudarem em revelações íntimas do indivíduo. Assim, se torna cada vez mais delicado afirmar – e aqui é um dos grandes desafios dos que estudam o tema –, como constara da manifestação do Procurador-Geral, que apenas alguns dos "elementos mais profundos" é que diriam respeito à privacidade[34].

O segundo destaque advém da afirmação de que "o MP não requisita" informações ao COAF, rebatida pelo Ministro Dias Toffoli, que, em seu voto, trouxe os dados demonstrando o fluxo do envio de RIF ao MP, incluindo esfera estadual, e a Polícia Federal[35].

A fala do Ministro relator faz coro com a previsão do inciso VI do art. 129 da CF, apontado pelo próprio MPF como um dos dispositivos violados pelo acórdão recorrido, em que uma das funções institucionais do *parquet* é a de requisitar informações e documentos para instrução dos processos administrativos de sua competência. Essa previsão, vale lembrar, não pode ser interpretada desacompanhada de parâmetros.

[34] "Ou seja, é possível o compartilhamento das informações sem a reserva de jurisdição, desde que essa reserva de jurisdição não atinja esses elementos mais profundos que dizem respeito à privacidade."

[35] "Pode não ser na forma de requisição, mas faz na forma de requerimento. E, em 3 anos, foram 1.165. Quatorze deles, especificamente, feitos pela Procuradoria-Geral da República. Requerimentos de Ministério Público estaduais: 2.820. As 6 mil RIF que existem envolveriam as tais 600 mil pessoas físicas e jurídicas, pois cada RIF tem umas 100 pessoas envolvidas, 100 CNPJ ou 100 CPF. Vejam, os ministérios públicos estaduais requereram 2.880 e receberam, de ofício, 2.300, ou seja, os ministérios públicos estaduais requerem mais do que recebem de ofício. RIF encaminhados por requerimentos da Polícia Federal – a PF é recordista -: 3.221. Praticamente a metade dos RIF a Polícia Federal recebeu por requerimento próprio. RIF encaminhados de ofício à Polícia Federal: 2.845. Ou seja, a Polícia Federal recebeu menos de ofício e requereu mais por moto-próprio."

De todo modo, os números trazidos em confronto com a afirmação feita pelo PGR convergem com as incertezas sobre como de fato se dá o fluxo de compartilhamento de informações.

Nos tempos atuais, em verdade, todas as formas – troca, compartilhamento, solicitação ou se requisição – ensejam o tratamento de dados, nos moldes do inciso X do art. 5º da LGPD.[36]

Assim, nos parece que, hoje, o enfrentamento dos tribunais tangenciará, mais do que as nomenclaturas que são dadas (troca, compartilhamento, solicitação ou requisição), as discussões e desencadeamos sobre o que está dentro da concepção da mera transferência do sigilo entre uma autoridade e outra, e quais são os seus consequentes freios e parâmetros.

Repassando o enfoque da discussão para o voto do Ministro Alexandre de Moraes, que restou vencedor ao conduzir a divergência parcial, vale o destaque para a afirmação de que a análise "é uma das mais relevantes em relação à persecução penal, ao combate à criminalidade organizada e à corrupção, principalmente em virtude de crimes reflexos, sonegação fiscal, evasão de divisas".

Além disso, também ficou chancelado o reconhecimento de que as informações bancárias, financeiras e fiscais integram a intimidade e a vida privada da pessoa física ou jurídica[37], um importante recorte que se alinha à necessidade de proteção dos dados e do sigilo fiscal também dos contribuintes pessoas jurídicas.

O sigilo de dados, afiançado pelos incisos XII e X do art. 5º da CF, contou com a possibilidade de sua relativização a partir do estabelecimento da premissa de que, na hipótese de tratamento de informações, não há uma "previsão expressa e absoluta da cláusula de reserva jurisdicional", diferentemente do que ocorre com o sigilo telefônico e a inviolabilidade do domicílio, ocasiões em que o aval prévio do Poder Judiciário é requisito inafastável. Com esse ponto de partida – i.e., ausência de determinação

[36] "Tratamento: toda operação realizada com dados pessoais, como as que se referem a coleta, produção, recepção, classificação, utilização, acesso, reprodução, transmissão, distribuição, processamento, arquivamento, armazenamento, eliminação, avaliação ou controle da informação, modificação, comunicação, transferência, difusão ou extração".

[37] "Nesse contexto, em regra, não podemos deixar de considerar que as informações bancárias, sejam as constantes nas próprias instituições financeiras, sejam as constantes na Receita Federal, COAF/UIF ou organismos congêneres do Poder Público, constituem parte da intimidade e vida privada da pessoa física ou jurídica".

expressa, pela CF, de decisão judicial prévia para acesso a dados sigilosos –, o sigilo de dados, sejam eles bancários ou fiscais, não é um direito absoluto.

Assim, se a situação concreta ensejar critérios como o da excepcionalidade, razoabilidade e proporcionalidade, não apenas o Poder Judiciário pode reconhecer, de forma fundamentada, essa relativização, como também pode o Poder Legislativo, "de maneira abstrata, estabelecendo hipóteses e requisitos", a exemplo do que fez por meio da LC nº 105/2001, reconhecida como constitucional em 2016, e, para as atividades de inteligência financeira, por meio da Lei nº 9.613/1998.

Ainda dentro dos critérios de excepcionalidade, razoabilidade e proporcionalidade, estaria circunscrito a essa esfera, na outra ponta, uma finalidade, digamos, maior. Uma finalidade que evita a utilização de direitos fundamentais como escudo para atividades ilícitas e está, ao mesmo tempo, interligada ao interesse público, como é o combate ao crime organizado e à proteção das bases tributárias.

Comprovando que, no campo do compartilhamento de dados, os parâmetros são similares seja para dados protegidos pelo sigilo fiscal ou bancário, seja para dados outros, o raciocínio baseado no tripé excepcionalidade, razoabilidade e proporcionalidade foi utilizado no julgamento de 2020, no âmbito das ADI's nºs 6387, 6388, 6389, 6390 e 6393, onde, ao impedir a transferência de informações de usuários de serviços telefônicos ao IBGE, a Suprema Corte reconheceu a proteção dos dados e a autodeterminação como um direito autônomo e fundamental.

Ressaltamos que os parâmetros são similares, e não idênticos, pois entendemos que, por exemplo, o princípio da autodeterminação informacional encontra entraves face aos dados protegidos por sigilo fiscal.

Além do parâmetro atinente à verificação da constitucionalidade de uma lei ou de decisão judicial que autoriza o acesso a dados sigilosos, as balizas para o compartilhamento, previstas pela LC nº 105/2001 e reconhecidas pelo STF em 2016, refletem também no envio de informações ao MP.

Somente após o acesso amplo ou sistêmico (1ª etapa, com previsão no art. 5º, §2º da LC nº 105/2001) das instituições financeiras à Receita Federal e da instauração de procedimento administrativo fiscal (2ª etapa, prevista no art. 6º da LC nº 105/2001) é que, havendo indícios de crime, o Ministério Público terá acesso às informações imprescindíveis.

Portanto, o pressuposto é de que as provas obtidas com base no envio de informações pela Receita Federal ou pelo COAF ao MP, por estarem baseadas em leis que foram reconhecidas constitucionais (LC nº 105/2001 e Lei nº 9.613/1998, respectivamente), serão consideradas lícitas até que se prove o contrário, ou seja, até que seja comprovado eventual desvirtuamento na produção probatória.

Pelo registro da corrente vencedora, é importante que analisemos uma lacuna que, em uma primeira análise que aqui fazemos, pode acarretar um novo chamamento do STF. A delimitação do fluxo de compartilhamento de dados fiscais com o MP ficou restrita ao envio com a utilização das RFFP's, alinhando-se com o próprio caso concreto[38].

A requisição de informações fiscais sigilosas realizadas pelo Ministério Público à Receita Federal permanece em aberto, acobertados por balizas antigas, desenhadas no período de 1993 a 2010[39], quando a proteção de dados ainda passava ao largo da carga de importância que hoje ela tem no Brasil.

O CTN, ao dispor, em seu inciso I do §3º o art. 198, que a RFFP pode veicular informações sigilosas, sem necessidade de decisão judicial, obtidas "em razão do ofício sobre a situação econômica ou financeira do sujeito passivo ou de terceiros e sobre a natureza e o estado de seus negócios ou atividades" (*caput* do art. 198), na linha do que prevaleceu no julgamento ora analisado, não trata das hipóteses em que o fluxo das informações é reverso, ou seja, quando há requisição pelo MPF. Nem mesmo a LC nº 105/2001 prevê essa possibilidade.

Atualmente, o envio de informações protegidas pelo sigilo fiscal a partir da requisição do MPF é um dever da Receita Federal. Esse posicionamento se dá a partir da interpretação feita pela Administração Pública, originada da Nota Técnica nº 179/DENOR/CGU/AGU, aprovada pelo então Advogado-Geral da União, hoje Ministro do STF, Dias Toffoli, na qual, em resumo, consta o entendimento de que o rol do art. 198 do CTN não é exaustivo[40].

[38] Os processos administrativos fiscais que ensejaram o envio das RFFP's e a abertura da ação penal são os de nºs 10865.000762/2006-93 e 10865.000763/2006-38.

[39] BRASIL. MPU, *Nota Técnica nº 179/DENOR/CGU/AGU*, de 21 de dezembro de 2007. Aprovada pelo Consultor-Geral da União, por meio do Despacho CGU nº 428/2007, e pelo Advogado-Geral da União, além da Lei Complementar nº 75, de 20 de maio de 1993 e a Solução de Consulta Interna COSIT nº 24, de 30 de agosto de 2010. Disponível em: https://www.gov.br/receitafederal/pt-br/assuntos/orientacao-tributaria/sigilo-fiscal/ministerio-publico-da-uniao Acesso em: 25 abr. 2022.

[40] BRASIL. Receita Federal. *Manual eletrônico do sigilo fiscal (e-MSF)*. Disponível em: https://www.gov.br/receitafederal/pt-br/assuntos/orientacao-tributaria/sigilo-fiscalAcesso em: 25 abr. 2022.

Nesse sentido, é preciso analisar se, nessa modalidade requisitória, o mesmo rigor procedimental que ocorre no âmbito das RFFP's é seguido e se, para além disso, não haveria violação à Súmula Vinculante nº 24, que impede a tipificação de crime contra a ordem tributária enquanto não houver lançamento definitivo do tributo, uma vez que informações com conteúdo probatório podem, em tese, ser enviadas antes que ocorra referido lançamento.

A partir dessas linhas, jamais o MP, recebendo informações da Receita Federal por ele requisitadas, poderia se valer delas para imputar algum crime contra a ordem tributária. Nos resta atentarmos para, por outro lado, quais outras finalidades esses dados são recebidos e utilizados pelo órgão.

Não se ignora que o Ministro Alexandre de Moraes afirma ser favorável à permissão do "amplo compartilhamento, para fins estritamente penais, sem a intermediação do Poder Judiciário", seja como iniciativa do próprio MP, seja para quando ele necessitar complementação das RFFPs já enviadas. Todavia, enxergamos como um *obter dictum*.

As discussões mantidas e a tese que prevaleceu foram claras ao se aterem ao universo das Representações e ao fluxo de envio para o MP – e não em sentido contrário. Esse, aliás, é o retrato do caso concreto.

Assim, o Tema nº 990 da Repercussão Geral ficou definido da seguinte forma:

1. É constitucional o compartilhamento dos relatórios de inteligência financeira da UIF e da íntegra do procedimento fiscalizatório da Receita Federal do Brasil – em que se define o lançamento do tributo – com os órgãos de persecução penal para fins criminais sem prévia autorização judicial, devendo ser resguardado o sigilo das informações em procedimentos formalmente instaurados e sujeitos a posterior controle jurisdicional;
2. O compartilhamento pela UIF e pela RFB referido no item anterior deve ser feito unicamente por meio de comunicações formais, com garantia de sigilo, certificação do destinatário e estabelecimento de instrumentos efetivos de apuração e correção de eventuais desvios.

Portanto, o STF avalizou a constitucionalidade do compartilhamento direto, i.e., sem a necessidade de intervenção judicial, de informações sigilosas para fins criminais "com os órgãos de persecução penal" – ou seja, além do MP, Federal e Estadual, há ainda a Polícia Judiciária.

O envio de dados, contudo, ocorrerá por intermédio dos RIFs, no caso do COAF e da íntegra da RFFP, no caso da Receita Federal. Reforçando os parâmetros já previstos pela legislação, notadamente pela LC nº 105/2001, o compartilhamento deverá ocorrer por meios formais, mediante procedimentos que possam ser eventualmente valorados pelo Poder Judiciário e que assegurem a manutenção/transferência do sigilo.

Por fim, na seara tributária e da segurança pública, a inclinação da Suprema Corte em chancelar compartilhamentos menos restritivos e com apoio sobretudo da LC nº 105, desenhada a partir de parâmetros gerais discutidos nos anos 2000, deve acender o alerta para a unidade informacional que se constrói[41].

Essa é uma realidade que vai além da dimensão do debate que hoje orbita a (des)necessidade de autorização judicial, conforme alertado pelos juristas Luís Greco e Alaor Leite, "[n]ão se trata de disputa informacional entre órgãos estatais ou de mera questão de competência ou atribuição, mas de limitação legal do poder informacional do Estado"[42].

A preocupação é mais do que justa e as discussões são cada vez mais necessárias, sendo imprescindível a inclusão, nesse rol de atores, do Poder Legislativo, isso para que, conforme haja o crescimento do tratamento dos dados, as lacunas normativas sejam preenchidas com as leis necessárias, e não por única e exclusivamente convênios ou portarias.

No julgamento que acabamos de analisar, o próprio Ministro Alexandre de Moraes repassou a mensagem. Segundo consta de seu voto, o Brasil deveria ir além para ampliar "a capacidade de análise dessas informações,

[41] Conforme Juliano Maranhão e Ricardo Campos mencionam, com base no alerta do Professor alemão Spiros Simitis, a "unidade informacional" é uma ameaça na "era na qual o poder se confunde com o controle da informação", o que motivou o conceito de "divisão informacional de poderes" (ou separação informacional), "segundo o qual a finalidade de coleta e tratamento de dados pessoais por cada órgão público circunscreve-se à estrita definição de sua competência legal, sendo vedado o uso para outra finalidade dentro da Administração. MARANHÃO, Juliano; CAMPOS, Ricardo. A divisão informacional de poderes e o cadastro base do cidadão. **JOTA,** 18 out. 2019. Disponível em: < https://www.jota.info/opiniao-e-analise/artigos/a-divisao-informacional-de-poderes-e-o-cadastro-base-do-cidadao-18102019#sdfootnote4anc >. Acesso em: 25 abr. 2022.

[42] GRECO, Luís; LEITE, Alaor. Discussão do Supremo sobre caso COAF joga luz em lacuna legislativa. *Folha de S. Paulo*, 19 nov. 2019. Disponível em: https://www1.folha.uol.com.br/poder/2019/11/discussao-do-supremo-sobre-caso-coaf-joga-luz-em-lacuna-legislativa.shtml . Acesso em: 25 abr. 2022.

com programas novos, computadores e algoritmos melhores, pois somente um sistema de inteligência realmente efetivo conseguirá prevenir diversas práticas ilícitas".

Ou seja, o movimento é dinâmico e ascendente, todavia, da mesma forma deve ser a preocupação com o devido tratamento dos dados fiscais sigilosos e a proteção dos direitos fundamentais dos contribuintes.

Conclusões

A era digital é maior expressão da sociedade da informação e do modo pelo qual a nossa relação com os dados fora completamente reformulada. Em um primeiro momento, os descobrimos como algo valioso para então passar a entender os potenciais riscos diante da poderosa ferramenta que o compartilhamento se tornou no desenho de políticas públicas e na tomada de decisões do Estado.

Ao analisarmos o caminho da jurisdição constitucional quanto ao sigilo (tanto bancário, como o fiscal), enxergamos a maior expressão do direito à privacidade e a maximização de sua utilidade para facilitar o compartilhamento de dados.

A demanda por transparência e cooperação movimentou a comunidade internacional, transformando-se na marca registrada da tributação internacional do Século XXI. As mudanças com maior impacto foram iniciadas entre 2001 e 2008, período em que o grito por transparência e pelo fim da era do sigilo ecoou não por acaso.

Em 2001, despontou a Guerra ao Terror, e, em 2008, foi a vez da crise que tomou a economia mundial. Enquanto a busca pela rede de financiamento terrorista desencadeou a utilização de troca de informações para encontrar os autores do atentado de 11 de setembro e desmantelar as células a eles ligadas, a crise econômica precisou se valer de meios para garantir e proteger a arrecadação tributária, incluindo o combate a pilares de sustentação de paraísos fiscais, como o próprio sigilo. Ali se intensificava a busca pelo rastro do dinheiro.

O Brasil abraçou a cooperação e o multilateralismo não apenas por meio de tratados internacionais, mas sobretudo com a modificação gradual das normas jurídicas internas. Em 2003, a Constituição Federal foi emendada para incluir a previsão de que a administração tributária exercerá a proteção da arrecadação por meio do "compartilhamento de cadastros e de informações fiscais, na forma da lei ou convênio" (art. 37, XXII). Na esfera legislativa, no ano de 2001, entraram em vigor mudanças que alteraram o Código Tributário Nacional (*e.g.* o seu art. 198) e trataram do sigilo bancário para permitir, sob determinadas hipóteses, o compartilhamento de informações sigilosas.

Mas foi no período de 2016 e 2019 que o debate entre o direito fundamental à privacidade e a necessidade de acesso rápido, pelo Estado, às informações dos contribuintes fora incrementado por meio do protagonismo do Supremo Tribunal Federal, que, sob a ponderação de direitos e garantias fundamentais, modificou a estrutura de entendimentos antes formada para sedimentar que o sigilo deveria ser flexibilizado em prol do interesse público. Passou-se a permitir que as informações sigilosas poderiam ser compartilhadas entre instituições financeiras e a Receita Federal, e entre esta e Ministério Público, sem que fosse necessária autorização judicial prévia.

Em outras palavras, o sigilo assumiu uma vertente de horizontalização, isto é, as suas regras seguem rígidas quando impostas a outro particular, mas flexíveis quando se trata do acesso pelo Estado.

Na era da flexibilização do sigilo, o pressuposto maior é o de que os dados fiscais têm um valor social. É por meio deles que os censos dos países podem ser feitos com maior acuidade. É com eles que políticas públicas podem ser estabelecidas para combater uma pandemia.

Todavia, se também é verdade que falamos de Estados Democráticos de Direito, quem pode muito não pode tudo. Não é à toa que a proteção de dados é discutida e em países como o Brasil, ela até ganhou *status* de direito fundamental, após a recente emenda à Constituição (EC nº 115/2022).

Qual a consequência do reconhecimento da proteção de dados como direito fundamental? Entendê-la como um interesse público tanto quanto a proteção da arrecadação e o combate ao crime organizado. Isso significa que deverá haver um encontro hermenêutico que representará a nova etapa, ou nova geração, do sigilo. Assumimos a sua flexibilização para que o Estado execute as suas atividades, mas, do outro lado, a sociedade necessita de mecanismos que garantam a não utilização irrestrita de um dos seus bens mais preciosos: as suas próprias informações.

Um dos primeiros passos é, portanto, definir parâmetros e limites. Como mencionou o ministro Gilmar Mendes, no julgamento da ADI 6387, que tratou da inconstitucionalidade do compartilhamento de dados de usuários de telefonia com o Instituto Brasileiro de Geografia e Estatística (IBGE), a proteção de dados, hoje, migrou da esfera privada para a pública, exigindo a governança, a transparência e a sindicabilidade do tratamento de dados.

Não bastará, portanto, que uma norma jurídica estabeleça que o agente público tem o dever de guardar o sigilo, sob pena de punição administrativa e penal. Tal previsão é um padrão mínimo e pressuposto óbvio. Também não será suficiente dispor de normas e atos infralegais isolados. O que as nações precisam evitar é a formação da chamada unidade informacional, ou seja, a concentração de informações nos órgãos estatais que tanto possibilitem perseguições seletivas, quanto o uso desenfreado e deletério à própria democracia.

Desse modo, concluímos que é necessário discutir, sobretudo no âmbito do Poder Legislativo, leis que, dentro da proporcionalidade e da razoabilidade, antecipem a possibilidade de compartilhamento de dados fiscais entre uma autoridade e outra.

São necessárias normas que regulem regras procedimentais, como o prazo em que as informações podem permanecer armazenadas, e quais são as finalidades da coleta e do uso daqueles dados fiscais sigilosos. Precisamos, por fim, nos preocupar com os dados, como já temos feito, mas não podemos deixar de lado os dados fiscais protegidos pelo sigilo, cujo tratamento necessita de uma lei específica, não bastando, no Brasil, a LGPD.

Como já alertavam Warren e Brandeis, "é necessário, de tempos em tempos, definir novamente a natureza exata e a extensão de tal proteção". É sempre necessário robustecer as proteções conforme haja a evolução dos sistemas, pavimentando o caminho para a constituição de um arcabouço normativo sólido em busca do fortalecimento das leis, das instituições e da própria sociedade. É para essa direção que o novo passo da era digital aponta.

Referências

Alexy, Robert. *Teoria dos direitos fundamentais.* Trad. Virgílio Afonso da Silva. São Paulo: Malheiros Editores, 2008.

Arendt, Hannah. *A condição humana.* Trad. Roberto Raposo. 13. ed. Rio de Janeiro: Forense Universitária, 2020

Correia Neto, Celso de Barros; Müller, Rebeca Drummond de Andrade. Faltam parâmetros para compartilhar informações entre Fisco e MP. *Consultor Jurídico*, 14 set. 2019.

Ferraz Júnior, Tércio Sampaio. Sigilo de dados: o direito à privacidade e os limites à função fiscalizadora do Estado. *Revista da Faculdade de Direito da Universidade de São Paulo*, São Paulo, p. 439-459, 1993.

FUCK, Luciano Felício. *Estado Fiscal e Supremo Tribunal Federal*. São Paulo: Saraiva, 2017.

GRECO, Luís; LEITE, Alaor. Discussão do Supremo sobre caso COAF joga luz em lacuna legislativa. *Folha de S. Paulo*, 19 nov. 2019. Disponível em: https://www1.folha.uol.com.br/poder/2019/11/discussao-do-supremo-sobre-caso-coaf-joga-luz-em-lacuna-legislativa.shtml.

LEÃO, Martha. O Supremo Tribunal Federal e a (in)coerência Interpretativa: o Caso da Quebra de Sigilo Bancário. *Revista Direito Tributário Atual*. 42. 2019, p. 329-340.

MARANHÃO, Juliano; CAMPOS, Ricardo. A divisão informacional de poderes e o cadastro base do cidadão. *JOTA*, 18 out. 2019.

MENDES, Gilmar Ferreira; BRANCO, Paulo Gustavo Gonet. *Curso de direito constitucional*. 7. ed. São Paulo: Saraiva, 2012

MONTESQUIEU. *O espírito das leis*. São Paulo: Martins Fontes, 2012

QUEIROZ, Rafael Mafei Rabelo; PONCE, Paula Pedigoni. Tércio Sampaio Ferraz Júnior e Sigilo de dados: o direito à privacidade e os limites à função fiscalizadora do Estado: o que permanece e o que deve ser reconsiderado. *Internet&Sociedade*, São Paulo, n. 1, v.1, p. 64-90, fev. 2020.

TORRES, Heleno Taveira. Comentário ao artigo 145. In: CANOTILHO, J.J. Gomes et al. *Comentários à Constituição do Brasil*. São Paulo: Saraiva/Almedina, 2013.

WARREN, Samuel D; BRANDEIS, Louis D. The right to privacy. *Harvard Law Review*, v. 5, n. 5, p. 193, 1890.

14
SERVIÇOS *OVER-THE-TOP*, *STREAMING* E TRIBUTAÇÃO

Tarsila Ribeiro Marques Fernandes
Victor Oliveira Fernandes

Introdução

O direito tributário brasileiro, cujos alicerces remontam à década de sessenta, tem enfrentado especial dificuldade para lidar com os desafios impostos pelas novas tecnologias. Isso porque o sistema tributário nacional possui as suas bases fixadas na divisão entre indústria, comércio e serviços para fins de repartição de competências tributárias entre os diversos entes federativos no tocante à tributação do consumo.

Em sendo assim, além de enfrentar as vicissitudes surgidas pela necessidade de adaptação de um sistema rígido às demandas surgidas a partir da Quarta Revolução Industrial[1], o caso brasileiro agrega uma dificuldade adicional, eis que envolve elemento essencial do ordenamento jurídico brasileiro, que é o federalismo fiscal.

Nesse contexto, o presente artigo busca analisar os aspectos tributários relacionados ao *streaming* de vídeo e aos demais serviços *over-the-top* (OTT), de forma a inicialmente apresentar as discussões jurídicas em torno do tema e emitir posicionamento a respeito de qual tributo incide sobre a referida atividade. Esclareça-se que o escopo do presente artigo é enfrentar a tributação indireta sobre o *streaming* de vídeo e demais serviços OTT, razão pela qual o foco será a tributação sobre o consumo.

[1] Scwhab, Klaus. *A Quarta Revolução Industrial*. Trad. Daniel Moreira Miranda. São Paulo: Edipro, 2016, p. 11.

Acerca dos tributos sobre consumo passíveis de incidência no Brasil, a discussão sobre qual deles é atraído pelos serviços OTT ocorre em relação ao ICMS-mercadoria, ICMS-comunicação, ISS ou nenhum deles, o que demandaria a edição de lei complementar da União para criar novo imposto não cumulativo, nos termos do art. 154, I da Constituição Federal.

A interpretação por uma outra corrente doutrinária traz relevantes consequências jurídicas e econômicas. Isso porque se altera a competência do ente tributante, que poderia ser tanto a União quanto os Estados ou municípios, além do fato de que, ao se classificar o *streaming* de vídeo e demais serviços OTT como de comunicações, atrai-se não apenas a alíquota do ICMS, que já é sobremaneira mais elevada que a do ISS, como também a tributação setorial que incide sobre os serviços de telecomunicações, a qual abrange contribuições de intervenção no domínio econômico e taxas de fiscalização.

1. Do conceito de serviços *over-the-top* e *streaming* de vídeo

A despeito da extrema popularidade que a expressão "serviços OTT" adquiriu nos últimos anos, não é possível identificar uma definição uníssona a seu respeito. Como observam Godlovtish *et al.*, "é notável que uma terminologia tão central para o debate público não contenha uma definição singular e clara"[2].

As dificuldades de estabilização de um consenso semântico estão, em grande medida, associadas ao fato de essa definição não se amoldar com precisão a nenhuma categoria normativa pré-estabelecida nas legislações nacionais de telecomunicações.Além disso, diante do caráter global afeto à prestação de serviços baseados na internet, a expressão acaba adquirindo contornos de universalidade, transcendendo a taxonomias nacionais e, ao mesmo tempo, também não se amoldando de forma precisa às previsões contidas em fontes do Direito Internacional[3].

[2] Godlovitch, Ilsa *et al.* Over-The-Top players (OTTs): Market dynamics and policy challenges, Brussels: European Parliment. Study for the IMCO Committee, 2015, p. 25 e BEREC. Report on OTT services, n. January, p. 38, 2016, p. 3. No mesmo sentido, destacou-se, em relatório da BEREC, que: "*OTT is a term frequently used but often not clearly defined. Some use the term to define a group of actors; others use the term to qualify a category of service*". (BEREC. Report on OTT services, n. January, p. 38, 2016, p. 3).

[3] Acerca da indefinição da classificação dos serviços de internet no âmbito dos acordos da Organização Mundial do Comércio (OMC) firmados no final dos anos 1990, cf. Weber,

Quando utilizada em publicações de organizações internacionais, consultas públicas promovidas por agências reguladoras de telecomunicações, estudos organizados por empresas de tecnologia e em trabalhos acadêmicos, a expressão tem assumido significado variados. Conforme destacado em estudo recente desenvolvido pela BEREC, ela tem sido empregada tanto para se referir, sob um aspecto subjetivo, a um grupo de atores econômicos, quanto para se referir, sob um aspecto objetivo, a uma forma específica de prestação de serviços a partir da internet[4].

Sob o ponto de vista subjetivo, a expressão OTT refere-se a grandes empresas de internet, como os populares aplicativos de comunicação instantânea (como *WhatsApp, Telegram* e *Messenger*), serviços de vídeo *streaming* (como *Netflix, Amazon Prime*), serviços de voz sobre IP (como *Skype, Google Hangout, Facetime*), serviços de redes sociais (como *Facebook, Twiter*) e, ainda, ferramentas de busca na *web* (como *Google, Yahoo*, entre outros). Essas empresas teriam em comum o fato de atuarem como "novos entrantes", fazendo frente aos incumbentes do tradicional setor de telecomunicações[5]. Nessa perspectiva, portanto, a expressão designa muito mais um conflito econômico do que precisamente uma discussão acerca do regime jurídico de prestação desses serviços[6].

Sem desconsiderar a importância do sentido subjetivo da expressão, o presente trabalho se concentrará na análise dos serviços OTT como categoria de prestação de serviços. Sob esse aspecto objetivo, a expressão também não tem sido empregada de forma uníssona, designando: (*i*) de forma

R. H; Burri, H. M. Classification of services in the digital economy. Heidelberg: Springer, 2012, p. 192.

[4] BEREC. Report on OTT services, n. January, p. 38, 2016, p. 6.

[5] EUROPEAN COMMISSION. European Parliamentary Research Service. Evaluation and reform of the regulatory framework for electronic communications networks and services. [s.l.]: 2014. p. 6. Disponível em: <http://www.europarl.europa.eu/RegData/etudes/BRIE/2016/581400/EPRS_BRI(2016)581400_EN.pdf>.

[6] Justamente por remeter à ideia de embate entre agentes assimetricamente regulados, há controvérsias sobre se a expressão serviços OTT seria ou não dotada de uma conotação pejorativa. Há posicionamentos de que a nomenclatura seja utilizada por tradicionais empresas de telecomunicação para fazer um argumento de política econômica, tentando convencer que determinados serviços e aplicativos de internet estariam atuando fora das fronteiras legais. Diante desse possível significado, muitos estudos e documentos de organizações internacionais tem preferido utilizar, ao invés de serviços OTT, a expressão *Content and Aplications Services* (CAP). A esse respeito, cf. Bubley, D. Retiring the term "Telco-OTT". "Digital services" is useless too. Long live "Telco-Apps". [s.l.]: 2014.

ampla, todo e qualquer conteúdo (*content*), serviço (*service*) ou aplicativo (*aplication*) que pode ser acessado por usuários finais a partir da internet ou, (*ii*) de forma restrita, determinados tipos de serviços de comunicação e de vídeo prestados a partir da internet e que se afiguram potencialmente substitutivos em relação aos serviços tradicionais de telecomunicações.

Esses dois grupos conceituais possuem alguns traços comuns. Ambos partem do reconhecimento de que os serviços OTT são prestados necessariamente sobre a internet, entendida como rede pública e aberta. Tal delimitação é importante porque exclui da categorização determinados serviços que, embora operem a partir de protocolos TCP/IP, são acessados apenas por usuários finais no âmbito de redes fechadas (*closed-model networks*). Esse é o caso, por exemplo, de determinadas modalidades de serviços VoIP, como o chamado *Corporate VoIP*.

Outro traço comum das definições objetivas de serviços OTT diz respeito ao reconhecimento de que tais serviços são prestados por agentes de mercado (*OTT provider*), que não detêm o controle sobre a respectiva rede fixa ou móvel que dá suporte à sua distribuição. Essa ausência de controle da rede é destacada com ênfase, por exemplo, na definição da Organização para a Cooperação e Desenvolvimento Econômico (OCDE), segundo a qual "OTT se refere a voz, vídeo ou outro serviço prestado a partir da internet, ao invés de ser prestado a partir da rede controlada por esse prestador"[7].

Por se referir constantemente a prestadores de serviços que não detêm controle sobre a rede, parece haver um consenso relativamente estável no sentido de que não se enquadram na categoria de serviços OTT os chamados *managed services*, isto é, serviços que são prestados na internet a partir de condições diferenciadas de capacidade de rede, com o intuito de garantir melhor desempenho em termos de qualidade[8]. Esse é o caso, por exemplo, de serviços de alguns tipos de serviços IPTV e de VoIP, que se valem de um tráfego de rede gerenciado para não haver comprometimento da entrega de pactos devido à latência das redes.

[7] OCDE. OECD Communications Outlook 2013. [s.l.]: OECD Publishing, 2013. p. 20 e 320. No mesmo sentido, cf. (Brown, N. An assessment of the proportionality of regulation of "over the top" communications services under Europe's common regulatory framework for electronic communications networks and services. Computer Law and Security Review, v. 30, n. 4, pp. 357-374, 2014. Disponível em: <http://dx.doi.org/10.1016/j.clsr.2014.05.010>).

[8] Excluindo expressamente os *managed services* do conceito de serviços OTT, cf. Godlovitch, I. *et al.* op. cit., p. 23.

No âmbito das definições objetivas amplas, considera-se que os serviços OTT constituem uma categoria que abrange todo e qualquer conteúdo, aplicativo e serviço que cumpra as condições descritas acima, isto é, que seja acessado por usuários finais por meio da internet e que sejam prestados por um agente de mercado que não detém o controle da rede. Nesse sentido, por exemplo, a União Internacional de Telecomunicações (UIT) já esclareceu que: "o termo (OTT) é usado para se referir a aplicações e serviços prestados sobre a internet e 'carregados' pelos operadores de rede, tais como serviços de redes sociais, ferramentas de buscas e sites agregadores de vídeos, etc."[9].

Nessa perspectiva, a natureza intrínseca do serviço prestado não seria, em si, relevante para o enquadramento na categoria, mas, sim, a forma de prestação do serviço envolvido. Adotando esse pressuposto, seriam integrados no conceito de serviços OTT vários tipos de "novos" serviços prestados a partir da internet que agregam funcionalidades de processamento da informação, como acontece com os aplicativos de mensagem instantânea, *video streaming*, redes sociais, *e-commerce*, *cloud computing* e muitos outros. Aplicativos baseados em economia do compartilhamento como *Uber*, *Airbnb* etc, também estariam abarcados por essa definição.

Por outro lado, há definições de serviços OTT que restringem essa classificação aos serviços de comunicações e de mídia que se afiguram complementares ou, pelo menos, potencialmente substituíveis em relação aos serviços tradicionais de telecomunicações. Nessa perspectiva, portanto, desde que cumpridas as duas condições acima destacadas – (*i*) ser prestado a partir da rede pública da internet e (*ii*) por agente de mercado que não detenha o controle da infraestrutura de rede – poderiam ser enquadrados como serviços OTT os serviços de voz sobre IP (VoIP), os serviços de comunicação instantânea e serviços de Vídeo sob Demanda (VOD). Essa segunda abordagem é, em geral, adotada em trabalhos que objetivam discutir, de forma mais específica, os debates acerca da igualdade de condições regulatórias entre serviços tradicionais de telecomunicações e de radiodifusão e "novos" serviços de internet[10].

[9] UNIÃO INTERNACIONAL DE TELECOMUNICAÇÕES (UIT). The ITU Secretary-General's Report. World Telecomunication Policy Forum 2013, Gênova, maio 2013. p. 13.

[10] Trata-se do sentido empregado por nós em FERNANDES, Victor Oliveira. Regulação de Serviços de Internet: desafios da regulação de aplicações Over-The-Top (OTT), Rio de Janeiro: Lumen Juris, 2018.

Essa perspectiva conceitual mais "restrita" de serviços OTT foi acolhida recentemente na Recomendação D.262 da UIT, que trouxe o seguinte conceito de OTT: "aplicação acessível e entregue através da Internet pública que pode ser um substituto técnico/funcional direto para os serviços tradicionais de telecomunicações internacionais" (tradução livre)[11].Assim, entende-se que os serviços OTT correspondem a aplicações de internet que oferecem funcionalidades semelhantes às dos serviços tradicionais de telecomunicações, mas que com eles não se confundem. Trata-se de serviços de voz como o *Skype* e o *WhatsApp*, que apresentam funcionalidades semelhantes à dos tradicionais serviços de telefonia móvel, ou ainda de Serviços de VoD como *Netflix, Amazon Prime* e outros, que em certa medida substituem os tradicionais serviços de TV a Cabo.

Mesmo que para o consumidor esses "novos" serviços se pareçam bastante com os serviços tradicionais de telecomunicações, os seus respectivos regimes jurídicos regulatórios são totalmente distintos. Em jurisdições como Brasil, Europa e Estados Unidos, os serviços tradicionais de Telecom são supervisionados por uma agência reguladora que impõe às operadoras uma série de obrigações regulatórias – *i.e.* obrigações de licenciamento, interconexão, universalização de serviços, proteção de direitos dos usuários etc. De outro lado, os serviços OTT estão a princípio isentos de qualquer tipo de regulamentação setorial.

Especificamente no caso dos serviços OTT de *streaming*, a grande discussão sobre esses novos modelos de negócio é em que medida eles não estariam desvirtuando a lógica da cadeia de produção, programação, empacotamento e distribuição de conteúdo audiovisual, a qual é regida pela Lei nº 12.485/2011 (a chamada Lei do SeAc –Serviço de Acesso Condicionado). Essa lei estabelece uma rígida supervisão reguladora da Anatel e da Agência Nacional de Cinema (Ancine) sobre tais atividades.

No plano normativo, o embate *teles* vs. OTT se desenvolve a partir da aplicação da Lei Geral de Telecomunicações (Lei nº 9.472/1997), do Marco Civil da Internet (Lei nº 12.965/2014) e da Lei do SeAc (Lei nº 12.485/2011). Cada um desses sistemas legais possui um foco específico no tratamento das OTT. A LGT trata desses serviços como meros Serviços de Valor Adicionado (SVA), na condição específica de usuários das redes de comunicação (art. 61), não se confundindo com os serviços de telecomunicações

[11] Disponível em:https://www.itu.int/md/T17-SG03RG.ARB-181219-TD-PLEN-0070/es

(art. 60). O MCI os define como o conjunto de funcionalidades que podem ser acessadas por meio de um terminal conectado à internet (art. 5º, inciso VII) e prescreve direitos e deveres relacionados principalmente ao seu uso pelos consumidores finais. Já a Lei do SeAc define o serviço de acesso condicionado (art. 2º, inciso XXIII), sem deixar claro se a distribuição de conteúdo audiovisual por meio da internet caracteriza esse serviço regulado.

De uma leitura apressada dessas leis, seria possível imaginar que, na condição de SVA, os OTT estariam necessariamente alheios ao exercício do poder regulatório da agência de telecomunicações no direito brasileiro. Contudo, a verdade é que, ao estabelecer apenas uma moldura-quadro e não trazer conceituações exaustivas dos serviços regulados, o modelo normativo brasileiro acaba marcando grau significativo de indefinição normativa no que diz respeito ao conceito de atividades de telecomunicações[12].

A par da discussão regulatória, entretanto, o presente trabalho parte da premissa de que serviços OTT, dos quais o serviço de *streaming* de vídeo faz parte, não se enquadram como serviço de comunicações, tendo em vista serem prestados por agentes que não possuem o controle da infraestrutura da rede. Ademais, não se pode ignorar que elemento importante da prestação de tais serviços é o fato de que eles são objeto de cessão temporária de uso, não havendo transferência definitiva de conteúdo entre o prestador e o usuário do serviço.

2. Da problemática tributária em torno do *streaming* e demais serviços OTT

No tocante ao aspecto tributário dos serviços OTT, tratados aqui como gênero, vale reiterar que se discute a possibilidade de incidência do ICMS, do ISS ou ainda da necessidade de edição de lei complementar para instituir novo imposto de competência residual da União.

Isso porque, a depender de como caracterizados os serviços OTT, a consequência tributária sofrerá alteração. Em sendo assim, caso se entenda que as atividades OTT são enquadradas como mercadoria, haveria a incidência de ICMS – mercadoria. A se considerar como serviços de comuni-

[12] Para um aprofundamento dessa discussão em relação aos serviços OTT de vídeo de programação linear, cf. FERNANDES, Victor Oliveira. As OTTs na encruzilhada regulatória: aplicativos de internet de programadoras de conteúdo suscitam dúvidas sobre violações à Lei do SeAC. Disponível em: https://www.jota.info/tributos-e-empresas/regulacao/as-otts-na-encruzilhada-regulatoria-11072019.

cação, atrair-se-ia a incidência do ICMS – comunicação. Por sua vez, caso os serviços OTT sejam enquadrados como integrantes do gênero serviços em geral, poder-se-ia defender a tributação pelo ISS. Por fim, é possível ainda considerar que OTT não tem materialidade tributária definida na Constituição Federal, não podendo ser classificado nem como serviço, nem como mercadoria, razão pela qual caberia à União, com base no art. 154, I, da CF instituir novo imposto não cumulativo caso pretenda tributar tal operação.

2.1. Da discussão em torno da incidência de ICMS

a) ICMS – Mercadoria

Em relação à possibilidade de tributação dos serviços OTT pelo ICMS, cabe inicialmente analisar se OTT pode ser considerada uma mercadoria, para fins de ser objeto de circulação e consequente tributação pelo imposto estadual.

Não é nova a discussão em torno do conceito de mercadoria, sobretudo para delimitar, de um lado, a competência estadual para cobrança de ICMS e, de outro, a municipal para cobrança de imposto sobre serviços. A esse respeito, a jurisprudência mais antiga do STF se utilizava da diferenciação entre obrigações de dar e de fazer, para considerar que, quando se está diante de uma obrigação de dar, poderia incidir ICMS, enquanto que obrigações de fazer poderiam atrair a tributação pelo ISS.[13] Outro critério que também é encontrado na jurisprudência da Corte Suprema, é o da diferenciação entre bens tangíveis e intangíveis.[14] O primeiro para autorizar a tributação pelo ICMS e o segundo pelo ISS. Mais recentemente, contudo, parece que o critério objetivo da taxatividade da lista tem prevalecido, sobretudo a partir do julgamento que definiu a competência municipal para fins de tributação de *softwares*.[15] De acordo com este critério, o

[13] Vide: STF, RE 547245, Rel. Ministro Eros Grau, Pleno, julgado em 02/12/2009, DJe05-03-2010;RE 116121, Redator p/ Acórdão Ministro Marco Aurélio, Pleno, julgado em 11/10/2000, DJ 25-05-2001; Súmula Vinculante 31: "É inconstitucional a incidência do Imposto sobre Serviços de Qualquer Natureza – ISS sobre operações de locação de bens móveis, dissociada da prestação de serviços."

[14] STF, RE 176626, Rel. Ministro Sepúlveda Pertence, Primeira Turma, julgado em 10/11/1998, DJ 11/12/1998.

[15] STF, ADI 5659, Rel. Ministro Dias Toffoli, Tribunal Pleno, julgado em 24/02/2021, DJe 20/05/2021.

elemento crucial para dirimir conflitos entre ISS e ICMS seria a existência do serviço como passível de tributação pelo imposto municipal na lista anexa à Lei Complementar nº 116/2003.

Na seara doutrinária, prevalece o entendimento de que mercadoria é bem corpóreo, razão pela qual demanda a existência de um objeto físico passível de transmissão jurídica. Afinal, nos termos no inciso II do art. 155 da CF, o ICMS- mercadoria incide sobre "operações relativas à circulação de mercadorias". Nas palavras de Roque Carrazza, mercadoria "é um bem móvel preordenado à prática de atos de comércio".[16] Assim, além da existência de mercadoria, faz-se mister ainda que tal objeto possa mudar de titularidade.[17]

Ao regulamentar a incidência de ICMS sobre bens e mercadorias digitais, o Convênio ICMS nº 106/2017, assim dispôs:

> Cláusula primeira. As operações com bens e mercadorias digitais, tais como softwares, programas, jogos eletrônicos, aplicativos, arquivos eletrônicos e congêneres, que sejam padronizados, ainda que tenham sido ou possam ser adaptados, comercializadas por meio de transferência eletrônica de dados observarão as disposições contidas neste convênio.

Apesar da amplitude da redação trazida pelo convênio acima referido, consideramos que referido convênio não autoriza a tributação dos serviços OTT como mercadoria. A uma, porque ato normativo inferior não teria o condão de alterar conceitos trazidos por atos normativos superiores (nomeadamente, a Constituição Federal e a Lei Kandir). A duas, porque o objetivo principal de tal convênio foi o de tributar os *softwares* transferidos por meio de *download*. Em sendo assim, como nos serviços OTT não há propriamente transferência eletrônica de dados, mas mera cessão temporária de uso, a própria natureza dos serviços OTT faz com que eles não sejam abarcados pela cláusula primeiro do Convênio ICMS nº 106/2017.

Dessa forma, seja porque os serviços OTT não se enquadram no conceito clássico de mercadoria, uma vez que não são objetos tangíveis, seja

[16] CARRAZZA, Roque Antônio. ICMS. 11 ed. São Paulo: Malheiros, 2005, p. 52-53.

[17] A esse respeito, vale mencionar o julgamento da ADC 49, em que o STF declarou a inconstitucionalidade da incidência de ICMS sobre operações de deslocamento de mercadorias entre estabelecimentos de mesma titularidade, por considerar ausente a circulação jurídica de mercadoria.

– principalmente – porque não admitem a transmissão de titularidade, OTT não se submete a tributação pelo ICMS-mercadoria.

b) ICMS – comunicações

No que se refere ao ICMS, a discussão em torno da tributação dos serviços OTT se dá sobretudo quanto à possibilidade de considerar tais serviços como de comunicações. A esse respeito, cabe destacar a redação trazida pela Lei Kandir, em seu art. 2º, inciso III, quando dispõe sobre a incidência de ICMS sobre "prestações onerosas de serviços de comunicação, por qualquer meio, inclusive a geração, a emissão, a recepção, a transmissão, a retransmissão, a repetição e a ampliação de comunicação de qualquer natureza".

O cerne da questão, portanto, reside em saber se os serviços OTT podem ser considerados como serviços de comunicação, eis que, sendo assim considerados, haverá tributação pelo ICMS, independentemente do meio pelo qual tais serviços são transmitidos. Quanto aos serviços de comunicação, Marco Aurélio Greco esclarece que:

> Presta esse serviço aquele que fornece a terceiros, mediante pagamento, os meios indispensáveis à transmissão de mensagens. Meios, aqui, tem o sentido de aparato físico e lógico necessário ao resultado comunicação. Tal atividade se relaciona "ao fornecimento dos meios para a transmissão ou recebimento de mensagens e não ao seu próprio conteúdo", demodo que "presta de serviço de comunicação quem fornece o 'ambiente de comunicação'" [18]

É elemento essencial para caracterização da prestação dos serviços de comunicação, portanto, o fornecimento dos meios necessários para transmissão da mensagem. Nesse mesmo sentido, o STF já afirmou que serviço de comunicação, para fins de ICMS, é "aquele em que um terceiro, mediante prestação negocial-onerosa, mantém interlocutores (emissor/receptor) em contato por qualquer meio, inclusive a geração, a emissão, a recepção, a transmissão, a retransmissão, a repetição e a ampliação de comunicação de qualquer natureza"[19].

[18] GRECO, Marco Aurélio. Internet e Direito, São Paulo: Dialética, 2000, p. 122.

[19] STF, RE 572020, Redator p/ Acórdão Min. Luiz Fux, Tribunal Pleno, julgado em 06/02/2014, DJe 13-10-2014.

As discussões a respeito da necessidade de existência do efetivo envio da mensagem, de receptor determinado e de bilateralidade para fins de caracterização do serviço de comunicação são irrelevantes para os fins do presente trabalho. Afinal, conforme explicitado com maiores detalhes quando da apresentação do conceito de serviços OTT, um dos poucos consensos que existe sobre o tema é o de que serviços OTT são assim caracterizados justamente por não serem prestados por quem detém a infraestrutura da rede de comunicações. Seguindo essa mesma linha de raciocínio, a própria LGT, em seu art. 61, classifica os serviços OTT como serviços de valor adicionado, a fim de não dar margem a dúvidas quanto a natureza de tal serviço.

Diante do exposto, pode-se afirmar que, ao se incluir no conceito de serviços OTT a característica de que os prestadores de tais serviços não detenham a infraestrutura da rede, exclui-se a possibilidade de tais serviços serem enquadrados como de comunicações, não havendo campo para tributação por parte do ICMS.[20]

2.2. Da possibilidade de incidência de ISS

Conforme salientado no tópico anterior, um dos critérios mais recentes utilizados pelo STF para fins de dirimir conflitos de competência entre ICMS e ISS é o da taxatividade da lista de serviços. Vale dizer, havendo potencial conflito de competência entre tais tributos, eis que a atividade discutida poderia ser enquadrada tanto como mercadoria, quanto como serviço (de comunicação ou geral), o critério mais seguro a se observar seria analisar o que diz a lei complementar sobre o tema. Não se trata de inovação ou criatividade do STF, mas mera aplicação – tardia, é verdade – do inciso III do art. 156 da Constituição Federal, que dispõe competir aos municípios tributar serviços de qualquer natureza, "definidos em lei complementar", combinado com o inciso I do art. 146 também da Constituição Federal, o qual atribui à lei complementar o papel de dirimir conflitos de competência em matéria tributária.

[20] No mesmo sentido, confira-se: Macedo, Alberto. Tributação de atividades de *streaming* de áudio e vídeo: guerra fiscal entre ISS e ICMS. *In:* Faria, Renato Vilela; Silveira, Ricardo Maitto da; Monteiro, Alexandre (coord.). Tributação da Economia Digital. São Paulo: Saraiva, 2018, p. 520-521; Funaro, Hugo; Andrade, Cesar Augusto Seijas de. A Tributação do Streaming. Revista Direito Tributário Atual, n.47. 244-264. São Paulo: IBDT, 1º semestre 2021. Quadrimestral, p. 249-252.

Trata-se de critério que garante maior segurança jurídica, uma vez que, diante de um potencial conflito, o primeiro passo a se adotar é conferir o que dispõe o anexo da Lei Complementar nº 116/2003.

Sobre o tema, vale salientar que a lei do ISS sofreu alterações a fim de atualizá-la consoante as novas tecnologias, de maneira a não deixar a economia digital completamente fora do alcance da tributação municipal. Tais alterações ficaram conhecidas como a reforma do ISS, e foram realizadas por meio da Lei Complementar nº 157/2016. No que interessa ao presente artigo, houve modificação do item 1, da Lista de serviços anexa à Lei Complementar nº 116/2003, que trata dos "Serviços de informática e congêneres". Nesse sentido, fora incluído o item 1.09 à referida lista, com a seguinte redação:

> 1.09 – Disponibilização, sem cessão definitiva, de conteúdos de áudio, vídeo, imagem e texto por meio da internet, respeitada a imunidade de livros, jornais e periódicos (exceto a distribuição de conteúdos pelas prestadoras de Serviço de Acesso Condicionado, de que trata a Lei no 12.485, de 12 de setembro de 2011, sujeita ao ICMS).

Essa alteração legislativa, portanto, passou a prever expressamente a possibilidade de tributação pelo ISS dos serviços OTT. A esse respeito, é interessante observar que, quando das discussões legislativas do então Projeto de Lei do Senado nº 386/2012, que deu origem à alteração ora apresentada, expressamente se afirmou que as atividades acima descritas se enquadravam como serviços de valor adicionado, *in verbis:*

> Finalmente, conclui-se a proposta de adequação do item 1 da lista de serviços às novas especificidades tecnológicas observadas no mercado, com a inserção desta nova atividade: acessão temporária de arquivo de áudio, vídeo e imagem, inclusive por "streaming"
>
> De imediato, cabe esclarecer que se trata de atividade de valor adicionado ao serviço de telecomunicação, portanto, sujeita ao ISSQN.
>
> Em linhas gerais, trata-se da disponibilização de acesso à informação multimídia (som, imagem e vídeo) para uso temporário em dispositivos computacionais, a exemplo de computadores, 'tablets', 'smartphones' e outros dispositivos, arquivada pelo prestador, disponibilizada ao usuário, para que este possa reproduzi-la, conforme regras próprias. Como exemplos de mer-

cado cita-se a Itunes Store e o Netflix, ambos prestadores que oferecem serviços de cessão temporária de filmes.[21]

Apesar da clareza do dispositivo e do claro intuito de, nos termos dos artigos 146, I e 156, III da Carta Magna, dispor sobre conflitos de competência em matéria tributária, o tema ainda não parece definitivamente solucionado. Isso porque parte da doutrina continua defendendo que o ISS somente pode incidir sobre obrigações de fazer, e os serviços OTT não se enquadrariam nessa categoria de obrigações, eis que representam mera obrigação de dar. Nesse sentido, há autores[22] que defendem a diferenciação, de um lado, entre a prestação de serviços realizada em favor de terceiro, assim entendida como fruto de um esforço humano, hipótese que admitiria a tributação pelo ISS, e, de outro, da cessão de direitos, que caracteriza os serviços OTT, os quais estariam excluídos da materialidade tributária do imposto municipal.

Contudo, a antiga dicotomia entre obrigações de dar e de fazer para fins de definição de competência tributária municipal ou estadual encontra-se atualmente relativizada pelo STF. Apesar de tentativas de expressa superação dessa classificação, é de se reconhecer que ela ainda vem sendo utilizada, mas não de maneira categórica ou como critério principal para resolução dos conflitos entre ISS e ICMS. Afinal, a partir do momento em que a Suprema Corte considerou que os *softwares*, independentemente de serem padronizados ou personalizados, submetem-se à tributação do ISS, conferiu-se ênfase ao critério objetivo daquilo que está definido em lei complementar, além de ter havido uma consideração mais ampla a respeito da caracterização das obrigações de fazer. Vale dizer, o STF, ao concluir que *softwares* decorrem de engenho humano, sendo necessário "a existência de esforço humano direcionado para a construção de um programa de computador", compreendeu a obrigação de fazer como um elemento presente quando da elaboração do serviço e não propriamente em sua prestação. Como reforço argumentativo, foi-se afirmado ainda que "obrigação de fazer também se encontra presente nos demais serviços prestados ao

[21] Justificação do Projeto de Lei Complementar do Senado n. 386/2012. Disponível em: https://legis.senado.leg.br/sdleg-getter/documento?dm=2938023. Acesso em: 19 abr. 2022.

[22] Grupenmacher, Betina Treiger. Tributação do streaming e serviços over-the-top. In: Piscitelli, Tathiane (coord.). Tributação da economia digital. São Paulo: Thomson Reuters Brasil, 2018, p. 356-357.

usuário, como, *v.g.*, *o help desk* e a disponibilização de manuais, atualizações e outras funcionalidades previstas no contrato de licenciamento".[23]

Ora, da argumentação utilizada pela Suprema Corte para definir a tributação dos *softwares* pelo ISS, percebe-se que o critério da obrigação de fazer não está propriamente presente quando da efetiva prestação do serviço, eis que as operações com tais atividades ocorrem por meio de contrato de licença. A obrigação de fazer, assim, estaria presente em um momento anterior, quando da elaboração do programa de computador e, potencialmente, em um momento posterior, em razão da potencial assistência técnica ao cliente.

Parece-nos que essa mesma lógica pode ser aplicada aos serviços OTT, os quais, tais como os programas de computadores, estão previstos como sendo tributáveis pelo ISS no anexo da Lei Complementar nº 116/2003. Ademais, apesar de passível de questionamento se haveria obrigação de fazer quando da prestação do serviço, é inegável que há esforço humano ao menos quando do desenvolvimento dos serviços OTT. Em regra, encontra-se igualmente presente a potencial prestação de serviços relativamente à assistência técnica em caso de necessidade do usuário.

Há ainda quem defenda, especificamente em relação ao serviço de *streaming*, que se trata – sempre – de serviço de comunicação, razão pela qual não haveria espaço para dúvidas a ensejar atuação do legislador complementar.[24]Conforme enfrentado no tópico anterior, contudo, consideremos o fornecimento da infraestrutura de rede como essencial à caracterização da prestação do serviço de comunicações, a qual não se encontra presente no gênero serviços OTT.

2.3. OTT como terceiro gênero

Em relação à tributação dos serviços OTT, há ainda parte da doutrina que advoga a tese de que tais atividades não podem ser consideradas como serviços para fins de tributação de ISS, nem serviços de comunicação para fins de tributação de ICMS, e menos ainda uma mercadoria. Seria, portanto, uma espécie de terceiro gênero, para além dos serviços e mercado-

[23] STF, ADI 5659, Rel. Ministro Dias Toffoli, Tribunal Pleno, julgado em 24/02/2021, DJe 20/05/2021

[24] BRANDAO JUNIOR, Salvador Cândido. Serviço de *streaming*e sua identificação como serviço de comunicação. In: PISCITELLI, Tathiane (coord.). Tributação da economia digital. São Paulo: Thomson Reuters Brasil, 2018, p. 413-414.

rias descritos pela Constituição Federal como materialidades passíveis de incidência dos tributos já existentes. Em sendo assim, a tributação dos serviços OTT demandaria a instituição de um novo imposto de competência residual da União, nos termos do art. 154 da Constituição Federal.

Sobre o tema, confira-se o que afirma Betina Grupenmacher:

> O Constituinte não contemplou entre as competências impositivas federais, estaduais, municipais e distritais, a cessão de direitos como passível de incidência tributária. Assim, para que algum imposto pudesse ser cobrado em relação à remuneração dos contratos de *streaming, a única hipótese viável seria o exercício, pela União, de sua competência residual,* em razão da qual, atendidos os requisitos previstos no artigo 154, II, da Constituição Federal, um imposto sobre cessão de direitos poderia ser cobrado.[25]

É de se destacar que essa tese da necessidade de criação de um novo imposto de competência residual da união é recorrente quando se trata de tributação de novas tecnologias. Apesar de atrativa e juridicamente defensável, eis que efetivamente a Constituição Federal de 1988 não tinha como antecipar o surgimento da economia digital para fins de prever uma espécie de tributação 4.0, fato é que algumas materialidades ainda podem ser alcançadas pela disciplina constitucional atual, mormente quando atualizadas pela legislação infraconstitucional. E, a nosso sentir, a tributação dos serviços OTT se inserem nesse contexto.

Parece-nos, ademais, que essa corrente perdeu força a partir do julgamento do STF a respeito da tributação dos *softwares,* em que, conforme já apresentado, a Suprema Corte brasileira passou a conferir mais ênfase ao critério da taxatividade da lista, além de ter relativizado a noção de obrigação de fazer para fins de incidência do imposto municipal.

Conclusões

A tributação sobre o consumo dos serviços OTT, incluídos os serviços de *streaming* de vídeo, é permeada de dúvidas e desafios interpretativos que geram insegurança jurídica e aumentam a litigiosidade tanto entre contribuintes e Estado, quanto entre entes federativos.

[25] GRUPENMACHER, Betina Treiger. Tributação do streaming e serviços over-the-top. In: PISCITELLI, Tathiane (coord.). Tributação da economia digital. São Paulo: Thomson Reuters Brasil, 2018, p. 357.

Isso porque, a depender da corrente doutrinária adotada, os serviços OTT poderiam atrair a incidência do ICMS-mercadoria, do ICMS-comunicação, do ISS ou de nenhum desses impostos, exigindo a edição de lei complementar da União para criar novo imposto residual não cumulativo, nos termos do art. 154, I da Constituição Federal.

Apesar das dificuldades e da falta de consenso em torno da conceituação dos serviços OTT, percebeu-se que uma característica desse serviço é o fato de não ser prestado por agentes de mercado que detêm o controle sobre a respectiva rede fixa ou móvel que dá suporte à sua distribuição. Diante da falta de fornecimento dos meios necessários para transmissão da mensagem, concluiu-se não ser cabível a tributação por parte do ICMS-comunicação.

Igualmente incabível a tributação por parte do ICMS-mercadoria, tendo em vista a inexistência de transmissão de propriedade, eis que os serviços OTT são objeto de cessão temporária de direito de uso.

Dentro desse contexto, a Lei Complementar nº 157/2016 procedeu com alterações na lei do ISS, a fim de atualizá-la de acordo com as novas tecnologias. Na ocasião, fora incluído o item 1.09 à Lista de serviços, de forma a expressamente autorizar a tributação da "disponibilização, sem cessão definitiva, de conteúdos de áudio, vídeo, imagem e texto por meio da internet". A partir da referida alteração legislativa, entende-se que os serviços OTT se submetem à tributação municipal, por meio do ISS. A corroborar essa posição, tem-se os artigos 146, I e 156, III da Constituição Federal, os quais delegam à lei complementar a função de dispor sobre conflitos de competência em matéria tributária. Finalmente, o julgamento do STF sobre a tributação dos softwares também parecer servir como norte interpretativo a favor da tributação pelo ISS.

Referências

BEREC. *Report on OTT services*. n. January, p. 38, 2016. Disponível em: <http://berec.europa.eu/eng/document_register/subject_matter/berec/download/0/5751-berec-report-on-ott-services_0.pdf>.

BRANDAO JUNIOR, Salvador Cândido. *Serviço de streaminge sua identificação como serviço de comunicação*. In: PISCITELLI, Tathiane (coord.). Tributação da economia digital. São Paulo: Thomson Reuters Brasil, 2018, p. 387-416.

BROWN, Neil. *An assessment of the proportionality of regulation of "over the top" communications services under Europe's common regulatory framework for electronic communications networks and services*. Computer Law and Security Review, v. 30, n. 4, p. 357–374, 2014. Disponível em: <http://dx.doi.org/10.1016/j.clsr.2014.05.010>.

CARRAZZA, Roque Antônio. *ICMS.* 11 ed. São Paulo: Malheiros, 2005.

EUROPEAN COMMISSION. *Evaluation and Reform of the Regulatory Framework for electronic communications networks and services (REFIT).* [s.l.: s.n.], 2014.

FERNANDES, Victor Oliveira. *Regulação de Serviços de Internet: desafios da regulação de aplicações Over-The-Top (OTT).* Rio de Janeiro: Lumen Juris, 2018.

FERNANDES, Victor Oliveira . *As OTTs na encruzilhada regulatória: Aplicativos de internet de programadoras de conteúdo suscitam dúvidas sobre violações à Lei do SeAC.* Portal Jota.

FUNARO, Hugo; ANDRADE, Cesar Augusto Seijas de. *A Tributação do Streaming. Revista Direito Tributário Atual,* n.47. 244-264. São Paulo: IBDT, 1º semestre 2021. Quadrimestral.

GODLOVITCH, Ilsa; KOTTERINK, Bas; MARCUS, J. Scott; *et al. Over-The-Top players (OTTs): Market dynamics and policy challenges.* Brussels: European Parliment. Study for the IMCO Committee, 2015.

GRECO, Marco Aurélio. *Internet e Direito,* São Paulo: Dialética, 2000.

GRUPENMACHER, Betina Treiger. *Tributação do streaming e serviços over-the-top.* In: PISCITELLI, Tathiane (coord.). Tributação da economia digital. São Paulo: Thomson Reuters Brasil, 2018, p. 353-373.

MACEDO, Alberto. *Tributação de atividades de streaming de áudio e vídeo: guerra fiscal entre ISS e ICMS.* In: FARIA, Renato Vilela; SILVEIRA, Ricardo Maitto da; MONTEIRO, Alexandre (coord.). Tributação da Economia Digital. São Paulo: Saraiva, 2018, p. 501-521.

MALUF, Carlos Alberto Dabus. *Introdução ao direito civil.* 2. ed. São Paulo: Saraiva, 2018.

SCWHAB, Klaus. *A Quarta Revolução Industrial.* Trad. Daniel Moreira Miranda. São Paulo: Edipro, 2016.

15
TRIBUTAÇÃO 4.0

FERNANDO REZENDE

Introdução

O debate sobre a reforma tributária no Brasil está aprisionado numa armadilha gerada pelo chamado *exponential gap,* que é o tema de um livro recente que o autor atribui ao fosso que se abre no mundo, em decorrência do crescimento exponencial do avanço tecnológico e da dificuldade das instituições – governos organismos internacionais e normas econômicas políticas e sociais – se adaptarem rapidamente para lidar com essas mudanças[1].

Como ele destaca logo no início do texto, de um lado as inovações tecnológicas ocorrem e ganham escala numa velocidade cada vez maior, o que contribui para quedas rápidas nos preços e a incorporação ao mundo dos negócios. Mas, de outro, as instituições políticas, econômicas e sociais existentes demoram para reagir a essas mudanças, pois, na maioria dos casos, conflitos de interesses concorrem para bloquear as reformas que precisam ser implementadas.

E não estamos falando de anos de distância e sim de décadas. Num gráfico que ilustra o tamanho do problema, a curva das inovações tecnológicas cresce exponencialmente enquanto a outra segue uma trajetória praticamente linear.

A tributação é um caso exemplar do fenômeno destacado pelo autor, tendo em vista o debate em curso nessa área e a lentidão com que as ins-

[1] Azeem Azhar. *The Exponential Age: How Accelerating Technology is Leaving us Behind and What to do About it?* Random House, 2021.

tituições criadas no passado reagem a mudanças nas transformações que ocorrem no planeta, como destacado no artigo publicado no livro anterior que aborda o tema[2].

1. Tecnologias, Globalização e Tributação

As novas tecnologias se beneficiam e dão um novo impulso à globalização da economia com a expansão das redes globais de geração de valor que se expandem pelo mundo (GVCs). **O que são as GVCs?**

São redes globais de geração de valor[3], que se expandem com o avanço das inovações tecnológicas e a globalização dos mercados. As GVCs não estão fisicamente plantadas, e ganharam um espaço cada vez maior na economia, pois a circulação de um grande número de bens se desprendeu dos clássicos meios de transporte e as distâncias geográficas se tornaram irrelevantes. Ademais, como as transações são virtuais, a forma de organização dessas cadeias está em constante mudança. A única referência que temos sobre o valor das transações que ocorrem ao longo desse processo é o pagamento feito na oportunidade em que elas ocorrem, pois as transações não se processam num regime de competição perfeita, como o assumido nas análises econômicas que buscam aferir a qualidade das propostas de reforma tributária que circulam no Congresso.

Os textos contidos no livro citado destacam, no seu início, que esse novo modelo de organização dos negócios vem ocupando um espaço cada vez mais importante na economia, agregando uma questão relevante para países emergentes como o Brasil. É que a liderança desse processo se concentra nas corporações sediadas nos países desenvolvidos e, portanto, são eles que, de modo geral, detêm o poder de governar essas redes.

Ademais, como a organização das atividades econômicas estaria sendo cada vez mais estruturada por essas redes, as firmas, os trabalhadores e os consumidores estariam interligados nesse circuito. Assim, a governança dessas redes passa a ser uma questão central, tendo em vista a repercussão no emprego e na sociedade como um todo, demandando atenção dos governos dos países que são mais afetados por isso.

[2] Rezende, Fernando. *A Revolução Digital e a Reforma Tributária*. *In*: Afonso, José Roberto; Santana, Hadassah Laís (coord.). Tributação 4.0. São Paulo: Almedina, 2020.

[3] O tema é abordado em uma alentada obra com mais de 600 páginas: o *Handbook on Global Value Chans*, editado por Ponte, Stefano; Gereffi, Gary e Raj-Reichert, Gale (eds). UK: Edward Elgar Publishing, 2019.

A expansão das GVCs também precisa ser examinada à luz de suas implicações para as desigualdades sociais, pois não seria natural esperar que as rendas geradas pelas cadeias globais de geração de valor fossem distribuídas de forma equitativa entre todos que integram uma determinada cadeia, pois isso não faz parte da natureza humana. Para lidar com esse problema teríamos que dispor de elementos suficientes para saber como o valor gerado é distribuído ao longo da cadeia e como em cada etapa do caminho ele é repartido, o que ainda é objeto de controvérsias.

Nesse novo contexto, governos e organizações internacionais, além de ONGs, se mobilizam para atuar mais ativamente no combate a formas de trabalho que não garantem condições de vida adequadas aos trabalhadores e reduzir os impactos dessa atitude nas desigualdades sociais. Nesse campo o Brasil se destaca, por ser o mais importante, senão o único entre seus pares em que essa atuação é relevante.

Com o aumento da preocupação com o impacto das atividades econômicas no meio ambiente, essa pauta adiciona uma nova preocupação à já complicada agenda da governança das GVCs. É claro que o foco da atenção no plano internacional a esse respeito é o problema da exploração dos recursos extraídos da natureza, especialmente os utilizados na geração de combustíveis fósseis, que é universalmente reconhecido como uma das principais causas do aquecimento global.

Mas isso repercute em outra área que é de particular importância para o Brasil: a produção de alimentos, que hoje em dia é o principal componente da nossa pauta de exportações e responde pelo superávit de nossa balança comercial com o exterior. Nesse particular a posição do atual governo não ajuda a construir um ambiente mais propício a uma justa compreensão do que ocorre por aqui, especialmente no campo da proteção da floresta Amazônica. Uma das medidas mais recomendadas para reduzir a emissão de gás carbono na atmosfera é a tributação dos combustíveis fósseis, mas o Brasil já é o país em que a carga tributária sobre esses insumos está entre as mais altas do mundo.

1.1. As mudanças que ocorrem na economia e na sociedade ampliam os desafios para reformar o regime tributário e promovem o equilíbrio federativo

Com a velocidade do avanço de novas tecnologias no processo produtivo e nas modalidades de acesso do consumidor ao que lhe é oferecido, são nulas as chances de enfrentar os desafios que a revolução digital cria para a tributação e o federalismo, com mudanças pontuais nas regras vigentes. As novas tecnologias diluem as fronteiras que demarcavam as atividades econômicas tradicionais, tornando impossível, na maioria dos casos, distinguir indústria, comércio e serviços, pondo em xeque os paradigmas tributários que se consolidaram ao longo do século XX e demandando novas medidas para alcançar o equilíbrio federativo, pois o critério adotado para alocar competências a cada ente federado para instituir e administrar impostos próprios não funcionam mais[4].

Nesse contexto, o problema ganha uma nova dimensão, pois as regras então adotadas já não funcionam a contento e as organizações internacionais que buscam cuidar desse novo mundo não encontram os caminhos necessários para cuidar do futuro da tributação, especialmente em federações, porque isso envolve um conflito político de grande dimensão, na ausência de um debate sério sobre as bases imponíveis da economia digital e a atribuição de competências para cobrar os tributos em cada ente federado.

Outro ponto, que precisa ser ressaltado, é o que diz respeito ao financiamento das responsabilidades sociais do Estado moderno, no marco da repercussão das inovações tecnológicas no mundo do trabalho, com a decorrente erosão da base em que se apoia o financiamento dos programas previdenciários e assistenciais, o que exige lidar com o desafio de garantir a proteção social de uma população que envelhece rapidamente e de um aumento do desemprego gerado pela falta de qualificação de parte da população que não tem a qualificação requerida para ocupar posições em negócios modernos.

2. Neste novo contexto, o que precisa ser feito?

O que precisamos é pôr em debate a necessidade de reformular as organizações internacionais criadas após a segunda grande guerra mundial, para lidar com temas como a Harmonização Tributária e outros de grande importância, como a segurança mundial, o meio ambiente e a proteção dos

[4] Esse critério apoiava-se na preocupação de evitar que o tributo cobrado em um determinado território gerasse externalidades negativas onerando os moradores de territórios vizinhos, o que mesmo naquela oportunidade gerou movimentos nos grandes cidades norte-americanas com o deslocamento de habitantes dos centros para a periferia, um movimento conhecido como votando com os pés.

trabalhadores, tendo em vista as possibilidades que o avanço tecnológico oferece para as grandes empresas que operam em escala global.

À diferença do que ocorria na economia industrial, a formação de monopólios que exerciam atividades em países localizados em continentes distintos, na economia digital, a formação de grandes monopólios mundiais não enfrenta agora as limitações decorrentes da regra dos rendimentos decrescentes de escala e dos altos custos de administrar grandes conglomerados mundiais. Agora os rendimentos crescem com a escalada das operações, mediante os chamados *network effects,* que se multiplicam nas plataformas digitais.

O motor que impulsiona essa mudança é a proliferação da inteligência artificial – IA – na manipulação dos dados amealhados pelas gigantes da era digital e os dados passam a ser uma *commodity* muito valorada nesse novo mundo. Os grandes monopólios chegam a ultrapassar 80% dos respectivos mercados e ainda se beneficiam de regras tributárias adotadas no passado que permitem a concentração da sede em paraísos fiscais seguindo o regime de residência ainda adotado na OCDE[5].

2.1. Quais os cuidados que deveriam ser adotados para sugerir mudanças/reformas na tributação?

A diversidade de questões e de conflitos envolvidos em qualquer projeto de reforma destaca os cuidados que devem ser adotados no desenho e na construção de um novo regime tributário que ostente simplicidade, flexibilidade, funcionalidade, solidez e modernidade, não recomendando a apresentação de uma ampla e minuciosa proposta para implantar de uma só vez um regime tributário inteiramente novo em substituição ao que vige no momento.

Ao longo do tempo, os problemas que qualquer regime tributário acumula, sofrem a influência de vários fatores que surgem com mudanças na economia e na forma como a organização da atividade econômica é afetada por essas mudanças. A história oferece lições importantes a esse respeito. Em 1966, Harley Hinrichs propôs uma "Lei Geral de Evolução das Estruturas Tributárias durante o processo de desenvolvimento econômico", para defender a tese de que o aumento da participação do Imposto de Renda no orçamento público seria o resultado natural das transformações que ocorriam durante o processo de desenvolvimento das economias.

[5] A medida proposta pelo Presidente Biden pretende dar um passo nessa direção.

Na segunda metade do século passado, a ênfase na tributação da renda foi arrefecida em decorrência de críticas que apontavam para efeitos daninhos, que a pesada tributação dos lucros e dos rendimentos familiares, causavam à competitividade das economias ocidentais, levando à defesa de uma maior utilização de impostos sobre o consumo como fonte de receita dos governos. A tributação do consumo já era defendida por Kaldor na década de 1970 (um imposto sobre o gasto), mas envolvia dificuldades operacionais que impediam sua adoção.

A ênfase na tributação do consumo levou à adoção do Imposto sobre o Valor Agregado (IVA), cujo desenho começou a ser discutido no início do século passado, se espalhando pelo mundo durante a segunda metade dessa década. Em mais de um século, o IVA foi a mais recente mudança na forma de tributação das vendas provocada pelo advento da revolução industrial. O que temos pela frente?

Com a nova revolução digital, é importante questionar a pertinência dos critérios atualmente utilizados para aferir a qualidade da tributação. Conforme mencionado, as novas tecnologias proporcionam uma expansão inédita na globalização das atividades produtivas, demandando uma cuidadosa reflexão sobre os paradigmas tributários que ainda predominam no debate acadêmico e nos trabalhos conduzidos no âmbito da OCDE e na EU, por exemplo.

Assim, a recomendação importante num cenário de mudanças e incertezas é não agir de forma a dificultar sucessivas adaptações ao longo do caminho, ignorando as mudanças que ocorrem na maneira como os negócios se organizam em decorrência do avanço da revolução digital.

Uma virtude apregoada pelos que defendem a não cumulatividade dos impostos sobre o consumo é sua não cumulatividade. Qual a relevância desse conceito na nova economia?

À guisa de ilustração, na economia industrial as cadeias produtivas se assemelhavam a uma longa ferrovia que percorria milhares de quilômetros, com várias paradas ao longo do caminho e levava muito tempo até chegar ao seu destino. Ao longo do caminho, o valor agregado à carga que transportava crescia e a parcela mais importante do valor era agregado nas etapas finais, garantindo a não cumulatividade desse tributo.

Como o avanço da revolução digital, os modelos de organização dos negócios se distanciam dessa ilustração. Agora, mais acertadamente, seria o caso de se recorrer à imagem de uma roda viva. Uma roda que não gira sempre no mesmo sentido, não segue padrão predefinido e não está fisicamente localizada. Na roda viva, a parcela mais importante do valor ocorre quando a roda começa a girar, diminuindo rapidamente até ela completar a volta e parar, tornando irrelevante o efeito da cumulatividade. Ademais, como ela não está fisicamente localizada, qual é a referência para identificar a origem e o destino de uma determinada transação?

2.2. O que precisa ser posto em debate?

Nesse contexto, o mundo enfrenta a necessidade de rever as regras aplicadas à tributação da atividade econômica, mas como assinalado as instituições demoram a acompanhar o impacto das mudanças em curso e costumam ocorrer em momentos de grandes acontecimentos como a grande depressão da década de 1930 o e as duas guerras mundiais. Quais são as áreas mais afetadas por estas mudanças no tema que nos interessa: o emprego e a tributação, que interagem. De pronto, a que chama maior atenção é o emprego, pois a natureza das ocupações geradas com a expansão da AI é diferente do trabalho da era industrial. O emprego que se expande com o avanço da revolução digital é o chamado *gig work*, que não envolve um contrato tradicional de trabalho. Como é mencionado no livro, a expansão da AI em áreas importantes como a financeira e a prestação de serviços de maior conteúdo tecnológico (saúde, advocacia, contabilidade e outros) não significou uma redução no número de pessoas sem trabalho, mas a mudança na sua natureza e, se os rendimentos desse trabalho forem menores, sua participação no PIB cai mesmo em momentos de recuperação da economia. E isso demora para ser oficialmente reconhecido, gerando desentendimentos.

Mas é preciso chamar atenção para a tributação. Acima, mencionamos as vantagens que as normas interacionais aplicadas à tributação de empresas que operam globalmente oferecem para as gigantes da era digital, o que motivou a proposta do Presidente Joe Biden para criar uma taxa mínima para o imposto de renda empresarial em todo o mundo, que parece não ter sido ainda acordada.

Nessa área, o texto reforça os argumentos anteriores que apontavam para o fato de que o IVA não tem futuro, com o fim das cadeias produtivas lineares e a impossibilidade de identificar onde o valor é gerado, como já havíamos mencionado em texto anterior. E agrega outros aspectos que repercutem nas bases tributárias tradicionais, como a produção industrial, que será afetada pela expansão do chamado "*additive manufacturing*". O livro menciona uma *startup* chinesa que aplica essa técnica para imprimir os componentes no local onde o automóvel vai ser consumido, o que acaba com a proteção dos mercados por meio de barreiras tarifárias na importação.

No caso das *commodities* que alimentaram a era industrial, a erosão virá de novas tecnologias para lidar com a proteção do meio ambiente via energias limpas e novos métodos para reduzir o impacto de combustíveis fósseis na atmosfera, na linha do que já ocorre nas telecomunicações. E isso acarreta muitos problemas em federações.

Em suma, a necessidade de tratar da revolução tributária, como vimos discutindo, já precisa ser reconhecida.

Ademais, importa destacar, que as mudanças geradas pelo *exponential gap*, também geram maiores desigualdades entre países e entre pessoas, acarretando instabilidade política no mundo, a exemplo de conflitos comerciais e da tensão no leste europeu com a situação vivenciada pela Ucrânia, gerando insegurança e incertezas que tornam mais difícil vislumbrar possibilidades para acordos no campo das mudanças institucionais.

3. É preciso ampliar o foco dos debates sobre reformas tributárias

Não se trata de fatiar as reformas necessárias para que o Brasil reencontre o caminho para avançar no rumo de seu futuro. Para isso **é necessário desarmar a armadilha fiscal do baixo crescimento**[6] e inserir o tema no âmbito de uma Estratégia de Desenvolvimento Nacional.

Não é a primeira vez que o Brasil enfrenta uma crise de grandes proporções como a deste momento. Mas é a primeira vez em que se dissemina na sociedade brasileira uma sensação de crescente insegurança com respeito ao futuro e de desconfiança na capacidade do governo para liderar a saída da crise. Os índices de desemprego continuam elevados e devolvem boa parte da população brasileira às condições de pobreza de onde acreditavam haver saído para sempre. As alavancas do crescimento foram desmontadas e sem elas diminuem as esperanças de que a saída da crise será rápida. O desalento toma conta de grande parte do povo e repercute

[6] Para detalhes a respeito consultar REZENDE, Fernando. *O Processo Orçamentário e a Armadilha Fiscal do Baixo Crescimento: caminhos para a reforma orçamentária*. REZENDE, Fernando; CUNHA, Armando (org). A Reforma esquecida II. Rio de Janeiro: FGV, 2014.

no ambiente político, que é sacudido pela falta de confiança na capacidade de as instituições vigentes encontrarem um caminho diferente para enfrentar os desafios do momento.

O enfraquecimento do Estado é o responsável pela situação. Crises passadas levaram as lideranças políticas da época a tomar medidas para dotar o Estado de condições para restabelecer a ordem, recuperar a autoridade e liderar o processo de retomada do crescimento. Isso não se vê nesse momento. O desequilíbrio e os conflitos entre os poderes do Estado também concorrem para debilitar sua capacidade de agir. Com frequência o noticiário registra a interferência de um poder sobre o outro, ignorando o princípio da autonomia dos poderes que rege a organização do moderno Estado democrático. Ao enfraquecimento do Executivo e o crescimento da judicialização da despesa pública se adiciona a anulação de medidas tomadas pelo Legislativo por decisões intempestivas do Judiciário e a insegurança que tais ocorrências geram para empresários e consumidores.

A raiz desses conflitos está na recusa em enfrentar a necessidade de desmontar a armadilha fiscal do baixo crescimento, armada há mais de quarenta anos. Em decorrência, o Brasil convive com a ilusão de que os desajustes fiscais são o resultado de uma economia que enfrenta uma conjuntura econômica adversa, que repercute na arrecadação de impostos e na capacidade de o governo equilibrar as contas. Todos parecem acreditar que uma retomada do crescimento seja capaz de repor as coisas nos eixos.

As raízes estruturais do desajuste das contas públicas são profundas. Para removê-las é necessário disposição e vontade política para lidar com os enormes conflitos envolvidos, que demandam firmeza e liderança para ter força suficiente para se opor aos interesses que há muito se organizaram para defender as posições conquistadas.

Enquanto isso não ocorre, conflitos e tensões passam a fazer parte de embates cotidianos que, em situações extremas, acabam provocando uma crise institucional que compromete a governabilidade. A espinha dorsal de um regime democrático perde a capacidade de manter o corpo ereto e as fraturas na base que dá sustentação ao funcionamento das instituições políticas abre espaço, para que quem está bem posicionado reforce suas defesas, explorando a fraqueza daqueles que deveriam cuidar de resguardar o interesse público e empenhar-se na correção das causas que concorrem para os desequilíbrios estruturais.

O vácuo de poder que resulta da falência institucional torna ainda mais difícil a tarefa de empreender as reformas necessárias para dar sustentabilidade ao ajuste fiscal. Predomina o improviso e a disputa por iniciativas que embora contrariem o que precisaria ser feito transformam-se em manobras que visam marcar posição, enquanto aguardam a ocorrência de momentos oportunos para agir. O ambiente torna-se favorável ao populismo, onde os que são mais prejudicados pelo que acontece podem achar que a solução estaria no surgimento de um salvador.

Com as mãos atadas, os responsáveis pela administração das contas públicas se empenham em reforçar a guarda do pouco que pode ser mantido no cofre, após a entrega dos recursos que já têm donos, e ver de onde pode vir mais dinheiro para amealhar mais recursos e evitar um assalto maior ao Tesouro. A consequência é que todos aqueles que dependem da liberação do que resta nesse cofre serão prejudicados.

O rígido controle sobre a liberação do que pode ser retido transforma-se na única arma disponível para evitar problemas maiores. Mas a consequência disso para a gestão das políticas públicas que não contam com recursos garantidos é devastadora. Quem depende desses recursos não sabe se vai receber o dinheiro que precisa para prestar os serviços demandados pela população e, se vier a receber, terá tempo para cumprir com todas as normas requeridas para executar a despesa. A qualidade da vida urbana é particularmente afetada e se expressa por meio da violência, da criminalidade e da carência dos serviços de transporte e de saneamento. A saúde, que em tese conta com recursos garantidos, também é afetada por não encontrar espaço para atender suas necessidades financeiras no território que é cada vez mais ocupado pelos beneficiários dos programas previdenciários e assistenciais.

Nesse contexto, o ajuste estrutural das contas públicas fica aguardando o reconhecimento de que a solução para os desequilíbrios fiscais depende de uma reforma do processo orçamentário, e que essa reforma seja incluída no topo da agenda que deve tratar das reformas prioritárias para o desenvolvimento econômico e a sustentação dos avanços alcançados no tocante à redução das disparidades sociais.

Não se trata de questionar a importância de aplicar um freio ao desequilíbrio nas contas púbicas, como o instituído pelo teto dos gastos, mas isso não é suficiente para aguardar que o reconhecimento dos mercados com respeito ao compromisso do governo com a sustentação da disciplina fiscal acione a mola do crescimento e restaure a confiança no futuro. É necessário mais do que isso. A sociedade aguarda ansiosa por sinais claros de que o Estado esteja preparado para assumir suas responsabilidades e liderar um novo processo de crescimento que faça renascer a esperança no futuro. O que precisa ser feito para obter esse reconhecimento?

O lema inscrito na bandeira brasileira resume bem as responsabilidades básicas de um Estado moderno. ORDEM E PROGRESSO. Manter a ordem interna e a segurança externa para proporcionar as condições essenciais ao progresso. Por seu turno, não há progresso sem ordem, sem estabilidade institucional e econômica e capacidade para tomar as medidas necessárias para impulsionar a economia e prover os serviços essenciais à população.

No exercício dessas responsabilidades **é fundamental que o Estado combine três atributos essenciais para a eficácia de sua atuação. EQUILÍBRIO, AUTORIDADE e VISÃO DE FUTURO.**

O equilíbrio não se resume à sua dimensão fiscal, que é um pré-requisito, mas não um objetivo em si mesmo. O equilíbrio precisa estar ancorado em três pernas da mesma dimensão e resistência: a macroeconômica, que não se sustenta sem responsabilidade fiscal; a social, que deve cuidar da repartição social dos frutos do progresso; e a política, que precisa assegurar a estabilidade institucional e o adequado funcionamento das instituições democráticas.

Por seu turno, Autoridade não é sinônimo de autoritarismo. Autoridade é essencial em qualquer instituição que rege o comportamento da vida nas sociedades modernas: na família, nas empresas, nas escolas, na religião. Para ter autoridade o Estado precisa ser forte. E para ser forte não é necessário que seja grande. Um Estado forte é aquele que dispõe de uma inteligência capaz de formular as políticas que o país precisa, para promover o desenvolvimento e prover os serviços essenciais ao bem-estar da população, além de uma burocracia qualificada e competente para gerenciar a execução dessas políticas com eficiência e eficácia.

A força do Estado se sustenta na confiança que ele inspira na população e isso depende de ele estar sempre à frente dos acontecimentos. Isto é, ele precisa se antecipar aos fatos para agir preventivamente, com vistas a amenizar os impactos de crises externas e atuar proativamente para capitalizar os ganhos internos em momentos favoráveis. Para tanto, é necessário que as ações do Estado sejam pautadas por um planejamento de médio e longo prazos que oriente a formulação de estratégias, a formulação das políticas públicas e o estabelecimento de metas a serem estabelecidas para cada caso.

Equilíbrio, Autoridade e Visão de Futuro compõem os três pilares de um Estado capaz de gozar do respeito e da confiança da sociedade. Respeito pela capacidade de sustentar o equilíbrio e agir com rapidez e eficiência. Confiança por dispor de autoridade para dar as respostas demandadas em distintas situações. Respeito e confiança em razão das condições que uma visão estratégica propicia para agir preventivamente para reduzir danos, quando for o caso, e proativamente para oferecer a segurança necessária para ultrapassar obstáculos e seguir adiante.

4. Qual é o caminho a seguir?

Equilibrar o tripé que sustenta a qualidade do Estado planejamento, financiamento e qualidade da gestão pública.

A primeira perna desse tripé é a que trata da reforma do processo orçamentário.Ao longo das últimas décadas, a importância do orçamento público para o fortalecimento do Estado e a vitalidade da democracia foi solenemente ignorada. O orçamento deixou de ser o principal instrumento para garantir o equilíbrio dos Poderes para se transformar numa das próprias causas para a multiplicação dos conflitos. A destruição do processo orçamentário acarretou a irrelevância do orçamento enquanto instrumento fundamental para organizar as ações do Estado e criar as condições necessárias à eficiência e à eficácia das políticas públicas. Na ausência de estratégias assentadas num planejamento competente, o horizonte do orçamento foi ofuscado e o Estado abandonou uma ação proativa para acomodar-se a uma atitude reativa.

O passo inicial consiste na restauração da credibilidade do orçamento mediante a recuperação do espírito que guiou a instituição da Lei de Diretrizes Orçamentárias – LDO – pela Constituinte de 1988. Conforme estipula o texto da Constituição, cabe à LDO estabelecer as metas fiscais, definir as diretrizes orçamentárias, o programa de investimentos e a política de financiamento das agências financeiras oficiais, o que nunca chegou a ocorrer como devia. Desde o primeiro momento esse espírito foi desvirtuado, transformando a LDO numa lei que trata de inúmeros detalhes sem tratar de fato do essencial.

Não é preciso dispor de poderes sobrenaturais para evocar o espírito que presidiu a instituição dessa lei. Basta seguir à risca o que diz a Constituição. E isso começa com o rigor na previsão das receitas orçamentárias, abandonando a prática antiga de superestimar recursos para abrigar maiores demandas de gasto e o vício adquirido há algum tempo de contar com receitas extraordinárias para cumprir as metas fiscais.

Para isso é preciso recuperar as qualidades de um regime tributário – estabilidade das receitas, previsibilidade dos recursos e menor sensibilidade a oscilações da conjuntura econômica.

A credibilidade do orçamento não depende apenas de previsões confiáveis para as receitas. É preciso deixar claro o crescente avanço das despesas obrigatórias sobre as receitas correntes e a impossibilidade de sustentar o equilíbrio fiscal no médio prazo sem pôr em discussão o desequilíbrio nas prioridades orçamentárias, que cresceram à sombra do foco na meta anual para o resultado primário. Isso é essencial para restaurar a credibilidade das projeções inseridas no anexo de riscos fiscais da LDO, de modo a dar início a um processo de planejamento orçamentário de médio prazo, que não focalize apenas o equilíbrio macroeconômico, mas também as diretrizes a serem seguidas com vistas à redução dos desequilíbrios nas prioridades orçamentárias.

Um planejamento orçamentário de médio prazo também é essencial para articular as medidas necessárias para sustentar a estabilidade macroeconômica com aquelas que devem cuidar da promoção do desenvolvimento. Daí o mandado constitucional que determina destacar na LDO as iniciativas voltadas para alavancar o crescimento mediante a formulação de um programa de investimentos e a concomitante definição da política de financiamento das agências financeiras oficiais. As regras da LDO são claras. Ao Estado cabe cuidar da ordem para manter a estabilidade e do progresso para garantir a felicidade da nação. Está na hora de seguir à risca o preceito constitucional.

Para dar conta dessa dupla responsabilidade é necessário tratar da recuperação do investimento público e do saneamento financeiro das agências de financiamento. Daí a importância de as diretrizes orçamentárias definirem metas para a redução dos desequilíbrios nas prioridades, de modo a abrir espaço fiscal para ampliar os investimentos governamentais e restaurar a capacidade das agências de fomento apoiarem os investimentos privados, buscando atacar o principal motivo da perda de confiança da sociedade no Estado, que viceja na falta de perspectiva para uma queda significativa dos índices de desemprego.

Não convém insistir apenas na renovada aposta de que a falência do investimento público poderá ser substituída por privatizações e concessões. Isso é importante, mas não é uma panaceia. Uma política de investimentos orientada por uma visão estratégica de futuro precisa sair do trivial e fazer escolhas capazes de alavancar uma nova rodada de desenvolvimento econômico, que combine medidas relevantes para fortalecer o Estado com a incorporação de avanços tecnológicos para criar empregos de maior qualidade e gerar efeitos multiplicadores em toda a economia.

Também importante para a retomada da confiança da população no Estado é a recuperação da sua capacidade de executar o que foi prometido. O povo está cansado de promessas nunca cumpridas e para mudar isso é preciso que o tema esteja presente nos primeiros esforços de retomada do planejamento.

Para evitar que isso se repita é essencial que o compromisso com o realismo das propostas seja complementado por medidas que visem reforçar a capacidade de operação da máquina pública em áreas estratégicas para o país, começando pela política de investimentos.

5. Política Fiscal e Reforma Tributária

A política fiscal perdeu o rumo e a reforma tributária atolou-se em um pântano, de onde ecoam os ruídos de uma disputa acirrada por equilíbrio regional e maiores espaços no orçamento público.

Os dois fatos estão intimamente relacionados. As regras, que comandam o crescimento dos principais componentes da despesa pública, não permitem que as dificuldades enfrentadas para sustentar o equilíbrio macroeconômico sejam solucionadas por um melhor desempenho da economia, visto que os principais itens do gasto do governo federal crescem em linha com o PIB. Como não há espaço fiscal para acomodar as consequências de mudanças no sistema tributário, em particular as perdas oriundas de uma reforma do imposto estadual, não há disposição do governo federal para liderar um processo de reforma tributária, que corrija as enormes deficiências acumuladas nessa área ao longo de décadas, pois isso requer recursos para compensar essas perdas.

Não há espaço, portanto, para mudanças que reduzam a carga tributária global e, sob essa condição, qualquer alteração parcial implica em que essa carga seja redistribuída, entre setores de atividade e entre os entes federados, o que envolve um conflito de grandes proporções. Nesse ambiente, gera-se um círculo vicioso, no qual a deterioração da qualidade do regime tributário compromete a competitividade da economia e concorre para a perda de espaço da indústria e de serviços modernos no PIB, encolhendo o valor agregado internamente e a própria base tributária.

Nesse contexto, mudanças pontuais não conseguem prosperar, em decorrência das restrições impostas pelo entrelaçamento das questões que dizem respeito ao ajuste fiscal e aos conflitos federativos. A reforma tributária não consegue sair do atoleiro, em razão da inexistência de espaço fiscal, e o encaminhamento de medidas para ampliar o espaço fiscal depende da reforma orçamentária e de um novo regime tributário.

Em que medida a reforma do processo orçamentário concorre para reforçar os três pilares do Estado que queremos? A recuperação do espírito que gerou a criação da LDO provoca uma cadeia de efeitos circulares. A credibilidade das estimativas e o foco no médio prazo revela a preocupação com o equilíbrio intertemporal das contas públicas e abre a discussão sobre a necessidade de rever as prioridades para que isso seja possível. A revisão das prioridades provoca a necessidade de tratar da política de investimentos e da necessidade de assegurar as condições requeridas para sua execução. Adicionalmente, o foco no médio prazo dá um passo na direção da retomada do planejamento com base numa visão estratégica de futuro, que concorre para a retomada da confiança baseada na restauração da autoridade do Estado.

A visão do futuro também precisa tratar de duas providências essenciais: do financiamento do Estado, isto é, da adoção de um novo regime tributário paralelamente à reforma do federalismo fiscal, de forma a combinar a busca da competitividade da economia com a criação de condições adequadas para a eficiência da gestão das políticas públicas.

A modernização tributária e o federalismo não são um objetivo em si mesmo, e sim, peças importantes no tabuleiro de um Estado Moderno que vise assegurar condições importantes para o crescimento econômico e a igualdade de oportunidades de ascensão social para todos os cidadãos.

Há décadas que o Brasil se afastou da linha divisória que demarca os países que se posicionam no campo daqueles que mantêm um compromisso com o futuro, descolando-se para o extremo dos que se situam no campo posto.

O potencial para sair dessa posição existe, mas é preciso recriar as condições políticas e institucionais que são essenciais para alcançar esse objetivo.

Referências

AZHAR, Azeem. *The Exponential Age: How Accelerating Technology is Leaving us Behind and What to do About it?* London: Random House Business Books, 2021.

PONTE, Stefano; Gereffi, Gary e Raj-Reichert, Gale (eds.). *Handbook on Global Value Chains.* UK: Edward Elgar Publishing, 2019.

REZENDE, Fernando. *A Revolução Digital e a Reforma Tributária. In*: AFONSO, José Roberto; SANTANA, Hadassah Laís (coord.). *Tributação 4.0.* São Paulo: Almedina, 2020.

REZENDE, Fernando. *O Processo Orçamentário e a Armadilha Fiscal do Baixo Crescimento: caminhos para a reforma orçamentária. In* REZENDE, Fernando; CUNHA, Armando (org). *A Reforma esquecida II: obstáculos e caminhos para a reforma do processo.* Rio de Janeiro: FGV, 2014.

16
TRIBUTAÇÃO DO CONSUMO NO AMBIENTE METAVERSO E O PAPEL DAS PLATAFORMAS DIGITAIS

Dayana de Carvalho Uhdre

Introdução

Inegável o crescimento exponencial do ecossistema de criptoativos nos últimos anos. De um experimento – o protocolo Bitcoin – inicialmente restrito a comunidades de *cypherpunks*, até os debates atuais relacionados às Central Bank Digital Currencies (CBDC`s), verdadeiras moedas digitais oficiais, perpassando por *game-fi* e *defi*, o fato é que os casos de uso (ainda que em potência) têm ganhado popularidade. O tema do momento conexo ao universo "cripto" é o "metaverso" *vis a vis* "NFT" (*non-fungible-tokens*). De se esclarecer desde já que em que pese serem assunto em grande medida correlacionados na atual era da tokenização da economia, não se confundem.

"Metaverso" é terminologia utilizada para indicar um espaço digital em 3D[1] que busca replicar a realidade atual[2] através de dispositivos digitais. Trata-se de um ambiente digital, imersivo, coletivo e hiper-realista, em que pessoas poderão dele compartilhar, convivendo entre si por intermédio de avatares 3D. Há, em última análise, a confluência de duas vertentes

[1] Espaço tridimensional.

[2] Utilizamos o termos atual tal qual concebido por Pierre Levy: enquanto resposta ao virtual (potencialidade), dando-lhe concretude, é dizer realidade possível em dada configuração de elementos, resolução da problemática relacionadas às realidades virtuais (latentes). Lévy, Pierre. *O que é virtual?* 2ª ed. Editora 34: São Paulo, 2011.

tecnológicas -"realidade virtual[3]" e "realidade aumentada" – com recursos de comunicação das redes sociais[4]. O termo é atribuído ao escritor americano Neal Stephenson, que em 1992 usou essa palavra para descrever um mundo digital habitado por avatares em seu livro de ficção científica "Snow Crash". Nota-se, portanto, que o termo não é novo, e nem a ideia o é – veja-se, por exemplo, o caso dos jogos "Second Life", ou mesmo o "Minecraft", verdadeiros precursores dessa concepção.

Foi o anúncio recentemente feito por Mark Zuckerberg, de rebatizar a companhia controladora do Instagram, Facebook e WhatsApp para Meta Plataforms, no entanto, que fez o termo ganhar tamanha popularidade. De toda forma, é de se pontuar que o metaverso (ou metaversos) é realidade ainda em construção, e seu futuro – glorioso – dependerá em grande medida da capacidade de os empreendimentos envolvidos em projetos desse jaez criarem simulações digitais suficientemente convincentes e atrativas. Por outro lado, não há como se negar ser forte a aposta de analistas e executivos do ambiente tecnológico no metaverso (ou metaversos) como a próxima etapa da Internet. A consultoria canadense *Emergen Research* prevê que o mercado relacionado a esse(s) ambiente(s) virtual(is) e interconectado(s), que teria somado US$ 47,69 bilhões já em 2020, cresceria a uma taxa anual de 43,3% entre 2021 e 2028, atingindo US$ 828,95 bilhões ao final do período. Aduz que o foco na convergência entre o mundo físico e digital, e o cenário pandêmico, instaurado pela COVID-19, são alguns dos principais motivos desse aumento[5].

No mesmo sentido, a futurista Amy Webb, uma das atrações mais aguardadas do Festival SXSW, apontou em seu relatório *Tech Trends Report* ali lançado, que uma das grandes tendências que irá afetar a sociedade, os negócios e o consumo nos próximos anos é justamente o metaverso. Por não ser, o metaverso, uma tecnologia única ou controlada ou um empresa ou ente de forma centralizada, as pessoas poderão criar múltiplas versões de si mesmos, cada uma para fins específicos. Daí porque defende Amy

[3] A expressão foi utilizada em seu uso corrente. No entanto, com base nas lições de Pierre Lévy, mais correto seria se falar em realidade digital, já que atual e não virtual (potencialidade).

[4] ROSA, João Luiz. *O que é metaverso? Qual a relação com criptomoedas e NFT? Veja perguntas e respostas.*Valor Econômico, 24 jan. 2022. Disponível em: https://valor.globo.com/empresas/noticia/2022/01/24/o-que-e-metaverso-e-relacao-com-criptomoeda-e-nft.ghtml; Acesso em 16 março 2022.

[5] Resumo disponível em: <https://www.emergenresearch.com/industry-report/metaverse-market>. Acesso em 16 março 2022.

que testemunharemos uma fragmentação – e uma lacuna – cada vez maior entre quem uma pessoa é no mundo físico e quem ela projeta ser no mundo digital[6]. As relações serão mais imersivas, com empresas aderindo a oferta e uso de experiências digitais, inaugurando um mundo de realidades mista[7].

E, como os NFT`s (*non-fungible tokens*) ou *tokens* não fungíveis encaixam-se nesse cenário? Ao que respondemos que tal instrumento provavelmente se tornará o instrumento prioritário de negociação no metaverso. E, a fim de buscarmos compreender a razão porque tais *tokens* não fungíveis "prometem" ser o ferramental por excelência nas transações ocorridas no ambiente metaverso, alguns passos atrás nos parecem necessários. Primeiramente, é de se salientar estarmos no ecossistema de criptoativos, isto é, de projetos e/ou aplicabilidade da tecnologia que convencionamos chamar *blockchain*[8]. Sem nos adentrar na explicação técnica[9] – até porque nem apto a tanto nos sentimos -, o que importa ter em mente é que trata-se de tecnologia que possibilita realizar trocas de valores em ambiente inteiramente digital, daí porque referir-se à *blockchain* como "Internet do Valor".

Em apertada síntese, o desenvolvimento da tecnologia de informação e comunicação, e mais detidamente da Internet, nos permitiu interconexão (diretamente parte a parte) e trocas globais de informações de forma praticamente instantânea. Isto é, até recentemente não possuíamos tecnologia apta a nos permitir trocas de valores diretamente parte a parte, sendo necessária a presença dos intermediários de confiança (*middleman*) para controle e contabilização dessas transações, a fim de se evitar o gasto duplo. Um exemplo talvez seja mais esclarecedor: por intermédio da Internet posso, por exemplo, encaminhar um e-mail com anexo (uma foto, por exemplo). Ocorre que no momento em que envio tal e-mail não tenho ape-

[6] Ainda virtual (em latência, potência).

[7] PACETE, Luiz Gustavo. *Confira as quatro previsões de tecnologia feitas por Amy Webb no SXSW.* Revista Forbes, 14 março 2022 [versão digital]. Disponível em: <https://forbes.com.br/forbes-tech/2022/03/confira-4-tendencias-de-tecnologia-feitas-por-amy-webb-no-sxsw/>. Acesso em 16 março 2022.

[8] Trata-se, em realidade, de cabedal tecnológico que, em sua origem (protocolo Bitcoin) congloba ao menos três componentes: dois tecnológicos (distributed Ledger technology e criptografia assimétrica) e um comportamental/econômico (teoria dos jogos).

[9] *Para além do próprio whitepaper do Bitcoin, "Bitcoin: A Peer-to-Peer Electronic Cash System"*, disponível em:https://bitcoin.org/bitcoin.pdf; Acesso em 16 março 2022; Vide: ANTONOPOULOS, Andreas M. Mastering Bitcoin. Programming the Open Blockchain. 2ª ed. Massachusetts: O' Reilly Media, 2017

nas 01 (um) arquivo, mas 02 (dois): um na minha caixa de saída e outro semelhante (replicado) na caixa de entrada do destinatário. Tal duplicidade não traz maiores problemas em razão de estarmos falando de troca de informações. Agora, quando falamos de valores, que presumem escassez, tal duplicação é sim problemática, razão pela qual existe os intermediários de confiança (a exemplo de instituições financeiras, cartório de registro de imóveis, etc), responsáveis pelo registro e controle dessas trocas de valores.

E é nesse ponto que reside a maior promessa da tecnologia *blockchain*: permitir intercâmbio de valores diretamente entre as partes e de forma inteiramente digital. Ao invés dos intermediários, é a própria tecnologia que valida, registra e atualiza as trocas realizadas em sua rede. Dentro desse cenário, utilizamos o termo "token" como sinônimo de representação digital e criptografada de ativos. E, essas representações podem se referir tanto a ativos (reais/tangíveis ou digitais/intangíveis) existente no mundo "real", físico, daí se falar em "tokenização de ativos"[10] (verdadeiros "avatares" desses bens ou direitos), como a ativos nativos e exclusivos do mundo digital (nativos de "blockchain"), caso em que estaríamos diante dos "criptoativos" em sentido estrito, digamos assim. Usamos a locução "em sentido estrito", porque os termos "criptoativos" e "tokens" são tomados como sinônimos[11].

[10] Sobre o conceito de tokenização, vide a posição da OCDE: "Tokenisation is the process of digitally representing an existing real asset on a distributed ledger (Hileman and Rauchs, 2017). The Financial Stability Board defines tokenisation as the representation of traditional assets – e.g. financial instruments, a basket of collateral or real assets – on DLT (FSB, 2019). Asset tokenisation involves the representation of pre-existing real assets on the ledger by linking or embedding by convention the economic value and rights derived from these assets into digital tokens created on the blockchain. Tokens issued in asset tokenisation exist on the chain and carry the rights of the assets they represent, acting as store of value. The real assets on the back of which the tokens are issued continue to exist in the "off-chain" world and, in the case of physical real assets, those would typically need to be placed in custody to ensure that the tokens are constantly backed by these assets. This points to an increasingly important role of custodianship of assets in tokenisation transactions (see Section 3.5). Communication between the "off-chain" (traditional financial market infrastructures) and "on-chain" environments will be crucial for assets that continue to exist off the chain". OECD. The Tokenisation of Assets and Potencial Implications for Financial Markets. OECD Blockchain Policy Series, 2020.

[11] UHDRE, Dayana de Carvalho. *Blockchain, tokens e criptomoedas*. Análise Jurídica. São Paulo: Almedina, 2021, p. 61.

Assim é que, os famosos NFT`s (*non-fungible tokens*) ou *tokens* não fugíveis, nada mais seriam do que linhas de códigos (*tokens*) unívocas que funcionam como representações digitais, registros de "propriedade", ou melhor, de titularidade de bens (digitais e/ou físicos) únicos, tais como obras de arte, ou mesmo itens colecionáveis. De acordo com Okonkwo, um NFT pode ser definido como um "certificado de autenticidade para um objeto, real ou virtual[12]", e prossegue esclarecendo que ele (o NFT) "não contém o pedaço de arte digital, a música, o vídeo, etc, em si considerados, mas atesta que 'o Sr. A deve ao Sr. B um arquivo digital de X'"[13].

No mesmo sentido, Daniel de Paiva Gomes e Eduardo de Paiva Gomes corretamente destacam que não se pode confundir o NFT como direito ou o bem a que ele se refere. Trata-se, o NFT, de mero registro em um banco de dados descentralizados (blockchain), isto é, de uma espécie de certificado digital cuja finalidade é autenticação de um arquivo, conferindo-lhe exclusividade. O que o distingue dos demais *tokens* – "fungíveis" – é revestir a qualidade de infungível. No sistema brasileiro, encontramos a definição legal de fungibilidade – e por consequência a de infungibilidade – no art. 85 do Código Civil. Estabelece o referido artigo que "São fungíveis os móveis que podem substituir-se por outros da mesma espécie, qualidade e quantidade"; logo, por simetria, infungíveis seriam os bens dotados de natureza insubstituível, por não existir outros de mesma espécie, qualidade e quantidade.

Apertada síntese, NFT nada mais seria do que um registro, um certificado unívoco- insubstituível – inserido em um banco de dados (que no caso é descentralizado), em que estabelecido que o indivíduo X é proprietário desse registro (desse conjunto de informações inseridas na blockchain), que aponta para um outro ativo digital ou para um link "contendo alguma coisa", ou ainda para um ativo tangível. Assim é que, a depender do teor do *smart contract* e dos direitos subjacentes à operação – conexos à um determinado NFT – o adquirente poderá, ou não,se tornar proprietário do conteúdo a que atrelado.

[12] O termo virtual foi utilizado pelo autor citado no seu sentido mais coloquial, como sinônimo de digital.

[13] OKONKWO, Ifeanyi E. NFT, *Copyright, and Intelectual Property Commercialisation* (May 29, 2021). Disponível em: <https://papers.ssrn.com/sol3/papers.cfm?abstract_id=3856154>. Acesso em 17 março 2022.

Daí não ser mesmo surpreendente todo o frenesi causado ao entorno do metaverso *vis a vis* NFT`s no momento atual da história. É que temos diante de nós a possibilidade – factível -, de nos relacionarmos sócio-economicamente em uma realidade (ou realidades) inteiramente digital (digitais). É como se pudéssemos ter duas vidas: uma no mundo "real atual", "tangível" , e a outra em um ambiente digital, em que estaríamos representados por "avatares" atrelados a NFT`s[14]. E, por nos relacionaríamos social e economicamente em ambas as "realidades", é de se indagar se os comportamentos realizados, e/ou relações entabuladas no ambiente metaverso eventualmente teriam os mesmos efeitos jurídicos daqueles atos ou negócios jurídicos semelhantemente travados no ambiente "real".

Trata-se de questionamento que cada vez mais estará na ordem do dia dos juristas, razão pela qual nos atrevemos a provocar algumas reflexões – afetas a Internet de Valores – dentro de um tema a que a atual era da Internet da Informação já tem se voltado, qual seja o dos desafios de se tributar o consumo transfronteiriço de intangíveis na era digital. Trata-se de assunto que, a par de estar na ordem do dia dos debates internacionais há mais de duas décadas, isto é, desde o aumento do comércio eletrônico, não foi, até o presente momento, objeto de soluções esclarecedoras e definitivas. Assim é que, o advento do comércio digital em ambiente metaverso parece trazer nova camada de complexidade ao debate.

No entanto, nos parece que um olhar mais acurado nos denuncia que, em última análise, ainda é sobre os desafios de se tributar o consumo de bens intangíveis em ambientes tecnológicos (digitais) – transfronteiriços *by design* -, inaugurados pela Web2[15], que se está a tratar. No entanto, tal ponto parece passar ao largo de muitos dos artigos atualmente voltados a discutir tributação no ecossistema cripto, que focam-se sobretudo em identificar a subsunção dos eventos levados a efeito nesse ambiente digital (em "blockchains") às hipóteses de incidência tributária previstas nos sistemas jurídicos atuais[16]. Tal debate naturalmente tem sua razão de ser: afinal, a maior parte das operações com criptoativos, inclusive as realiza-

[14] Tanto os "avatares" quanto os bens e direitos adquiridos em ambiente metaverso.

[15] Atrelada à Internet da Informação.

[16] BAL, Aleksandra. *VAT and the Metaverse – Taxing Virtual Events (Correct).* Daily Tax Report International. 06 April 2022; CATELLO, Melissa Guimarães. Comprei virtual land. E agora? Devo pagar ITBI? JOTA. Disponível em: <https://www.jota.info/opiniao-e-analise/colunas/tribuna-da-advocacia-publica/comprei-virtual-land-e-agora-devo-pagar-itbi-18042022>.

das em ambiente metaverso, carecem de tratamento legal específico e/ou orientação interpretativa por parte dos entes competentes[17]. Todavia, e regressando ao que ventilamos no início desse parágrafo, nossa proposta aqui é trilhar outro caminho, ou mais detidamente o de prosseguir no percurso já inaugurado com os debates afetos ao comércio digital de intangíveis *vis a vis* sujeição passiva das plataformas digitais, ampliando-os para o ecossistema de criptoativos e mais detidamente o de metaverso.

O recorte nos parece fazer sentido porque, consoante reflexões levadas a efeito por essa autora em sua tese de doutoramento, estamos presenciando, em última análise, o nascer do modelo de gestão do capitalismo atual: qual seja o de plataformização da economia. O raciocínio naquela oportunidade fora elaborado tendo por contexto o *e-commerce* de intangíveis, porém nos parece perfeitamente congruente ao comércio digital levado a efeito em ambiente metaverso, em que para além de também se estar a lidar com comércio de intangíveis a concepção de ecossistemas (ideia-chave de plataforma) é elevada à potência.

Assim, é que ousamos trazer à baila, debates relativos ao papel que as plataformas de *marketplaces* de NFT`s devem desempenhar no recolhimentos dos eventuais tributos sobre as operações de consumo que intermedeiam. Nosso objetivo é trazer novos focos de reflexões, quiçá auxiliando na construção de um sistema tributário mais operativo em uma realidade cada vez mais predominantemente digital e descentralizada. Para tanto, socorremo-nos de algumas reflexõesafetas ao ambiente da Internet de Informações, a fim de se verificar a possibilidade (ou não) de ampliá-las ao contexto cripto.

1. Plataformas: entendendo a centralidade de seu papel no consumo atual

Ampliando o olhar para a tendência mais macro de consumo por meio do uso das tecnologias de informação e comunicação, de se destacar inicialmente a dificuldade em se mensurar estatisticamente o comércio ele-

Acesso em 22 abril 2022; UHDRE, Dayana de Carvalho. Sucessão Patrimonial (?) no Metaverso: e o ITCMD com isso? (No prelo)

[17] OECD. *Taxing Virtual Currencies: An Overview Of Tax Treatments And Emerging Tax Policy Issues*, OECD, Paris, 2020; PWC Annual Global Crypto Tax Report 2021. Disponível em: <https://www.pwc.com/gx/en/insights/pwc-annual-global-crypto-tax-report-2021.pdf>. Acesso em 22 abril 2022

trônico. Não obstante tais dificuldades, os relatórios elaborados com esse propósito apontam para uma tendência de crescimento dessa forma de comércio na composição do total de vendas no varejo, mormente após a eclosão da pandemia da COVID-19 [18]. Aliás, estima-se que tal tendência de crescimento do comércio digital é tanto a curto quanto a longo prazo. O aumento da penetração da Internet em todo o mundo por meio do uso crescente de dispositivos digitais pessoais (smartphones e tablets) constitui fator estrutural importante para o crescimento futuro do comércio digital. Em 2020, aproximadamente metade da população mundial já usa Internet móvel (4 bilhões de assinantes de Internet móvel), sendo estimado que até 2022 75% da população mundial deverá adotar smartphones, ampliando o número de potenciais "inclusos digitais"[19]. Um outro fator igualmente imprescindível ao crescimento do comércio digital global é o aumento da disponibilidade de soluções de pagamento habilitadas para tecnologia (incluindo pagamentos móveis). As inovações em tecnologias financeiras e o surgimento de diferentes soluções de pagamento estão ampliando a inclusão financeira de quem antes não tinha acesso ao sistema financeiro tradicional, o que redunda em maiores oportunidades para que também se envolvam no comércio digital.

Ambos os fatores são ainda mais prementes quando olhamos a realidade latina-americana, e notadamente a brasileira, responsável por quase 60% do gasto total em *e-commerce* da região[20]. É que a pandemia da COVID-19 teve por consequência justamente o aumento da digitalização e inclusão financeira dos cidadãos latino-americanos que passaram a ter acesso, muitas vezes, pela primeira vez, a contas bancárias para o recebimento da ajuda governamental distribuída para mitigar os efeitos da pandemia. No Brasil, por exemplo, estima-se que entre 1/3 (33,33%) e 40% dos beneficiários da ajuda emergencial não possuíam conta bancária antes da pandemia[21]. Daí porque não ser de todo surpreendente se tratar de uma das

[18] UNCTAD (2021). *COVID-19 and e-commerce: a global review*, p.13.

[19] GSMA Intelligence (2020). *The State of Mobile Internet Connectivity Report*. Disponível em:<https://www.gsma.com/r/wp-content/uploads/2020/09/GSMA-State-of-Mobile-Internet-Connectivity-Report-2020.pdf>. Acesso em 07 dez. 2021.

[20] EBANX (2020), *A study on the state of cross-border e-commerce in Latin America*, p. 21. Disponível em: <https://imgcdn.larepublica.co/cms/2020/12/16091007/EBANX-Beyond-Borders-2020.pdf>. Acesso em 07 dez. 2021.

[21] OEC. *VAT Digital Toolkit for Latin America and the Caribbean*, 2021, p. 34.

regiões em que o comércio digital mais rapidamente tem crescido[22]. Projeta-se 21% e 20% a 30%, respectivamente, de aumento anual do comércio eletrónico de bens físicos (vendas à distância) e de produtos e serviços digitais em 2020[23]. E mais, estima-se que tal crescimento deve continuar mesmo após a pandemia, sendo previsto que 63% da população da região deva se envolver no comércio digital até 2022, em comparação com 45% no início de 2020, o que significa trazer ao mercado 84 milhões de novos consumidores digitais[24].

Uma outra peculiaridade da realidade latino-americana, e que para além da conectividade e do acesso a serviços financeiros também constitui fator impulsionador do crescimento do comércio eletrônico, é o certo entusiasmo dos consumidores pelas mídias sociais e outros engajamentos onlines[25]. De acordo com um relatório baseado em dados do primeiro trimestre de 2020, a taxa de engajamento da região com aplicativos digitais regulares é a mais alta do mundo, o que poderia levar a um consumo cada vez mais alto de produtos e serviços digitais[26]. Estima-se, por exemplo, que os brasileiros passam em média 3 horas e 31 minutos por dia[27] em aplicativos de mídias sociais *vis a vis* 2 horas e 24 minutos que é a média global[28].

Pois bem, ocorre que o que se começa a perceber é que tal incremento substancial no *e-commerce* digital acaba por ser concretizado por intermédio de poucos – e novos – atores no mercado: as plataformas de comércio

[22] Tanto as firmas de consultoria "Americas Market Inteligence" quanto a "Euromonitor" colocam a América Latina como a segunda região em que o comércio electrónico mais cresce no mundo, ficando atrás apenas do Sudeste Asiático. EBANX (2020), *A study on the state of cross-border e-commerce in Latin America*, p. 19. Disponível em: <https://imgcdn.larepublica.co/cms/2020/12/16091007/EBANX-Beyond-Borders-2020.pdf>. Acesso em 07 dez. 2021.

[23] OECD. *VAT Digital Toolkit for Latin America and the Caribbean*, 2021, p. 34.

[24] Idem.

[25] Mídias essas que constituem plataformas digitais.

[26] GSMA Intelligence (2020), *Latin America, Q1 2020 Covid-19 puts network resilience at the forefront*. Disponível em:<https://www.gsma.com/latinamerica/wp-content/uploads/2020/06/Region-in-Focus-Latin-America-Q1-2020-1.pdf>. Acesso em 07 dez. 2021.

[27] Ocupando o 3º lugar no ranking, ficando atrás apenas de Filipinas (3h53) e Colômbia (3h45). Pesquisa Global Digital Overview 2020, feita pelo site We Are Social em parceria com o Hootsuite, slides 90 e 92. Disponível em: <https://wearesocial.com/uk/blog/2020/01/digital-2020-3-8-billion-people-use-social-media/>. Acesso em: 07 dez. 2021.

[28] Pesquisa Global Digital Overview 2020, feita pelo site We Are Social em parceria com o Hootsuite. Disponível em: <https://wearesocial.com/uk/blog/2020/01/digital-2020-3-8-billion-people-use-social-media/>. Acesso em: 07 dez. 2021.

digital. Afirma-se que o crescimento da economia digital mudou fundamentalmente a natureza dos canais de distribuição[29] de varejo para vendas business-to-consumer (B2C) de serviços, intangíveis e bens. É que tradicionalmente um consumidor faria uma compra em uma loja local. Hoje, a primeira escolha de um consumidor frequentemente é ou o site dessa loja tradicional, ou o site de um vendedor concorrente – que potencialmente pode inclusive ter sede em outro país-, ou, e cada vez mais, uma plataforma digital. As plataformas digitais, aliás, permitem que as empresas, principalmente as menores, tenham acesso eficiente a milhões de consumidores no que hoje é um mercado global.

O número de consumidores que compram online foi estimado em mais de dois bilhões em 2020[30]. A pesquisa também inferiu que aproximadamente 57% do fornecimento internacional de bens são adquiridos por meio de três principais plataformas digitais, além da atuação de muitas outras plataformas em nível doméstico e/ou regionais[31]. Com isso, projeta-se que aproximadamente dois em cada três fornecimentos de produtos para o *e-commerce* sejam feitos por meio de plataformas digitais. No Brasil, relatório da Ebit/Nielsen aponta que 78% do faturamento total em *e-commerce*[32] reside em varejistas de *marketplace*[33]. E, dentre eles, 80% do mercado concentram-se em 04 (quatro) plataformas principais: Mercado Livre (32%), Magazine Luiza (19%), B2W[34] (19%), e Via Varejo[35] (11%)[36].

[29] OECD, *VAT Digital Toolkit for Latin America and the Caribbean,* 2021 p. 84. Consoante desenvolveremos abaixo não concordamos com com tal afirmativa em sua integralidade, posto que não se trata de um novo canal de distribuição, subjacente à lógica de comercialização do capitalismo industrial, mas antes do erigimento de um novo modelo negocial afeto a um capitalismo de economia digital e digitalizada.

[30] Statista (2021), *E-commerce worldwide – Statistics & Facts.* Disponível em: <https://www.statista.com/topics/871/online-shopping/#dossierSummary>. Apud: OECD. VAT Digital Toolkit for Latin America and the Caribbean, 2021, p. 85.

[31] INTERNATIONAL POST CORPORATION (2017), *IPC Online Shopper Survey 2017 reports.* Disponível em: <https://www.ipc.be/services/markets-and-regulations/cross-border-shopper-survey/2017>. Acesso em 07 dez. 2021.

[32] Consoante pesquisa sobre o perfil de e-commerce brasileiro feito pela empresa Paypal em parceira com a BigDataCorp, são mais de 1,59 milhões de lojas online e sites que compõe o comércio digital brasileiro. Disponível em:< https://public.flourish.studio/story/947803/>. Acesso em 09 dez. 2021.

[33] EBIT/NIELSEN. *Webshoppers* 42ª edição, 2020. Disponível em: <https://myagmexpress.com/downloads/Webshoppers_42.pdf>. Acesso em 07 dez. 2021.

[34] Empresa resultante da fusão entre Submarino, Shoptime e Americanas.

[35] Composta pelas "marcas" Casas Bahia e Ponto Frio.

Em síntese, os dados trazidos nos parágrafos antecedentes dimensionam a constatação que em certa medida já está no radar dos organismos internacionais – e mesmo dos Estados – de que as plataformas desempenham papel relevante no atual estado da arte do comércio eletrônico – tanto de tangíveis quanto de intangíveis (nosso foco principal). É dizer, são atores que, por intermediarem a grande parte das trocas econômicas na cadeia de consumo, possuem situação privilegiada tanto para prestarem informações relevantes às autoridades fiscais quanto para eventualmente responderem pelo recolhimento dos valores tributários devidos nas operações que medeiam.

Da mesma forma, olhando o mercado de NFT`s *vis a vis* o de metaverso, nota-se que são as plataformas os principais atores responsáveis pela operacionalização do comércio desses ativos digitais[37]. Consoante dados do *Coinmarketcap*, o volume de capitalização do mercado NFT é da ordem de mais de 40 bilhões de dólares, chamando a atenção o protagonismo dos criptoativos conexos a metaverso e/ou *game-fi* nesse volume[38]. Mais detidamente, é o cripto MANA conexo ao ambiente metaverso *Decentraland*, utilizada para aquisição de NFT`s no *marketplace* a esse ambiente conexo, o que maior volume de mercado possui[39]. Aliás, a aquisição de NFT`s conexos ou não a ambientes metaverso é operacionalizada, em grande medida,

[36] HIX Capital e ASTELLA. *Whitepaper sobre Marketplaces.* Carta aos Investidores. 1º semestre 2021, p. 22.

[37] Sobre: <https://seekingalpha.com/article/4482960-where-to-buy-nfts?gclid=CjwKCAjwjZmTBhB4EiwAynRmD_IDI6NhnhDgV-eWrMDlwdBl6QkcVvkK924OFXinpO4qgboc7MofZxoChNAQAvD_BwE&internal_promotion=true&utm_campaign=14926960698&utm_medium=cpc&utm_source=google&utm_term=133537863789%5Eaud-1642100945012%3Adsa-1702100606397%5E%5E585727700552%5E%5E%5Eg>; <https://cointelegraph.com.br/news/discover-6-platforms-to-sell-and-buy-nfts>; <https://www.uol.com.br/tilt/noticias/redacao/2022/04/18/opensea-e-looksrare-conheca-as-plataformas-milionarias-que-negociam-nfts.htm>. Acesso em 24 abril 2022.

[38] Dados disponíveis em: https://coinmarketcap.com/view/collectibles-nfts/; acesso em 17 abril 2022. Aliás, olhando-se os dados afetos ao mercado de metaverso (https://coinmarketcap.com/view/metaverse/), nesse mesmo endereço disponível, é possível verificarmos grande similitude entre os principais criptos conexo ao mercado NFT e ao mercado de metaverso, fato esse a corroborar com nossa afirmativa no sentido de que seriam os NFT`s o principal instrumento de negociação em metaversos.

[39] Estima- se em mais de 3.8 bilhões de dólares o volume de negócios do MANA. Dados disponíveis em: <https://coinmarketcap.com/view/collectibles-nfts/>. Acesso em 17 abril 2022.

por intermédio de plataformas e/ou *marketplaces* específicos a tanto. Assim é que, da mesma forma que presenciávamos (e presenciamos) o crescente protagonismo das plataformas de *e-commerce* no contexto de consumo ancorada na Web2, a Web3 – e mais detidamente o consumo nesse contexto levado a afeito – denuncia a mesma centralidade do papel dos *marketplaces*.

Não por outra razão há iniciativas no sentido tornar tais agentes os responsáveis únicos, ou ao menos co-responsáveis aos fornecedores tradicionais, pelo pagamento do Imposto sobre o Valor Agregado (IVA)[40] incidente nas transações online da Web2 – iniciativas essas que facilmente poderiam ser ampliadas a fim de abarcar as operações de consumo de ativos digitais em ambiente metaverso. Ocorre que, e é aqui que nos parece importante seja salientado, não se trata apenas do ingresso de um novo ator na dinâmica econômica[41] – e de trocas de valores – inerente ao mercado consumidor, mas antes do erigimento de uma tendência macro de plataformização das relações econômicas. É dizer, a forma como o valor está sendo gerado e transferido no contexto da digitalização da economia – ou dessa nova economia digital – o é dentro de modelos negociais de plataformas. E, tal constatação muda todo o olhar que se deve ter para o papel a ser desempenhado por esses intermediários no recolhimento (ou não) de tributos indiretos nos atuais "arranjos de consumo"[42]. No limite e de forma extrema, tal reflexão nos conduz a identificarmos como papel próprio das plataformas de *e-commerce* o de mero auxiliar do Estado – caso esse que teria por premissa a lógica negocial linear em que erigidos os sistemas de tributação sobre o consumo atuais, e cuja ênfase ainda residiria nos fornecedores tradicionais dos bens e/ou serviços -, ou o de próprio responsável principal pelos recolhimentos dos valores tributários – reconhecido seu papel essencial na própria dinâmica mercadológica.

E, no atual contexto, é esse segundo papel o que nos parece fazer mais sentido. Utilizando-nos do referencial de pensamento de Schumpeter, é possível afirmarmos que estamos em um momento de transição entre uma "onda de longa duração" e outra, na qual novos modelos de negócio estão surgindo, e produtos tradicionais estão perdendo o valor que costumavam ter. Pois bem, esse novo modelo organizacional de consumo que se

[40] Sobre o assunto, vide item 42.

[41] Vide nota de rodapé nº 29.

[42] Em expressão cunhada por Melissa Castello Guimarães. CASTELLO, Melissa Guimarães. *Um Novo IVA? Os Tributos sobre o consumo e a economia digital*. São Paulo: Noeses, 2021. p. 89.

vem delineando nos parece ser justamente o de plataformas. Geoffrey G. Parker, Marshall W. Van Alstyne, Sangeet Paul Choudary afirmam que o modelo de negócios da plataforma é a principal expressão das forças econômicas, sociais e tecnológicas que estão transformando nosso mundo, nas últimas duas décadas, daí falarem em " Revolução da Plataforma"[43]. Outros termos e expressões utilizadas para se referir a eclosão desse novo modelo organizacional das atividades econômicas são "plataformização", "era das plataformas", "economia das plataformas", ou mesmo "capitalismo de plataforma".

Tradicionalmente, as empresas se estruturavam sob o modelo de "pipeline", em que os negócios tinham por *design* uma lógica linear, de fluxo unidirecional tanto da criação quanto transmissão de valores. O valor produzido pelos agentes econômicos, refletidos nos próprios bens resultantes do processo de fabricação, é transferido (valor/ bem) em um sentido único, com produtores em uma extremidade e consumidores na outra[44]. Daí que, em tal lógica, a concorrência entre os partícipes de um mesmo nicho mercadológico se dava com base em preço, demandando investimentos para fins de melhorar a eficiência do processo produtivo e/ou diminuir custos. De se destacar que é consoante essa racionalidade econômica que o desenho dos sistemas de tributação sobre o consumo foram estruturados.

Ocorre que o desenvolvimento das tecnologias de informação e comunicação, e mais precisamente a exploração comercial da Internet[45], têm desafiado, de forma estrutural, tal *status quo*. Geoffrey G. Parker, Marshall W. Van Alstyne, e Sangeet Paul Choudary identificam duas fases, em termos de modelos organizacionais, dessa disrupção econômica. A primeira fase – identificada por Victo José da Silva Neto et al., fazendo remissão a Castells, pela expressão "nova economia"[46]-, foi definida pelos autores

[43] PARKER, Geoffrey G.; ALSTYNE, Marshall W. Van; CHOUDARY, Sangeet Paul. Plataforma. *A Revolução da estratégia*. Rio de Janeiro: Alta books, 2018, p.3

[44] Ibidem, p.14

[45] Interessante nota aliás que a própria transformação e difusão inicial de serviços de tecnologia da informação e comunicação (TIC) surgidas com a Internet e foi, em parte, uma resposta estratégica à intensa competição baseada em preços entre produtores de produtos relativamente semelhantes. KENNEY, M. and J. ZYSMAN. The rise of the platform economy. Issues in Science and Technology, 2016, 32 (3): 61-69.

[46] NETO, Victo José da Silva; BONACELLI, Maria Beatriz Machado; PACHECO,Carlos Américo. *Política de Inovação na Era do Capitalismo de Plataformas,* IV Encontro Nacional de Economia Industrial e Inovação, Blucher Engineering Proceedings, Volume 6, 2019. Disponível em:

como a em que "pipelines eficientes devoram pipelines ineficientes"[47]. A eficiência aqui provinha da capacidade logística e de distribuição permitida pela conectividade, as vezes com custo marginal de distribuição próximo de zero, propiciada pela Internet.

No entanto, note-se que aqui – nessa primeira fase – a tecnologia estava sendo inserido em um modelo organizacional projetado para outra época. É dizer, essa "nova economia" ainda era erigida consoante a lógica própria da economia industrial, porém, com uma esfera de circulação ampliada (mercados globais) e setorialmente informatizada[48]. No entanto, consoante bem nos lembra Carlota Perez[49], mudanças tecnológicas vem sempre acompanhada de transformações econômica-organizacionais, ao que ele identifica como paradigmas tecno-econômico[50]. Daí que a digitalização (pilar tecnológico[51]), co-evolue com a formação desse novo paradigma organizacional, qual seja o modelo de plataformas, segundo pilar da economia digital. Em outras palavras, a economia digital inaugura a segunda fase de disrupção promovida pela conectividade, em que, nas palavras de Geoffrey G. Parker, Marshall W. Van Alstyne, Sangeet Paul Choudary, "plataformas devoram pipelines"[52].

<https://www.proceedings.blucher.com.br/article-details/poltica-de-inovao-na-era-do-capitalismo-de-plataformas-33201>. Acesso em 26 out. 2021.

47 PARKER, Geoffrey G.; ALSTYNE, Marshall W.; CHOURDARY, Sangeet Paul. Plataforma. *A revolução da estratégia*. Rio de Janeiro: Alta Books, 2018, p.74.

48 CASTELLS, Manuel. *A Era da Informação: Economia, Sociedade e Cultura* Vol. 2 – O Poder da Identidade. São Paulo, Ed. Paz e Terra, 2017, p. 155. Aliás, a força do paradigma tecnológico é relativizada por Castells que reconhece que foram forças políticas que colocaram em marcha a globalização econômica, via homogeneização institucional dos mercados (OMC, FMI, Banco Mundial sendo seus vetores), utilizando-se das tecnologias de informação e comunicação como ferramentas a viabilizar o aumento da lucratividade das empresas ocidentais. De se ressaltar contudo que em meados da década de 1990, momento em que a Castells desenvolvera seus raciocínios, era cedo para divisar a difusão do novoparadigma, sendo queCastells anteviu mais do que a maioria o que estava por vir.

49 PEREZ, Carlota. 2002. *Technological Revolutions and Financial Capital: The Dynamics of Bubbles and Golden Ages.* Edward Elgar, Cheltenham, p. 15

50 A ideia de paradigmas tecno-econômicos está em consonância à de "ondas de longa duração", é dizer, a cada uma dessas ondas corresponde um determinado paradigma tecno-econômico que lhe é característico.

51 E, a que fora dada maior ênfase na primeira fase de disrupção da economia digital.

52 PARKER, Geoffrey G.; ALSTYNE, Marshall W.; CHOURDARY, Sangeet Paul. Plataforma. *A revolução da estratégia*. Rio de Janeiro: Alta Books, 2018, p.75.

De fato, olhando-se a realidade econômica, constata-se que 7 das 10 maiores empresas do mundo, em termos de faturamento anual, são estruturadas consoante o modelo negocial de plataformas. Referimo-nos à Apple, Google, Microsoft, Amazon, Facebook, Tencent e Alibaba[53]. Ainda, presenciamos a migração de grandes empresas tradicionalmente estruturadas em uma lógica linear de cadeia de valor (pipelines) para o modelo em ecossistema. Nike é exemplo disso. Em 2012, lançou o FuelBand, um dispositivo de tecnologia que, conectado ao ténis da marca, permite o registro e acompanhamento das atividades físicas desempenhadas, incluindo os passos dados e o total de calorias gastas em uma corrida. Assim como outras organizações a Nike investe no desenvolvimento de aplicativos - nesse caso, relacionadas a esportes e condicionamento físico –, que poderiam levar à conclusão, apressada, de serem mera extensão da linha de produtos tradicionalmente ofertados. No entanto, o que a Nike está buscando é, à semelhança da estratégia da Apple, utilizar as informações como elemento integrador, que faz os vários produtos trabalharem de forma conjunta. E, quando múltiplos produtos e serviços se interconectam e interagem entre si pelo uso das informações os pipelines começam a atual como plataformas, produzindo novas modalidades de valor e estimulando os usuários ao engajamento em mais interações[54].

Plataforma, nas palavras de Sangeet Choudary, "é um modelo de negócios *plug-and-play* que permite que vários participantes (produtores e consumidores) se conectem a ele, interajam uns com os outros e troquem valor". Seus principais recursos são informações, seu tratamento e as interações por ele propiciadas, que em conjunto são também a principal fonte de valor das plataformas e sua vantagem competitiva. Para os fins do presente artigo, porém, compreendemos plataformas como infra-estruturas digitais

[53] Cusumano, Michael A; Yoffie, David B; Gawer, Annabelle. *The Future of Platforms.* MIT Sloan Management Review; Cambridge Vol. 61, Ed. 3, (Spring 2020), p. 46-54.

[54] "Da mesma maneira que um conjunto integrado de produtos da Apple, o ténis conectado FuelBand e os aplicativos para celular da Nike não são apenas produtos e serviços isolados, que têm apenas o nome da marca em comum. Ao contrário, eles interagem constantemente, oferecendo aos usuários informações e conselhos sobre desempenho atlético, controle de condicionamento físico e metas pessoais e de saúde e bem-estar. Diferentemente de uma empresa tradicional de produtos esportivos, a Nike começa a construir um ecossistema de usuários com base nos dados captados sobre eles". Parker, Geoffrey G.; Alstyne, Marshall W.; Chourdary, Sangeet Paul. Plataforma. *A revolução da estratégia.* Rio de Janeiro: Alta Books, 2018, p.87.

que possibilitam a interação entre dois ou mais grupos. É dizer, posicionam-se como intermediários que conectam diferentes usuários: clientes, anunciantes, prestadores de serviços, produtores, fornecedores, produtos, serviços, conteúdos e até objetos físicos[55]. A escolha de tal definição se deve ao fato de que ela contém os elementos técnicos ("infra-estruturas digitais"), a importância em termos econômicos de posicionamento das plataformas ("intermediárias") e a atividade fomentada por elas entre agentes econômicos a partir da qual geram valor ("interação entre grupos").

De se pontuar, porém, que em que pese a ideia de estruturar-se um ambiente que reúne produtores e consumidores a fim de propiciar interações de alto valor não ser algo novo[56], foi o desenvolvimento da tecnologia da informação e comunicação (TIC) que possibilitou sua franca e ampla adoção. A TIC, ao reduzir profundamente a necessidade de se possuir infraestrutura e recursos físicos, torna a construção e ampliação de plataformas muito mais simples e barata, permitindo uma participação quase sem atrito que reforça os efeitos de rede e melhora a capacidade de capturar, analisar e trocar enormes quantidades de dados, fonte bruta de valor das plataformas. E tal modelonegocial ganhara domínio no atual contexto

[55] No original: "At the most general level, platforms are digital infrastructures that enable two or more groups to interact. They therefore position themselves as intermediaries that bring together different users: customers, advertisers, service providers, producers, suppliers and even physical objects". SRNICEK, Nick. Platform capitalism. Cambridge: Polity Press, 2017, p. 43. De forma semelhante, Geoffrey G. Parker, Marshall W. Van Alstyne, Sangeet Paul Choudary salientam que plataformas são empreendimentos que utilizam tecnologia a fim de viabilizar interações que criam valor entre produtores e consumidores externos. O propósito primordial da plataforma é consumar contato e facilitar a troca de bens, serviços ou "moedas sociais", propiciando assim a criação de valor entre todos os partícipes. Daí que nesse modelo, o valor, ao invés de fluir em uma linha reta – dos produtores para os consumidores -, pode ser criado, trocado e consumido de diversas formas e em diversos lugares, graças às conexões facilitadas pelas plataformas. PARKER, Geoffrey G.; ALSTYNE, Marshall W.; CHOURDARY, Sangeet Paul. *Plataforma. A revolução da estratégia.* Rio de Janeiro: Alta Books, 2018, p.13-15

[56] Remontando mesmo à séculos passados, caso das feiras medievais de Champagne, ou dos centros de compras, como o Grande Bazaar localizado no atual Irã, ou ainda ao que convencionamos nominar "shoppings centers" – verdadeiros *marketplaces* privados- concebidos entre 1820 e 1830, em Rhode Island, nos Estados Unidos. FISMAN, Ray; SULLIVAN, Tim. 2016. *Everything we know about platforms we learned from medieval France.* Harvard Business Review. Disponível em:<https://hbr.org/2016/03/everything-we-know-about-platforms-we-learned-from-medieval-france>. Acesso em 09 dez. 2021; HIX Capital e ASTELLA. Whitepaper sobre Marketplaces. Carta aos Investidores. 1º semestre 2021, p. 2.

económico justamente por ser o propiciador de ordem e informações em um ambiente caótico e incerto inaugurado pelo crescente volume de dados produzidos pela era digital – então nascente.

Destarte, como bem pontuar por Castells, o ambiente no qual as empresas operavam na virada do século era hiperconectado, incerto e, em algum nível, caótico. Investidores, em sua perpétua busca por acumulação, dão preferência natural a empreendimentos menos incertos e menos arriscados. Navegar na nova morfologia dos mercados criada a partir da internet era a passagem para um terreno muito incerto. Ao mesmo tempo em que o potencial de lucros era grande, os riscos eram enormes: em que redes as empresas deveriam se engajar? O que garantia que uma informação era relevante? Como a empresa deveria se posicionar sobre uma nova informação? Os concorrentes tinham o mesmo acesso a informação? Em suma, quem fazia a curadoria das informações relevantes nesta enxurrada de dados e conexões? Carlsson[57] anteviu quais seriam os tipos de serviços que emergiriam desta nova configuração do espaço onde se dava a competição econômica, marcada pela superabundância de informações e conexões: os serviços envolveriam o "conhecimento na forma de softwares para organizar dados e informações".

E, a concepção de plataformas digitais é quase uma releitura desta afirmação. Nas palavras de John Zysman e Martin Kenney: "Today's digital platforms consist of software processing data in the cloud"[58]. Organizar este mercado de dados e informações foi precisamente como surgiram as primeiras plataformas digitais, especialmente o modelo do Google[59]. Organizar um mercado, coordenar agentes interessados em nele transacionar, realizar a curadoria do que nele será inserido: em síntese, as plataformas assumiram a tarefa de desenhar o próprio novo mercado[60]. É que a arquitetura das plataformas, embora admita variações, tem como fundamento último o de orquestrar as interações entre agentes econômicos distintos, para que eles possam gerar e intercambiar valor. Assim é que, baseadas em amplo poder computacional, estas "orquestradoras de redes" puderam

[57] CARLSSON, Bo. *The Digital Economy: what is new and what is not? Structural Change and Economic Dynamics,* Volume 15, Issue 3. Setembro 2004, p. 261

[58] ZYSMAN, John; KENNEY, Martin. (2018). *The next phase in the digital revolution: Intelligent tools, platforms, growth, employment.* Communications of the ACM, p. 56.

[59] SRNICEK, Nick. *Platform capitalism.* Cambridge: Polity Press, 2017.

[60] ROTH, Alvin. 2015. *Como Funcionam os Mercados.* Portfólio Penguin.

estruturar estes mercados em ecossistemas como outros intermediários analógicos ou manuais não poderia[61].

Em suma, e relativamente à questão do porquê da plataformização como o modelo de gestão do capitalismo do século XXI, o espaço econômico virtual, de redes horizontalizadas, não-estruturadas, característico da "nova economia", funcionou como ambiente de seleção "natural" das possíveis novas trajetórias organizacionais, culminando com a emergência e difusão das plataformas digitais. É dizer, são as plataformas enquanto estrutura tecnológica que visa conectar dois ou mais grupos interessados, por intermédio de gestão e coordenação de informações, que acabaram sendo selecionadas, pelo ambiente econômico crescentemente digital, como o modelo dominante de empresa no século XXI[62].

Esclarecidos a centralidade desses atores na conformação do modelo gerencial (de plataformas) dessa nova fase do capitalismo, não é de se estranhar as prospecções relativas a suas participações como atores na dinâmica arrecadatória fiscal. Ocorre que, para além dessa tendência que se delineia, há uma outra, também impulsionada pelo desenvolvimento das tecnologia de informação e comunicação. Referimo-nos à globalização – em grande medida facilitada por esses instrumentos tecnológicos – das relações socio-econômicas, inclusive de consumo, a impactar na lógica jurídica até então instituída. É dizer, a fim de avançar de forma crítica e assertiva na adaptação dos sistemas jurídicos a essa nova era digital, não há como se fechar os olhos a realidade crescentemente transacional e globalizante que o avanço tecnológico – e em breve os ambientes metaverso – nos brinda. Daí ser necessário compreender de que forma o direito, enquanto sistema de normas vocacionado a disciplinar as interações humanas em contextos sociais, está sendo impactado e de que forma se tem inaugurado novos olhares e/ou lógicas a ele (direito) inerentes.

2. Globalização e o direito: as propostas da OCDE[63] como tendências mundiais

O fenômeno da globalização, viabilizado sobretudo pela revolução dos meios de transporte, e pelo desenvolvimento das tecnologias de comu-

[61] PARKER, Geoffrey G.; ALSTYNE, Marshall W.; CHOURDARY, Sangeet Paul. Plataforma. *A revolução da estratégia*. Rio de Janeiro: Alta Books, 2018, p. 42 e ss.

[62] EVANS, Davida S., SCHMALENSEE, Richard. *Matchmakers: the new economics of multisided platforms*. Boston, Massachusetts: Harvard Business Review Press, 2016.

[63] Organização para a Cooperação e Desenvolvimento Econômico.

nicação e informação, alterou, de forma substancial, a lógica das relações sociais e trouxe evidentes repercussões nos sistemas jurídicos nacionais. O relacionar-se humano não mais circunscreve-se a um determinado limite territorial. O desenvolvimento e ampla adesão às ferramentas de comunicação e informação, notadamente da Internet, permitiu o "ser-se" no mundo, de modo que os relacionamentos sociais e econômicos hojetravados são, antes deu tudo, potencialmente mundiais. Daí que os desafios mais prementes que estão na ordem do dia de grande parte dos governos não mais se tratam de questões locais, mas antes globais, isto é, comum à generalidade dos países, e que se interconectam em uma grande rede de mútuas implicações, tal qual é a realidade atual socialmente posta ao convívio humano.

Tal mudança paradigmática exige, por óbvio, uma readequação institucional do Estado, tornando-o mais consetâneo aos novos desafios trazidos pelas novas relações globais. É dizer, as ideias tradicionais de soberania, poder, competência, atreladas que eram à uma territorialidade específica, não mais fazem sentido no cenário hodierno, o que inevitavelmente traz consequências à atuação das Administrações Públicas nacionais. Fala-se em crise, ou mesmo fim, do Estado soberano, e por conseguinte da condição de possibilidade – e efetividade – da regulação das relações humanas.

Por outro lado, é inerente ao ser-humano a sensação de segurança, de modo que o acertamento das condutas sociais consoante diretrizes normativas que a garantam – segurança jurídica, no caso – é próprio imperativo à convivência em sociedade. Quer-se com isso dizer que, em que pese testemunharmos, de fato, a crise – e enfraquecimento – da soberania estatal, tal qual tradicionalmente a compreendíamos, isto é enquanto origem e garantia das normas jurídicas, novos *standards* estão – e vão – ser construídos, haja vista ser a segurança jurídica (previsibilidade e certeza das consequências dos agires) própria condição necessária ao conviver humano. No entanto, trata-se do erigimento de um novo modelo normativo, mais adequado a complexidade e globalidade das relações jurídico-sociais travadas.

Gustavo Binenbojm parece bem direcionar a questão ao salientar que:

> (...) a globalização embora não represente um completo esfacelamento do Estado, constitui verdadeira mola propulsora de reformas institucionais que, em que pese enfraquecerem, em certa medida, a soberania interna dos

países, estimulam a redefinição de estratégias regulatórias para adaptação a uma nova realidade internacional, trazendo novos atores produtores de normas e fontes adicionais ao direito administrativo[64].

Defende o autor que estamos a testemunhar o crescimento de uma normatividade administrativa transacional, atrelada de forma íntima a criação, por parte de vários países, de inúmeras organizações internacionais voltadas à discussão de temas de interesse comum com relevância global. E segue salientando que essas organizações transnacionais consubstanciam verdadeiros fóruns de discussão voltados

> (...) a debater pautas mínimas de convergência ou concertação entre os respectivos membros, utilizando-se, essencialmente, de instrumentos de soft law, aptos a orientar políticas públicas ou recomendar a implementação de mudanças institucionais aos países delas integrantes, geralmente pela edição estruturada, por tema de interesse, de guidelines (diretrizes), list of general principle (princípios gerais), ou recommendations (recomendações)[65].

Concordamos com o supra-referido autor. Entendemos ser possível sim se detectar, nesse contexto de mudança paradigmática e conseguinte busca de adequação dos sistemas jurídicos, um processo de harmonização de sistemas jurídicos com tendência mesmo à uma homogeinização normativa, baseado na troca de experiências , equalização e difusão de informações entre participantes, que tem gerado, a partir de deliberações com ampla participação procedimental (de entes governamentais, partícipes do mercado e academia), documentos consensuais com diretrizes regulatórias compartilháveis, dotados de grau considerável de eficácia persuasiva. Trata-se mesmo de estratégia coerente a esse novo cenário de relações tendencialmente transnacionais. O olhar unicamente para (dentro) do seu sistema normativo já não responde de forma adequada à complexidade do relacionar-se (humano) em redes globais. Faz sentido, em uma realidade tão complexa, e de sistemas potencialmente interconectados – que sofrem a influência uns dos outros – arvorar-se, para fins de interpretação e/ou integração de seu próprio direito, das experiências estrangeiras.

64 BINENBOJM, Gustavo. *O poder de polícia, ordenação, regulaçãoTransformações político-jurídicas, económicas e institucionais do direito administrativo ordenador.* São Paulo: Fórum, 2021, p.335-338

65 Ibidem.

Daí que, consoante bem nos recorda António Cortés, as normas jurídicas devem ser construídas consoante a utilização de uma metodologia integral, em que os «textos mais não são do que pontos de partida – ou, se quisermos, a 'matéria-prima'- de que o jurista dispõe para construir boas soluções de direito»[66]. E, prossegue, salientando que em um ambiente complexo e global, como o que inseridos, os sistemas jurídicos se tocam, influenciam-se em algum pontos, e até mesmo se nutrem, num movimento de mutualidade constante. Logo, não há como serem aplicados dispositivos estruturados no âmbito eminentemente internos em detrimento de "normas" advindas de dispositivos internacionais, delineados no âmbito das negociações internacionais. E daí porque a estruturação dos sentidos que se devem dar aos textos oriundos de atividade legislativa interna perpassa a consulta e análise das fontes várias – inclusive internacionais ou até mesmo estrangeiras, doutrinárias, jurisprudenciais, etc. -, pertencentes a essa dança de fluxos e refluxos argumentativos jurídicos complexos[67].

Estabelecer diretrizes normativas em fóruns internacionais de discussões, portanto, é um movimento coerente ao erigimento de novos sistemas jurídicos nacionais mais harmonizados, e que se influem mutuamente, em verdadeira ressonância ao *status quo* hodierno. Por consequência, o exame crítico e adequado dos preceitos normativos internos já não mais pode abrir mão de um olhar ao entorno, isto é, de um "dedo de prosa" (ou até um diálogo mais profícuo) também com as fontes estrangeiras. Verticalizando o que dissemos nesses parágrafos ao contexto tributário, inegável o papel central que a OCDE (Organização para Cooperação e Desenvolvimento Econômico) tem desempenhado, sendo o fórum de discussões por excelência no que tange aos desafios que a ampliação do comércio transfronteiriço de bens tangíveis e/ou digitais[68], permitido pelo desenvolvimento das tecnologias da informação (Internet, precipuamente), impusera aos sistemas de tributação direta e indireta.

No que tange à tributação direta, os debates gravitam ao entorno da Convenção Modelo da OCDE, documento de referência no âmbito da celebração de acordos internacionais para evitar a dupla tributação – ou

[66] CORTÊS, António. *Para uma metodologia Jurídica Integral.* Direito e Justiça. Separata Volume Espacial. 2013. Faculdade de Direito. Universidade Católica Portuguesa. p. 51.

[67] CORTÊS, António. *Para uma metodologia Jurídica Integral. Direito e Justiça.* Separata Volume Espacial. 2013. Faculdade de Direito. Universidade Católica Portuguesa. p. 51 e ss.

[68] O termo digital aqui fora usado como sinônimo de intangível.

a não tributação – de rendas. Já no que tange à tributação indireta, ou do consumo, que nos interessa mais de perto, foi no âmbito dessa organização que as principais iniciativas, relatórios e proposituras – que servem de norte às reformas normativas levadas a cabo em alguns sistemas IVA[69] – tiveram origem. Inclusive como resultado desse trabalho fora publicado, em 2015, um documento internacional oficial, as chamadas "Diretrizes Internacionais do IVA", e mais recentemente relatório específico -"The Role of Digital Platforms in the Collection of VAT/GST on Online Sales"[70] – sobre ao papel das plataformas digitais no *e-commerce*, todos propositivos de normas jurídicas mais adequadas para lidar com o comércio transfronteiriço[71], cujo alcance (persuasivo) é potencialmente global.

Tendo em conta o propósito do presente artigo é sobre esse último relatório que teceremos breves considerações. O objetivo é que consigamos nos municiar das tendências internacionais a fim de que possamos refletir de forma crítica sobre qual deva ser a direção que os sistemas de tributação indireta devam enveredar – inclusive o nosso – a fim de estarem mais coerentes à essa era da normatividade transnacional, tendo em vista o crescimento do mercado afeto ao ambiente metaverso.

3. Responsabilização das plataformas?

Teceremos breves notas sobre o relatório, atualmente paradigmático no que tange a estabelecer diretrizes normativas para a responsabilização das plataformas no recolhimento do tributo incidente sobre o consumo levado a efeito no ambiente online, a fim de identificar sua aplicabilidade (ou não) ao comércio online também realizado em ambiente metaverso. Apertada síntese, o relatório "*The Role of Digital Platforms in the Collection of VAT/GST on Online Sales*"[72]teve por objetivo final orientar os países, que

[69] Referimo-nos ao sistema europeu, e, por conseguinte aos sistema da África do Sul, Coréia do Sul, Japão e Nova Zelândia.STANLEY-SMITH, Joe. E-commerce: *The global shift in taxation. International Tax Review.* Outubro 2016 [electrónico]

[70] OECD.The Role of Digital Platforms in the Collection of VAT/GST on Online Sales, OECD, Paris, 2019.

[71] Interessante pontuar que o Guia-Modelo IVA, proposto pela OCDE, deixa mesmo assente que se tratam de diretrizes aplicáveis ao comércio transfronteiriço de uma forma ampla (bens, serviços e intangíveis), não se circunscrevendo ao comércio eletrônico. OCDE (2015). International VAT/GST Guidelines, p. 9

[72] OECD.*The Role of Digital Platforms in the Collection of VAT/GST* on Online Sales, OECD Publishing, Paris,2019.

assim o quisessem, a implementar políticas normativas em que as plataformas de *marketplace* passassem a desempenhar papel importante na arrecadação fiscal dos tributos indiretos sobre o consumo (IVA/GST[73]).

De início, é de se pontuar que a proposta da OCDE busca dar respostas tanto aos casos de comércio de tangíveis através das plataformas digitais, como de intangíveis e serviços. E, é justamente para essa última categoria (intangíveis e serviços) que as propostas internacionais de responsabilização das plataformas de *marketplace* se mostram mais úteis. Explica-se: já nas Diretrizes IVA – e antes, nos próprios relatórios preparatórios à ela -, notou-se maior dificuldade de controle das transações transfronteiriças de intangíveis e de serviços,comparativamente a de mercadorias (bens tangíveis), em razão da ausência da possibilidade de controle aduaneiro dos mesmos. Responsabilizar as plataformas que intercedem de forma concentrada em tais operações mostrou-se como opção que diminui a complexidade de controle, da administração fiscal, então casuístico dos próprios fornecedores – que são em muito maior número. Até porque a atribuição da obrigação tributária à terceiro não realizador do fato tributável escora-se em razões de "comodidade ou de política fiscal, sob o argumento de que a responsabilização de terceiro pelo pagamento de tributo é um eficiente instrumento para evitar a evasão fiscal e garantir a arrecadação tributária"[74]. Daí não ser surpreendente que a maior parte dos países que já responsabilizam tributariamente as plataformas de *e-commerce* se limitam a responsabilizá-las quando envolvida a prestação de serviço ou fornecimento de intangíveis de forma remota[75].

Pois bem, três foram os modelos de responsabilização propostos pela OCDE, sendo aventadas opções de essa responsabilidade ser instituída por meio de contrato entre os fornecedores e as plataformas ou por meio de dever legal. Um parêntese: olhando o sistema brasileiro, há disposição expressa no Código Tributário Nacional (diploma que faz as vezes de lei

[73] Doravante utilizará o anacrônico IVA como representativo da tributação indireta sobre o consumo. É que a lógica subjacente a esse imposto é paradigmático a grande maioria das jurisdições que tributam as operações de consumo, e, por conseguinte, o utilizado nos relatórios internacionais.

[74] Grilo, Fábio Artigas; Silva, Roque Sérgio D'Andréia Ribeiro da. *CÓDIGO TRIBUTÁRIO NACIONAL* ANOTADO. Curitiba: Ordem dos Advogados do Brasil – Seção Paraná, p. 333. Disponível em: <http://www.oabpr.org.br/downloads/ctn_v2.pdf>. Acesso em 10 dez. 2015.

[75] OECD. *The role of Digital Platforms in the collection of VAT/GST* on online sales, 2019, p. 29.

complementar de normas gerais) de que as avenças particulares não são oponíveis a Administração Pública (art. 123[76]), de modo que para o sistema brasileiro faz mais sentido a sujeição passiva das plataformas ser legalmente- do que contratualmente – imposta.Fechado o parêntese, e voltando aos modelos, dissemos serem três os propostos pela OCDE. Seriam eles: (i) o de responsabilização exclusiva da plataforma de comércio eletrônico, em que o intermediário assume fictamente a posição de integrante da cadeia de consumo, sendo reputado sujeito passivo adquirente do bem ou serviço; (ii) o de instituição de deveres de colaboração da plataforma para com a fiscalização tributária, e (iii) a de responsabilização subsidiária dela.

De se pontuar que a própria organização admite que o primeiro modelo configuraria uma quebra de paradigma significativa para a maioria dos sistemas tributários, e que os países podem preferir escolher uma alternativa mais conservadora, razão pela qual apresentou as outras duas alternativas de modelos menos invasivas. De todo modo, o foco do relatório é voltado à instituição do primeiro modelo – de responsabilização integral -, o que nos parece fazer mais sentido ante a era da plataformização que presenciamos. Por essa razão é sobre a responsabilização integral, e as condicionantes a sua instituição tratadas no relatório, que nos ateremos.

Pois bem, ao abrigo desse regime de responsabilidade, as plataformas digitais seriam designadas por lei como sujeitos passivos, para efeitos de IVA, das operações que intermedeiam. É dizer, a plataforma digital seria única e integralmente responsável pela apuração, cobrança e recolhimento do IVA, relativo às vendas online por meio dela efetuadas, às jurisdições de tributação competentes. Erige-se uma presunção de que esses intermediários adquirem os bens e/ou serviços dos fornecedores e os revendem aos consumidores finais. Dessa forma, os "fornecedores" cadastrados nos *marketplaces* ficam isentos de responsabilidade pelo recolhimento do IVA. No entanto, as autoridades fiscais podem considerar limitar o risco de conformidade para plataformas digitais que considerem ter agido de boa fé e envidado esforços razoáveis para garantir o recolhimento do IVA, caso em que os fornecedores poderão ser chamados a, subsidiariamente, responder .

Outro ponto que mereceu atenção no relatório, relativamente a proposta deestabelecimento desse regime de responsabilização integral das

[76] Art. 123. Salvo disposição de lei em contrário, as convenções particulares, relativas à responsabilidade pelo pagamento de tributos, não podem ser opostas à Fazenda Pública, para modificar a definição legal do sujeito passivo das obrigações tributárias correspondentes.

plataformas, é quanto a necessidade de as plataformas digitais não arcarem, com patrimônio próprio, com os valores de IVA relativos às operações que facilitem. É ponderado que o cliente pode efetuar o pagamento dos bens adquiridos às plataformas digitais ou diretamente aos fornecedores. Daí que, caso o pagamento seja efetuado para a plataforma digital, a plataforma digital remeterá a parte correspondente ao IVA para a autoridade tributária da jurisdição competente. Porém, se o pagamento for feito ao fornecedor, terá de ser previsto mecanismos aptos a que a plataforma recupere a parcela do valor pago, correspondente ao IVA, do fornecedor, para remetê-lo às autoridades fiscais[77]. Nesse último caso, é ponderado no relatório, ainda, ser razoável prever-se eventual "acordo de inadimplência", ou outros mecanismos apropriados a limitação do risco potencial de inadimplência por parte dos fornecedores ao remeter o IVA para a plataforma digital, uma vez que a plataforma digital tenha envidado esforços razoáveis para garantir a conformidade.

Ainda, é sugerida a adoção de mecanismos simplificados de registro e conformidade fiscal, a fim de se garantir níveis mais elevados de *compliance*. Parte-se da premissa de que os agentes tendem a cumprir as obrigações fiscais quanto mais fácil e simples de fazê-lo o é – por reduzidos os custos de *compliance*-, daí ser em todo aconselhável que os deveres impostos limitem-se ao estritamente necessário e sejam apoiados por mecanismos de simplificação adequados[78]. Ademais, é salientado que consistência entre as abordagens dos países é fundamental para alcançar altos níveis de conformidade, particularmente para plataformas digitais que potencialmente se deparam com obrigações de múltiplas jurisdições[79].

Noticiado, em breves linhas, as principais orientações do relatório, é de se indagar o que seriam "plataformas digitais" para fins de aplicação de regime de responsabilização integral. E, relativamente a esse ponto, interessante notar que o relatório da OCDE não conceitua o que seriam "plataformas digitais", utilizando-se, antes de uma abordagem funcionalista. É dizer, a questão inicial a ser respondida pelas autoridades administrativas, a fim de erigir tal regime de responsabilização, é quais são as funções por elas desempenhadas que autorizam lhes sejam atribuídas a sujeição passiva. E, para tanto, é necessário eleger-se indicadores que autorize seja

[77] OECD.*The role of Digital Platforms in the collection of VAT/GST on online sales,* 2019, p. 25 e p. 35.

[78] Ibidem, p. 34-36.

[79] Ibidem, 2019, p. 36.

presumido estarem as plataformas em condições fáticas que as possibilitem cumprir com esse regime de responsabilidade integral. Nesse sentido, o relatório salienta ser razoável supor que a plataforma estará em condições de cumprir com as obrigações de IVA se: (i) detiver ou tiver acesso a informações suficientes e precisas conforme necessário para cumprir com as obrigações de IVA pertinentes às operações que facilitam; e (ii) tenha meios para cobrar o IVA relativo ao fornecimento[80].

Assim é que, a fim de se aventar a possibilidade de as plataformas de *marketplace* de NFT`s (voltadas a ambientes metaverso) serem chamadas a responder pelo recolhimento de impostos indiretos é preciso verificar se deteriam elas condições fáticas de (i) acesso a informações suficientes ao acertamento das obrigações tributárias, (ii) bem como acesso a meios de cobrar o imposto relativo às operações de consumo que intermedeiam a fim de não serem oneradas em seu próprio patrimônio.

4. *Continuum*: responsabilização das plataformas em ambiente metaverso?

A fim de responder o questionamento lançado ao final do tópico antecedente, nos parece necessário examinar os termos de uso regentes das transações naqueles ambientes levados a efeito. Para os fins do presente artigo, examinamos os relacionados a plataforma da *Decentraland*, justamente por ser o MANA – como vimos – o criptoativo conexo ao mercado de NFT e de metaverso de maior importância atualmente. Antes de avançarmos no raciocínio, porém, é de se alertar que nosso olhar está assente no regime internacional proposto, e, assim, na lógica do IVA enquanto modelo-padrão de tributação indireta. Queremos com isso dizer que, não teremos por pano de fundo o sistema brasileiro em específico, posto que nosso sistema apresenta algumas peculiaridades a reclamar alguns cuidados maiores para implementar as diretrizes dispostas no relatório da OCDE. Tal escolha tem por fim último incitar a reflexão sobre a possibilidade de se ampliar os debates já em tela, relativamente à responsabilização das plataformas digitais, condicionantes e limites, restrito hoje a lógica da web2, também para a web3.

Feita essa advertência, passemos ao exame crítico da possibilidade de o *marketplace* da *Decentraland*[81] ser reputado responsável tributário pelo IVA

[80] Ibidem, p. 26.

[81] Nosso exemplo escolhido.

eventualmente incidente[82] sobre as transações com NFT`s que operacionalizam. O tema ganha contornos interessantes ao se notar que consta expressa previsão no item 5.8 dos termos de uso[83] do *marketplace* da *Decentraland* que o mesmo não deteria qualquer controle sobre as transações naquele ambiente levado a efeito, de modo a não se responsabilizar por qualquer tributação a elas afeta[84]. Tal responsabilidade direta dos partícipes das operações pelo pagamento de qualquer tributo incidente é reforçada mais a frente, especificamente no item 6.4 do referido termo de uso[85], restando excepcionado apenas eventuais impostos conexos às atividades próprias da plataforma.

No entanto, e paradoxalmente, na parte final desse mesmo item 6.4 é prevista a possibilidade de os partícipes das transações ressarcirem a plataforma por eventual pagamento de tributo que essa tenha feito – em favor daqueles – por exigência de tratados internacionais ou por determinação de qualquer Administração Fiscal (nacional, federal, estadual ou local). Tal redação demonstra que, no mínimo, eventual responsabilização tributária da plataforma pelo recolhimento de IVA incidente sobre as transações que

[82] Nossa premissa é a de que por se tratar de comercialização de ativos digitais, caso o fornecedor faça tal atividade em caráter habitual ou em volume tal que caracterize intuito comercial, poderíamos sim falar em incidência de IVA.

[83] Termos de uso disponível em: <https://decentraland.org/terms/>. Acesso em 24 abril 2022.

[84] No original: "5.8 Taxes: You are solely responsible for determining what, if any, Taxes apply to your LAND parcel related transactions, and any other transaction conducted by you. The Foundation does not, and will not, have any insight into or control over any transactions conducted by you in Decentraland, and thus is not responsible for determining the Taxes that apply to your transactions entered through the Tools or otherwise involving any LAND parcel, or any other related transaction, and is not to act as a withholding Tax agent in any circumstances whatsoever".

[85] "6.4. You will be solely responsible to pay any and all sales, use, value-added and other taxes, duties, and assessments (except taxes that may apply on our net income) now or hereafter claimed or imposed by any governmental authority (collectively, "Taxes") associated with your use of the Tools (including, without limitation, any Taxes that may become payable as the result of your ownership, or transfer of any NFT and any activity conducted by you in Decentraland). Except for income taxes levied on the Foundation, you: (i) will pay or reimburse the Foundation for all national, federal, state, local or other taxes and assessments of any jurisdiction, including value added taxes and taxes as required by international tax treaties, customs or other import or export taxes, and amounts levied in lieu thereof based on charges set, services performed or payments made hereunder, as are now or hereafter may be imposed under the authority of any national, state, local or any other taxing jurisdiction; and (ii) shall not be entitled to deduct the amount of any such taxes, duties or assessments from payments made to the Foundation pursuant to these Terms".

intermedeia é risco por ela já mapeado, inclusive tratado e gerenciado (pela previsão de reembolso). Assim é que, *a priori*, nos parece deter o *marketplace* da *Decentraland* meios de repercutir eventual encargo tributário a ela imposto: no limite, exige ressarcimento dos atores pelos quais responderam tributariamente. Diz-se no limite porque é de se indagar eventual possibilidade de esses intermediários já deixarem "pré-programado" retenção automática do valor de imposto incidente sobre as operações de consumo levadas a efeito no *marketplace*. Trata-se de ponto que, em que pese parecer factível sob a ótica tecnológica, carece, no atual estado da arte, de um ambiente normativo que o torne de fato implementável. É que para se pensar no manejo de um tal recurso em um ecossistema cuja aptidão nata é ser global, é necessário, *ab initio*, o estabelecimento, pela maioria dos países que permitam atividades econômicas conexas a criptoativos, de normas jurídico-tributárias mais simples e harmônicas entre si, tornando concretizável codificar as "regras do jogo" fiscal.

Feito esse breve parêntese, e regressando às condicionantes para responsabilização integral das plataformas, vimos que, *a priori*, o *marketplace* da *Decentraland* deteria sim acesso a meios de cobrar o imposto relativos às operações de consumo nela levadas a efeito, de modo a não se onerar o seu próprio patrimônio, no entanto, resta indagar se teria também acesso a informações suficientes para o correto acertamento das obrigações tributárias. Voltando os olhos para os termos de uso, verificamos no item 6.3 que é cobrado, pela plataforma, 2,5% de taxa sobre os valores envolvidos em cada transação. Assim é que o *marketplace* teria acesso tanto ao item objeto do negócio jurídico, como aos valores envolvidos, e ainda às referências das carteiras envolvidas. No entanto, poderá não ter acesso à dados que permitam identificar a localidade (residência ou domicílio) do consumidor. É que o acesso ao *marketplace* é fornecido por meio de um outro partícipe (prestador de serviço) do ecossistema cripto: os "gerenciadores de chave privada de terceiros" (um Provedor Web3, Metamask, uma interface USB para Ledger Wallet, o navegador Mist, etc)[86].Assim é que em não

[86] Conforme expressamente previsto no item 4 do referido termo de uso:
"4. Account Access and Security. Access to the Tools is provided via a third party private key manager selected by you (e.g., a Web3 Provider, Metamask, a USB interface for Ledger Wallet, the Mist browser, or other). Security and secure access to each account in the Tools is provided solely by the third party private key manager you select to administer your private key. You and the third party private key manager you select are entirely responsible for security

tendo, faticamente, disponibilidade de acesso a tal informação – crucial para estabelecimento da própria jurisdição competente -, nos parece não ser possível a imputação de responsabilidade tributária integral às plataformas de *marketplace* do metaverso.

Tal conclusão não significa afirmar a impossibilidade em absoluto e eterna de se imputar a essas plataformas a responsabilidade integral pelo pagamento do IVA relativo às operações realizadas em seus ecossistemas. Pelo contrário, identificar os pontos que acabam por não cumprir as diretrizes internacionais traçadas, possibilita aos reguladores buscar vias de sanar tais deficiências[87] a fim de se adequadamente implementá-las. De toda forma, é preciso alertar que ainda que ultrapassada essa barreira, muitas outras se apresentam no horizonte, a clamar por mais reflexões, debates, estudos. Podemos mencionar, apenas à título provocativo[88], a questão de se de fato é possível atribuir nexo de territorialidade ao "NFT", com base no domicílio do consumidor, tendo em conta que ao fim e ao cabo não existe "um bem digital", mas tão apenas informações registradas de forma descentralizada em *nodes* localizáveis em todo o mundo, isto é, algo que está em todo o lugar e em lugar algum. O desafio está lançado, e as breves reflexões aqui colocadas têm o diminuto propósito de convidá-los a continuar essa trilha aqui precariamente iniciada.

Referências

ANTONOPOULOS, Andreas M. Mastering Bitcoin. *Programming the Open Blockchain.* 2ª ed. Massachusetts: O' Reilly Media, 2017

BAL, Aleksandra. *VAT and the Metaverse – Taxing Virtual Events (Correct).* Daily Tax Report International. 06 April 2022.

related to access of the Tools and all information provided by you to such third party provider (including without limitation, email or phone number). The DAO and/or the Foundation bear no responsibility for any breach of security or unauthorized access to your account (the "Account"). You are advised to: (a) avoid any use of the same password with your selected third party private key manager that you have ever used outside of the third party private key manager; and (b) keep your password and any related secret information secure and confidential and do not share them with anyone else".

[87] Seja exigindo nesse caso, por exemplo, dos gerenciadores de chaves privadas a prestação das informações relativas a jurisdição de domicílio do detentor daquela carteira quando de sua operabilidade nas plataformas em ambiente metaverso.

[88] Outro exemplo que poderia ser trazido à título provocativo seria o de como se mensurar, em moeda corrente oficial, o valor das operações realizadas no marketplace tendo em vista inexistir índices oficiais de cotações dos criptoativos.

BINENBOJM, Gustavo. *O poder de polícia, ordenação, regulação Transformações político-jurídicas, económicas e institucionaoso do direito administrativo ordenador.* São Paulo: Fórum, 2021.

CARLSSON, Bo. *The Digital Economy: what is new and what is not? Structural Change and Economic Dynamics,* Volume 15, Issue 3. Setembro 2004.

CASTELLO, Melissa Guimarães. *Um Novo IVA? Os Tributos sobre o consumo e a economia digital.* São Paulo: Noeses, 2021.

_________________. *Comprei virtual land. E agora? Devo pagar ITBI?* JOTA. Disponível em: <https://www.jota.info/opiniao-e-analise/colunas/tribuna-da-advocacia-publica/comprei-virtual-land-e-agora-devo-pagar-itbi-18042022>. Acesso em 22 abril 2022.

CASTELLS, Manuel. *A Era da Informação: Economia, Sociedade e Cultura* Vol. 2 – O Poder da Identidade. São Paulo, Ed. Paz e Terra, 2017.

CORTÊS, António. *Para uma metodologia Jurídica Integral.* Direito e Justiça. Separata Volume Espacial. 2013. Faculdade de Direito. Universidade Católica Portuguesa..

CUSUMANO, Michael A; YOFFIE, David B; GAWER, Annabelle. *The Future of Platforms. MIT Sloan Management Review;* Cambridge Vol. 61, Ed. 3,(Spring 2020), p. 46-54.

EBANX (2020), *A study on the state of cross-border e-commerce in Latin Americ.* Disponível em: <https://imgcdn.larepublica.co/cms/2020/12/16091007/EBANX-Beyond-Borders-2020.pdf.> Acesso em 07 dez. 2021.

EBIT/NIELSEN. *Webshoppers* 42ª edição, 2020. Disponível em: <https://myagmexpress.com/downloads/Webshoppers_42.pdf>. Acesso em 07 dez. 2021.

EVANS, Davida S., SCHMALENSEE, Richard. *Matchmakers: the new economics of multisided platforms.* Boston, Massachusetts: Harvard Business Review Press, 2016.

FISMAN, Ray; SULLIVAN, Tim. 2016. *Everything we know about platforms we learned from medieval* France. Harvard Business Review. Disponível em: https://hbr.org/2016/03/everything-we-know-about-platforms-we-learned-from-medieval-france. Acesso em 09 dez. 2021;

GRILO, Fábio Artigas; SILVA, Roque Sérgio D'Andréia Ribeiro da. *CÓDIGO TRIBUTÁRIO NACIONAL ANOTADO.* Curitiba: Ordem dos Advogados do Brasil – Seção Paraná, p. 333. Disponível em: <http://www.oabpr.org.br/downloads/ctn_v2.pdf>. Acesso em 10 dez. 2015.

GSMA Intelligence (2020), *Latin America, Q1 2020 Covid-19 puts network resilience at the forefront.* Disponível em<https://www.gsma.com/latinamerica/wp-content/uploads/2020/06/Region-in-Focus-Latin-America-Q1-2020-1.pdf>. Acesso em 07 dez. 2021.

HIX Capital e ASTELLA. Whitepaper sobre Marketplaces. Carta aos Investidores. 1º semestre 2021.

INTERNATIONAL POST CORPORATION (2017), *IPC Online Shopper Survey 2017 reports.* Disponível em: <https://www.ipc.be/services/markets-and-regulations/cross-border-shopper-survey/2017>. Acesso em 07 dez. 2021.

LÉVY, Pierre. O que é virtual? 2ª ed. Editora 34: São Paulo, 2011.

NAKAMOTO, Satoshi. "Bitcoin: A Peer-to-Peer Electronic Cash System". Disponível em:<https://bitcoin.org/bitcoin.pdf>. Acesso em: 16 março 2022.

NETO, Victo José da Silva; BONACELLI, Maria Beatriz Machado; PACHECO,Carlos Américo. Política de Inovação na Era do Capitalismo de Plataformas, IV Encontro Nacional de Economia Industrial e Inovação, Blucher Engineering Proceedings, Volume 6, 2019. Disponível em: <https://www.proceedings.blucher.com.br/article-details/poltica-de-inovao-na-era-do-capitalismo-de-plataformas-33201> Acesso em 26 out. 2021.

OCDE. International VAT/GST Guidelines. OECD Publishing, Paris, 2015.

____________________. The Role of Digital Platforms in the Collection of VAT/GST on Online Sales. OECD Publishing, Paris, 2019.

____________________. Taxing Virtual Currencies: An Overview Of Tax Treatments And Emerging Tax Policy Issues, OECD, Paris, 2020.

____________________. The Tokenisation of Assets and Potencial Implications for Financial Markets. OECD Blockchain Policy Series, 2020.

____________________. (2021), VAT Digital Toolkit for Latin America and the Caribbean.OECD Publishing, Paris.

Okonkwo, Ifeanyi E. NFT, Copyright, and Intelectual Property Commercialisation (May 29, 2021). Disponível em: <https://papers.ssrn.com/sol3/papers.cfm?abstract_id=3856154>; Acesso em 17 março 2022.

Pacete, Luiz Gustavo. Confira as quatro previsões de tecnologia feitas por Amy Webb no SXSW. Revista Forbes, 14 março 2022 [versão digital]. Disponível em: <https://forbes.com.br/forbes-tech/2022/03/confira-4-tendencias-de-tecnologia-feitas-por-amy-webb-no-sxsw/>.Acesso em 16 março 2022.

Parker, Geoffrey G.; Alstyne, Marshall W.; Chourdary, Sangeet Paul. Plataforma. A revolução da estratéegia. Rio de Janeiro: Alta Books, 2018.

Perez, Carlota. 2002. Technological Revolutions and Financial Capital: The Dynamics of Bubbles and Golden Ages. Edward Elgar, Cheltenham.

PWC Annual Global Crypto Tax Report 2021. Disponível em: <https://www.pwc.com/gx/en/insights/pwc-annual-global-crypto-tax-report-2021.pdf>. Acesso em 22 abril 2022.

Rosa, João Luiz. O que é metaverso? Qual a relação com criptomoedas e NFT? Veja perguntas e respostas.Valor Econômico, 24 jan. 2022. Disponível em: <https://valor.globo.com/empresas/noticia/2022/01/24/o-que-e-metaverso-e-relacao-com-criptomoeda-e-nft.ghtml>.Acesso em 16 março 2022.

Roth, Alvin. 2015. Como Funcionam os Mercados. Portfólio Penguin.

Stanley-Smith, Joe. E-commerce: The global shift in taxation. International Tax Review. Outubro 2016 [electrónico]

STATISTA (2021), *E-commerce worldwide – Statistics & Facts*. Disponível em https:<//www.statista.com/topics/871/online-shopping/#dossierSummary>. Apud: OECD (2021), VAT Digital Toolkit for Latin America and the Caribbean, p. 85.

Srnicek, Nick. Platform capitalism. Cambridge: Polity Press, 2017.

UNCTAD (2021). COVID-19 and e-commerce: a global review.

UHDRE, Dayana de Carvalho. Blockchain, tokens e criptomoedas. Análise Jurídica. São Paulo: Almedina, 2021.

____________________. Sucessão Patrimonial (?) no Metaverso: e o ITCMD com isso? (No prelo)

Zysman, John; Kenney, Martin. (2018). The next phase in the digital revolution: Intelligent tools, platforms, growth, employment. Communications of the ACM.

17
A TRIBUTAÇÃO DA PERMUTA DE CRIPTOATIVOS A PARTIR DA AUSÊNCIA DE DEFINITIVIDADE DE ACRÉSCIMO PATRIMONIAL

Daniel de Paiva Gomes
Eduardo de Paiva Gomes

Introdução

A discussão relativa à incidência de imposto de renda sobre a permuta de ativos da mesma natureza é um tema bastante debatido. Tanto isso é verdade que, recentemente, a discussão relativa à tributação da permuta voltou aos holofotes com o advento do Despacho PGFN 167/2022, por meio do qual restou reconhecido que o "valor do imóvel recebido nas operações de permuta com outro imóvel não deve ser considerado receita, faturamento, renda ou lucro para fins do IRPJ, CSLL, PIS e COFINS apurados pelas empresas optantes pelo lucro presumido".

O que dizer, todavia, da permuta de criptoativos? Diante da ausência de norma isentiva específica, a incidência de imposto de renda sobre as chamadas operações "cripto-cripto" é uma realidade, o que, inclusive, é corroborado pela Secretaria da Receita Federal do Brasil, consoante se infere da Solução de Consulta COSIT 214/2021 e da Solução de Consulta Disit/SRRF06 6008/2022.

O debate sobre a legitimidade e a adequação da incidência de imposto de renda sobre operações de permuta de criptoativos ("cripto-cripto") é necessário, haja vista que transcende questões dogmáticas relativas à fixação dos limites da materialidade do imposto de renda e a conformação da Constituição Federal como sendo um diploma tipológico ou conceitual na repartição de competências tributárias. Trata-se de controvérsia que, em verdade, refere-se também à racional adequação da incidência da exação federal sobre ativos que, a despeito de serem de propriedade do contribuinte, não ostentam real definitividade de seu ingresso no patrimônio do sujeito passivo da obrigação tributária, tendo em vista sua singularidade e os riscos sistêmicos e cibernéticos a que estão submetidos.

1. Conceito e metodologia de funcionamento das operações com criptoativos

Antes de adentrarmos na análise das questões fiscais relativas à incidência de imposto de renda sobre a permuta de criptoativos, convém apresentar alguns conceitos e a metodologia de funcionamento das tecnologias de registro distribuído.

Pois bem, apesar do nascimento dos criptoativos, na forma como os enxergamos hoje (descentralizados e distribuídos), ter como marco histórico a criação do Bitcoin, quando da publicação do relatório "Bitcoin: a Peer-to-Peer Electronic Cash Payment System"[1], fato é que as discussões relativas a meios de pagamento eletrônicos, universais e dotados de criptografia para assegurar a privacidade das transações, antecedeu a própria criação do referido protocolo.

Em verdade, desde os idos dos anos 90, com o movimento *cypherpunk* e a publicação do "Manifesto Crypto Anarquista" e do "Um Manifesto Cypherpunk", percebe-se que discussões dessa natureza vinham sendo travadas há décadas.

Inclusive, ativos virtuais criptografados, porém centralizados, tal qual o Ecash, criado por David Chaum, já eram realidade antes da criação do Bitcoin. Para Chaum, dever-se-ia buscar a criação de "protocolos criptografados que se prestassem a estabelecer confiança entre partes mutualmente 'desconfiadas'"[2].

Obviamente, tudo mudou com o advento do Bitcoin, criado pelo pseudônimo de Satoshi Nakamoto, uma vez que referido ativo virtual, a despeito de também ser dotado de criptografia, não dependia de uma autoridade centralizadora para validação das transações e criação de novas unidades de *bitcoin*.

[1] NAKAMOTO, Satoshi. *Bitcoin: A Peer-to-Peer Electronic Cash Payment System*. Bitcoin. Disponível em: https://bitcoin.org/. Accesso em 27 de fevereiro de 2022.

[2] CHAUM, David. *Blind Signatures for Untraceable Payments*. Advances in Cryptology Proceedings of Crypto 82.3 (1983), p. 199-203.

Por isso, o Bitcoin é considerado o primeiro protocolo descentralizado (*peer-to-peer* – P2P) e distribuído[3] do mundo, tendo sido seguido pela criação das denominadas altcoins (*alternative coins*).[4]

O sucesso do Bitcoin-core é outorgado ao modo como as informações (*data*) – assim entendidas como logs referentes às transações realizadas – são registradas: em cadeias de blocos, a famosa *Blockchain*. Sobre a definição de *Blockchain*, colacionamos as lições de Eduardo de Paiva Gomes e Bossa[5], *in verbis*:

> A blockchain tem como função central reduzir as incertezas no curso das operações realizadas no ambiente virtual entre partes desconhecidas ao garantir a autenticidade da transação, tal qual fazem as instituições financeiras. A autenticidade decorre do sistema eletrônico de pagamento baseado na

[3] A diferença entre descentralização e distribuição é resumida nas seguintes lições: "*A decentralised process should not to be confused with a distributed process. When storage or computation is distributed, it is divided into parts and occurs across multiple servers or nodes ('parallelised'), offering efficiencies and higher resilience over using just a single node. A distributed process may still rely on a central coordinator to act as an authoritative source of records. When a process is decentralized, multiple nodes are again in use – but in this case, the process is typically replicated across the various nodes, which are generally controlled by different entities. This means that each node is managing the same storage or executing the same program as all of the others, redundantly*" (Cf. Rauchs, Michel; Glidden, Andrew; Gordon, Brian; Pieters, Gina C.; Recanatini, Martino; Rostand, François; Vagneur, Kathryn; Zhang, Bryan Zheng. *Distributed Ledger Technology Systems: A Conceptual Framework* (August 13, 2018), p. 24. Disponível em: <https://ssrn.com/abstract=3230013> ou <http://dx.doi.org/10.2139/ssrn.3230013> Acessado em: 13 de março de 2022, p. 45.

[4] Para maiores aprofundamentos, recomendamos a leitura de: Antonopoulos, **Andreas M. *Mastering Bitcoin: Unlocking Digital Cryptocurrencies***. Sebastopol (CA): O'Reilly Media Inc., December/2014, p. 216-218 and 221-222; Jeans, Ethan D. Funny Money or the Fall of Fiat: Bitcoin and Forward-Facing Virtual Currency Regulation. ***Colorado Technology Law Journal, Vol. 13, Issue 1*** (2015), p. 108; FINANCIAL ACTION TASK FORCE (FATF). ***Virtual Currencies Key Definitions and Potential AML/CFT Risks Report***. Paris: June/2014, p. 6; Franco, Pedro. ***Understanding Bitcoin: Cryptography, Engineering and Economics***. Chichester: John Wiley & Son Ltd., 2015; Nian, Lam Pak. Chuen, David Lee Kuo. Chapter 1 – Introduction to Bitcoin. In: Chuen, David Lee Kuo (editor). ***Handbook of Digital Currency: Bitcoin, Innovation, Financial Instruments, and Big Data***. Londres: Elsevier, 2015, pp. 8-9; and Mullan, Carl P. ***The digital currency challenge: Shaping Online Payment Systems through US Financial Regulations***. New York: Palgrave Macmillan, 2014, p. 91.

[5] Gomes, Eduardo de Paiva; Bossa, Gisele Barra. 7.1. Blockchain: tecnologia a serviço da troca de informações fiscais ou instrumento de ameaça à privacidade dos contribuintes? In: Piscitelli, Tathiane; Lara, Daniela Silveira. *Tributação da economia digital*. 2ª ed. rev., atual. e ampl. São Paulo: Thomson Reuters Brasil, 2020, pp. 423-426.

criptografia (prova da efetivação segura) ao invés da confiança, de modo que operações realizadas diretamente entre partes desconhecidas não demandem a participação de terceiros. A característica inovadora da blockchain reside justamente no fato de que se trata de uma tecnologia que tem como objetivo garantir confiança nas transações, independentemente da integridade dos indivíduos, intermediários ou governos envolvidos. Essa tecnologia pode ser comparada com um livro-razão eletrônico, compartilhado entre os usuários, que registram as operações ocorridas no mundo digital. O conteúdo registrado é validado pelos participantes da rede, sendo dispensável a presença de intermediário. É formada por uma "cadeia de blocos" e cada bloco contém informações sobre as operações ocorridas, com a indicação dos usuários que validaram a operação e o histórico das transações. A ferramenta tem como fundamento os seguintes elementos: (i) registro compartilhado das transações; (ii) consenso na sua verificação; (iii) regras de funcionamento; e (iv) criptografia. Cada conjunto de computadores conectados entre si é responsável pela validação das transações à luz das regras blockchain e levam em consideração aquelas registradas anteriormente. Com isso, é possível verificar a origem das operações, todos os desdobramentos decorrentes e o registro eletrônico dos respectivos participantes. Os registros na blockchain podem se referir a ativos digitais ou à representação digital de ativo existente no mundo fenomênico, oportunidade em que, quando digitalizado, será representado por um token. É o que a OCDE denomina de Tokenisation of assets, o que pode trazer diversos benefícios ao mercado, tais como: ganhos de eficiência em razão da automação, transpa-rência, aumento do potencial de liquidez dos ativos etc. A blockchain permite que operações sejam registradas digitalmente e armazenadas em sistemas transparentes, compartilhados e descentralizados, sendo que tais registros, via de regra, não podem ser alterados ou apagados. De fato, somente haverá o acréscimo das informações na blockchain no caso de consenso entre os participantes designados para a operação. E, uma vez validadas, são registradas permanentemente, de modo que as informações não podem ser apagadas. Suas duas maiores características são: (i) eliminação de partes intermediárias para a realização de operações; e (ii) produção de registro imutável e compartilhado. Trata-se de tecnologia que produz um sistema de registro transparente e descentralizado de operações rastreáveis com grande potencial de não ser afetado pela corrupção e pela falsificação. Foi desenvolvida com o propósito de viabilizar o compartilhamento, replicação, sincronização e acesso a dados, permitindo a redução de custos com o processamento, armazenamento e envio de informações, bem como o acompanhamento das operações em tempo real. A diferença da blockchain em relação a outras tecnologias de registro compartilhado reside no fato de que "é projetada para alcançar um acordo consistente e confiável sobre um registro de eventos entre participantes independentes que podem ter diferentes motivações e objetivos". Existem três tipos de permissão configuráveis na blockchain: (i) acesso às informações; (ii) escriturar e gerar transações; e (iii) atualizar as informações. E, a depender do grau de permissão concedido aos participantes em relação a cada uma das funções, a blockchain pode ser aberta ou fechada. A blockchain aberta se subdivide em: (i) independente de autorização pública; e (ii) dependente de autorização pública. No primeiro caso, qualquer pessoa pode acessar, escriturar e atualizar as informações. Dependendo de autorização pública, embora todos possam acessar as informações, somente os participantes autorizados podem escriturar e, ao menos um grupo destes, pode atualizar os dados. Sendo fechada, por sua vez, pode ser do tipo: (i) consórcio; ou (ii) privado. Sendo do tipo consórcio, o acesso às informações é autorizado apenas para um número limitado de participantes autorizados. De outra parte, o acesso à blockchain fechada privada é totalmente restrito a determinado número de participantes autorizados, enquanto que as funções de escrituração e atualização são permitidas apenas para o operador na rede própria. A blockchain consórcio distingue-se da aberta pelo fato de que apenas um número limitado de participantes autorizados pode acessar as informações, o que não ocorre na aberta, pois todos possuem acesso às transações. Também se distingue da blockchain privada, na medida em que os participantes estão autorizados a escriturar as operações e ao menos um grupo de pessoas autorizadas pode atualizar o banco de dados. Já na blockchain privada somente o operador da rede possui competência para realizar tais funções. Assim, tratando-se de blockchain pública, todos os computadores possuem os mesmos direitos, isto é, todos os participantes podem visualizar o conteúdo das informações e validar as transações, transmitindo maior confiabilidade e segurança. Por outro lado, o sistema de blockchain privada tem administração centralizada e número limitado de participantes, restringindo, ainda, aqueles que podem atuar na validação de transações. Nessa hipótese, a confiabilidade e segurança do sistema estão relacionadas à própria entidade responsável pela validação das operações. A segurança dos dados decorre do fato de serem criptografados por meio de códigos exclusivos das partes, os quais são transmitidos para uma rede de computadores e, a partir de validações múltiplas, resta certificada a autenticidade da operação. A criptografia é o elemento que garante sua legitimidade, aliada à ideia de neutralidade, transparência e consenso compartilhado. Ademais, a segurança não decorre simplesmente da confiança depositada no outro participante, mas em razão dos participantes atuarem na defesa de seus próprios interesses. Trata-se de sistema "sem confiança" (trustless), isto é, não demanda a verificação da informação por um terceiro intermediário. Em outras palavras, não é necessária a participação de terceiro "confiável" (trusted) para realização da operação, vez que a blockchain utiliza mecanismos de consenso capazes de verificar a autenticidade das transações. Também é denominada de "A Máquina da Eficiência", na medida em que substitui os altos custos incorridos com intermediários pela redução de custos e aumento da eficiência dos registros compartilhados descentralizados. Diante da importância da tecnologia, há quem sustente a possibilidade da edição de leis denominadas Lex Cryptographia: regras cuja aplicação se dará por meio de smart contracts no âmbito de organizações autônomas e descentralizadas. Nessa perspectiva, os smart contracts seriam importante ferramenta para o cumprimento de acordos e leis, tendo em vista que "[...] a capacidade coercitiva da programação é substantivamente maior que a da norma jurídica".

Fato é, entretanto, que a *Blockchain* é uma dentre outras espécies de Tecnologia de Registro Distribuído (*Distributed Ledger Technology – DLT*). Nesse sentido, uma DLT pode ser definida como um:

> *(...) electronic records that (i) enables a network of independent participants to establish a consensus around; (ii) the authoritative ordering of cryptographically-validated ('signed') transactions. These records are made (iii) persistent by replicating the data across multiple nodes, and; (iv) tamper-evident by linking them by cryptographic hashes. (v) The shared result of the reconciliation/consensus process – the 'ledger' – serves as the authoritative version for these records (...) (i) the set of data held by an individual network node, and (ii) the set of data held in common by the majority of nodes.*[6]

[6] Rauchs, Michel; Glidden, Andrew; gordon, Brian; Pieters, Gina C.; Recanatini, Martino; Rostand, François; Vagneur, Kathryn; Zhang, Bryan Zheng. *Distributed Ledger Technology Systems: A Conceptual Framework* (August 13, 2018), pp. 24-25. Disponível em: <https://ssrn.com/abstract=3230013> ou <http://dx.doi.org/10.2139/ssrn.3230013> Acesso em: 13 de março de 2022.

O Bitcoin representa a fase *Blockchain* 1.0. Com a criação da *Ethereum* e a utilização de *smart contracts*,[7] tivemos a deflagração da fase denominada *Blockchain* 2.0. Por fim, a partir de novas abordagens propostas para solucionar o trilema (escalabilidade, segurança e descentralização) da *Blockchain*, bem como tendo em vista propostas de interoperabilidade entre diferentes protocolos, tem-se o nascimento da terceira geração de *Blockchains* (*Blockchain* 3.0).

A *Blockchain*, portanto, se comporta como um grande livro-razão contábil digital, descentralizado e distribuído. Criptoativos ou tokens, por sua vez, são bits de códigos ou algoritmos que representam logs informacionais (*data*) criptografados, descentralizados e distribuídos por meio de uma DLT, sendo certo, ainda, que referidos tokens são um instrumento que, utilizado pelo usuário (*token holder*), pode se referir a ativos *on-chain* ou *off-chain*.

Diante da natureza camaleônica dos criptoativos, que podem ser classificados em *payment tokens, utility tokens* e *security tokens*, adotamos para

[7] A expressão *smart contracts*, todavia, não surgiu com o advento da Ethereum. Ao invés disso, foi cunhada por Nick Szabo, no texto "*Building Blocks for Digital Markets*", publicado em 1996. Para o autor: "*New institutions, and new ways to formalize the relationships that make up these institutions, are now made possible by the digital revolution. I call these new contracts 'smart', because they are far more functional than their inanimate paper-based ancestors. No use of 'artificial intelligence' is implied. A smart contract is a set of promises, specified in digital form, including protocols within which the parties perform on the other promises*" (Cf. SZABO, Nick. *Building Blocks for Digital Markets* (1996). Disponível em: <http://www.alamut.com/subj/economics/nick_szabo/smartContracts.html> Accesso em: 12 de abril de 2022). Além disso, apesar de sua nomenclatura, os ditos *smart contracts*, não são contratos, na perspectiva jurídica, nem são inteligentes, na medida em que não são dotados de inteligência artificial. De acordo com Antonopoulos e Wood: "*The term smart contract has been used over the years to describe a wide variety of different things. In the 1990s, cryptographer Nick Szabo coined the term and defined it as 'a set of promises, specified in digital form, including protocols within which the parties perform on the other promises.' Since then, the concept of smart contracts has evolved, especially after the introduction of decentralized blockchain platforms with the invention of Bitcoin in 2009. In the context of Ethereum, the term is actually a bit of a misnomer, given that Ethereum smart contracts are neither smart nor legal contracts, but the term has stuck. In this book, we use the term 'smart contracts' to refer to immutable computer programs that run deterministically in the context of an Ethereum Virtual Machine as part of the Ethereum network protocol i.e., on the decentralized Ethereum world computer*" (Cf. ANTONOPOULOS, Andreas M.; WOOD, Gavin. *Mastering Ethereum: Building Smart Contracts and DApps*. Sebastopol (CA): O'Reilly Media, 2019, pp. 413-414 (cap. 7)). Nessa perspectiva, podemos classificar os "contratos inteligentes" em: (i) non-legal smart contracts; e (ii) smart legal contracts (Cf. FERREIRA, Agata. Regulating smart contracts: Legal revolution or simply evolution? *Telecommunications Policy, Volume 45, Issue 2* (2021), pp. 7-8).

os fins do presente artigo, as seguintes definições trazidas por Daniel de Paiva Gomes[8]:

> **(i) Moeda digital**: meio de troca ou de pagamento em formato digital dotado de unidade de medida própria ou embasado em moeda fiduciária. Meio de troca, no sentido de abranger as "moedas virtuais", que, de moedas (em seu sentido jurídico-econômico), na realidade, não se tratam, sendo verdadeiros ativos virtuais não monetários utilizados como meios de troca (permuta) e dotados de unidade de medida própria. Meios de pagamento, por sua vez, pois contemplam as moedas eletrônicas, verdadeira moeda fiduciária em formato intangível;
>
> (ii) **Moeda virtual**: ativos virtuais não monetários dotados de unidade de medida própria, descentralizados ou centralizados, que podem ou não possuir um emissor predeterminado, podendo ou não utilizar tecnologias criptográficas e sistemas de registro distribuído;
>
> (iii) **Moeda eletrônica**: representação eletrônica/intangível das moedas fiduciárias. São um meio de pagamento equivalente à moeda fiduciária;
>
> (iv) **Criptomoeda**: ativo virtual não monetário ("moedas virtuais"), não financeiro, descentralizado, sem um emissor identificado, dotado de fluxo aberto e caráter universal, criptografado e com fluxo de conversibilidade bidirecional, utilizado como meio de troca que faz as vezes de meio de pagamento;
>
> (v) **CSB (criptoativos similares ao *Bitcoin*) também denominados pelo FMI como BLCA (*Bitcoin Like Crypto Assets*), mas que, a nosso ver, devem ser denominados como CSEI (criptoativos sem um emissor identificado)**: ativos virtuais criptografados, não financeiros e não monetários, utilizados como meio de troca em uma rede *peer-to-peer* (descentralizada) e com base em tecnologias de registro distribuído, dotados de conversibilidade bidirecional e fluxo aberto (universal), sem um emissor identificado, daí por que ausente o atributo da oponibilidade a terceiros;
>
> (vi) **Tokens digitais ou criptoativos não similares ao *Bitcoin* (CNSB), mas que, a nosso ver, devem ser denominados como CCEI (criptoativos com um emissor identificado)**: ativos virtuais criptografados que representam um conjunto de direitos a ser utilizado em um contexto definido, dotados do atributo da oponibilidade a terceiros, daí por que existente um emissor predeterminado;

[8] GOMES, Daniel de Paiva. *Bitcoin: a tributação de criptomoedas – da taxonomia camaleônica à tributação de criptoativos sem emissor identificado.* 2. ed. rev. e atual. São Paulo: Thomson Reuters Brasil, 2022, pp. 74-76.

(vii) ***Payment Tokens***: ativos virtuais não monetários criptografados, possuidores de unidade de medida própria, negociados via tecnologias de registro distribuídos, mas que possuem um emissor predeterminado, utilizados como meio de troca fazendo "as vezes de uma moeda";

(viii) ***Utility tokens***: ativos virtuais não monetários criptografados, possuidores de unidade de medida própria, com a existência de um emissor predeterminado, utilizados para viabilizar o acesso (de forma pré-paga) a bens e serviços específicos (v.g.: *voucher* trocável por bem ou serviço) por meio de aplicações embasadas em tecnologias de registro distribuído.

(ix) ***Security tokens***: ativos financeiros virtuais criptografados. São ativos negociados no âmbito de aplicações embasadas em tecnologias de registro distribuído e utilizados para fins de investimento, aproximando-se da noção de ativo financeiro e similares aos valores mobiliários. Os *security tokens* podem possuir caráter patrimonial (*equity*) ou de dívida (*debt*) e são dotados de um emissor predeterminado em face do qual é oponível o direito ao recebimento de juros ou dividendos.

Fixadas as premissas conceituais relativas à taxonomia dos criptoativos e à sua metodologia de funcionamento, passaremos à análise, no tópico a seguir, dos limites materiais do imposto de renda e a ilegitimidade de sua incidência sobre a permuta de criptoativos.

2. Os limites materiais do fato gerador do Imposto de Renda e a permuta de criptoativos

De acordo com o artigo 43 do Código Tributário Nacional, o imposto incidente sobre a renda e proventos de qualquer natureza tem como fato gerador a aquisição da disponibilidade econômica ou jurídica de: (i) renda, assim entendido o produto do capital, do trabalho ou da combinação de ambos; (ii) proventos de qualquer natureza, assim entendidos os acréscimos patrimoniais não compreendidos no conceito de renda.

A incidência de imposto de renda sobre a permuta de criptoativos advém do fato de que o § 4º do artigo 128 do Decreto nº 9.580/2018 (RIR), na esteira do quanto disciplina o § 3º do artigo 3º da Lei nº 7.713/1988, prevê que, na apuração do ganho de capital, quaisquer operações de alienação darão ensejo à incidência do indigitado imposto.

O conceito de alienação, por sua vez, abrange, por exemplo:compra e venda; permuta; adjudicação; desapropriação; dação em pagamento; doação; procuração em causa própria; promessa de compra e venda; cessão de direitos ou promessa de cessão de direitos; e contratos afins.

A título exemplificativo, a permuta de criptoativos pode ocorrer por meio de: (i) permuta realizada no âmbito de *exchanges* centralizadas; (ii) por meio de *atomic swaps*; (iii) trocas (ou *swaps*) realizados no âmbito de *exchanges* descentralizadas (*decentralized exchanges – DEX*); (iv) diretamente entre as partes da operação, sem intermediários (P2P).[9]

Sobre o tema, na perspectiva das autoridades fiscais, por meio da Solução de Consulta Disit/SRRF06 nº 6008/2022, o "ganho de capital apurado na alienação de criptomoedas, quando uma é diretamente utilizada na aquisição de outra, ainda que a criptomoeda de aquisição não seja convertida previamente em real ou outra moeda fiduciária, é tributado pelo Imposto sobre a Renda da Pessoa Física, sujeito a alíquotas progressivas", consoante previsto no artigo 21 da Lei nº 8.981/1995.

A Solução de Consulta COSTI 214/2021, por sua vez, deixa claro que bastaria, "para a incidência do imposto, o benefício do contribuinte por qualquer forma e a qualquer título", de modo que, a "utilização de uma criptomoeda na aquisição de outra configura alienação de bem ou direito, portanto, sujeita à incidência do Imposto sobre a Renda a título de Ganho de Capital", razão pela qual a "não conversão do bem ou direito alienado em moeda fiduciária não altera a incidência do imposto sobre a renda sobre o ganho de capital oriundo da permuta".

Não há dúvidas de que o conceito legal de alienação abrange a permuta.[10] A pergunta que deve ser feita, entretanto, é se, realmente, seria legítima a inclusão do conceito de permuta no conceito de alienação, **para fins fiscais**, haja vista a inexistência de evento de realização.

A resposta a este questionamento demanda que seja depurada a materialidade do imposto de renda, ou seja, que seja identificado o limite semân-

[9] A depender da premissa metodológica adotada, a utilização de wrapped tokens (tokens envelopados) pode ser entendida como uma mera colateralização do ativo original, seguida da emissão de um ativo sintético que tem lastro no ativo original, hipótese em que não há evento de alienação. Ou, por outro lado, poder-se-ia enxergar os wrapped tokens (a exemplo do WBTC, que é um token ERC-20, da rede Ethereum) como uma verdadeira permuta, hipótese em que, havendo evento de alienação, será devido o pagamento de imposto de renda.

[10] Reconhecendo a incidência de imposto de renda sobre a permuta: Carf, processo nº 18471.002863/2003-91, julgado em 06/04/2017; Carf, processo nº 12448.724621/2014-16, julgado em 14/06/2016; Carf, processo nº 10850.002616/2001-57, julgado em 17/09/2013.

tico da expressão "aquisição de disponibilidade econômica ou jurídica de renda ou proventos de qualquer natureza".

O Superior Tribunal de Justiça, nos autos do REsp 320.455/RJ, já teve a oportunidade de consignar que o fato gerador do imposto de renda corresponde ao "acréscimo patrimonial mais a respectiva disponibilidade jurídica ou econômica", ao passo que a "disponibilidade econômica ou jurídica da renda só ocorre quando houver real acréscimo patrimonial, não cabendo a tributação sobre mera expectativa de ganho futuro e em potencial".

Como se vê, o signo linguístico "aquisição" corresponderia à expressão "acréscimo patrimonial" definitivo de uma riqueza nova. Firmes nesta premissa, cabe seguir com a explanação dos elementos informadores das expressões "disponibilidade econômica" e "disponibilidade jurídica".

No contexto da jurisprudência do Supremo Tribunal Federal, disponibilidade econômica "significa a obtenção de renda, significa ingresso real no patrimônio da pessoa, de moeda ou seu equivalente, ou a possibilidade de a pessoa dispor da renda" (ADI 2.588), ou seja, corresponde à "percepção efetiva da renda ou provento" com a "possibilidade de dispor material e diretamente da riqueza sem a presença de nenhum impedimento" (RE 614.406)[11].

Por sua vez, ainda de acordo com a Suprema Corte, disponibilidade jurídica "significa ou traduz a possibilidade, tendo em vista disposições jurídicas ou contratuais, de o sujeito dispor de uma renda posta à sua disposição" (ADI nº 2.588), daí por que há disponibilidade jurídica quando o "beneficiário tem título jurídico que 'lhe permite obter a realização em dinheiro'" (RE nº 614.406).

Em síntese, disponibilidade econômica "consiste na percepção efetiva, pelo contribuinte, do rendimento em dinheiro (receita realizada), ao passo que a disponibilidade jurídica consiste no direito de o contribuinte receber um crédito, mediante a existência de um título hábil para recebê-lo".[12]

Sob esta perspectiva, a incidência do imposto de renda é condicionada à efetiva **realização** de renda, rendimentos, ganhos de capital e proven-

[11] RE 614406, Relator(a): Min. Rosa Weber, Relator(a) p/ Acórdão: Min. Marco Aurélio, Tribunal Pleno, julgado em 23/10/2014, ACÓRDÃO ELETRÔNICO REPERCUSSÃO GERAL – MÉRITO DJe-233 DIVULG 26-11-2014 PUBLIC 27-11-2014, pp. 7-8.

[12] RE 586482, Relator(a): Min. Dias Toffoli, Tribunal Pleno, julgado em 23/11/2011, ACÓRDÃO ELETRÔNICO REPERCUSSÃO GERAL – MÉRITO DJe-119 DIVULG 18-06-2012 PUBLIC 19-06-2012 RDDT n. 204, 2012, p. 149-157 RT v. 101, n. 923, 2012, p. 691-706.

tos de qualquer natureza, sendo vedada a tributação de situações potenciais ou virtuais.

Inclusive, uma abordagem histórica acerca dos limites da materialidade do imposto de renda confirma a relevância do evento de **realização** para fins de incidência da referida exação fiscal.

Isso porque, o item 17 da exposição de motivos do Decreto-lei nº 1.598/1977 prevê que a adoção da "orientação geral de submeter os ganhos de capital ao imposto somente quando realizados, isto é, quando a pessoa jurídica tem condições financeiras para suportar o ônus tributário".

Consequentemente, a "aquisição de renda financeira não consiste no fato jurídico da aquisição de direitos patrimoniais, mas na disponibilidade do objeto desses direitos, que é a moeda ou o valor em moeda", razão pela qual, considerando que os direitos advindos da permuta não possuem "valor em direito determinável com precisão, ou não podem com facilidade, ser convertidos em dinheiro, ainda não há lucro real ou efetivo".[13]

Curiosamente, o entendimento anterior da Procuradoria Geral da Fazenda Nacional (PGFN) também reconhecia que, diante da ausência de efetiva realização, não seria legítima a incidência de imposto de renda sobre a permuta.

De acordo com o Parecer PGFN/PGA 970/1991, o fato gerador do imposto de renda "não seria àquele (sic) da troca, mas sim quando o particular vendesse a participação acionária trocada. E, ainda, não existiria base de cálculo, pois o valor referencial em cruzeiros no leilão, existe somente como estímulo à troca dos bens".[14]

Sob esta perspectiva, no caso da permuta, a PGFN possuía entendimento, plasmado no referido parecer, no sentido de que "não haveria disponibilidade líquida do contribuinte, e, em consequência naquele momento nenhuma base de cálculo para o fato gerador, pois a renda fica sujeita à tributação quando realizada e quantificada", daí por que a "aparente parcela de maior valia" na permuta "seria ilusória", inexistindo "ganho de capitais, quando ocorre mera troca de bens".

[13] OLIVEIRA, Ricardo Mariz de. ***Fundamentos do Imposto de Renda***. São Paulo: Quartier Latin, 2008, p. 379.

[14] PROCURADORIA-GERAL DA FAZENDA NACIONAL. ***Parecer PGFN/PGA nº 970/1991***. Processo n. 10168.007447/91-80. Disponível em: <http://www.pgfn.fazenda.gov.br/acesso-a-informacao/atos-da-pgfn-1/pareceres-da-pgfn-aprovados-pelo-ministro-da-fazenda/1991/PARECER%20PGFN-PGA%20No%20970-1991.pdf/view> Acesso em: 08 de maio de 2022.

No mesmo sentido, a PGFN, no bojo do Parecer PGFN/PGA 454/1992, entendeu que na permuta "há correspectividade sem preço". Sob esta premissa, o órgão fazendário entendeu que, "criar-se, fictamente, na permuta de bens, um ganho de capital é violar o próprio patrimônio. A sua tributação configuraria, por conseguinte, imposto sobre a propriedade e não sobre a renda e proventos de qualquer natureza".

O Superior Tribunal de Justiça,[15] inclusive, já reconheceu, de forma expressa, nos autos do REsp 1733560/SC, que o "contrato de troca ou permuta não deverá ser equiparado na esfera tributária ao contrato de compra e venda", uma vez que inexiste auferimento de receita, faturamento ou lucro na permuta.

Assim, forçoso reconhecer que não há aquisição de disponibilidade econômica na permuta de criptoativos,[16] haja vista que não há real "possibilidade de a pessoa dispor da renda" (ADI 2.588) nesta operação.

Pragmaticamente, podemos afirmar que não há, na permuta de criptoativos, "percepção efetiva da renda ou provento" devido à impossibilidade de disposição material e direta da "riqueza" (dos criptoativos) "sem a presença de nenhum impedimento", uma vez que são inúmeros os possíveis impedimentos incidentes sobre as operações com criptoativos.

Na perspectiva da "aquisição de disponibilidade jurídica", entendemos que a conclusão é a mesma. E nem se alegue que "o direito de o contribuinte receber um crédito, mediante a existência de um título hábil para recebe-lo", consoante plasmado na jurisprudência do STF, levaria à conclusão de que a permuta de criptoativos seria tributada.

Isso porque, ainda que, na perspectiva da disponibilidade jurídica, os *tokens* possam, *vis a vis*, se comportar de forma semelhante a um título (sobretudo quando pensamos em *security tokens*), forçoso reconhecer que, mesmo em tal cenário, à luz dos critérios fixados no RE 614.406 e na ADI 2.588, inexistindo a possibilidade de dispor efetivamente (ainda que no futuro) de uma renda posta à disposição do contribuinte ou, ainda, na

[15] SUPERIOR TRIBUNAL DE JUSTIÇA. REsp 1733560/SC, Rel. Ministro Herman Benjamin, SEGUNDA TURMA, julgado em 17/05/2018, DJe 21/11/2018.

[16] No caso das pessoas físicas, a não tributação da permuta de criptoativos seria ainda mais evidente, haja vista que, de acordo com o STF, "no caso de pessoas naturais, somente a efetiva entrega de recursos ao beneficiário ou o depósito do numerário em instituição financeira em conta de sua titularidade ou por ele manipulável são fatos aptos a atrair a incidência do imposto" (RE 614406), o que não ocorre no caso dos criptoativos.

hipótese de não ser viável obter a **realização** em dinheiro da renda, não há que se falar na existência de disponibilidade jurídica.

Essa conclusão é reforçada pela interpretação sistemática da jurisprudência do STF com o entendimento firmado pelo STJ no REsp 320.455/RJ, oportunidade em que a Corte Superior concluiu que "não há como se falar que meros registros contábeis, que representam tão somente expectativas de resultado positivo (já que não se sabe se quando a obrigação for cumprida, a variação será positiva ou negativa) constituam um acréscimo patrimonial".

A premissa acima descrita é de extrema relevância no contexto dos criptoativos, já que, registrados e transacionados na *Blockchain*, se comportam como verdadeiros registros contábeis em um grande livro-razão digital, descentralizado e distribuído, daí por que sua tributação seria condicionada à possibilidade de sua efetiva realização.

Na permuta[17] de criptoativos, forçoso reconhecer que: (i) não há evento de **realização**; (ii) não há real acréscimo patrimonial, mas mera mais valia

[17] Sobre o tema, Gomes faz uma ressalva interessante, *in verbis*: "Ressalte-se, por fim, que não se sustenta qualquer alegação no sentido de que inexistiria verdadeira permuta de criptoativos negociados em exchanges e que existiria uma espécie de alienação/realização ficta de renda. Uma leitura apressada do fenômeno afirmaria, nitidamente de forma equivocada, que existiriam duas compras e vendas seguidas, operacionalizadas por meio da Exchange, enquanto intermediadora. Alegar-se-ia que isso é feito dada a impossibilidade de permuta entre criptoativos oriundos de protocolos diferentes.Nada mais equivocado. Admitir este raciocínio seria o mesmo que dizer, fazendo-se um paralelo com o mundo tradicional, que a permuta entre bens imóveis registrados em cartórios diferentes (cartórios, aqui, fazendo as vezes de blockchains distintas) não seria uma permuta.Sigamos com outros exemplos. Um jogo de videogame do console 'X' não irá funcionar no console 'Y' e vice-versa. Se há uma troca entre o game do console 'X' por um jogo console 'Y', isso deixaria de ser qualificado como permuta apenas por conta do fato de que as plataformas (leia-se, os consoles, com suas regras de funcionamento) nas quais os jogos ('paralelo com os tokens') rodam são diferentes? A nosso ver, não: continua existindo permuta. Pensando em jogos de cartas de RPG (role-playing game), se estivermos diante de cartas de Magic e cartas do Pokémon. As cartas de cada um dos jogos somente podem ser utilizadas como itens dentro do seu respectivo conjunto de regras. A troca entre essas cartas, ainda que pertencentes a conjuntos de regras distintos (protocolos) continua sendo permuta. As tecnologias de registro distribuído (distributed ledger technology – DLT) atuam de forma similar a um livro-razão que armazena logs informacionais. A Blockchain, sendo uma espécie de DLT, é um livro razão com regras de consenso e que é organizada em forma de blocos. Em todos os casos, há permuta. Não há que se falar em compras e vendas sucessivas pelo mero fato de se tratarem de criptoativos oriundos de blockchains ou DLTs diferentes. E, não bastasse isso, existem diversos outros fenômenos que permitem a troca entre criptoativos oriundos de protocolos distintos: (i) atomic swap; (ii) bridges de interoperabilidade; e (iii) wrapped tokens" (Cf. GOMES, Daniel de Paiva.

ilusória ou "correspectividade sem preço"; (iii) existe mera permutação patrimonial;[18] (iv) há identidade de valores entre os criptoativos permutados, de modo que não há ingresso de receita, rendimento, renda ou provento de qualquer natureza novos; (v) tributar permuta é verdadeira tributação do patrimônio, violando o arquétipo constitucional do imposto de renda; e (vi) inexiste disponibilidade econômica ou jurídica de renda.

Não bastasse isso, forçoso reconhecer que renda ou proventos de qualquer natureza, enquanto elementos materiais que acompanham a aquisição de disponibilidade econômica ou jurídica de renda, pressupõe **receita**, cujo conceito, para fins jurídicos, corresponde a um "ingresso financeiro que se integra no patrimônio na condição de elemento **novo** e **positivo**, **sem reservas** ou **condições**" (RE 606.107/RS).

Nessa perspectiva, o CPC 47 evidencia, de forma expressa, que o reconhecimento de receita, pressupõe não só a transferência do controle dos bens, mas também a possibilidade de mensuração confiável da receita e das despesas incorridas, bem como a **probabilidade de que os benefícios econômicos da operação serão percebidos**.

A presença desses elementos – inexistência de reservas e condições e a probabilidade de fruição dos benefícios econômicos na operação –, todavia, é altamente discutível no mercado de criptoativos.

À época da elaboração deste artigo, inclusive, testemunhamos um derretimento severo do mercado de criptoativos em decorrência do famigerado "crash Luna Terra".[19]

Bitcoin: a tributação de criptomoedas – da taxonomia camaleônica à tributação de criptoativos sem emissor identificado. 2. ed. rev. e atual. São Paulo: Thomson Reuters Brasil, 2022, pp. 332-333).

[18] Oliveira assevera, sobre o conceito de permutação patrimonial, *in verbis*, que a: "(...) 'permutação patrimonial' ocorre dentro do patrimônio, por motivação interna e por atos 'intra muros', sem efeitos externos de direito privado perante terceiros, embora também possa decorrer de um ato interpessoal que não modifique qualquer patrimônio (inclusive o de outrem) para mais ou para menos e embora possa produzir efeitos específicos na apuração do lucro líquido contábil e do lucro real tributável pelo IRPJ. Uma das características das permutações patrimoniais é a identidade de valor, vale dizer, elas não acarretam mutação patrimonial nem para mais nem para menos (...) por força da identidade de valores que lhes é inerente, não havendo mudança positiva ou negativa no patrimônio, nas permutações ocorre apenas a troca de posições entre bens existentes no patrimônio (...)" (Cf. OLIVEIRA, Ricardo Mariz de. *Fundamentos do Imposto de Renda*. São Paulo: Quartier Latin, 2008, pp. 83-87).

[19] Maiores detalhes sobre as causas e consequências do colapso Terra Luna podem ser consultados em: <https://www.cnet.com/personal-finance/crypto/luna-crypto-crash-how-ust-broke-and-whats-next-for-terra/>; <https://fortune.com/2022/05/13/terra-ust-stablecoin-

Como podemos admitir que os criptoativos são ativos que ingressam no patrimônio do contribuinte sem reservas e sem condições? Há real probabilidade de que os benefícios econômicos da operação sejam percebidos por aqueles que trocam criptoativos (operações cripto-cripto)? Como justificar o recolhimento de imposto de renda sobre a permuta de criptoativos que, posteriormente, chegam, literalmente, a valer zero (R$ 0,00), como no caso do token LUNA (hoje, Luna Classic, ou LUNC), por conta de vulnerabilidades cibernéticas sistêmicas ou fragilidades mercadológicas decorrentes da inexistência de regulação desse mercado?

A resposta a estes questionamentos perpassa pela necessidade, para fins de incidência do imposto de renda, de efetivo evento de realização. Sobre o tema, veja-se, *in verbis*:

> A ocorrência de efetiva realização (...) é indispensável à incidência do imposto de renda. A renda somente deve ser tributada quando realizada, oportunidade em que podemos admitir que eventual acréscimo verificado na realização passou a fazer parte do patrimônio do contribuinte.[20]

Como se vê, para além da inexistência de verdadeiro evento de **aquisição** de **disponibilidade econômica** ou **jurídica** de renda ou proventos de qualquer natureza, também inexiste evento de efetiva **realização** que justifique a incidência legítima do imposto de renda, o que é confirmado, inclusive, pelos riscos inerentes ao mercado de criptoativos, que reduzem a probabilidade de fruição dos benefícios econômicos nas operações com criptoativos.

Conclusões

Todo quanto exposto evidencia a ilegitimidade da incidência de imposto de renda sobre a permuta de criptoativos. A despeito dos bons argumentos para se chegar à referida conclusão, o debate, certamente, seguirá e,

crash-suspicious-potential-attack-george-soros/>; <https://www.independent.co.uk/tech/terra-luna-ust-crypto-price-recovery-b2080241.html>; <https://www.coindesk.com/learn/the-fall-of-terra-a-timeline-of-the-meteoric-rise-and-crash-of-ust-and-luna/>;<https://time.com/6177567/terra-ust-crash-crypto/>; <https://decrypt.co/100402/how-terra-ust-luna-imploded-crypto-crash>.

[20] GOMES, Daniel de Paiva. Bitcoin: a tributação de criptomoedas – da taxonomia camaleônica à tributação de criptoativos sem emissor identificado. 2. ed. rev. e atual. São Paulo: Thomson Reuters Brasil, 2022, p. 328.

infelizmente, será responsável por gerar contencioso tributário ao redor do tema, a não ser que norma isentiva específica seja editada ou que a Receita Federal do Brasil reforme seu entendimento.

Interessante notar, para encerrar este raciocínio, que, recentemente, a Procuradoria-Geral da Fazenda Nacional (PGFN), por meio do Despacho PGFN 167/2022, ao se conformar com a jurisprudência do STJ[21] sobre a permuta de imóveis de titularidade de pessoas jurídicas optantes pelo lucro presumido, para fins da Lei 10.522/2022, houve por bem reconhecer que o "contrato de troca ou permuta não deve ser equiparado, **na esfera tributária**, ao contrato de compra e venda, pois não haverá, em regra, auferimento de receita, faturamento ou lucro na troca".

Eis aqui a premissa que norteará, na nossa leitura, os futuros debates sobre a ilegitimidade da incidência de imposto de renda sobre a permuta de criptoativos.

Referências

ANTONOPOULOS, Andreas M. *Mastering Bitcoin: Unlocking Digital Cryptocurrencies*. Sebastopol (CA): O'Reilly Media Inc., December/2014.

ANTONOPOULOS, Andreas M.; WOOD, Gavin. *Mastering Ethereum: Building Smart Contracts and DApps*. Sebastopol (CA): O'Reilly Media, 2019.

CHAUM, David. *Blind Signatures for Untraceable Payments*. Advances in Cryptology Proceedings of Crypto 82.3 (1983).

FERREIRA, Agata. Regulating smart contracts: Legal revolution or simply evolution? *Telecommunications Policy, Volume 45, Issue 2* (2021).

FINANCIAL ACTION TASK FORCE (FATF). *Virtual Currencies Key Definitions and Potential AML/CFT Risks Report*. Paris: June/2014.

FRANCO, Pedro. *Understanding Bitcoin: Cryptography, Engineering and Economics*. Chichester: John Wiley & Son Ltd., 2015.

GOMES, Daniel de Paiva. *Bitcoin: a tributação de criptomoedas – da taxonomia camaleônica à tributação de criptoativos sem emissor identificado*. 2. ed. rev. e atual. São Paulo: Thomson Reuters Brasil, 2022.

GOMES, Eduardo de Paiva; BOSSA, Gisele Barra. 7.1. Blockchain: tecnologia a serviço da troca de informações fiscais ou instrumento de ameaça à privacidade dos contribuintes? In: PISCITELLI, Tathiane; LARA, Daniela Silveira. *Tributação da economia digital*. 2ª ed. rev., atual. e ampl. São Paulo: Thomson Reuters Brasil, 2020.

[21] Precedentes: REsp nº 1.733.560/SC, AgInt no REsp nº 1.758.483/SC, AgInt no REsp 1.796.877/SC, AgInt no AgInt no REsp nº 1.639.798/RS, AgInt no REsp 1.737.46 7/S C, AgInt no REsp 1.800.971/SC, AgInt no REsp nº REsp 1.868.026/PB, REsp nº 1.754.618/SC, REsp nº 1.798.211/RS, REsp nº 1.801.839/RS, REsp nº 1.850.377/SC, REsp nº 1.737.790/RS e REsp nº 1.738.667/SC.

JEANS, Ethan D. Funny Money or the Fall of Fiat: Bitcoin and Forward-Facing Virtual Currency Regulation. *Colorado Technology Law Journal, Vol. 13, Issue 1* (2015).

MULLAN, Carl P. *The digital currency challenge: Shaping Online Payment Systems through US Financial Regulations.* New York: Palgrave Macmillan, 2014.

NAKAMOTO, Satoshi. *Bitcoin: A Peer-to-Peer Electronic Cash Payment System.* Bitcoin. Available at: https://bitcoin.org/. Accesso em 27 de fevereiro de 2022.

NIAN, Lam Pak. CHUEN, David LEE Kuo. Chapter 1 – Introduction to Bitcoin. In: CHUEN, David LEE Kuo (editor). *Handbook of Digital Currency: Bitcoin, Innovation, Financial Instruments, and Big Data.* Londres: Elsevier, 2015.

OLIVEIRA, Ricardo Mariz de. *Fundamentos do Imposto de Renda.* São Paulo: Quartier Latin, 2008.

RAUCHS, Michel; GLIDDEN, Andrew; GORDON, Brian; PIETERS, Gina C.; RECANATINI, Martino; ROSTAND, François; VAGNEUR, Kathryn; ZHANG, Bryan Zheng. *Distributed Ledger Technology Systems: A Conceptual Framework* (August 13, 2018), p. 24. Disponível em: <https://ssrn.com/abstract=3230013> ou <http://dx.doi.org/10.2139/ssrn.3230013> Acessado em: 13 de março de 2022.

SZABO, Nick. *Building Blocks for Digital Markets* (1996). Disponível em: <http://www.alamut.com/subj/economics/nick_szabo/smartContracts.html> Accesso em: 12 de abril de 2022.

18
ECONOMIA DIGITAL E TRIBUTAÇÃO DA RENDA: PERSPECTIVAS PARA IMPLEMENTAÇÃO DOS PILARES 1 E 2 DO PROJETO BEPS 2.0 NO BRASIL

Jaqueline de Paula Leite Zanetoni

Introdução

A economia globalizada em conjunto com os avanços contribuiu para uma transformação substancial nos modelos de negócios. Como resultado, as empresas começaram a atuar em uma jurisdição de mercado de maneira diversa da época em que as tradicionais regras internacionais em matéria tributária foram projetadas – sobretudo sem necessidade de presença física.[1]

Dentro deste contexto, as regras de Direito Internacional Tributário não acompanharam as transformações das práticas comerciais globais (inércia evolutiva), tornando-se dissociada dos aspectos sociais e econômicos. O cálculo desses fatores resultou na não tributação da renda transfronteiriça e em distorções concorrenciais entre empresas em níveis de digitalização distintos.

Prosseguindo, a pedido do G20, a Organização para a Cooperação e Desenvolvimento Econômico (OCDE) criou o projeto *Base Erosion and Profit Shifting* (projeto BEPS), no qual várias medidas foram implementadas

[1] Este artigo faz parte de uma série que se iniciou: Zanetoni, Jaqueline de Paula Leite. Localização e Tributação das Rendas Derivadas da Economia Digital no Plano Internacional: Considerações a Respeito das Propostas Atuais no Contexto do BEPS 2.0 *in* Afonso, José Roberto; Santana, Hadassah Laís (coords), *Tributação 4.0*, Lisboa: Almedina, 2020, p. 447-464; e é uma versão estendida da comunicação técnica do Brasil produzida para as XXXI Jornadas Latinoamericanas de Derecho Tributario do ILADT.

e cristalizadas em 15 ações, tendo algumas como pano de fundo a solução dos problemas relacionados à tributação na era digital.[2]

Assim, a contribuição deste estudo será fornecer uma avaliação crítica sobre o estado da arte da tributação da renda derivada da economia digital no plano internacional seguindo as discussões realizadas pelas organizações internacionais, além de examinar as perspectivas para implementação dos pilares 1 e 2 do BEPS 2.0 no Brasil.

Desta forma, a partir desta pesquisa objetiva-se demostrar a necessidade de compreensão dos limites do atual modelo internacional de tributação *vis-à-vis* a economia digital, contribuindo-se assim, para a criação de ambientes favoráveis aos negócios e na facilitação da alocação eficiente dos rendimentos oriundos dos negócios digitais para as jurisdições competentes, além de reduzir a erosão fiscal e os custos de *compliance* e da competitividade empresarial.

Neste ponto, algumas observações se fazem necessárias, em que pese não ser mais possível separar a economia digital do resto da economia devido à difusão da tecnologia e automação, no presente trabalho utilizou-se a expressão "economia digital" propositalmente para identificar as empresas ultra-digitalizadas (*highly digitalized businesses*).[3] Em outras palavras, sabendo-se que, atualmente, qualquer tipo de negócio pressupõe algum tipo de digitalização, tal divisão se sustenta neste trabalho apenas do ponto de vista metodológico.

Para tanto, primeiramente, serão abordadas as assimetrias da tributação da economia digital *vis-à-vis* à economia tradicional qualificada como *brick-and-mortar.* Posteriormente, serão ponderados a ação 1 do projeto BEPS e os desdobramentos dos pilares 1 e 2 do chamado BEPS 2.0 na tributação da economia digital.

Finalmente, será apresentada uma análise da relação do Brasil com a OCDE e as perspectivas para implementação dos pilares 1 e 2 do BEPS 2.0 em um contexto de reforma tributária.

[2] Para maiores informações relativas às dificuldades de tributação das empresas digitais e o projeto BEPS, ver: SCHÖN, Wolfgang. Ten Questions about Why and How to Tax the Digitalized Economy in Post-BEPS Times *in* ROCHA, Sergio Andre; CHRISTIANS, Allison (eds), Tax Sovereignty and Digital Economy. *Bulletin for International Taxation*, v. 69, n 6/7, Amsterdam: IBFD, 2015, pp. 399-409.

[3] Nesse sentido, ver: OLBERT, Marcel; SPENGEL, Christoph. International Taxation in the Digital Economy: Challenge Accepted, *World Tax Journal*, 2017, p. 19.

Como opções metodológicas, ressalta-se que, para atingir os objetivos traçados nesse artigo, foi utilizada a técnica de pesquisa bibliográfica através do método hipotético-dedutivo.

1. As assimetrias da tributação da economia digital *vis-à-vis* a economia tradicional

Sem qualquer pretensão de apresentar uma análise exaustiva, evolutiva e comparativa, na sua concepção moderna e em razão do avanço tecnológico, as empresas dependem cada vez mais de ativos intangíveis e de pequenas cadeias de valor/produtivas, facilitando operações transfronteiriças sem presença física.[4]

Obviamente, através da utilização de padrões automatizados difíceis de serem avaliados, todo o aqui exposto se torna verdadeiro não apenas para as empresas altamente digitalizadas, impactando (direta ou indiretamente) todas as espécies de negócios.

Paralelamente, a regra geral do sistema internacional do imposto sobre a renda de pessoas jurídicas baseia-se no princípio da "origem da riqueza", alocando os direitos de tributação ao país de residência do destinatário do rendimento salvo pequenas exceções, implicando uma quase que soberania territorial em matéria tributária.[5]

Neste ponto, importante observar que as estruturas jurídicas não consideradas residentes em uma determinada jurisdição poderão ser reconhecidas como um centro de imputação de renda e sofrer tributação como se residente fosse; desde que, reconhecida a presença física naquela jurisdição, pressuposto constitutivo da ficção jurídica do estabelecimento permanente.[6]

De tal modo, o deslocamento das atividades realizadas pelas empresas para o campo digital resultou na incapacidade de determinação da juris-

[4] Para um estudo mais detalhado da evolução tecnologia e seus reflexos nos modelos de negócio, ver: Valente, Piergiorgio. Digital Revolution. Tax Revolution? *Bulletin for International Taxation*. Amsterdam: IBFD, 2018. Mais ainda, para os negócios tipicamente digitais: Vasconcelos, Roberto. Os desafios a tributação de operações internacionais na economia digital *in Estudos de Direito Tributário*: em homenagem ao Prof. Gerd Will Rothmann. São Paulo: Quartier Latin, 2016, pp.417-443.

[5] Santos, Ramon Tomazela; Rocha, Sergio André. Tax Sovereignty and Digital Economy in Post-BEPS Times *in* Rocha, Sergio André; Christian, Allison (ed.), *Tax Sovereighty in the BEPS Era*, Alphen ann Den Rijn: Kluwer Law International, 2017, pp. 29-46.

[6] Vita, Jonathan Barros. (Re)Analisando o Conceito de Estabelecimento Tributário no Cenário Pós-Beps *in* Afonso, José Roberto; Santana, Hadassah Laís (coords), *Tributação 4.0*, Lisboa: Almedina, 2020, pp. 429-446.

dição competente para tributação dos rendimentos originários destas atividades de acordo com as regras internacionais aludidas acima.

Outrossim, apesar de não serem consideradas fisicamente presentes para fins tributários, estas empresas são beneficiadas – direta ou indiretamente – pela infraestrutura física, jurídica e econômica fornecida pelo Estado em que realizam suas atividades, além de competirem com os residentes nacionais na economia local por exemplo.[7]

Portanto, com a finalidade de evitar o impacto negativo nas finanças públicas de uma determinada jurisdição, necessário conferir o chamado *fair share* das receitas tributárias das atividades que foram práticas naquele território e que se utilizaram de serviços públicos para serem realizadas.[8]

Dentro deste contexto, o debate em relação a necessidade de uma reforma nas regras tradicionais de tributação ganhou relevo, notadamente, para garantir um *level playing field* com duas grandes matrizes principais, empresas físicas (ou tradicionais) *versus* empresas digitais e empresas digitais *versus* empresas digitais independentemente de onde elas se localizem.

Particularmente, de acordo com estudos realizados pela União Europeia, os modelos de negócios tradicionais estão sujeitos a uma carga tributária equivalente a 20,9% ao passo que os negócios digitais suportam uma carga tributária de 8,5% a nível doméstico. Adicionalmente, no campo internacional, os modelos de negócios tradicionais estão sujeitos a uma carga tributária de 23,2% e os negócios digitais sujeitam-se a uma carga tributária estipulada entre 8,9% a 10,1%.[9]

[7] Nesse sentido, ver: SANTOS, Ramon Tomazela; ROCHA, Sergio André. Tax Sovereignty and Digital Economy in Post-BEPS Times *in* ROCHA, Sergio André; CHRISTIAN, Allison (ed.), *Tax Sovereighty in the BEPS Era*, Alphen ann Den Rijn: Kluwer Law International, 2017, pp 29-46. Mais ainda: EUROPEAN COMISSION. *A Fair and Efficient Tax System in the European Union for the Digital Single Market*, COM (2017) 547, 2017, pp 1-11. Disponível em: <https://ec.europa.eu/taxation_customs/sites/taxation/files/communication_taxation_digital_single_market_en.pdf >. Acesso em 14 ago. 2020.

[8] Para mais informações sobre o impacto negativo que a tributação pode acarretar às finanças públicas de um Estado, ver: RIBEIRO, Maria de Fátima. Considerações sobre as Medidas Fiscais estabelecidas para fazer frentes às crises econômicas e as repercussões no Desenvolvimento Econômico *in* FERREIRA, Eduardo Paz; TÔRRES, Heleno Taveira; PALMA, Clotilde Celorico (org.), *Estudos em Homenagem ao Professor Doutor Alberto Xavier*, Vol. II, Portugal: Almedina, 2013, pp. 223-250.

[9] Para maiores informações, ver: EUROPEAN COMMISSION. *Communication from the Commission to the European Parliament and the Council – a fair and efficient tax system in the European Union for the Digital Single Market*, 2017. Disponível em: <https://ec.europa.eu/taxation_

Dessa forma, as assimetrias identificadas no campo da tributação podem ser atribuídas – de forma não exaustiva – às seguintes peculiaridades da economia digital:

- Caráter disruptivo e fuga das qualificações baseadas em termo/conceitos/tipos criados no passado;
- Dependência de ativos intangíveis (especialmente dados, usuários e propriedade intelectual);
- Modificação das cadeias de valor/produção;
- Alto nível de informalidade;
- Planejamento tributário agressivo.

Continuando, para a tributação da renda corporativa faz-se necessário que os lucros sejam "produzidos", o que não ocorre linearmente no caso de setores com muita "queima de caixa" e pela específica forma de ação das empresas digitais. Adicionalmente, via de regra, as empresas que atuam neste setor, além de observarem os fenômenos em um grande lapso temporal, baseiam o seu financiamento através de novas rodadas de investimento (ou capital novo) e não por meio do clássico reinvestimento de lucro dos modelos tradicionais.

Assim, o horizonte de prejuízos fiscais das empresas de tecnologia é muito longo, o que provocará, aliado aos incentivos fiscais para pesquisa e desenvolvimento clássicos do setor tecnológico, grandes períodos sem lucros tributáveis pelo imposto sobre a renda. Portanto, o cálculo destes fatores poderá gerar distorções concorrenciais em prejuízo das empresas que atuam de forma física em uma determinada jurisdição.[10]

2. Da ação 1 do projeto BEPS aos desdobramentos dos pilares 1 e 2 do chamado BEPS 2.0 na tributação da economia digital

As regras internacionais para tributação da renda corporativa foram projetadas em um período no qual a localização física de uma empresa e as atividades por ela realizadas eram coincidentes e provenientes de um mesmo (e único) Estado, dentro do contexto dos negócios qualificados como *brick--and-mortar.*

customs/sites/taxation/files/communication_taxation_digital_single_market_en.pdf>. Acesso em 14 ago. 2020.

[10] Idem, pp. 2-3.

Todavia, em face das concepções há muito predominantes, as regras internacionais para tributação da renda corporativa tornaram-se insuficientes em razão da natureza multifacetada da economia digital.[11]

Com vistas a endereçar tal problemática, o relatório final da Ação 1 do projeto BEPS apresentou três alternativas a fim de operar como o nexo necessário de tributação ou fornecer ao país da fonte do rendimento a capacidade de tributar os lucros oriundos de atividades digitais, são elas: (i) presença econômica significativa *(significant economic presence)*; (ii) retenção na fonte *(withholding tax)* para bens e serviços digitais e (iii) tributo de nivelamento *(digital equalization levy)* incidente sobre a receita bruta de empresas que atuam no setor digital.[12]

Neste ponto, faz-se necessário destacar que o relatório final da ação 1 do projeto BEPS não recomendou a adoção específica de determinada alternativa enquanto *minimum standard*, deixando a opção de escolha em aberto, o que teve como subproduto a adoção de soluções unilaterais para tributar a economia digital, como por exemplo os *Digital Services Taxes*.[13]

Movendo-se mais contemporânea e especificamente para o atual *status* da temática junto a OCDE, em outubro de 2021, foi divulgado a aprovação de um programa de trabalho com dois pilares a fim de (re)pensar as regras internacionais de tributação com implementação prevista para 2023 – o qual foi chamado por muitos de BEPS 2.0.[14]

[11] Para mais informações, ver: OECD. *Addressing the Tax Challenges of the Digital Economy.* Chapter 7 – Broader tax challenges raised by the digital economy. Disponível em: <https://www.oecd-ilibrary.org/taxation/addressing-the-tax-challenges-of-the-digital-economy/broader-tax-challenges-raised-by-the-digital-economy_9789264218789-10-en;jsessionid=P2NtpujptFDxn8TGrbp0vx7G.ip-10-240-5-48>. Acesso em 14 ago. 2020.

[12] Tais alternativas já foram objeto de estudo anterior e, portanto, não serão endereçadas na presente pesquisa. Nesse sentido, ver: ZANETONI, Jaqueline de Paula Leite. Localização e Tributação das Rendas Derivadas da Economia Digital no Plano Internacional: Considerações a Respeito das Propostas Atuais no Contexto do BEPS 2.0 *in* AFONSO, José Roberto; SANTANA, Hadassah Laís (coords), *Tributação 4.0*, Lisboa: Almedina, 2020, pp. 447-464.

[13] Para um estudo mais aprofundado sobre o Digital Services Tax (DST) e os países que adotaram este modelo de tributação enquanto medida unilateral, ver: ZANETONI, Jaqueline de Paula Leite. Soberania tributária e economia digital: o estado da arte da tributação dos serviços digitais *in* BARRETO, Paulo Ayres (coords), *Estudos tributários sobre a economia digital*, São Paulo: Noeses, 2021, pp. 309-336.

[14] O acordo foi alcançado depois de inúmeras discussões e a partir da publicação do relatório: OECD. *Programme of Work to Develop a Consensus Solution to the Tax Changes Arising from the Digitalisation of the Economy*, 2019. Disponível em: <https://www.oecd.org/tax/beps/

Particularmente, o pilar 1 do projeto BEPS 2.0 explora o desenvolvimento de um novo nexo de conexão mínima (sem presença física) em conjunto com novos padrões para identificar a existência de uma presença (econômica) tributável para fins de alocação dos lucros empresariais.

Para tanto, em seu escopo de aplicação, abrangeu as empresas multinacionais com receita global maior que € 20 bilhões e margem de lucro acima de 10%, excluídos do seu campo de incidência os serviços financeiros regulados e a indústria extrativa. Adicionalmente, restou previsto a possibilidade de redução do volume de negócios para € 10 bilhões a depender do sucesso de sua implementação e a revisão dos critérios adotados em sete anos após a sua entrada em vigor.[15]

Continuando, foram estabelecidas as seguintes regras para alocação do nexo de atração tributária e dos lucros para as jurisdições de mercado. Inicialmente, o Montante A (ou *Amount A*) representa o lucro operacional que será alocado para jurisdições de mercado quando as empresas multinacionais incluídas no escopo de aplicação (ainda que sem a presença física) alcançarem receitas superiores a € 1 milhão provenientes daquelas jurisdições (o valor será reduzido para € 250 mil para as jurisdições com PIB abaixo de € 40 bilhões), sendo este estipulado em 25% dos lucros superiores a 10% da receita destas empresas multinacionais.[16]

Sob o ponto de vista pragmático, o Montante A consiste em uma fórmula pré-definida para promover a alocação do lucro residual (e, portanto, presumido com base em uma lucratividade acordada) para as jurisdições de mercado a partir do resultado consolidado das empresas multinacionais, sendo que o método que será utilizado para alcançar a finalidade proposta permanece em aberto.

Para execução do Montante A é exigido a revogação (e/ou não instituição em tempo futuro) de ações unilaterais como os *Digital Services Taxes* e de outras medidas similares, bem como a sua implementação será realizada através do desenvolvimento e assinatura de uma Convenção Multilateral.

programme-of-work-to-develop-a-consensus-solution-to-the-tax-challenges-arising-from-the-digitalisation-of-the-economy.pdf>. Acesso em: 14 ago. 2020.

[15] Para maiores informações, ver: OECD. *Statement on a Two-Pillar Solution to Address the Tax Challenges Arising from the Digitalization of the Economy*, 2021. Disponível em: <https://www.oecd.org/tax/beps/statement-on-a-two-pillar-solution-to-address-the-tax-challenges-arising-from-the-digitalisation-of-the-economy-october-2021.pdf>. Acesso em: 31 mai. 2022.

[16] Idem

Adicionalmente, através de uma abordagem simplificada, o Montante B (ou *Amount B*) representa uma remuneração para as jurisdições de mercado das atividades de marketing e distribuição realizadas em seu território, através da aplicação do princípio *arm's length* em razão do grande número de disputas relacionadas a tais funções.[17]

Conversamente, o pilar 2 do projeto BEPS 2.0 explora o desenvolvimento de uma proposta global para evitar a erosão das bases tributárias (GloBE), conferindo aos países a capacidade de tributar os lucros das empresas caso a outra jurisdição os tribute a uma baixa (ou inexistente) carga tributária.

Para tanto, estabelece uma abordagem comum para assegurar a tributação mínima global de 15% para empresas multinacionais com um volume de negócios superior a € 750 milhões em dois dos últimos quatro anos através da aplicação de regras complexas e inter-relacionadas que atuarão tanto no plano doméstico quanto no plano internacional ao endereçar os tratados em matéria tributária.[18]

Concretamente, a *income inclusion rule* (IIR) impõe uma tributação complementar sobre uma entidade controladora com relação à renda reduzidamente tributada de uma entidade controlada ao passo que, a *undertaxed payment rule* (UTPR) rejeita deduções ou exige um ajuste equivalente por meio de redução na fonte dos pagamentos a partes relacionadas, caso estes estejam sujeitos a uma tributação reduzida e em desacordo com a IIR na jurisdição do beneficiário.[19]

Paralelamente, *subject to tax rule* (STTR) permite que as jurisdições de mercado imponham tributação na fonte sobre certos pagamentos de partes relacionadas caso a tributação no país da residência não alcance o nível mínimo acordado, negando-se assim, os benefícios dos tratados em matéria tributária firmado.[20]

Assim, dentro desta conjuntura, pode-se identificar que as discussões internacionais sobre a tributação da renda decorrente da economia digital, atualmente, apontam, sobretudo, para assegurar a tributação na fonte

[17] Ibidem.

[18] Para maiores informações, ver: OECD. *Statement on a Two-Pillar Solution to Address the Tax Challenges Arising from the Digitalization of the Economy*, 2021. Disponível em: <https://www.oecd.org/tax/beps/statement-on-a-two-pillar-solution-to-address-the-tax-challenges-arising-from-the-digitalisation-of-the-economy-october-2021.pdf >. Acesso em: 31 mai. 2022.

[19] Idem.

[20] Ibidem.

sobre a economia digital ou através da criação de tributo específico sobre serviços digitais.

Por derradeiro, sabe-se que as definições (conotativas e denotativas) já constantes no Modelo OCDE provocam inúmeros problemas de aplicação – o que certamente será potencializado com a adoção do programa de trabalho com dois pilares aqui apresentados.

3. Brasil e sua relação com a OCDE: perspectivas para implementação dos pilares 1 e 2 do BEPS 2.0

Como ponto de partida, imperioso destacar que o Brasil mantém relações com a OCDE desde meados dos anos 90 segundo informações fornecidas pelo próprio governo brasileiro e a partir de então, participa dos comitês e grupos de trabalho promovidos pela Organização.[21]

Não obstante, em 2007, o Brasil foi selecionado para integrar um seleto grupo de países para iniciar um processo de engajamento com a OCDE, o qual era composto também pela África do Sul, China, Índia e Indonésia.[22] Todavia, o fortalecimento da cooperação entre o Brasil e a OCDE – principalmente em questões tributárias – se deu em 2010 com o ingresso brasileiro no fórum global sobre transparência e intercâmbio de informações para fins tributários.

Mais ainda, o Brasil foi alçado à categoria de parceiro-chave (*key partner*) da OCDE em 2012 e após 3 anos, precisamente em 2015, fora assinado o acordo para o marco de cooperação Brasil-OCDE.[23]

Neste ínterim, importante citar que, em 2013, o Brasil se tornou membro do projeto BEPS promovido pelo G20/OCDE. Como se assim não o fosse, tem sido relatado que o Brasil desempenhou um papel crítico no desenvolvimento das iniciativas promovidas pelo projeto, além de ter sido beneficiado da implementação dos padrões associados as mesmas e das análises feitas por pares (*peer review*).[24] E desde então, o Brasil como país

[21] BRASIL. Itamaraty. *Brasil e a OCDE*. Disponível em: <http://www.itamaraty.gov.br/pt-BR/politica-externa/diplomacia-economica-comercial-e-financeira/15584-o-brasil-e-a-ocde>. Acesso em: 8 fev. 2020.

[22] Idem.

[23] Ibidem.

[24] OECD. *Transfer Pricing in Brazil Towards Convergence with the OECD Standard*, 2019, p. 4. Disponível em: <https://www.oecd.org/tax/transfer-pricing/transfer-pricing-in-brazil-towards-convergence-with-the-oecd-standard.pdf >. Acesso em: 8 fev. 2020.

componente do *Inclusive Framework* sobre BEPS continua participando da criação de uma solução de consenso para os desafios tributários decorrentes da economia digital.

Dentro deste contexto, destaca-se que o Brasil é o país não-membro com maior participação em instrumentos da OCDE, sendo que, até 2019, já havia adotado 57% dos instrumentos relativos à tributação.[25] Todavia, sabe-se que a matéria tributária continua sendo o maior entrave à acessão brasileira junto à OCDE.

Contemporaneamente, o Brasil apoiou a declaração dos dois pilares para tratar os desafios fiscais decorrentes da digitalização da economia em outubro de 2021, o que não implica em obrigação para a implementação de tais medidas.

Particularmente, algumas peculiaridades existentes no sistema tributário se apresentam como verdadeiras limitações para a implementação dos pilares 1 e 2 do projeto BEPS 2.0 no Brasil.

Como ponto de partida, necessário aduzir que o Brasil não adotou todas as medidas propostas pelo projeto BEPS em seus tratados em matéria tributária, especialmente no que tange a não implementação do Instrumento Multilateral (*Multilateral Convention to Implement Tax Treaty Related Measures to Prevent Base Erosion and Profit Shifting* – MLI). Em outras palavras, o Brasil decidiu por não assinar o MLI impulsionado pelo projeto BEPS e, portanto, tampouco há perspectivas para que o país assine a Convenção Multilateral para implementação do pilar 1.

Adicionalmente, os pagamentos de serviços, *royalties* e outros intangíveis para beneficiários no exterior são tributados através da incidência do Imposto de Renda Retido na Fonte (IRRF), possibilitando, notadamente, a tributação de empresas que não possuem presença física no país. Neste ponto, vale ressaltar que os serviços e intangíveis abrangidos pelo IRRF são aqueles realizados no âmbito da economia tradicional, bem como aqueles ofertados no campo da economia digital.

Concretamente, em adição ao IRRF, as empresas localizadas no Brasil que importam serviços digitais e licenças, estão sujeitas ao recolhimento dos seguintes tributos: (i) IOF (Imposto sobre Operações Financeiras);

[25] FIESP. Departamento de Relações Internacionais e Comércio Exterior. *Análise da Acessão do Brasil à OCDE,* São Paulo, 2019, p. 10. Disponível em: <https://sitefiespstorage.blob.core.windows.net/uploads/2019/08/file-20190808135443-estudoanalise-da-entrada-do-brasil-na-ocde.pdf >. Acesso em: 8 fev. 2020.

(ii) PIS-Importação; (iii) COFINS-Importação (Contribuição para o Financiamento da Seguridade Social); (iv) CIDE-Royalties (Contribuição de Intervenção no Domínio Econômico) e (v) ISS (Imposto Sobre Serviços de Qualquer Natureza). Nesse sentido, além da complexidade e do caráter cumulativo, se somados, tem-se, em verdade, uma elevada carga tributária para a importação de serviços.

Em verdade, a cobrança de IRRF na importação de serviços opera para evitar a erosão da base tributária através da importação de serviços de empresas instaladas ou não no país, notadamente, nos casos de empresas multinacionais, tendo como subproduto uma maior isonomia na tributação de renda entre os serviços realizados no campo doméstico e aqueles importados para outras jurisdições.

Como nota lateral, vale ressaltar que a prestação de serviços nacionais está sujeita a seguinte tributação: (i) IRPJ (Imposto de Renda Pessoa Jurídica); (ii) CSLL (Contribuição Social sobre o Lucro Líquido); (iii) COFINS; (iv) ISS e em alguns casos, (v) ICMS (Imposto sobre Circulação de Mercadorias e Serviços).

Retomando e paralelamente às tradicionais retenções na fonte realizadas no caso dos fluxos para o exterior através da retenção na fonte do imposto sobre a renda, tem-se que a mera existência do supracitado IOF, em especial na sua incidência sobre o câmbio, acabe por tributar, de alguma forma esses fluxos de capitais, pois qualquer envio de capital ao estrangeiro pressupõe a conversão da moeda.

Da mesma forma, a CIDE-Royalties acaba, também, por abarcar, importantes fluxos de capital, pois pressupõem as remunerações sobre serviços técnicos, além dos casos clássicos da remuneração da propriedade intelectual.

Portanto, sob o ponto de vista pragmático, as empresas fornecedoras de serviços digitais estão sujeitas à mesma carga tributária das demais empresas localizadas no Brasil, não havendo indicativos claros no que tange às supostas assimetrias da tributação envolvendo a economia digital no país.

Nessa perspectiva, a tributação de remessas internacionais e os requisitos de conformidade (ou custos de *compliance)* relacionados a tais atividades são por deveras complexos, contribuindo para que as empresas multinacionais estabeleçam uma presença física no Brasil – o que somado a alta carga tributária do país, acaba por suprir os efeitos pretendidos pela OCDE junto ao pilar 1.

Dentro deste contexto, vale ressaltar que a maioria das empresas brasileiras com receitas suficientes para enquadramento no escopo do pilar 1 estão excluídas da aplicação das regras ali listadas porquanto são indústrias extrativistas ou operam serviços financeiros regulados. No mais, até o presente momento, o Brasil não adota a aplicação do princípio *arm's length,* o que impactaria a adoção do pilar 1 em sua integralidade.

À vista disso, tem-se como pouco provável, pelo menos em um futuro próximo, o afastamento da tributação na fonte para adoção do pilar 1, bem como a adoção de medidas com vistas a harmonizar o sistema atualmente aplicável internamente com aquele proposto pela OCDE.

Movendo-se mais adiante para o pilar 2, a legislação brasileira já contempla uma espécie de *income inclusion rule,* haja vista que a tributação de investimentos de empresas brasileiras no exterior é operada pelo regime de inclusão automática dos lucros auferidos no exterior, independentemente de sua efetiva distribuição como dividendos, através da exigência do IRPJ e CSLL à alíquota combinada de 34% ou 45%, dependendo do ramo de atividade exercida pela empresa brasileira.

Nesse plano, ressalta-se que as regras CFC brasileiras possuem uma grande potência, seja em sua primeira versão da MP 2158-35 que foi declarada parcialmente inconstitucional pelo Supremo Tribunal Federal (STF) na ADI 2588, seja no atual conjunto de regras da Lei n. 12.973/2014, nas quais há possibilidade de aplicação da transparência fiscal até nas controladas ou coligadas indiretas, fenômeno esse que demonstra a efetividade dessas regras.

Adicionalmente, a *undertaxed payment rule* teria aplicação limitada porquanto a legislação brasileira já restringe a dedutibilidade de despesas para fins de IRPJ e CSLL quando o beneficiário estiver em paraíso fiscal ou for beneficiário de regime fiscal privilegiado, sendo ou não do mesmo grupo econômico.

Finalmente, a *subject to tax rule* não seria aplicada na maioria dos casos, uma vez que o Brasil já tributa a maioria das remessas feitas pelo exterior conforme mencionado anteriormente através do IRRF nos termos do Regulamento do Imposto de Renda.

Ademais, vale destacar que o Brasil não instituiu um tributo nos moldes dos *Digital Services Taxes* e as propostas para a instituição de um tributo que incida especificamente sobre serviços digitais não lograram êxito no Congresso Nacional até o presente momento em razão da aplicação do sistema de tributação pelo IRRF, o qual apresenta efeitos semelhantes as soluções unilaterais implementadas para tributar a economia digital, por exemplo.

Portanto, o Brasil dispõe de um conjunto de proposições jurídico-normativas que está permitindo a tributação da renda decorrente dos serviços digitais, o que não significa que estes não necessitem de um aprimoramento sob pena de se criar um ciclo vicioso que impeça a evolução do sistema tributário brasileiro e a adoção de *standards* internacionais.

Finalmente, a fim de prestigiar o contexto no qual este trabalho se encontra inserido, importa enfatizar, ainda que brevemente, que as propostas de reforma tributária endereçam apenas parcela do sistema tributário brasileiro, indicando uma mudança em fatias e extremamente focada na tributação do consumo, não endereçando, portanto, as questões levantadas pela OCDE nos âmbitos dos pilares 1 e 2.

Conclusões

A melhoria do ambiente de negócios em uma jurisdição está diretamente relacionada a necessidade de aperfeiçoamento do sistema tributário, porquanto a neutralidade tributária somente poderá ser atingida com uma mudança estrutural na tributação a fim de maximizar a eficiência das empresas e minimizar as ineficiências – especialmente – relacionadas aos custos de *compliance* e a competitividade empresarial.

Busca-se a garantia do chamado *fair share* aos países nos quais as empresas digitais realizam suas atividades, especialmente, em razão da ausência de presença física e a importância dos intangíveis juntos aos novos modelos de negócios.

Em razão do prolongamento das discussões junto às organizações internacionais, diversos países criaram medidas unilaterais endereçadas a tributação da renda derivada das atividades digitais, sendo a soberania tributária utilizada como um dos conceitos fundamentais para justificar a ascensão do unilateralismo e, em certa medida, de um territorialismo mais forte.

Somente em outubro de 2021 foi divulgado pela OCDE a aprovação de um programa de trabalho com dois pilares a fim de (re)pensar as regras internacionais de tributação com implementação prevista para 2023.

O pilar 1 endereça novos nexos econômicos para assegurar o direito de uma jurisdição de mercado para tributar parcela dos lucros auferidos pelas empresas multinacionais da economia digital.

O pilar 2 propõe regras para assegurar a aplicação de uma tributação mínima global sobre os negócios digitais.

Tais medidas – provavelmente – conduzirão maior insegurança regulamentar e aumento nas dificuldades de operações para as empresas e para as autoridades fiscais competentes, especialmente, nos países menos desenvolvidos.

O Brasil apoiou a declaração dos dois pilares para tratar os desafios fiscais decorrentes da digitalização da economia em outubro de 2021, o que não implica em obrigação para a implementação de tais medidas.

A tributação de remessas internacionais e os requisitos de conformidade (ou custos de *compliance)* relacionados a tais atividades são por deveras complexos, contribuindo para que as empresas multinacionais estabeleçam uma presença física no Brasil – o que somado a alta carga tributária do país, acaba por suprir os efeitos pretendidos pela OCDE decorrentes da implementação do pilar 1.

O Brasil decidiu por não assinar o MLI impulsionado pelo projeto BEPS e, portanto, tampouco há perspectivas para que o país assine a Convenção Multilateral para implementação do pilar 1.

No campo de aplicação do pilar 2, a legislação brasileira já contempla uma espécie de *income inclusion rule,* bem como já restringe a dedutibilidade de despesas quando o beneficiário estiver em paraíso fiscal ou for beneficiário de regime fiscal privilegiado produzindo os mesmos efeitos da aplicação da *undertaxed payment rule.*

A *subject to tax rule* não seria aplicada na maioria dos casos, uma vez que o Brasil já tributa a maioria das remessas feitas pelo exterior através do IRRF.

O Brasil não instituiu um tributo nos moldes dos *Digital Services Taxes* e as propostas para a instituição de um tributo que incida especificamente sobre serviços digitais não lograram êxito no Congresso Nacional até o presente momento.

As empresas fornecedoras de serviços digitais estão sujeitas à mesma carga tributária das demais empresas localizadas no Brasil, não havendo indicativos claros no que tange supostas assimetrias da tributação envolvendo a economia digital no país.

O Brasil dispõe de um conjunto de proposições jurídico-normativas que está permitindo a tributação da renda decorrente dos serviços digitais, o que não significa que estes não necessitem de um aprimoramento sob pena de impedir a evolução do sistema tributário brasileiro e a adoção de *standards* internacionais.

As propostas de reforma tributária endereçam apenas parcela do sistema tributário brasileiro, indicando uma mudança em fatias e extremamente focada na tributação do consumo, não endereçando as questões levantadas pela OCDE nos âmbitos dos pilares 1 e 2 de forma efetiva.

Referências

BRASIL. Itamaraty. *Brasil e a OCDE*. Disponível em: <http://www.itamaraty.gov.br/pt-BR/politica-externa/diplomacia-economica-comercial-e-financeira/15584-o-brasil-e-a-ocde >. Acesso em: 8 fev. 2020.

EUROPEAN COMISSION. *A Fair and Efficient Tax System in the European Union for the Digital Single Market*, COM (2017) 547, 2017, pp 1-11. Disponível em: <https://ec.europa.eu/taxation_customs/sites/taxation/files/communication_taxation_digital_single_market_en.pdf >. Acesso em 14 ago. 2020.

EUROPEAN COMMISSION. *Communication from the Commission to the European Parliament and the Council – a fair and efficient tax system in the European Union for the Digital Single Market,* 2017. Disponível em: <https://ec.europa.eu/taxation_customs/sites/taxation/files/communication_taxation_digital_single_market_en.pdf >. Acesso em 14 ago. 2020.

FIESP. Departamento de Relações Internacionais e Comércio Exterior. *Análise da Acessão do Brasil à OCDE,* São Paulo, 2019. Disponível em: <https://sitefiespstorage.blob.core.windows.net/uploads/2019/08/file-20190808135443-estudoanalise-da-entrada-do-brasil-na-ocde.pdf >. Acesso em: 8 fev. 2020.

OECD. *Addressing the Tax Challenges of the Digital Economy*. Chapter 7 – Broader tax challenges raised by the digital economy. Disponível em: <https://www.oecd-ilibrary.org/taxation/addressing-the-tax-challenges-of-the-digital-economy/broader-tax-challenges-raised-by-the-digital-economy_9789264218789-10-en;jsessionid=P2NtpujptFDxn8TGrbp0vx7G.ip-10-240-5-48 >. Acesso em 14 ago. 2020.

OECD. *Programme of Work to Develop a Consensus Solution to the Tax Changes Arising from the Digitalization of the Economy*, 2019. Disponível em: <https://www.oecd.org/tax/beps/programme-of-work-to-develop-a-consensus-solution-to-the-tax-challenges-arising-from-the-digitalisation-of-the-economy.pdf >. Acesso em: 14 ago. 2020.

OECD. *Statement on a Two-Pillar Solution to Address the Tax Challenges Arising from the Digitalization of the Economy,* 2021. Disponível em: <https://www.oecd.org/tax/beps/statement-on-a-two-pillar-solution-to-address-the-tax-challenges-arising-from-the-digitalisation-of-the-economy-october-2021.pdf >. Acesso em: 31 mai. 2022.

OECD. *Transfer Pricing in Brazil Towards Convergence with the OECD Standard*, 2019. Disponível em: <https://www.oecd.org/tax/transfer-pricing/transfer-pricing-in-brazil-towards-convergence-with-the-oecd-standard.pdf >. Acesso em: 8 fev. 2020.

Olbert, Marcel; Spengel, Christoph. International Taxation in the Digital Economy: Challenge Accepted, *World Tax Journal*, 2017.

Ribeiro, Maria de Fátima. Considerações sobre as Medidas Fiscais estabelecidas para fazer frentes às crises econômicas e as repercussões no Desenvolvimento Econômico *in* Ferreira, Eduardo Paz; Tôrres, Heleno Taveira; Palma, Clotilde Celorico (org.),

Estudos em Homenagem ao Professor Doutor Alberto Xavier, Vol. II, Portugal: Almedina, 2013, pp. 223-250.

SANTOS, Ramon Tomazela; ROCHA, Sergio André. Tax Sovereignty and Digital Economy in Post-BEPS Times *in* ROCHA, Sergio André; CHRISTIAN, Allison (ed.), *Tax Sovereignty in the BEPS Era*, Alphen ann Den Rijn: Kluwer Law International, 2017, pp. 29-46.

SCHÖN, Wolfgang. Ten Questions about Why and How to Tax the Digitalized Economy in Post-BEPS Times *in* ROCHA, Sergio Andre; CHRISTIANS, Allison (eds), Tax Sovereignty and Digital Economy. *Bulletin for International Taxation*, v. 69, n 6/7, Amsterdam: IBFD, 2015, pp. 399-409.

VALENTE, Piergiorgio. Digital Revolution. Tax Revolution? *Bulletin for International Taxation*. Amsterdam: IBFD, 2018.

VASCONCELOS, Roberto. Os desafios a tributação de operações internacionais na economia digital *in Estudos de Direito Tributário*: em homenagem ao Prof. Gerd Will Rothmann. São Paulo: Quartier Latin, 2016, pp. 417-443.

VITA, Jonathan Barros. (Re)Analisando o Conceito de Estabelecimento Tributário no Cenário Pós-Beps *in* AFONSO, José Roberto; SANTANA, Hadassah Laís (coords), *Tributação 4.0*, Lisboa: Almedina, 2020, pp. 429-446.

ZANETONI, Jaqueline de Paula Leite. Localização e Tributação das Rendas Derivadas da Economia Digital no Plano Internacional: Considerações a Respeito das Propostas Atuais no Contexto do BEPS 2.0 *in* AFONSO, José Roberto; SANTANA, Hadassah Laís (coords), *Tributação 4.0*, Lisboa: Almedina, 2020, pp. 447-464.

ZANETONI, Jaqueline de Paula Leite. Soberania tributária e economia digital: o estado da arte da tributação dos serviços digitais *in* BARRETO, Paulo Ayres (coords), *Estudos tributários sobre a economia digital*, São Paulo: Noeses, 2021, pp. 309-336.

19

TRIBUTAÇÃO 4.0: A DIGITALIZAÇÃO ECONÔMICA E SUAS IMPLICAÇÕES NO SISTEMA TRIBUTÁRIO VIGENTE

NILSON JOSÉ FRANCO JÚNIOR
HADASSAH LAIS DE SOUSA SANTANA

Introdução

Ao longo da história é possível evidenciar o crescente e significativo avanço das ciências tecnológicas. Presente desde o final do século XVIII com a Primeira Revolução Industrial, a tecnologia se tornou o cerne do desenvolvimento econômico em todas as revoluções industriais. Tanto é que as 03 primeiras foram marcadas pela produção em massa, tecnologia da informação, eletricidade e linhas de montagem.

Logo, as constantes transformações sociais e econômicas geraram gradativamente uma incessante necessidade de aprimorar e desenvolver novos meios e soluções às demandas que surgiam. Com isso nasceu a 4ª Revolução Industrial, ou também denominada Indústria 4.0.

O termo Indústria 4.0 é um conceito que envolve automação e tecnologia da informação permitindo a fusão do mundo físico, digital e biológico. Surgiu no governo alemão, tendo sido utilizada inicialmente na *Feira de Hannover em 2011.*[1]

Desde então, a ideia desta revolução impalpável e incorpórea se expandiu e assumiu proporções consideráveis, influenciando e impactando todo o cenário mundial, ficando conhecida como sendo o nascedouro de relações socioeconômicas inéditas.

[1] JANG, S.P (2016) The fourth Industrial revolution and the tasks of Korean industries. In Sicheong-daero. Sejong: KIET Industry Economy

Diante deste panorama digital, pautado na relação de bens incorpóreos, intangíveis e imateriais, surge a necessidade de alinhar as empresas ao novo modelo de mercado, sinalado pela tributação sobre realidades intangíveis. Contudo, tal situação gera uma insegurança com o contexto tributário atual frente às rápidas mudanças tecnológicas vivenciadas hodiernamente.É então que se faz crucial explorar a problemática no que pese a tributação neste novo viés.

Acredita-se que a tributação no Brasil está presente desde o período colonial, onde a Fazenda Real Portuguesa monopolizava a matéria-prima base do país naquele momento, o pau-brasil. Cobrando impostos aos trabalhadores que se utilizavam do produto, momento este que ficou conhecido popularmente como o "quinto do pau-brasil ou vintena".[2]

Entretanto, com o passar do tempo e as rápidas mudanças no cenário econômico atual, tem-se que as bases tributárias vigentes se mostram incapazes de tributar a mercancia dos bens digitais, diante dos conflitos constantes quanto aos conceitos de atividades básicas da relação tributária, tais como a corporeidade e intangibilidade da mercadoria, operação e circulação de mercadorias, prestação de serviços, inexistência de obrigação de fazer, entre outros fatores que vem causando uma grande divergência doutrinária, os quais serão prontamente abordados a seguir.

2. Definição e Contextualização de Preceitos Basilares da Relação Tributária

Diante da definição do tema, se faz crível dissertar, ainda que breve, sobre tais conceitos básicos da relação tributária, como forma introdutória à discussão. Inicialmente, cumpre destacar a definição de mercadoria para Hely Lopes Meirelles. Veja-se:

> Mercadoria é toda coisa oferecida ao consumidor através da circulação econômica; enquanto a coisa não é posta em circulação econômica, não é mercadoria. O que caracteriza a mercadoria é a existência de um bem material posto em circulação econômica, para o consumo, mediante remuneração.[3]

[2] Del Priore, Mary, Venancio, Renato. Uma Breve História do Brasil. São Paulo: Editora Planeta do Brasil, 2010.

[3] *Imposto Devido por Serviço de Concretagem.* Revista dos Tribunais. Ano 62, Julho/1973, vol. 453, pp. 45 a 52)

Ainda, pondera Roque Antonio Carrazza que nada é mercadoria pela sua própria natureza, mas que:

> para que um bem móvel seja havido por mercadoria, é mister que ele tenha por finalidade a venda ou revenda. Ou seja, a característica que difere o bem móvel (gênero) da mercadoria (espécie) é *extrínseca*, consolidando-se no propósito da destinação comercial.[4]

Em complemento, o Supremo Tribunal Federal, instado a se manifestar acerca da controvérsia sobre o tratamento tributário do programa de computador (*software*), por ocasião da análise da comercialização dos chamados "*software* de prateleira" (*off the shelf*), considerou que "o conceito de mercadoria não inclui bens incorpóreos, como os direitos em geral: mercadoria é bem corpóreo objeto de atos de comércio ou destinado a sê-lo".[5]

Noutro giro, cumpre evidenciar o conceito de operação para o autor José Eduardo Soares de Melo em que "operação é qualquer ato voluntário que impulsione mercadorias da fonte de produção até o consumo, tenha ou não a natureza de negócio jurídico". [6]

Por fim, para Geraldo Ataliba e Cleber Giardino, essas operações são entendidas como:

> (...) operações são atos jurídicos; atos regulados pelo Direito como produtores de determinada eficácia jurídica; são atos juridicamente relevantes; circulação e mercadorias são, nesse sentido, adjetivos que restringem o conceito substantivo de operações". [7]

Não se pode deixar de apontar, no que pese a circulação de mercadorias, que para alguns doutrinadores, essa atividade exigiria a transferência da posse e da propriedade da mercadoria, e em contrapartida, para outros, a circulação econômica da mercadoria seria elemento indispensável para o aperfeiçoamento do fato gerador, dispensando-se a transmissão da posse ou da propriedade.

[4] CARRAZA, Roque Antonio. ICMS. 14ª Edição. Malheiros Editores. São Paulo: 2009. p. 43.

[5] RE n. 176.626, Rel. Min. Sepúlveda Pertence, 1ª Turma, DJ 11.12.1998.

[6] Melo, José Eduardo Soares de. ICMS: teoria e prática. 11ª ed. São Paulo. Dialética. 2009, p.12-13.

[7] ATALIBA, Geraldo e GIARDINO, Cléber. Núcleo da definição constitucional do ICM. Revista de Direito Tributário, volumes 25 e 26. São Paulo: RT.

O fato é que a forma como o mercado digital tem se apresentado, acredita-se que a forma construída para incidência tributária ao longo dos anos já não sirva mais à nova economia, uma vez que esses sistemas e conceitos utilizados já se encaminham a se tornarem obsoletos, reclamando tributos diferentes e outras formas de cobrança, seja em âmbito interno ou internacional.

Outro fator polêmico que tem gerado bastante repercussão jurídica é no tocante a modernização do âmbito fiscal, com a reflexão de que embora a tecnologia de informação alinhada com os demais métodos técnicos ofereça um leque vasto de oportunidades para a cobrança dos tributos pelo fisco com maior eficácia e eficiência, esses mesmos meios tornam inadequada a cobrança de muitos tributos postos em uma era não digital, gerando assim, um descompasso entre a nova economia e os velhos tributos.

As consequências de não se modernizar a política fiscal tem gerado sérios problemas entre as empresas tradicionais e as do segmento digital. De modo que esta última tem sido favorecida pelo fisco, gerando uma discrepância considerável nos lucros desta em detrimento daquela.

A exemplo, temos que a taxa média de impostos pagos pelas empresas tradicionais são de aproximadamente 20,9% a 23,2%, enquanto que com as empresas do ramo digital é observada a taxa média de 8,5% em atividades domésticas a 10,15% em internacionais.[8] Em suma, é necessário rever os tributos vigentes e a forma de cobrá-los.

Noutro giro, importante se faz destacar a concentração dessas empresas digitais que por meio do chamado "efeito plataforma" constroem uma rede de interação entre oferta e demanda atraindo muito mais usuários do que os métodos habituais utilizados pelas empresas tradicionais.

Neste sentido, tem-se que organizações digitais "criam redes que emparelham compradores e vendedores de uma grande variedade de produtos e serviços e, assim, desfrutam de rendimentos crescentes de escala."[9]

A partir desse estratagema fiscal, partindo da premissa de que as empresas devem ser tributadas apenas onde têm estabelecimento permanente, mais uma vez as empresas digitais conseguem desviar dos impostos devido à ausência de estabelecimento físico, o que gera uma urgência quanto à

[8] AFONSO, José Roberto R. et al. ICMS: crise federativa e obsolescência. *Revista Direito GV*, v. 14, n. 3, set-dez, 2018, p. 987-1018.

[9] SCHWAB, Klaus. *A Quarta Revolução Industrial*. Trad. Daniel Moreira Miranda. São Paulo: Edipro, 2016.

delimitação do conceito de estabelecimento permanente, em matéria de tributação internacional da renda.

Nesta senda, passou a se desenvolver o que seria chamado de "presença digital" de uma empresa (*significant digital presence* – SDP), para reconhecer o vínculo tributário.

Isto posto, foi elaborada na União Europeia, a proposta 2018/0072, que em seu art. 4º dispõe sobre presença digital, salientando que "se a atividade exercida através dessa presença consistir, total ou parcialmente, na prestação de serviços digitais através de uma interface digital" restará demonstrado o vínculo tributário desde que preenchida uma das seguintes condições:

a) A proporção das receitas totais obtidas nesse período de tributação e resultantes da prestação desses serviços digitais a utilizadores situados nesse Estado-Membro no mesmo período de tributação seja superior a 7 000 000 EUR;
b) O número de utilizadores de um ou mais desses serviços digitais que se situem nesse Estado-Membro nesse período fiscal seja superior a 100 000;
c) O número de contratos comerciais de prestação de tais serviços digitais que sejam celebrados nesse período fiscal por utilizadores situados nesse Estado-Membro seja superior a 3 000.[10]

Visando substituir o tradicional elemento de conexão do elemento permanente por outro nexo territorial, apelidado de presença digital significativa, a proposta retromencionada reformula a definição de direitos tributários no plano da tributação internacional, sem alterar as regras de definição de estabelecimento permanente para os demais segmentos econômicos.

[10] OECD. Organisation for Economic Co-operation and Development.*Addressing the Tax Challenges of the Digital Economy, Action 1 – 2015 Final Report, OECD/G20.*Base Erosion and Profit Shifting Project. Paris: OECD Publishing, 2015.
OCDE. Eletronic Commerce: taxation Framework Conditions. OECD. 1998. Disponível em: https://www.oecd.org/ctp/consumption/1923256.pdf. Acesso em: 15 de maio de 2021.
OECD. The Sharing and Gig Economy: Effective Taxation of Platform Sellers: Forum on Tax Administration, OECD Publishing, Paris. 2019. Disponível em: https://doi.org/10.1787/574b61f8-en. Acesso em: 15 maio 2021.
OCDE. *Combate* à *Erosão da Base Tributária e* à *Transferência de Lucros.* Paris: OECD Publishing, 2013.

3. A Obsolescência do Sistema Tributário Vigente Diante da Digitalização da Economia

Ainda, diante dos novos desafios postos pela atual economia digital é preciso que o sistema tributário desenvolva mecanismos capazes de alinhar as bases tributárias como renda, trabalho e consumo de maneira integrada e equilibrada.

No tocante a base, ainda que não tenha se tornado totalmente anacrônica, seu declínio é previsível, diante da intensificação do processo de globalização, facilidade de fluxo de capitais e a alta mobilidade das empresas multinacionais, por exemplo. O que acaba por gerar condições favoráveis à adoção de estratégias de planejamento tributário internacional visando a transferência de lucros para localidades com pouca ou nenhuma carga fiscal. Tal problemática vem sendo debatida desde meados dos anos 90 pela Organização para a Cooperação e Desenvolvimento Econômico (OCDE).[11]

Outro fator que ganha destaque com as novas tecnologias de informação é no tocante a repercussão gerada entre a relação de trabalho e o capital, de modo que a crescente automação dos meios de produção implica na substituição da mão-de-obra formal. O que já demonstra um crítico impacto na empregabilidade nos dias de hoje.

No Brasil, levantamento realizado pelo Laboratório de Aprendizado de Máquina em Finanças e Organizações da UnB, publicado pelo IPEA, indica que a automação colocará em risco cerca de 30 milhões de empregos formais, até o ano de 2026.[12]

Com isso, as mudanças radicais nas matérias fiscais reduzirão significativamente o potencial de arrecadação de tributos incidentes sobre a remuneração e folha salarial.

Nesse sentido, assevera Germana Bottone:

> Já se discute no exterior até mesmo a conveniência do uso de tributos para controlar e/ou retardar o processo de automação ou, ao menos, compensar os impactos da mudança na arrecadação tributária dos Estados, financiando inclusive programas de atenção ao trabalhador. De todo modo, esse debate

[11] Bellan, Daniel Vitor. *Direito Tributário Internacional: rendimentos de pessoas físicas nos tratados internacionais contra a dupla tributação.* São Paulo. Saraiva. 2010.

[12] Albuquerque, Pedro Henrique Melo et al. Na era das Máquinas, o Emprego é de Quem? Estimação da Probabilidade de Automação de Ocupações no Brasil. *Ipea: Texto Para Discussão*, Rio de Janeiro, n. 2457, p. 1-1, mar. 2019. Disponível em: https://bit.ly/2FUjxwL. Acesso em: 07 mai. 2021.

ainda pode ser considerado incipiente, e não consta que esse modelo de tributo tenha sido efetivamente implementado.[13]

Em contrapartida, embora ainda em déficit tributário, esse novo contexto econômico baseado na tributação de realidades intangíveis gerado pela tecnologia, possibilitou a expansão e investimento nos serviços em face das mercadorias.

Como exemplo é possível citar a implementação da Lei Complementar n. 157/2016 que incluiu o subitem 1.09 na lista de serviços anexa à Lei Complementar nº 116/2003 promovida pelo Congresso Nacional, na qual prevê a cobrança do Imposto Sobre Serviços de Qualquer Natureza (ISS) sobre o streaming, possibilitando tal cobrança no que pese a disponibilização de conteúdo virtual, seja ele por meio de áudio, imagem, vídeo ou mesmo informações textuais.

Contudo, essa inserção do referido imposto tem gerado alguns conflitos conceituais para a aplicação do tributo, uma vez que de acordo com a acepção tributária atual a prestação do serviço deve ser provocada pela ação do homem e configura-se como uma obrigação de fazer, diferentemente da disponibilização de conteúdo via *streaming* que se caracteriza como sendo uma obrigação de dar. Em outras palavras, insta dizer que não caberia a incidência de tal tributo sobre os serviços prestados de forma virtual, o que, em mais um exemplo, afetaria o poder arrecadatório do Estado.

4. Perspectivas de Ajuste no Sistema Tributário

Postas todas a questões em debates, se faz oportuno explorar as possíveis medidas cabíveis para ajustar o sistema tributário diante dos incessantes desafios entre a tributação tradicional e digital.

É perceptível que diante das novas formas de relação econômica e social, a tendência é de que as bases tributárias sejam extintas, uma vez que não demonstram conseguir acompanhar o ritmo das novas diretrizes.

Neste sentido, é possível estabelecer um comparativo da carga tributária global brasileira, que já esteve próxima dos 35%, entre 2005 e 2008, e agora passou para menos de 33% do PIB em 2017.[14]

[13] BOTTONE, Germana. *A tax on robots?* Some food for thought. DF Working Papers, n. 3, MEF Ministero dell'Economia e delle Finanze, 2017. Disponível em: http://www.finanze.it/export/sites/finanze/it/.content/Documenti/Varie/dfwp3_2018.pdf. Acesso em: 15 maio de 2021.

[14] BRASIL. Ministério da Fazenda. *Estudos Tributários. Carga Tributária no Brasil – 2017 (Análise por Tributo e Bases de Incidência)*. Brasília. Novembro. 2018.

Ainda, um exemplo de fácil compreensão é em relação ao ICMS (Imposto sobre Circulação de Mercadorias e Serviços), que outrora era o principal tributo arrecadado no país, hoje aparenta estar enfrentando sérias dificuldades na construção da incidência de sua base tributária diante do novo mercado.

Os autores José Roberto, Lais Afonso e Khaled Porto destacaram em sua obra "Tributos sem futuro", o seguinte comparativo:

> Em 2017, a arrecadação do imposto correspondeu a 6,78% do PIB e 20% da carga tributária nacional. Em 1968, o então ICM – que não incluía em sua base petróleo, gás, energia, combustíveis, comunicação e transporte – representou 7,28% do PIB e 31% da carga tributária bruta global. Além dos conflitos federativos, a tendência de depreciação da arrecadação e a falta de visão de longo prazo estão entre os principais desafios do imposto, que caminha a passos largos para a obsolescência. Exigindo, portanto, uma maior atenção às peculiaridades e vicissitudes que são inerentes a um processo de reforma aprofundado.[15]

Neste mesmo diapasão, existem na conjectura tributária vigente alguns aspectos que carecem urgentemente de reforma, senão substituição completa, uma vez que representam uma limitação na capacidade de evoluir conforme as novas diretivas.

Entre eles é possível mencionar a rigidez constitucional, de forma que para enfrentar esse cenário de transição frente às galopantes alterações do meio socioeconômico é imprescindível que se flexibilize, modernize e adeque a legislação tributária em conformidade com as exigências da seara atual.

No caso do Brasil, para muitos autores da área, o problema tributário está na circunstância de nosso ordenamento tributário ter sido concebido a partir de variáveis objetivas.

Isso quer dizer que estamos respaldados por uma legislação tributária baseada em uma realidade já ultrapassada, diferente do cenário virtual que está sendo construído rapidamente nos tempos atuais.

Neste aspecto, tudo indica o esvaziamento das bases tributárias tradicionais dos impostos indiretos, reclamando do Governo atualização das

[15] AFONSO, José Roberto; PORTO, LAÍS K. Tributos sem Futuro. Conjuntura Econômica (RIO DE JANEIRO), v. 72, p. 32-35, 2018.

estratégias para estabelecer novas materialidades e construção de novas exações capazes de reestabelecer as bases tributárias de maneira coerente com o contexto da nova economia.

5. Comparativo entre os Sistemas Tributários do Brasil e dos Estados Unidos

Tendo em vista ser os Estados Unidos precursor no mundo do Mercado Digital, se faz conveniente neste trabalho, uma breve análise comparativa com o sistema brasileiro.

Em uma breve análise é possível depreender que existem algumas semelhanças no âmbito tributário do Brasil com os Estados Unidos. Inicialmente, pode-se citar a forma de Estado estabelecida em ambos os países, qual seja a Federação, bem como a descentralização da estrutura fiscal dos mesmos.

Em síntese, o sistema tributário norte-americano segue a seguinte linha:

> O Sistema Tributário dos Estados Unidos tem sua complexidade. Apresentaremos aqui um breve registro do seu formato e os principais tributos, que podem ser diferentes de acordo com cada estado. Baseado no conceito de *Voluntary Compliance*, o regime tributário norte-americano espera que os contribuintes informem todos os ganhos a serem tributados em nome do bem comum. É tomada como critério de delimitação de competência tributária internacional a nacionalidade, que consiste em tributar os rendimentos nacionais independentemente da residência onde foram recebidos. A maior parte da receita vem do Imposto de Renda. A incidência para a pessoa física é relacionada aos rendimentos de capital e à remuneração pelo trabalho. Para as pessoas jurídicas as vendas e os serviços são tributados. Existe também o imposto federal sobre a folha de pagamento que é destinado à seguridade social. Os impostos sobre doações e transferências de bens são altíssimos, chegando a alíquotas de 55%. Os impostos sobre consumo, de competência estadual, são a principal fonte de receitas dos estados.[16]

[16] SISTEMAS TRIBUTÁRIOS COMPARADOS: BRASIL E OUTROS PAÍSES. BlbBrasil, 2017. Disponível em: < https://www.blbbrasil.com.br/blog/comparacao-sistemas tributarios/>. Acesso em: 11 de maio de 2021.

De outro modo, pela teoria das fontes múltiplas de receitas, adotada pelos Estados Unidos, vários entes do referido país possuem propriedade para instituir ou cobrar tributos.

> Na divisão de competências tributárias, o governo federal deve estar investido dos poderes básicos de tributação. Os poderes tributários dos Estados são inerentes aos seus direitos de autonomia federativa e se baseiam na doutrina do poder residual. Há, contudo, certos limites jurídicos, como a imunidade recíproca entre os entes tributantes (comum a todos); a não tributação das exportações e importações (regulação tributária do comércio exterior fica com o governo federal); o estado somente pode tributar em sua jurisdição etc. Os entes locais, como não são da estrutura da federação ("criaturas do Estado", apelidam alguns), recebem o seu poder tributário dos estados. Nada obstante, na prática, esse poder constitucional derivado assume relevância fiscal.

Em consonância, as competências tributárias no Brasil são classificadas em 03 níveis de esferas federativas, quais sejam: União, Estados e Municípios. Entre eles federal, estaduais, cidades, condados e distritos escolares.

Ademais, quanto à circulação de bens, tanto para o Brasil quanto para os Estados Unidos, conserva-se a prevalência da liberdade de mercado sobre o exercício arbitrário da pretensa independência dos Estados, que conservam uma autonomia limitada.

A seguinte cláusula do comércio norte-americano concedeu ao congresso o Poder regular o comércio interestadual em temas relativos à tributação no país. Senão, veja-se:

> SEÇÃO 8. 1 O Congresso terá competência para estabelecer e cobrar impostos, taxas, impostos e taxas, pagar as dívidas e providenciar a defesa comum e o bem-estar geral dos Estados Unidos; mas todos os Deveres, Impostos e Impostos devem ser uniformes em todos os Estados Unidos; (...) 3 Regular o comércio com as nações estrangeiras, e entre os diversos Estados, e com as tribos indígenas; (...)[17]

[17] UNITED STATES SENATE.Constitution of the United States. Disponível em: https://www.senate.gov/civics/constitution_item/constitution.htm. Acesso em 15 de maio de 2021.

Há de se falar ainda na multiplicidade de fontes de receitas públicas e uma complexidade sistêmica presente nos dois países, onde a renda, consumo, serviço e patrimônio concorrem na base dos aspectos mais essenciais das espécies tributárias vigentes.

São destaques no modelo norte-americano o imposto de renda(*individual* e *corporate income tax*); imposto federal sobre a folha de pagamentos (*payroll tax*) – destinasse à seguridade social; impostos sobre doações (*gift taxes*) e transferências (*estate taxes*) de bens; imposto sobre consumo (*salles tax*); imposto sobre a venda de propriedade (*transfer tax on the sale of property*) e imposto sobre a titularidade de propriedade (*property tax on ownership of real property*); e os impostos de franquia (*franchise taxes*).[18]

Outro comparativo significativo se dá quanto a premissa da legislação norte-americana se baseia na verificação sobre o que ele incide e se há alguma espécie de prestação pelo Estado que justifique a cobrança, e não a declaração dada para o tributo, o que expressamente está previsto na legislação brasileira, mais especificamente no art. 4, inciso II do CTN.[19]

Outro ponto relevante a se notar é que o cerne da Guerra Fiscal do Brasil se dá no Imposto sobre Circulação de Mercadorias e Serviços – ICMS, por meio da qual os Estados, ignorando as regras e princípios constitucionais que regem o referido tributo, utilizam de diversos mecanismos de desoneração tributária como mecanismo de atrair a competição dos investidores (arts. 152, 155, § 2º, inc. II, alínea "g", CRFB). O que se depreende também de casos ocorridos nos Estados Unidos, de contexto semelhante no tocante a conflitos sobre a incidência interestadual, tal como foi o caso de West Lynn Creamery Inc v. Healy (1994) e demais.

Ademais, vejamos algumas disposições pertinentes diante das disposições jurisprudenciais e legais de ambas as nações.

1. O Federalismo Norte Americano, por ser centrípeto, propiciou a compreensão de que a concessão comercial a companhias provenientes de outros Estados (federados) para realizar comércio em território estadual diverso afi-

[18] Eduardo, J.; Paes, S. Características do Sistema Tributário dos Estados Unidos da América: alguns tópicos relevantes. Revista de Direito Internacional Econômico e Tributário – RDIET, v. 10, n. n. 2, p. 52–78, 2015.

[19] Lockhart, Willian; Kamisar, Yale; Choper, Jesse H.; Shiffring, Steven H., Fallon JR, Richard H. Law Cases, Comments, Questions. Eight Edition. American. Minn.: American Casebook Series.West Publishing Co.St. Paul, 1998.

gura-se como um privilégio do Estado à Companhia. A Consequência é a de que, enquanto no Brasil as restrições de passagem de pessoas e mercadorias pelo território é vista como uma tentativa de o Estado "ganhar uma autonomia indevida", nos Estados Unidos da América a prática representa uma tentativa do Estado de ir na contramão da relativização da soberania que em outros tempos o mesmo fora portador. Os tributos que coíbem a circulação de mercadorias e serviços no território nacional brasileiro são coibidos na medida em que preza o regime constitucional pela liberdade de circulação, em detrimento de qualquer necessidade de tributação, enquanto nos EUA a concepção é de que afigura-se como lícita a tributação em razão do privilégio concedido pelo Estado à empresa, contudo cabe à União a guarda legiferante contra um exercício de tributação arbitrário que vise desestimular grosseiramente o comércio interestadual ou impedi-lo.

2. A existência de uma compreensão do Direito Tributário que busque cobrar do cidadão mais beneficiado uma tributação condizente com o seu privilégio recebido (prestação direta ou indireta do Estado) é presente nos dois países. No Brasil, a existência das taxas (que envolvem contraprestação do Estado) e das Contribuições de Melhoria (que implica na tributação devida a valorização proporcionada pelo Estado, devido à sua atividade infra-estrutural, a imóveis) são os exemplos típicos dessa ideia. Enquanto nos EUA, a designação doutrinária de "Tributos de Privilégio", ou "privilege taxe", logrou compreender que o Estado pode cobrar de alguém pelo privilégio que o concede, especialmente em razão do custeio indireto que promove sobre a atividade exercida pelo privilegiado.

3. A despeito das constituições de Brasil e EUA serem opostas na extensibilidade, respectivamente prolixa e sucinta, a compreensão jurídico-tributária encontra os mesmos problemas interpretativos nos dois âmagos, tanto principiológico, quando aduz ao juiz uma atuação mais criativa na resolução dos conflitos, tanto a arquitetada por regras, que refere ao legislador a tarefa constante de rever a legislação e colmatar os problemas de ordem pragmática surgidas nos regimes.

4. Vigora nos dois países uma concepção de custeamento do Estado por fontes múltiplas de receitas, e no microssistema do Direito Tributário a ideia de pluralidade de formas e especificidades de tributos. Aliada à divisão de competências territoriais para legislar este é um fator que induz a classificações de diversos tipos de intervenção do Estado, das quais se destacam: a) a tributação direcionada a sujeitos específicos – Taxas, no Brasil, ou Tributos

de Privilégio, nos Estados Unidos; b) a tributação sobre a circulação de mercadoria do intra e interestadual, que recorda preocupações distintas no tratamento normativo; e c) a proteção da liberdade de circulação entre as diversas províncias/Estados Federados como preceito fundamental da ordem republicana federativa, sobre o qual deve o Estado limitar o Poder do Estado, uma vez que a tributação pode ser usada como desestímulo de conduta.[20]

Não obstante, os governos estaduais americanos iniciaram em 1999 a dar importantes avanços cooperativos, visando combater as crescentes perdas de receita. Tal empenho para prevenir perdas de receita associadas a vendas fora do estado por meio de um arranjo institucional denominado como Projeto de Taxa de Vendas Simplificada. Esses esforços caminham para unificar as diferentes bases de impostos estaduais e locais sobre vendas e uso, com intuito de simplificar as obrigações de conformidade para empresas com vendas fora do estado.

Ainda, os governos estaduais americanos estão buscando através de soluções baseadas em "tecnologia é a lei", formas de fazer com que as leis fiscais moldem os avanços tecnológicos, de forma a influenciar o comportamento de conformidade individual e coletivo para uma discussão dos sistemas de cobrança de impostos *on-line* para os impostos de vendas estaduais dos EUA.

Neste sentido, resta claro que embora em projeções diferentes, é possível estabelecer um comparativo que auxiliaria na resolução de casos similares entre os dois países, a partir da semelhança apresentada nos sistemas tributários adotados.

Conclusões

Diante das incertezas que marcam o cenário digital, é preciso propor determinados ajustes ao sistema tributário à nova realidade da economia e da sociedade. Contudo, tal fator implica remover parcela significativa das disposições tributárias vigentes, deixando espaço para sua disciplina e, por conseguinte, alteração por meio da legislação infraconstitucional.

[20] LIMITES à tributação interestadual: uma breve análise comparativa entre a experiência constitucional brasileira e a jurisprudência estadunidense. **Âmbito Jurídico**, 2021. Disponível em: https://ambitojuridico.com.br/edicoes/revista-171/limites-a-tributacao- interestadual-uma-breve-analise-comparativa-entre-a-experiencia-constitucional- brasileira-e-a-jurisprudencia-estadunidense/.

Nessa toada, muitos governos estão oferecendo incentivos fiscais (isto é, uma redução dos passivos fiscais) às empresas que buscam estratégias de inovação. Esses governos esperam que a redução dos impostos incentive as empresas a gastar mais recursos no desenvolvimento de tecnologias que melhorem a produtividade. As empresas também podem se deslocar para a nova jurisdição para aproveitar as isenções fiscais, aumentando o emprego.

Não obstante, na Proposta de Emenda à Constituição para a Reforma Tributária (PEC 293/04), que está tramitando em comissão especial na Câmara dos Deputados, de relatoria do Deputado Luiz Carlos Hauly, propõe-se a criação do Imposto sobre Operações com Bens e Serviços (IBS), nos moldes de um imposto sobre valor agregado, que viria a substituir uma gama diversa de tributos, dentre eles o ISS e o ICMS. Dirimindo assim a insegurança jurídica quanto à tributação dos conteúdos disponibilizados via streaming, por exemplo.

Em virtude dos fatos mencionados, cabe destacar que urge a necessidade de que o sistema tributário adequado à nova economia digital seja mais ágil e maleável, capacitando-o para que possa lidar com um mundo em constante transformação, desenvolvendo tributos coerentes e aptos a contemplar novas materialidades e fato gerador da digitalização da economia.

Por fim, para abarcar toda a complexidade do mercado digital, será necessária uma revisão total do sistema tributário, principalmente no que se refere às bases tributárias, para um melhor aproveitamento justo e igualitário de sua incidência.

Referências

AFONSO, José Roberto R. et al. *ICMS: crise federativa e obsolescência.* Revista Direito GV, v. 14, n. 3, set-dez, 2018, p. 987-1018.

AFONSO, José Roberto. *Impactos da Revolução Digital na tributação: uma primeira revisão bibliográfica.* In: AFONSO, José Roberto (coord.). Tributação 4.0. São Paulo: Almedina, 2020.

AFONSO, José Roberto; COELHO, Isaias. *O tsunami pode estar a caminho do Brasil.* Revista Conjuntura Econômica, Abril, 2017.

AFONSO, José Roberto; PORTO, LAÍS K. *Tributos sem Futuro.* Conjuntura Econômica (RIO DE JANEIRO), v. 72, p. 32-35, 2018.

ALBUQUERQUE, Pedro Henrique Melo et al. *Na era das Máquinas, o Emprego é de Quem? Estimação da Probabilidade de Automação de Ocupações no Brasil.* Ipea: Texto Para Discussão, Rio de Janeiro, n. 2457, p. 1-1, mar. 2019. Disponível em: https://bit.ly/2FUjxwL.

ATALIBA, Geraldo e GIARDINO, Cléber. *Núcleo da definição constitucional do ICM.* Revista de Direito Tributário, volumes 25 e 26. São Paulo: RT.

BALEEIRO, Aliomar. *Limitações constitucionais ao poder de tributar*. 8. ed. atualizada por Misabel Abreu Machado Derzi. Rio de Janeiro: Forense, 2010.

BELLAN, Daniel Vitor. *Direito Tributário Internacional: rendimentos de pessoas físicas nos tratados internacionais contra a dupla tributação*. São Paulo. Saraiva. 2010.

BOTTONE, Germana. *A tax on robots? Some food for thought*. DF Working Papers, n. 3, MEF Ministero dell'Economia e delle Finanze, 2017. Disponível em: http://www.finanze.it/export/sites/finanze/it/.content/Documenti/Varie/dfwp3_2018.pdf.

BRASIL. Ministério da Fazenda. Estudos Tributários. *Carga Tributária no Brasil* – 2017 (Análise por Tributo e Bases de Incidência). Brasília. Novembro. 2018.

BRASIL. Supremo Tribunal Federal. *Recurso Extraordinário nº 651.703*. Rel. Min. Luiz Fux. Julgado em 29/09/2016. Publicado no DJe em 26/04/2017.

BRASIL. Supremo Tribunal Federal. *Recurso Extraordinário n. 176.626*, Rel. Min. Sepúlveda Pertence, 1ª Turma, DJ 11.12.1998.

CARRAZA, Roque Antonio. *ICMS*. 14ª Edição. Malheiros Editores. São Paulo: 2009.

CARVALHO, Paulo de Barros. *Direito tributário: linguagem e método*. 5ª ed. São Paulo: Noeses, 2013.

DEL PRIORE, Mary, VENANCIO, Renato. *Uma Breve História do Brasil*. São Paulo: Editora Planeta do Brasil, 2010.

EDUARDO, J.; PAES, S. *Características do Sistema Tributário dos Estados Unidos da América: alguns tópicos relevantes*. Revista de Direito Internacional Econômico e Tributário – RDIET, v. 10, n. n. 2, p. 52–78, 2015.

JANG, S.P (2016) The fourth Industrial revolution and the tasks of Korean industries. In Sicheong-daero. Sejong: KIET Idustry Economy

LIMITES à tributação interestadual: uma breve análise comparativa entre a experiência constitucional brasileira e a jurisprudência estadunidense. Âmbito Jurídico, 2021. Disponível em: https://ambitojuridico.com.br/edicoes/revista-171/limites-a-tributacao- interestadual-uma-breve-analise-comparativa-entre-a-experiencia-constitucional- brasileira--e-a-jurisprudencia-estadunidense/.

LOCKHART, Willian; KAMISAR, Yale; CHOPER, Jesse H.; SHIFFRING, Steven H., FALLON JR, Richard H. Law Cases, Comments, Questions. Eight Edition. American. Minn.: *American Casebook Series*.West Publishing Co.St. Paul, 1998.

MEIRELLES. Hely Lopes. *Imposto Devido por Serviço de Concretagem*. Revista dos Tribunais. Ano 62, Julho/1973.

MELO, José Eduardo Soares de. *ICMS: teoria e prática*. 11ª ed. São Paulo. Dialética. 2009.

OCDE. *Eletronic Commerce: taxation Framework Conditions*. OECD. 1998. Disponível em: https://www.oecd.org/ctp/consumption/1923256.pdf. Acesso em: 15 de maio de 2021.

OCDE. *Combate à Erosão da Base Tributária e à Transferência de Lucros*. Paris: OECD Publishing, 2013.

OECD. *Organisation for Economic Co-operation and Development.Addressing the Tax Challenges of the Digital Economy, Action 1 – 2015 Final Report, OECD/G20*. Base Erosion and Profit Shifting Project. Paris: OECD Publishing, 2015.

OECD. *The Sharing and Gig Economy: Effective Taxation of Platform Sellers: Forum on Tax Administration*, OECD Publishing, Paris. 2019. Disponível em: https://doi.org/10.1787/574b61f8-en. Acesso em: 15 de maio de 2021.

Schwab, Klaus. *The Fourth Industrial Revolution*. New York: Crown Business, 2016.

sem autor: *SISTEMAS TRIBUTÁRIOS COMPARADOS: BRASIL E OUTROS PAÍSES*. BlbBrasil, 2017. Disponível em: < https://www.blbbrasil.com.br/blog/comparacao--sistemas tributarios/>. Acesso em: 11 de maio de 2021.

UNITED STATES CONGRESS. *Constitution of the United States of America: Analysis and Interpretation*. Disponível em: https://www.senate.gov/civics/constitution_item/constitution.htm. Acesso em 19 de maio de 2021.

UNITED STATES SENATE.*Constitution of the United States*. Disponível em: https://www.senate.gov/civics/constitution_item/constitution.htm. Acesso em 19 de maio de 2021.

Valle, Maurício Dalri Timm do; Leonart, Vinicius Felipe Caimi. *Sobre a incidência do ISS e ICMS sobre streaming*. Revista Fórum de Direito Tributário – RFDT, Belo Horizonte, ano 15, n. 87, maio/jun. 2017. Disponível em: http://www.bidforum.com.br/PDI0006.aspx?pdiCntd=247571>.

20
CRIPTOMOEDAS E MOEDAS DIGITAIS DOS BANCOS CENTRAIS – DESAFIOS E PERSPECTIVAS DA TRIBUTAÇÃO NO BRASIL

José Roberto R. Afonso
Marcos Antônio Rios da Nóbrega
Núbia Nette Alves Oliveira de Castilhos

Introdução

Criptomoedas já se firmaram como meio de pagamento e, sobretudo, de acúmulo de poupança. Cada vez mais surge na mídia, ora sobre economia, as vezes como caso de polícia. Afinal, o que são as criptomoedas? Para que servem? Como são tratadas mundo afora e no ordenamento jurídico brasileiro? Quais os riscos de se investir em criptomoedas?

Este texto se propõe a responder essas questões buscando demarcar o estágio atual dos debates acerca do tema no panorama doméstico e internacional. É preciso antecipar que, nessa matéria, em poucos meses, o diagnóstico pode mudar fortemente.

Para tanto, em um primeiro momento, será abordada a definição de criptomoedas e a engrenagem que a faz circular, o *blockchain*, seguido de algumas digressões em torno de sua natureza jurídica. Na sequência, será estudado o tratamento tributário das criptomoedas, numa incursão sobre a posição de diversos países e pela compreensão dos órgãos brasileiros competentes – Secretaria Especial da Receita Federal do Brasil (RFB) e Banco Central do Brasil (BCB).

No âmbito das moedas digitais do Banco Central (CBDC)[1], matéria tão em evidência quanto as criptomoedas, o texto fará um apanhado geral do

[1] Optamos por usar a siglas em inglês, condizendo com muita literatura externa citada neste artigo.

que vem a ser esse instrumento financeiro, buscando colacionar, principalmente a partir de estudos contidos na página eletrônica do Banco de Compensações Internacionais (BIS), os elementos que compõem a sua definição, classificações, vantagens e desvantagens de sua criação, assim como o estado da arte em torno das discussões sobre o assunto, incluindo as ações a respeito empreendidas pelo Banco Central brasileiro. Apesar da forma peculiar de gestão de sua economia, serão vertidos alguns elementos sobre a China, em razão de ter sido o primeiro país a ter a sua CBDC.

A relevância do debate mundial sobre as moedas digitais, oficialmente a serem emitidas pelos bancos centrais, alçou patamares que não permitem que se fique alheio à pauta. Já há quem diga que essas moedas "... com suas diferenças dramáticas em relação ao papel moeda e a dados, é provável que sejam uma virada de jogo no sistema financeiro internacional" (WANG; GAO, 2020, p. 1).

Duas das principais fontes utilizadas neste capítulo foram o relatório emitido em outubro de 2020 pela Organização para a Cooperação e Desenvolvimento Econômico (OECD), em que a instituição fez uma pesquisa inédita e robusta sobre as criptomoedas, a partir da análise das respostas de cinquenta países[2], e o relatório que contém os resultados da terceira pesquisa do BIS sobre moeda digital do Banco Central, de janeiro de 2021[3].

1. As criptomoedas

1.1. Definição de criptomoedas e mecanismo utilizado para sua circulação (emissão, validação e registro) – o *blockchain*

Uma reflexão inicial trata das razões para se comprar criptomoedas como investimento. Essa resposta pode ser bem simples ou bem complexa. No primeiro caso, o argumento se dá pela elevada valorização que alguns desses ativos tiveram recentemente, como no caso do *bitcoin*, que, nos últimos cinco anos, chegaram a se valorizar mais de 4.000% em relação ao dólar.

[2] OECD (2020). *Taxing virtual currencies: an overview of tax tratments and emerging tax policy issues*, OECD Paris. Disponível em: www.oecd.org/tax/tax-policy/taxing-virtual-currencies-an-overview-of-tax-treatments-and-emerging-tax-policyissues.htm. Acesso em: 14 maio 2021. As transcrições desse documento foram feitas em tradução livre.

[3] *BIS Papers nº 114 – Ready, steady, go? – Results of the third BIS survey on central bank digital currency.* Janeiro de 2021. Disponível em: https://www.bis.org/publ/bppdf/bispap114.pdf. Acesso em: 7 out. 2021. As transcrições desse documento foram feitas em tradução livre.

A resposta mais complexa, por sua vez, tem relação com diversas outras variáveis que serão tratadas no decorrer deste texto.

A OECD (2020) não vê uma definição acordada internacionalmente para o termo "criptoativo". Ele seria comumente utilizado para se referir a tipos de ativos financeiros digitais que são baseados na tecnologia de contabilidade distribuída (DLT), como é o *blockchain*, e tem a criptografia como parte de seu valor percebido ou inerente.

As criptomoedas, por sua vez, são espécie do gênero criptoativos e podem ser definidas como moedas virtuais, de circulação na internet e operadas via tecnologia chamada *blockchain*. A mais famosa das criptomoedas é a bitcoin, seguida da *ethereum*. De maneira mais simples, "as chamadas moedas virtuais [...] são uma forma de transferir recursos financeiros entre pessoas pela internet" (Castello, 2019, p. 2).

A OECD alerta que, como as moedas virtuais não são equiparadas às moedas fiduciárias na maioria dos países, a expressão pode confundir as pessoas, razão pela qual sugerem que a denominação "*tokens* de pagamento" seria mais adequada. Todavia, como "moedas virtuais" já se popularizou, assim também a instituição faz uso dessa nomenclatura quando se refere às criptomoedas (OECD, 2020).

As criptomoedas também podem ser chamadas de moedas digitais, o que poderia levar a confusões com o segundo objeto deste estudo, a CBDC. Mas esta será identificada como moedas digitais (ou moeda digital) do Banco Central.

Neste capítulo, não será utilizada a terminologia *token de pagamento*, mas criptomoedas, moedas virtuais ou digitais, como sinônimas.

O *bitcoin*, juntamente com a tecnologia *blockchain*, surge em 2008, ambas criadas por uma pessoa ou grupo sob o pseudônimo de Satoshi Nakamoto, cuja identidade ainda é desconhecida, a partir de questionamentos sobre a necessidade da existência de mediador para a emissão, controle e validação das transações com moedas. Com relação às moedas fiduciárias, essa função é desempenhada por uma autoridade central, como bancos e operadoras de cartão de crédito, por exemplo. A mediação é necessária para evitar o gasto duplo, ou seja, para evitar que o mesmo valor seja utilizado para pagar mais de uma conta (Meira; Dall'ora; Santana, 2020, p. 340 e 341). Assim, Satoshi Nakamoto desenvolve a *blockchain*.

A primeira moeda virtual em que a própria rede validou as transações foi o *bitcoin*, evitando dessa forma o gasto duplo. Tal rede, a *blockhain*, é tida por muitos como a verdadeira grande invenção, maior ainda que o próprio *bitcoin* em si. Mas como funciona essa tecnologia? A doutrina descreve o modelo. Na dicção de Piscitelli (2018, p. 576 e 577):

> A *blockchain* é uma rede pública e compartilhada de computadores (nodes) na qual as transações com criptomoedas são registradas e verificadas. A verificação é realizada pelos chamados "mineradores", que validam a transação pela checagem da conformidade com as regras da rede; essa checagem envolve a confirmação dos dados pela solução de um problema matemático encriptado. Aquele que primeiro resolve o problema e valida as informações adiciona a operação aos blocos anteriores, confirmando-a. Como resultado, obtém um determinado número de criptomoedas geradas pelo sistema. Sobre esse ponto, reitere-se que não há um sujeito emissor, uma autoridade central; a emissão é uma decorrência lógica da validação da transação e gerada pelo sistema.

Vale conferir o funcionamento mais pormenorizado da *blockchain*, a começar pela necessidade de se criptografar todas as transações em todos os computadores ligados na rede da criptomoeda. A tecnologia é tão inovadora e, para a maioria dos autores consultados, altamente segura, que ela não se resume às criptomoedas. Já é possível vislumbrar a utilização da *blockchain* em diversos setores, como o de saúde e o setor público.

Um exemplo, na área da saúde, é o do Hospital Universitário Lauro Wanderley, da Universidade Federal da Paraíba, que anunciou a adoção de um sistema em *blockchain* para a realização de consultas *online*. Trata-se de solução que objetiva evitar o colapso do sistema de saúde, posto à prova com a pandemia do coronavírus. Segundo a fonte consultada:

> A plataforma de telemedicina TelerRim integra tecnologia desenvolvida pelo Laboratório de Aplicações de Vídeo Digital (Lavid), da Universidade Federal da Paraíba (UFPB), ao projeto Vídeo for Health (V4H), uma plataforma de videocolaboração para telessaúde, que possibilita o registro dos atendimentos remotos de forma mais segura.[4]

Quanto ao uso da *blockchain* no setor público, em setembro de 2020, em *webinário* promovido pelo Ministério da Justiça e Segurança Pública, foi

[4] Disponível em: https://exame.com/future-of-money/blockchain-e-dlts/contra-colapso-hospital-publico-da-paraiba-adota-solucao-em-blockchain/. Acesso em: 17 maio 2021.

discutido o uso do *blockchain* pelos órgãos do governo brasileiro. O tema fez parte da Ação 08/2020 da Estratégia Nacional de Combate à Corrupção e à Lavagem de Dinheiro (ENCCLA).

O segundo painel desse evento foi moderado pela Associação dos Magistrados Brasileiros e apresentou casos práticos de utilização do *blockchain* no setor público, a exemplo do BCB, da Secretaria da Receita Federal do Brasil (RFB), do Ministério da Saúde, do Serpro e da Controladoria-Geral do Paraná. A matéria finaliza aduzindo que, no setor público, a tecnologia "pode proporcionar maior segurança na troca de informações entre os órgãos do governo, inibindo a corrupção e a lavagem de dinheiro por facilitar o rastreamento e reforçar a confiabilidade em ações de compartilhamento de dados e informações"[5].

Trata-se de tecnologia já aplicada no setor público nacional. Tanto é, que nesse *webinário* foi divulgado o documento "*Blockchain* no setor público: guia de conceitos e usos potenciais", veiculando diagnóstico sobre as possibilidades de uso de tecnologias como *blockchain* nas organizações públicas[6]. A *blockchain*, para muitos, tem o potencial de fazer uma das maiores revoluções na economia digital desde a internet, sobretudo pelos aspectos de confiança e segurança que lhes são atribuídos.

Quanto às principais características das criptomoedas, elas são transacionadas no ambiente da internet, com o uso de tecnologia e de criptografia, que garantem altos níveis de segurança; a emissão, a validação e o registro ocorrem de forma descentralizada – não possuem curso legal e seu valor não é assegurado por nenhuma autoridade estatal; o mecanismo de emissão e de validação não depende de um intermediário, mas de um sistema em cadeias de blocos (*blockchain*); seu valor é baseado na confiança; o sistema de *blockchain* permite maior anonimato dos investidores; seu poder liberatório de obrigações advém da própria comunidade virtual; além disso, possui alta volatibilidade de preços.

Parte dessas características é responsável por um dos problemas que atingem as criptomoedas – a questão criminal. Isto porque o anonimato, a ausência de controle centralizado sobre os ativos, a falta de bases de dados

[5] Disponível em: http://enccla.camara.leg.br/noticias/webinario-blockchain-e-o-setor-publico-no-brasil. Acesso em: 17 maio 2021.

[6] Disponível em: https://www.gov.br/agu/pt-br/comunicacao/noticias/seminario-online-debate-o-uso-da-tecnologia-blockchain-para-prevencao-a-corrupcao. Acesso em: 17 maio 2021.

uniformes e de documentação adequada, entre outros, favorecem a não identificação das pessoas e dos ativos utilizados no cometimento de ilícitos criminais, como terrorismo e lavagem de dinheiro. Objetivando o combate a esses tipos de delito, o Grupo de Ação Financeira Internacional (GAFI), do qual o Brasil faz parte, tem levantado a bandeira de que sejam permitidas apenas transações por intermédio de corretoras de criptomoedas[7].

1.2. A natureza jurídica das criptomoedas

Qual a natureza jurídica das moedas virtuais?

A própria denominação de "moeda" virtual ou criptomoedas poderia levar a pergunta a uma resposta óbvia, mas a questão é mais intrincada. Sob o ponto de vista econômico, uma moeda deve possuir três funções principais: ser um meio de troca, ou seja, um instrumento para o uso de pagamentos com um valor em que os agentes possuem confiança; ser uma reserva de valor, preservando seu poder de compra com o passar dos anos; e ser uma unidade de conta, que permite atribuir um preço a bens e serviços.

Segundo Melissa Guimarães Castello, a maioria dos autores brasileiros entende que as criptomoedas **não são moedas** propriamente ditas (cita autor que defende que seriam meras *commodities* sem regulação). Há os que entendam tratar-se de moedas eletrônicas. Nos termos do artigo da autora, "moeda tem curso legal quando todas as pessoas de uma determinada comunidade têm a obrigação de aceitá-la; tem curso forçado quando não se pode exigir do emitente da moeda o reembolso em outros ativos; tem poder liberatório quando é meio juridicamente válido para extinguir obrigações" (2019, p. 5).

O Real agrega essas três características. O art. 21, VII, da Constituição Federal (CF) dispõe que compete à União a emissão de moeda (a competência é exclusiva). Nos termos do art. 315 da Lei nº 10.406, de 10 de janeiro de 2002 (Código Civil), "as dívidas em dinheiro deverão ser pagas no vencimento, em moeda corrente e pelo valor nominal, salvo o disposto nos artigos subsequentes". Pelo art. 318 também do Código Civil, "são nulas as convenções de pagamento em ouro ou em moeda estrangeira, bem como para compensar a diferença entre o valor desta e o da moeda nacional, excetuados os casos previstos na legislação especial". A Lei nº 9.069, de 29

[7] Disponível em: https://livecoins.com.br/gafi-p2p-bitcoin-criminalizar-uso-de-carteiras/. Acesso em: 23 maio 2021.

de junho de 1995, por sua vez, reza que, "a partir de 1º de julho de 1994, a unidade do Sistema Monetário Nacional passa a ser o Real, que terá curso legal em todo o território nacional".

A CF não conceitua moeda, tampouco o Código Civil brasileiro – este até menciona "moeda corrente" em seu art. 315, sem, contudo, defini-la. No mesmo rumo, a Lei nº 9.060, de 1995, que "dispõe sobre o Plano Real, o Sistema Monetário Nacional, estabelece as regras e condições de emissão do Real e os critérios para conversão das obrigações para o Real, e dá outras providências", embora mencione que o Real terá curso legal em todo o território nacional, também não vai além disso na sua conceituação.

As criptomoedas, em geral, não parecem aglutinar os três atributos antes descritos, ao menos no Brasil, e à exceção de países que já lhes atribuiu alguma, ou todas essas características. De outra banda, também é fato que a legislação pátria não definiu o que seja moeda, como já aduzido. Então, poderiam ser caracterizadas como moedas estrangeiras? Pelo menos um dos artigos pesquisados defende a inexistência de óbice para tanto, uma vez que transações com moedas estrangeiras são reguladas pelo BCB, não havendo também nenhuma conceituação ou determinação legal em vigência relativamente às moedas estrangeiras que configurem empecilho para essa caracterização. Ademais, defende a autora desse artigo que tanto as criptomoedas quanto as moedas estrangeiras são reservas de valor e unidade de conta, além de servirem como meio de troca – a primeira junto à comunidade virtual respectiva e a segunda, nos países correspondentes (Castello, 2019, p. 5-9).

Júlio Cesar Stella realça que....

> [...] considerando-se as normas gerais de direito, os usos dados a esses instrumentos, a regulamentação de institutos semelhantes e as manifestações de autoridades a respeito, é adequado o tratamento destas como uma coisa incorpórea, mais especificamente, um domínio eletrônico com valor abstrato ao qual se atribui direito de propriedade.[8] (2017, p. 161)

Com relação ao *bitcoin*, destaca-se o artigo de Yermack (2015), em que o autor adverte que ele alcançou apenas um volume reduzido de transações do consumidor; que sua volatilidade é muito maior do que as volatilidades de moedas amplamente utilizadas; que as taxas de câmbio diárias do

[8] Disponível em: https://revistapgbc.bcb.gov.br. Acesso em: 14 jan. 2022.

bitcoin não exibem qualquer correlação com moedas amplamente usadas como o ouro; que, além de enfrentar riscos diários de invasão e roubo, não tem acesso a um sistema bancário com seguro de depósito e não é usado para denominar crédito ao consumidor ou contratos de empréstimo. Desse modo, o *bitcoin* é visto pelo antes referido autor muito mais como um investimento especulativo do que como uma moeda.

1.3. O tratamento tributário das criptomoedas

O interesse mundial pelas criptomoedas tem crescido a passos largos no Brasil e no mundo. Para se ter uma ideia, ainda em 2017, a RFB publicou que, "apenas no mês de dezembro de 2017, o total movimentado no Brasil, relativo a compras e vendas de *bitcoin*, atingiu o patamar de 4 (quatro) bilhões de reais, com o ativo em média negociado a aproximadamente R$ 49.000,00 (quarenta e nove mil reais)"[9].

Comparando os dados daquele ano com 2021, quando as ***exchanges*** **brasileiras movimentaram R$ 103,5 bilhões em *bitcoin*[10], o enfrentamento da** discussão sobre a tributação a que estão submetidas as criptomoedas adquire especial dimensão. Sob o viés tributário, a questão já tem sido discutida em diversos países, mas ainda de forma incipiente, não existindo tratamento uniforme entre eles, o que seria desejável, haja vista tratar-se de ativo transfronteiriço.

A matéria é tão relevante em termos tributários que, objetivando fornecer elementos para ajudar os formuladores de políticas que desejam melhorar suas estruturas de política tributária para moedas virtuais, em outubro de 2020, a OECD lançou o relatório *Taxin virtual currencies: an overview of tax tratments and emerging tax policy issues* (Tributação de moedas virtuais: uma visão geral de tratamentos fiscais e questões de política tributária emergente). O documento foi elaborado por solicitação dos líderes do G20, de seus ministros de finanças e dirigentes de seus bancos centrais, contando com a participação de mais de 50 (cinquenta) países, inclusive do Brasil.

[9] Disponível em: http://receita.economia.gov.br/sobre/consultas-publicas-e-editoriais/consulta-publica/arquivos-e-imagens/consulta-publica-rfb-no-06-2018.pdf/view. Acesso em: 23 maio 2021.

[10] Disponível em: https://valorinveste.globo.com/mercados/cripto/noticia/2022/01/07/valor-negociado-em-bitcoin-no-brasil-salta-417percent-em-2021-e-chega-a-r-1035-bilhoes.ghtml. Acesso em: 13 jan. 2022.

A seguir, as possibilidades de tratamento tributário das criptomoedas na perspectiva do imposto sobre a renda, além do IVA e do imposto sobre propriedade, conforme consta do Relatório da OECD em referência. Em que pese a inexistência de IVA no Brasil, considerando as propostas de reforma tributária em debate, algumas delas prevendo a criação do tributo, acredita-se que os dados da OECD a respeito possam ser úteis. Antes, porém, é importante destacar os principais eventos tributáveis relacionados ao ativo, já identificados pela mencionada instituição e pela doutrina nacional.

Os eventos tributáveis basilares das criptomoedas seriam: 1) *airdrops* – distribuição de uma criptomoeda de graça, sem custos; 2) oferta inicial de *token* (ou oferta inicial de moedas) – *ICOs – initial coin offers*: pessoas depositam uma moeda famosa ou moeda fiduciária e recebem em troca uma moeda que está sendo lançada no mercado; a OECD ressalta que esse modelo foi menos frequente em 2019 e 2020, em parte devido aos esforços da Comissão de Valores Mobiliários dos Estados Unidos e às dificuldades de competição com moedas virtuais mais conhecidas; 3) mineração – processo pelo qual transações de criptomoedas são verificadas e adicionadas à *blockchain*. O "minerador" é a pessoa na rede que realiza os processos matemáticos de validação e, por ser o primeiro a resolver equações complexas, pode ter direito a recompensas na forma de novas criptomoedas ou a uma taxa, que é uma porcentagem do valor da transação; 4) forjamento – falsificadores (participantes) "apostam" seus *tokens* próprios para ter o direito de verificar uma transação e é creditada uma taxa de transação ou novos *tokens* (OECD, 2020, p. 11 e 14).

Segundo Piscitelli, "a avaliação da incidência tributária possível das operações com criptomoedas passa pela identificação das modalidades de aquisição de tais ativos. Em linhas gerais, há três formas de se obter criptomoedas: minerando, trocando um tipo de moeda por outra ou adquirindo-a" (2018, p. 40).

Nas seções a seguir deste capítulo, a opção será por apresentar os resultados vertidos no Relatório da OECD[11], o qual traça um panorama abrangente sobre como os países estão enquadrando as criptomoedas dentro

[11] OECD (2020). *Taxing virtual currencies*: an overview of tax tratments and emerging tax policy issues, OECD Paris. Disponível em: www.oecd.org/tax/tax-policy/taxing-virtual-currencies-an-overview-of-tax-treatments-and-emerging-tax-policyissues.htm. Acesso em: 14 maio 2021.

de seus sistemas tributários (OECD, 2020). No item 1.4, será visto como o Brasil tem feito essa caracterização até o momento, remetendo a tributação para o âmbito do Imposto sobre a Renda (IR), e quais as consequências de se considerar as moedas virtuais como moedas estrangeiras, o que levará o estudo ao campo do Imposto sobre Operações de Crédito, Câmbio e Seguro ou relativas a Títulos ou Valores Mobiliários (IOF).

a) Tributação das criptomoedas na perspectiva do Imposto sobre a Renda

De acordo com a OECD, dos 50 países que participaram da pesquisa por meio da realização de questionários, quase todos consideram as moedas virtuais uma forma de propriedade; a maioria considera um ativo intangível que não seja ágio, um ativo financeiro ou uma mercadoria. Os ativos seriam como ativos geradores de ganho de capital na maioria das jurisdições e, em casos raros, como ativos geradores de negócios ou receitas diversas.

A maioria dos países considera as trocas feitas entre moedas virtuais e moedas fiduciárias como fatos tributáveis. Trocas no pagamento de bens, serviços ou salários também são tratadas como eventos tributáveis em quase todos os países. Por fim, a pluralidade de países respondentes indicou que o recebimento de um novo *token* via mineração ocasiona um evento tributável.

b) Tributação das criptomoedas na perspectiva do IVA

Segundo a OECD, na maioria dos países, a troca de moedas virtuais não enseja a tributação pelo IVA se a troca é feita por moeda fiduciária ou outras moedas virtuais. A atividade pura de usar moedas virtuais para adquirir bens ou serviços também está fora do âmbito do IVA.

No entanto, os bens tributáveis e os serviços pagos com moedas virtuais se sujeitam ao IVA conforme apropriado. Com algumas exceções, por exemplo na França e Itália, o recebimento de novos *tokens* via mineração também não é tributado pelo IVA. Um impacto desse tratamento é evitar complicações associadas à tributação dessas transações sob as regras do IVA, incluindo a manutenção de registros específicos para estabelecer valores e deduções e a inclusão de pessoas físicas ou pequenos negociantes nas regras de registro do IVA.

c) Tributação das criptomoedas na perspectiva de impostos sobre a propriedade

Como moedas virtuais são normalmente consideradas propriedades para fins fiscais, elas também estão sujeitas à tributação sobre a propriedade em países que cobram impostos sobre doação, riqueza ou impostos de transferência.

Os impostos sucessórios ou imobiliários existem em vários países respondentes, incluindo Bélgica, Brasil, Bulgária, Dinamarca, Finlândia, França, Alemanha, Islândia, Irlanda, Coreia, Holanda, Espanha, Reino Unido e Estados Unidos.

Moedas virtuais também estão incluídas como ativos dentro da definição de impostos sobre a riqueza, em vários países onde esses impostos existem. É o caso, por exemplo, da Bélgica, Luxemburgo, Noruega, Espanha e Suíça.

Onde existem, os impostos de transferência normalmente não se aplicam à transferência de moedas virtuais, pois não se enquadram na definição de ativos sobre os quais esses impostos se aplicam nos países respondentes. Impostos sobre doações podem incidir apenas acima de um limite de valor específico.

d) A tributação e a regulação das criptomoedas no Brasil

Em 2018, a RFB realizou uma consulta pública (nº 06/2018), cujo objetivo foi a criação de obrigação acessória para que as *exchanges* de criptoativos prestassem informações relativas às operações envolvendo criptoativos e a previsão de declaração por parte de pessoas físicas e jurídicas quando utilizassem *exchanges* no exterior ou ambientes disponibilizados por *exchanges* para as transações envolvendo criptoativos.

A justificativa para a edição da norma foi a necessidade de aumentar os insumos na luta pelo combate à lavagem de dinheiro e corrupção, produzindo, também, um aumento da percepção de risco em relação a contribuintes com intenção de evasão fiscal. Assim, em 3 de maio de 2019, a RFB editou a Instrução Normativa nº 1.888, que instituiu e disciplinou a obrigatoriedade de prestação de informações relativas às operações realizadas com criptoativos.

Nos termos do art. 6º da IN/RFB nº 1.888, de 2019, são obrigadas a prestar informações à RFB: I – a *exchange* de criptoativos domiciliada para fins tributários no Brasil; II – a pessoa física ou jurídica residente ou domiciliada no Brasil quando: a) as operações forem realizadas em *exchange* domiciliada no exterior ou b) as operações não forem realizadas em *exchange*. No caso do inciso II, as informações deverão ser prestadas sempre que o valor mensal das operações, isolado ou conjuntamente, ultrapassar R$ 30.000,00 (trinta mil reais).

A obrigatoriedade de prestar informações aplica-se à pessoa física ou jurídica que realizar quaisquer das operações com criptoativos de compra e venda, permuta, doação, transferência de criptoativo para a *exchange*, retirada de criptoativo da *exchange*, cessão temporária (aluguel), dação em pagamento, emissão e outras operações que impliquem transferência de criptoativos.

Sob o viés da obrigação principal, comparando o guia publicado pela RFB para orientar os contribuintes quanto à declaração do IR pessoa física relativo aos exercícios de 2021[12] e 2022, percebem-se algumas mudanças. As principais consistem na equiparação dos criptoativos a "ativos", e não mais a "ativos financeiros", e o estabelecimento de um teto de cinco mil reais de valor de aquisição de cada tipo de criptoativo, a partir do qual a declaração será obrigatória.

Os criptoativos, e entre eles estão as criptomoedas, devem ser declarados pelo valor de aquisição na Ficha Bens e Direitos da DIRPF. Ou seja, o Brasil considera as criptomoedas como um bem (um ativo) para fins do Imposto sobre a Renda (ver a resposta à pergunta nº 455 na publicação oficial da RFB acerca do Imposto sobre a Renda 2022)[13]. Na mesma publicação, na resposta à pergunta nº 619, a RFB esclarece que:

> Os ganhos obtidos com a alienação de criptoativos cujo total alienado no mês seja superior a R$ 35.000,00 são tributados, a título de ganho de capital, segundo alíquotas progressivas estabelecidas em função do lucro, e o recolhimento do imposto sobre a renda deve ser feito até o último dia útil do mês seguinte ao da transação [...]. A isenção relativa às alienações de até R$ 35.000,00 mensais deve observar o conjunto de criptoativos alienados no Brasil ou no exterior, independente de seu tipo (*bitcoin*, *altcoins*, *stablecoins*, NFTs,

[12] Disponível em: https://www.gov.br/receitafederal/pt-br/acesso-a-informacao/perguntas-frequentes/declaracoes/dirpf/pr-irpf-2021-v-1-0-2021-02-25.pdfrespostas. Acesso em: 21 maio 2021.

[13] Disponível em: https://www.gov.br/receitafederal/pt-br/centrais-de-conteudo/publicacoes/perguntas-e-respostas/dirpf/pr-irpf-2022.pdf/view. Acesso em: 6 maio 2022.

entre outros). Caso o total alienado no mês ultrapasse esse valor, o ganho de capital relativo a todas as alienações estará sujeito à tributação.

É de se notar que a RFB editou a Solução de Consulta nº 214 – Cosit, de 20 de dezembro de 2021, ratificando a mencionada isenção, ao dispor que

> é isento do imposto sobre a renda o ganho de capital auferido na alienação de criptomoedas cujo valor total das alienações em um mês, de todas as espécies de criptoativos ou moedas virtuais, independentemente de seu nome, seja igual ou inferior a R$ 35.000,00 (trinta e cinco mil reais).[14]

E ainda deliberou:

> O ganho de capital apurado na alienação de criptomoedas, quando uma é diretamente utilizada na aquisição de outra, ainda que a criptomoeda de aquisição não seja convertida previamente em real ou outra moeda fiduciária, é tributado pelo imposto sobre a renda da pessoa física, sujeito a alíquotas progressivas, em conformidade com o disposto no art. 21 da Lei nº 8.981, de 20 de janeiro de 1995, devendo o valor de alienação da criptomoeda ser avaliado em reais pelo valor de mercado que tiver na data do recebimento.[15]

A posição brasileira acerca da tributação das criptomoedas é semelhante à dos Estados Unidos. Segundo a doutrina, nos EUA, se uma criptomoeda for utilizada para a compra de um bem, será considerada como venda de propriedade e estará sujeita à tributação por ganho de capital (MEIRA; DALL'ORA; SANTANA, 2020, p. 351).

Ao comparar a posição brasileira e norte-americana com a de outros países, há críticas no sentido de que esta última, tendo como exemplo a Alemanha, estaria mais condizente com possibilidades de uma tributação mais segura. Isto em função de que a Alemanha, em 2018, entendeu que as criptomoedas seriam moedas de fato, e não propriedade.

Interessante que, na resposta à pergunta nº 455, no documento acima citado, a RFB inicia asseverando que "os criptoativos não são considerados moeda de curso legal nos termos do marco regulatório atual". Retomando,

[14] Disponível em: http://normas.receita.fazenda.gov.br/sijut2consulta/link.action?naoPublicado=&idAto=122341&visao=original. Acesso em: 13 jan. 2022.

[15] Disponível em: http://normas.receita.fazenda.gov.br/sijut2consulta/link.action?naoPublicado=&idAto=122341&visao=original. Acesso em: 13 jan. 2022.

em parte, alguns pontos do item 1.2 deste estudo, a falta de curso legal, aliado à ausência de poder liberatório de obrigações por autoridade estatal, são dois dos argumentos mais fortes para não se considerar as criptomoedas como moedas. Ocorre, porém, que, ainda assim, as criptomoedas são utilizadas como meio de pagamento, uma vez que quem as recebe tem confiado em sua aptidão para extinguir obrigações.

O Real é a única moeda de curso legal e forçado no Brasil e, em decorrência do art. 318 do Código Civil, que lhe atribui o curso forçado, não há autorização normativa para que as criptomoedas sejam aceitas como meios de pagamento dentro do território nacional, ressalvadas situações excepcionais que aceitam outros meios de pagamento (CASTELLO, 2019, p. 7,8).

Entretanto, Melissa Guimarães Castello defende que moeda e moeda legal são expressões que se referem a fenômenos distintos, sendo aquela mais ampla que esta, e que, dentro do ordenamento jurídico brasileiro, há a previsão das moedas estrangeiras, cujo mercado de câmbio é regulado pelo BCB. Nessa lógica, e considerando que as normas existentes sobre moedas estrangeiras no Brasil não exigem que elas sejam necessariamente emitidas por Estados soberanos, a autora sustenta que, tendo em vista a ausência de uma definição legal clara sobre moeda, conjugado aos outros elementos mencionados, nada obsta a que se considere as criptomoedas como moedas estrangeiras (2019, p. 8).

A relação entre essa conjuntura jurídica, o monopólio estatal para emissão de moeda e a soberania também deve nortear os debates sobre considerar, ou não, as criptomoedas como moedas estrangeiras. Mai uma vez, ensina Melissa Guimarães Castello (2019, p. 8):

> Nesse particular, é especialmente interessante a conclusão a que chega Teixeira (2017, p. 422, 423), ao analisar se o monopólio estatal de emissão de moeda é condição necessária para o exercício da soberania. Em uma distinção sutil, mas relevante, o autor conclui que a soberania estatal não se expressa no monopólio de emissão de moeda, mas na própria política monetária. Por consequência, o autor admite a existência de moedas não estatais, como as criptomoedas –, mas ressalta a necessidade de regulação dessas moedas pelo Estado soberano, como modo de assegurar a previsibilidade e a segurança jurídica aos agentes econômicos.

Uma das consequências diretas da classificação como moedas estrangeiras será a incidência do IOF sobre as operações envolvendo criptomoedas, pois operações com moeda estrangeira constituem fato gerador do referido Imposto, nos termos do art. 63, II, do Código Tributário Nacional. Com base na Lei nº 8.894, de 21 de junho de 1994, art. 6º, o Decreto nº 6.306, de 14 de dezembro de 2007 ("Regulamenta o Imposto sobre Operações de Crédito, Câmbio e Seguro, ou relativas a Títulos ou Valores Mobiliários – IOF"), arts. 12 e 13, reza que "são contribuintes do IOF os compradores ou vendedores de moeda estrangeira nas operações referentes às transferências financeiras para o ou do exterior, respectivamente" e "são responsáveis pela cobrança do IOF e pelo seu recolhimento ao Tesouro Nacional as instituições autorizadas a operar em câmbio".

A classificação das criptomoedas como moedas estrangeiras teria o condão, portanto, na esfera federal, de sujeitar o ativo, além da incidência do IR, nas mesmas situações previstas para as moedas estrangeiras, também ao IOF. Sobre este último, considerando sua função extrafiscal, de regulação da economia, há justificativas plausíveis capazes de fundamentar a sua utilização para tais fins.

O Brasil não está tão desconectado da prática da maioria das demais jurisdições que responderam ao questionário da OECD em termos de tributação das criptomoedas. O que nos parece importante é verificar se essa tendência é a melhor, considerando o nosso sistema tributário como um todo. O cenário ideal seria o tratamento global dessa tributação, uma vez que o ativo ultrapassa fronteiras.

Chamam a atenção duas normativas do BCB acerca das criptomoedas – o Comunicado nº 25.306, de 19 de fevereiro de 2014, no qual se "esclarece sobre os riscos decorrentes da aquisição das chamadas moedas virtuais ou moedas criptografadas e da realização de transações com elas", e o Comunicado nº 31.379, de 16 de novembro de 2017, em que o Banco "alerta sobre os riscos decorrentes de operações de guarda e negociações das denominadas moedas virtuais".

Uma das possíveis interpretações desses Comunicados, para além dos alertas aos investidores sobre os riscos inerentes aos investimentos em criptomoedas, é a preocupação do governo brasileiro em se resguardar de qualquer responsabilidade futura com as perdas advindas das transações com as moedas virtuais. E, então, vem a pergunta: será que não seria interessante partir para uma discussão mais profunda sobre uma regulação que venha a mitigar, ao menos em parte, os problemas existentes nas transações com criptomoedas?

Nesse contexto, vide, por exemplo, o Ofício Circular SEI nº 4081/2020/ME, de 1º de dezembro de 2020[16], oriundo do Ministério da Economia e endereçado a todas as juntas comerciais do País. Tal Ofício originou-se em consulta da Junta Comercial do Estado de São Paulo acerca da possibilidade de utilização de criptomoedas como meio de pagamento de operações societárias e integralização de capital de sociedades.

Os questionamentos foram: I – Qual seria a natureza jurídica das criptomoedas: (i) uma moeda, (ii) um valor mobiliário, (iii) um bem incorpóreo, este com ou sem valor econômico? II – Haveria vedação legal para integralização de capital com criptomoedas? III – Quais as formalidades que as juntas comerciais devem observar, para fins de operacionalizar o registro dos atos societários que eventualmente envolverem o uso de criptomoedas? O Ministério da Economia, por sua vez, respondeu:

> Quanto ao primeiro questionamento, o Banco Central do Brasil e a Comissão de Valores Mobiliários já se manifestaram a respeito do assunto: o BCB emitiu comunicados afirmando que "as chamadas moedas virtuais não se confundem com a 'moeda eletrônica' de que tratam a Lei nº 12.865/2013, e sua regulamentação infralegal"; e a CVM emitiu notas afirmando que "tais ativos virtuais, a depender do contexto econômico de sua emissão e dos direitos conferidos aos investidores, podem representar valores mobiliários, nos termos do art. 2º da Lei nº 6.385/1976".
>
> [...]
>
> Assim, é inegável que a própria RFB considera as criptomoedas como bens incorpóreos que possuem avaliação pecuniária, são negociáveis e podem ser usados de diversas formas (investimento, compra de produtos, acesso a serviços etc.).
>
> No tocante ao segundo questionamento, não há nenhuma vedação legal expressa para a integralização de capital com criptomoedas, valendo lembrar, nesse particular, o que dizem o art. 997, III, do Código Civil e o art. 7º da Lei nº 6.404/1976:
>
> [...].
>
> É importante destacar que a ausência de vedação legal expressa faz incidirem ao deslinde da questão o art. 3º, V e o art. 4º, VII, da Lei da Liberdade da Econômica (Lei nº 13.874/2019):

16 Disponível em: https://www.gov.br/economia/pt-br/assuntos/drei/legislacao/arquivos/OfcioCircular4081criptomoedas.pdf. Acesso em: 21 maio 2021.

> [...].
>
> Por fim, no que se refere ao terceiro questionamento, não existem formalidades especiais que devam ser observadas pelas Juntas Comerciais "para fins de operacionalizar o registro dos atos societários que eventualmente envolverem o uso de criptomoedas", devendo ser respeitadas as mesmas regras aplicáveis à integralização de capital com bens móveis, conforme o respectivo tipo societário, limitando-se as juntas comerciais ao "exame do cumprimento das formalidades legais" do ato objeto de arquivamento (art. 40 da Lei nº 8.934/1994).

Ou seja, se, por um lado, há diversos riscos advindos das transações com as criptomoedas, conforme alertas do BCB, de outro, não há vedações legais para que essas transações ocorram, levando ao pensamento se o mínimo de regulação estatal não seria o caminho a ser buscado neste momento, de forma a conferir alguma segurança jurídica a todas as partes[17].

2. As moedas digitais dos Bancos Centrais

2.1. Elementos iniciais

É possível dizer que os debates sobre as moedas digitais do Banco Central (CBDC) estão tão em voga quanto as criptomoedas. Os itens seguintes deste trabalho se dedicarão a esse conteúdo, verdadeira manchete nos sistemas financeiros da atualidade. Diversos países estão discutindo *design*, vantagens, desvantagens, marco legal, competências, tecnologias, siste-

[17] Em fevereiro de 2022, a imprensa noticiou que o "Banco Central avalia a elaboração de diretrizes para impor fiscalização às transações financeiras com criptomoedas no Brasil, como o *bitcoin*, e definir penalidades para conter a explosão de golpes e fraudes". Porém, não foram encontradas informações a respeito na página oficial do BCB. Disponível em: https://www1.folha.uol.com.br/mercado/2022/02/bc-apressa-regulacao-de-criptomoedas-para-conter-fraudes-bilionarias.shtml. Acesso em: 6 maio 2022.
Sobre a regulação da matéria no Brasil, segundo informações colhidas na página eletrônica do Senado Federal, de 22 de abril de 2022, "em votação simbólica, o Plenário do Senado aprovou nesta terça-feira (26) a regulamentação do mercado nacional de criptomoedas. O texto, que volta agora para análise da Câmara dos Deputados, é o substitutivo apresentado pelo relator, o Senador Irajá (PSD-TO), ao PL 4.401/2021. A proposta traz diretrizes para a 'prestação de serviços de ativos virtuais' e regulamenta o funcionamento das empresas prestadoras desses serviços". Disponível em: https://www12.senado.leg.br/noticias/materias/2022/04/26/senado-aprova-mercado-de-criptomoedas-com-incentivo-para-energia-renovavel. Acesso em: 6 maio 2022.

mas de segurança e muitos outros pontos que perpassam a criação de uma moeda digital pelos próprios bancos centrais.

Trata-se de moeda em meio digital que coexistiria com o dinheiro físico e depósitos bancários, sem, contudo, substituí-los. Uma unidade da moeda digital corresponderia a uma unidade do dinheiro físico, meio de troca e, também, reserva de valor. Não são criptomoedas, porque seriam emitidas por uma autoridade estatal, mas seriam moedas fiduciárias em meio digital e com curso legal, meio alternativo de pagamento.

O título de um dos artigos estudados, por si só, confere o tom de prováveis implicações das CBDCs: "Moeda digital do Banco Central: a batalha pela alma do sistema financeiro". Os autores alertam que, "embora o conflito esteja em grande parte silencioso para a vista do público, estamos no meio de uma batalha épica pela alma dos sistemas financeiros". Aduzem que a forma como a implantação dessa moeda digital acontecerá poderá "remodelar profundamente o sistema financeiro e torná-lo menos estável" (Cecchetti; Schoenholtz, 2021, p. 1).

Esta situação já dá uma noção do quão polêmica é a matéria e dos inúmeros interesses em jogo. Entre os pontos de defesa da implementação da CBDC, estão a melhora nos sistemas de pagamentos internos e internacionais e a inclusão financeira. Todavia, aqueles que rejeitam a ideia entendem que não é preciso uma CBDC para a superação desses gargalos ou para o aperfeiçoamento das deficiências existentes nos sistemas financeiros, pois os problemas que a moeda digital poderá gerar são, em potencial, muito maiores que os seus benefícios (Cecchetti; Schoenholtz, 2021, p. 2).

Mas não se pode ignorar que, "como a revolução digital implica a necessidade de os países desenvolverem um novo arsenal de ativos estratégicos, essas moedas provavelmente se tornarão um instrumento chave no tabuleiro de xadrez geopolítico" (Rosa; Tentori, 2021, p. 1, 2). Considerando as grandes diferenças existentes entre a moeda em meio físico, em papel, e a moeda digital, cogita-se que a CBDC possa ser "uma virada de jogo no sistema financeiro internacional", sendo que a China é o país precursor com seu piloto de CBDC, mas outros países, como Suécia, também estão considerando a possibilidade de emitir uma CBDC (WANG; GAO, 2020, p. 1, 2).

O certo é que a economia digital impõe uma série de necessidades de adaptações e criação de instrumentos que acompanhem a evolução tecnológica. É preciso estudar e produzir instrumentos que consigam dar vazão a essa nova realidade. De toda forma, há uma gama de questões que envolvem as CBDCs que ainda estão sendo pesquisadas e amadurecidas pelos bancos centrais das principais economias mundiais, anteriormente às decisões pela sua efetiva implantação.

O "Relatório Econômico Anual do BIS de 2021" traz uma abordagem interessante acerca das CBDCs: "Como elas podem contribuir para um sistema monetário aberto, seguro e competitivo que apoia a inovação e a serviço do interesse público". A vinculação da discussão ao interesse público pareceu muito oportuna e deve ser o fim perseguido pelos bancos centrais na condução desse certame. Na mesma linha, o BIS chama a atenção para a importância de aspectos de governança (BIS, 2021).

Cabe apresentar algumas definições das CBDCs. A primeira tem por fonte o BCB, em que moedas digitais dos bancos centrais, "acrônimo para '*Central Bank Digital Currency*' ou moeda digital emitida por banco central, em português, CBDC é um suporte digital da moeda soberana de um país, em nosso caso o Real, que atualmente só possui suporte físico (cédulas e moedas)"[18].

Já o Relatório Econômico Anual do BIS 2021 define CBDCs como "uma forma de dinheiro digital, denominado na unidade de conta nacional, que é uma responsabilidade direta de um banco central".

Heng Wang e Simin Gao colacionam definição de que, "basicamente, o CBDC é 'um passivo do banco central, denominado em uma unidade de conta existente, que serve como meio de troca e reserva de valor'. A forma digital e o passivo do banco central são características chave da CBDC" (2020, p. 5).

De acordo com o documento "Artigos BIS nº 114" do Departamento Monetário e Econômico, as CBDCs são classificadas como sendo de varejo ou de atacado. A de varejo é aquela equivalente a dinheiro digital para uso por famílias, empresas, sendo também denominada CBDC de uso geral, ou para o público em geral. A CBDC de atacado, por sua vez,

> é projetada para acesso restrito de instituições financeiras e semelhantes a reservas atuais do banco central e conta de liquidação. É destinada a liquidação de grandes pagamentos interbancários ou para fornecer dinheiro do banco central para liquidar transações de ativos financeiros digitais tokenizados em novas infraestruturas. (BIS, 2021, p. 4)

[18] Disponível em: https://www.bcb.gov.br/detalhenoticia/479/noticia. Acesso em: 22 maio 2021.

A CBDC de varejo, ou de propósito ou uso geral, está disponível para pessoas físicas e jurídicas e as de atacado "[...] são emitidos apenas aos titulares de contas existentes dos bancos centrais e participantes em sua liquidação bruta em tempo real (LBTR), que geralmente são grandes bancos de 'compensação' e órgãos públicos" (Wang; Gao, 2020, p. 6).

Heng Wang e Simin Gao vinculam ainda outras classificações de CBDCs, como: com base em contas ou valores; uma camada ou duas camadas; centralizadas ou descentralizadas (2020, p. 6,7).

Por último, as CBDCs também podem ser onerosas ou não onerosas, conforme rendam, ou não, juros (Wang; Gao, 2020, p. 7). Esse é um ponto que tem um pouco de divergência do que a teoria econômica determina como moeda, já que a moeda é um ativo que não rende juros.

Apesar da sua função de ser uma reserva de valor, não há vantagem em se acumular moeda, não só por conta de não render juros, mas também pelo fato de ter sua função de reserva de valor reduzida na presença de inflação. Entretanto, Keynes (1963), em sua obra mais famosa, "A teoria geral do emprego, do juro e do dinheiro", deixa claro que a existência de demanda por moeda está diretamente relacionada à preferência por liquidez dos agentes econômicos no que diz respeito à existência de incertezas no mercado.

Os artigos pesquisados destacam que existem diferentes projetos técnicos de CBDC em várias partes do mundo. E isso é bastante compreensível, considerando que a emissão de uma moeda digital envolve aspectos que já são maduros e regulados em relação à moeda física, mas que precisam ser elaborados e, muitas vezes, com nós a serem desatados, em relação à moeda digital – como a questão do marco legal e pontos sobre privacidade e geração de dados. Assim, definir a parte técnica, como, por exemplo, se será utilizada uma tecnologia como *blockchain*, é crucial nessa incursão.

Há quem sustente que "CBDC pode ser o próximo marco na evolução do dinheiro" (Wang; Gao, 2020, p. 2). E assim, como sói acontecer com quase tudo na vida, há vantagens e desvantagens, ou problemas e soluções para atuais problemas, que têm sido listados por aqueles que têm se debruçado sobre a temática. Muito embora pelo material compulsado seja correto afirmar que ainda há muitas dúvidas e questões a serem dirimidas, já existem ideias sobre alguns pontos positivos e negativos que enlaçam as CBDCs.

Na esteira das vantagens e soluções para problemas atuais enfrentados pelos sistemas monetários globais, as CBDCs levariam a "novas infraestruturas e arranjos de pagamentos, além da possibilidade de ser utilizado em pagamentos internacionais e conectado a sistemas suplementares (incluindo aplicativos) e serviços de dados" (WANG; GAO, 2020, p. 2, 10):

> Também garantiria o acesso do público ao passivo de um banco central no caso do uso reduzido do dinheiro, agilizando sistemas de pagamento. Em termos de política monetária, as CBDCs podem melhorar ou manter o efeito da política monetária. Se gerenciada corretamente, a CBDC poderia trazer melhorias, eficiência e inclusão no sistema monetário e na economia, facilitar a transmissão de mudanças na taxa de juros do banco central para economia, e até mesmo melhorar o PIB dado o aumento da oferta de ativos livres de risco. [...].

Dentre os potenciais benefícios de uma CBDC, o Departamento do Meio Circulante do BCB destaca que:

> O primeiro seria a redução do custo de emissão e manutenção do numerário, cédulas e moedas que circulam na economia. O custo estimado do ciclo do dinheiro considerando a emissão, custódia, distribuição, manuseio pelo comércio, recolhimento, descarte e demais custos indiretos é de aproximadamente R$ 90 bilhões por ano, em linha com demais países, tendo em vista que costuma variar entre 1% e 2% do PIB, de acordo com o tamanho e particularidades de cada economia.[19]

Além disso, o BCB também registra que há aspectos de cidadania financeira envolvidos, pois "uma moeda eletrônica pode facilitar a guarda e uso do dinheiro de forma mais segura do ocorre hoje, além de criar ferramentas de política monetária"[20].

Em Relatório para o G20 sobre moedas digitais do banco central para pagamentos transfronteiriços, o BIS faz um balanço da dimensão internacional dos projetos de CBDC e em que medida podem ser utilizados para pagamentos internacionais. Ressalta que a análise não significa que os bancos responsáveis por sua elaboração tenham chegado a uma decisão sobre emissão de CBDC e, dado que, "até o momento, nenhuma jurisdição importante lançou um CBDC e muitas decisões de projetos e políticas

[19] Disponível em: https://www.bcb.gov.br/detalhenoticia/479/noticia. Acesso em: 7 out. 2021.

[20] Disponível em: https://www.bcb.gov.br/detalhenoticia/479/noticia. Acesso em: 7 out 2021.

ainda não estão resolvidos", considerando esse estágio inicial, as avaliações do relatório são exploratórias (G20, 2021).

No referido documento, o BIS destaca que "a maioria dos projetos de CBDC estão voltados para necessidades domésticas, mas que melhorar a eficiência dos pagamentos internacionais é também uma motivação importante para o trabalho da CBDC" (2021).

No artigo "Moeda digital do banco central: a busca por tecnologia minimamente invasiva – Documentos de Trabalho do BIS nº 948", os autores elencam que, dentre as vantagens da CBDC, incluem-se:

> ... custos mais baixos para o consumidor do que dinheiro ou pagamentos eletrônicos, possibilidade de adição de novos recursos tecnológicos, permitindo a programação, implementação de política monetária mais eficaz e melhor privacidade. Vale ressaltar que nem todos esses benefícios podem ser alcançados, especialmente não ao mesmo tempo. (Auer; Böhme, 2021, p. 6)

Na seara das desvantagens ou prováveis problemas vislumbrados com a emissão de CBDC pelos bancos centrais, especialistas apontam diversas questões, inclusive a possibilidade, numa versão mais arrojada da CBDC, de "desencadear mudanças financeiras desestabilizadoras, enfraquecer oferta de crédito e minar a privacidade" (Cecchetti; Schoenholtz, 2021, p. 1).

Os autores reconhecem que, no sistema financeiro atual, "alguns pagamentos são caros e lentos, e muitas pessoas não têm acesso total ao sistema financeiro, e que os defensores da CBDC o veem como solução para ambos os problemas". Contudo, eles defendem que a CBDC não é necessária para melhorar a eficiência ou expandir o acesso. Registram quatro problemas críticos que uma CBDC "universal" criaria – desintermediação, substituição de moeda, falta de privacidade e incapacidade de garantir a conformidade (Cecchetti; Schoenholtz, 2021, p. 2).

Já em outro artigo, intitulado "A relevância geopolítica das moedas digitais do banco central", Brunello Rosa e Alessandro Tentori alertam que a introdução de CBDC poderá gerar riscos de ataques cibernéticos. "Existirá uma enormidade de informações em jogo, um conjunto de dados cuja violação (um *ciberataque*) poderia representar uma violação da soberania de um Estado, semelhante a uma declaração de guerra da era digital" (Rosa, Tentori, 2021, p. 3).

No Relatório para o G20, o BIS também analisou potenciais problemas que poderão ocorrer com a utilização de CBDC para pagamentos internacionais.

2.2. Um breve panorama do estágio atual das CBDCs

Esta análise concentrará atenção no documento "Os resultados da terceira pesquisa do BIS sobre moeda digital do banco central – Artigos BIS nº 114 – Departamento Monetário e Econômico", divulgada em janeiro de 2021.

De acordo com o BIS, a mencionada pesquisa foi realizada junto a mais de sessenta bancos centrais (sessenta e cinco para ser mais exato), no final de 2020, e buscou desvendar o envolvimento dessas instituições com a CBDC, suas motivações e suas intenções quanto à emissão da moeda digital, além de suas opiniões sobre o uso de criptomoedas e *stablecoins*[21] em seus territórios. Também segundo o BIS, "os entrevistados representam cerca de 72% da população mundial e 91% da produção econômica global. Vinte e um entrevistados estão em economias avançadas (AEs) e 44 estão em mercados emergentes em economias em desenvolvimento (EMDEs)" (2021).

Com relação ao interesse dos bancos centrais em CBDC, a pesquisa demonstrou que, nos últimos quatro anos, cresceu cerca de um terço a parcela de bancos centrais ativamente engajados em algum trabalho com CBDC, sendo o de varejo o mais manuseado. Os bancos que não estão envolvidos em nenhum trabalho com tais moedas estão principalmente

[21] *Stablecoins* são criptoativos que visam fornecer um tipo alternativo de moeda virtual minimizando a volatilidade das criptomoedas tradicionais, um de seus principais gargalos. Como o próprio nome diz, são "moedas estáveis". Na verdade, não são propriamente uma novidade, porque existem já há muitos anos, mas são tidas como uma "evolução" das criptomoedas porque justamente buscam estancar a questão da grande oscilação de preços, e a rapidez com que isso acontece, das moedas virtuais. As *stablecoins* podem ser lastreadas por diferentes ativos reais (como ouro, moeda fiduciária real, como o dólar, petróleo) e para diferentes finalidades. De acordo com artigo de Leandro Sarai e outros, entre as *stablecoins*, "somente as moedas estáveis algorítmicas são efetivamente descentralizadas. Isso porque as demais moedas estáveis, como as com colaterização *fiat*, com outras criptomoedas ou com *commodities*, dependem do controle de empresas para determinar suas operações". Segundo os autores, o funcionamento da *stablecoins* se baseia em mecanismos automáticos caracterizados como contratos inteligentes, conhecidos por *smart contracts*, os quais seriam acordos cuja execução é automatizada, normalmente por computadores. (Sarai; Iwakura; Gueiros, 2021, p. 228-230)

nas menores jurisdições mundiais. Cerca de 60% dos bancos centrais (eram 42% em 2019) estão fazendo experimentos ou provas de conceito, e 14% estão em estágio de arranjos de desenvolvimento e piloto.

Sobre a motivação para o trabalho com CBDC, questionados a partir de perguntas pré-definidas (como estabilidade financeira, implementação de políticas monetária e inclusão financeira), os EMDEs relataram motivações mais fortes para a emissão de CBDC, sendo a inclusão financeira o principal fator. O relatório cita o caso da CBDC das Bahamas (o *Sand Dollar* ou "dólar de areia"), instituído como um facilitador da inclusão financeira num país de 390 mil habitantes, com pessoas espalhadas por 30 ilhas.

Eficiência e segurança de pagamentos são as principais motivações de AEs e EMDEs para emissão de CBDC de uso geral (varejo). CBDC de atacado, cujos projetos são em menor número, tem as motivações relacionadas a pagamentos como as mais importantes. A pesquisa dividiu os bancos centrais em três grupos:

> 1) os que apenas realizam pesquisas; 2) os que trabalham adicionalmente em provas de conceito; e 3) os que estão em estágio muito avançado de desenvolvimento, e sete dos oito bancos centrais em estágios avançados de trabalho com CBDC estão em EMDEs.

Em relação à autoridade para emitir CBDC, ou seja, a base legal para a emissão, cerca de um quarto dos bancos centrais tem ou terão em breve. Cerca de 26% não têm autoridade para emitir CBDC e cerca de 48% permanecem inseguros.

No que tange à emissão de CBDC no futuro, o Relatório explica que "os bancos centrais que representam coletivamente um quinto da população mundial emitirá uma CBDC de propósito geral nos próximos três anos. Além disso, cerca de 21% das jurisdições consideram essa possibilidade" com a seguinte ressalva:

> No geral, cerca de 60% dos bancos ainda consideram improváveis de emitir qualquer tipo de CBDC no futuro previsível (ou seja, a curto e médio prazo). Contudo esta maioria relutante tornou-se menor ao longo do tempo, principalmente devido à diminuição da proporção de avaliações "muito improváveis" e um aumento proporcional em jurisdições que julgam uma emissão "possível", tanto entre AEs como EMDEs. Esse desenvolvimento pode indicar que uma combinação de fatores empurrou mais bancos centrais a imaginar

um futuro que pode incluir a CBDC de uma forma ou de outra. Esses fatores podem incluir pesquisa e desenvolvimento contínuo em CBDCs, a acelerada digitalização de pagamentos durante a pandemia Covid-19 e o espectro da *stablecoins*.

A pesquisa concluiu que a maioria dos bancos centrais entrevistados está trabalhando com CBDC de alguma forma, mas que, apesar disso, a implantação generalizada de CBDC ainda parece distante. O interesse no tema é global, mas as motivações para sua emissão são mais locais. O BIS registra que:

> A coordenação da política internacional sobre CBDCs deve se intensificar nos próximos anos, enquanto os bancos centrais analisam exaustivamente as implicações transfronteiriças e econômicas de emissão de moedas digitais e opções de *design* técnico e operacional complexidades continuam a apresentar desafios práticos.

Segundo o Relatório do BIS para o G20, "até o momento existem apenas dois CBDCs de varejo (o *Sand Dollar* nas Bahamas e o *DCash* no Caribe Oriental), bem como vários projetos avançados" (2021). Em outubro de 2021, a Nigéria lançou a sua CBDC, chamada "eNaira", e, em dezembro de 2021, o BIS noticiou que um projeto de CBDC por atacado, o Jura, foi concluído por ele, pelo *Bank of France (BdF)* e pelo *Swiss National Bank (SNB)*, com sucesso[22]. Nos termos trazidos a público,

> o projeto Jura recentemente concluído explorou a liquidação de transações cambiais (FX) em CBDCs de euro e franco suíço, bem como a emissão, transferência e resgate de um papel comercial francês denominado em euro *tokenizado* entre instituições financeiras francesas e suíças.[23]

Grande parte dos textos que tratam de CBDCs faz referência à China como país pioneiro na largada pela moeda digital do banco central. Segundo Heng Wang e Simin Gao:

[22] Disponível em: https://www.bis.org/about/bisih/topics/cbdc/jura.htm. Acesso em: 13 jan. 2022.

[23] A notícia fez questão de frisar que "o Projeto Jura contribui para o trabalho contínuo do G20 sobre pagamentos transfronteiriços. O experimento é de natureza exploratória e não deve ser interpretado como uma indicação de que o BdF ou o SNB planejam emitir CBDCs por atacado".

> A China é considerada provavelmente a primeira grande economia a emitir uma CBDC. Como um dos primeiros a pesquisar, a China tem realizado pesquisas e desenvolvido experimentos de CBDC desde 2014. Entre os Estados desenvolvidos, a Suécia começou o teste piloto de seu e-Krona em fevereiro de 2020, e "provavelmente é a mais próxima economia desenvolvida a lançamento real." (2020, p. 9, 10)

Nos termos apresentados por Xia Mian, a moeda do Banco Central Chinês, ou pagamento eletrônico em moeda digital (DCEP), "combina a segurança oferecida por tecnologia *blockchain* e criptografia e a estabilidade suportada pelo banco central". O uso do *blockchain* e da criptografia faz, inclusive, o autor considerar o DCEP como uma criptomoeda em seu sentido mais técnico. A abordagem seguida por ele, entretanto, o categorizará como moeda digital do banco central (MIAN, 2021, p. 1).

Brunello Rosa e Alessandro Tentori conferem um quadro sobre o DCEP chinês, numa perspectiva de geopolítica. É fato que a China lidera a corrida da moeda digital do banco central. Assim, no raciocínio dos autores, "a introdução da moeda digital chinesa irá provavelmente representar uma aceleração das tendências existentes", e que é relativamente simples imaginar que a China irá incentivar a adoção de sua moeda digital e oferecer a sua plataforma digital a outros países. Ressaltam que (2021, p. 4):

> A China está abertamente em campanha para a adoção de seu próprio modelo de governança (uma mistura de estado capitalista, liberdade de empresa e política autoritária), especialmente no Sudeste da Ásia – uma região que tem experimentado a democracia, com ambíguos resultados (GIORDANI, 2021). A este respeito, nós antecipamos que moedas digitais do banco central podem desempenhar um papel fundamental em um amplo portfólio de ativos estratégicos, pronto para ser implantado na arena geopolítica.

Numa perspectiva contrária à criação de CBDCs, Stephen Cecchetti e Kim Schoenholtz registram que, no contexto dos problemas críticos que a CBDC criaria:

> ... é fácil ver por que o Banco Popular da China está se movendo à frente de outros bancos centrais na criação de um *renminbi* digital. Seus grandes bancos são tipicamente estatais, por isso há pouco risco de desintermediação – mesmo em uma crise financeira. Com rigorosos controles de capital em vigor, atualmente existem limites efetivos de entradas na moeda. Já há pouca

expectativa de privacidade pessoal. Finalmente, se o governo quiser, os bancos estatais podem facilmente subsidiar o acesso. (2021, p. 3)

Em avaliação em que também externa vantagens e desvantagens das CBDCs, o Professor Armando Castelar assevera que, para muitos, a sua implementação significará avanços, enquanto, para outros, a transição será difícil:

> Para muitos será um avanço: haverá mais inclusão financeira, as transferências internacionais ficarão mais fáceis, será menos complicado combater atividades ilegais e se acabará com o que alguns entendem ser um privilégio dos bancos comerciais, que lucram emprestando o dinheiro dos outros, o que só é possível devido à garantia implícita que recebem do governo. De fato, com a moeda digital os bancos só poderão emprestar seu próprio capital, levando ao chamado "*narrow banking*".
>
> Para outros, porém, será não apenas uma transição muito difícil, mas o resultado não será bom: a influência do Estado na economia crescerá, pois ele influirá mais na alocação do crédito, visto que administrará a poupança financeira, e disporá de um volume gigantesco de informações sobre os cidadãos do país, sabendo quando, onde, quanto e em que cada um gasta seu dinheiro. Neste cenário, as criptomoedas digitais não vão perder a atração que têm hoje como alternativa às moedas soberanas. Os governos não podem cair na armadilha de limitar competição no (e do) setor privado.
>
> São dilemas não triviais, especialmente em um contexto em que ficar à espera pode ser contraproducente.

2.3. O Brasil e as CBDCs

No que concerne ao Brasil, em agosto de 2020, foi criado um grupo de trabalho no âmbito do BCB para estudar as CBDCs e avaliar benefícios e impactos da eventual emissão do Real em formato digital. Entre os objetivos do grupo de trabalho, estavam:

> A proposição de modelo de eventual emissão de moeda digital, com identificação de riscos, incluindo a segurança cibernética, a proteção de dados e a aderência normativa e regulatória e a análise de impactos da CBDC sobre a inclusão e a estabilidade financeiras e a condução das políticas monetária e econômica.[24]

[24] Disponível em: https://www.bcb.gov.br/detalhenoticia/17166/nota. Acesso em: 6 out. 2021.

Em maio de 2021, em seu *site* oficial, o BCB destacou que:

> Tem promovido discussões internas e com seus pares internacionais, visando ao desenvolvimento de uma CBDC que venha a acompanhar o dinamismo da evolução tecnológica da economia brasileira; aumentar a eficiência do sistema de pagamentos de varejo; contribuir para o surgimento de novos modelos de negócio e de outras inovações baseadas nos avanços tecnológicos e favorecer a participação do Brasil nos cenários econômicos regional e global, aumentando a eficiência nas transações transfronteiriças.[25]

Na mesma ocasião, o BCB, tomando o cuidado de externar que, "em avaliação preliminar e consideradas as discussões mantidas no Grupo de Trabalho Interdepartamental (GTI) criado pela Portaria nº 108.092, de 20 de agosto de 2020", apresentou as diretrizes para o potencial desenvolvimento de uma moeda digital brasileira:

- ênfase na possibilidade de desenvolvimento de modelos inovadores a partir de evoluções tecnológicas, como contratos inteligentes (*smart contracts*), internet das coisas (IoT) e dinheiro programável;
- previsão de uso em pagamentos de varejo;
- capacidade para realizar operações online e eventualmente operações *offline*;
- emissão pelo BCB, como uma extensão da moeda física, com a distribuição ao público intermediada por custodiantes do Sistema Financeiro Nacional (SFN) e do Sistema de Pagamentos Brasileiro (SPB);
- ausência de remuneração;
- garantia da segurança jurídica em suas operações;
- aderência a todos os princípios e regras de privacidade e segurança determinados, em especial, pela Lei Complementar nº 105, de 2001 (sigilo bancário), e pela Lei Geral de Proteção de Dados Pessoais;
- desenho tecnológico que permita integral atendimento às recomendações internacionais e normas legais sobre prevenção à lavagem de dinheiro, ao financiamento do terrorismo e ao financiamento da proliferação de armas de destruição em massa, inclusive em cumprimento a ordens judiciais para rastrear operações ilícitas;
- adoção de solução que permita interoperabilidade e integração visando à realização de pagamentos transfronteiriços; e

[25] Disponível em: https://www.bcb.gov.br/detalhenoticia/17398/nota. Acesso em: 6 out. 2021.

- adoção de padrões de resiliência e segurança cibernética equivalentes aos aplicáveis a infraestruturas críticas do mercado financeiro.

Também em maio de 2021, outra notícia publicada no *site* do BCB sobre a CBDC chamou a atenção: "O objetivo é desenhar uma moeda digital de emissão do BC, que seja parte do cotidiano das pessoas, sendo empregada por quem usa contas bancárias, contas de pagamentos, cartões ou dinheiro vivo". **O foco, portanto, parece ser o de uma CBDC geral, ou de varejo**[26].

O BCB promoveu, entre os meses de julho a novembro de 2021, consulta pública para discutir o tema, denominada "O Real Digital", no formato de *webinários*, composto de sete encontros, com "[...] o objetivo de debater junto à sociedade as diretrizes gerais de uma moeda digital para o Brasil, publicadas pelo BC em maio deste ano"[27].

Em novembro de 2021, o Presidente do BCB fez um pronunciamento de encerramento dos *webinários*, destacando ao final, entre outros pontos, que, "para que se possa avançar com segurança, é necessário promover testes"[28]. Na mesma oportunidade, foi apresentado o *Lift Challenge* – Real Digital. Conforme vertido na página eletrônica do BCB, o *LIFT Challenge* é uma edição especial do LIFT (Laboratório de Inovações Financeiras e Tecnológicas) e é realizado pela Federação Nacional de Associações dos Servidores do Banco Central (FENASBAC), em parceria com o BCB. O desafio reúne integrantes do mercado – participantes do sistema financeiro como bancos, cooperativas e instituições de pagamento; *fintechs* e provedores de soluções de TI[29].

Na dicção do BCB, o objetivo da edição "Real Digital" é avaliar casos de uso da CBDC e sua viabilidade tecnológica. Esclarece que a preferência será para a seleção de projetos sobre quatro categorias de casos de uso em ambiente *online*, constantes do Regulamento do Desafio, assim como a projetos que apresentem potenciais soluções de pagamento em que pagador e recebedor estejam *offline*.

No calendário apresentado pelo BCB, a previsão era de que, até o mês de julho de 2022, ocorresse o fim da execução dos projetos relativos ao Real

[26] Disponível em: https://www.bcb.gov.br/detalhenoticia/548/noticia. Acesso em: 6 out. 2021.

[27] Disponível em: https://www.bcb.gov.br/detalhenoticia/563/noticia. Acesso em: 6 out. 2021.

[28] Disponível em: https://www.bcb.gov.br/conteudo/home-ptbr/TextosApresentacoes/Apontamentos_RCN_Webinar%20Real%20Digital_30.11.pdf. Acesso em: 12 jan. 2022.

[29] Disponível em: https://www.bcb.gov.br/site/liftchallenge. Acesso em: 12 jan. 2022.

Digital[30]. Todavia, segundo informações colhidas na página eletrônica do Banco, o *LIFT Challenge* – Real Digital, deu início à execução dos projetos selecionados em 5 de setembro de 2022. Foram 43 propostas apresentadas, incluindo 7 de outros países (Alemanha, Estados Unidos, Israel, México, Portugal, Reino Unido e Suécia). Dentre as 43 propostas, 9 "foram escolhidas para acompanhamento."[31]Sobre os projetos apresentados, o BCB afirma que[32]

> Os projetos de aplicações foram os mais variados, cobrindo o universo proposto na chamada dos trabalhos, com aplicações de entrega contra pagamento (DvP), pagamento contra pagamento (PvP), internet das coisas (IoT), finanças descentralizadas (DeFi) e soluções de pagamentos quando tanto o pagador quanto o recebedor se encontram sem acesso à internet (*dual offline*).

Sobre o cronograma o Banco informa que "Com base nos resultados obtidos no desafio o BC irá avançar em uma fase de pilotos com a participação da população, que deverá se iniciar até o final de 2022 e se estender ao longo de 2023, e que "o resultado da fase de pilotos ajudará na definição dos prazos para lançamento do Real Digital."[33]

A partir dos elementos publicizados, é possível verificar o alinhamento do BCB com a necessidade de levar a efeito discussões sobre a CBDC, conforme vêm fazendo os principais bancos centrais ao redor do mundo, demonstrando a preocupação do país com tema que certamente causará impacto nos sistemas monetários globais e, possivelmente, também no brasileiro.

A perspectiva para um futuro próximo, portanto, é de que o Brasil tenha uma agenda para testar e implantar o seu Real Digital. Resta saber se as diversas preocupações entabuladas pelos especialistas da área serão equacionadas anteriormente à implementação desses projetos, de forma a minimizar os riscos e as complicações advindas da adoção da CBDC e aproveitar, ao máximo, seus pontos positivos.

[30] Disponível em: https://www.bcb.gov.br/site/liftchallenge. Acesso em: 13 jan. 2022.

[31] Disponível em: https://www.bcb.gov.br/detalhenoticia/629/noticia. Acesso em 26 set. 2022.

[32] Disponível em: https://www.bcb.gov.br/detalhenoticia/629/noticia. Acesso em 26 set. 2022.

[33] Disponível em: https://www.bcb.gov.br/estabilidadefinanceira/real_digital_faq. Acesso em: 26 set. 2022.

Conclusões

Os temas das criptomoedas e das CBDCs, assim como da economia digital em geral, estão na ordem do dia. A realidade se transforma rapidamente e o Direito deve dar respostas convincentes a esses desafios. Dezenas de países estão discutindo esses assuntos e tentando encontrar as molduras mais adequadas para a sua regulação, inclusive a OECD está se movimentando nesse sentido relativamente às criptomoedas, assim como G20 e bancos centrais, no âmbito das chamadas CBDCs. Questões relativas às criptomoedas nos ramos criminal, patrimonial, ambiental e tributário, dentre outras, precisam ser resolvidas.

Transações com criptomoedas não são reguladas no Brasil, como ressalta o BCB, mas também não são ilegais. Isso mostra que um disciplinamento maior da matéria poderá contribuir para conferir segurança jurídica ao menos em duas frentes – na prevenção e repressão de atividades criminosas e na tributação.

O ideal seria uma norma comum a todos ou à maioria dos países. Enquanto isso, o Brasil precisa buscar soluções legislativas sobre o tema. A solução até aqui encaminha pela RFB por instrução normativa é insuficiente. São necessárias normatizações mais amplas, que envolvam as hipóteses de incidência tributária presentes no processo de existência das criptomoedas – como a questão dos mineradores.

Os números de transações com criptomoedas indicam que há vultosa geração e circulação de riquezas, levando ao raciocínio de que o assunto precisa ser amadurecido e trabalhado do ponto de vista tributário não apenas em função dos valores a serem arrecadados com um melhor delineamento dos fatos geradores de tributos, mas também da segurança jurídica que um marco legal como esse poderá trazer a todos os lados envolvidos, sobretudo investidores e autoridades governamentais.

Quanto às CBDCs, parece que há uma vastidão de aspectos que ainda precisam ser pesquisados, elaborados e testados, antes que seja possível vislumbrar a adoção dessa moeda digital pelo BCB. O tema está na agenda das jurisdições e os principais bancos centrais do mundo já enfrentam questões. Elementos como *design*, tecnologia a ser adotada, impactos nos sistemas monetários, soberania são todos objetos da pauta dos CBDCs que os países estão explorando. Desafios como a questão da privacidade das pessoas de um lado e o combate a práticas criminosas de outro, além da segurança cibernética, certamente deverão ser enfrentados, porque fazem parte desse emaranhado de pontos sensíveis que envolvem as CBDCs.

Conforta saber que o Brasil não se queda inerte e que também está inserido na discussão em torno da CBDC, inclusive com a participação da sociedade, como se constata da consulta pública via os *webinários*, realizados em 2021 pelo BCB e do Desafio do Real Digital. Na direção consignada pelo BIS, cabe lembrar novamente a importância de que o valor máximo a ser perseguido com a eventual implantação de uma CBDC deve ser sempre e para o interesse público.

Existem muitas outras questões ou desafios que sequer foram enfrentados de maneira mais sistemática. É o caso da gestão da dívida pública, por exemplo, diante do avanço de moedas digitais e mesmo uma maior presença dos bancos ditos digitais com menor participação dos bancos tradicionais e que concentram a negociação da dívida.

A própria operação da política monetária recorrendo a operações compromissadas de forma volumosa no Brasil pode vir a sofrer constrangimentos na medida em que se opte por entesourar em moeda digital no lugar de deixar liquidez em títulos públicos ainda que comprados do Banco Central. Como essa questão, ainda nem se começou a mapear quanto mais enfrentar várias outras dúvidas em torno dos efeitos, diretos ou colaterais, da presença das moedas digitais e de transações também expressas em outras formas que não as clássicas, da moeda escritural.

Referências

ARAMONTE, S.; HUANG, W.; SCHRIMPF, A. Riscos de DeFi e a ilusão de descentralização. *Revisão Trimestral do BIS*. Dezembro de 2021. Disponível em: https://www.bis.org/publ/qtrpdf/r_qt2112b.htm. Acesso em: 2 fev. 2022.

AUER, R.; BÖHME, R. *BIS Working Papers nº 948 Central bank digital currency*: the quest for minimally invasive technology. Junho de 2021. Disponível em: https://www.bis.org/publ/work948.pdf. Acesso em: 2 fev. 2022.

BANK FOR INTERNATIONAL SETTLEMENTS. *Central bank digital currencies for cross-border payments July 2021 Report to the G20*. Julho de 2021. Disponível em: https://www.bis.org/publ/othp38.pdf. Acesso em: 3 fev. 2022.

BANK FOR INTERNATIONAL SETTLEMENTS. *Annual Economic Report*. Junho de 2021. Disponível em: https://www.bis.org/publ/arpdf/ar2021e.htm. Acesso em: 3 fev. 2022.

BOAR, C.; WEHRLI, A. *BIS Papers nº 114 – Ready, steady, go? – Results of the third BIS survey on central bank digital currency*. Janeiro de 2021. Disponível em: https://www.bis.org/publ/bppdf/bispap114.pdf. Acesso em: 3 fev. 2022.

BRASIL. Banco Central do Brasil. Comunicado nº 25.306, de 19 de fevereiro de 2014. Disponível em: https://www.bcb.gov.br/estabilidadefinanceira/exibenormativo?tipo=Comunicado&numero=25306. Acesso em: 6 maio 2022.

BRASIL. Banco Central do Brasil. Comunicado nº 31.379, de 16 de novembro de 2017. Disponível em: https://www.bcb.gov.br/estabilidadefinanceira/exibenormativo?tipo=Comunicado&numero=31379. Acesso em: 6 maio 2022.

BRASIL. Receita Federal do Brasil. Instrução Normativa RFB nº 1888, de 3 de maio de 2019. Institui e disciplina a obrigatoriedade de prestação de informações relativas às operações realizadas com criptoativos à Secretaria Especial da Receita Federal do Brasil (RFB). Disponível em: http://normas.receita.fazenda.gov.br/sijut2consulta/link.action?visao=anotado&idAto=100592. Acesso em: 6 maio 2022.

BRASIL. Receita Federal do Brasil. Solução de Consulta nº 214 – Cosit. Dezembro de 2021. Disponível em: http://normas.receita.fazenda.gov.br/sijut2consulta/link.action?naoPublicado=&idAto=122341&visao=original. Acesso em: 6 maio 2022.

CASTELAR, A. *Moedas digitais*: nada triviais – Criptomoedas digitais não vão perder a atração que têm hoje como alternativa às moedas soberanas. Disponível em: https://www.ie.ufrj.br/images/IE/IEnaMidia/2021/09/Valor%20Econ%C3%B4mico,%2022-9,%20Armando%20Castelar.pdf. Acesso em: 6 maio 2022.

CASTELLO, M. G. Bitcoin é moeda? Classificação das criptomoedas para o direito tributário. *Revista Direito GV*, v. 15, n. 3, 2019, e1931. Disponível em: https://bibliotecadigital.fgv.br/ojs/index.php/revdireitogv/article/view/80709/77050. Acesso em: 6 maio 2022.

CECCHETTI, S.; SCHOENHOLTZ, K. *Central bank digital currency*: The battle for the soul of the financial system. Julho de 2021. Disponível em: https://voxeu.org/article/central-bank-digital-currency-battle-soul-financial-system. Acesso em: 2 fev. 2022.

COLLOSA, A. *O que as administrações fiscais podem fazer em face do boom da criptomoeda?* Centro Interamericano de Administrações Tributárias. 29 de março de 2021. Disponível em: What can Tax Administrations do in the face of the cryptocurrency boom? Inter-American Center of Tax Administrations (ciat.org). Acesso em: 3 fev. 2022.

GIRARD, L. Impactos ambientais da mineração de criptomoedas. *Centro de Estudos Sociedade e Tecnologia*, Boletim v. 3, n. 6, ago. 2018. Disponível em: http://www.cest.poli.usp.br/wp-content/uploads/2018/08/V3N6-Impactos-Ambientais-da-Minera%C3%A7%C3%A3o-de-Criptomoedas.pdf. Acesso em: 4 fev. 2022.

KEYNES, J. M. *The general theory of employment, interest and money*. London: Macmillan, 1936.

MEIRA, L. A.; DALL'ORA, F. S.; SANTANA, H. L. S. Tributação de novas tecnologias: o caso das criptomoedas. *In*: AFONSO, J. R.; SANTANA, H. L. (coord.). *Tributação 4.0*. São Paulo: Almedina, 2020.

MIAN, X. *In search of the perfect coin*: China's approach towards cryptocurrency and its own Central Bank Digital Currency. 2021. Disponível em: https://www.bis.org/events/cpmi_ptfop/proceedings/paper12.pdf. Acesso em: 2 fev. 2022.

OECD (2020). *Taxing virtual currencies*: an overview of tax tratments and emerging tax policy issues, OECD Paris. Disponível em: www.oecd.org/tax/tax-policy/taxing-virtual-currencies-an-overview-of-tax-treatments-and-emerging-tax-policyissues.htm. Acesso em: 2 fev. 2022.

PISCITELLI, T. Criptomoedas e os possíveis encaminhamentos tributários à luz da legislação nacional. *Revista Direito Tributário Atual – RDT Atual*, n. 40, p. 572-590, 2018. Disponível em: https://ibdt.org.br/RDTA/wp-content/uploads/2018/11/Tathiane-Piscitelli.pdf. Acesso em: 6 maio 2022.

ROSA, B.; TENTORI, A. *The geopolitical relevance of central bank digital currencies*. Junho de 2021. Disponível em: https://voxeu.org/article/geopolitical-relevance-central-bank--digital-currencies. Acesso em: 2 fev. 2022.

SARAI, L.; IWAKURA, C. R.; GUEIROS, P. Regulação, responsabilidade e *stablecoins*. *Revista da Advocacia Pública Federal*, v. 5, n. 1, 2021. Disponível em: https://seer.anafenacional.org.br/index.php/revista/article/view/148. Acesso em: 3 fev. 2022.

STELLA, J. C. Moedas virtuais no Brasil: como enquadrar as criptomoedas. *Revista da PGBC*, v. 11, n. 2, dez. 2017. Artigos. Disponível em: https://revistapgbc.bcb.gov.br. Acesso em: 3 fev. 2022.

UHDRE, D. de C. Breves notas sobre o PL nº 4207/20. *Consultor Jurídico*, Opinião. 24 de agosto de 2020, 16h09. Disponível em: https://www.conjur.com.br/2020-ago-24/dayana-uhdre-breves-notas-pl-420720. Acesso em: 6 maio 2022.

WANG, H.; GAO, S. *International Dimension of CBDC*: A Network Analysis. Disponível em: https://www.bis.org/events/cpmi_ptfop/proceedings/paper10.pdf. Acesso em: 3 fev. 2022.

YERMACK, D. *Is Bitcoin a Real Currency?* An Economic Appraisal. Handbook of Digital Currency, 2015, p. 31-43. doi:10.1016/b978-0-12-802117-0.00002-3.

21
A TRIBUTAÇÃO SOBRE O VALOR AGREGADO E O PRINCÍPIO DO DESTINO AINDA FAZEM SENTIDO NA ECONOMIA DIGITAL?

José Evande Carvalho Araujo

Introdução

Este artigo visa a analisar se a tributação sobre o valor agregado e o princípio do destino, modelos de cobrança considerados como adequados para os tributos sobre o consumo pela teoria tributária prevalente, continuam a fazer sentido diante dos desafios trazidos pela economia digital[1].

Tal matéria é relevante, pois autores importantes arguem que os novos modelos de negócios digitais, baseados em novas formas de criação de valor, não seriam apropriadamente taxados com tributos com essas características. Isso porque, na economia digital, baseada em dados, o valor seria agregado em um ciclo, com a maior parte adicionada no início do processo e diminuindo rapidamente, o que tornaria irrelevante o efeito da cumulatividade. Além disso, por não estar fisicamente localizada, não haveria referência para identificar a origem e o destino de uma transação (Cavalcanti; Oliveira, 2020; Rezende, 2020, p. 12).

Essa discussão é especialmente importante para o Brasil, que há anos discute a reforma de sua tributação do consumo e que, atualmente, tem duas propostas em estágio avançado de discussão no Congresso Nacional

[1] Partes deste artigo foram extraídas, com adaptações, do capítulo 1 da tese de doutorado defendida pelo autor em dezembro de 2021 (Araujo, 2021) e do livro dela derivado (Araujo, 2022).

que propugnam a adoção de tributos sobre o valor agregado cobrados de acordo com o princípio do destino[2].

Para atingir os objetivos propostos, na seção 1, discorreremos, ainda que de forma sucinta, sobre o consenso internacional sobre tributos sobre o valor agregado cobrados na jurisdição de destino como melhor modelo para taxar o consumo, inclusive da economia digital. Na seção 2, exporemos as críticas a esse modelo a partir da análise das diversas formas de criação de valor dos negócios digitais. Na seção 3, analisaremos exemplos de modelos de negócios digitais que adotam as diversas formas de criação de valor, com o objetivo de verificar, a partir de uma abordagem empírica, a pertinência das críticas com relação à necessidade da tributação sobre o valor agregado e do princípio do destino na tributação do consumo da economia digital. Na seção 4, complementaremos a análise empírica com um estudo dos potenciais disruptivos da tecnologia de impressão 3D para as cadeias produtivas no sentido das críticas aqui analisadas. A última seção sintetiza as conclusões obtidas.

1. O consenso internacional sobre a tributação sobre o valor agregado e o princípio do destino na tributação do consumo

Os tributos sobre o consumo são divididos em duas categorias: gerais, quando incidem indiscriminadamente sobre gastos com os bens e serviços da economia, e específicos, quando atingem dispêndios com apenas alguns deles.

O foco deste artigo são os **tributos gerais sobre o consumo**, que dividimos em duas grandes categorias: sobre o valor agregado ou sobre vendas, dependendo se são devidos em algumas ou em todas as etapas da cadeia produtiva, e se permitem ou não o abatimento do que já foi cobrado nas etapas anteriores.

Os **tributos sobre o valor agregado** (ou valor adicionado – *value-added tax*) são cobrados em todas as etapas da cadeia produtiva. Cada empresa da cadeia controla o imposto pago na etapa anterior e recolhe a parte correspondente à sua margem: o seu valor adicionado (OECD, 2020, p. 21).

[2] Referimo-nos à PEC nº 45, de 2019, na Câmara dos Deputados, e à PEC nº 110, de 2019, no Senado Federal. Em sua essência, ambas propõem a unificação dos atuais tributos sobre o consumo em imposto sobre o valor agregado de abrangência nacional, com a arrecadação destinada ao local do comprador.

Os **tributos sobre vendas** (*sales tax*) são cobrados em uma ou várias etapas da cadeia produtiva, e em regra não permitem o abatimento dos tributos já cobrados anteriormente. Podem ser exigidos em todas as etapas da cadeia, quando correspondem a um **tributo sobre o faturamento** (*turnover tax*). Ou então em uma ou algumas etapas na indústria, no atacadista ou no varejo. Quando é cobrado apenas no varejo, isto é, no último ponto de venda, é conhecido como **tributo sobre vendas no varejo** (*retail sales tax*).

Em termos econômicos, ao menos em teoria, um tributo sobre vendas no varejo é idêntico a um incidente sobre o valor agregado, pois ambos atingem apenas o consumo final das famílias e não os gastos produtivos das empresas. Por isso, são considerados eficientes economicamente e neutros, já que resultarão no mesmo montante independentemente do tamanho da cadeia, não interferindo no modo como os empresários organizarão suas atividades (Englisch; 2015, p. 120; OECD, 2020, p. 22-24).

Apesar de economicamente equivalentes, a tributação sobre o valor agregado é considerada superior àquela exclusivamente no varejo. Primeiro, porque o método de pagamento em etapas faz com que o contribuinte de uma fase controle o destaque do tributo na etapa anterior, pois só assim poderá se creditar do valor já pago, servindo como auxiliar da autoridade fiscal. Segundo, porque o recolhimento do valor adicionado em várias etapas diminui o risco de o fisco não receber nada na cadeia produtiva, o que é bem mais provável ao se concentrar toda a cobrança na etapa mais fraca da cadeia, a venda no varejista, já que existem muito mais contribuintes a fiscalizar, a maior parte de pequeno porte. E terceiro, porque, na tributação sobre vendas no varejo, não se garante o recolhimento de nenhum tributo na importação, sendo a aduana um importante ponto de controle, inclusive de obrigações tributárias (OECD, 2020, p. 21, 23).

Os tributos sobre o valor agregado surgiram em meados do século XX, mas terminaram por se consolidar pouco a pouco partir dos anos 1960, em substituição aos então prevalentes tributos sobre vendas, em regra cobrados apenas no varejo. A expansão do modelo se intensificou a partir de meados dos anos 1980, até o ponto de ser hoje o mais difundido no mundo, adotado por 170 países (OECD, 2020, p. 14-18; Varsano, 2014, p. 10, 16). A quase totalidade desses países denomina esses tributos ou de "Imposto sobre Valor Agregado (IVA)" ou de "Imposto sobre Bens e Serviços (IBS)" (OECD, 2020, p. 12). Atualmente, o único país relevante economicamente que não tributa o consumo geral com tributos sobre o valor agregado são os Estados Unidos da América (EUA), que optaram por uma tributação sobre vendas no varejo em nível estadual e local (OECD, 2020, p. 22-24).

No comércio internacional, a tributação do consumo em diversas etapas da cadeia exige alguns cuidados para evitar que haja a cobrança do tributo tanto pelo país do vendedor quanto pelo do comprador. Para isso, foram criadas regras de distribuição de competência tributária entre esses países. Pela regra do **princípio da origem**, a competência é da jurisdição do vendedor; pela do **princípio do destino**, do comprador (OECD, 2020, p. 27-28).

O princípio do destino tem sido considerado superior ao da origem, especialmente pelo último criar incentivos para planejamentos tributários dos contribuintes e concorrência fiscal entre os países. Isso porque um país pode baixar seus impostos sobre o consumo para atrair multinacionais que desejem se submeter à carga tributária mais baixa em suas vendas internacionais. Como consequência, estimula-se que seu vizinho ofereça alíquotas ainda menores, gerando uma guerra fiscal que, com o passar do tempo, termina por ser danosa para todos. As empresas multinacionais, por sua vez, têm a capacidade de realocação de operações para países com tributos mais baixos potencializada por poderem atuar em qualquer parte do mundo sem ou com pouca presença física, em especial se a operação for de bens intangíveis ou serviços (Olbert; Werner, 2020, p. 3).

A partir da experiência internacional de tributação do consumo com o uso de tributos sobre o valor agregado, algumas boas práticas foram destacadas como aptas a tornar o imposto mais eficiente economicamente, e passaram a constar nos IVAs/IBSs criados após a década de 1980, sendo o imposto sobre o consumo da Nova Zelândia o pioneiro (Varsano, 2014, p. 20). A partir dos anos 2000, costumou-se denominar esse modelo ideal de "**IVA Moderno**": aquele com base ampla, crédito financeiro (permite-se o abatimento integral dos tributos já recolhidos sobre os insumos nas etapas anteriores), poucas alíquotas e exceções e atendendo ao princípio do destino (Cnossen, 1998, p. 402; Ebrill *et al.*, 2001).

Esse modelo de tributação foi confrontado com os inúmeros desafios trazidos pela economia digital à tributação do consumo, com o objetivo de verificar se ainda seria adequado, ainda que com adaptações, ou se seria necessário pensar em outras alternativas. Em **fórum de discussão global na Organização para a Cooperação e Desenvolvimento Econômico (OCDE)** com a maioria dos países do mundo, chegou-se à conclusão de que a melhor saída seria manter os atuais ordenamentos estruturados sobre impostos sobre o valor agregado, desde que adotadas algumas adaptações que garantissem a efetiva tributação dos serviços e bens digitais no local em que forem prestados ou consumidos (princípio do destino) e a cobrança do imposto sobre bens importados de pequeno valor (OECD, 2015, p. 147-148).

Isso possibilitou a criação de um **conjunto de recomendações que terminou por se tornar praticamente consensual internacionalmente**, o que se demonstra tanto pelos demais organismos internacionais ou o terem chancelado explicitamente ou não apresentado alternativas quanto pela sua rápida adoção, com maior ou menor grau de aderência, por mais de 70 países (OECD/WBG/CIAT/IDB, 2021, p. 140).

2. A crítica ao consenso internacional a partir do modo como o valor é criado nos negócios digitais

As consequências das novas tecnologias sobre a tributação das cadeias globais de valor (CGVs) têm sido estudada na ótica de como alguns modelos de negócios digitais criam valor ao longo da cadeia.

Essa discussão tem importância especial na tributação da renda, pois os lucros das empresas globais são calculados pelo confronto de uma série de receitas auferidas com despesas incorridas em diferentes etapas que, nas CGVs, estão espalhadas em diversos países do mundo, e a alocação desses lucros entre essas jurisdições deve ser feita de acordo com o valor criado em cada fase. Como a forma de criação de valor foi substancialmente alterada na economia digital, alega-se que as regras internacionais vigentes não estão aptas para captar adequadamente essa realidade (Bacache *et al.*, 2015, p. 34; Olbert; Spengel, 2019, p. 4-6).

Quanto à tributação do consumo, contudo, não são comuns análises sobre como o valor é criado dentro das cadeias. Afinal, independentemente do caminho percorrido, esse valor será representado no preço dos produtos e serviços oferecidos pelo negócio. A tributação sobre o valor agregado, inclusive, foi desenhada justamente para captar o montante adicionado ao longo da cadeia, independentemente do número de etapas, e os princípios do destino e da origem foram concebidos para que esse processo pudesse ocorrer mesmo quando as etapas se passassem em países diferentes.

Recentemente, contudo, passou-se a apontar essas novas formas de criação de valor como uma das razões para que os modelos atuais de tributação de consumo não sirvam mais para extrair receitas dessa base tributária. O argumento é que os tributos não cumulativos faziam sentido para a economia industrial, em que o valor ia sendo agregado ao longo de diversas etapas que ocorriam sequencialmente. Na economia digital, baseada em dados, o valor seria agregado em um ciclo, com a maior parte adicionada no início do processo e diminuindo rapidamente, o que tornaria irrelevante o efeito da cumulatividade. Além disso, por não estar fisicamente localizada, não haveria referência para identificar a origem e o destino de uma transação. Enquanto na economia industrial a cadeia tomaria a forma de uma longa ferrovia, na digital teria a de uma roda que "não gira sempre no mesmo sentido, não segue padrão predefinido e não está fisicamente localizada". (Cavalcanti; Oliveira, 2020; Rezende, 2020, p. 12).

Estando corretas essas críticas, e dependendo da dimensão desse fenômeno, a tributação sobre o valor agregado perderia seu sentido, já que as cadeias seriam curtas a ponto de a cumulatividade não ser um problema, e a implementação do princípio do destino restaria impossibilitada por não ser possível estabelecer o local do consumo. Ora, o controle da não cumulatividade é um dos principais problemas dos tributos sobre o valor agregado existentes, devido a fraudes no sistema de aproveitamento de créditos relativos ao imposto pago nas etapas anteriores de produção (Ainsworth *et al.*, 2018; Ebrill *et al.*, 2001, p. 60; Englisch, 2015, p. 120-121). Já as regras propostas pela OCDE para a implementação do princípio do destino, para serem efetivas, precisam ser adotadas internacionalmente de forma harmônica. Dessa forma, caso a economia digital tenha realmente alterado as cadeias produtivas de forma tão radical, não haveria sentido em continuar convivendo com essas dificuldades.

De fato, existem indícios de que as CGVs passam por um processo de encurtamento. Brun, Gereffi e Zhan (2019, p. 40-41) destacam que "servitização" (aumento no papel dos serviços nas CGVs) e a produção flexível (substituição do trabalho por capital, consolidada no processo de automação) são novas tendências trazidas pelas novas tecnologias às CGVs, e trabalham no sentido de encurtamento das cadeias ao eliminarem intermediários, etapas de produção e atividades laborais. Por sua vez, Baldwin (2016, p. 10) ressalta que tecnologias como a "telepresença" e a "telerobótica" podem encurtar ainda mais essas cadeias ao permitirem que os prestadores de serviços atuem sem necessidade de presença física. Por outro lado, estudos do Banco Mundial e da Organização Mundial de Comércio põem dúvidas sobre se essas tendências alterarão substancialmente o espalhamento das cadeias globais pelo mundo nos próximos anos (WORLD BANK, 2020, p. 1; WTO, 2019, p. 4).

Diante da importância dessas críticas, reforçadas pelas evidências, ainda que inconclusivas, da tendência de encurtamento das CGVs, julgamos importante entender como os negócios digitais criam valor e como isso afeta a tributação do consumo.

Para classificar as formas de criação de valor, três modelos foram propostos: a cadeia de valor, a rede de valor e a compra de valor (STABELL; FJELDSTAD, 1998 apud OECD, 2018, p. 35-41).

A **cadeia de valor** (*value chain*) embasa os modelos de negócios estruturados em uma linha de produção (*long-linked*), processo linear que começa com entradas e prossegue até a entrega de um produto acabado, geralmente padronizado, a um consumidor final. O valor é criado na transferência do produto da empresa para seus usuários. Exemplos incluem empresas que produzem, usando processos lineares de produção, bens tangíveis como é de fácil intuição (ex.: multinacionais de automóveis, Coca-Cola e Unilever), mas também serviços e bens intangíveis como filmes, jogos, músicas ou *softwares*. Incluem também os revendedores desses bens e serviços e os fornecedores de insumos para outras empresas (OECD, 2018, p. 36-38).

Nesse modelo, as atividades principais são executadas sequencialmente no sentido das entradas dos insumos, processamento, saída, vendas e serviços pós-venda, como ilustrado na Figura 1 (OECD, 2018, p. 36-37).

Figura 1 – Cadeia de Valor

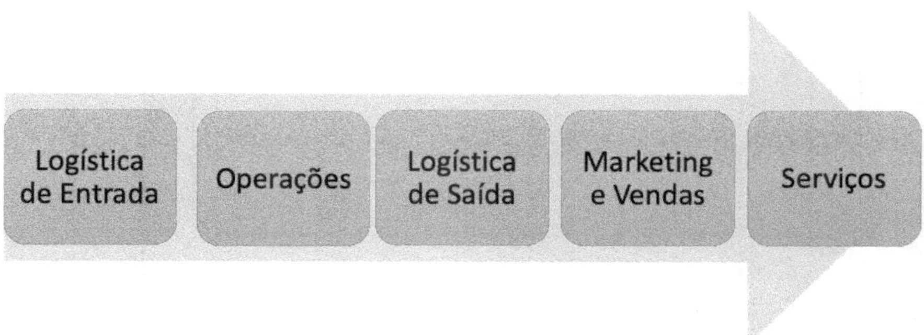

Fonte: (PORTER, 1985 *apud* OECD, 2018, p. 36, tradução nossa, adaptado)

A **rede de valor** (*value network*) é a base de modelos de negócios que vinculam usuários, fornecedores ou clientes por meio uma tecnologia de mediação, abrangendo todos os tipos de plataformas multilaterais. O valor é criado pela organização e facilitação da troca entre as partes. Entre as empresas tradicionais, são exemplos as agências de empregos, que aproximam empregadores e trabalhadores, e bancos, que aproximam investidores e tomadores de empréstimos. Na economia digital, são exemplos as redes sociais, que permitem que os anunciantes atinjam grupos de usuários específicos; os mecanismos de pesquisa da Internet, que fornecem gratuitamente seus serviços, enquanto geram receitas de publicidade direcionada e da monetização de dados do usuário; as plataformas comerciais que possibilitam que os usuários negociem bens e serviços entre si; e as plataformas que facilitam o consumo colaborativo de bens duráveis ou ativos, permitindo que os indivíduos se conectem e compartilhem recursos disponíveis, como carros ou residências (OECD, 2018, p. 38-39).

Nesse modelo, as atividades necessárias para a intermediação (promoção da rede e gerência de contrato, prestação do serviço e operação da infraestrutura) ocorrem em paralelo entre si, como ilustrado na Figura 2 (OECD, 2018, p. 38-39).

Figura 2 – Rede de Valor

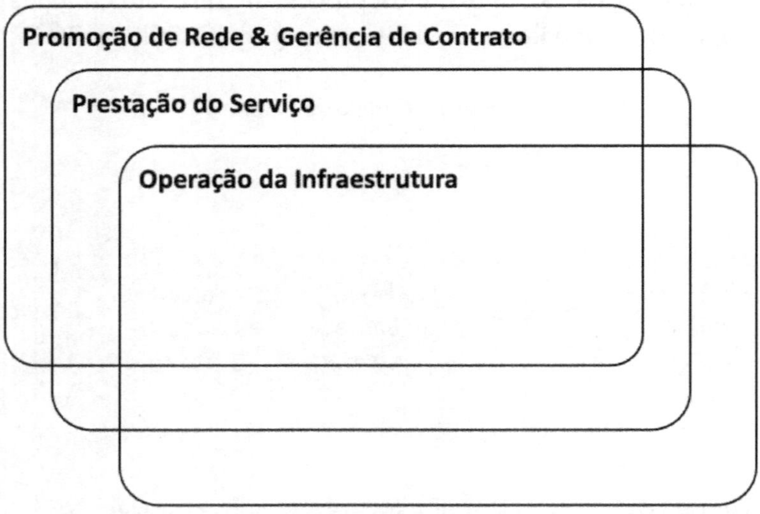

Fonte: (Stabell; Fjeldstad, 1998 *apud* OECD, 2018, p. 39, tradução nossa, adaptado)

A **compra de valor** (value shop)[3] opera em mercados unilaterais, geralmente na categoria de serviços profissionais, e se caracteriza pelo uso de uma tecnologia intensiva, em regra uma combinação de *hardware*, *software* e conhecimento, aplicada para resolver uma demanda ou problema específico do cliente. O valor é criado pela assimetria de informações entre a empresa e o usuário, e a solução apresentada é moldada para o cliente, mesmo se atingida com o uso de ferramentas padronizadas. São exemplos as empresas de serviços tecnológicos avançados, como as de medicina ou de laboratório, de consultoria de negócios, de análise de dados especializada, de desenvolvimento de *software* e de computação na nuvem (OECD, 2018, p. 40-41).

Nesse modelo, as atividades são executadas de modo cíclico: contratação, avaliação de soluções, escolha da solução, execução e controle/avaliação, com a última etapa podendo servir como geração de novo problema a ser resolvido, o que ocorre em paralelo com as atividades de suporte, como ilustrado na Figura 3 (OECD, 2018, p. 41).

Figura 3 – Compra de Valor

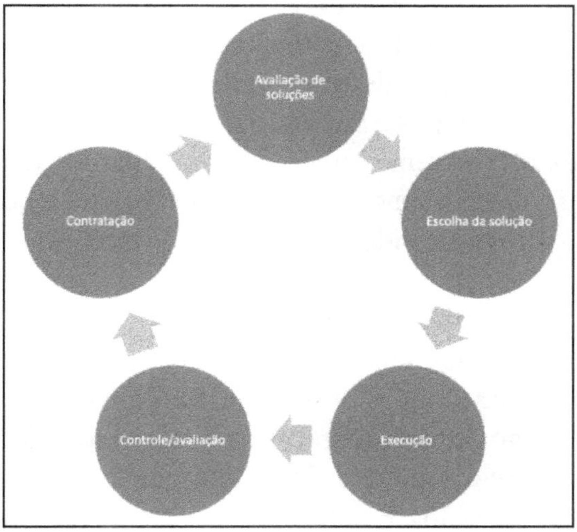

Fonte: (Stabell; Fjeldstad, 1998 *apud* OECD, 2018, p. 41, tradução nossa, adaptado)

[3] Entre outros autores, Alves (2021, p. 26), em sua tese de doutorado, traduz *value shop* como loja de valor. Entendemos, contudo, que compra de valor seria uma melhor tradução, pois representa uma cadeia em que o valor estaria na compra de um serviço qualificado específico.

Destaque-se que esses três processos de criação de valor se relacionam mais a linhas de negócio do que a uma empresa com um todo. É comum que uma mesma firma adote várias espécies de criação de valor em suas diferentes linhas. Por exemplo, o varejo da Amazon é considerado uma cadeia de valor; a plataforma de comércio Amazon Marketplace, uma rede de valor; e o serviço de computação na nuvem Amazon Web Services, uma compra de valor (OECD, 2018, p. 42).

A simples constatação de que os novos negócios digitais potencializam cadeias de valor com outros formatos não autoriza que se conclua não ser mais possível onerá-los com os tributos hoje existentes. Por isso, julgamos necessário aprofundar nossa compreensão sobre o consumo nos negócios digitais para verificar se o argumento se sustenta com base em mais evidências, o que faremos na seção seguinte a partir de uma análise empírica de exemplos de modelos de negócios digitais.

3. A tributação do consumo em modelos de negócios digitais

Nesta seção, analisaremos três modelos de negócios digitais que cobrem as três formas de criação de valor, que foram discutidos em detalhes no relatório intermediário sobre tributação da economia digital da OCDE de 2018: um mais tradicional – o comércio eletrônico, e dois considerados disruptivos – as plataformas de economia compartilhada e a computação na nuvem (OECD, 2018, p. 42-51, 60-79).

Neste estudo, verificaremos como esses modelos de negócios influenciam a tributação do consumo, para averiguar de que modo afetam a tributação sobre o valor agregado e o princípio do destino.

3.1. Comércio eletrônico (e-commerce)

O comércio eletrônico é o modelo de negócio digital mais antigo, e seus efeitos sobre a tributação já vêm sendo estudados de perto pelo menos desde 1996, nos trabalhos preparatórios da Conferência Ministerial da OCDE de 1998 sobre o comércio eletrônico, em Ottawa (OECD, 2015, p. 151-165; OECD, 2018, p. 18). É definido como a compra e venda de bens e serviços, em que o pedido é feito por meios eletrônicos (Internet ou redes privadas), mas que o pagamento e a entrega podem se dar tanto digitalmente quanto pelos meios físicos tradicionais. As operações podem ser entre empresas (B2B), entre empresa e consumidor (B2C) ou entre consumidores (C2C) (OECD, 2015, p. 55-56).

Um exemplo ajuda a visualizar os desafios trazidos à tributação em empresas digitais que adotam esse modelo de tributação. A Figura 4 ilustra o negócio de uma revendedora *online* de bens tangíveis de atuação global, que os compra de fornecedores e os vende a consumidores finais com uma margem de lucro (OECD, 2018, p. 60-66).

Figura 4 – Modelo de negócio de um revendedor *online* de bens tangíveis de escala internacional

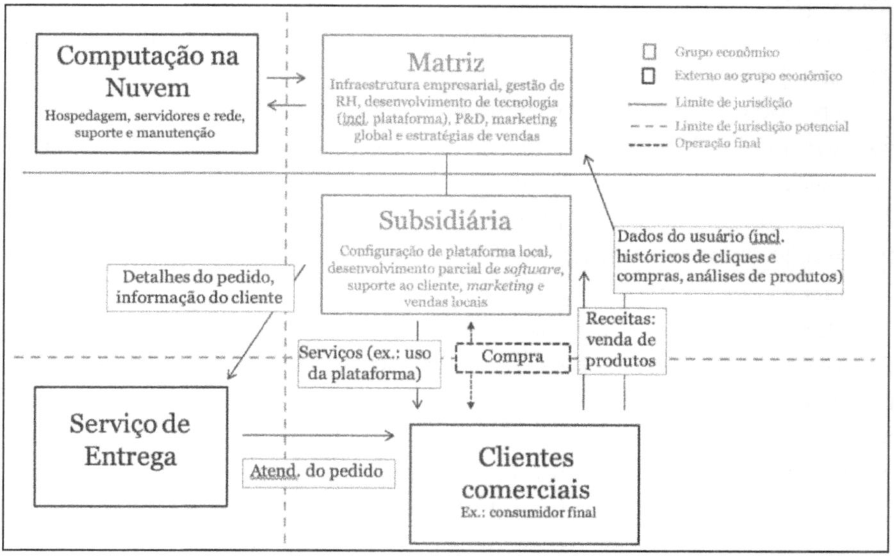

Fonte: (OECD, 2018, p. 61, tradução nossa, adaptado)

A empresa possui uma matriz, responsável pela infraestrutura, gerência, tecnologia, e estratégias globais de *marketing* e de vendas, e subsidiárias em diversos países, responsáveis pelas vendas locais e que podem também desenvolver *software* próprio, fazer atendimento a clientes e desenvolver estratégias locais de *marketing* e vendas. Os pedidos são entregues diretamente pelas subsidiárias ou por terceiros.

A principal fonte de receitas do negócio é a margem de lucro na venda de produtos. Mas a empresa também pode faturar com serviços *premium* (como remessa grátis para assinantes, ex: Amazon Prime) e com a venda dos dados dos usuários para terceiros e de publicidade para anunciantes. O revendedor pode usar os dados coletados dos usuários com dois objetivos principais: (i) analisar seu comportamento para melhorar seus produtos e direcionar melhor sua publicidade; e (ii) diferenciar os preços para conseguir o máximo de lucratividade (OECD, 2018, p. 61-62).

As receitas com serviços e com a venda de dados e publicidade também sofrem incidência de tributos sobre o consumo e demonstram o potencial ampliado de atuação global dessas empresas, já que os adquirentes de dados e os anunciantes podem estar em jurisdições absolutamente diversas daquelas em que se processaram a venda e a compra. Abre-se, inclusive, espaço para a estratégia de deslocamento da operação para um país de baixa tributação, ainda que o anúncio seja direcionado a consumidores de outra jurisdição.

O negócio se enquadra no modelo de **cadeia de valor**, em que a forma da cadeia é a tradicional em linha de produção. O exemplo demonstra a necessidade da tributação sobre o valor agregado, já que, como o negócio se espalha por diversos países e se relaciona com diversas empresas, a tributação cumulativa traria problemas ao exportar tributos nas diversas interações entre jurisdições.

Por outro lado, a tributação sobre o valor agregado e o princípio do destino não trazem desafios especiais para sua efetivação. Isso porque as etapas produtivas são delimitadas e conhecidas, não havendo problemas na determinação do valor criado em cada fase. A tributação dos insumos é determinada, servindo como crédito a ser abatido da tributação da etapa seguinte. Os locais de residência do vendedor e do comprador são conhecidos.

3.2. Plataformas de economia compartilhada (*sharing and gig economy*)

A evolução da tecnologia permitiu a disseminação de plataformas *online* criadas para aproximar usuários que desejam compartilhar temporariamente bens e serviços. Em regra, aproximam indivíduos (C2C) que realizam o que se convencionou chamar de transações *peer-to-peer* – P2P (par a par ou ponto a ponto, em português). Fundamentam-se na filosofia do consumo baseado em acesso. Isto é, em vez de comprar e possuir coisas, os consumidores buscam apenas o acesso a bens e preferem pagar pela experiência de usá-los temporariamente (Hojnik; Weingerl, 2018, p.16-17).

Com o tempo, passaram também a surgir negócios que aproximam empresas com seus clientes (B2C), existindo até casos de compartilhamento de ativos subutilizados entre empresas (B2B) (OECD, 2019, p. 15; OECD, 2021, p. 32).

Os principais exemplos desse tipo de plataforma estão nos setores de transporte, com a aproximação de motoristas e passageiros (e mais recentemente de entregadores e clientes); de hospedagem, ligando hóspedes com anfitriões; de finanças colaborativas, em regra empréstimos, *crowdfunding* e doações fora do sistema financeiro (P2P); e de serviços sob demanda, conectando clientes a prestadores de serviços, tanto manuais (ex.: limpeza, mudança, carpintaria, etc., que envolvem prestação física) quanto intelectuais (*web design*, consultoria, etc., que geralmente envolvem entrega digital). Atualmente, as plataformas de transporte e de hospedagem representam cerca de 90% do valor global desse modelo de negócio. Há previsão de crescimento de todas as modalidades nos próximos anos (OECD, 2021, p. 16-17).

Em regra, costuma-se chamar de economia compartilhada (ou economia de compartilhamento – *sharing economy*) os modelos de negócios associados com o compartilhamento de bens, e de *gig economy* os relacionados ao oferecimento de serviços profissionais executados por tarefa e sem relação de emprego (OECD, 2018, p. 208; OECD, 2019, p. 15; OECD, 2021, p. 15). São ainda comuns as denominações "economia colaborativa", "economia sob demanda" e "consumo colaborativo" (OECD, 2019, p. 15). Neste artigo, utilizaremos a expressão "economia compartilhada" para representar todas essas possibilidades[4].

A importância desses negócios aumenta rapidamente a cada ano, apesar de ainda não existirem estimativas confiáveis sobre seu tamanho por ausência de dados. E tudo indica que esse crescimento se acelerou durante a pandemia do Coronavírus (OECD, 2021, p. 16).

As plataformas de economia compartilhada são exemplos de negócios multilaterais, fundados na participação dos usuários e submetidos a efeitos de rede e com estrutura de preço não neutra. Nelas, atuam três atores: (i) a plataforma digital; (ii) o fornecedor, que compartilha o ativo ou presta o

[4] Segundo o dicionário Merriam-Webster, o termo *gig* significa um emprego, usualmente por um período de tempo especificado, e é normalmente usado para se referir à área artística (MERRIAM-WEBSTER DICTIONATY, c2023). Nesse sentido, uma tradução possível para o português de *gig economy* seria "economia de bico". Contudo, como o fenômeno é mais amplo, com profissionais se dedicando exclusivamente a serviços sem relação de emprego, e como nenhuma tradução para o português incluindo a referência a *gig* se consolidou, optamos por denominar o modelo de negócio apenas por economia compartilhada, e não como economia compartilhada e de bico, como uma tradução mais literal exigiria.

serviço; e (iii) o usuário. Os fornecedores e usuários em regra são pessoas físicas, mas podem também ser pessoas jurídicas. Esses três atores realizam transações econômicas entre si, sendo que a plataforma pode cobrar comissões tanto do usuário quanto do fornecedor, e o fornecedor é em regra remunerado pelo usuário mediante pagamento, mas podendo também o ser por permuta (ex.: troca de acomodações) (OECD, 2021, p. 21-27).

A Figura 5 ilustra o modelo de negócio de uma plataforma de economia compartilhada de transporte privado de passageiros estilo Uber (OECD, 2018, p. 66-73).

Figura 5 – Modelo de negócio de uma plataforma de economia compartilhada de transporte privado de passageiros

Fonte: (OECD, 2018, p. 67, tradução nossa)

A plataforma tecnológica permite conectar passageiros com motoristas que oferecem transporte na modalidade de uso compartilhado de veículo denominada de *for-profit ridesharing*, na qual os condutores recebem uma remuneração pela viagem realizada (MARQUES NETO; FREITAS, 2017, p. 22).

A empresa recruta motoristas com seus carros, controla-os de forma centralizada, desenvolve uma plataforma que permite que passageiros peçam uma corrida, e mantém um sistema de avaliação tanto dos motoristas quanto dos passageiros. A matriz é responsável pela infraestrutura, gerência, tecnologia, e estratégias globais de *marketing* e de vendas. A plataforma em regra é operada por uma subsidiária local, que pode configurar parcialmente o *software* e o oferece aos motoristas e usuários locais. A plataforma e os dados ficam em uma empresa externa de computação na nuvem (OECD, 2018, p. 66-67).

A fonte principal de receitas da empresa são as comissões pelas corridas, com o preço variando dinamicamente de acordo com a oferta e a procura. É possível ainda auferir receitas com outras linhas de negócio complementares, como a entrega de comida (ex.: UberEATS) (OECD, 2018, p. 67-68).

Os dados coletados dos usuários são usados para a prestação dos serviços em si (localização para escolher o melhor carro) e também para o oferecimento do preço. As avaliações agregam valor ao serviço prestado. E as informações sobre tráfego, distâncias percorridas e número de passageiros podem ser vendidas para empresas de logística ou de transporte público (OECD, 2018, p. 68).

O negócio se enquadra no modelo de **rede de valor**, em que o formato da cadeia produtiva adota uma estrutura bastante compacta, com todas as etapas ocorrendo em paralelo.

Esse exemplo abarca a maior parte das críticas no sentido da desnecessidade da tributação sobre o valor agregado, já que a cumulatividade teria pouco efeito. Além de a cadeia ser bastante curta, grande parte das comissões recebidas pela empresa não serão apropriadas como custos em outras cadeias produtivas, já que, em regra, são pagas por pessoas físicas. Contudo, não se pode perder de vista que a plataforma em regra espalha sua estrutura por diversos países do mundo, terceirizando funções de assistência técnica e armazenamento na nuvem, por exemplo. A não adoção da tributação sobre o valor agregado, nesse caso, incentivaria a verticalização de todas as funções dentro da matriz, o que pode não ser economicamente eficiente.

Já a aplicação do princípio do destino é também viável, já que a determinação do local de consumo é facilmente definida pelas plataformas digitais em cada operação. As dificuldades próprias do modelo de negócio, como o fato de o cliente poder utilizar o serviço em diversas partes do mundo, são resolvidas a partir do estabelecimento de regras práticas simplificadoras que, para serem efetivas e evitar situações de dupla tributação, devem ser adotadas por todos os países. Regras dessa natureza constam das diretrizes propostas pela OCDE citadas na seção 1 e já adotadas por mais de 70 jurisdições. No caso, considera-se que o consumo se deu na residência habitual do consumidor, se pessoa física, ou na localização da empresa, se pessoa jurídica (ARAUJO, 2022, p. 132).

3.3. Computação na nuvem (*cloud computing*)

A computação na nuvem é o modelo de negócio que oferece serviços informáticos *online* e sob demanda, em especial capacidade de processamento, armazenamento de dados e utilização de *softwares*, para usuários em qualquer parte do mundo (OECD, 2015, p. 59).

Atualmente existe uma infinidade de serviços oferecidos na nuvem, os XaaS, mas os três tipos mais comuns são (OECD, 2018, p. 77):

(i) **Infraestrutura como serviço** (*Infrastructure-as-a-service* – IaaS): também conhecido por *hardware* como serviço, engloba todos os recursos físicos de informática, como capacidade de processamento, armazenamento de banco de dados e recursos de rede. Oferece grande economia de custos aos clientes, pois fornece acesso à capacidade de computação adicional sob demanda, sem a necessidade de um grande investimento de capital em *hardware*;

(ii) **Plataforma como serviço** (*Platform-as-a-service* – PaaS): oferece o acesso a ferramentas de computação, como sistemas operacionais, plataformas de aplicativos e serviços de banco de dados, sem que o cliente precise comprar ou atualizar esses programas. Permite a contratação de apenas alguns recursos, o que é vantajoso para empresas que os usem apenas ocasionalmente;

(iii) ***Software* como serviço** (*Software-as-a-service* – SaaS): oferece o acesso a *softwares* pela Internet, sem que o consumidor tenha que os adquirir ou atualizar.

Trata-se de um dos modelos de negócios mais importantes da atualidade e serve de infraestrutura para diversas outras empresas (como visto nos exemplos analisados nas seções anteriores).

Atualmente, empresas de qualquer tipo e tamanho podem crescer sem a necessidade de fazer investimentos pesados em tecnologia, tanto em equipamentos quanto em programas de computador. Contratam apenas o que precisam, pagam pelo uso e aumentam a estrutura a qualquer momento.

Um exemplo marcante desse fenômeno foi o da plataforma de hospedagem Airbnb que, após contratar serviços de *software* e armazenamento da Amazon Web Services, pôde passar de 4 milhões de usuários em janeiro de 2013 para 15 milhões em junho de 2014. Crescimento tão acelerado, em um passado recente, seria impossível sem injeção massiva de recursos e em tão pouco tempo (OECD, 2018, p. 73-74).

A Figura 6 ilustra o modelo de negócio para uma empresa de computação na nuvem que oferece os serviços IaaS, PaaS e SaaS agrupados em três categorias amplas: serviços básicos (computação, armazenamento e entrega de conteúdo, banco de dados e rede), serviços de aplicativos (administração e segurança, implantação e gerenciamento de sistemas, análise de funcionamento) e serviços de implantação e gerenciamento (de serviços de aplicativos, de serviços móveis, e de aplicativos empresariais) (OECD, 2018, p. 73-79).

Figura 6 – Modelo de negócio de computação na nuvem

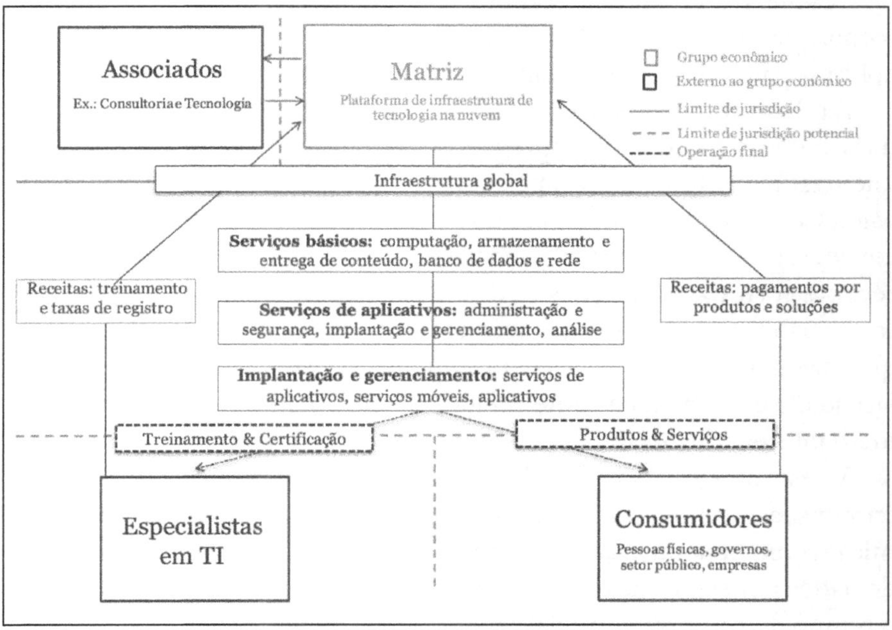

Fonte: (OECD, 2018, p. 75, tradução nossa)

Essas empresas auferem receitas de serviços em escala global. Para os usuários pessoas físicas, podem ser oferecidos gratuitamente serviços básicos em troca de publicidade, ou mediante o pagamento de mensalidades. Para as empresas, podem ser cobradas mensalidades, mas o pagamento à medida do uso (*pay as you go*) tem prevalecido (OECD, 2018, p. 75).

Para algumas empresas, podem ser oferecidos serviços adicionais de consultoria e suporte para incentivá-las a desenvolver e promover as capacidades computacionais oferecidas. Nesse contexto, podem ser ofertados programas de treinamento e certificação para ajudar os clientes a obter conhecimentos e habilidades técnicas, com a cobrança de taxas de inscrição e registro (OECD, 2018, p. 75).

A principal estratégia é priorizar a inovação tecnológica para manter custos baixos, caracterizando-se como um serviço de alto volume e margens reduzidas. Quanto aos dados armazenados, em regra a empresa não usa seu conteúdo, garantindo sua confidencialidade, exceto quando o cliente consente (OECD, 2015, p. 60-61; OECD, 2018, p. 75-76).

É exemplo do modelo de **compra de valor**, caracterizada pelo uso de uma tecnologia intensiva, a combinação de *hardware*, *software* e conhecimento, aplicada para resolver uma demanda ou problema específico do cliente.

Também resume as principais críticas no sentido da desnecessidade da tributação sobre o valor agregado, pois o formato da cadeia é bastante encurtado e assume a forma circular própria do modelo de compra de valor. Contudo, diferentemente do exemplo da seção anterior, esse negócio em regra é componente essencial de outras cadeias produtivas, e suas receitas correspondem a custos de outros negócios que esperam aproveitar os tributos já pagos como créditos na próxima etapa de tributação, o que faz com que não conviva bem com incidências cumulativas. A cumulatividade é também bastante prejudicial em atividades com margens de lucro muito reduzidas.

Acrescente-se a isso o fato de o próprio negócio em regra optar por distribuir sua estrutura por diversos países por questões de eficiência econômica (como bem ilustrado na figura acima). A necessidade de replicação de dados por segurança ou de se aproximar do usuário nos casos em que o tempo de resposta é crucial são exemplos que resultam na descentralização até de sua função principal. Como já apontado na seção anterior, essa estrutura descentralizada recomenda, por si só, que os tributos não incidam cumulativamente sobre seus custos.

Quanto à aplicação do princípio do destino, a determinação do local de consumo é feita sem dificuldade pela empresa de computação na nuvem, e as dificuldades na tributação da operação, como as decorrentes da possibilidade de acesso do sistema em qualquer lugar do mundo, são superadas com o estabelecimento de regras práticas simplificadoras como a de considerar que o consumo se deu na residência habitual do consumidor, se pessoa física, ou na localização da empresa, se pessoa jurídica.

4. A Impressão 3D e seu potencial disruptivo para a tributação do consumo

A análise da seção anterior já permite que respondamos ao questionamento deste artigo, na medida em, a partir da análise de modelos de negócios digitais que utilizam as três formas de criação de valor, verificamos que a tributação sobre o valor agregado e o princípio do destino continuam a fazer sentido para a taxação do consumo.

Nesta seção, optamos por dar um passo além, ao investigarmos uma tecnologia potencialmente disruptiva para os negócios digitais, que traz preocupações particulares à tributação do consumo no mesmo sentido das críticas aqui analisadas: a impressão 3D.

Impressão 3D é a tecnologia que permite a criação de um objeto físico, mediante a impressão em camadas, a partir de um modelo digital. Em regra, um objeto é dividido virtualmente em fatias extremamente finas, que são reconstruídas na impressora uma camada sobre a outra, sendo hoje possível utilizar, como matéria prima, plástico, metal, cerâmica, vidro e até biomateriais (WORLD ECONOMIC FORUM, 2020, p. 6). É também conhecida por fabricação aditiva, em contraposição ao processo tradicional de fabricação subtrativa realizado a partir da remoção de partes da matéria prima, apesar de esse termo ser apropriado apenas para seu uso na indústria (Schwab, 2019, p. 24).

Atualmente, predomina o uso da tecnologia na construção de protótipos e ferramentas, que podem ser impressos, redesenhados e refinados rapidamente, mas cresce a utilização na produção de partes sobressalentes de modo complementar à manufatura tradicional, bem como na fabricação de equipamentos customizáveis na área da saúde, como alinhadores dentais e aparelhos auditivos (WORLD ECONOMIC FORUM, 2020, p. 7). Já há também relatos de seu uso em escala substituindo métodos tradicionais de industrialização e alterando as cadeias de suprimento em algumas indústrias (OECD, 2018, p. 16), e de experiências na construção de edifícios em Dubai e na China (WORLD ECONOMIC FORUM, 2020, p. 7).

Para o futuro, espera-se seu uso massivo na indústria automotiva e aeroespacial e na produção customizada nos setores de alimentação, nutrição, moda, calçados e brinquedos, entre outros. Na área de saúde, estima-se que, em breve, a impressão 3D se tornará o padrão para a produção de implantes e próteses personalizadas e, em um futuro mais distante, possibilite a impressão de órgãos e de membros artificiais (WORLD ECONOMIC FORUM, 2020, p. 7).

Essa tecnologia tem evoluído rapidamente nos últimos anos. O total de receitas globais alcançou US$ 9,8 bilhões em 2018, número que, apesar de elevado, corresponde a uma pequena fatia da produção industrial de US$ 12,8 trilhões do período. Apesar de seu enorme potencial, acredita-se que somente representará um percentual significativo da receita global entre 10 e 30 anos, pois, entre outras razões, a tecnologia ainda não é considerada totalmente confiável, o custo unitário de produção ainda é alto, e a velocidade de impressão ainda é lenta, além de a substituição da indústria tradicional envolver questões regulatórias, trabalhistas e políticas (WORLD ECONOMIC FORUM, 2020, p. 7).

Os efeitos potenciais da impressão 3D sobre as CGVs são imensos, com a diminuição do tamanho das cadeias pela redução do número de etapas de produção, a redução dos custos de transporte e distribuição e a possibilidade de transferir a criação dos bens para os países onde se localizam os consumidores (OECD, 2015, p. 44-45). A dimensão desses impactos sobre o comércio ainda é desconhecida, existindo previsões tanto de que as transações internacionais diminuirão quanto de que aumentarão. Contudo, três tendências parecem mais prováveis: (i) uma mudança nos fluxos de comércio físico de produtos acabados para insumos necessários para o processo de impressão 3D, como de filamentos ("tinta"); (ii) uma redução no comércio de produtos intermediários; e (3) um aumento nas transmissões eletrônicas transfronteiriças (WORLD ECONOMIC FORUM, 2020, p. 13-14).

Essas alterações estruturais nas CGVs trazem pressões tanto à tributação da renda, devido à redistribuição do valor criado dentro das cadeias, quanto à do consumo, radicalmente modificado pela proliferação de novos modelos de negócios, pelo encurtamento das cadeias de produção, pela alteração da própria estrutura de preços dos bens produzidos e pelo incremento da já discutida "servitização" das CGVs.

Entendemos que essa tecnologia é a que tem o maior potencial disruptivo para a tributação do consumo como a conhecemos. Caso seja adotada massivamente, fortalecem-se os argumentos dos críticos de que as cadeias seriam tão curtas que não justificariam as complicações e riscos da apuração sobre o valor agregado. Em um cenário futurista em que as impressoras 3D sejam tão sofisticadas e disseminadas na sociedade, a passagem da produção ao consumo em pouquíssimas etapas revolucionaria a economia e, por conseguinte, a tributação de modo significativo[5]. Contudo, como já visto, as estimativas de tempo para que a tecnologia se consolide ainda são elevadas, e esse cenário futurista ainda não se coloca em um horizonte alcançável, o que dá um tempo razoável para que os sistemas tributários possam se adaptar a essa realidade.

Conclusões

Neste artigo, analisamos como os empreendimentos digitais criam valor ao longo da cadeia para verificar possível influência na aplicação da tributação do valor agregado e no princípio do destino à tributação do consumo.

A partir da análise de como diversos modelos de negócios digitais alteram a cadeia de produção e geram receitas, concluímos que as críticas de que a tributação sobre o valor agregado e o princípio do destino perderam a importância em decorrência das mudanças trazidas pela economia digital não eram procedentes.

Para os negócios que seguem o modelo de cadeia de valor, a forma da cadeia é a tradicional em linha de produção, para a qual a tributação sobre o valor agregado e a determinação do local do consumo, além de recomendada por eficiência econômica, não trazem desafios especiais.

Para os negócios que seguem o modelo de rede de valor, em que as atividades ocorrem em paralelo e a cadeia é compacta, e de compra de valor, em que o formato é bastante reduzido e assume forma circular, a tributação sobre o valor agregado continua importante (i) por seus produtos em regra serem componentes de outras cadeias produtivas; (ii) pelos modelos de negócios recomendarem a distribuição de suas funções por diversos países do mundo; e (iii) por possuírem margens de lucro muito reduzidas

[5] Isso sem falar nas consequências sociais, políticas e econômicas decorrentes do modo como a riqueza se redistribuiria pelo mundo, que trariam preocupações globais que iriam muito além do espectro tributário.

(caso da computação da nuvem). Já a determinação do local de consumo pode ser definida pelas plataformas digitais em cada operação e sua tributação se dar a partir do estabelecimento de regras práticas simplificadoras como a de considerar que se deu na residência habitual do consumidor, se pessoa física, ou na localização da empresa, se pessoa jurídica.

Complementamos a análise com o estudo da tecnologia da impressão 3D, pelo seu potencial disruptivo para as cadeias produtivas no sentido de encurtá-las de modo muito significativo. Concluímos que um efeito na magnitude de não mais se recomendar a tributação sobre o valor agregado se trata de um cenário futurista que ainda não se coloca em um horizonte alcançável, com consequências que iriam muito além da tributação do consumo, e que demandará atuação estatal adequada caso se torne realidade.

Referências

AINSWORTH, Richard T. et al. *A VATCoin solution to MTIC fraud: past efforts, present technology, and the EU's 2017 proposal. Boston University School of Law Law & Economics Series Paper*, Boston, n. 18-08. 2018. Disponível em: https://papers.ssrn.com/sol3/papers.cfm?abstract_id=3151394. Acesso em: 24 jan. 2023.

ALVES, Eder Eustáquio. A tributação da economia digital no Brasil e na União Europeia: Uma Análise do Processo de Agendamento e Formulação de Políticas Públicas. 2021. Tese (Doutorado em Administração Pública, Especialidade em Administração e Políticas Públicas) – Instituto Superior de Ciências Sociais e Políticas, Universidade de Lisboa, Lisboa, 2021. Disponível em: https://joserobertoafonso.com.br/tributacao-da-economia-digital-alves/. Acesso em: 24 jan. 2023.

ARAUJO, José Evande Carvalho. *A Tributação do Consumo da Economia Digital no Brasil: Perspectivas com a Incorporação das Diretrizes Internacionais.* 2021. Tese (Doutorado em Direito) – IDP, Brasília, 2021.

ARAUJO, José Evande Carvalho. *Economia Digital e Tributação do Consumo no Brasil.* 1. ed. São Paulo: Almedina, 2022.

BACACHE, Maya et al. *Taxation and the digital economy: a survey of theoretical models*: final report. Paris: France Stratégie, 2015. Disponível em: https://ec.europa.eu/futurium/en/system/files/ged/ficalite_du_numerique_9_mars_13_h.pdf. Acesso em: 24 jan. 2023.

BALDWIN, Richard E. *The great convergence: information technology and the new globalization.* Cambridge, Massachusetts: The Belknap Press of Harvard University Press, 2016.

BRUN, Lukas; GEREFFI, Gary; ZHAN, James. *The "lightness" of Industry 4.0 lead firms: implications for global value chains.* In: BIANCHI, Patrizio; DURÁN, Clemente; LABORY, Sandrine. Transforming industrial policy for the digital age. Cheltenham/Reino Unido: Edward Elgar Publishing, 2019. p. 37–67. Disponível em: https://doi.org/10.4337/9781788976152.00008. Acesso em: 24 jan. 2023.

CAVALCANTI, Eduardo Muniz Machado; OLIVEIRA, Luciana Marques Vieira da Silva. *Pensando a reforma tributária pós-pandemia: a regra da não cumulatividade.* JOTA, São Paulo, 7 jul. 2020. Disponível em: https://www.jota.info/opiniao-e-analise/artigos/pensando-a--reforma-tributaria-pos-pandemia-a-regra-da-nao-cumulatividade-07072020. Acesso em: 24 jan. 2023.

CNOSSEN, Sijbren. *Global Trends and Issues in Value Added Taxation. International Tax and Public Finance,* Holanda, v. 5, n. 3, p. 399–428, 1998. Disponível em: http://link.springer.com/10.1023/A:1008694529567. Acesso em: 24 jan. 2023.

EBRILL, Liam et al. The Modern VAT. Washigton, DC: International Monetary Fund, 2001.

ENGLISCH, Joachim. *'Hybrid' forms of taxing consumption: a viable alternative to EU VAT?* World Journal of VAT/GST Law, Londres, v. 4, n. 2, p. 119–131, 2015. Disponível em: http://www.tandfonline.com/doi/full/10.1080/20488432.2015.1120027. Acesso em24 jan. 2023.

HOJNIK, Janja; WEINGERL, Petra. *Sharing economy in Europe: opportunities and challenges.* Ljubljana: Zavod 14, 2018. Disponível em: https://www.researchgate.net/publication/328772944_Sharing_Economy_in_Europe_-_Opportunities_and_Challenges. Acesso em: 24 jan. 2023.

MARQUES NETO, Floriano; FREITAS, Rafael Véras de. *Uber, Whatsapp, Netflix: os novos quadrantes da publicatio e da assimetria regulatória.* In: FREITAS, Rafael Véras de; RIBEIRO, Leonardo Coelho; FEIGELSON, Bruno (org.). Regulação e novas tecnologias. Belo Horizonte: Fórum, 2017. p. 17–48

MERRIAM-WEBSTER DICTIONATY. *Gig. [S. l.],* c2023. Disponível em: https://www.merriam-webster.com/dictionary/gig. Acesso em: 24 jan. 2023.

OECD. *Addressing the tax challenges of the digital economy,* action 1 – 2015 final report. Paris: OECD, 2015. (OECD/G20 Base Erosion and Profit Shifting Project). Disponível em: https://doi.org/10.1787/9789264241046-en. Acesso em: 24 jan. 2023.

OECD. *Consumption tax trends 2020: VAT/GST and excise rates, trends and policy issues.* Paris: OECD, 2020. Disponível em: https://doi.org/10.1787/152def2d-en.Acesso em: 24 jan. 2023.

OECD. *Tax challenges arising from digitalisation: interim report 2018: inclusive framework on BEPS.* Paris: OECD, 2018. (OECD/G20 Base Erosion and Profit Shifting Project). Disponível em: https://doi.org/10.1787/9789264293083-en. Acesso em: 24 jan. 2023.

OECD. *The impact of the growth of the sharing and gig economy on vat/gst policy and administration.* Paris: OECD, 2021. Disponível em: https://doi.org/10.1787/51825505-en. Acesso em: 24 jan. 2023.

OECD. *The sharing and gig economy: effective taxation of platform sellers: Forum on Tax Administration.* Paris: OECD, 2019. Disponível em: https://doi.org/10.1787/574b61f8-en. Acesso em: 24 jan. 2023.

OECD/WBG/CIAT/IDB. *VAT digital toolkit for Latin America and the Caribbean.* Paris: OECD, 2021. Disponível em: https://www.oecd.org/tax/consumption/vat-digital--toolkit-for-latin-america-and-the-caribbean.pdf. Acesso em: 24 jan. 2023.

OLBERT, Marcel; SPENGEL, Christoph. *Taxation in the digital economy: Recent policy developments and the question of value creation.* ZEW Discussion Papers, No. 19-010. Mannheim: ZEW – Leibniz Centre for European Economic Research, 2019. Disponível em: http://hdl.handle.net/10419/194870. Acesso em: 24 jan. 2023.

OLBERT, Marcel; WERNER, Ann-Catherin. *Consumption Taxes and Corporate Tax Planning:* Evidence from European Service Firms. 2020. Disponível em: https://madoc.bib.uni-

-mannheim.de/48605/1/Services%20tax%20planning_OW_20190207_SSRN.pdf. Acesso em: 24 jan. 2023.

REZENDE, Fernando. *Atenção: o que está na mesa não é o que dizem*. In: REZENDE, Fernando et al. (org.). Caminhos para a reforma tributária: onde estamos, o que queremos e qual é o caminho para avançar na direção desejada. Rio de Janeiro: Observatório da Reforma Tributária, 2020. p. 9–33. Disponível em: https://eesp.fgv.br/sites/eesp.fgv.br/files/relatoriogrupoacompanhamentoreformatributariav005.pdf. Acesso em: 24 jan. 2023.

SCHWAB, Klaus. *A quarta revolução industrial*. Tradução: Daniel Moreira Miranda. 1. ed. São Paulo: Edipro, 2019.

VARSANO, Ricardo. *A tributação do valor adicionado, o ICMS e as reformas necessárias para conformá-lo às melhores práticas internacionais*. Washington: Banco Interamericano de Desenvolvimento, 2014. (Documento para Discussão # IDB-DP-335). Disponível em: https://publications.iadb.org/pt/tributacao-do-valor-adicionado-o-icms-e-reformas-necessarias-para-conforma-lo-melhores-praticas. Acesso em: 24 jan. 2023.

WORLD BANK. *World development report 2020: trading for development in the age of global value chains*. Washington: World Bank Group, 2020.

WORLD ECONOMIC FORUM. *3D printing: a guide for decision-makers*. Genebra: World Economic Forum, 2020. (White Paper). Disponível em: https://www.weforum.org/whitepapers/3d-printing-a-guide-for-decision-makers. Acesso em: 24 jan. 2023.

WTO. World Trade Organization. *Global value chain development report 2019: technological innovation, supply chain trade, and globalized world*. Genebra: World Trade Organization, 2019.

22

DA NOTA FISCAL ELETRÔNICA AO *BLOCKCHAIN*: COMO A TECNOLOGIA FAVORECE O IVA[1]

Melina Rocha Lukic
Ângelo de Angelis

Introdução

O Imposto sobre o Valor Adicionado (IVA) já foi implementado em 174 países e representa o modelo de tributação sobre o consumo mais importante do mundo. A popularidade entre os países e a proliferação do IVA pelo mundo ocorreram principalmente em virtude das características do modelo: neutralidade econômica e alta capacidade de arrecadação.

O IVA é um imposto plurifásico e de base ampla, recolhido em todas as operações com bens e prestações de serviços e em cada etapa da cadeia produtiva. Essa característica implica que o tributo incida em cada transação e deve ser coletado dos adquirentes de produtos e serviços e recolhido aos cofres públicos em cada etapa da cadeia econômica. Por conta disso, um dos desafios do modelo é assegurar que cada operação seja reportada e tributada.

O segundo desafio se refere a outra característica do IVA: a não cumulatividade. Tendo em vista que no IVA o ônus econômico – quem paga efetivamente o tributo – deve recair no consumidor final, os sujeitos passivos no meio da cadeia devem ter o direito de se creditar do imposto pago na

[1] Uma primeira versão deste artigo foi publicada na obra "Criptoativos, blockchain e tokenização: aspectos filosóficos, tecnológicos, jurídicos e econômicos", editora RT, 2022, organizada por Daniel Gomes, Eduardo Paiva e Paulo Conrado.

aquisição de bens e serviços utilizados na sua atividade econômica. Quase a totalidade dos modelos de IVA no mundo adota um sistema baseado no imposto destacado na nota fiscal (*invoice-credit method*), o que significa que o creditamento do IVA depende de um controle do tributo pago, seja por meio de notas fiscais ou através de outros mecanismos tecnológicos.

Em virtude das características fundamentais do IVA – plurifasia, base ampla e não cumulatividade – a operacionalização do modelo depende de mecanismos baseados em tecnologia, tais como nota fiscal eletrônica, *real-time reporting* e blockchain. Tais mecanismos, conforme se verá no presente artigo, se mostraram de grande importância na operacionalização do IVA no mundo.

A utilização dessas tecnologias permite um maior controle das operações, tanto para fins de tributação em cada etapa, quanto para a verificação do direito ao crédito do imposto. Um dos maiores desafios de tributos não cumulativos, no Brasil e no mundo, tem sido impedir a fraude no creditamento do imposto, que normalmente ocorre através de notas fiscais falsas ou operações inexistentes. Mais especificamente, no Brasil, as diferentes alíquotas aplicáveis, aliadas com a possibilidade de os Estados concederem benefícios fiscais, igualmente incentivou a utilização de transações fictícias e ilegítimas, somente criadas para se beneficiar de uma tributação mais favorável.

O presente artigo tem por objetivo mostrar a evolução da tecnologia utilizada para a operacionalização do modelo IVA. A primeira parte trará um histórico da Nota Fiscal Eletrônica ("NFE") no Brasil. A segunda parte discutirá como este modelo foi implementado na América Latina e na Europa, além de discutir as peculiaridades europeias com a implementação de modelos de *real-time reporting*. Por fim, a última parte abordará como tecnologias baseadas em blockchain tem sido trazidas ao debate como uma evolução dos modelos de NFE e *real-time reporting*.

1. O Brasil como um dos países pioneiros na Nota Fiscal Eletrônica

A Nota Fiscal Eletrônica ou sistema de faturamento eletrônico significa a adoção de um padrão que exige que as empresas emitam notas fiscais em um formato eletrônico prescrito, contendo informações obrigatórias, geralmente assinadas digitalmente para fins de autenticidade e integridade, e que são transmitidas à administração tributária em tempo real por meio de um sistema eletrônico específico.

A chamada fatura eletrônica[2] (*eletronic invoice*) para fins comerciais teve início nos Estados Unidos e na Europa, um pouco antes da América Latina, no início dos anos 2000, a partir do próprio setor privado como meio de redução de custos de transação e de facilitação de meios de pagamento, principalmente nas chamadas operações B2B (entre empresas), segundo relata Newton Oller[3]. Mas, segundo este mesmo autor, é na América Latina que esse processo ganha notável aceleração nos anos 2000, a partir de iniciativas governamentais, conforme se mostrará na próxima seção.

1.1. Os antecedentes da Nota Fiscal Eletrônica

O Brasil foi um dos países pioneiros nesse processo que na verdade encontra-se atualmente em fase de consolidação, faltando ainda a integração das notas fiscais eletrônicas de serviços de vários municípios e das notas fiscais eletrônicas de venda a consumidor de alguns estados, como será discutido mais adiante.

No Brasil, a adoção da NF-e em 2005 pode ser compreendida como parte do desenvolvimento de um longo processo de informatização das obrigações acessórias que teve início em 1970 com a criação do Sistema Nacional Integrado de Informações Econômico-Fiscais pelo Convênio s/n de 15/12/1970 firmado entre os estados e o Distrito Federal. Este convênio instituiu a padronização dos cadastros de contribuintes do então ICM e IPI, além de instituir a codificação de suas atividades econômicas e os modelos e leiaute das notas fiscais emitidas em papel[4]. No final ano seguinte, foi publicado o Convênio AE 16/71[5] que dispôs sobre a fixação de normas para a escrituração de livros e emissão de documentos fiscais por sistema de processamento de dados[6].

[2] No Brasil, o termo utilizado é "Nota Fiscal Eletrônica" ao invés de "fatura eletrônica", obedecendo a tradição histórica da nomenclatura deste documento no país.

[3] OLLER, 2014, p. 18. Tese de doutoramento disponível em https://www.teses.usp.br/teses/disponiveis/3/3143/tde-03112014-150333/publico/Tese_NewtonOller.pdf.

[4] Além dos dados cadastrais e dos modelos e leiautes de documentos fiscais emitidos em papel, compreendem nesta padronização o Código Nacional de Atividades Econômicas e o Código de Classificação das Operações. Este convênio também instituiu a Guia de Informação e Apuração do Imposto, a GIA, uma declaração da apuração do ICM do tipo *tax return*. Fonte: https://www.confaz.fazenda.gov.br/legislacao/ajustes/sinief/cvsn_70.

[5] https://www.confaz.fazenda.gov.br/legislacao/convenios/1971/CV016_71.

[6] Àquela altura tanto livros quanto notas fiscais ainda eram majoritariamente confeccionados e impressos em papel e necessitavam de carimbos e assinaturas manuais dos responsáveis pela

O grande passo dado por estes dois convênios foi que os mesmos criaram uma disciplina e um padrão de registros eletrônicos de informações econômico-fiscais até então inéditas no país e que viriam a constituir o esteio para o desenvolvimento de todo o processo de digitalização fiscal das décadas seguintes. É a partir da década de 1980 que o uso de computadores pelas empresas se intensificou, levando-as a solicitar às autoridades fazendárias a emissão de notas fiscais por computador em formulários contínuos por meio de regimes especiais.

O passo seguinte foi a regulamentação dessa disciplina pelo Convênio/Sinief 06/89[7] que criou as novas regras sobre a emissão de documentos fiscais e a escrituração de livros fiscais por contribuinte usuário de sistema eletrônico de processamento de dados. Esse convênio incluiu também as normas sobre os novos documentos emitidos pelos novos contribuintes do recém-criado ICMS, o Imposto sobre a Circulação de Mercadorias e de Serviços de Transporte Interestadual e Intermunicipal e de Comunicação. Assim, além das notas fiscais tradicionais, foram incluídos 17 novos documentos relacionados às novas bases incorporadas ao ICMS, quais sejam, o transporte de cargas e passageiros em todas suas modalidades, terrestre, lacustre, marítimo, aeroviário e ferroviário, além daqueles relacionados aos serviços de comunicação e à distribuição de energia elétrica.

Em 1995, a matéria referente à emissão de documentos fiscais e a escrituração de livros fiscais por contribuinte usuário de sistema eletrônico de processamento de dados seria novamente regulamentada pelo Convênio ICMS nº 57/1995. Este convênio, ao atualizar as regras, levou a mais um importante passo na digitalização do fisco: a instituição do Sistema Integrado de Informações sobre Operações Interestaduais com Mercadorias

sua emissão. As notas fiscais eram confeccionadas por gráficas mediante autorizações emitidas pelos fiscos através de um documento denominado de AIDF (Autorização de Impressão de Documentos Fiscais). Os livros eram escriturados manualmente ou datilografados e encadernados e necessitavam de termos de abertura e encerramento assinados pelo titular da empresa ou seu responsável. Porém, as informações econômico-fiscais eram encaminhadas ao fisco por meio da Guia de Informação e Apuração do Imposto, a GIA, ainda em papel, mas dentro dos padrões fixados pelos citados convênios. Tais informações eram digitadas pelas fazendas estaduais e guardadas em seus bancos de dados. Os dados-fonte que davam origem aos apresentados na GIA ficavam armazenados nas empresas conforme os padrões dos referidos convênios.

[7] https://www.confaz.fazenda.gov.br/legislacao/ajustes/sinief/cvsinief_006_89.

e Serviços, o Sintegra[8]. Na prática, esse sistema ganhou maior difusão por adesão dos estados a partir de 1997[9]. Por meio desse sistema, criou-se um repositório nacional de arquivos digitais contendo dados cadastrais e registros granulares de notas fiscais de entradas e saídas e da escrituração fiscal dos contribuintes do ICMS por estabelecimento. Esse convênio foi um grande marco na transmissão de dados dos contribuintes para o fisco, pois, além dos dados de GIA, dados granulares referentes a notas fiscais passaram a ser transmitidos, agora para a base do Sintegra. Para garantir a qualidade e a padronização desses registros, os mesmos passavam por um programa validador antes de entrarem na base de dados do sistema.

Desse modo, tanto os contribuintes quanto as administrações tributárias passaram a ter acesso a uma base cadastral nacional dos contribuintes do ICMS. Para as empresas, o acesso era limitado aos dados cadastrais, possibilitando-lhes consultas para verificar a idoneidade dos seus fornecedores e dos seus clientes. As administrações tributárias estaduais, por outro lado, além do acesso cadastral, podiam baixar arquivos e cruzar dados com maior facilidade entre contribuintes de seu próprio estado e com de outros estados mediante convênios e/ou acordos de cooperação e fiscalização conjunta. Apesar do documento "nota fiscal" ainda ser emitido em papel, grande parte desses documentos já estava sob as regras do Convênio ICMS 57/1995, isto é, possuíam registros eletrônicos gerados pelos programas de emissão conforme as normas do convênio e eram transmitidos para a base do Sintegra. Os dados transmitidos correspondiam a um documento emitido em papel que ainda era o instrumento que formalizava a operação ou a prestação. Encontra-se aqui a semente do que mais tarde seria a essência da Nota Fiscal Eletrônica e seu espelho fático no mundo material: o Documento Auxiliar da Nota Fiscal Eletrônica, o DANFE, um impresso em A4 que contém os dados do documento eletrônico original e que serve para acompanhar a mercadoria no seu trajeto entre a origem e o destino.

Apesar desses avanços e de todo o processo de digitalização de registros de documentos fiscais que vinha se desenvolvendo no país desde 1970, o mesmo estava todo centrado no ICM e, por decorrência, no IPI, e depois no ICMS. Assim, parte considerável da documentação fiscal ainda estava de fora do Sintegra, a saber, as notas fiscais de serviços municipais e os

[8] http://www.sintegra.gov.br/.

[9] https://portal.fazenda.sp.gov.br/servicos/pfe/Paginas/Sintegra---Saiba-Mais.aspx.

cupons fiscais de vendas a varejo e as notas fiscais de venda a consumidor final de diversos estados. A ausência das notas fiscais municipais de serviços desse sistema integrado é consequência direta da ausência de um IVA de base ampla no país. Fora da base do ICM e, depois, do ICMS, os municípios, principalmente os de maior porte, passaram a criar os seus próprios sistemas de emissão de notas fiscais manuais e/ou computadorizadas. E a não inclusão dos cupons fiscais e das notas fiscais de venda a consumidor final por parte dos estados e do Distrito Federal, decorre das dificuldades operacionais até então prevalecentes nas diversas administrações tributárias estaduais[10].

Além disso, ainda não se pensava na integração do sistema de emissão de documentos fiscais por meio eletrônico com os meios de pagamento através do sistema bancário, pelo menos no que diz respeito ao imposto destacado na nota fiscal e o respectivo débito automático na conta do emissor e sua contrapartida na conta dos estados. O motivo é que, até então, o sistema de emissão de documentos fiscais por meio eletrônico, apesar de ter os seus outputs regulamentados por convênios, era desenvolvido e mantido pelo próprio contribuinte, em sua própria plataforma, sem qualquer vínculo direto com o sistema bancário ou com os sistemas do governo. A partir do momento em que os dados econômico-fiscais passaram a ser transmitidos do contribuinte para uma plataforma nacional mantida por convênio entre estados e Distrito Federal, já seria possível pensar em um sistema de débitos e apurações automáticas pelo menos para uma fração dos contribuintes cuja documentação e escrituração já estivesse integralmente acobertada pelas disposições do Convênio 57/1995. No entanto, isto não aconteceu, pois, resistências ainda persistiam tanto da parte dos governos quanto dos contribuintes. Outras grandes inovações na digitalização dos documentos fiscais ainda estavam por vir, sendo as principais o surgimento da Nota Fiscal Eletrônica e do Sistema Público de Escrituração Digital, o SPED.

[10] Não é por demais lembrar que grande parte dos estados da federação brasileira, mesmo os que já detinham considerável base industrial, ainda cobravam o ICMS das operações e prestações subsequentes na entrada de seus territórios mediante regimes monofásicos denominados de pagamento antecipado previsto nas respectivas leis estaduais instituidoras do imposto. Claro que monofasias dessa natureza desestimulavam a digitalização dos registros fiscais das operações de varejo, já que grande parte do imposto devido nesse segmento era cobrada antes, na entrada do estado.

1.2. A criação da Nota Fiscal Eletrônica e o SPED

O movimento pela implementação da Nota Fiscal Eletrônica surgiu no Brasil como decorrência da Emenda Constitucional 42/2003 que ao introduzir o inciso XXII ao artigo 37 da Constituição Federal, estabeleceu que "*as administrações tributárias da União, dos Estados, do Distrito Federal e dos Municípios [...] atuarão de forma integrada, inclusive com o compartilhamento de cadastros e de informações fiscais, na forma da lei ou convênio.*"

Em função deste dispositivo foi realizado o Primeiro Encontro Nacional de Administradores Tributários (Enat), entre os dias 15 e 17 de julho de 2004, reunindo secretários de fazenda de estados e da Receita Federal[11]. Deste encontro, surgiram dois protocolos de cooperação fiscal. O primeiro, a tratar da construção do cadastro sincronizado de contribuintes entre a Receita Federa e as administrações tributárias estaduais. O segundo, em quatorze incisos de sua cláusula primeira, a tratar de iniciativas de cooperação práticas em que se destaca o inciso III:

> *III – definir as adequações que se façam necessárias para incluir no PASSE SINTEGRA as informações e funcionalidades da Nota Fiscal Eletrônica, abrangendo as operações interestaduais e de comércio exterior;* (grifos nossos).[12]

A partir de então foi constituído grupo técnico contendo servidores das secretarias de fazenda estaduais e da Receita Federal para estudar o tema Nota Fiscal Eletrônica. Após diversos estudos e visitas, inclusive ao Chile para conhecer a experiência daquele país, foi editado o Ajuste Sinief nº 7/2005 de 30 de setembro de 2005 instituindo a Nota Fiscal Eletrônica e o Documento Auxiliar da Nota Fiscal Eletrônica.

A implementação desse projeto se deu por etapas. A primeira, como projeto piloto, já em setembro de 2005 com dezenove empresas voluntárias. Posteriormente, a partir do final de 2006, veio a segunda fase de massificação voluntária com a participação de mais 50 empresas paulistas. Por último, deu-se início na terceira fase de massificação obrigatória de uso da Nota Fiscal Eletrônica começando-se em abril de 2008 pelo setor de com-

[11] OLLER, Newton, *Manual prático da NF-e e da NFC-e entendendo a Nota Fiscal Eletrônica e a Nota Fiscal de Consumidor Eletrônica* – 1. ed. – São Paulo: IOB Folhamatic EBS – SAGE, 2014. p. 21.

[12] Protocolo disponível em http://www.enat.receita.economia.gov.br/pt-br/area_nacional/areas_interesse/foruns/historico/i-enat/i-enat-2004-protocolos/protocolo-02-2004-cooperacao-praticas-i-enat.

bustíveis e fumo com base no Protocolo ICMS º 10/2007. A partir de 1º de dezembro de 2008, diversos Protocolos ICMS instituíram a obrigatoriedade por etapas, obedecendo a um cronograma pela Classificação Nacional de Atividade Econômica (Cnae). O Protocolo ICMS 42/2009 previu conclusão da obrigatoriedade da Nota Fiscal Eletrônica para quase todas as empresas, em todo o Brasil, até dezembro de 2010[13].

Importante observar que, neste ínterim, a Receita Federal do Brasil já vinha estudando a implementação do Sistema Público de Escrituração Digital, o SPED, que incorporou o projeto Nota Fiscal Eletrônica como um de seus módulos. Pode-se considerar que sua instituição se deu a partir do Convênio ICMS 143/2006 que criou a Escrituração Fiscal Digital – EFD substituindo os antigos livros em papel pelos livros digitais, a saber:

I – Registro de Entradas;
II – Registro de Saídas;
III – Registro de Inventário;
IV – Registro de Apuração do IPI;
V – Registro de Apuração do ICMS.

Não é objetivo deste breve artigo tratar do SPED, mas tão somente um de seus componentes que é a Nota Fiscal Eletrônica. O que se destaca neste texto é que a EFD deve ser integrada à Nota Fiscal Eletrônica, pois é por ela alimentada. Além disso, cabe destacar que o SPED é composto dos seguintes módulos:

I – Nota Fiscal Eletrônica – NF-e;
II – Escrituração Fiscal Digital ICMS e IPI – EFD-ICMS/IPI;
III – Escrituração Fiscal Digital – Contribuições (PIS /COFINS);
IV – Escrituração Contábil Digital – ECD;
V – Conhecimento de Transporte Eletrônico – CT-e;
VI – Manifesto Eletrônico de Documentos Fiscais – MDF-e;
VII – Sistema de Escrituração Digital das Obrigações Fiscais, Previdenciárias e Trabalhistas – eSocial;
VIII – Nota Fiscal de Serviços Eletrônica – NFS-e;
IX – Nota Fiscal de Consumidor Eletrônica – NFC-e. (grifos nossos)

[13] Uma descrição completa desse processo encontra-se em OLLER, Newton, *op. cit.* p. 19-65.

A Nota Fiscal Eletrônica – NF-e – foi concebida para substituir dois modelos específicos de notas fiscais em papel, os modelos 1 ou 1-A utilizados para os contribuintes do ICMS e do IPI. Dentro da NF-e não estão incluídas as notas fiscais de serviços nas operações B2B ou B2C nem as notas fiscais de venda ao consumidor (B2C). Para as transações com serviços ao consumidor, encontra-se em desenvolvimento o projeto Nota Fiscal de Serviços Eletrônica – NFS-e, uma parceria entre a Receita Federal do Brasil e a Associação Brasileira das Secretarias de Finanças das Capitais (Abrasf). Segundo informado no sítio do SPED, a "Nota Fiscal de Serviços Eletrônica (NFS-e) é um documento de existência digital, gerado e armazenado eletronicamente em Ambiente Nacional pela RFB, pela prefeitura ou por outra entidade conveniada, para documentar as operações de prestação de serviços."[14] Desse modo, nem todos os municípios são aderentes a esse projeto que parece ser focado nas capitais.

Nas vendas a consumidor final, a Nota Fiscal de Consumidor Eletrônica – NFC-e substitui a antiga nota fiscal de venda ao consumidor, modelo 2, que era um modelo simples e emitida em duas vias pelas lojas varejistas de pequeno porte (geralmente com vendas anuais inferiores a R$ 120.000,00) e o cupom fiscal emitido pelo equipamento ECF, hoje em desuso. Segundo o sítio do SPED, a "Nota Fiscal de Consumidor Eletrônica – NFC-e – é um documento de existência apenas digital, emitido e armazenado eletronicamente, com o intuito de documentar as operações comerciais de venda presencial ou venda para entrega em domicílio a consumidor final (pessoa física ou jurídica) em operação interna e sem geração de crédito de ICMS ao adquirente"[15].

A Nota Fiscal Eletrônica aqui tratada, ou seja, emitida pelos contribuintes do ICMS e do IPI, tem existência apenas digital e "sua validade jurídica é garantida pela assinatura digital do emitente e autorização de uso pela administração tributária da unidade federal do contribuinte, antes da ocorrência do fato gerador[16]".

[14] http://sped.rfb.gov.br/pagina/show/488.

[15] http://sped.rfb.gov.br/pagina/show/1519.

[16] https://www.confaz.fazenda.gov.br/legislacao/ajustes/2005/AJ007_05. A autorização de sua emissão antes de ocorrer o fato gerador segue a mesma lógica das antigas AIDFs para o documento em papel. As administrações tributárias autorizavam o uso de notas fiscais em papel por blocos, folhas soltas ou formulários contínuos, segundo numeração preestabelecida e consignada em documento (também em papel) denominado de Autorização para Impressão

A NF-e é um arquivo digital em XML que deve ser enviado às secretarias de fazenda antes do contribuinte promover a saída da mercadoria de seu estabelecimento. Entre outros procedimentos, os programas das secretarias de fazenda verificam a idoneidade do contribuinte emissor, confere eletronicamente a assinatura digital e autoriza a emissão em poucos minutos. Assim, fica garantida a sua segurança tanto para o emissor quanto para o destinatário. A sua rastreabilidade, certificação de sua autenticidade e validade tributária podem ser feitas por consulta a *internet* pela sua chave de acesso que é um número de 44 posições que identifica de maneira única a existência da referida NF-e. As validações efetuadas pelas administrações tributárias obedecem a padrões técnicos padronizados em todas as unidades da federação. Depois de validado, o arquivo XML fica armazenado na base de dados do fisco da unidade da federação emitente.

Ao promover a saída da mercadoria do seu estabelecimento, o contribuinte é obrigado a gerar o Documento Auxiliar da Nota Fiscal Eletrônica, o DANFE, para acompanhar a mercadoria em seu trajeto. O DANFE não é a nota fiscal, mas contém seus dados e principalmente o código de acesso de 44 caracteres. O desafio que ora se coloca para o projeto NF-e é a sua integração aos sistemas de meios de pagamento de forma a garantir o efetivo pagamento do crédito ao longo da cadeia. Conforme se verá na última seção, a tecnologia de Blockchain pode contribuir para o desenvolvimento ou superação desse modelo.

2. Da Nota Fiscal Eletrônica aos modelos de *Real-time Reporting* europeus

Concomitantemente com o Brasil, outros países da América Latina como Chile e México, também iniciaram a implementação de sistemas de NF-e em 2004 e 2005 respectivamente, seguidos de vários outros países do continente[17]. A adoção da NFE na América Latina foi motivada principalmente pelo combate à fraude. Conforme Barreix e Zambrano, os sistemas de NF-e da América Latina foram concebidos basicamente para fins

de Documentos Fiscais – AIDF, que eram impressos por gráficas credenciadas pelo fisco. Assim, o contribuinte tinha autorização prévia (ao fato gerador).

[17] De acordo com Oller, os países latino-americanos a adotarem a fatura eletrônica a partir dos anos 2000, foram, pela ordem, Chile (2003), Brasil (2005), México (2005 e 2011), Argentina (2006), Costa Rica e Guatemala (ambos em 2007), Colômbia e Peru (ambos em 2008), Equador (2009 e 2012) e Uruguai (2012).

de administração tributária, "como instrumento de controle documental sobre o processo de faturamento, de modo a evitar tanto a omissão de vendas quanto a inclusão de falsas compras"[18].

Várias pesquisas acadêmicas sobre países da América Latina demonstraram que a NF-e promove um aumento das vendas reportadas e da cobrança de IVA. Um estudo do Fundo Monetário Internacional mostrou um aumento de 5% na arrecadação de IVA de pequenas empresas após a introdução da fatura eletrônica obrigatória no Peru e que a adoção da fatura eletrônica teve um "impacto maior em setores que tradicionalmente sofrem com baixa conformidade, como varejo, serviços empresariais e construção"[19]. Nesses setores, os pagamentos de valor agregado e IVA relatados aumentaram mais de 10% após a adoção da fatura eletrônica.

Três estudos do Banco Interamericano de Desenvolvimento também mostraram que a implementação da fatura eletrônica levou a um aumento gradual nas vendas informadas e na cobrança do IVA. O estudo sobre o Equador mostrou que as empresas que adotaram a fatura eletrônica tiveram um aumento de IVA de 17% no segundo ano e 24% no terceiro ano após a implementação da fatura eletrônica ocorrida em 2013[20]. Outro estudo, sobre o Uruguai, mostra um aumento de 3,7% no IVA pago nos seis meses após a implementação da fatura eletrônica, período em que o IVA pago pelas grandes empresas aumentou em 4,6%[21]. Por fim, um estudo sobre a Argentina mostrou um aumento de 10% do IVA pago seis anos após a implementação da NF-e.

A experiência latino-americana demonstra que, do ponto de vista da administração tributária, a NF-e pode ser usada para controlar fraudes e aprimorar e automatizar o processo de auditoria e cobrança, o que leva a um potencial aumento da receita tributária.

Diferentemente da América Latina, a implementação da NF-e na Europa parece ter sido prioritariamente baseada nos benefícios do sistema

[18] Barreix, Alberto; Zambrano, Raul. Electronic Invoicing in Latin America. IDB: 2018.

[19] International Monetary Fund, *Digitalization to Improve Tax Compliance: Evidence from VAT E-invoicing in Peru,* Working Paper 19/231 (Washington, DC: IMF, November 2019).

[20] International Monetary Fund, *Digitalization to Improve Tax Compliance: Evidence from VAT E-invoicing in Peru,* Working Paper 19/231 (Washington, DC: IMF, November 2019).

[21] Bérgolo, Marcelo, Rodrigo Ceni, and María Sauval. 2018. Factura electrónica y cumplimiento tributario: Evidencia a partir de un enfoque cuasi-experimental. Inter-American Development Bank Discussion Paper No. 561.

para as empresas, principalmente simplificação e diminuição do custo de conformidade. Por exemplo, a maioria das razões para uma rápida implementação da NF-e descritas no *2009 Final Report of the European Commission Expert Groupon e-invoicing* baseou-se nos benefícios para o sector privado (tais como competitividade, produtividade, diminuição de custos, melhora do fluxo de caixa etc.). Fraude, prevenção de perdas de receita e custos de fiscalização para as autoridades fiscais não foram listados como principais motivos para a implementação da fatura eletrônica, mas foram brevemente mencionados como relacionados à diminuição de custos adicionais para os contribuintes.

Em 2014, a *Diretiva 2014/55/EU Faturação eletrônica nos contratos públicos* passou a exigir que os Estados-Membros adotassem a faturação eletrônica no modelo europeu para todas as entidades e públicas até abril de 2019. A Comissão Europeia tem desenvolvido um sistema padrão de fatura eletrônica para "tornar possível aos vendedores enviar faturas a muitos clientes utilizando um único formato de fatura eletrônica e, assim, não ter que ajustar o seu envio e/ou recebimento para se conectar com partes comerciais individuais"[22].

Embora na maioria dos países europeus a fatura eletrônica obrigatória se aplique apenas aos fornecimentos ao setor público, na Itália, as faturas eletrônicas são obrigatórias para operações com o governo e entidades públicas (B2G) desde junho de 2014 e para fornecimentos para empresas (B2B) e consumidores (B2C) desde janeiro de 2019. Junto com o requisito obrigatório de faturamento eletrônico, a Itália também introduziu um sistema de *real-time reporting* (*Sistema di Interscambio (SDI)*) que exige a apresentação de faturas em um formato padronizado (xml), assinado digitalmente e sujeito à aprovação prévia dentro cinco dias pela autoridade fiscal para ser emitida e transmitida ao destinatário da entrega.

A Diretiva de IVA da União Europeia não permite a implementação da fatura eletrônica obrigatória a todas as transações sem a derrogação de artigos que exigem que os fornecedores forneçam faturas em papel, a menos que os destinatários concordem em receber faturas eletrônicas. Como tal, a Itália teve que obter autorização da Comissão Europeia para derrogar os

[22] https://ec.europa.eu/cefdigital/wiki/display/CEFDIGITAL/Compliance+with+eInvoicing+standard.

artigos 218[23] e 232[24] da Diretiva de IVA da UE para poder impor a faturação eletrônica obrigatória para transações B2B e B2C. Mais recentemente, a França[25] também apresentou uma autorização para derrogar a Diretiva do IVA, que foi concedida em 21 de janeiro de 2022 pela Comissão Europeia. A França implementará um faturamento eletrônico obrigatório para grandes empresas a partir de 2024 e para empresas de médio e pequeno porte a partir de 2025 e 2026, respectivamente.

Devido às restrições impostas pela Diretiva de IVA da UE, os países europeus têm optado pela implementação de mecanismos de *real-time reporting* ao invés de um sistema obrigatório de fatura eletrônica B2B e B2C. Além disso, como o faturamento eletrônico exige mudanças significativas nos sistemas de tecnologia tanto para as administrações fiscais quanto para as empresas, a tendência em muitos países tem sido a adoção gradual do faturamento eletrônico.

A Espanha foi o primeiro país que implementou *real-time reporting*, sem um sistema obrigatório de fatura eletrônica para transações B2B e B2C, em julho de 2017. O sistema exige que certos contribuintes enviem determinados dados eletronicamente (tais como dados relacionados às faturas de compra e venda) num formato específico (formato XML) à administração fiscal no prazo de quatro dias após a transação. Em 2019, o Reino Unido implementou seu próprio regime de *real-time reporting* – o *Making Tax Digital for VAT* – que exigia que todas as empresas registradas no IVA com receitas tributáveis, acima de determinado limite, transmitissem eletronicamente os dados necessários para declarar o IVA do Reino Unido diretamente de seus sistemas internos para a administração tributária. A partir de 1º de abril de 2022, o sistema se tornou obrigatório para todas as empresas, independentemente do valor da receita tributável. Em março de 2020, a Receita e Alfândega de Sua Majestade ("HMRC") publicou uma primeira avaliação concluindo que o sistema "teve uma redução geral na

[23] *Artigo 218.* Para efeitos da presente directiva, os Estados-Membros aceitam como factura qualquer documento ou mensagem em papel ou em formato electrónico que satisfaça as condições determinadas no presente capítulo.

[24] *Artigo 232.* As faturas emitidas nos termos da Secção 2 podem ser transmitidas em suporte papel ou, sob reserva de aceitação pelo destinatário, transmitidas ou disponibilizadas por via electrónica.

[25] https://eur-lex.europa.eu/legal-content/EN/TXT/?uri=CELEX%3A52021PC0735.

margem de erro e uma melhoria percebida na precisão quando comparado com os métodos anteriores"[26].

Outros países europeus adotaram o *Standard Audit File for Tax* ('SAF-T'), um sistema desenvolvido pela Organização para a Cooperação e Desenvolvimento Econômico ("OCDE") que visava facilitar as auditorias fiscais, permitindo a transferência de dados de entidades privadas a administrações fiscais em formato eletrônico (também XML). No entanto, na ausência de requisitos de dados padronizados em relação ao SAF-T, as jurisdições implementaram o sistema de maneira não padronizada e adotaram suas próprias versões do sistema. O SAF-T foi proposto em 2005 e implementado pela primeira vez por Portugal em 2008, seguido por outros países como Áustria, França, Lituânia, Luxemburgo, Polónia e Noruega.

Com a implementação de vários sistemas pelos países, a União Europeia enfrenta desafios de harmonização, uma vez que os Estados-Membros implementaram diferentes sistemas de nota fiscal eletrônica e *real-time reporting*, o que torna o cumprimento muito oneroso para as empresas. Como parte do Plano de Ação Fiscal da UE anunciado em 2020, a Comissão Europeia lançou a iniciativa *VAT in the Digital Age* que inclui uma revisão e uma consulta pública sobre a possibilidade e as opções disponíveis para harmonizar os requisitos de *real-time reporting* em todos os estados membros. A UE também está avaliando se este modelo harmonizado deve ser baseado em um Controle Contínuo de Transações (CTC) – ou seja, sistemas ao vivo ou em tempo real que podem incluir a validação de faturas, como o faturamento eletrônico italiano e o modelo de *real-time reporting* espanhol; ou em Controles Periódicos de Transação (PTC), como os sistemas SAF-T, com modelo de relatório pós-emissão da fatura. Finalmente, o uso potencial do Blockchain também está em discussão pela União Europeia.

3. Como o Blockchain pode ajudar na operacionalização do IVA?

O Blockchain tem sido apresentado como uma tecnologia que poderia representar uma evolução aos sistemas de nota fiscal eletrônica e real-time reporting. Primeiramente, o Blockchain seria capaz de oferecer mais

[26] HMRC, Making Tax Digital: An evaluation of the VAT service and update on the Income Tax Service, 2020: https://assets.publishing.service.gov.uk/government/uploads/system/uploads/attachment_data/file/873574/Making_Tax_Digital_-_An_evaluation_of_the_VAT_service_and_update_on_the_Income_Tax_Service.pdf.

sigilo e confidencialidade do que os sistemas normais de NF-e e *real-time reporting*, ao criar um "registro de transações acessível ao público através do qual as autoridades fiscais são capazes de detectar 100% da fraude de IVA cometida"[27].

A tecnologia de Blockchain permite armazenar todas as notas fiscais de maneira mais segura e confiável, de modo a possibilitar que somente o vendedor, o comprador e administração tributária tenham acesso aos dados. Pelo lado dos contribuintes, o Blockchain ofereceria uma maneira mais fácil e distribuída de armazenar e acessar as informações para o cumprimento das obrigações tributárias. Além disso, o Blockchain permite um maior controle e mais possibilidades de fiscalização pela administração tributária.

De acordo com Jafari, outro benefício para as empresas de um sistema de nota fiscal baseado em tecnologia Blockchain resulta da criação de "uma única fonte de verdade", tendo em vista que as faturas reportadas no Blockchain não podem ser editadas e são ligadas tanto ao fornecedor quanto ao comprador, não sendo possível fazer ajustes retroativamente. Assim, "porque os dados da fatura criptografada estão disponíveis para qualquer pessoa em um livro público, não haverá mais dúvidas sobre a autenticidade e integridade de uma fatura para efeitos de IVA"[28].

No mesmo sentido, um relatório publicado pela Deloitte[29] afirma que, ao prover uma única fonte de verdade, o Blockchain garante a distribuição de informação entre várias partes de uma forma segura e assim, possibilita a apuração do IVA em tempo real.

Mais especificamente, o relatório da Deloitte afirma que a ideia não é modificar um sistema de IVA baseado em faturas e notas fiscais, mas o "blockchain permitiria armazenar faturas digitais em um sistema de registro compartilhado em que vendedor e comprador tenham verificado. Nesta base de dados imutável, os contratos inteligentes executam processos pro-

[27] Jafari, Sascha. Combining Modern Technology and Real-Time Invoice Reporting to Combat VAT Fraud: no revolution, but technological evolution. International VAT Monitor. IBFD, May-June 2020, p. 140.

[28] Jafari, Sascha. *Combining Modern Technology and Real-Time Invoice Reporting to Combat VAT Fraud: no revolution, but technological evolution.* International VAT Monitor. IBFD, May-June 2020, p. 141.

[29] Deloitte. *How business blockchain can enable automatic and near real-time VAT settlement.* Setembro de 2018, disponível em: https://www.researchgate.net/publication/328190371_How_business_blockchain_can_enable_automatic_and_near_real-time_VAT_settlement.

gramáveis com a possibilidade de automatizar a apuração e o recolhimento do IVA e encaminhá-lo diretamente para as autoridades fiscais"[30].

Conforme o mesmo relatório, esse sistema baseado em tecnologia Blockchain evitaria situações em que a apuração do IVA fosse baseada em sistemas internos da empresa que poderiam conter erros, garantiria as declarações e recolhimentos dentro do prazo, além de reduzir a possibilidade de fraudes[31]. Mais especificamente, na configuração proposta pela Delloite, o sistema de Blockchain permitiria que comprador e vendedor declarassem as mesmas informações de IVA com base em uma fatura alinhada e validada em dois pontos com dados e informações alinhados[32]. Tudo seria feito automaticamente e armazenado digitalmente no Blockchain, desde a fatura final até a atualização instantânea dos saldos de IVA, com uma possibilidade clara e transparente de auditoria. Esse sistema evitaria o recebimento de informações pela autoridade fiscal somente após algum tempo da ocorrência da transação, tal como ocorre em sistemas que não transmitem informações em tempo real; além da possibilidade de devolução de créditos acumulados de maneira imediata.

Um sistema de apuração e recolhimento do IVA baseado em sistema de Blockchain pode trazer benefícios tanto para as autoridades tributárias quanto para as empresas. De um lado, os governos podem ganhar com o sistema Blockchain através da redução da fraude fiscal e do consequente aumento das receitas governamentais. Por outro lado, as empresas igualmente têm diversos motivos para se beneficiar do sistema, especialmente uma garantia de devolução imediata de créditos acumulados e, igualmente, redução dos custos de conformidade.

[30] Deloitte. *How business blockchain can enable automatic and near real-time VAT settlement.* Setembro de 2018, disponível em: https://www.researchgate.net/publication/328190371_How_business_blockchain_can_enable_automatic_and_near_real-time_VAT_settlement.
[31] Deloitte. *How business blockchain can enable automatic and near real-time VAT settlement.* Setembro de 2018, disponível em: https://www.researchgate.net/publication/328190371_How_business_blockchain_can_enable_automatic_and_near_real-time_VAT_settlement.
[32] Deloitte. *How business blockchain can enable automatic and near real-time VAT settlement.* Setembro de 2018, disponível em: https://www.researchgate.net/publication/328190371_How_business_blockchain_can_enable_automatic_and_near_real-time_VAT_settlement.

Referências

BARREIX, Alberto; ZAMBRANO, Raul. *Electronic Invoicing in Latin America.* IDB: 2018.

BÉRGOLO, Marcelo, Rodrigo Ceni, and María Sauval. 2018. *Factura electrónica y cumplimiento tributario: Evidencia a partir de un enfoque cuasi-experimental.* Inter-American Development Bank Discussion Paper No. 561.

DELOITTE. *How business blockchain can enable automatic and near real-time VAT settlement.* Setembro de 2018, disponível em: https://www.researchgate.net/publication/328190371_How_business_blockchain_can_enable_automatic_and_near_real-time_VAT_settlement.

HMRC, *Making Tax Digital: An evaluation of the VAT service and update on the Income Tax Service*, 2020: https://assets.publishing.service.gov.uk/government/uploads/system/uploads/attachment_data/file/873574/Making_Tax_Digital_-_An_evaluation_of_the_VAT_service_and_update_on_the_Income_Tax_Service.pdf.

INTERNACIONAL MONETARY FUND, *Digitalization to Improve Tax Compliance: Evidence from VAT E-invoicing in Peru,* Working Paper 19/231 (Washington, DC: IMF, November 2019).

JAFARI, Sascha. *Combining Modern Technology and Real-Time Invoice Reporting to Combat VAT Fraud: no revolution, but technological evolution.* International VAT Monitor. IBFD, May-June 2020.

OLLER, Newton de Mello, *Os documentos fiscais eletrônicos no Brasil e na América Latina e seus impactos na automação de processos e no intercâmbio eletrônico de informações na cadeia logística.* São Paulo. Tese de doutoramento disponível em https://www.teses.usp.br/teses/disponiveis/3/3143/tde-03112014-150333/publico/Tese_NewtonOller.pdf, 2014.

OLLER, Newton, *Manual prático da NF-e e da NFC-e entendendo a Nota Fiscal Eletrônica e a Nota Fiscal de Consumidor Eletrônica* – 1. ed. – São Paulo: IOB Folhamatic EBS – SAGE, 2014. p. 21.

23
LA IMPRESCINDIBLE REFORMA FISCAL AMBIENTAL EN AMÉRICA LATINA Y EL CARIBE

JUAN PABLO JIMÉNEZ

Introducción[1]

El cambio climático es un "mal" público con causas y consecuencias globales (Tanzi, 2022; Blanchard y Tirole, 2021), pero con expresiones locales evidentes como eventos climáticos extremos, alza del nivel del mar o pérdida de la biodiversidad y que muestra algunas especificidades relevantes desde la perspectiva de los países de América Latina y el Caribe.

A su vez, es un problema de desarrollo que tiene efectos negativos significativos sobre las actividades económicas, el bienestar social y el medio ambiente, por lo que requiere instrumentar urgentes y amplias trasformaciones estructurales para llegar al compromiso global de economías carbono neutral en el 2050.

Los países de la región son particularmente vulnerables ante los efectos del cambio climático (Fanelli, Jiménez y López Azcúnaga, 2015; Galindo y Lorenzo, 2020), lo cual es atribuible a características propias y tecnológicas de las estructuras y procesos productivos, a la alta dependencia de la explotación de los recursos naturales, a la elevada proporción de la pobla-

[1] Este artículo resume desarrollos y hallazgos elaborados en el marco de la Cátedra CALAS en la Universidad de La Habana, financiado por la Fundación Fritz Thyssen entre noviembre 2022/abril 2023. Se agradecen los comentarios y sugerencias a la presentación de una versión preliminar de este trabajo, realizados por los participantes de la Plataforma para el Diálogo "Cambio climático, desigualdad y transformación socio-ecológica: desafíos para políticas fiscales verdes" llevada adelante en La Habana en marzo del 2023.

ción en condiciones de vulnerabilidad, a la alta desigualdad del ingreso tanto personal como regional, a las debilidades del estado de bienestar y las carencias de los sistemas de protección social y de salud, a la elevada presencia de ecosistemas vulnerables y a una muy variada biodiversidad en la región.

Estas vulnerabilidades, junto con las menores emisiones históricas de gases de efecto invernadero respecto a los países desarrollados, constituyen rasgos que deben ser tenidos en cuenta, por lo que incorporar estas especificidades regionales en el mapa de riesgos y vulnerabilidades climáticas, la modalidad de adaptación a estos riesgos y la agenda de reformas fiscales relacionadas con el medio ambiente es fundamental para construir una estrategia regional que permita atender la transición energética y enfrentar el cambio climático.

La relevancia de priorizar instrumentos fiscales verdes se justifica en el actual contexto por su contribución, mediante el uso de incentivos económicos, a la consecución de ambiciosos objetivos medioambientales que deberán alcanzarse en un período de tiempo limitado. La política fiscal verde puede constituir una potente herramienta para la minimización de los costos asociados a la transición energética, a la vez que es capaz de promover el desarrollo, fomentar la inversión en tecnologías menos contaminantes y de generar nuevos empleos verdes, propiciando una nueva dinámica económica.

La adopción de la Agenda 2030 para el Desarrollo Sostenible y el Acuerdo de París de cambio climático han establecido un compromiso sin precedentes para cambiar los modelos económicos y sociales actuales para un desarrollo sostenible, resiliente y sin carbono. La adopción del Acuerdo establece que los países firmantes deberán presentar sus compromisos para limitar el aumento de la temperatura global por debajo de un rango entre 1,5 a 2,0ºC que se incluyen en las Contribuciones Determinadas a Nivel Nacional (NDC) y en sus Estrategías de Largo Plazo (LP), que establecen acciones de mitigación y adaptación frente al cambio climático.

Las políticas de mitigación del cambio climático se refieren a medidas y acciones para reducir o mitigar las emisiones de gases de efecto invernadero (GEI) que contribuyen al cambio climático, es decir, tienen como objetivo principal limitar el calentamiento global y sus impactos negativos en el medio ambiente y la sociedad. Entonces, las políticas de mitigación se centran en abordar las causas subyacentes del cambio climático al reducir las emisiones de GEI o al eliminar los GEI que ya se encuentran en la atmósfera o en el océano.

Las políticas de adaptación son medidas y acciones diseñadas para enfrentar y adaptarse a los impactos actuales y futuros del cambio climático. Estas políticas se centran en fortalecer la resiliencia de los sistemas naturales y humanos para hacer frente a los cambios en el clima y minimizar los daños y pérdidas asociados. Las políticas de adaptación buscan preparar a la población para hacer frente a los impactos inevitables del cambio climático y reducir su vulnerabilidad.

En este contexto, resulta relevante identificar las posibilidades y limitaciones que tiene una política fiscal verde para contribuir a las políticas de adaptación y mitigación, a través de controlar las emisiones de gases de efecto invernadero, aumentar la recaudación fiscal y favorecer a un doble dividendo asociado a una mejor distribución del ingreso. Ello debe considerar un entramado institucional complejo entre las políticas nacionales y subnacionales. Estas interacciones, que están en el centro de la construcción de una estrategia fiscal exitosa, han sido escasamente analizadas.

En comparación con otras regiones, y dado su histórico bajo nivel de tributación, los gobiernos de ALC tienen un enorme potencial para recaudar mejores impuestos y para aumentar los ingresos que financian la producción de bienes públicos. Desde esta perspectiva, se observa que, en los países de la región, los impuestos ambientales o verdes son, en general, más bajos, como porcentaje del PIB, en comparación con lo que sucede en los países de la OCDE.

Este artículo forma parte de un proyecto de investigación que tiene por objetivo fortalecer la comprensión e identificar los mecanismos de transmisión entre la política fiscal, el cambio climático y las relaciones entre los diferentes niveles de gobiernos, así como el diseño de políticas, insumos esenciales para cumplir con los compromisos asumidos por los países de la región para alcanzar las metas de descarbonización a nivel nacional, regional y global

América Latina y el Caribe resulta una región relevante a estudiar porque confluyen varios factores: metas de reducción de carbono considerables en el mediano y largo plazos; una heterogénea institucionalidad fiscal, que va desde países altamente centralizados a federaciones con significativa autonomía fiscal; alta dependencia de la explotación y consumo de combustibles en sus cuentas fiscales y sus sistemas de transporte. Así, el diseño de políticas ambientales debe tener consideraciones sobre la política fiscal, la tributación y las relaciones intergubernamentales, requiriendo un esfuerzo de coordinación institucional para las reformas necesarias.

Adicionalmente, debe considerarse el impacto que el necesario proceso de descarbonización de las economías tendría sobre los sectores extractivos asociados a petróleo, gas y carbón mineral, así como sobre los gobiernos centrales y subnacionales que son dependientes de este tipo de ingresos y que estarán sometidos a mediano plazo a un choque financiero de envergadura, ya que esas fuentes de ingresos se convertirían en "activos varados"(stranded assets) al desaparecer la demanda internacional por ellos.

Teniendo en cuenta que la descarbonización y la transición energética introducirán costos socio-económicos-fiscales relevantes, y teniendo en cuenta la alta desigualdad preexistente que hace de la región una de las más desiguales del planeta en términos de ingresos y de riqueza, tanto personal como regional, debe prestarse particular atención a los impactos distributivos, tanto personales como regionales e intergeneracionales, vinculados a los cambios fiscales relacionados con el proceso de descarbonización y al establecimiento de mecanismos que mitiguen y compensen dichos efectos sobre determinados territorios o regiones.

El artículo sugiere una serie de reformas institucionales que potencien el uso de instrumentos fiscales relacionados con el medio ambiente en las reformas fiscales; aportar insumos para un marco general sobre la contribución de la fiscalidad ambiental, teniendo en cuenta las particularidades de los países de la región; enfatizar la importancia de tener una visión integral del sistema fiscal; e introducir mecanismos compensatorios que atiendan los impactos distributivos, resultado del cambio climático y las políticas implementadas.

Los países altamente especializados en recursos naturales enfrentan el desafío de contar con regímenes fiscales que logren un balance entre la necesidad de obtener un flujo de ingresos públicos que capte las rentas económicas del sector y considerar al mismo tiempo criterios que garanticen la sostenibilidad ambiental y económica de la inversión y la producción. Adicionalmente, la alta volatilidad de los precios internacionales de los productos básicos se traslada a una gran variabilidad en la obtención de recursos públicos, lo que complica el manejo de la política pública y conlleva problemas de sostenibilidad fiscal.

Así pues, mientras que la disponibilidad de ingresos provenientes de recursos naturales no renovables provee una oportunidad a corto plazo de generar mayores ingresos fiscales, a medio y largo plazo, esa dependencia de los recursos naturales crea un alto grado de vulnerabilidad e incertidumbre sobre los ingresos fiscales futuros, ya que una buena medida de esos recursos naturales no renovables se convertirá en "activos varados". Es por eso oportuno de parte de los gobiernos, desarrollar e implementar programas que agilicen la utilización de los recursos naturales no renovables en el corto plazo y la previsión de sus sustitos adecuados en el mediano y largo plazo.

Esta investigación pretende brindar luces sobre la política fiscal, la asignación intergubernamental de la tributación sobre combustibles fósiles, la distribución de su recaudación entre niveles de gobierno, el impacto intergubernamental de sus variaciones y reformas, junto con sugerir posibles alternativas de reforma.

Para ello, se ofrece un marco general sobre la contribución de la fiscalidad en la resolución de los distintos problemas y objetivos medioambientales, teniendo en cuenta las particularidades y características centrales de los países de la región como la significativa desigualdad personal y regional preexistente, la alta especialización en industrias extractivas y una importante biodiversidad.

Este enfoque integral sugiere que la política fiscal verde debe coordinarse para mejorar su impacto, eficacia y eficiencia con otras políticas e iniciativas ambientales no fiscales como regulaciones, contribución a la conservación de los ecosistemas, permisos comercializables, bonos e instrumentos financieros verdes, que no serán analizados en profundidad en el presente artículo, si bien se reconoce su significación e importancia.

Teniendo en cuenta que la transición ecológica introducirá costos socioeconómicos relevantes y teniendo en cuenta la alta desigualdad preexistente en los países de América Latina, que hacen de la región una de las más desiguales del planeta en términos de ingresos y de riqueza, tanto personal como regional (CEPAL, 2021), debe prestarse particular atención a los impactos distributivos, tanto personales como regionales e intergeneracionales, vinculados a la intensificación o introducción de los tributos medioambientales y al establecimiento de mecanismos que mitiguen y compensen dichos efectos sobre determinados grupos sociales y sectores económicos.

Por todos estos motivos, en el presente artículo se plantea que la dirección de las reformas a encarar por los gobiernos de la región debe incluir, necesariamente, una visión integral y transversal del sistema fiscal ante los múltiples desafíos medioambientales.

Se propone un enfoque integral de la reforma fiscal, que incluye diferentes instrumentos que debieran ser desarrollados técnicamente y evaluados en profundidad caso por caso, teniendo en cuenta las particularidades nacionales, las heterogeneidades sectoriales y la limitada disponibilidad de datos para llevar a cabo simulaciones ilustrativas.

La reforma fiscal ambiental: su origen y evolución

El concepto de reforma fiscal ambiental (RFA) surgió hacia fines de la década de los ochenta y se consolidó en los noventa en el marco de reformas llevadas a cabo sobre todo en Europa (Fanelli, Jiménez y López Azcúnaga, 2015). La idea básica que impulsó las reformas fue la de utilizar el mecanismo de precios, por su capacidad de brindar información e influir sobre los incentivos, para corregir las distorsiones que deterioran el medio ambiente e impiden un uso racional del capital natural. Siguiendo el principio de que "el que contamina paga", las reformas buscaban que los precios incorporaran el costo social de las externalidades negativas y el instrumento que se propuso para lograrlo fueron los impuestos "pigouvianos" (Pigou, 1920).

La evidencia sobre las reformas fiscales ambientales a nivel internacional es amplia y variada (Gago y Labandeira, 2012, Galindo y Lorenzo, 2020). Estas reformas tuvieron una primera fase en países del norte de Europa como Finlandia (1990), Suecia (1991), Noruega (1992), Dinamarca (1994) y los Países Bajos (1995), donde se implementaron altos impuestos fundamentalmente a la energía.

Posteriormente, se observa una segunda fase, principalmente en Finlandia (1997), Alemania (1999, 2003) y el Reino Unido (1996, 2001), donde si bien los instrumentos tributarios aplicados fueron similares, se enfocaron de manera explícita en lo que se conoce como reciclaje fiscal, esto es la posibilidad de utilizar los recursos provenientes de nuevos impuestos ambientales como parte de una política tendiente a modificar la estructura tributaria e introducir medidas distributivas compensatorias, por ejemplo, en una reducción de los pagos a la seguridad social. De este modo, se buscaba, simultáneamente, controlar la externalidad negativa y fomentar el empleo, lo que se definió como "doble dividendo".

La tercera fase de las reformas fiscales ambientales (i.e. Irlanda y Australia) incluyó impuestos más diversos, como sobre los residuos sólidos y una visión menos rígida donde los ingresos fiscales no tienen un destino específico e incluso contribuyen a consolidar las finanzas públicas.

Finalmente, existe una cuarta fase, más heterogénea, en que se aplican, tanto procesos de reciclaje fiscal como estrategias impositivas ambientales de diverso tipo tales, como impuestos específicos, combinados con esquemas de subsidio y con la emisión de bonos verdes. De este modo, se observa que actualmente los principales impuestos ambientales se concentran en productos energéticos, vehículos automotores y en actividades que generar contaminación de recursos hídricos y diversas clases de residuos.

Particularidades regionales a tener en cuenta para el diseño de una reforma fiscal ambiental

Para el adecuado diseño de una política fiscal ambiental deben tenerse en cuenta ciertas especificidades de la región, que la diferencian de un país desarrollado típico y que son especialmente relevantes para una aproximación sistémica a las reformas fiscales ambientales (RFA) (Fanelli, Jiménez y López Azcúnaga, 2015).

En primer lugar, la incidencia de la pobreza es significativa y, además, se trata de una región con fuertes disparidades en la distribución de la riqueza y el ingreso, tanto a nivel personal como regional (Brosio, Jiménez y Ruelas, 2018). Debido a esto, es necesario prestar especial atención a los posibles efectos distributivos de la implementación de una RFA. Debe tenerse en cuenta que la evidencia disponible muestra que los grupos de ingresos más bajos en ALC son más vulnerables a los efectos del cambio climático y, en general, a los diferentes tipos de desastres naturales, asi como contribuyen con menos emisiones de gases de efecto invernadero. (Galindo y Lorenzo, 2021).

En segundo lugar, los recursos naturales tienen mayor peso relativo en la región y ello ha influido y seguirá influyendo en los instrumentos fiscales utilizados y en las características del espacio fiscal disponible (Jiménez y Podestá, 2022; Brosio y Jiménez, 2014).

En tercer lugar, el marco institucional suele ser más débil y el Estado muestra una capacidad reducida para proveer bienes públicos y para lograr su financiamiento.

Adicionalmente, la existencia de una cuantiosa masa de subsidios a los productos energéticos, fundamentalmente sobre el consumo de combustibles, plantea un gran desafío en términos de política ambiental para transitar a una economía baja en carbono. Estos subsidios, que existen desde hace décadas en varios países de la región, fundamentalmente en aquellos exportadores de petróleo de la región, se han expandido en cantidad y monto en los últimos años, con el objetivo adicional de compensar los aumentos internacionales del petróleo, producto del conflicto bélico entre Rusia y Ucrania, y su impacto en la inflación, generando muchas veces efectos contrapuestos a los originalmente buscados y atentando contra los objetivos ambientales al favorecer un consumo excesivo de los combustibles (Cetrángolo y Fonteñez, 2022; Fanelli et al., 2015).

De acuerdo con un estudio del BID[2], a nivel mundial un 73% de los países subsidiaban los combustibles en 2018, siendo Europa la región donde en promedio los países otorgaban mayores subsidios a los combustibles (0,64% del PIB en promedio), seguida de América (0,57% del PIB). Del total de subsidios, la mayor parte corresponde al diésel, ya que en promedio explican el 60% de los subsidios totales en aquellos países donde se observan subsidios a los combustibles (gráfico 1). Más allá de estos promedios por región, se aprecia una alta heterogeneidad por países respecto de los subsidios a los combustibles por tipo de producto.

[2] Véase Conte Grand y otros (2022).

Gráfico 1. Estimación de los subsidios a los combustibles por región y en países de América Latina. 2018- *En porcentajes del PIB*

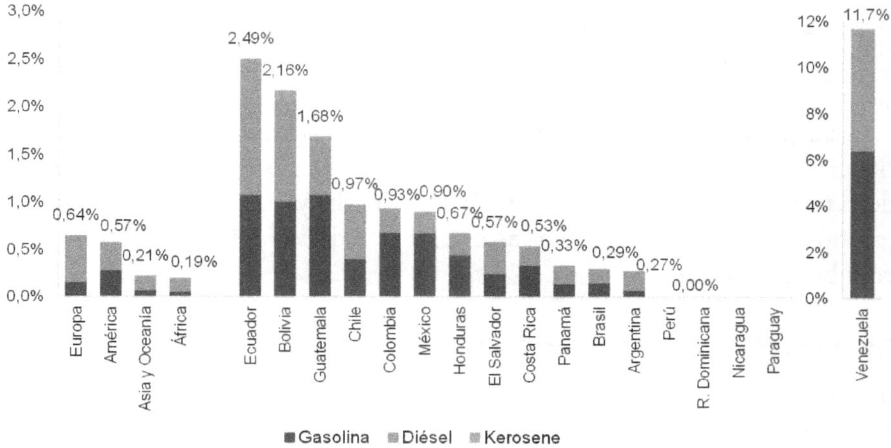

Fuente: Conte Grand, M., A. Rasteletti y J. Muñoz (2022), Impuestos a los combustibles en la teoría y en la práctica, Nota técnica del BID 2323.

Por último, las emisiones que contribuyen a crear el efecto invernadero son cuantitativamente menores a las de la norma en la OECD y la combinación de actividades que originan las emisiones también son diferentes, con presencia relevante de actividades transables debido a la dotación de factores de LAC.

Respecto a las emisiones generadas por la región deben resaltarse las siguientes características (Galindo y Lorenzo, 2021, PRIMAP, 2020):

- contribuyen con el 6,7% de las emisiones de GEI totales correspondientes al 2017, lo que representa una parte marginal de las emisiones totales históricas, aunque su participación ha aumentado en los últimos años
- la estructura de emisiones de GEI de la región es diferente a la global.A nivel global, las emisiones del sector de la energía son el componente más importante y el resto de las fuentes de emisiones representan una proporción menor. En la región se observa que la principal fuente de emisiones es, también, la producción, y consumo de energía, pero, además, tienen importancia las emisiones derivadas de las actividades agropecuarias, los desechos y el cambio de

uso de suelo. Ello indica que la agenda de mitigación en ALC no se circunscribe a la energía y abarca también otros sectores y actividades.

- La tasa de crecimiento actual de las emisiones de GEI en ALC es superior a la tasa global.

La especificidad de la dotación de recursos naturales, la debilidad institucional y las menores emisiones históricas de gases de efecto invernadero respecto a los países desarrollados constituyen rasgos que deben ser tenidos en cuenta al delinear las estrategias de la región en respuesta al cam bio climático.

Componentes de una reforma fiscal ambiental (RFA)

Impuestos relacionados con el medio ambiente (IRMA)
Se define como impuesto relacionado con el medio ambiente (IRMA) o "verde" aquel impuesto cuya base imponible es una unidad física (o un sustituto de ella) que tiene un impacto negativo específico comprobado en el medio ambiente (OCDE, 2017). Se trata de instrumentos tributarios que, por el lado del ingreso público, pretenden generar cambios en el comportamiento y en las inversiones de individuos y empresas, de las que resultan menores emisiones o un uso sustentable de recursos materiales, reduciendo, finalmente, el impacto sobre el medio ambiente (Ruiz Huerta Carbonell et al, 2022).

Para ello, es necesario que la base imponible del tributo medioambiental tenga relación con la problemática considerada (el daño medioambiental de determinadas emisiones o del uso de productos muy vinculados a dicho daño) y que la estructura de alícuotas impositivas contribuya a recoger el daño medioambiental o a alcanzar objetivos medioambientales prefijados.

Esta amplia definición permite la incorporación de impuestos que, originariamente, se introdujeron con objetivos meramente recaudatorios (por ejemplo, la imposición de hidrocarburos o sobre automóviles) pero que tienen indudables efectos medioambientales asociados.

Los tributos relacionados con el medio ambiente pueden clasificarse según su base imponible, de acuerdo con la siguiente tipología:

- Energía (generación, distribución y utilización en sus diferentes formas): engloba la tributación sobre combustibles fósiles y electricidad, incluyendo los combustibles para el transporte, como la gasolina y el diésel. También se incluyen los impuestos al carbono y otros gases causantes del efecto invernadero.

- Vehículos automotores y transporte: incluye impuestos sobre sus importaciones o ventas, impuestos recurrentes sobre su propiedad, registro o uso y otros impuestos y cargos relacionados con el transporte de personas y cargas, tasas sobre la congestión vehicular, impuestos a la "última milla", cargas sobre las entregas a domicilio ("delivery").
- Otros (contaminación y recursos naturales): entre los que se encuentran los impuestos sobre sustancias que agotan la capa de ozono, administración del agua potable y aguas residuales, gestión de residuos, desechos plásticos, minería y canteras, pesticidas y fertilizantes, entre otros.

Como se observa en el Gráfico 2, en la región los impuestos relacionados con el medio ambiente resultan significativamente más bajos, en términos del PIB, que aquéllos aplicados en los países de la OCDE. Por otro lado, la importancia de estos impuestos en la estructura tributaria de los países de la región es altamente heterogénea, registrando un peso específico distinto según cada país. El contraste es evidente entre países como Honduras, Uruguay o Argentina, con una recaudación por impuestos relacionados con el medio ambiente (IRMA) entre el 1,5% y el 2% del respectivo PIB en 2020 y otros como Ecuador, Panamá o El Salvador, en los cuales estos conceptos son poco significativos en términos del PIB. Con respecto a su estructura, son, en general, significativamente más importantes aquellos impuestos sobre la energía.

Gráfico 2. Ingresos tributarios derivados de impuestos ambientales en OCDE y países seleccionados de América Latina, 2020 (% PIB)

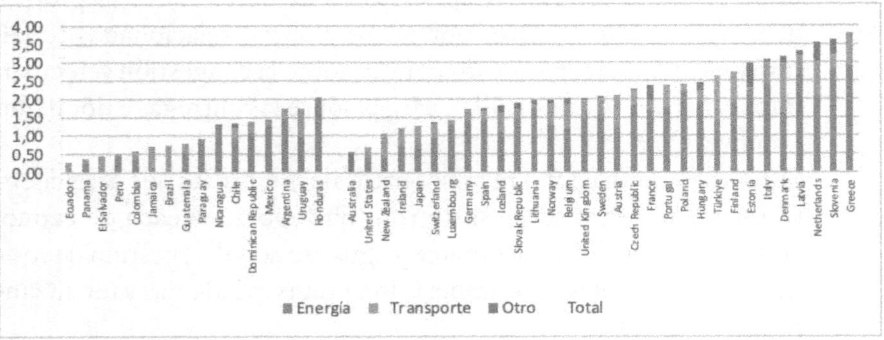

Fuente: OECD.Stat. Environmentally related tax revenue.

Además de los problemas relacionados con la relevancia cuantitativa o la poca "cantidad" de la tributación medioambiental, es preocupante la baja "calidad" en el diseño de muchas figuras tributarias (Ruiz Huerta Carbonell et al, 2022). Entre esos factores cualitativos destacan, la no cobertura por parte de la tributación de numerosos problemas medioambientales, sectores o actividades contaminantes; la persistencia de tipos impositivos que no reflejan adecuadamente los impactos ambientales, frustrando los objetivos extrafiscales de protección medioambiental y de la salud; el rótulo como impuestos ambientales de tributos que no atienden la contaminación ambiental como una manera de generar reputación ambiental ("green washing"). También, se observa una excesiva complejidad administrativa, proliferación desigual y no coordinada de figuras a distinto nivel competencial y una escasa vinculación de algunas bases imponibles con la problemática medioambiental a corregir (Ruiz Huerta Carbonell et al, 2022).

Los impuestos "upstream" sobre la extracción y producción de recursos naturales no renovables: una particular pero potencialmente significativa forma de tributación ambiental

Los impuestos que gravan la explotación y la producción extractiva no suelen considerarse impuestos ambientales.

De acuerdo con la Unión Europea los impuestos sobre la extracción de minerales y petróleo "no influyen en los precios de la manera en que lo hacen otros impuestos ambientales, es decir, los impuestos sobre los productos", por lo que no son incluidos en los nomencladores usualmente utilizados por los organismos internacionales para clasificar los impuestos sobre el medio ambiente.

Aunque el objetivo dominante de la tributación sobre la producción y la explotación es la apropiación de la renta extractiva y la recaudación de ingresos fiscales, muchos de ellos, como los ingresos provenientes de regalías, tienen un impacto ambiental significativo de hecho y muchas veces no deseado, a través de la reducción de la producción. Por ende, si bien no se consideran impuestos ambientales, su alto impacto ambiental en industrias extractivas, junto con su importancia fiscal (Jiménez y Podestá, 2023), hacen que puedan potencialmente ser una herramienta potente en el diseño de la reforma fiscal ambiental.

Gráfico 3. Ingresos fiscales derivados de la explotación de recursos naturales no renovables. Países seleccionados de América Latina, 2000-2020 (% PIB)

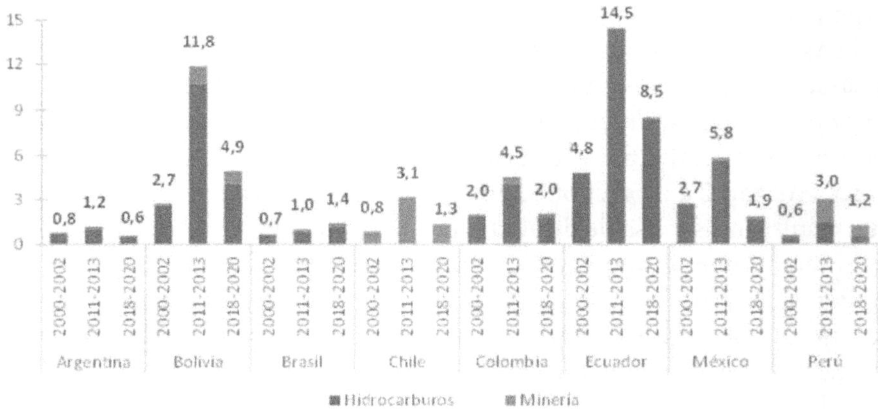

Fuente: Jiménez y Podestá (2023) en base a CEPALstat

Debe tenerse en cuenta que la explotación de recursos naturales (hidrocarburos, minería, agropecuario), de extrema importancia en la región, tienen un impacto diferente sobre el medio ambiente, requiriendo instrumentos impositivos diferenciados.

En países especializados en la extracción de hidrocarburos, estas actividades suelen tener dos impactos ambientales considerables: uno en su extracción y producción y otro en el momento de su utilización.

La política fiscal desempeña un papel central en países en que predominan las actividades extractivas. En primer lugar, en la extracción de renta de estos sectores, sobre todo con la utilización de instrumentos fiscales aplicables sobre la extracción y la producción (upstream taxes) como regalías, impuestos a la renta corporativas, windfall taxes. En segundo lugar, a través de impuestos selectivos al consumo de estos productos, sobre todo a través de la implementación de impuestos al consumo de combustibles fósiles. Estos impuestos selectivos al consumo, que nacieron con fines eminentemente recaudatorios, fueron convirtiéndose en el antecedente y actualmente son el eje de la tributación verde.

Por el lado de los impuestos aplicados a la producción y extracción de los recursos naturales no renovables (fundamentalmente regalías) además de los problemas que conllevan al ser asignados de manera asimétrica a los gobiernos subnacionales, como alta volatilidad, fuente de desigualdad territorial e ineficiencia en el gasto público (Brosio y Jiménez, 2015), en el largo plazo el uso de recursos naturales carbonizantes como el petróleo y el gas, caería a mínimos o seria completamente eliminados, junto con la caída de sus precios en mercados internacionales. Ello significaría que los depósitos de esos recursos naturales se convertirían "activos varados." Desde la perspectiva fiscal, ello significaría caídas en los ingresos muy significativos tanto a nivel subnacional como para el gobierno central, por lo que resulta indispensable diseñar mecanismos compensatorios (Andrián, Canavere, Jiménez, Martínez-Vazquez y Muñoz, 2023).

Por el lado de la tributación sobre el consumo de combustibles, el desafío es cómo transformar los actuales impuestos a los combustibles en impuestos al carbono de forma tal de apoyar el proceso de descarbonización de las economías y contribuir a cumplir con los compromisos climáticos asumidos (Jiménez, Galindo, Martinez Fritscher y Podestá, 2023).

Para ello, estos impuestos deben tener una concepción más ambiental y no un fin meramente recaudatorio, atendiendo las externalidades negativas (impuestos pigouvianos). Los impuestos de tipo "pigouviano" (Pigou, 1920) no tienen como fin recaudar más, sino que su objetivo es internalizar las externalidades ambientales negativas y generar una respuesta de los agentes económicos. Es decir, se busca que la demanda por combustibles fósiles disminuya y así se reduzca la generación de emisiones.

En esa dirección resulta importante eliminar/reducir los subsidios a los combustibles fósiles antes citados, acompañando la transformación de los tributos a los combustibles en impuestos al carbono, es decir, que las alícuotas del impuesto estén en consonancia con el contenido de carbono de cada combustible. Por ejemplo, en general, los impuestos existentes a los combustibles aplican tasas mayores a la gasolina que al diésel, siendo que este último tiene un mayor contenido de carbono, por lo que debería ser a la inversa.

Si bien la transformación del impuesto específico a los combustibles en un impuesto al carbono puede ser relativamente sencillo desde el punto de vista técnico, puede ser costoso políticamente. Por ejemplo, en países que ya tienen una alta carga tributaria puede no ser viable políticamente crear otro impuesto o aumentar los existentes, por lo que en esos casos puede ser preferible evaluar la implementación de un sistema de intercambio de emisiones (ETS, Emission trading system o cap and trade) y/o reemplazar impuestos existentes.

El impacto distributivo de las reformas ficales ambientales y el imprescindible diseño de compensaciones

La alta visibilidad para los contribuyentes de los impuestos medioambientales establece una diferencia respecto a otras alternativas regulatorias, que, también, generan impactos distributivos por diversas vías (efectos sobre precios, mayores costes, etc.). Esta transparencia, precisamente, facilita la definición de medidas compensatorias o los ajustes técnicos en estos impuestos para proteger la competitividad o los posibles efectos distributivos adversos.

La creciente preocupación social por los efectos de la transición ecológica exige prestar una atención especial a los impactos distributivos, tanto personales y regionales, como intergeneracionales, de los tributos medioambientales y a las alternativas compensatorias para mitigar dichos efectos.

Los tributos medioambientales cuentan, asimismo, con otra ventaja respecto a otras alternativas regulatorias: la obtención de ingresos públicos que pueden emplearse para compensar a los afectados por la introducción de estas modalidades tributarias.

En este sentido, debe tenerse en cuenta que la evidencia disponible en la región confirma que los grupos de ingresos bajos contribuyen con una menor proporción de las emisiones de gases de efecto invernadero, pero al mismo tiempo son los más vulnerables a los efectos el cambio climático (Galindo y Lorenzo, 2020). Esto se debe a que los grupos de ingresos bajos residen, normalmente, en regiones con mayor vulnerabilidad a los eventos climáticos extremos y disponen de menores recursos y de capital humano para adaptarse a las nuevas condiciones climáticas o para recuperar sus actividades productivas o ingreso previos a un desastre natural, y al mismo tiempo consumen menos energía y transporte privado (CEPAL, 2015).

A su vez, la aplicación de instrumentos fiscales para incentivar un medio ambiente sostenible y el cambio energético tienen un significativo impacto distributivo, entre familias, sectores y regiones por lo que resulta imposible pensar en una reforma fiscal ambiental y la economía política de su implementación sin el diseño adecuado de sistema de compensaciones.

Las compensaciones pueden llevarse a cabo

- Gasto tributario, a través de modificaciones en la estructura tributaria (exenciones y no sujeciones, bonificaciones, tipos reducidos, etc.) a aplicar sobre determinados contribuyentes,
- Subsidios que faciliten el cambio de instalaciones o equipamiento en determinadas familias y empresas para así poder afrontar los impactos distributivos y sobre la competitividad en el medio y largo plazos.
- Transferencias personalizadas y limitadas a determinadas regiones, sectores, grupos socioeconómicos (según nivel de renta, ubicación, composición familiar, etc.), que, al no afectar a los efectos incentivadores de estos tributos sobre las emisiones o consumos dañinos, son más recomendables.

Estas cuestiones, centrales en el análisis y debate actual sobre la fiscalidad, juegan un papel fundamental en la definición y evaluación de buena parte de los componentes de una agenda fiscal ambiental.

Por supuesto que cada uno los sistemas compensatorios reseñados tienen un costo fiscal en términos recaudatorios y pueden entrar en conflicto con la utilidad de los tributos medioambientales para procesos de reforma fiscal que busquen mejorar la suficiencia de recursos y/o la eficiencia del sistema tributario.

En cualquier caso, en sociedades altamente desiguales como las de ALC, el diseño de los instrumentos compensatorios es parte central de la reforma fiscal ambiental y su economía política.

Necesidad de coordinación internacional e intergubernamental

Aparte del amplio consenso académico y empírico acerca de la utilidad de los impuestos fiscales medioambientales, la literatura sugiere que la coordinación de estos instrumentos a nivel internacional, produce beneficios económicos y medioambientales adicionales (Parry, 2020). Esto se deriva del carácter global del impacto del cambio climático.

Es por ello que, para instrumentar estas transformaciones estructurales, los países se han comprometido a nivel global a cumplir con las metas de los Objetivos de Desarrollo Sostenible (ODS) y con los compromisos asumidos en el Acuerdo de París de Cambio Climático, definidos en las Contribuciones Nacionalmente Determinadas (NDC).

Una cuestión fundamental para su efectiva coordinación es determinar cómo asignar las responsabilidades relacionadas con la mitigación y la adaptación al cambio climático entre niveles de gobierno.

Si bien los objetivos ambientales a nivel global se establecen a través de acuerdos internacionales y acciones a nivel nacional, los gobiernos subnacionales son responsables de la implementación y gestión de políticas clave para la sostenibilidad ambiental.

La descentralización desempeña un papel fundamental tanto en la mitigación como en la adaptación al cambio climático al ofrecer ciertas ventajas y oportunidades. Si bien los gobiernos subnacionales tienden a estar más involucrados en la adaptación, dado que pueden hacer frente a impactos locales específicos en sus ciudades, también desempeñan un papel importante en la mitigación. Aunque el liderazgo en materia de mitigación generalmente recae en el gobierno central, los gobiernos locales pueden desempeñar un rol activo en la implementación de medidas para reducir las emisiones de gases de efecto invernadero (GEI).

Los gobiernos locales, al estar más cerca de los ciudadanos, están mejor posicionados para facilitar la participación pública, por lo que pueden desempeñar un papel fundamental para lograr que las comunidades locales participen en la transición ecológica.

Sin embargo, existen algunos obstáculos y retos para establecer iniciativas de precio de carbono a nivel subnacional para la mitigación del cambio climático. Dado que las emisiones de GEI son una externalidad negativa global, se requiere una coordinación a nivel nacional e internacional para lograr los compromisos de reducción establecidos en las Contribuciones Determinadas a Nivel Nacional (NDC, por sus siglas en inglés). Además, los impuestos al carbono a nivel subnacional pueden enfrentar desafíos relacionados con la movilidad de las bases, como así también con la posible falta de capacidad técnica de los gobiernos locales. En el caso de los sistemas de comercio de emisiones (ETS), estos requieren de un mercado amplio de certificados de carbono para aprovechar las economías de escala y ser eficientes.

Más allá de esos desafíos, existen argumentos a favor de una descentralización parcial de las iniciativas de precio de carbono para la mitigación del cambio climático. Es evidente que las emisiones de GEI tienen impactos locales en el medioambiente, como la contaminación del aire debido a las partículas provenientes de los vehículos. En contraste con el componente global de la emisión de gases de efecto invernadero, la calidad del aire tiene una naturaleza local más fuerte, ya que los contaminantes no se elevan tan alto a la atmósfera y se mantienen más cerca de su fuente.

Al abordar los impactos y costos ambientales locales junto con considerar las preferencias locales se pueden abordar también los problemas de economía política que a menudo obstaculizan las políticas climáticas y así contar con un mayor apoyo de la sociedad para la implementación de medidas de mitigación.

A su vez, los gobiernos subnacionales pueden tener un mejor control sobre sectores específicos que emiten GEI, como los edificios, el transporte, la disposición de residuos y el uso del suelo, incluyendo la creación de espacios verdes. En estos sectores, los gobiernos intermedios y locales pueden desempeñar un papel crucial en la implementación de políticas de mitigación efectivas. Esto puede incluir la promoción de la eficiencia energética en edificios, la expansión del transporte público sostenible, la gestión adecuada de los residuos y la promoción de prácticas de uso del suelo que ayuden a reducir las emisiones.

Una posible asignación de responsabilidades entre niveles de gobierno podría ser que el gasto local se corresponda más con la reducción de la contaminación atmosférica y acústica, mientras que los programas relacionados con el suelo, el agua y, en particular, los relacionados con la radiación, deberían corresponder en mayor medida a los gobiernos centrales.

Además de lo anterior, y atendiendo a los impactos regionales y locales, las causas que determinan el establecimiento de un impuesto medioambiental desbordan los límites territoriales de la entidad nacional o subnacional que lo haya implantado. Esto vuelve prioritario a nivel interno de cada país, la necesaria adecuación del ámbito espacial de los tributos, mediante los pertinentes sistemas de coordinación o la aplicación de una política común.

A nivel intergubernamental, dentro de un mismo país, resulta central la asignación entre niveles de gobierno de las potestades de gestión ambiental. De acuerdo con literatura académica (Somanathan et al., 2014, Oates 2001), debe considerarse que la existencia de problemas medioambientales de marcado carácter territorial y local justifica el papel tributario de las administraciones sub-nacionales en este ámbito.

Tanto para el diseño y establecimiento de los instrumentos apropiados, como para su aplicación práctica y su monitoreo, la asignación de responsabilidades más adecuada entre diferentes niveles de gobierno puede variar en función de la magnitud y el alcance de la externalidad ambiental. Mientras que las emisiones de CO2 producidas por la utilización de combustibles fósiles requieren, principalmente, abordar el problema desde un enfoque global, ya que las externalidades generadas superan los límites geográficos de la jurisdicción que las produce, en el caso de los problemas relacionados con externalidades negativas como la congestión vehicular en localidades altamente pobladas puede resultar más apropiado y eficiente aplicar instrumentos correctivos a nivel local (Cetrángolo y Fonteñez, 2022).

Es por eso que en contextos descentralizados debe prestarse especial atención a la cuestión de la gobernanza y a las relaciones intergubernamentales al diseñar las intervenciones tributarias, en la medida en que las responsabilidades en materia de políticas medioambientales y tributarias se encuentran distribuidas en distintos niveles territoriales. Estos aspectos cobran mayor relevancia ya que los gobiernos sub-nacionales están utilizando de manera creciente el recurso a la fiscalidad medioambiental (Ruiz Huerta Carbonell et al, 2022; Brosio y Jiménez, 2015). La coordinación entre niveles de gobierno de las políticas de protección del medio ambiente debe definirse en función de la organización institucional y de las ventajas relativas que podría mostrar cada uno de ellos en las diferentes dimensiones de las políticas aplicadas.

Respecto de la coordinación y cooperación entre niveles de gobierno, Dougherty y Montes (2023) han señalado que existen dos obstáculos principales que dificultan la participación de los gobiernos subnacionales en la cooperación intergubernamental para alcanzar los objetivos de calidad del aire: la capacidad institucional limitada de los niveles subnacionales de gobierno y las preocupaciones sobre las posibles repercusiones electorales de los costos distribuidos de manera desigual.

Esto es particularmente importante en ALC, donde varios impuestos con impacto ambiental, fundamentalmente los aplicados sobre la producción y extracción (upstream) de recursos naturales no renovables, son recaudados y regulados por las autoridades sub-nacionales.

Adicionalmente, algunos de las innovaciones tributarias con impacto ambiental son diseñadas a nivel local. Por ejemplo, en algunos gobiernos subnacionales (Nueva York, Pensilvania, Barcelona) se ha planteado, o se está discutiendo la introducción, de un gravamen o de una tasa que recaería sobre las empresas y plataformas comercializadoras de comercio electrónico de bienes físicos, residentes o no en la jurisdicción, así como sobre los servicios de entregas a domicilio ("delivery") en función del número de envíos realizados. En Reino Unido, la propuesta surgió en el marco de las reflexiones del Ministerio de Transportes referidas al impacto medioambiental y económico de la última fase de la distribución de estos productos ("last mile logistics"), con una motivación similar a las de los impuestos sobre las bolsas de plástico.

El intenso proceso de transformación de las políticas públicas que implica la respuesta a los desafíos ambientales vuelve necesario asegurar una mayor cooperación y coordinación intergubernamental, para garantizar un adecuado y eficaz uso de los tributos medioambientales, ya que la alta heterogeneidad existente entre alternativas de diseño y formas de implementación de estas figuras por parte de los gobiernos sub-nacionales puede poner en riesgo el cumplimiento de los objetivos medioambientales.

Recomendaciones y desafíos futuros

El cambio climático, la necesaria descarbonización de la economía y la transición energética constituyen amenazas crecientes sobre bienes públicos globales, cuyo impacto se manifiesta a nivel nacional, regional y local, por lo que las propuestas de análisis y reforma deben ser multidimensionales e involucrar a todos los países del mundo y a los diferentes niveles de gobierno de cada país.

En el transcurso de los próximos años, los países de la región deberán instrumentar transformaciones estructurales fundamentales a su actual estilo de desarrollo para atender la configuración de una economía baja en carbono, incluyente y resiliente al cambio climático, adaptando su infraestructura a los riesgos climáticos y controlando la presencia de un conjunto de externalidades negativas que acarrean altos costos económicos, sociales y ambientales.

Para instrumentar estas importantes transformaciones estructurales es indispensable alinear la política fiscal orientándola a modificar los comportamientos de los agentes económicos que se encuentran en la base del cambio climático. En caso contrario, estará comprometida la posibilidad de alcanzar las metas establecidas en los Objetivos de Desarrollo Sostenible (ODS) y se incumplirán los compromisos nacionales asumidos en el Acuerdo de París de Cambio Climático, a través de las Contribuciones Determinadas a nivel Nacional (CDN).

Los países de ALC son muy vulnerables al cambio climático y tienen particularidades que requieren un marco de análisis diferente al de la tradicional reforma fiscal ambiental aplicada en los países desarrollados. El diseño de la estrategia fiscal ambiental en la región debería prestar especial atención a las interacciones entre el impacto ambiental global, regional y local de la explotación de los recursos naturales, al tiempo que se deberían introducir acciones dirigidas a mitigar posibles impactos distributivos indeseados a partir de mecanismos adecuados de compensación para asistir a los sectores afectados.

A tales efectos, es crucial alinear los mecanismos de extracción de rentas y de asignación y distribución de los ingresos fiscales de la industria extractiva con el marco ambiental fiscal (generalmente expresado a través de impuestos sobre el consumo), a fin de apoyar la transición energética y la inversión pública como una herramienta clave para el desarrollo ambientalmente sostenible y socialmente inclusivo.

Los países de América Latina y el Caribe podrían diseñar una estrategia coordinada para aplicar los impuestos al carbono, ya que existe una presión de los países desarrollados para que los países en desarrollo también apliquen este tipo de impuestos y participen en la distribución de los costos. En el caso que no lo hagan, los países destinatarios de las exportaciones latinoamericanas podrían establecer alguna barrera comercial o cobrar impuestos a las exportaciones de ALC que no pagan impuestos al carbono en sus países de origen, o por la divergencia en las tarifas de estos impuestos.

Teniendo en cuenta que la transición ecológica introducirá costos socioeconómicos relevantes, se sugiere una aplicación gradual de las medidas fiscales propuestas, tratando de maximizar las ventajas de estos instrumentos en términos de incentivos y de aumentar su aceptación social. Este camino debe recorrerse teniendo en cuenta que existe un margen de maniobra limitado y que se irá estrechando aún más en el transcurso de los próximos años, debido al deterioro acelerado de los niveles de calidad ambiental y a la existencia de importantes irreversibilidades asociadas al avance del cambio climático. Sin la aplicación de una nueva estrategia fiscal verde no parece factible instrumentar una transición climática justa.

Para ser factible políticamente, una estrategia fiscal ambiental tiene que estar alineada con el cumplimiento de un conjunto de objetivos de desarrollo directamente relacionados con la eliminación de la pobreza y con la mayor progresividad en materia de distribución del ingreso. Es, por ello, necesaria una visión integral y transversal de la actuación del sistema fiscal ante los múltiples desafíos medioambientales.

En el presente artículo se expuso, de manera sintética, un conjunto de propuestas que podrían ser desarrolladas técnicamente y evaluadas en profundidad posteriormente, de existir interés en su aplicación práctica y teniendo en cuenta las particularidades nacionales y la limitada disponibilidad de datos para llevar a cabo simulaciones ilustrativas.

En todo caso, buena parte de las sugerencias incluidas buscan mejorar el funcionamiento de tributos ya existentes, bien a través de cambios en su diseño o de la intensidad con que los mismos son utilizados. Todas ellas deben interpretarse como parte de una reforma fiscal ambiental sistémica para poder responder a los distintos desafíos y objetivos medioambientales a que se enfrentan los países de la región.

Para la efectiva implementación de una nueva estrategia fiscal ambiental se considera indispensable el compromiso político de las autoridades económicas (Ministerios de Economía, de Hacienda y de Finanzas junto con las Administraciones Tributarias). La participación más activa de los responsables económicos en la atención de los desafíos del cambio climático, tanto a nivel nacional, como a nivel sub-nacional, debería considerarse como un ingrediente clave para el despliegue de una estrategia fiscal y de financiamiento (verde), consistente con la envergadura de las transformaciones requeridas para adoptar pautas de consumo y formas de producción compatibles con la neutralidad del carbono en el horizonte 2050-2070.

Finalmente, para asegurar el éxito de una nueva estrategia fiscal ambiental en la región debe prestarse particular atención a las particulares y complejas dimensiones de economía política que plantea la respuesta al cambio climático. Hasta el presente, en ALC los problemas ambientales y la agenda del desarrollo sostenible no han tenido la prioridad política que merecen. De hecho, en la región no existe un consenso social amplio respecto a la necesidad de avanzar hacia un nuevo pacto fiscal que contribuya a alcanzar los ODS y para asumir los desafíos del cambio climático.

El necesario proceso de transformación de la estrategia de desarrollo deberá encararse en un contexto caracterizado por una histórica resistencia a la implementación de reformas tributarias, que por cierto se ha acentuado durante los últimos años. La respuesta al cambio climático requiere conjugar el uso responsable y sustentable de los recursos naturales con la necesidad que existe en la región por mejorar los niveles de eficiencia económica y por alcanzar una distribución del ingreso más justa. Se trata, por tanto, de propiciar un amplio debate en que se logren conjugar las múltiples dimensiones involucradas en la construcción de una nueva estrategia de desarrollo. Es en el marco de este urgente e imprescindible debate donde el presente artículo procura aportar insumos para la discusión.

Referências

Andrián, L.; Canavire, G.; Jiménez, J.P.; Martinez-Vazquez, J. y Muñoz, A. (2023), "Dependencia de los gobiernos subnacionales de la región Andina de los ingresos fiscales provenientes de los recursos naturales no renovables: Desafíos y reformas a mediano y largo plazo", Banco Interamericano de Desarrollo, Washington DC, en imprenta.

Blanchard y Tirole (2021), "Major Future Economic challenges", France Strategie, Paris.

Brosio, G. y Jiménez, J.P. (2012); "Intergovernmental interactions between taxation of oil and gas and environmental protection", Euroeconomica, Issue 5 (31)/2012

Brosio, G. y Jiménez, J.P.(2015), "Equalization grants and asymmetric sharing of natural resources: options for Latin America", Urban Public Economics Review, vol. 21, Santiago de Compostela, pp 13-64.

CEPAL (2015). La economía del cambio climático en América Latina y el Caribe. Paradojas y desafíos del desarrollo sostenible. Recuperado del sitio web, https://repositorio.cepal.org/bitstream/handle/11362/37310/4/S1420656_es.pdf

CEPAL (2021); "Panorama Social de América Latina y el Caribe 2021", Santiago de Chile.

Cetrángolo, O. y Fonteñez, B. (2022); "Oportunidades para una recuperación pospandemia más sostenible y con bajas emisiones de carbono en la Argentina: política fiscal ambiental", Documentos de Proyectos (LC/TS.2021/220), Santiago, Comisión Económica para América Latina y el Caribe (CEPAL), 2022.

Dougherty, S. y Montes, A. (2023), "The multi-level fiscal governance of ecological Transition", OECD Working Papers on Fiscal Federalism, No. 44, OECD Publishing, Paris.

Fanelli, J. M., Jiménez, J. P. e Isabel López Azcúnaga (2015), "La reforma fiscal ambiental en América Latina", Colección de Documentos de Proyecto LC/W.658, División de Desarrollo Económico de la CEPAL, Santiago de Chile.

Gago Rodríguez, A. y X. Labandeira Villot (2012), "Un Nuevo Modelo de Reforma Fiscal Verde", Economics of Energy, WP 03/2012.

Galindo, L.M. y Lorenzo, F. (2020a), Desarrollo sostenible y fiscalidad ambiental en América Latina, Documento de Trabajo Nº 1/2020), Red Sudamericana de Economía Aplicada (REdSUr) e International Development Research Centre (IDRC-Canadá), Montevideo.

Jiménez, J.P.; Galindo, L.M., Martinez-Fritscher, A. y Podestá, A. (2023), "La difícil relación entre estabilización macro y política ambiental en países altamente descentralizados: el caso de la tributación de combustibles fósiles en Brasil", Artículo presentado en las XII Jornadas Iberoaméricanas de Financiación Local, Costa Rica, Septiembre 2023.

Jiménez, J.P. y Podestá, A. (2023); "Fiscal revenues from hydrocarbons and minerals in Latin America: challenges in an era of unpredecented decarbonization and growing digitalization" en Fehiling and Burchardt (ed) "Taxation and inequality in Latin America: new perspectives on political economy and tax regimes", Routledge.

OCDE (2017), "Environmental Fiscal Reform: progress, prospects and pitfalls", OECD Report for the G7 Environment Ministers, Paris.

Oates, W.E. (2001), "A reconsideration of Environmental Federalism", Resources for the Future, Discussion Paper dp-01-54

Parry, I. (2020), "Increasing carbon pricing in the EU: Evaluating the options", European Economic Review, 121, 103341 (https://doi.org/10.1016/j.euroecorev.2019.103341).

Pigou, A.C. 1920. The economics of welfare. London: Macmillan.

Ruiz-Huerta Carbonell, J. y otros (2022), Libro Blanco sobre la reforma tributaria, Comité de personas expertas para elaborar el Libro Blanco sobre la reforma tributaria, Secretaría de Estado de Hacienda, Madrid.

Somanathan, E.; Sterner, T.; Sugiyama, T.; Chimanikire, D.; Dubash, N.; Essandoh-Yeddu, J.; Fifita, S.; Goulder, L.; Jaffe, A.; Labandeira Villot, X.; Managi, S.; Mitchell, C.; Montero, J.P.; Teng, F. y Zylicz, T. (2014), "National and Sub-national Policies and Institutions", en IPCC (2014), cap. 15, 1141-1205 (https://archive.ipcc.ch/pdf/assessment-report/ar5/wg3/ipcc_wg3_ar5_chapter15.pdf).

Tanzi, V. (2022), "Fragile Futures: The Uncertain Economics of Disasters, Pandemics, and Climate Change", Cambridge University Press.

UE (2001), Environmental Taxes, A statistical guide, página 9, Luxemburg, 2001.

24
A INTERFACE ENTRE PROTEÇÃO DE DADOS E FISCALIZAÇÃO TRIBUTÁRIA: NOVOS RUMOS LEGAIS

Alisson Possa
Luciano Felício Fuck

Introdução

Os Estados foram os primeiros agentes a utilizarem largamente informações pessoais para garantir eficiência e controle das suas atividades[1], e a evolução da tecnologia intensificou essas atividades com a possibilidade de construção de grandes bases de dados para análises estatísticas e geração de inferências, notadamente através de *big data* e inteligências artificiais.

Entre essas inovações, o poder de supervisão tributária agora dispõe de recursos de vanguarda para assegurar o cumprimento das obrigações fiscais por parte dos contribuintes. Isso é alcançado tanto por meio da análise em larga escala de informações financeiras para aprimorar o cálculo preciso dos valores devidos, quanto por meio de algoritmos que têm a capacidade de detectar com alta precisão a presença de possíveis fraudes.

Em oposição ao poder de supervisão do Estado, o direito ao sigilo bancário tem sido historicamente o principal mecanismo de proteção para os contribuintes. No entanto, na atual era de digitalização e análise de dados, pode ser que apenas essas ferramentas legais para proteções da era não digital se revelem plenamente ineficazes em evitar potenciais abusos por parte das autoridades públicas.

[1] Doneda, Danilo. Da privacidade à proteção de dados pessoais: fundamentos da lei geral de proteção de dados. rev. e atual. São Paulo: Thomson Reuters Revista dos Tribunais, 2019, p. 33-34.

O direito fundamental à proteção de dados pessoais foi recentemente reconhecido no Brasil pela decisão do Supremo Tribunal Federal, em sede de Referendo da Medida Cautelar na Ação Direta de Inconstitucionalidade 6.387 (em conjunto com as ADIs nº 6388, 6389, 6390 e 6393) no ano de 2020, e, posteriormente, pela a Emenda Constitucional nº115/2022, que inseriu expressamente essa proteção no inciso LXXIX.

Nesse âmbito, o presente artigo busca responder ao questionamento: a constitucionalização do direito à proteção de dados pessoais demanda uma reavaliação dos limites da fiscalização tributária pelo fisco?

Inicialmente, o artigo irá esboçar a atual relação de poderes fiscalizatórios que a administração fiscal brasileira possui frente aos limites encontrados pelos direitos dos contribuintes, por meio de uma análise legal e jurisprudencial.

Em seguida, será estudado o atual estado legal e jurisprudencial da proteção de dados pessoais perante os tratamentos de dados realizados pelo Poder Público, com foco na administração tributária.

Por fim, analisar-se-á os parâmetros e limites que a proteção de dados pessoais como direito fundamental que o Poder Público deve observar e as possíveis mudanças do poder fiscalizatório do Estado para o cumprimento das obrigações tributárias.

1. A fiscalização tributária no brasil e as limitações legais

O importante papel constitucional de definir competências envolve a viabilização da concretização dos poderes do Estado e o cumprimento de suas responsabilidades e metas[2]. Dessa forma, as competências tributárias na Constituição não apenas autorizam a criação de tributos, mas também estabelece os recursos necessários para a cobrança, avaliação e fiscalização desses tributos[3].

Nesse sentido, os poderes de fiscalização tributária garantem ao Estado formar perfis aprofundados sobre a vida dos cidadãos, desde cenários atuais até a análise de tendências futuras sobre a evolução financeira de indivíduos isolados ou até mesmo suas famílias.

[2] Hesse, Konrad. Grundzüge des Verfassungsrechts der Bundesrepublik Deutschland. Heidelberg: C. F. Müller, 1999, p. 12

[3] Sobre a competência tributária na CF/1988 e direitos fundamentais, ver. Fuck, 2017, p. 63-90

O poder de fiscalização se caracteriza como a prática de monitoramento que o governo pode realizar sobre os cidadãos para determinar o cumprimento das obrigações fiscais[4]. Sua base legal remonta ao artigo 145, parágrafo 1º da Constituição de 1988, pois estabelece a necessidade de cobrar impostos de forma individualizada, implicando na necessidade de a Administração examinar os elementos individuais para garantir uma cobrança precisa[5]. Segundo Rebeca Drummond de Andrade Müller e Silva "para efetivar esse princípio (e objetivo constitucional), a Administração Tributária está autorizada a, dentro dos limites da lei e dos direitos individuais, identificar 'o patrimônio, os rendimentos e as atividades econômicas do contribuinte"[6].

Também o Código Tributário Nacional (CTN) estabelece, no art. 194 e seguintes, disposições acerca das prerrogativas dos entes fiscalizatórios em demandar informações para vários outros agentes, com a finalidade de identificar bens, negócios ou atividades de terceiros (pessoas físicas ou jurídicas) quer permitam verificar o cumprimento das obrigações tributárias.

Importante destacar que a proteção de dados pessoais tem como objeto os dados que identificam diretamente ou permitem a identificação da pessoa natural a que se refere[7]. Assim, alguns dados relativos a pessoas jurídicas, como aqueles relativos aos balanços financeiros, não entram nesse escopo de proteção, motivo pelo qual toda a análise aqui exposta será referente à sistemas e normas que têm como objeto dados referentes a pessoas naturais.

O artigo 197 do CTN permite solicitar dados e informações de terceiros mencionados em seus incisos, concedendo ao Estado o poder de obter informações pessoais de titulares que foram coletadas por terceiros. Além disso, o artigo 200 do CTN estipula a autorização para que as autoridades administrativas possam utilizar a força pública em nível federal, estadual ou municipal para executar medidas de fiscalização.

[4] JANINI, Tiago Cappi; PULCINELLI, Ana Luiza Godoy. A fiscalização tributária e seus limites: uma análise a partir do princípio da legalidade e dos direitos fundamentais do contribuinte. Revista de Direito Tributário e Financeiro, n. 2, 2016. p. 349

[5] MALDONADO,LucianoBurti. LIMITESDOPODERDEFISCALIZAÇÃO: IDENTIFICAÇÃO E CONTROLE. Revista Direito Tributário Atual, n. 45, p. 264-288, 2020, p. 265

[6] DRUMMOND DE ANDRADE MÜLLER E SILVA, Rebeca. Compartilhamento de Dados Fiscais Sigilosos. São Paulo: Almedina, 2022, p. 67.

[7] Esse conceito está previsto no art. 5º, inciso I da LGPD: dado pessoal: informação relacionada a pessoa natural identificada ou identificável;

Também, o Decreto nº 3.724/01, que rege o artigo 6º da Lei Complementar 105, define, em seu artigo 3º, a capacidade da Receita Federal do Brasil (RFB) de adquirir dados e informações de instituições financeiras, abrangendo tanto pessoas jurídicas quanto físicas. Maiores detalhes sobre esse tópico estão disponíveis na análise sobre o sigilo bancário a seguir.

Por sua vez, o Conselho Administrativo de Recursos Fiscais – CARF, reconhece a extensa autoridade para fiscalização de livros e registros conforme estabelecidos no artigo 195, que sustentam a aplicação das obrigações fiscais, juntamente com a obrigação do contribuinte de fornecer os documentos requeridos[8].A natureza da atividade de fiscalização tributária do Estado é vista como uma atividade administrativa e deve observar os ditames do direito administrativo[9].

Como limitador da atividade administrativa, o princípio da legalidade se coloca como um mecanismo de defesa do contribuinte, uma vez que todos os atos relativos à atividade de fiscalização devem observar a necessidade de ato legal com os parâmetros necessários à sua realização.

Já a segunda limitação está na ordem dos direitos individuais dos contribuintes, sendo o sigilo bancário o principal, cuja previsão decorre de uma interpretação dos incisos X e XII do art. 5º da Constituição Federal, que tratam sobre a inviolabilidade da intimidade das correspondências e dados.

A Lei Complementar 105/01 estabeleceu regras para o sigilo das operações de instituições financeiras, abarcando os dados bancários dos cidadãos.

Até a decisão no Recurso Extraordinário nº 601.314, o entendimento era de que a quebra do sigilo bancário somente poderia ser autorizada por meio de ordem judicial, em casos nos quais houvesse indícios de "sonegação, lavagem de dinheiro, peculato, concussão, corrupção ativa ou passiva, excesso de exação, negociações que impliquem abuso de poder econômico"[10].

A decisão, que contestava a autorização para que as autoridades de fiscalização tributária acessassem as informações bancárias dos contribuintes, conforme estabelecido no artigo 6º da Lei Complementar 105/01, resultou

[8] MALDONALDO, 2020, op cit, p. 280

[9] JANINI; PULCINELLI, 2016, op. cit, p. 350

[10] MARTINS, Ives Gandra da Silva. Sigilo bancário e privacidade. In: SARAIVA FILHO, Oswaldo Othon de Pontes; GUIMARÃES, Vasco Branco (Coord.). Sigilos bancário e fiscal: homenagem ao Jurista José Carlos Moreira Alves. Belo Horizonte: Fórum, 2011, p. 96

na introdução de uma maior flexibilidade nesse direito individual. Nesse sentido, o Ministro Fachin se manifestou:

> Nesses termos, a identificação do patrimônio, rendimentos e atividades econômicas do contribuinte pela Administração Tributária serve para a efetivação do princípio da capacidade contributiva, o qual, por sua vez, encontra-se em risco de violação em todas as restritivas hipóteses autorizadoras de acesso da Administração Tributária às transações bancárias dos contribuintes, tal como arroladas nos incisos do art. 3º do Decreto 3.724/01, que regulamenta o art. 6º da lei impugnada. (BRASIL, 2020, p.20)

A interpretação foi de que o sigilo bancário poderia ser excepcionado através de um processo administrativo simples para a obtenção de informações sobre contas de depósito e investimentos sempre que isso fosse exigido pelos órgãos de fiscalização, uma vez que, de outra forma, a aplicação do princípio da capacidade contributiva estaria ameaçada.

2. O direito fundamental à proteção de dados pessoais no Brasil

A proteção de dados pessoais é uma "garantia de caráter instrumental, derivada da tutela da privacidade, porém, não limitada por esta; ainda, faz referência a um leque de garantias fundamentais que se encontram no ordenamento brasileiro"[11]

As primeiras legislações de proteção de dados surgiram na década de 70, como as Leis do Estado Alemão de Hesse (1970), Lei de dados da Suécia (1973), Lei Federal de Proteção de Dados da Alemanha (1977). Na década seguinte, a Convenção 108 do Conselho da Europa (1981), Diretrizes da OCDE para a proteção de privacidade e dos fluxos fronteiriços de dados pessoais (1980) e a Diretiva Eurpeia 95/46/CE (1995) acabaram por internacionalizar o tema (Mendes, 2014, p. 30).

Dentre esses instrumentos legais, destacam-se previsões em comum que são sintetizadas em princípios que passaram a acompanhar todo o conteúdo de um direito fundamental à proteção de dados pessoais[12] : (i) transparência sobre a existência de bancos de dados; (ii) exatidão dos dados pessoais armazenados, retratando a realidade; (iii) finalidade pré-definida

[11] Doneda, 2019, op. cit, p. 265

[12] doneda, Danilo. A proteção dos dados pessoais como um direito fundamental. Espaço Jurídico Journal of Law [EJJL], v. 12, n. 2, p. 91-108, 2011, p. 100-101.

dos tratamentos, que deve ser informada antes da coleta; (iv) livre acesso dos titulares aos bancos de dados pessoais onde seus dados estão armazenados e (v) segurança física e lógica contra ações que atentem à confidencialidade, integridade ou disponibilidade dos dados.

Outro marco importante foi a decisão do Tribunal Constitucional Alemão de 1983 sobre um direito fundamental à autodeterminação informativa visando proteger os dados pessoais contra ameaças do Estado por processamentos não transparentes dos dados (BVerfGE 65,1). Esse direito fundamental decorre do direito ao livre desenvolvimento da personalidade e do direito à dignidade humana quando dos riscos que passam a existir com o processamento automatizado de dados pessoais pelo Estado.

Da mesma forma que o reconhecimento a nível internacional, a Carta dos Direitos Fundamentais da União Europeia também consagra a proteção de dados pessoais como um direito fundamental no artigo 8º.[13]

Dois casos sobre proteção de dados e fiscalização tributária chamam atenção na União Europeia: o Caso C-175/20 da Corte de Justiça da União Europeia e a imposição de multa ao órgão de fiscalização tributária da Holanda pela Autoridade Holandesa de Proteção de Dados.

O primeiro, Caso C-175/20, estabelece os limites da atividade fiscalizatória perante o direito fundamental à proteção de dados pessoais, e é objeto de análise aprofundada no próximo item.

O segundo caso é referente à decisão da Autoridade Holandesa de Proteção de Dados (Autoriteit Persoonsgegevens) que multou em 3.7 milhões de euros (a maior multa já aplicada pelo órgão) a autoridade administrativa de fiscalização tributária por várias infrações ao Regulamento Geral de Proteção de Dados[14].

A sanção foi motivada por um sistema de combate a fraudes (FSV) que funcionou até 2020 e possuía vários problemas de conformidade legal. As inconformidades identificadas foram: discriminação por dados relativos à nacionalidade e aparência física, falta de base legal para o tratamento dos

[13] 1. Todas as pessoas têm direito à proteção dos dados de caráter pessoal que lhes digam respeito. 2. Esses dadosdevem ser objecto de um tratamento leal, para fins específicos e com o consentimento da pessoa interessada ou com outro fundamento legítimo previsto por lei. Todas as pessoas têm o direito de aceder aos dados coligidos que lhesdigam respeito e de obter a respectiva retificação

[14] O comunicado da decisão pode ser encontrado em inglês no site oficial da Autoridade: https://autoriteitpersoonsgegevens.nl/en/news/tax-administration-fined-fraud-blacklist

dados, falta de transparência prévia quanto às finalidades do sistema, utilização de dados pessoais incorretos e/ou obsoletos, armazenamento por tempo maior que o necessário, falta de proteção às bases de dados e a sua omissão em realizar medidas para a determinação de riscos do uso do sistema ao setor competente.

Nacionalmente, esse tema foi tratado de maneira setorial e com pouca profundidade até o advento da Lei Geral de Proteção de Dados (Lei nº 13.709/18). Laura Mendes (2014) cita os seguintes dispositivos com menção à proteção de dados: Código de Defesa do Consumidor (Lei nº 8.078/90), Código Civil (Lei nº 10.406/02), Lei do Cadastro Positivo (Lei nº 12.414/11), decreto do Serviço de Atendimento ao Consumidor (Decreto nº 6.523/08), decreto para cadastro único de programas sociais do Governo Federal (Decreto nº 6.135/07) e decreto do Censo Anual da Educação (Decreto nº 6.425/08).

Esse cenário passa a mudar em 2018 com a aprovação da Lei nº 13.709, a Lei Geral de Proteção de Dados Pessoais, a primeira legislação com regras abrangentes sobre o tema, que estabeleceu, também, princípios. Esses princípios foram reconhecidos como desdobramentos da esfera subjetiva do direito fundamental à autodeterminação informativa pelo Supremo Tribunal Federal.

Em 2020 o tema chegou à Corte Suprema com quatro Ações Diretas de Inconstitucionalidade que questionavam a Medida Provisória 654/2020, que demandava o compartilhamento de dados pessoais dos cidadãos brasileiros sob a guarda das empresas de telecomunicação ao IBGE para a realização do Censo.

O STF decidiu que a Medida era inconstitucional frente ao direito fundamental à proteção de dados baseado em um fundamento de autodeterminação informacional que se depreende do texto constitucional.

A partir deste marco, fica claro que a intervenção do Estado na esfera privada dos cidadãos, através de tratamentos de dados pessoais, passa a encarar um novo cenário constitucional.

Em consonância com a decisão do STF, em fevereiro de 2022, foi promulgada a Emenda Constitucional nº 115/22, já mencionada, que não apenas consagrou o direito à proteção de dados pessoais como um direito fundamental na Constituição, mas também estabeleceu a competência exclusiva da União para legislar sobre o assunto, de acordo com o inciso XXX do artigo 22. Essa reserva de competência é de suma importância no contexto da fiscalização tributária, uma vez que impede que as secretarias estaduais criem regulamentos que possam afrouxar esse direito fundamental em relação à utilização de novas tecnologias.

3. Um novo paradigma protetivo com reflexos nos limites da fiscalização tributária

O avanço tecnológico permitiu aos órgãos de fiscalização tributária o emprego de novas ferramentas, não só para a automação de procedimentos, mas também inaugurando possibilidades de inferências sobre informações dos contribuintes.

No Brasil, a primeira inteligência artificial utilizada pela Receita Federal é o Sistema Aduaneiro por Aprendizagem de Máquina (SISAM), que "analisa a declaração de importação de sujeitos passivos determinados, a partir de dados existentes em sua programação – considerando o histórico daquele importador, os erros típicos cometidos por sujeitos passivos em situação semelhante e as interpretações da própria Receita"[15]

O sistema IRIS, também empregado pela Receita Federal, utiliza reconhecimento facial biométrico e combina com os dados de vôo do passageiro (meio de compra do bilhete, tempo de vôo, peso da bagagem, moeda utilizada e dados provenientes da Polícia Federal para classificar viajantes em grupos e indicar uma probabilidade de o passageiro estar cometendo uma infração tributária permitindo que o agente aduaneiro humano seja alertado sobre a necessidade de fiscalizar o indivíduo[16].

Essas tecnologias ajudam os agentes fiscalizadores a, principalmente, selecionar os contribuintes que serão fiscalizados detalhadamente, uma vez que os cruzamentos de dados e análises algorítmicas permitem indicar inconsistências que podem ser originadas em fraudes, omissões, etc.

Por outro lado, as recentes ferramentas digitais trazem consigo novos desafios para os cidadãos, uma vez que não se limitam apenas a cruzar informações de diversas categorias de dados, mas também possuem a capacidade de processar esses dados em larga escala, usando algoritmos personalizados, tanto para ajudar na tomada de decisões quanto para gerar informações sobre os indivíduos.

[15] ALBUQUERQUE, Adriana. PODER ARTIFICIAL DE TRIBUTAR – LIMITES E REQUISITOS À UTILIZAÇÃO (ADEQUADA) DA INTELIGÊNCIA ARTIFICIAL PELA ADMINISTRAÇÃO TRIBUTÁRIA. Londrina: Toth, 2023, p. 45

[16] ALBUQUERQUE, 2023, op. cit, p. 48-49.

Acontece que a atividade de fiscalização tributária, ao ter acesso a bases de dados contendo uma variedade de informações pessoais de diferentes tipos e categorias, pode, quando submetida a algoritmos, revelar não apenas dados fiscais, mas também informações pessoais adicionais. Essas novas informações podem, por sua vez, tornar-se valiosas não apenas para a fiscalização do cumprimento de obrigações, mas também para a vigilância dos cidadãos por parte do Estado.

É nesse sentido que Danilo Doneda, interpretando Stefano Rodotà, fala sobre o controle que marca os tratamentos de dados pelo Estado:

> Em relação ao controle, basta acenar às várias formas de controle social que podem ser desempenhadas pelo Estado e que seriam potencializadas com a maior disponibilidade de informações sobre os cidadãos, aumentando seu poder sobre indivíduos[17]

Como uma prática de monitoramento que envolve o uso de informações pessoais, é crucial que a autoridade pública responsável esteja em conformidade com as orientações delineadas na Constituição e na legislação administrativa, particularmente no que diz respeito às limitações impostas pelo direito fundamental à proteção de dados.

Pode-se entender que as atividades de fiscalização da Administração Fiscal, que demandam interpretação de determinados fatos para verificação da incidência de tributos ou de ilícitos fiscais, também estão sujeitos aos riscos acima descritos.

Esses riscos, mesmo no contexto da coleta e processamento por algoritmos, estão relacionados a informações pessoais, o que torna a constitucionalização da proteção de dados um elemento que inevitavelmente influencia a perspectiva brasileira em relação aos poderes da fiscalização tributária.

Primeiramente, é oportuno aprofundar sobre a relação entre esse direito fundamental e a atividade de fiscalização tributária realizada pelo Estado. A Corte de Justiça da União Europeia já se manifestou sobre como se dá essa relação, conforme já citado anteriormente.

O Caso C-175/20 diz respeito à um requerimento de dados pessoais da Autoridade Tributária da Letônia à um provedor de serviços de propaganda na internet (SS). A Autoridade solicitando que a empresa permitisse

[17] Doneda, 2019, op. cit, p. 34

o acesso à Autoridade aos números de chassi dos veículos anunciados no portal da internet da empresa, assim como aos números de telefone dos vendedores.

O requerimento demandava: endereço eletrônico do anúncio, o texto do mesmo, a marca, o modelo, o número de chassis e o preço do veículo, bem como o número de telefone do vendedor, deviam ser apresentadas por via eletrônica em formato que permitisse a filtragem ou a seleção dos dados.

A empresa negou o compartilhamento dos dados pessoais e o caso chegou à Corte de Justiça da União Europeia com questionamentos acerca do alcance de disposições da GDPR às autoridades de fiscalização tributária.

Foi conclusão da Corte que os requerimentos da Autoridade da Letônia atraem a aplicação da GDPR, em especial a necessidade de observar os princípios de proteção de dados (LUXEMBURGO, 2022, parágrafo 46).

Outro ponto importante da decisão foram as conclusões acerca dos requisitos de atos fiscalizatórios que realizam tratamento de dados pessoais. Em um primeiro requisito, o órgão estabelece a limitação da finalidade, afastando a hipótese de fundamentos abstratos e genéricos:

> Daqui resulta que, num caso em que a comunicação dos dados pessoais em causa não se baseia diretamente na disposição legal que constitui o seu fundamento, mas resulta de um pedido da autoridade pública competente, é necessário que esse pedido especifique quais são as finalidades específicas dessa recolha de dados à luz das funções de interesse público ou do exercício da autoridade pública, a fim de permitir ao destinatário do referido pedido assegurar-se de que a transmissão dos dados pessoais em causa é lícita e aos órgãos jurisdicionais nacionais efetuar uma fiscalização da legalidade dos tratamentos em causa. (LUXEMBURGO, 2022, parágrafo 71)

O segundo requisito diz respeito à necessidade dos dados pessoais, que devem estar estritamente ligados à finalidade estrita:

> Daqui resulta que o responsável pelo tratamento, incluindo quando atua no âmbito das funções de interesse público de que foi investido, não pode proceder, de forma generalizada e indiferenciada, à recolha de dados pessoais e deve abster-se de recolher dados que não são estritamente necessários à luz das finalidades do tratamento. (LUXEMBURGO, 2022, parágrafo 74)

O terceiro requisito diz respeito à limitação temporal do tratamento somente para alcançar a finalidade estrita:

> No que respeita à circunstância de o pedido de comunicação apresentado pela Autoridade Tributária letã não prever, na hipótese de o prestador de serviços de anúncios em causa não ter procedido ao restabelecimento do acesso aos anúncios publicados no período especificado no pedido, nenhum limite temporal, há que recordar que, tendo em conta o princípio da minimização dos dados, o responsável pelo tratamento está igualmente obrigado a limitar ao estritamente necessário, à luz do objetivo do tratamento previsto, o período de recolha dos dados pessoais em causa. Por conseguinte, o período sobre o qual incide a recolha não pode exceder a duração estritamente necessária para alcançar o objetivo de interesse geral visado. (LUXEMBURGO, 2022, parágrafos 79-80)

Por fim, o quarto requisito é o de um instrumento normativo específico para o tratamento, uma vez que se trata de órgão público:

> (...) regulamentação que serve de base ao tratamento deve prever regras claras e precisas que regulem o âmbito e a aplicação da medida em causa e impor requisitos mínimos, de modo que as pessoas cujos dados foram conservados disponham de garantias suficientes que permitam proteger eficazmente esses dados pessoais contra os riscos de abuso. Esta regulamentação deve ser vinculativa no direito interno e, particularmente, indicar em que circunstâncias e em que condições uma medida que prevê o tratamento de tais dados pode ser adotada, garantindo assim que a ingerência seja limitada ao estritamente necessário (...). Daqui resulta que a regulamentação nacional que regula um pedido de comunicação como o que está em causa no processo principal deve basear-se em critérios objetivos para definir as circunstâncias e as condições em que um prestador de serviços em linha está obrigado a transmitir dados pessoais relativos aos seus utilizadores (LUXEMBURGO, 2022, parágrafos 84-85)

O conteúdo desse julgamento elucida como um órgão público que realiza atividade de interesse público na forma de fiscalização da correta cobrança de tributos, principalmente para garantir a igualdade de cobrança entre os contribuintes, pode conciliar sua função perante o direito fundamental em questão na forma da observância dos princípios que compõem a proteção de dados pessoais.

Esse entendimento também encontra respaldo no Brasil, uma vez que os dois casos relativos à proteção de dados pessoais que foram objeto de julgamento pelo Supremo Tribunal Federal dizem respeito a tratamentos realizados por órgãos públicos. Ainda que não sejam no contexto da fiscalização tributária, o resultado também se aplica aos órgãos competentes.

Uma das consequências desses julgamentos é o surgimento de novos requisitos para a observância do princípio da legalidade, ponto que foi abordado tanto na decisão de 2020 do STF quanto no julgamento conto da ADI 6649 e da ADPF 695, que também questionavam atos do poder público voltados à tratamentos de dados pessoais.

No julgamento de 2020, alguns ministros apontaram que a Medida Provisória questionada não continha informações necessárias, como, por exemplo medidas relativas à segurança[18] e a delimitação da finalidade[19] para sua conformidade a esse direito fundamental. O Ministro Gilmar Mendes, destaca:

> A doutrina e a própria legislação aplicável impõem que a autodeterminação só possa ser afastada por um dever de justificação minudente e exaustivo das finalidades atribuídas ao tratamento de dados. No caso em tela, há uma enorme dificuldade de se extrair do texto normativo um contorno mínimo de segurança sobre a finalidade do tratamento de dados que é simplesmente referenciado com o objetivo de "produção estatística oficial[20]

Ele também destacou a insuficiência da MP ao justificar a finalidade do tratamento em suscinta expressão de "produção estatística oficial", além de não observar a transparência, uma vez que não foram informados mecanismos de controle aos titulares. Em outro ponto[21], o ministro também menciona a falta de observância do princípio da adequação, pois não é indicada a efetiva utilidade dos dados coletados para a finalidade pretendida, além de constatar que o princípio da necessidade não foi observado pois outros mecanismos com utilização de menor quantidade de dados poderia ser utilizado.

[18] BRASIL. Supremo Tribunal Federal. **Referendo em Medida Caular nas ADIS 6.387, 6.388, 6.389, 6.390 e 6.393.** Brasília. 07 de maio de 2020, p. 23,44 e 62.

[19] Ibidem, p. 62 e 107

[20] Ibidem, p. 111

[21] Ibidem, p. 113

O Ministro Roberto Barroso analisa que a constitucionalidade da medida provisória só seria alcançada com previsão específica sobre a limitação da finalidade do tratamento e medidas de segurança adequadas ao escopo do tratamento[22].

O Ministro Luiz Fux lista[23] violações da MP perante princípios que compõem o direito fundamental à proteção de dados. Foram eles: a finalidade, uma vez que a MP não esgotava as finalidades para quais os dados seriam utilizados; a necessidade, pois evidenciada a desproporcionalidade da quantidade de dados coletados em relação à finalidade almejada (pesquisa por amostragem) e segurança, pois inexistente especificação de medidas técnicas suficientes a assegurar a confidencialidade, integridade e disponibilidade dos dados pessoais.

É possível concluir que o conteúdo de matriz constitucional da proteção de dados, que deve estar expresso em todos os tratamentos de dados pessoais, até mesmo naqueles empregados pelo poder público nas situações em que a LGPD não se aplica (art. 4º), é o dos princípios. Os votos da Suprema Corte já indicam parâmetros interpretativos para o conteúdo de alguns deles e que podem ser utilizados na análise do presente artigo.

Por sua vez, no julgamento ocorrido em 2022 que questionava a constitucionalidade do Decreto nº 10.046/19, conhecido como Decreto Base do Cidadão, também foi objeto de análise a utilização de bases de dados de cidadãos para que atingir finalidades públicas. O Ministro Gilmar Mendes[24] alerta para a necessidade de que a privacidade e a proteção de dados nunca podem ser tratadas como interesses individuais perante tratamentos do poder público, sob pena de que esses direitos fundamentais sempre venham a sucumbir perante o argumento do interesse público.

Nesse julgamento também foi constada a responsabilidade do Estado quando comprovados danos causados pelo órgão público responsável pelo tratamento, resguardando o direito de regresso ao próprio agente público responsável:

> Assim sendo, o tratamento de dados pessoais promovido por órgãos públicos ao arrepio dos parâmetros legais e constitucionais (ingerência) importará

[22] BRASIL, 2020, op. cit, p. 44

[23] Ibidem, p. 62-64.

[24] BRASIL. Supremo Tribunal Federal. Ação Direta de Inconstitucionalidade 6649 e Arguição de Descumprimento de Preceito Fundamental 695. Brasília, 15 de setembro de 2022, p. 56

a responsabilidade civil do Estado pelos danos suportados pelos particulares, na forma dos arts. 42 e seguintes da Lei 13.709/2018, associada ao exercício do direito de regresso contra os servidores e agentes políticos responsáveis pelo ato ilícito, em caso de dolo ou culpa[25]

Considerando que a adoção de sistemas automatizados para a tomada de decisões no contexto da fiscalização tributária passa por decisões de agentes públicos, o ponto acima destacado pelo Ministro Gilmar Mendes pode vir a se concretizar quando em danos oriundos dessas atividades pelo Estado.

Estabelecidas as limitações que competem ao poder público por conta da sua atividade, serão analisados aqueles limites relativos à direitos fundamentais, em que a proteção de dados pode ser adicionada junto ao sigilo bancário.

Enquanto o sigilo bancário pode ser considerado um direito fundamental no sentido que o Estado deve se abster de acessar informações e dados constantes nas bases de instituições financeiras, esse direito sofreu uma fragilização com a Lei Complementar 105/01: a necessidade de uma decisão judicial passou para a necessidade de um ato administrativo, que pode ser emitido pelo próprio órgão fiscalizador.

De outra seara, o direito fundamental à proteção de dados pessoais possui um duplo âmbito de proteção: proteção do indivíduo contra ameaças à sua personalidade em face do tratamento de dados e garantia de controles de fluxos de dados na sociedade[26]. A professora Laura Mendes também destaca[27] que na dimensão subjetiva ele é um direito de defesa, garantindo ao indivíduo a cessão da intervenção, assim como ferramentas para que danos oriundos dessas intervenções sejam evitados ou então indenizado.

Na dimensão objetiva do direito fundamenta[28]l, identifica-se a obrigação do Estado em criar regulações procedimentais para sua garantia, podendo ser entendido, aqui, a previsão de mecanismos procedimentais, como aqueles relativos aos direitos dos titulares naqueles atos do poder público que realizam intervenções na esfera da proteção de dados. São

[25] Ibidem, p. 90-91

[26] MENDES, Laura Schertel. Privacidade, proteção de dados e defesa do consumidor: linhas gerais de um novo direito do consumidor. São Paulo, Saraiva, 2014, p. 176.

[27] Ibidem, p. 177

[28] Ibidem, p. 178-180

elementos necessários dos mecanismos procedimentais: aqueles para a observância do princípio da transparência sobre o tratamento; a autodeterminação por meio de direitos dos titulares (como direito de acesso, retificação e eliminação); a observância do contexto por meio do princípio da finalidade e adequação; os relativos aos princípio da segurança, através de mecanismos contra a quebra de confidencialidade, integridade e disponibilidade e aqueles relativos à limitação de armazenamento para observância do princípio do esquecimento. Acentuam-se os mecanismos de limitação de tratamento de dados pessoais sensíveis para a observância do princípio da não-discriminação.

No caso das ferramentas tecnológicas atualmente empregadas pelas autoridades fiscais, esses direitos também devem sofrer modificações relativas ao tipo de utilização dos dados, principalmente a elaboração de perfis (técnica conhecida como *profiling*) e tomada de decisões automatizadas[29] .

No primeiro caso, o direito do livre acesso deve não só ser restringido aos dados pessoais efetivamente utilizados, mas também as conclusões que levam à categorização como um determinado tipo de perfil criado previamente.

Também podemos citar a imposição de não-discriminação (art. 6º, inciso IX da LGPD), que, em técnicas de *profiling* podem acabar por criar e categorizar perfis com critérios discriminatórios.

Já no segundo caso, diz respeito ao direito de não ser sujeito a decisões automatizadas, que no Brasil foi incorporado pela LGPD no art. 20 como um direito à revisão de decisões tomadas unicamente em tratamento automatizado.

No contexto da fiscalização tributária os algoritmos utilizados podem acabar, por exemplo, por determinar que a declaração do imposto de renda de determinados indivíduos seja automaticamente marcada para a chamada Malha Fiscal. A Receita Federal explica o procedimento[30]:

> Quando você envia a sua Declaração de Imposto de Renda**, ela passa por uma análise dos sistemas** da Receita Federal, onde são verificadas as informações que você enviou e elas são comparadas com informações fornecidas

[29] Scarcella, Luisa. Tax compliance and privacy rights in profiling and automated decision making. Internet Policy Review, 8(4), 2019, p. 5

[30] Disponível em https://www.gov.br/receitafederal/pt-br/assuntos/meu-imposto-de-renda/malha-fiscal . Acesso em 05 de setembro de 2023.

> por outras entidades (terceiros), que também tem que prestar informações à Receita: empresas, instituições financeiras, planos de saúde e outros Se for encontrada alguma diferença entre as informações apresentadas por você em relação às informações apresentadas por terceiros, a sua declaração será separada para uma análise mais profunda, é o que se chama de Malha Fiscal (ou "malha fina" como é popularmente conhecida (grifo nosso).

O órgão explicitamente informa que um sistema realiza a análise e realiza a separação. Nesse caso, o titular pode, com base no art. 20 da LGPD, requerer a revisão dessa decisão junto com a identificação dos critérios que a suportam.

Nesse sentido, é importante que esse direito demanda, necessariamente, que a transparência sobre elementos do tratamento seja suficiente para garantir ao titular informações suficientes para fundamentar um possível pedido de revisão, como: a informação de dados pessoais tratados, a origem da coleta desses dados e uma explanação com detalhamento razoável sobre os critérios e procedimentos adotados[31].

Nesse caso, o compartilhamento de bases de dados públicos para finalidades além daquelas inicialmente previstas na coleta atrai os limites da decisão do Supremo Tribunal Federal em 2022 acima descrito. Ainda que todas as informações sejam públicas, o uso delas pelos órgãos de fiscalização aduaneira podem estão aos parâmetros e efeitos estabelecidos nessa decisão.

Percebe-se que, portanto, que a constitucionalização da proteção de dados no Brasil inaugura uma nova ordem jurídica que impõe novas análises pelos agentes responsáveis pela fiscalização tributária.

Essas análises já podem ser realizadas seguindo as diretrizes do Supremo Tribunal Federal para tratamentos de dados pessoais pelo Estado, e com o auxílio do conteúdo do julgamento da Corte de Justiça da União Europeia no Caso C-175/20 para o contexto da fiscalização tributária.

Seguindo esses parâmetros de maneira preventiva como forma de demonstrar a adequação à Lei Geral de Proteção de Dados Pessoais, além dos órgãos competentes evitarem a anulação de algumas de suas ativida-

[31] Possa, Alisson. Ramos, Julia L. Risco de crédito e o direito a revisão de decisões automatizadas: uma sistematização de elementos mínimos a serem observados em tratamentos de scoring de crédito. In: **Revista Jurídica do Banco do Nordeste**. Ceará: Banco do Nordeste, Ano 11, nº 6, 20-39, 2022, p. 36-37

des, os servidores públicos também podem evitar possíveis indenizações ao Estado, conforme mencionado em julgamento do Supremo Tribunal Federal citado anteriormente.

Conclusões

A criação do direito fundamental à autodeterminação informacional pelo Tribunal Constitucional da Alemanha em 1983 resultou das preocupações em relação a uma nova realidade de sistemas de informação que os Estados estavam começando a explorar, o que possibilitava novos métodos de vigilância social.

A punição imposta à autoridade de fiscalização tributária da Holanda ilustra que um direito fundamental à proteção de dados pessoais deve estabelecer limites claros e objetivos em relação aos tratamentos realizados pelas agências de fiscalização tributária, mesmo quando estas estão cumprindo sua função de garantir o cumprimento do princípio da capacidade contributiva dos cidadãos.

Nesse contexto, a Emenda Constitucional 115/22, que reconhece o direito fundamental à proteção de dados, não é sem importância ou irrelevante para o sistema e para a fiscalização tributária; pelo contrário, ela afeta diretamente essas responsabilidades do Estado.

Este artigo demonstrou que são necessários ajustes e adaptações na administração tributária, principalmente no que diz respeito à fiscalização, para garantir a proteção de dados pessoais, tanto de acordo com os requisitos infraconstitucionais estabelecidos na Lei Geral de Proteção de Dados quanto com base nos princípios que compõem esse direito fundamental.

Referências

ALBUQUERQUE, Adriana. PODER ARTIFICIAL DE TRIBUTAR – LIMITES E REQUISITOS À UTILIZAÇÃO (ADEQUADA) DA INTELIGÊNCIA ARTIFICIAL PELA ADMINISTRAÇÃO TRIBUTÁRIA. Londrina: Toth, 2023

BRASIL. Supremo Tribunal Federal. *Ação Direta de Inconstitucionalidade 6649 e Arguição de Descumprimento de Preceito Fundamental 695*. Brasília. 15 de setembro de 2022. https://portal.stf.jus.br/processos/downloadPeca.asp?id=15358978491&ext=.pdf . Acesso em05 de setembro de 2023.

BRASIL. Supremo Tribunal Federal. *Ação Direta de Inconstitucionalidade 6649 e Arguição de Descumprimento de Preceito Fundamental 695*. Brasília, 15 de setembro de 2022. Disponível em: https://portal.stf.jus.br/processos/downloadPeca.asp?id=15358978491&ext=.pdf . Acesso em 05 de setembro de 2023.

BRASIL. Supremo Tribunal Federal. *Referendo em Medida Caular nas ADIS 6.387, 6.388, 6.389, 6.390 e 6.393*. Brasília. 07 de maio de 2020. Disponível em https://redir.stf.jus.br/paginadorpub/paginador.jsp?docTP=TP&docID=754358567 . Acesso em 05 de setembro de 2023.

DONEDA, Danilo. *A proteção dos dados pessoais como um direito fundamental*. Espaço Jurídico Journal of Law [EJJL], v. 12, n. 2, p. 91-108, 2011. Disponível em: https://periodicos.unoesc.edu.br/espacojuridico/article/view/1315/658 . Acesso em: 30 jan. 2023.

DONEDA, Danilo. *Da privacidade à proteção de dados pessoais: fundamentos da lei geral de proteção de dados*. rev. e atual. São Paulo: Thomson Reuters Revista dos Tribunais, 2019

DRUMMOND DE ANDRADE MÜLLER E SILVA, Rebeca. *Compartilhamento de Dados Fiscais Sigilosos*. São Paulo: Almedina, 2022

HESSE, Konrad. *Grundzüge des Verfassungsrechts der Bundesrepublik Deutschland*. Heidelberg: C. F. Müller, 1999

JANINI, Tiago Cappi; PULCINELLI, Ana Luiza Godoy. *A fiscalização tributária e seus limites: uma análise a partir do princípio da legalidade e dos direitos fundamentais do contribuinte*. Revista de Direito Tributário e Financeiro, n. 2, 2016

MALDONADO, Luciano Burti. *Limites do Poder de Fiscalização: Identificação e Controle*. Revista Direito Tributário Atual, n. 45, p. 264-288, 2020

MARTINS, Ives Gandra da Silva. *Sigilo bancário e privacidade*. In: SARAIVA FILHO, Oswaldo Othon de Pontes; GUIMARÃES, Vasco Branco (Coord.). Sigilos bancário e fiscal: homenagem ao Jurista José Carlos Moreira Alves. Belo Horizonte: Fórum, 2011

MENDES, Laura Schertel. *Privacidade, proteção de dados e defesa do consumidor: linhas gerais de um novo direito do consumidor*. São Paulo, Saraiva, 2014, p. 176.

POSSA, Alisson. RAMOS, Julia L. *Risco de crédito e o direito a revisão de decisões automatizadas: uma sistematização de elementos mínimos a serem observados em tratamentos de scoring de crédito*. In: Revista Jurídica do Banco do Nordeste. Ceará: Banco do Nordeste, Ano 11, nº 6, 20-39, 2022

SCARCELLA, Luisa. *Tax compliance and privacy rights in profiling and automated decision making*. Internet Policy Review, 8(4), 2019, p. 5

25
IMPORTÂNCIA DO MERCADO CONSUMIDOR NA CARACTERIZAÇÃO DO ESTABELECIMENTO PERMANENTE VIRTUAL E OS DESAFIOS TRIBUTAÇÃO INTERNACIONAL FRENTE A ECONOMIA DIGITAL

Gisele Barra Bossa

Introdução

No atual contexto da Revolução Digital, onde mais de quatro bilhões de usuários estão conectados[1], assistimos à formação de novos modelos de negócios. A difusão rápida e ampla da informação por meio da internet[2] garante que a comercialização de produtos e serviços assuma diferentes e desafiadoras feições, basta ver os fenômenos mundiais relacionados com a computação na nuvem, moedas virtuais, impressão 3D, robótica, economia compartilhada e colaborativa[3].

É diante deste cenário que os *players* internacionais e domésticos, leia-se Estados, contribuintes, consultores e organizações internacionais, são provocados a repensar e operar em uma nova ordem jurídica internacional em matéria tributária para fins de garantir a justa e neutra tributação nas operações transfronteiriças.

[1] Informação em tempo real na *Internet World Stats*. Disponível em: https://goo.gl/e6M8B3 e https://goo.gl/oENF3T. Acesso em: 17/12/2018.

[2] A Internet é um sistema global de redes de computadores interligadas que utilizam conjunto próprio de protocolos (*Internet Protocol Suite* ou TCP/IP) com o propósito de servir progressivamente usuários (cidadãos, empresas privadas, públicas, instituições acadêmicas e órgãos de governo) em nível global. Está ligada por uma ampla variedade de tecnologias de rede eletrônica, sem fio e ópticas. Tradução livre a partir da definição constante do *Oxford English Dictionary*. Disponível em: https://goo.gl/2TkZs5. Acesso em: 17/12/2018.

[3] Tais tecnologias, inclusive, foram relacionadas no próprio Plano de Ação 1 do Projeto BEPS.

Não foi por acaso que o Plano de Ação 1[4] do Projeto BEPS[5], intitulado Economia Digital, cuidou de abordar o fato de uma companhia ter presença digital significativa em determinado país e não estar sujeita à tributação doméstica dada a inexistência de elementos de conexão[6] capazes de regulamentar tal incidência tributária.

Longe de exaurir o tema em pauta e sem adentrar nas questões relacionadas à tributação indireta[7], o presente artigo objetiva, a partir da análise do conceito de estabelecimento permanente (EP), das diretrizes constantes do Relatório *Tax challenges arising from digitalization – Interim Report 2018 Observations on OECD inclusive framework on BEPS*[8] e da recente proposta de Diretiva Europeia[9], trazer ponderações sobre os riscos e oportunidades de se revisitar os atuais critérios de fonte e residência e conceber, a partir da nova dinâmica da economia digital, o mercado consumidor como elemento de conexão em tributação internacional.

[4] OCDE. BEPS, *Action 1: Addressing the Tax Challenges of the Digital Economy, Final Reports, Explanatory Statement.* Paris: OCDE Publishing, 2015.Disponível em: https://goo.gl/T24m7M. Acesso em: 17/12/2018.

[5] OCDE. *Action Plan on Base Erosion and Profit Shifting.* Paris: OCDE Publishing, 2013. Disponível em: https://goo.gl/FZbnwe. Acesso em: 17/12/2018.

[6] Os atuais elementos de conexão fonte e residência, bem como a figura do estabelecimento permanente (EP), no contexto da economia digital, não são mais instrumentos hábeis a garantir a correta alocação da competência tributária e, portanto, a justa repartição de receitas tributárias.

[7] Para além da temática relativa à tributação direta (*corporate tax*) em razão da empresa ter presença digital significativa em determinada jurisdição, o Plano de Ação 1 do BEPS analisou os seguintes temas: (i) a atribuição de valor agregado à geração de dados relativos a mercados e clientes; (ii) a adoção de regras de tributação na fonte; (iii) a qualificação dos rendimentos advindos dos novos produtos e serviços digitais; (iv) cobrança efetiva do VAT (*Value Added Tax*)/GST (*Goods and Services Tax*) diante do fornecimento transfronteiriço de bens e serviços digitais. Maiores aprofundamentos em ROCHA, Sérgio André; CASTRO, Diana Rodrigues Prado de. Plano de Ação 1 do BEPS e as Diretrizes Gerais da OCDE. *In*: PISCITELLI, Tathiane (Coord.). *Tributação da Economia Digital.* São Paulo: Thomson Reuters Brasil, 2018, p. 17-23.

[8] BEPS, *Tax challenges arising from digitalization – Interim Report 2018 Observations on OECD inclusive framework on BEPS.* Paris: OECD Publishing, 2018. Disponível em: https://goo.gl/wx8jQo. Acesso em: 17/12/2018.

[9] Comissão Europeia. *Fair Taxation of Digital Economy.* Pacote de Medidas Disponível em: https://goo.gl/SXQ5S6. Comissão Europeia. *Proposta de Diretiva do Conselho que estabelece regras relativas à tributação das sociedades com uma presença digital significativa.* Bruxelas, 21/03/2018, COM (2018) 147 final – 2018/0072 (CNS). Disponível em: https://goo.gl/ttjrqc. Acessos em: 17/12/2018.

1. Da Dinâmica da Tributação Internacional: O Atual Conceito de Estabelecimento Permanente e o Desafio da Economia Digital

Por implicação lógica da globalização do processo produtivo, houve substancial aumento das operações transnacionais e a internacionalização das empresas tornou-se estratégia necessária para garantir a competitividade dos mercados em âmbito interno e internacional[10].

Nessa conjuntura, um dos grandes anseios da ordem jurídica internacional em matéria tributária passou a ser evitar a dupla tributação internacional e, ao mesmo tempo, conter a concorrência fiscal prejudicial. Ou seja, os Estados devem coordenar esforços para garantir que: (i) as operações não sejam fiscalmente oneradas (dupla tributação); (ii) as atividades empresariais se internacionalizem em bases concorrenciais legítimas[11]; e (iii) os mecanismos fiscalizatórios sejam eficientes de forma a assegurar a plena realização da capacidade contributiva dos contribuintes.

A adoção de políticas fiscais agressivas[12] desestabiliza a economia global e cria ambiente propício para os contribuintes erodirem a base tributável e transferirem lucros às jurisdições de baixa ou nenhuma tributação, onde o valor não é efetivamente criado[13].

Reduzir ou eliminar completamente a tributação através de verdadeiras engenharias fiscais envolvendo paraísos fiscais e/ou regimes fiscais privi-

[10] Maiores aprofundamentos sobre a evolução da ordem jurídica internacional em matéria tributária em GENSCHEL, Philipp; RIXEN, Thomas. The International Tax Regime: Historical Evolution and Political Change, [S.l.], p.1-40, jun. 2012. *SSRN Electronic Journal*. Disponível em: https://goo.gl/VhzFB7; TANZI, Vito. Globalization, Tax Competition by the future of Tax System. *In*: UCKMAR, Victor (Coord.). *Corso di Diritto Tributario Internazionale*. Padova: Cevam, 2002. Disponível em: https://goo.gl/Ch5JPj. Acessos em: 17/12/2018.

[11] As políticas fiscais devem fomentar a inovação e a ampliação das atividades industriais, comerciais e de serviços fora dos seus mercados domésticos, em respeito aos *standards* sociais e ambientais.

[12] Leia-se tanto políticas de absoluto desincentivo local (e.g. países que duplamente tributam operações), como políticas desleais de atração de investimentos, em sacrifício ao próprio orçamento do Estado concedente. Via de regra, os paraísos fiscais não exigem contrapartidas mensuráveis ao incentivo concedido (função social da empresa), tampouco estrutura física ou motivação negocial e/ou operacional que justifiquem a permanência de determinada companhia naquela jurisdição. Sobre práticas fiscais prejudicais ver: OCDE. BEPS, *Countering Harmful Tax Practices More Effectively, Taking into Account Transparency and Substance, Action 5 – 2015 Final Report*. Paris: OCDE Publishing, 2015. Disponível em: https://goo.gl/vmphrP. Acesso em: 17/12/2018.

[13] Ausência real de negócio ou atividade fim empresarial que justifique a geração de valor no local.

legiados, a articulação abusiva de tratados, a artificial evitação de enquadramento como EP por via de exceção à tributação na fonte, dentre outros mecanismos abusivos de economia fiscal, não coadunam com os princípios de direito tributário internacional, tampouco com os anseios da OCDE por neutralidade e justiça fiscal[14].

Dentro desse universo conflitante, a figura do EP[15] passou a chamar a atenção das autoridades fiscais globais e dos países do G20 que, por meio das Ações 1 (Economia Digital)[16] e 7 (definição de EP)[17] do Plano *BEPS* (*Base Erosion and Profit Shifting*)[18], passaram a trabalhar na ampliação desse conceito com o objetivo não só de conter práticas fiscais danosas preexistentes, como também de enfrentar os desafios impostos pelo comércio eletrônico.

É certo que a criação de unidade externa pelas empresas nem sempre se faz com a constituição formal de pessoa jurídica no exterior (abertura de filiais, subsidiárias integrais, etc.). A companhia pode optar, seja por razões de mercado, logística, política ou estratégica, por atuar através de agentes, distribuidores, comissionários ou de seus próprios funcionários, a depender da transitoriedade ou não da atividade que pretende desenvolver no outro país.

Daí a importância de se estabelecer um conceito de EP e balizar se os rendimentos gerados no exterior devem ser tributados no país de residên-

[14] O relatório investimento mundial de 2015 da *UNCTAD* (*United Nations Conference on Trade and Development*) evidenciou que, para os países em vias de desenvolvimento, o custo das perdas decorrentes da evasão das bases tributárias é cerca de 100 bilhões por ano. Os pesquisadores do *IMF* (*International Monetary Fund*) afirmam que o valor correspondente seria o dobro, ou seja, 200 bilhões por ano e 600 bilhões em escala global. UNCTAD. *World Investment Report 2015.* Disponível em: https://goo.gl/tDYVYR. Crivelli, Ernesto; Mooij, Ruud De; Keen, Michael. International Monetary Fund – IMF. *Working Paper: Base Erosion, Profit Shifting and Developing Countries.* Maio de 2015. Disponível em: https://goo.gl/sp8uet. Acessos em: 17/12/2018.

[15] O termo estabelecimento estável também é usual tecnicamente.

[16] OCDE. BEPS, *Action 1: Addressing the Tax Challenges of the Digital Economy, Final Reports, Explanatory Statement.* Paris: OCDE Publishing, 2015.Disponível em: https://goo.gl/T24m7M. Acesso em: 17/12/2018.

[17] OCDE. *Preventing the Artificial Avoidance of Permanent Establishment Status, Action 7 – 2015 Final Report, OECD/G20 Base Erosion and Profit Shifting Project.* Paris: OCDE *Publishing*, 2015. Disponível em: https://goo.gl/SsNzCt. Acesso em:17/12/2018.

[18] OCDE. *Action Plan on Base Erosion and Profit Shifting.* Paris: OCDE Publishing, 2013. Disponível em: https://goo.gl/FZbnwe. Acesso em: 17/12/2018.

cia da empresa ou no país onde a unidade externa foi constituída de forma a evitar a bitributação desses valores.

O conceito de EP foi formal e conceitualmente desenvolvido em 1927 e constou da consolidação do primeiro modelo de Convenção Multilateral para evitar a dupla tributação elaborado pela Liga das Nações em 1928. Posteriormente, em 1963 foi adotado na Convenção Modelo da OCDE e ao longo de suas várias revisões[19].

Como decorrência natural, países membros e não membros da OCDE incluíram tal definição em seus tratados bilaterais hábeis a evitar a dupla tributação internacional para deixar clara a aplicação do princípio da fonte quando da existência de EP no outro Estado Contratante.

Assim, nos casos em que determinada empresa obtenha rendimentos num Estado "A" [(ou mesmo em terceiros Estados)] e sua sede esteja localizada no Estado "B", esses só poderão ser tributados no Estado "A" se atribuíveis a um EP na medida em que sejam a ele imputáveis[20].

Portanto, as empresas ficaram cientes que, diante da ausência de EP no exterior, seus rendimentos continuariam sendo tributados no país de residência e não estariam obrigadas a se registrar como contribuintes no país estrangeiro. De outra parte, com a delimitação conceitual de EP, as autoridades estrangeiras passariam a tributar rendimentos que anteriormente escapavam do seu domínio.

A definição e critérios utilizados para considerar determinado estabelecimento como permanente constam do artigo 5º da Convenção Modelo da OCDE (CM-OCDE)[21]. A expressão EP significa "*uma instalação fixa, através da qual a empresa exerça toda ou parte da sua atividade*".

[19] Revisões foram publicadas em 1994, 1995, 1998, 2000, 2003, 2005, 2008, 2010, 2014 e 2017. Disponíveis em: https://goo.gl/tLjQcS. OCDE. *Model Tax Convention on Income and on Capital 2017: Full Version.*Paris: OCDE Publishing, 2017. Disponível em:http://www.oecd.org/ctp/treaties/model-tax-convention-on-income-and-on-capital-condensed-version-20745419.htm . Acesso em: 17/12/2018.

[20] Tal disciplinamento consta do artigo 7º sobre lucro das empresas, da Convenção Modelo da OCDE e é replicado na estrutura dos tratados bilaterais como no caso do tratado Brasil x Portugal, internalizado pelo Decreto nº 4.012, de 13 de novembro de 2001.

[21] Da mesma forma, os critérios utilizados para definir EP constantes do MCOCDE também foram replicados no tratado Brasil x Portugal, salvo com relação a duração do "*local ou um estaleiro de construção ou de montagem*" para fins de constituição de EP. O tratado Brasil x Portugal dispõe que a duração não pode exceder 9 meses e na CMOCDE o período é de 12 meses para a partir daí o local ser considerado EP (artigo 5º, item 3).

No mais, para trazer clareza interpretativa, a CM-OCDE optou por exemplificar quais instalações constituem EPs, bem como quais circunstâncias fáticas afastam esse enquadramento.

"2. A expressão "estabelecimento permanente" **compreende**, nomeadamente: **a) um local de direção; b) uma sucursal; c) um escritório; d) uma fábrica; e) uma oficina; f) uma mina, um poço de petróleo ou gás, uma pedreira ou qualquer local de extração de recursos naturais**.

3. Um local ou um estaleiro de construção ou de montagem só constitui um estabelecimento permanente se a sua **duração exceder doze meses.**

4. Não obstante as disposições anteriores deste Artigo, **a expressão "estabelecimento permanente" não compreende**: a) as instalações utilizadas **unicamente para armazenar, expor ou entregar mercadorias pertencentes à empresa**; b) um **depósito** de mercadorias pertencentes à empresa, mantido unicamente para as **armazenar, expor ou entregar**; c) um depósito de mercadorias pertencentes à empresa, mantido unicamente **para serem transformadas por outra empresa**; d) uma instalação fixa, mantida unicamente para **comprar mercadorias ou reunir informações para a empresa**; e) uma instalação fixa, mantida unicamente para exercer, para a empresa, qualquer outra atividade de **caráter preparatório ou auxiliar**; f) uma instalação fixa, mantida unicamente para o exercício de qualquer combinação das atividades referidas nas alíneas (a) a (e), desde que a atividade de conjunto da instalação fixa resultante desta combinação seja de **caráter preparatório ou auxiliar**.

4.1 O parágrafo 4 não se aplicará a um local fixo de negócios usado ou mantido por uma empresa se a mesma empresa ou uma empresa estreitamente relacionada exercer atividades no mesmo local ou em outro local no mesmo Estado Contratante e (a) esse local ou outro local constituir um estabelecimento permanente para a empresa ou para a empresa estreitamente relacionada de acordo com as disposições deste Artigo, ou (b) a atividade global resultante da combinação das atividades realizadas pelas duas empresas no mesmo local, ou pela mesma empresa ou por empresas estreitamente relacionadas nos dois locais, não for de caráter preparatório ou auxiliar, desde que as atividades comerciais realizadas pelas duas empresas no mesmo local, ou pela mesma empresa ou por empresas estreitamente relacionadas nos dois locais, constituam funções complementares que façam parte de uma operação comercial coesa.

5. Não obstante as disposições dos parágrafos 1 e 2, mas sujeito às disposições do parágrafo 6, **quando uma pessoa estiver agindo em um Estado**

Contratante em nome de uma empresa e, ao fazê-lo, habitualmente celebrar contratos, ou habitualmente desempenhar o papel principal que leva à celebração de contratos que são rotineiramente celebrados sem modificação material pela empresa, e esses contratos forem (a) em nome da empresa, ou (b) para a transferência da propriedade de, ou para a concessão do direito de uso de, bens de propriedade da empresa ou que a empresa tenha o direito de usar, ou (c) para a prestação de serviços por essa empresa, essa empresa será considerada como tendo um estabelecimento permanente nesse Estado com relação a quaisquer atividades que essa pessoa realize para a empresa, a menos que as atividades dessa pessoa estejam limitadas àquelas mencionadas no parágrafo 4 que, se exercidas por meio de um local fixo de negócios (que não seja um local fixo de negócios ao qual o parágrafo 4.1 se aplique), não tornariam esse local fixo de negócios um estabelecimento permanente nos termos das disposições desse parágrafo.

6. O parágrafo 5 **não se aplicará quando a pessoa que atuar em um Estado Contratante em nome de uma empresa do outro Estado Contratante realizar negócios no primeiro Estado mencionado como um agente independente e atuar para a empresa no curso normal desses negócios**. Quando, entretanto, uma pessoa atuar exclusivamente ou quase exclusivamente em nome de uma ou mais empresas com as quais esteja intimamente relacionada, essa pessoa não será considerada um agente independente no sentido deste parágrafo com relação a qualquer uma dessas empresas.

7. O fato de uma sociedade residente de um Estado **Contratante controlar ou ser controlada por uma sociedade residente do outro Estado Contratante** ou que exerce a sua atividade nesse outro Estado (quer seja através de um estabelecimento permanente, quer de outro modo) **não é, por si só, bastante para fazer de qualquer dessas sociedades estabelecimento permanente da outra**." *(grifos nossos)*

De antemão, o conceito traz três requisitos centrais (i) a presença física; (ii) a exigência de conexão direta entre a organização existente no exterior e a atividade desenvolvida pela empresa no país de residência; e (iii) ligação de ordem econômica de caráter regular. Como regra, é preciso ver materializadas essas exigências para que determinada unidade de negócios seja considerada um EP.

A unidade externa será considerada EP se forem encontrados elementos de disposição, controle e de efetiva ligação com a atividade desempenhada pela empresa sede. É necessário verificar a essencialidade da atividade desenvolvida.

Instalações para o exercício de atividades preparatórias ou auxiliares estão excluídas da definição de EP, da mesma forma que as atividades ocasionais ou até mesmo isoladas, visto que o conceito está diretamente associado a ideia de permanência.

Sucede que, por vezes as normatizações não acompanham a realidade das coisas. O comércio eletrônico, por exemplo, coloca em xeque a eficácia dessa definição quando da exigência de instalação fixa. Não pode determinada empresa operar de forma contínua e substancial através de um *website* alojado em unidade externa ao país de residência da companhia? Sim, essa é uma realidade que merece ser trabalhada dentro da perspectiva conceitual de EP e em termos de estratégia de política fiscal.

Ao lado disso, empresas começaram a evitar o enquadramento de determinadas organizações físicas no exterior como EP através da manipulação dos tratados por via das figuras de exceção.

O instrumento multilateral publicado pela OCDE no âmbito das ações do BEPS[22] traz dispositivos específicos recomendando a inclusão no seio dos tratados de: regras antiabuso para EPs situados em terceiras jurisdições, comumente utilizados para fins de evitar a tributação da operação pela utilização dos métodos de isenção ou de imputação constantes dos tratados entre os países envolvidos[23]; normativos que impeçam a eliminação artificial do *status* de EP através de arranjos envolvendo comissários e outras estratégias similares.

Em termos práticos, quando as figuras excepcionais do corretor, comissário-geral ou agente independente atuarem com substancial grau de exclusividade e regularidade em nome da empresa residente em outra jurisdição para a transferência de propriedade ou concessão do direito de uso de bens pertencentes a essa empresa (ou aos quais ela tenha direito de

[22] OCDE. BEPS, *Developing a Multilateral Instrument to Modify Bilateral Tax Treaties, Action 15 – 2015 Final Report*. Paris: OCDE Publishing, 2015. Disponível em: https://goo.gl/BmbrrJ e OCDE. BEPS, *Multilateral Convention to Implement Tax Treaty Related Measures to Prevent Base Erosion and Profit Shifting*. Paris: OCDE Publishing, 2016. Disponível em: https://goo.gl/f0rmfX. Acessos em: 17/12/2018.

[23] Os tratados têm como objetivo evitar a dupla tributação, mas não evitar a tributação da operação como um todo (dupla ou tripla não tributação). Daí a configuração do abuso de tratados (*treaty abuse*) e a necessidade de recomendações ostensivas da OCDE para inserção de cláusulas nos tratados que proíbam tais manipulações.

uso), bem como na prestação de serviços por essa empresa, serão reconhecidos como EPs e os lucros serão imputáveis na exata medida dos valores envolvidos em tais operações.

Mas não é só, tais desafios são ainda mais complexos quando olhamos para economia digital.

Via de regra, a competência tributária nas operações internacionais é dividida entre o Estado do qual deriva a renda (Estado da Fonte) e o Estado no qual o destinatário da renda é residente (Estado de Residência). Conforme salientado, havendo **presença física** da companhia estrangeira no Estado-Fonte, a renda será tributada nesse Estado diante da existência de EP[24].

Com relação aos rendimentos de investimentos e intangíveis, se não estiverem isentos (negociação em sede de acordos bilaterais), serão tributados por retenção na fonte. Por sua vez, o Estado de Residência tributa a renda em sua integralidade[25], mas o tratado pode prever isenção ou direito de crédito para a renda já tributada no Estado da Fonte[26].

[24] Insta destacar que, este modelo de repartição da competência tributária internacional advém de estudo elaborado pelo grupo dos "Quatro Economistas" (Bruins, Einaudi, Seligman e Stamp), utilizado para compor as diretrizes da Convenção Modelo da Organização para Cooperação e Desenvolvimento Econômico (OCDE). O citado trabalho, com base no princípio da pertença econômica (*economic allegiance*), propôs "*a alocação de da competência tributária de acordo com: (i) a origem da riqueza ou renda; (ii) a situação da riqueza ou renda; (iii) a maior viabilidade de se cobrarem os tributos incidentes sobre a renda (enforcement); e (iv) o local de residência ou domicílio da pessoa com direito a dispor da riqueza ou renda*". Esse racional deu azo a divisão da competência tributária entre Estado da Fonte e Estado de Residência que tomou como premissa o caráter eminentemente físico da transferência de bens e da prestação de serviços. Em GOMES, Daniel de Paiva; GOMES, Eduardo de Paiva; PRZEPIORKA, Michell; FERRARI, Bruna Camargo; BERGAMINI, Adolpho; BOSSA, Gisele Barra; CANEN, Dóris. Os desafios impostos pela economia digital e o Plano de Ação 1 do Projeto BEPS da OCDE. *In*: PISCITELLI, Tathiane; BOSSA, Gisele Barra (Coord.). *Tributação da Nuvem*. São Paulo: Thomson Reuters Brasil, 2018, p. 43-48. Para maiores aprofundamentos ver GALENDI JÚNIOR, Ricardo André. GALDINO, Guilherme Silva. Desafios da Economia Digital: Do problema Hermenêutico ao Desequilíbrio na Alocação de Jurisdição. *In*: GOMES, Marcus Lívio. SCHOUERI, Luís Eduardo (organizadores). ***A Tributação Internacional na Era Pós-Beps: Soluções Globais e peculiaridades de países em desenvolvimento.*** Vol. III – Transparência e Economia Digital. 1ª Ed. Rio de Janeiro: Lumen Juris, 2016, p. 288-289; SANTOS, Ramon Tomazela – ROCHA, Sérgio André. Tax Sovereignty and Digital Economy in Post-BEPS Times. *In*: ROCHA, Sérgio André – CHRISTIANS, Allison (ed). *Tax Sovereignty in the BEPS Era*. Alphen aan den Rijn: Wolters Kluver, 2017, p. 29-46.

[25] Comumente se vincula do princípio da residência e a universalidade da tributação, mas, como bem consignado por Schoueri, tal vinculação não é obrigatória. Vejam que, pode o Estado que adota a o critério da residência limitar seu alcance às circunstâncias ocorridas em seu

Não é demais consignar que, a tributação na residência está baseada em duas premissas: uma jurídica relacionada com o fato de somente o Estado de Residência ser capaz de evidenciar em concreto a capacidade contributiva do sujeito passivo da obrigação tributária; e outra de ordem econômica, vez que tal dinâmica tributária favorece os países exportadores de capital (países desenvolvidos) e, portanto, visa assegurar a neutralidade das exportações.

De outra parte, na tributação na fonte a premissa jurídica é alicerçada na teoria do benefício (pertença econômica), segundo a qual a competência tributária seria alocada com base nos benefícios e serviços disponibilizados pelo Estado ao contribuinte. Já a premissa econômica está relacionada com a neutralidade das importações, técnica que acaba por favorecer os países importadores de capital (países em vias de desenvolvimento)[27].

Ocorre que, com o advento da internet, o elemento virtual assumiu protagonismo e, como ele, as operações deixaram de ter laços físicos nos mercados consumidores. Logo, o modelo atual de repartição da competência tributária entre Estado da Fonte e Estado da Residência, baseado na pre-

território (territorialidade pura). No mais, o "*princípio da universalidade não vem necessariamente acompanhado da residência como elemento de conexão*", a tributação de não residentes alicerçada no critério da nacionalidade é um exemplo. SCHOUERI, Luís Eduardo. Residência fiscal da pessoa física. *Revista Direito Tributário Atual*, nº 28. São Paulo, 2012, p. 152-153.

[26] Vale registrar que, a fonte, enquanto elemento de conexão, é dividida em fonte de produção e fonte de pagamento. De acordo com Santos, a "*fonte de produção da renda tem índole econômica, sendo identificada a partir do nexo causal entre o substrato econômico e o fato que o determina*". A fonte de produção é o local onde os rendimentos são gerados e decorre, essencialmente, "*do exercício de atividade econômica, da utilização de fatores de produção ou, mesmo, da detenção de bens ou direitos capazes de gerar renda para o seu titular*". Por sua vez, a fonte de pagamento está ligada à ideia de identificação do Estado de onde "provêm os recursos financeiros utilizados para o pagamento do rendimento. Como os recursos necessários para o pagamento do rendimento devem ser extraídos do patrimônio de um titular, esse critério estabelece a conexão entre o rendimento e o Estado competente para a sua tributação a partir da localização da fonte de pagamento". Em SANTOS, Ramon Tomazela. As pensões nos Acordos Internacionais para evitar a Dupla Tributação da Renda celebrados pelo Brasil – Análise do artigo 18 da Convenção Modelo da OCDE. *Revista Dialética de Direito Tributário*, nº 232, São Paulo, janeiro/2015, p. 132-133.

[27] Acerca da dinâmica da tributação internacional e da lógica relacionada aos elementos de conexão fonte e residência ver GENSCHEL; RIXEN, op. cit., p.1-40; MAN, Fernando Souza de. *Taxation of Services in Treaties between Developed and Developing Countries – A Proposal for New Guidelines*. Online Books IBFD, 2017. Disponível em: https://goo.gl/wGp987; e PINTO, Dale. *E-Commerce and Source-Based Income Taxation*. Online Books IBFD. Disponível em: https://goo.gl/5awly5. Acessos em 17/12/2018.

sença física como indício de pertença econômica, não se mostra mais eficaz para garantir a justa alocação de receitas tributáveis na economia digital.

O tema começou a ser discutido pela OCDE quando da conferência realizada em Ottawa, denominada *"A Borderless World: Realizing the Potential of Global Electronic Commerce"*[28]. O relatório da Comissão de Assuntos Fiscais da OCDE, elaborado a partir das conclusões obtidas nessa conferência, firmou cinco princípios centrais, são eles:

(i) Princípio da Neutralidade: a tributação não poderá figurar como veículo indutor de comportamentos econômicos dos contribuintes para fins de redução do ônus fiscal. As operações envolvendo comércio eletrônico não devem ser objeto de discriminação, positiva ou negativa, seja no que se refere às diferentes modalidades de operações nas plataformas digitais, seja quando comparadas com as atividades empresariais tradicionais;

(ii) Princípio da Eficiência: os custos de conformidade (*compliance*) deverão ser otimizados. As autoridades fiscais devem adotar medidas proporcionais capazes de: garantir a justa cobrança dos tributos devidos; reduzir os riscos de fraude e evasão fiscal; evitar altos custos de compliance – as informações exigidas e prestadas pelos contribuintes de devem ser úteis e eficientes para atingir a efetiva e correta arrecadação – prevalência da qualidade da informação em detrimento da quantidade;

(iii) Princípio da Certeza e Simplicidade: calcado no valor maior da segurança jurídica, a legislação tributária deve ser clara e simples para que o contribuinte possa antecipar as consequências fiscais de determinada operação e bem compreender os critérios material, espacial, temporal, pessoal e quantitativo da hipótese de incidência de determinado tributo;

(iv) Princípio da Prevalência da Substância sobre a Forma: para fins fiscais, deve ser considerado o conteúdo material de determinada operação (realidade fática do negócio) em detrimento da denominação, classificação ou qualificação que lhe foi atribuída pelas partes;

[28] OCDE. *OECD Ministerial Conference – A Borderless World: Realising the Potential of Global Electronic Commerce*. Ottawa, 7-9 – October 1998. Disponível em: https://bit.ly/2JaTQbv. Acesso em: 17/12/2018.

(v) Princípio da Flexibilidade: os princípios que regem a tributação do comércio convencional devem ser aplicados ao comércio eletrônico, mas os sistemas fiscais devem ser flexíveis e dinâmicos para se adaptarem à evolução tecnológica[29].

A partir destes princípios, a OCDE rechaçou o denominado *ring-fencing* da economia digital. Em outros termos, declinou da ideia de outorgar um tratamento diferenciado ao comércio eletrônico em relação àquele conferido ao comércio tradicional. Esses pressupostos foram mantidos no Plano de Ação 1 do BEPS e no Relatório de 2018.

2. A ação 1 do projeto BEPS e o relatório intermediário de 2018[30]

Conforme referenciado, com o objetivo de combater a erosão das bases tributárias e transferência de lucros nas operações transfronteiriças, a OCDE, em fevereiro de 2013, publicou o Projeto denominado *"Addressing Base Erosion and Profit Shifting"* (BEPS)[31] e, diante do potencial de evasão fiscal e redução das bases tributáveis nas operações envolvendo meios eletrônicos – baseadas em ativos intangíveis, o que facilita o deslocamento dos negócios entre diferentes jurisdições e não exige a presença física da empresa fornecedora de bens e serviços digitais -, cuidou de elaborar plano de ação específico para tratar dos desafios da economia digital[32].

O Plano de Ação 1, além dos citados princípios constantes do item 2, elege o princípio da equidade[33] como direcionador das estratégias de política fiscal para fins de garantir a justa repartição de receita tributária advin-

[29] Nesse sentido, Palma. Clotilde Celorico. A Tributação da Economia Digital e a Revolução Recente da União Europeia. *In*: Piscitelli, Tathiane (Coordenação). *Tributação da Economia Digital*. São Paulo: Thomson Reuters Brasil, 2018, p. 50-55.

[30] Relevantes ponderações e contribuições em Gomes, D.; Gomes, E.; Przepiorka; Ferrari; Bergamini; Bossa; Canen, op. cit., p. 51-59.

[31] OCDE. *Action Plan on Base Erosion and Profit Shifting*. Paris: OCDE Publishing, 2013. Disponível em: https://goo.gl/FZbnwe. Acesso em: 17/12/2018.

[32] O Comitê de Assuntos Fiscais (*Committee on Fiscal Affairs – CFA*) da OCDE, com a participação do dos países do G20, criou a força tarefa da Ação 1 denominada *Task Force on Digital Economy – TFDE*, em setembro de 2013. Os trabalhos resultaram no reporte final apresentado em 2015, BEPS, *Action 1: Addressing the Tax Challenges of the Digital Economy, Final Reports, Explanatory Statement*. Paris: OCDE Publishing, 2015.Disponível em: https://goo.gl/T24m7M. Acesso em: 17/12/2018.

[33] Equidade horizontal e vertical.

das de operações internacionais entre os países[34] e, da mesma forma, para assegurar que os contribuintes em iguais condições de mercado (presença significativa em determinado ordenamento doméstico) arquem com o ônus tributário equivalente (não discriminação entre operações digitais propriamente ou entre digitais e convencionais).

Com relação à tributação direta, escopo do presente artigo, o Plano de Ação 1 abordou os seguintes aspectos: (i) necessidade de revisar o conceito de EP com o objetivo de modificar as exceções (limites mínimos) à sua caracterização – por exemplo, o enquadramento como EP nos casos em que não há presença física do provedor da nuvem ("*cloud computing*"); (ii) a criação de impostos retidos na fonte ou de impostos sobre o volume de negócios ("*turnover taxes*") para certos tipos de operações digitais – por exemplo, operações com *software*; (iii) a criação de um tributo específico ou de regimes específicos destinados a grandes empresas multinacionais.

Dando continuidade a iniciativa, em setembro de 2017, a OCDE abriu consulta pública para que os países envolvidos no debate trouxessem sugestões de medidas práticas hábeis a endereçar os desafios tributários da economia digital. Tal consulta deu azo ao relatório provisório[35], apresentado em março de 2018 e entregue ao G20, denominado "*Tax Challenges Arising from Digitalisation – Interim Report 2018*"[36].

[34] Medidas para evitar práticas fiscais prejudicais pelos países. Evidencia-se verdadeira guerra fiscal internacional por meio de benefícios fiscais para atração de investimentos, daí uma das frentes do Projeto BEPS ser o Plano de Ação 5, *Countering Harmful Tax Practices More Effectively, Taking into Account Transparency and Substance, Action 5 – 2015. Final Report, OECD/G20 Base Erosion and Profit Shifting Project.* Paris: OCDE Publishing, 2015. Disponível em: https://goo.gl/vmphrP. Acesso em: 17/12/2018;

[35] O relatório foi organizado em oito capítulos diferentes: (i) Introdução ao Relatório Provisório sobre os desafios fiscais decorrentes da digitalização (Capítulo 1); (ii) Digitalização, modelos de negócios e criação de valor (Capítulo 2); (iii) Implementação e impacto do pacote BEPS (Capítulo 3); (iv) Evolução da política fiscal (Capítulo 4); (v) Adaptação do sistema tributário internacional à digitalização da economia (Capítulo 5); (vi) Medidas temporárias para enfrentar os desafios tributárias decorrentes da digitalização (Capítulo 6); Além das regras tributárias internacionais: O impacto da digitalização em outros aspectos do sistema tributário (Capítulo 7); Conclusão do Relatório Provisório sobre os desafios fiscais decorrentes da digitalização (Capítulo 8).

[36] OCDE. BEPS, *Tax challenges arising from digitalization – Interim Report 2018 Observations on OECD inclusive framework on BEPS.* Paris: OECD Publishing, 2018. Disponível em: https://goo.gl/wx8jQo. Acesso em: 17/12/2018.

O citado relatório identifica três características comuns aos negócios digitais: (i) produção transfronteiriça; (ii) dependência de ativos intangíveis, incluindo propriedade intelectual (PI); e (iii) dados, participação do usuário e suas sinergias com a propriedade intelectual.

Em que pese tais elementos sejam reconhecidos pelos membros do "*BEPS Inclusive Framework – IF*"[37], não há consenso sobre relevância e importância destes para fins de definir a localização da criação de valor e a identidade dos seus criadores.

Sobre este aspecto, não é demais registrar que um dos objetivos principais do Projeto BEPS é tributar os lucros das empresas de acordo com a criação de valor (*value creation*). No entanto, o Plano de Ação 1 não conceitua o que seria criação de valor, limitando-se a arrolar questões e desafios relativos à identificação de *value creation* na economia digital[38].

Nesse sentido, por mais que o *Interim Report 2018* não tenha enfrentado o problema da divisão de competência tributária nas operações transfronteiriças envolvendo novas tecnologias[39], destacou-se por trazer maiores aprofundamentos acerca do conceito de "criação de valor" (*value creation*) na economia digital.

A partir da análise de alguns modelos de negócios, a OCDE tratou de classificar os processos de criação de valor[40]-[41]em três grupos: (i) cadeias de valor (*value chain*): revendedores de bens em geral (e.g. Unilever, Coca--Cola, ICloud (*Software as a Service* Padrão); (ii) redes de valor (*value network*):

[37] Desenvolvimento dos trabalhos e relação de membros em "*About the Inclusive Framework on BEPS*", Disponível em: https://goo.gl/QewzMg. Acesso em: 11/01/2019.

[38] Segundo Olbert e Spengel, a criação de valor, sob a perspectiva da economia digital, pode ser definida como um mecanismo de geração de receitas por meio da utilização de dados e informações, na forma de produtos ou serviços digitais. Em OLBERT, Marcel; SPENGEL, Christoph. International Taxation in the Digital Economy: Challenge Accepted. *World Tax Journal, vol. 9, nº 1, fev. de 2017,* p. 22-23. Disponível em: https://goo.gl/9uxJrR. Acesso em: 11/01/2019.

[39] Tema também negligenciado no Plano de Ação 1 do BEPS.

[40] Em OCDE. BEPS, *Tax challenges arising from digitalization – Interim Report 2018 Observations on OECD inclusive framework on BEPS.* Paris: OECD Publishing, 2018, p. 42 e ss. Disponível em: https://goo.gl/wx8jQo. Acesso em: 17/12/2018.

[41] O conceito relativo à "criação de valor" causa preocupação a União Europeia (UE) e afirma que, na economia digital, a criação de valor é resultado de uma combinação de dados, algoritmos, conhecimentos e funções. Em Comissão Europeia. *Fair Taxation of Digital Economy.* Disponível em: https://goo.gl/SXQ5S6. Acesso em: 17/12/2018. Pacote de medidas publicado em 21/03/2018.

empresas de intermediação de compra e venda de mercadorias ou de aquisição de serviços (e.g. Facebook, AirBnB, Amazon); (iii) lojas de valor (*value shop*): companhias cuja atividade fim é resolver problemas ou atender demandas específicas do consumidor com base em conhecimento técnico especializado e/ou equipamentos de *hardware* (e.g. provedores de serviços de computação na nuvem relacionados a *Infrastructure as a Service (IaaS)*, *Platform as a Service (PaaS)* e *Software as a Service* (Saas) personalizável[42]).

No mais, tanto o Relatório Final do Plano de Ação 1, quanto o relatório intermediário de 2018, identificaram alternativas de combate à erosão da base de cálculo na economia digital[43], dentre elas: (i) o nexo baseado na presença econômica relevante, tema central do presente artigo; (ii) a adoção de um imposto retido na fonte sobre os pagamentos feitos pelos consumidores-usuários para adquirir produtos ou serviços digitais que sejam oferecidos por empresas não residentes; e (iii) a criação da denominada "*equalization levy*" – mecanismo concebido para tributar empresas não residentes que possuam presença econômica relevante no País estrangeiro, cuja aplicação dependerá das estratégias de política fiscal eleitas pelo país interessado na sua adoção[44].

[42] Sobre os modelos *IaaS*, *PaaS* e *SaaS*, ver BRANDÃO JR., Salvador Cândido; PISCITELLI, Tathiane; GOMES, Daniel de Paiva; GOMES, Eduardo de Paiva; PIAZZA, Beatriz; LARA, Daniela Silveira; ALVARENGA, Christiane Alves; BOSSA, Gisele Barra. Computação na Nuvem: Modelos Possíveis. *In*: PISCITELLI, Tathiane; BOSSA, Gisele Barra (Coord.). *Tributação da Nuvem*. São Paulo: Thomson Reuters Brasil, 2018, p. 29-39.

[43] Nessa esteira, GOMES, Daniel de Paiva; GOMES, Eduardo de Paiva; CANEN, Dóris. Medidas unilaterais adotadas internacionalmente e outras propostas de endereçamento do problema no âmbito da Tributação Direta da Renda. *In*: PISCITELLI, Tathiane; BOSSA, Gisele Barra (Coord.). *Tributação da Nuvem*. São Paulo: Thomson Reuters Brasil, 2018, p. 225-234; BRAUNER, Yariv; MORENO, Andres Baez. Withholding Taxes in the Service of BEPS Action 1: Address the Tax Challenges of the Digital Economy (February 2, 2015). **WU** *International Taxation Research Paper Series nº 2015 – 14*. Disponível em: https://goo.gl/c18N6j. Acesso em: 11/01/2019; SANTOS; ROCHA, op. cit., p. 41-42.

[44] Insta consignar que, não se sabe ao certo se a "*equalization levy*" possui natureza de tributo direto ou indireto, vez que objetiva produzir efeitos como um tributo direto, mas é coletado como tributo indireto. Em termos práticos, o tributo em questão seria um imposto de renda presumido incidente sobre o volume de operações. A Índia, país pioneiro na instituição da "*equalization levy*" para operações praticadas por empresas estrangeiras que atuam na economia digital, concebeu tal exação como um "tributo presuntivo", incidente sobre determinados serviços disponibilizados por companhias multinacionais (não residentes), com o objetivo de corrigir as distorções relativas ao conceito de EP (afasta a exigência do requisito "presença física"). Tal mecanismo de tributação acaba por pressionar os países que adotam residência

Quanto ao conceito de presença econômica relevante, o Plano de Ação 1 consignou a possibilidade de criação desta definição com o intuito de garantir ao Estado da Fonte a tributação dos rendimentos decorrentes das operações envolvendo produtos e serviços digitais pelos contribuintes não residentes.

Como tal proposta demanda a alteração do conceito de EP, a OCDE trouxe alguns critérios capazes de mensurar a presença digital de determinada empresa não-residente no Estado da Fonte, dentre eles vale citar: o volume das operações de vendas para consumidores-usuários do Estado da Fonte; o volume de dados coletados a partir da participação dos usuários; o número de contratos firmados; a receita com anúncios publicitários, dentre outros.

Santos e Rocha[45], dada a ausência de meios eficientes de monitoração e quantificação do grau de presença virtual de uma empresa, consideram a medida em questão de difícil aplicação prática. E, ainda que se considere viável sua implantação, entendem indispensável a eleição de critérios objetivos, razoáveis e não arbitrários, vez que, para fins de imputação de lucros ao estabelecimento permanente virtual, duas ficções devem ser enfrentadas: (i) a caracterização do EP virtual; e (ii) a independência deste estabelecimento para fins de alocação dos lucros.

Ademais, a caracterização de um EP a partir da presença digital significativa de determinada empresa (e. g. provedora de serviços de computação na nuvem) tende a impactar na qualificação dos rendimentos[46].

como elemento de conexão a implementarem medidas justas e neutras de tributação. Nesse sentido, GOMES, D.; GOMES, E.; CANEN, op. cit., p. 227-234; LAHIRI, Ashok K.; GAUTAM, Ray; SENGUPTA, D.P. Equalization levy. *Brookings India. Quality. Independence. Impact. Working paper 01.* Disponível em: https://goo.gl/zzPDTT; SINGH, Manoj Kumar. Taxation of Digital Economy: An Indian Perspective. *INTERTAX,* Vol. 45, nº 6 – 7, 2017, p. 467-481. Disponível em: https://goo.gl/63H2wZ. Acessos em: 11/01/2019.

45 SANTOS; ROCHA, op. cit., p. 39-40.

46 Potencialmente, tais rendimentos podem ser classificados como lucro das empresas (artigo 7, da CMOCDE), dividendos (artigo 10, da CMOCDE), juros (artigo 11, da CMOCDE), *royalties* (artigo 12, da CMOCDE), ganho de capital (artigo 13, da CMOCDE), renda de emprego (artigo 15, da CMOCDE), outras receitas (artigo 21, da CMOCDE). Relevantes considerações em GOMES, Daniel de Paiva; GOMES, Eduardo de Paiva. A Qualificação dos Rendimentos da Computação em Nuvem: O entendimento da OCDE e o Posicionamento Brasileiro. *In*: PISCITELLI, Tathiane; BOSSA, Gisele Barra (Coord.). *Tributação da Nuvem.* São Paulo: Thomson Reuters Brasil, 2018, p. 129-210.

Os contribuintes podem optar por operar para evitar a tributação no Estado da Fonte ou categorizar os pagamentos recebidos da forma que lhes for mais favorável. Logo, esta construção técnica também pode levar a estruturação de planejamentos tributários abusivos.

Posteriormente, no bojo dos desenvolvimentos do Plano de Ação 1, a OCDE revisou suas recomendações para passar a rechaçar as medidas unilaterais de tributação da economia digital. Em janeiro de 2020, foi publicado o relatório *Statement by the OECD/G20 Inclusive Framework on BEPS on the Two-Pillar Approach to Address the Tax Challenges Arising from the Digitalisation of the Economy*[47], delineando duas frentes de propostas para lidar com a economia digital, conhecidas como Pilar 1 e Pilar 2.

A proposta do Pilar 1 visa a garantir uma distribuição mais justa dos lucros e dos direitos tributários entre os países com relação às maiores empresas multinacionais, inclusive as empresas digitais. Ele realocaria competências tributárias sobre as multinacionais de seus países de residência para os mercados onde elas têm atividades comerciais e obtêm lucros, independentemente de as empresas terem ou não uma presença física no país.

A proposta do Pilar 1 de certa forma abandona o limite de estabelecimento permanente ao permitir que uma jurisdição do mercado consumidor imponha tributos sobre os lucros de uma entidade não residente independentemente da presença física no país[48]. No entanto, até o momento, não houve consenso e, portanto, não foram introduzidas medidas concretas em relação à adoção do Pilar 1.

Já o Pilar 2 busca estabelecer um piso para a concorrência em relação ao imposto de renda corporativo, por meio da introdução de uma alíquota

[47] OECD. *Statement by the OECD/G20 Inclusive Framework on BEPS on the Two-Pillar Approach to Address the Tax Challenges Arising from the Digitalisation of the Economy.* Paris: OECD, 2020. Disponível em: www.oecd.org/tax/beps/statement-by-the-oecd-g20-inclusive-framework-on-beps-january-2020.pdf Acesso em: 06/09/2023.

[48] Como constou do Statement Report de 2020: "*This new taxing right can apply **irrespective of the existence of physical presence**, especially for automated digital services. It reflects profits associated with the active and sustained participation of a business in the economy of a market jurisdiction, through activities in, or remotely directed at that jurisdiction, and therefore constitutes the primary response of the unified approach to the tax challenges of the digitalisation of the economy*". (OECD. *Statement by the OECD/G20 Inclusive Framework on BEPS on the Two-Pillar Approach to Address the Tax Challenges Arising from the Digitalisation of the Economy.* Paris: OECD, 2020. Disponível em: www.oecd.org/tax/beps/statement-by-the-oecd-g20-inclusive-framework-on-beps-january-2020.pdf Acesso em: 06/09/2023, p. 8 – grifos nossos).

mínima global de imposto corporativo que os países possam usar para proteger suas bases tributárias.

Por outro lado, Hongler e Pistone[49], baseados na reconstrução da citada teoria do benefício, apresentam interessante alternativa para fins de caracterização de um EP Virtual no Estado da Fonte: conecta-se a presença digital da empresa à sua influência no mercado consumidor. Em outros termos, deve ser analisado o nexo de causalidade entre a presença digital de determinada companhia e os benefícios por ela adquiridos a partir da participação dos consumidores-usuários (mercado consumidor) em suas plataformas digitais de venda de mercadorias e prestação de serviços.

Nessa hipótese, verifica-se real superação da abordagem tradicional do imposto de renda por meio da qual o princípio do benefício somente se prestaria a garantir competência tributária ao Estado que provesse benefícios públicos aos indivíduos e às empresas – infraestrutura física, legal e econômica para fins de atrair investimentos.

Não podemos olvidar que o mercado consumidor é: o grande diferencial dos países em vias de desenvolvimento; um dos fatores decisivos nas estratégias de expansão de atividades empresariais ao redor do globo; a partir da participação dos usuários, o foco da efetiva criação de valor na economia digital.

Com efeito, a proposta em tela não visa combater apenas a erosão da base de tributável e a transferência de lucros para jurisdições de baixa ou nula tributação, mas propõe ressignificar os atuais critérios de alocação da competência tributária nas operações transnacionais.

Para tanto, os autores utilizaram a seguinte premissa: como a criação de valor na economia digital não ocorre apenas no lado da oferta de bens e serviços ("*supply-chain*"), mas é substancialmente influenciada pelo próprio mercado ("*demand-chain*"), razoável repensar os critérios vigentes de alocação/repartição de receitas tributárias.

Nessa perspectiva, alicerçados em quatro elementos principais: ser o serviço prestado a partir de plataformas digitais; existir limites mínimos de usuários ("*user threshold*"), tempo e receita auferida, Hongler e Pistone sugerem a introdução de um novo artigo 5(8) no bojo da CM-OCDE, cuja redação seria a seguinte:

49 Hongler, Peter; Pistone, Pasquale. Blueprints for a New PE Nexus to Tax Business Income in the Era of the Digital Economy (January 20, 2015). *WU International Taxation Research Paper Series No. 2015-15*. Disponível em: https://goo.gl/rtTfyS. Acesso em: 11/01/2019.

> Se uma empresa residente em um Estado Contratante fornecer acesso a (ou oferecer) um aplicativo eletrônico, um banco de dados, um market place online[50] ou espaço de armazenamento online ou oferecer serviços de publicidade em um site ou em um aplicativo eletrônico usado por mais de 1.000 usuários individuais por mês, domiciliados em um outro Estado Contratante, essa empresa será considerada como tendo um estabelecimento permanente no outro Estado Contratante se o montante total das receitas da empresa auferidas com os serviços acima mencionados no outro Estado Contratante exceder XXX (EUR, USD, GBP, CNY, CHF, etc.) por ano[51].

De acordo com a proposta, um terço dos lucros de uma empresa inserida na economia digital advém do Estado da Fonte onde se encontra localizado o mercado consumidor. Assim sendo, o Estado em que a empresa com presença digital significativa opera é detentor de um terço do lucro calculado a partir da relação existente entre as receitas domésticas e as receitas globais.

Para Hongler e Pistone, a abordagem em questão não deve ser interpretada como uma introdução a adoção do "*formulary apportionment*", vez que não afastam a aplicação do princípio do *arm's lenght*. O objetivo dos autores é trazer elementos capazes de reforçar os métodos baseados no lucro já validados pela OCDE[52].

A originalidade desse trabalho está justamente na possibilidade de se alocar a competência tributária em consonância com o princípio do "*arm's lenght*" ou por meio de ajustes/adequações no critério de rateio das receitas

[50] O termo "*market place*" não merece tradução, pois é um modelo de negócio próprio. São as plataformas online de venda de produtos (e.g. Submarino, Amazon, FastShop).

[51] Tradução livre a partir do original: "If an enterprise resident in one Contracting State provides access to (or offers) an electronic application, database, online market place or storage room or offers advertising services on a website or in an electronic application used by more than 1,000 individual users per month domiciled in the other Contracting State, such enterprise shall be deemed to have a permanent establishment in the other Contracting State if the total amount of revenue of the enterprise due to the aforementioned services in the other Contracting State exceeds XXX (EUR, USD, GBP, CNY, CHF, etc.) per annum". Em HONGLER; PISTONE, op. cit., p. 3.

[52] Redação original: "*Such approach should not be misunderstood as an introduction of a formulary apportionment and therefore the denial of the arm's length principle. But it is the intention of the authors to bring more "formula elements into the profit based methods endorsed by the OECD.*" HONGLER; PISTONE, op. cit., p. 35.

tributáveis entre o Estado da Fonte e o Estado de Residência, o "*formulary apportionment*"[53]. Inclusive, os autores sugerem que as atuais orientações sobre preços de transferência da OCDE sejam alteradas de forma a se aplicar a afetação dos rendimentos entre uma empresa e o seu EP com base na presença digital. Consideram que o método de divisão de lucros ("*profit split method*"), combinado com uma alocação inicial de um terço do lucro para as jurisdições de mercado, é o mais adequado em matéria de preço de transferência[54].

Por fim, entendem que em havendo razões econômicas e teóricas (teoria do benefício) para se repensar a repartição da competência tributária internacional, a revisão do modelo vigente e sua futura implementação dependem apenas de uma negociação baseada em estudos econômicos.

Não foi por mera coincidência que, a partir desse mesmo racional, uma das propostas de diretiva apresentadas em 2018 pela Comissão Europeia[55] propõe justamente a criação do conceito de estabelecimento permanente virtual, o qual estaria atrelado à noção de presença tributária digital ("*taxable digital presence*").

Como veremos a seguir, a sugestão da Comissão Europeia corrobora, ainda que não de forma idêntica, a proposta apresenta por Hongler e Pistone.

3. A Proposta de Diretiva Europeia relativa ao Conceito de EP Virtual

Paralelamente aos não resolutivos trabalhos da OCDE e G20, a Comissão Europeia, em 21 de março de 2018, apresentou pacote de medidas sobre

[53] O "*formulary apportionment*" consistiria em uma declaração global por meio da qual a base tributável seria repartida proporcionalmente entre Estado de Residência e Estado da Fonte. A declaração seria capaz de conectar cada jurisdição e seu grau de influência na geração da receita pela empresa estrangeira. Importantes considerações sobre o tema em WILDE, Maarten Floris de. *Sharing the Pie: Taxing Multinationals in a Global Market.* Roterdã: Eramus Universiteit Rotterdam., jan. 2015, p. 297-431. Disponível em: https://goo.gl/2FSk3k. Acesso em: 11/01/2019 e em GOMES, D.; GOMES, E.; CANEN, op. cit., p. 218-219.

[54] Redação original: *"The innovative approach of this paper to the allocation of taxing powers can be implemented in line with the arm's length principle or through a shift to formulary apportionment. As regards the former scenario, we submit that the current OECD Transfer Pricing Guidelines be amended in order to apply to income allocation between an enterprise and its PE based on digital presence. We suggest that the profit split method, combined with an upfront allocation of one third of the profit to the market jurisdictions, serves as the most suitable transfer pricing method to operate in this framework (see section 4.8.)".* HONGLER; PISTONE, op. cit., p. 4.

[55] As propostas de Diretivas da Comissão Europeia também foram analisadas no Capítulo 3 da presente obra.

a tributação da economia digital que incluiu uma Proposta de Diretiva sobre o conceito de EP Virtual[56] como forma de assegurar uma tributação equitativa. Considera as regras vigentes inadequadas a atual dinâmica do comércio digital, vez que não é mais exigível a presença física.

A aplicação dos atuais elementos de conexão às operações envolvendo novas tecnologias resultam num desajustamento entre o local onde os lucros são tributados e o local onde o valor é criado, especialmente se considerarmos modelos de negócios que dependem da participação dos usuários[57].

Considera existir uma "presença digital significativa" elegível à tributação no Estado membro se a atividade exercida consistir, total ou parcialmente, na prestação de serviços digitais por meio de uma interface eletrônica.

Cria diretrizes para definir "presença digital significativa" e critérios para imputação de lucros à presença digital significativa[58].

A definição de "presença digital significativa"[59] destina-se a estabelecer um vínculo tributável com determinada jurisdição. Por conseguinte, deve ser vista como um complemento ao conceito atual de EP.

[56] Comissão Europeia. *Fair Taxation of Digital Economy.* Pacote de Medidas Disponível em: https://goo.gl/SXQ5S6. Comissão Europeia. *Proposta de Diretiva do Conselho que estabelece regras relativas à tributação das sociedades com uma presença digital significativa.* Bruxelas, 21/03/2018, COM (2018) 147 final – 2018/0072 (CNS). Disponível em: https://goo.gl/ttjrqc. Acessos em: 17/12/2018.

[57] Nesse sentido, PALMA, op. cit., p. 50-55.

[58] A Comissão Europeia apresenta a proposta de redação com os respectivos comentários. Em Comissão Europeia. *Proposta de Diretiva do Conselho que estabelece regras relativas à tributação das sociedades com uma presença digital significativa.* Bruxelas, 21/03/2018, COM (2018) 147 final – 2018/0072 (CNS). Disponível em: https://goo.gl/ttjrqc. Acessos em: 17/12/2018.

[59] Dispõe o artigo 4º – Presença Digital Significativa: *"1. Para efeitos do imposto sobre as sociedades, considera-se que um estabelecimento estável se existir uma presença digital significativa através da qual a atividade é total ou parcialmente exercida. 2. O nº 1 deve completar, mas não afetar ou restringir, a aplicação de qualquer outro critério que, nos termos do direito da União ou do direito nacional permita determinar a existência de um estabelecimento estável num Estado-Membro para efeitos do imposto sobre as sociedades, especificamente em relação à prestação de serviços digitais ou outras situações. 3. Considera-se que existe uma «presença digital significativa» num Estado-Membro num período de tributação se a atividade exercida através dessa presença consistir, total ou parcialmente, na prestação de serviços digitais através de uma interface digital e se uma ou mais das seguintes condições estiver preenchida no que respeita à prestação dos referidos serviços pela entidade que exerce essa atividade, em conjunto com a prestação de quaisquer desses serviços através de uma interface digital por cada uma das empresas associadas dessa entidade numa base agregada: a) A proporção das receitas totais obtidas nesse período de*

As regras propostas para estabelecer um vínculo tributável de uma empresa digital num Estado-Membro têm por base as receitas provenientes da prestação de serviços digitais, o número de utilizadores desses serviços ou o número de contratos envolvendo tais atividades.

Esses critérios constituem valores de referência para se determinar o grau de influência, com base em indicadores da atividade econômica, da operação digital de uma empresa em certa jurisdição.

Dada a heterogeneidade dos modelos de negócio das empresas digitais, a proposta defende que os requisitos sejam adaptados aos diferentes formatos levando-se em consideração o grau de dependência da atividade à base de utilizadores, o nível de participação e contribuição dos usuários, bem como os benefícios (geração de valor) advindos da exploração do mercado consumidor local pela empresa digital.

Além disso, os critérios devem garantir tratamento comparável nos diferentes Estados-Membros, independentemente da sua dimensão, devendo ser excluídos casos negligenciáveis[60].

Para os três critérios referidos supra (receitas, número de utilizadores e número de contratos) são estabelecidos diferentes limiares aplicáveis. Há presença digital significativa num Estado-Membro se estiverem presentes

tributação e resultantes da prestação desses serviços digitais a utilizadores situados nesse Estado-Membro no mesmo período de tributação seja superior a 7 000 000 EUR; b) O número de utilizadores de um ou mais desses serviços digitais que se situem nesse Estado-Membro nesse período fiscal seja superior a 100 000; c) O número de contratos comerciais de prestação de tais serviços digitais que sejam celebrados nesse período fiscal por utilizadores situados nesse Estado-Membro seja superior a 3 000. 4. No que diz respeito à utilização dos serviços digitais, considera-se que um utilizador está situado num Estado-Membro num período de tributação se o utilizador utilizar um dispositivo nesse Estado-Membro nesse período de tributação para aceder à interface digital através da qual são prestados os serviços digitais. 5. No que diz respeito à celebração de contratos de prestação de serviços digitais: a) Considera-se que um contrato é um contrato comercial se o utilizador celebrar o contrato no exercício da atividade comercial; b) Considera-se que um utilizador está situado num Estado-Membro num período de tributação se o utilizador for residente para efeitos de imposto sobre as sociedades nesse Estado-Membro nesse período de tributação ou o utilizador for residente para efeitos de imposto sobre as sociedades num país terceiro, mas possua um estabelecimento estável nesse Estado-Membro nesse período de tributação. 6. O Estado-Membro em que é utilizado um dispositivo do utilizador deve ser determinado por referência ao endereço do Protocolo Internet (IP) do dispositivo ou, caso seja mais exato, qualquer outro método de geolocalização.7. A proporção das receitas totais referida no nº 3, alínea a), será determinada em proporção do número de vezes que os dispositivos são utilizados nesse período de tributação pelos utilizadores situados em qualquer parte do mundo para aceder à interface digital através da qual são prestados os serviços digitais."(grifos nossos). Ibid., p. 17-18.

[60] Leia-se critérios/realidades impossíveis de serem atingidas ou de difícil grau de comparabilidade.

um ou mais dos seguintes critérios: (i) receitas provenientes da prestação de serviços digitais aos utilizadores numa jurisdição superiores a 7 000 000 EUR em determinado período de tributação (e.g. ano-calendário)[61], (ii) número de utilizadores dos serviços digitais num Estado-Membro superior a 100 000 em determinado período de tributação, ou (iii) número de contratos comerciais para serviços digitais superior a 3 000[62].

Observe-se que, cada limite deve ser suficientemente elevado para excluir as hipóteses ditas negligenciáveis em que os lucros imputáveis à presença digital significativa não conseguem cobrir os custos de conformidade fiscal decorrentes da constituição de um EP e/ou a presença digital tenha pouca representatividade em termos de número de usuários e de número de contratos B2B (*business to business* e não B2C *business to consumer*).

Com relação aos critérios para imputação de lucros à presença digital significativa[63], a proposta baseia-se *a priori* no quadro normativo em vigor

[61] Valor eleito hábil a garantir que os custos de conformidade para constituição e manutenção de um EP Virtual não superem as receitas decorrentes do exercício da atividade empresarial digital.

[62] O limiar relativo ao número de utilizadores deve refletir um valor equivalente em termos monetários, com base nas receitas médias por utilizador. O limiar relativo ao número de contratos comerciais deve refletir apenas os contratos entre empresas, vez que os valores representados nesses contratos são mais significativos quando comparados com os contratos celebrados entre a empresa digital e seus usuários-consumidores. Por decorrência lógica (montantes envolvidos), o limite para o número de contratos entre empresas deve ser consideravelmente inferior ao limite aplicável ao número de utilizadores.

[63] Dispõe o artigo 5º – Lucros imputáveis à presença digital significativa ou com ela relacionados: *"1. Os lucros imputáveis à presença digital significativa ou com ela relacionados num Estado-Membro são tributáveis em sede do imposto sobre as sociedades desse Estado-Membro apenas. (...) 3. Para efeitos do nº 2, a determinação dos lucros imputáveis à presença digital significativa ou com ela relacionados deve basear-se numa análise funcional. A fim de determinar as funções da presença digital significativa, e imputar-lhe a propriedade económica dos ativos e os riscos, devem ter-se em conta as atividades economicamente significativas realizadas por essa presença através de uma interface digital. Para o efeito, as atividades empreendidas pela empresa através de uma interface digital relacionadas com dados ou utilizadores devem ser consideradas atividades economicamente significativas da presença digital significativa que imputam os riscos e a propriedade económica dos ativos a essa presença. 4. Para determinar o lucro imputável nos termos do nº 2, devem ter-se em devida conta as atividades economicamente significativas realizadas pela presença digital significativa que sejam relevantes para o desenvolvimento, a melhoria, a manutenção, a proteção e a exploração dos ativos intangíveis da empresa. 5. As atividades economicamente significativas realizadas pela presença digital significativa através de uma interface digital incluem as seguintes atividades: a) Recolha, armazenamento, processamento, análise, implementação e venda de dados ao nível do utilizador; b) Recolha, armazenamento, processamento e visualização de conteúdos gerados pelos utilizadores; c) Venda de espaços publicitários em linha; d)Disponibilização num mercado digital de*

aplicável aos EPs (CM-OCDE), mas apresenta adequações para atender as peculiaridades das operações digitais. Pretende-se que o quadro normativo reflita a forma como é criado o valor (*"value creation"*) nas atividades digitais.

Confirmam o princípio segundo o qual *"os lucros imputáveis à presença digital significativa ou com ela relacionados devem ser aqueles que a presença digital teria obtido se fosse uma empresa separada e independente a exercer as mesmas atividades ou atividades similares, nas mesmas condições ou em condições semelhantes, em especial nas suas relações com outras partes da empresa, tendo em conta as funções desempenhadas, os ativos utilizados e os riscos assumidos através de uma interface digital"*[64].

Verificou-se que, na análise funcional do EP Virtual, o critério das funções humanas significativas, pertinente para a assunção de riscos e para a propriedade econômica dos ativos no contexto das atividades digitais, não é suficiente para garantir uma imputação dos lucros à presença digital significativa que reflita a criação de valor. Essa situação ocorre quando a presença digital significativa opera por meio de uma interface digital sem qualquer presença física numa determinada jurisdição ou quando nenhuma função humana significativa é levada a cabo no país.

Para suprir esse gap, na análise funcional do EP Virtual, as atividades empreendidas pela empresa através de uma interface digital relacionadas com os dados e os usuários devem ser consideradas como funções economicamente relevantes, hábeis a imputar a propriedade econômica dos ativos e os riscos em termos de presença digital significativa.

A imputação de lucros deverá ter em conta o desenvolvimento, melhoria, manutenção, proteção e exploração de ativos incorpóreos no exercício de atividades economicamente significativas pela presença digital, ainda que estas não estejam relacionadas com as funções humanas no mesmo Estado-Membro.

conteúdos criados por terceiros; e)Prestação de qualquer serviço digital não enumerado nas alíneas a) a d). 6. Para determinar o lucro imputável nos termos dos nºs 1 a 4, os contribuintes devem utilizar o método do fracionamento do lucro, salvo se o contribuinte provar que, tendo em conta os resultados da análise funcional, é mais adequado um método alternativo baseado em princípios aceites a nível internacional. Os fatores de fracionamento podem incluir as despesas efetuadas para fins de investigação, desenvolvimento e comercialização, bem como o número de utilizadores e os dados recolhidos por Estado-Membro." (grifos nossos). Ibid., p. 18-19.

[64] Íntegra do item 2, do artigo 5º da Proposta da Comissão Europeia. Ibid., p. 18.

As razões da proposta trazem o seguinte exemplo:

> "Ao atrair novos utilizadores para uma rede social, o conjunto de ativos incorpóreos que seriam imputáveis à atividade da rede social desempenha um papel fundamental na garantia das externalidades positivas da rede, isto significa que os utilizadores são capazes de se ligar a um grande número de outros utilizadores. O alargamento da rede alcançado através da presença digital significativa reforça esse mesmo conjunto de ativos incorpóreos. Este conjunto de ativos incorpóreos poderia beneficiar de um reforço ainda maior através do tratamento de dados ao nível do utilizador para permitir à rede social vender espaço publicitário a preços mais elevados, uma vez que estes espaços são personalizados em função dos interesses dos utilizadores. Daqui resulta que as funções relacionadas com o desenvolvimento, melhoria, manutenção, proteção e exploração de ativos incorpóreos únicos seriam típicas de uma presença digital significativa"[65].

De fato, como cada uma das atividades economicamente relevantes contribui de um modo único para a criação de valor nos modelos empresariais digitais e deles faz parte integrante, mostra-se coerente a adoção, pela Comissão Europeia, do método do fracionamento do lucro para fins de imputação de rendimentos à presença digital significativa.

Segundo a proposta, os potenciais fatores de fracionamento podem incluir as despesas efetuadas para fins de investigação, desenvolvimento e comercialização[66], bem como o número de usuários num Estado-Membro e os dados por Estado-Membro recolhidos.

Considera que as regras propostas apenas estabelecem os princípios gerais de imputação de lucros a uma presença digital significativa, dado que orientações mais específicas sobre a atribuição dos lucros podem ser desenvolvidas nas instâncias internacionais competentes ou no nível da União Europeia. Sopesa, inclusive, que esta medida pode ser integrada no denominado *Common Consolidated Corporate Tax Base* (CCCTB), proposta pré-existente da Comissão Europeia para alocar os lucros de grandes multinacionais de modo a melhor refletir o local onde o valor é criado.

[65] Ibid., p. 9-10.

[66] Imputáveis à presença digital significativa em relação às despesas imputáveis à sede e/ou a qualquer outra presença digital significativa noutros Estados-Membros.

A partir das ponderações aqui trazidas sobre a proposta de Diretiva da Comissão Europeia, vale destacar dois aspectos centrais que distinguem essa iniciativa da apresentada pelos citados autores Hongler e Pistone[67].

Enquanto a proposta de Diretiva vincula o conceito de presença digital significativa e EP Virtual à expressão *"prestação de serviços digitais por meio de uma plataforma digital"*, a proposta de Hongler e Pistone *a priori* restringe este conceito. Os autores sugerem que o conceito de EP Virtual esteja restrito às atividades de fornecimento de acesso a (ou oferecer) um aplicativo eletrônico, um banco de dados, um "*market place*" online ou espaço de armazenamento online ou oferecimento de serviços de publicidade em um sítio de internet ou em um aplicativo eletrônico[68].

No mais, a proposta de Diretiva exige o preenchimento de apenas um dos critérios indicados (alternativos), para fins de caracterização de um estabelecimento permanente virtual. Por sua vez, a proposta de Hongler e Pistone prevê dois requisitos cumulativos, para caracterização de um estabelecimento permanente virtual: (i) que a utilidade virtual seja utilizada por mais de 1.000 usuários individuais por mês; (ii) que o montante total das receitas da empresa auferidas com os serviços digitais especificados exceda um volume de receita especificado no tratado.

A proposta de Hongler e Pistone é potencialmente mais razoável e proporcional por trazer requisitos mais claros e restritivos (cumulativos). Somado a este fato, a elaboração de estudos econômicos que materializem os reais impactos das operações digitais[69] tende a sensibilizar os agentes econômicos envolvidos.

Diante destas considerações, é possível notar que a proposta da Comissão Europeia, para além de demonstrar uma postura arrojada do órgão, também reconhece que são necessárias modificações legislativas imediatas para: (i) equiparar a carga tributária da economia digital àquela da economia convencional; (ii) garantir a neutra e justa tributação ao Estado da Fonte; e (iii) evitar a perda de receita tributável nas operações transfronteiriças.

[67] HONGLER; PISTONE, op. cit., p. 3.

[68] Ibid., p. 9-10. Nessa mesma linha, GOMES, D.; GOMES, E.; CANEN, op. cit., p. 223.

[69] Trabalhos técnicos que justifiquem os "cortes" quanto ao limite mínimo de receitas advindas do exercício da atividade empresarial digital, número de usuários e contratos, volume de dados transmitidos, dentre outros.

Nesse sentido, evidencia-se a clara tendência de valorização do mercado consumidor como elemento capaz de materializar a efetiva presença digital significativa de empresa virtual para fins de revisão do conceito vigente de EP.

Conclusões

Em vista das iniciativas internacionais relacionadas com a tributação da economia digital, é inquestionável que a alocação dos lucros apenas no Estado da Residência e o elemento "presença física" como condicionante à caracterização de um EP no Estado da Fonte não garantem a neutra e justa tributação das novas atividades empresariais envolvendo meios digitais.

O projeto BEPS, visto como grande marco evolutivo em matéria de tributação internacional, não ousou reformular, ao menos por agora, princípios de tributação internacional para fins de superar os desafios impostos pela economia digital. Limitou-se a trazer potenciais ajustes ao sistema vigente, mas sempre reforçando as diretrizes prático-conceituais relativas aos tradicionais elementos de conexão fonte e residência[70].

No mais, a OCDE acabou por desconsiderar a importante premissa trazida por Wilde, Hongler e Pistone[71] de que o lucro é resultado da interação entre oferta e demanda, daí ser tão relevante o elemento "mercado consumidor" para fins de imputação dos lucros à presença digital significativa de determinada empresa virtual em certa jurisdição.

Guardadas as devidas especificidades, tanto a proposta de Diretiva da Comissão Europeia como a iniciativa apresentada por Hongler e Pistone, ousaram enfrentar a questão da correta alocação da competência tributária nas operações transnacionais e, portanto, da justa repartição de receitas tributárias.

A partir da ressignificação das teorias do benefício e da pertença econômica, com base em critérios claros e objetivos, as empresas digitais com presença virtual relevante devem ser tributadas no país onde está o consumidor-usuário, vez que nessa jurisdição (Estado da Fonte) a contribuinte em potencial usufrui não só dos benefícios e serviços disponibilizados

[70] Nesse sentido, AVI-YONAH, Reuven S.; XU, Haiyan. Evaluating BEPS. *Erasmus Law Review*, nº 1, 2017, p. 7. Disponível em: https://goo.gl/1s53ci. Acesso em: 11/01/2019.

[71] WILDE, Maarten Floris de. Tax Jurisdiction in a Digitalizing Economy; Why 'Online Profits' Are So Hard to Pin Down. *INTERTAX*, Vol. 43, n. 12, dez., 2015, item 2.2, p. 799. Disponível em: https://goo.gl/sK9uw5. Acesso em: 11/01/2019; HONGLER; PISTONE, op. cit., p. 3.

pelo Estado, mas da participação ativa dos usuários em suas plataformas digitais de venda de mercadorias e prestação de serviços, foco da efetiva criação de valor na economia digital.

É visível e previsível a tendência dos países membros da OCDE, especialmente daqueles com importante mercado consumidor, de migrarem para um sistema territorial. A própria facilidade de se alterar a residência para um país de baixa ou nula tributação, atrelada a possibilidade de estabelecimento de companhias sem residência através da manipulação e conjugação de critérios de conexão, reforçam a importância de se reconhecer o mercado consumidor como elemento hábil a legitimar a outorga de competência tributária. Em última análise, o mercado consumidor pode vir a ser considerado um eficiente elemento de conexão por não possuir a mesma fluidez e mobilidade que a residência das empresas digitais.

Ademais, vale acrescentar que, em matéria de tributação indireta (IVA), o mercado consumidor já figura como critério de conexão apto à alocação de competência tributária.

Michael Devereux e Rita de la Feria[72], por meio de proposta denominada "*Designing and implementing a destination-based corporate tax*", afirmam que os países devem ter a possibilidade de tributar a renda derivada do consumo realizado por seus residentes. Os usuários dos serviços digitais acabam por exercer papel complementar ao consumo em si, vez que dados são coletados a partir da participação dos utilizadores residentes no Estado da Fonte e, posteriormente, utilizados como "insumos" nas operações empresariais virtuais.

Por fim, ainda que verifique a intenção de privilegiar a alocação de competência tributária ao Estado da Fonte para submeter à sua tributação os lucros das empresas digitais, não podemos desconsiderar eventuais dificuldades práticas e operacionais relativas à efetiva cobrança do tributo.

Dada a inexistência de ativos físicos da empresa com presença digital significativa no Estado da Fonte e o difícil acesso de documentos fiscais e contábeis capazes de permitir às autoridades fiscais a análise da ocorrência do fato gerador do imposto de renda, Santos e Rocha[73] mencionam a

[72] Devereux, Michael; Feria, Rita de la. Designing and implementing a destination-based corporate tax. Working Paper Series 2014/07. Oxford University Centre for Business Taxation. Disponível em: https://goo.gl/u6aX7U. Acesso em: 11/01/2019.

[73] Santos; Rocha, op. cit., p. 44-46.

possibilidade de os Estados-fonte utilizarem tecnologias que viabilizem o bloqueio da presença virtual da companhia caso esta não cumpra com as obrigações tributárias localmente.

Ainda que plausível, tal medida pode impactar no aumento do contencioso tributário no Estado da Fonte e, nesse sentido, é recomendável a adoção de inciativas hábeis a fomentar o *cooperative compliance*[74] e alternativas de ordem tecnológica, a exemplo da *blockchain*[75], que auxiliem as administrações tributárias na troca de informações fiscais entre países, bem como que facilitem e simplifiquem o cumprimento voluntário das obrigações fiscais acessórias pelos contribuintes.

Diante da impossibilidade de barrar o desenvolvimento tecnológico e da real importância dos estímulos à inovação para evolução das relações humanas[76], as regras tributárias domésticas ou acordos bilaterais não podem comprometer o investimento em novas tecnologias, privar seus mercados consumidores de vivenciar a dinâmica e os benefícios práticos

[74] São cada vez mais necessárias medidas de *enforcement* e *cooperative compliance* que mobilizem os fiscos e contribuintes a agirem de forma coordenada e cooperativa, evitando a movimentação desnecessária da máquina estatal, otimizando recursos humanos e financeiros. O *cooperative compliance* é fruto da confiança entre administradores e administrados, premiar as boas práticas pode fomentar o cumprimento voluntário de obrigações fiscais. Sobre o tema, ver Bossa, Gisele Barra. Potenciais Caminhos para Redução do Contencioso Tributário e as Diretrizes do CPC/2015: entraves e oportunidades. *In:* Bossa, Gisele Barra; Salusse, Eduardo Perez; Piscitelli, Tathiane; Araujo, Juliana Furtado Costa (Coord.). *Medidas de Redução do Contencioso Tributário e o CPC/2015.* São Paulo: Almedina, 2017, p. 23-56; Aguiar, Luciana Ibiapina Lira. Compliance e Governança Corporativa: É preciso Reconhecer e Premiar Boas Práticas. *In:* BOSSA, Gisele Barra; Ruivo, Marcelo Almeida. *Crimes Contra a Ordem Tributária.* São Paulo: Almedina, 2019, p. 43-65;

[75] As autoridades fiscais podem se valer da tecnologia *blockchain* para (i) rastrear das operações para fins de redução da fraude e sonegação envolvendo imposto sobre o consumo; (ii) dar à autoridade fiscal mais segurança e confiança na informação fornecida pelos contribuintes; (iii) analisar as fontes geradoras de lucro nas operações empresariais em diferentes jurisdições. Longe de sabermos os reais impactos dessa tecnologia, suas funcionalidades tendem a melhorar substancialmente a captura da informação. Maiores considerações acerca do seu funcionamento e desdobramentos sobre a sua utilização à serviço da troca de informação em Bossa, Gisele; Paiva, Eduardo de. Blockchain: Tecnologia à Serviço da Troca de Informações Fiscais ou Instrumento de Ameaça a Privacidade dos Contribuintes. *In*: Piscitelli, Tathiane (Coord.). *Tributação da Economia Digital.* São Paulo: Thomson Reuters Brasil, 2018, p. 359-385.

[76] Diamandis, Peter H.; Kotler, Steven. *Abundance: The Future is Better Than You Think.* Nova York: Free Press, 2012.

da economia digital ou comprometer a atração de capitais por inviabilizar o incremento da economia digital *in locu*.

Desse modo, espera-se que o aprofundamento dos estudos técnicos e a adoção de soluções multilaterais garantam o mínimo de segurança jurídica aos *players* envolvidos, equilibrem as relações empresariais em termos concorrenciais[77] e assegurem a justa e neutra tributação em nível global.

Referências

AGUIAR, Luciana Ibiapina Lira. Compliance e Governança Corporativa: É preciso Reconhecer e Premiar Boas Práticas. *In:* BOSSA, Gisele Barra; RUIVO, Marcelo Almeida. *Crimes Contra Ordem Tributária*. São Paulo: Almedina, 2019, p. 43-65

AVI-YONAH, Reuven S.; XU, Haiyan. Evaluating BEPS. *Erasmus Law Review*, nº 1, 2017, p. 7. Disponível em: https://goo.gl/1s53ci. Acesso em: 11/01/2019.

BOSSA, Gisele Barra. Potenciais Caminhos para Redução do Contencioso Tributário e as Diretrizes do CPC/2015: entraves e oportunidades. *In:* BOSSA, Gisele Barra; SALUSSE, Eduardo Perez; PISCITELLI, Tathiane; ARAUJO, Juliana Furtado Costa (Coordenadores). *Medidas de Redução do Contencioso Tributário e o CPC/2015*. São Paulo: Almedina, 2017, p. 23-56.

BOSSA, Gisele; PAIVA, Eduardo de. Blockchain: Tecnologia à Serviço da Troca de Informações Fiscais ou Instrumento de Ameaça a Privacidade dos Contribuintes. *In*: PISCITELLI, Tathiane (Coordenação). *Tributação da Economia Digital*. São Paulo: Thomson Reuters Brasil, 2018, p. 359-385.

BRAUNER, Yariv; MORENO, Andres Baez. Withholding Taxes in the Service of BEPS Action 1: Address the Tax Challenges of the Digital Economy (February 2, 2015). *WU International Taxation Research Paper Series nº 2015 – 14*. Disponível em: https://goo.gl/c18N6j. Acesso em: 11/01/2019.

Comissão Europeia. *Proposta de Diretiva do Conselho que estabelece regras relativas à tributação das sociedades com uma presença digital significativa*. Bruxelas, 21/03/2018, COM (2018) 147 final – 2018/0072 (CNS). Disponível em: https://goo.gl/ttjrqc. Acesso em: 17/12/2018.

CRIVELLI, Ernesto; MOOIJ, Ruud De; KEEN, Michael. International Monetary Fund – IMF. *Working Paper: Base Erosion, Profit Shifting and Developing Countries*. Maio de 2015. Disponível em: https://goo.gl/sp8uet. Acesso em: 17/12/2018.

DEVEREUX, Michael; FERIA, Rita de la. Designing and implementing a destination-based corporate tax. Working Paper Series 2014/07. Oxford University Centre for Business Taxation. Disponível em: https://goo.gl/u6aX7U. Acesso em: 11/01/2019.

GALDINO, Guilherme Silva. Desafios da Economia Digital: Do problema Hermenêutico ao Desequilíbrio na Alocação de Jurisdição. *In*: GOMES, Marcus Lívio; SCHOUERI, Luís Eduardo (Organizadores). *A Tributação Internacional na Era Pós-Beps: Soluções Globais e peculiaridades de países em desenvolvimento*. Vol. III – Transparência e Economia Digital. 1ª Ed. Rio de Janeiro: Lumen Juris, 2016.

[77] Não-discriminação entre as empresas que operam de forma tradicional ou digital.

GENSCHEL, Philipp; RIXEN, Thomas. The International Tax Regime: Historical Evolution and Political Change, [S.l.], p.1-40, jun. 2012. *SSRN Electronic Journal.* Disponível em: https://goo.gl/VhzFB7. Acesso em: 17/12/2018.

HONGLER, Peter; PISTONE, Pasquale. Blueprints for a New PE Nexus to Tax Business Income in the Era of the Digital Economy (January 20, 2015). *WU International Taxation Research Paper Series No. 2015-15.* Disponível em: https://goo.gl/rtTfyS. Acesso em: 11/01/2019.

LAHIRI, Ashok K.; GAUTAM, Ray; SENGUPTA, D.P. Equalization levy. *Brookings India. Quality. Independence. Impact. Working paper 01.* Disponível em: https://goo.gl/zzPDTT. Acesso em: 11/01/2019.

MAN, Fernando Souza de. *Taxation of Services in Treaties between Developed and Developing Countries – A Proposal for New Guidelines.* Online Books IBFD, 2017. Disponível em: https://goo.gl/wGp987. Acesso em 17/12/2018.

OCDE. Organização para Cooperação e Desenvolvimento Econômico.

____. *Action Plan on Base Erosion and Profit Shifting.* Paris: OCDE Publishing, 2013. Disponível em: https://goo.gl/FZbnwe. Acesso em: 17/12/2018.

____. BEPS, *Action 1: Addressing the Tax Challenges of the Digital Economy, Final Reports, Explanatory Statement.* Paris: OCDE Publishing, 2015.Disponível em: https://goo.gl/T24m7M. Acesso em: 17/12/2018.

____. BEPS, *Tax challenges arising from digitalization – Interim Report 2018 Observations on OECD inclusive framework on BEPS.* Paris: OECD Publishing, 2018. Disponível em: https://goo.gl/wx8jQo. Acesso em: 17/12/2018.

____. *Preventing the Artificial Avoidance of Permanent Establishment Status, Action 7 – 2015 Final Report, OECD/G20 Base Erosion and Profit Shifting Project.* Paris: OCDE Publishing, 2015. Disponível em: https://goo.gl/SsNzCt. Acesso em:17/12/2018.

____. OCDE. *Model Tax Convention on Income and on Capital 2014: Full Version.*Paris: OCDE Publishing, 2014. Disponível em: https://goo.gl/kHCFWL. Acesso em: 17/12/2018.

____. BEPS, *Developing a Multilateral Instrument to Modify Bilateral Tax Treaties, Action 15 – 2015 Final Report.* Paris: OCDE Publishing, 2015. Disponível em: https://goo.gl/BmbrrJ. Acesso em: 17/12/2018.

____. BEPS, *Multilateral Convention to Implement Tax Treaty Related Measures to Prevent Base Erosion and Profit Shifting.* Paris: OCDE Publishing, 2016. Disponível em: https://goo.gl/f0rmfX. Acessos em: 17/12/2018.

____. BEPS. *Countering Harmful Tax Practices More Effectively, Taking into Account Transparency and Substance, Action 5 – 2015 Final Report.* Paris: OCDE Publishing, 2015. Disponível em: https://goo.gl/vmphrP. Acesso em: 17/12/2018.

____. *OECD Ministerial Conference – A Borderless World: Realising the Potential of Global Electronic Commerce.* Ottawa, 7-9 – October 1998. Disponível em: https://bit.ly/2JaTQbv. Acesso em: 17/12/2018.

OLBERT, Marcel; SPENGEL, Christoph. International Taxation in the Digital Economy: Challenge Accepted. *World Tax Journal, vol. 9, nº 1, fev. de 2017.* Disponível em: https://goo.gl/9uxJrR. Acesso em: 11/01/2019.

PALMA. Clotilde Celorico. A Tributação da Economia Digital e a Revolução Recente da União Europeia. *In:* PISCITELLI, Tathiane (Coordenação). *Tributação da Economia Digital.* São Paulo: Thomson Reuters Brasil, 2018, p. 50-55.

PINTO, Dale. *E-Commerce and Source-Based Income Taxation*. Online Books IBFD. Disponível em: https://goo.gl/5awly5. Acesso em 17/12/2018.

PISCITELLI, Tathiane; BOSSA, Gisele Barra (Coordenadoras). *Tributação da Nuvem*. São Paulo: Thomson Reuters Brasil, 2018.

ROCHA, Sérgio André; CASTRO, Diana Rodrigues Prado de. Plano de Ação 1 do BEPS e as Diretrizes Gerais da OCDE. *In*: PISCITELLI, Tathiane (Coordenação). *Tributação da Economia Digital*. São Paulo: Thomson Reuters Brasil, 2018, p. 17-23.

SANTOS, Ramon Tomazela. As pensões nos Acordos Internacionais para evitar a Dupla Tributação da Renda celebrados pelo Brasil – Análise do artigo 18 da Convenção Modelo da OCDE. *Revista Dialética de Direito Tributário*, nº 232, São Paulo, janeiro/2015.

SANTOS, Ramon Tomazela; ROCHA, Sérgio André. Tax Sovereignty and Digital Economy in Post-BEPS Times. *In*: ROCHA, Sérgio André; CHRISTIANS, Allison (ed). *Tax Sovereignty in the BEPS Era*. Alphen aan den Rijn: Wolters Kluver, 2017.

SCHOUERI, Luís Eduardo. Residência fiscal da pessoa física. *Revista Direito Tributário Atual*, nº 28. São Paulo, 2012.

SINGH, Manoj Kumar. Taxation of Digital Economy: An Indian Perspective. *INTERTAX*, Vol. 45, nº 6 – 7, 2017, p. 467-481. Disponível em: https://goo.gl/63H2wZ. Acesso em: 11/01/2019.

TANZI, Vito. Globalization, Tax Competition by the future of Tax System. *In*: UCKMAR, Victor (Coordenação). *Corso di Diritto Tributario Internazionale*. Padova: Cevam, 2002. Disponível em: https://goo.gl/Ch5JPj. Acesso em: 17/12/2018.

UNCTAD. *World Investment Report 2015*. Disponível em: https://goo.gl/tDYVYR. Acesso em: 17/12/2018.

WILDE, Maarten Floris de. *Sharing the Pie: Taxing Multinationals in a Global Market*. Roterdã: Eramus Universiteit Rotterdam., jan. 2015. Disponível em: https://goo.gl/2FSk3k. Acesso em: 11/01/2019.

WILDE, Maarten Floris de. Tax Jurisdiction in a Digitalizing Economy; Why 'Online Profits' Are So Hard to Pin Down. *INTERTAX*, Vol. 43, n. 12, dez., 2015, item 2.2, p. 799. Disponível em: https://goo.gl/sK9uw5. Acesso em: 11/01/2019.

DIAMANDIS, Peter H.; KOTLER, Steven. *Abundance: The Future is Better Than You Think*. Nova York: Free Press, 2012.

26
SMART CONTRACT, BLOCKCHAIN, E IA NA AUTOMATIZAÇÃO TRIBUTÁRIA: BALIZAS E DESAFIOS

Luciano Felício Fuck
Gustavo Vettorato
Hadassah Santana

Introdução

O presente artigo buscará aprofundar os desafios da adequação do direito tributário brasileiro à nova realidade do ambiente digital, em especial quanto à atividade fiscalizadora, com uso de tecnologias de automação, a qual utilizar-se-á como paradigma os reflexos e promessas da tecnologia de *smart contracts* (contratos inteligentes) com base em *Blockchain* e Inteligência Artificial (IA), para fins de constituição do crédito tributário, mediante a revisão bibliográfica de alguns dos principais autores sobre a matéria trabalhando e hipóteses dedutíveis.

Iniciar-se-á com conceitos fundamentais e grandes aplicações da tecnologia de *Blockchain* e *smart contracts,* como forma obter acepções básicas não exaustivas apenas para fins do estudo.

Em seguida, discutir-se-á em que fase pode ser considerada a regulação tributária no Brasil em ambiente digital, inclusive quanto aos enquadramentos de fatos geradores, bem como para a utilização de tecnologias de automatização de constituição do crédito tributário. Isso com o intuito de comparar a aplicação da tecnologia em matéria tributária com as discussões quanto à regulação de ambiente digital, as quais tendem a estar mais avançadas em outras áreas das ciências jurídicas e sociais aplicadas.

Assim, poder-se-á confirmar a hipótese de necessidade de alterações normativas da área tributária para sua aplicação da tecnologia de *blockchain* e *smart contracts* para a apuração e constituição do crédito tributário, mesmo que não seja necessário para fins de validade do ato jurídico que é sobre o qual é aplicada a norma tributária.

1. Conceitos fundamentais

Blockchain, em uma conceptualização genérica, pode ser considerado uma ferramenta de ambiente digital fundada em uma plataforma de registro distribuído *(distributed ledger technology),* a qual tem como fundamento: (i) registro compartilhado das transações; (ii) consenso na sua verificação; (iii) regras de funcionamento; e (iv) criptografia (Bossa e Gomes, 2020). Dessa forma, o *blockchain* cria níveis de confiabilidade e inalterabilidade de registro quase impossível corrupção. Já a informação objeto a ser protegida pela tecnologia é variada, sendo que as agregações à informação original também o são.

Incluem-se, entre as funcionalidades do *blockchain,* a realização (programação) de atividades autônomas, as quais independem da vontade posterior dos participantes de sua programação original, quando dotados de plataformas de inteligência artificial (IA) a exemplo dos *smart contracts.* Por esses motivos, o *blockchain* também pode ser considerado um *livro-razão* digital. (Bossa e Gomes, 2020)

Dessas características, o *blockchain* pode ser utilizado, como um seguro meio de registro de dados como: titularidade de direitos (propriedade imobiliária ou mobiliária, permissões, licenças, etc.), qualificação e quantificação de direitos, dados pessoais (data de nascimento, dados médicos, parentesco, etc.), manifestações de vontade (testamentos, votação, renúncias, etc.), programação para pagamentos ou geração de direitos, transferência de direitos, inclusive como um paralelo como moeda, ou instrumento ativo eautônomo de apuração e constituição de créditos tributários, agregado à dificuldade prática de corrupção (de dados), decorrente de deterioração ou de violação do foi registrado. Isso é oriundo na própria automação dos procedimentos construídos diretamente dentro de operações de *network* por avançado protocolo que automaticamente, identifica, válida, confirma e direciona as transações dentro da rede, sendo possível por meio do compartilhamento excluir redundâncias e manter a informações mais coesas, gerando eficiência no processamento das informações contidas na cadeia de blocos (Filippi e Swan, 2017).

Conforme Szabo, o *smart contratc*(contrato inteligente) é um conjunto de promessas, especificadas *em forma digital, incluindo protocolos dentro dos quais as partes cumprem essas promessas* (*apud* Gomes, 2022). Como base, Szabo identificou quatro objetivos básicos no *design* contratual: (i) a possibilidade de todas as partes observarem a *performance* dos envolvidos no contrato; (ii) a *verificabilidade*, como possibilidade de identificação se um contrato foi cumprido ou violado; (iii) a *privacidade*, em que contratantes têm o conhecimento e o controle sobre a execução do contrato e das informações envolvidas; e (iv) a *executoriedade*.

Graças a tais características, a aplicação da tecnologia de *blockchain* também serve de plataforma para criptoativos. Os quais, em recente alteração legislativa brasileira, buscou-se regulamentar na Lei n. 14.478/2022, a qual replica parte dos conceitos inicialmente explorados pela Instrução Normativa da RFB n. 1.888/2019. Segundo o dispositivo do art. 3º, dessa lei, é possível extrair que são considerados ativos virtuais (ou criptoativos) de representação digital de valor (em moedas soberanas) negociáveis ou transferíveis eletronicamente, para fins de pagamento ou investimento, excluindo moedas soberanas, eletrônicas (representação digital de moeda soberana), instrumentos de titularidade de programas de fidelidade (pontos) e representações de ativos cuja emissão, escrituração, negociação ou liquidação esteja prevista em lei ou regulamento (exemplo valores mobiliários e ativos financeiros).Dentre os criptoativos, o de maior notoriedade é a "moeda virtual", ou *criptomoeda*, Bitcoin, a qual tem um suposto criador (Satoshi Nakamoto) ou grupo criador, com valor monetário desvinculado de uma entidade estatal própria (Mcleod, 2017), mas sim na própria rede. Essa "moeda virtual" é baseada na tecnologia *blockchain*, contudo sua volatilidade não se dariapelas características da tecnologia, mas sim pela sua ausência de lastro e segurança (Vettorato, 2022).Essa utilização mesmo que duvidosa, não descarta outras, o que tem chamado atenção e implementação tanto pela iniciativa privada quanto setores públicos, com diversas finalidades: pagamentos em tempo real, registros digitas (incluindo contratos e atos administrativos) e sua validação, ou propriamente como criptoativos de outras natureza, os quais podem ter seus atos totalmente reestabelecidos e auditados (Filippi e Swan, 2017).

2. Aplicação na atividade tributária

A ferramenta Blockchain, já é considerada, por suas funcionalidades, como útil instrumento de fiscalização, apuração e constituição de créditos tributários, o que de fato tem sido objeto de estudos por várias administrações tributárias.

Isso porque não se tratam apenas de "informações" contidas em *blockchain* que tenham valor intrínseco, no mundo virtual ou físico, mas porque a *cadeia* pode conter informações sobre *valores* no mundo físico e da economia, ou ainda, viabilizar o próprio lançamento tributário de forma automática e autônoma, sem atuação humana direta ou sob sua vontade individual. Ou seja, qualquer atividade que tenha ou represente alguma expressão de grandeza econômica, além de ser agregável a formas automatizáveis de apuração tributária (aumento de eficiência) pode (e será) alvo de interesse das Administrações Tributárias. Agrega-se ao interesse das administrações públicas inclusive pela possibilidade de que instrumentos como *blockchain,* por permitirem níveis de sigilo muito altos, servirem para atividades ilícitas ou de ocultamento de informações (Afonso, Castilho; Nobrega, 2021).

Entre as perguntas feitas pelos Fiscos, estão como qualificar uma transação realizada por *blockchain,* como definir o tratamento legal a ser dado e como aumentar a transparência tributária (tanto para o Fisco quanto para o contribuinte) de tais operações (OCDE, 2020).

Definido o claro interesse do Fisco nas automatizações da fiscalização e apuração de créditos tributários, em especial mediante a tecnologia de *blockchain* (ou qualquer outra mediante a utilização de IA ou *smart contracts*), passa-se a alguns problemas que envolveriam a mesma na constituição do crédito tributário, sem qualquer ambição de esgotamento.

3. As balizas para apuração e constituição automatizada do crédito tributário

Como antecipada, devido suas propriedades e funcionalidades, tecnologias de automatização, como *blockchain,* não escapam do interesse dos Fiscos em todo o Mundo. Todavia, indiferentemente do objeto tributável, bem como a sua aplicação pelo Fisco, tem-se como premissa que as normas tributárias são normas de sobreposição, pois incidem sobre outros fatos que outras normas regulam, especialmente as relações privadas (Ataliba, 2001).

Pela premissa acima, está clara a preocupação da OCDE em qualificar os atos realizados mediante a tecnologia de *blockchain* (OCDE, 2020), pois, indiferentemente do *non olet* (para incidência tributária a ilicitude do ato tributado é indiferente), existem preocupações básicas: evitar a evasão fiscal por essa tecnologia e a tributação indevida.

Em parte, vislumbra-se que a preocupação dos Fiscos está menos focada à própria a validade dos atos constituídos mediante os sistemas autônomos incluídos em *blockchain*. Isso é dito com base em um entendimento aplicável aos *smart contracts* (contratos inteligentes), os quais têm capacidade de estabelecer, mesmo que inicialmente em linguagem computacional, direitos e deveres entre as partes interessadas, muitas vezes com realização, geração ou troca de riquezas, inclusive com automatização da apuração do tributo.

Entretanto, em contrariedade parcial à de Gomes (2022), Vettorato (2022) expõe a inferência jurídica em *smart contracts* (em especial na esfera privada) não depende totalmente da alteração no cenário legislativo, talvez apenas em parte dos aspectos que a tecnologia em foco apresenta. Pois, no momento que eles estabeleçam obrigações (em especial recíprocas) entre partes (representadas ou não por meio de um programa de software), as normas de direito civil seriam aplicáveis inclusive para fins de *enforcement*. A exemplo de outras legislações nacionais ou da brasileira, a existência, validade e eficácia de atos e negócios jurídicos depende mais da manifestação de vontade do que propriamente o meio pelo qual são instrumentalizadas (art. 107 e 108 do Código Civil). Ou seja, um contrato ou declaração registrada em meio a uma tecnologia de *blockchain*, desde que sendo de objeto válido, atendendo a forma legal (quando não for específica ou tiver forma específica possível nesta tecnologia) e sendo fruto de manifestação legítima de sujeitos de direito capazes (ou por seus representantes), seria aceito pelo Ordenamento Jurídico. Ainda, em especulação, considerando que os *smart contracts* são, em grande parte, contratos de preenchimento de cláusulas (programações) pré-estabelecidas ou mediante algoritmos ou inteligência artificial, obviamente há um vácuo normativo (Caliendo, 2019), mas não total, como apresentado anteriormente. Em parte, há um movimento já reconhecido como uma evolução da teoria contratual (Grau, 2001), de onde podemos vislumbrar que um contrato mesmo tendo iniciado sua vida em um ambiente digital, em tese, continua a ser um contrato. Ou seja, o que se discute não é o seu reconhecimento de fatos jurídicos em meio a tecnologia de *blockchain*, mas sim o tratamento que recebem da legislação vigente atendendo as necessidades de regulação do Ordenamento Jurídico de forma a manter o mínimo de coesão e aderência da própria sociedade (neste caso exigibilidade e coercitividade).

Logo, há clara propensão de interesse ou aplicação do direito tributário, contudo,qual seria o tipo de hipótese tributáriapassível de sua utilização por smart contract para fins de constituição do crédito tributário de automática ou instantânea com a ocorrência do evento tributável? Essa não tem sido a efetiva pergunta feita pelo Fisco nos últimos tempos (Gomes, 2022).

Assim, retoma-se a situação do Fisco na aplicação das normas tributárias, estas como direitos de sobreposição em que todos os aspectos do evento tributável devem estar previstos na hipótese da norma. Caso contrário, haverá dissonância entre os eventos e o atual padrão normativo tributário, não sendo válida a constituição de uma norma individual e concreta de imposição tributária, inclusive em razão da estrita legalidade tributária, na forma dos arts. 146 e 150, I, da Constituição Federal de 1988 (CF/1988), e art. 97, do Código Tributário Nacional (CTN). Isso quer dizer, indiferentemente da validade do ato ou negócio jurídico contido no *blockchain*, será necessário que a norma tributária seja adequada ao objeto e meio onde está constituído.

Uma das atuais preocupações sobre a aplicação da tecnologia de *blockchain*, seria na automação da constituição do crédito tributário, em que uma vez havendo acesso por parte dos sistemas do Fisco, ocorrido o fato gerador, o algoritmo contido no *blockchain* automaticamente constituiria o crédito tributário, inclusive realizando sua execução (Bossa & Gomes, 2020). Isso seria, basicamente a fusão entre a teoria da incidência automática de Pontes de Miranda e o construtivismo lógico-semântico de Paulo de Barros de Carvalho (Gomes, 2022). A fusão das duas teorias se daria na prática, pois, uma vez ocorrido o evento previsto na hipótese de incidência, automática e autonomamente, instrumentalizar-se-ia o veículo introdutor de normas individuais (ato de constituição do crédito), logo haveria constituição do crédito tributário e consequente surgimento da obrigação tributária (Carvalho, 2000). Todavia, há barreiras de difícil transposição, além das técnicas, oriundas das normas estruturantes do Sistema Tributário, em especial do brasileiro.

Uma das barreiras pode ser iniciada pelo próprio *o sujeito competente para constituir o crédito tributário.* Tal dificuldade vem, justamente, de como o crédito tributário é constituído no Ordenamento Jurídico Brasileiro: atos de auto constituição (realizado pelo próprio contribuinte) ou por atos (administrativos) de lançamento tributário privativos do próprio agente fiscal (art. 142 do CTN).

Esses atos jurídicos de constituição representam o ingresso, no mundo jurídico, da obrigação tributária oriunda da hipótese impositiva prevista na lei em sentido estrito, por instrumento legalmente adequado. Assim, tanto o contribuinte como a autoridade fiscal descrevem formalmente a ocorrência do evento tributado (fato gerador) indicando sua consequência (sujeição ativo-passiva e quantitativa), introduzindo o crédito no Ordenamento Jurídico, pelo reconhecimento da sua existência, validade e eficácia da norma tributária individual e concreta (Carvalho, 2000). O procedimento de auto constituição (ou autolançamento) do crédito tributário supera o volume e o mero conceito de constituição por lançamento como ato privativo do Fisco (art. 142, do CTN), o que registra a transferência dos deveres de constituição do crédito tributário do Fisco para o contribuinte, logo cumpre ao próprio contribuinte a interpretação e a aplicação das normas oriundas do direito tributário (Santi, 2013). Em razão disso, indiferentemente do meio, ressaltado em um ambiente digital automatizado de pouco conhecimento da grande massa de contribuintes, a necessidade de clareza e segurança jurídica no trato da lei (refira-se *smart contracts*).

Pandolfo (2012) ressalta a relação da necessidade de clareza e segurança jurídica no trato da *lei*, pois é ela o instrumento que deve dar condições necessárias aos contribuintes em planejar seus comportamentos com antecedência. E, em grande maioria dos casos, o *autolançamento* e a principal forma de constituição do crédito tributário, e tal modalidade imputa ao contribuinte *de interpretação e aplicação, num primeiro momento, da regra tributária*. Isso, porque é pela clareza da norma e dos atos dela decorrentes que se geram condições necessárias aos contribuintes em planejar seus comportamentos com antecedência, gerando adesão e estabilidade ao sistema jurídico. Relembra-se o colocado por Joseph Raz (2009): o *conhecimento* e *legítimo estabelecimento* das normas jurídicas (confeccionadas com participação do cidadão) como pré-requisitos de exercício da cidadania democrática. Esses pré-requisitos, permitem ao cidadão ter *expectativas legítimas* (virtudes do *rule of law*). Segundo ele, dentre seus princípios (pressupostos) o sistema jurídico deve ser *estável de forma a permitir o seu conhecimento por parte do cidadão para que possa planejar sua vida*. O próprio Raz (2009) esclarece a importância de tal estabilidade para que haja planejamento, não apenas em curto prazo, mas em logo prazo como o caso da legislação tributária em suas consequências se revelam a de forma muito diferida no tempo. Uma vez quebrada a estabilidade de conhecimento a ser vivida pelo cidadão (não pelo Estado propriamente), os graus de conformidade e adesão serão reduzidos, afetando justamente o sistema jurídico.

A relevância da relação da clareza e segurança na aplicação da norma, ou melhor, dos *smart contracts,* é aumentada, considerando-se que o autolançamento é a principal forma de constituição do crédito tributário, e tal modalidade imputa ao contribuinte de interpretação e aplicação, num primeiro momento, da regra tributária (Pandolfo, 2012).

Nesse panorama, a situação de implementação da tecnologia de *blockchain* (por *smart contract*) pelos Fiscos (internacionalmente) possui efetivo potencial disruptivo ou, no mínimo, evolutivo da norma de constituição e pagamento de tributos, como lembrado por Paulo Caliendo (2019), observando o material preparado pelo *The Comittee of Experts on International Cooperation in Tax Matters* do *WU Global Tax Policy Center* da Faculdade de Viena. Isso devido à própria possibilidade de obtenção instantânea e automática de informações tributárias, pela tecnologia de *blockchains* e *smart contracts,* como forma de assegurar o repasse de valores aos Fiscos assim que a transação ocorrer. Ao mesmo tempo que permite aumento da transparência, precisão, e facilidade de compartilhamento da cadeia de fornecimentos e documentos envolvidos, com reflexo substancial na tributação das operações (Caliendo, 2019).

Mesmo em uma situação de possibilidade imediata de automatização por *smart contracts* com auxílio de Inteligência Artificial, perpassa-se pela necessidade dela ser programada inicialmente, mesmo que posteriormente se auto programe em auto aprendizagem *(machine learning).* Atualmente, pode-se colocar como fato de que as IAs conseguem desempenhar análises complexas com inúmeras variantes, contidas em seu algoritmo inicial ou atualizado. Entretanto, apesar de pouco questionado na seara tributária, a discussão entre os Fiscos tem deixado de lado o fato de que os algoritmos bases de IA, atualmente, tendem a realizar juízos enviesados ou eticamente duvidosos como apresentado por Doneda e Wimmer (2021). Eles partem da premissa de reconhecimento do fato que as máquinas são capazes de realizar tarefas comumente associadas a níveis elevados de discernimento e compreensão humana. conforme já indicado por Russell e Norvig (2013), mas que não significa que efetivamente possuam intrinsicamente tais características de forma de uma perspectiva de consciência, a exemplo da ausência do despejo de emoções, espírito criativo e sensibilidade artística, na execução de obras musicais. Nestes casos, Russel e Norvig, realizaram diversos testes de *gramáticas aumentadas* (diversos modelos de linguagem) e *interpretações semânticas*, as quais incluem as situações de dubiedades semânticas, as quais representam dificuldades nas IA's, pois dependem de linguagem natural, oriunda da investigação empírica do real comportamento humano. (Russel e Norvig, 2013)

Por isso, muitas falhas são geralmente verificadas nos sistemas de IA, que incorrem na sugestão de conteúdos inapropriados, *chatbots* fornecendo respostas absurdas a perguntas formuladas pelo usuário, traduções automatizadas ausentes de sentido e sistemas de reconhecimento facial que confundem pessoas com animais, ou até cabeças calvas sendo confundidas como bolas em jogos de futebol. Tais falhas têm, entre outras, origem na ausência de habilidades humanas básicas de percepção do contexto e da cultura no qual estão inseridas. Isso pode ser colocado como um exemplo do chamado Paradoxo de Moravec (Moravec, 1990, *apud* Doneda e Wimmer, 2021), pelo qual habilidades cognitivas que exigem raciocínio lógico, que, no imaginário, costumam ser associadas a um nível elevado de inteligência, são mais facilmente simuladas em um computador do que habilidades simples, como a percepção ou a mobilidade, isso quer dizer: *é mais fácil ensinar um computador a jogar xadrez ou a demonstrar teoremas matemáticos do que ensiná-lo a reconhecer nuances em um tom de voz ou a manipular objetos.*

Dessa discussão, segundo Doneda e Wimmer (2021), possibilita a compreensão de *que uma segunda categoria de problemas associados a decisões de IA*, incluída no espectro de "falhas", a qual está relacionada não a questões epistêmicas, como deficiências originárias de programação ou a insuficiências nas bases de dados de treinamento, porém relacionadas à problemas provindos da delegação *a um sistema automatizado da responsabilidade pela tomada de decisões que deve depender de percepções, valores ou comportamentos a princípio não passíveis de conhecimento por máquinas* e que são consistentesprincipalmente *de emoções e estados de espírito, como bondade, compaixão ou se de humor, bem como as decisões e tomadas de posição em que os julgamentos de "certo" e "errado" são subjetivos.* Toma-se como exemplo o conhecido cenário do carro autônomo que, na iminência de um acidente fatal, vislumbra diferentes possibilidades de decisão – que resultariam na morte do ocupante do carro, de uma criança ou de uma pessoa idosa –, sendo observável que a resposta considerada aceitável pode ter variável conforme diferentes nações, com forte vinculação de cultura e de religião predominantes, o que de fato demonstra a dificuldade e desafio de trabalharmos com soluções consideradas simplesmente mais eficientes, ainda que de ponto de vista utilitarista ou pragmático, que sejam legítimas em face da diversidade dos valores cultura envolvidos (Awad *et al.*,2018, *apud* Doneda e Wimmer, 2021). Isso revela outro prisma (Birhane, 2021, *apud* Doneda e Wimmer, 2021), salientando-se a "incapacidade de automatizar a ambiguidade", o que chama atenção para a situação dos seres humanos serem *sistemas adaptativos complexos, dotados de indeterminabilidade e de uma inerente imprevisibilidade, o que contrasta fortemente com a lógica que costuma orientar os sistemas de aprendizado por máquina*. Ou seja, os seres humanos *não podem ser* compreendidos *fora de seu ambiente (e das normas sociais e das assimetrias de poder ali existentes), de suas trajetórias históricas e de seus valores morais e políticos, que representam elementos cruciais para a sua própria identidade.*

O mesmo se aplicaria em matéria tributária, ainda mais em casos em que os valores aplicáveis são geradores de dubiedade às situações fáticas, ou que tais situações fáticas não tenham sido claramente previstas pelo legislador ou pelos demais aplicadores e operadores sistema normativo, considerando que a criação e aplicação das normas tributária é realizada por inúmeros agentes. Isso é claramente verificado em uma sociedade plural e diversidade de intérpretes da Constituição Federal. Em que pese à interpretação final das normas de origem constitucional (especialmente as tributárias) ser geralmente das Cortes Constitucionais, as normas individuais têm suas construções iniciadas pelos mais diversos personagens, inclusive privados. O número dos intérpretes constitucionais, ou do ordenamento jurídico como um todo, não seria *numerus clausus* (Häberle, 1997), pois a construção da norma tanto abstrata quanto concreta depende de interpretação de quem vive sob o Direito (toda pessoa física e jurídica), inclusive para definição do seu dever-ser diário. O destinatário da norma é participante extremamente ativo do processo hermenêutico, não existindo um monopólio da interpretação.

As falhas de IA em matéria tributária seguiram de formas semelhantes ao de outras áreas do direito ao exemplo do citado por Doneda e Wimmer anteriormente. Isso também é trazido por Sunstein (2018), em que não são raros os casos de escolhas de IA conteriam inclusive tendencias racistas, observando apenas dados de localização, escolaridade, incidência de criminalidade, sem determinação das origens de tais diferenças estatísticas, o que, invés de gerar uma decisão socialmente eficiente e aceitável aos padrões éticos constitucionais, geram injustas distinções e consequentes prejuízos inclusive financeiros, incompatíveis com os objetivos de políticas públicas. Continua, tais tendências seriam derivadas principalmente a não observação pelos programadores iniciais de parâmetros de limites ou para desconsiderar fatores que gerariam discriminação com base a informações irrelevantes ao próprio ordenamento como fins de aplicação diferenciada (Sunstein, 2018).

Essas situações se aproximam do factível em matéria tributária, pois, partindo da premissa de que qualquer IA tem por base percepções, valores e preconceitos de seus programadores, a aplicação de *smart contracts* com base em IA em matéria tributária, torna-se claramente passível de utilização de preceitos fiscalistas suprimindo outros intérpretes da legislação tributária, exemplo: um viés de mandato-controle, invés de um viés premial (sanções-premiais). Ou seja, não seria impossível uma classificação (generalizada) de sujeitos passivos com potenciais infratores tributários simplesmente por serem de uma categoria econômica com alto índice de casos que foram objetos de autos de infração, recebendo um tratamento diferenciado, mesmo sem terem incorrido em qualquer infração tributária.

Também, seria provável que a interpretação dos signos provindos dos textos normativos (sentido amplo) seria monopolizada, desconsiderando o fato de que tanto uma norma geral e abstrata dependente do intérprete quanto uma norma individual e concreta também dele dependente (Carvalho, 2000), o que é ressaltado em uma realidade de que não são apenas um único intérprete que tem o monopólio da aplicação jurídica. Ou seja, na confecção do algoritmo da IA, a desconsideração de uma interpretação constitucional com pensamento de possibilidades (ou alternativas) dessas relações simbióticas entre contribuintes e Fisco.

Observe-se que Vale e Mendes (2009), baseados no pensamento de Härbele, já tratavam que em uma sociedade pluralista, a própria força regulatória da Constituição (bem como do próprio sistema) não pode ser considerada um texto acabado ou definitivo, mas um *projeto em desenvolvimento contínuo*, logo deve ser tratada com uma relação dupla com a realidade, sobre o que é *real* e o que é *possível*. Isso somado à relação simbiótica entre Fisco e contribuintes (Afonso, Fuck & Vettorato, 2020), a qual *a melhora decorre do quanto de informações e instrumentos de interpretação são disponibilizados ao próprio contribuinte pelo próprio Estado,* aumentada pela assunção de competências antes privativas do Fisco pelo contribuinte. Ou seja, há proporcionalidade entre situações de dúvida e número de conflitos, tendenciosos a encharcar tanto o contencioso administrativo quanto ao judicial.

Disso, pode se extrair que a falta de clareza na utilização de IA, que pode ser tendenciosa, aumenta a possibilidade de erros cometidos pelas partes dessa relação, ainda mais quando mediados por *smart contract* que automatizariam a constituição do crédito tributário. Isso é um risco provável de cometimento de decisões questionáveis perante aos valores constitucionais, justamente por desconsiderar as ambiguidades das bases de aplicação da norma tributária. Consequência essa que será mais flagrante em situações de menor regulação normativa, como novos eventos passíveis de tributação, o que tem ocorrido com uma economia disruptiva, com trocas de recursos humanos por automatizados, em que fatos econômicos anteriores devem ser ressignificados e em novo contexto, inclusive para fins de manutenção de condições existenciais, muitas vezes não previstos em hipóteses normativas anteriores (Bottone, 2018; Afonso & Castro, 2020).

Talvez, a automação pura e simples da constituição do crédito tributário não colidiria com a influência constitucional sobre o processo de constituição da norma tributária que é marcado pelo diálogo entre contribuintes e Fisco, perpassando por todos os demais intérpretes e aplicadores? Na concretização da norma tributária, a função dos intérpretes é fundamental, considerando que o ordenamento jurídico e a sociedade fornecem-lhe várias fontes (normativas e fáticas) que devem ser harmonizadas.

A ressignificação das bases tributárias, tanto econômicas, quanto normativas, será objeto de valoração humana, pois tratar-se-á de ambiguidades, as quais uma *blockchain* dotada de IA, *a priori*, não conseguirá resolver. Considerando que juízos de valor são seara da singularidade humana, uma vez que *smart contracts* trabalharem em apuração de créditos tributários observando uma valoração fático-normativa circunscrita de incertezas ou ambiguidades, cumpre ao aplicador estar amparado de salvaguardas, sob pena de abalroar o princípio democrático ao qual é a base da própria soberania estatal. Rememore-se que desde o Sec. XVIII, conceitualmente, o Direito seria considerado legítimo, na medida que a cidadania fosse a condição de que os indivíduos, mesmo que por representação eleitoral, responsável pela criação de normas do sistema político e das leis relacionadas à vida cotidiana. Isso é, a *cidadania* individual parte da soberania estatal, ou *cidadão soberano*. Essa seria a medida básica de legitimidade democrática do direito e do respectivo Estado (Thornhill, 2021).

Por esse motivo, Doneda e Wimmer (2021) relembram a Recomendação do Conselho da OCDE sobre Inteligência Artificial (2019) sobre salvaguardas de que as organizações e indivíduos vinculados ao desenvolvimento e a utilização de IA criem e executem *mecanismos e salvaguardas, como a capacidade para a determinação humana, que sejam apropriados ao contexto e consistentes com o estado da arte, de modo a assegurar o respeito à lei, aos direitos humanos e aos valores democráticos.*

Uma vez definido quem é o constituidor do crédito tributário, mesmo em um ambiente digital de automatização de procedimentos, sendo a autoridade fiscal ou o contribuinte, confronta-se com o fato de que a automação mediante *blockchain* acarreta questões quanto à transparência e revisão.

Algo que é um consenso, as informações armazenadas em *blockchain* são todas acessíveis as partes, podendo serem abertas (qualquer pessoa pode consultá-las) ou fechada (apenas pessoas com certos níveis de autorização podem acessá-las (Bossa & Gomes, 2020).

Obviamente, que se tratando de informações econômicas de contribuintes, todas ou partes delas, seriam acessíveis apenas pelos contribuintes envolvidos e o Fisco, em razão dos inúmeros tipos de sigilo já existentes (Vettorato, 2020). O que demandaria uma série de alterações normativas de padronização de sigilos e conceitos de hipóteses de incidência tributária, inclusive no âmbito internacional, atentando-se ao fato que a tecnologia de *blockchain* permite o aglutinamento lógico e exportável de informações, acessível a qualquer Administração Fiscal que a receba, como forma a impedir erros de procedimento e constituição de créditos tributários (Bossa e Gomes, 2020).

Outro problema: o direito fundamental à proteção de dados pessoais reconhecido pelo STF e incluído na Carta Magna na EC 115/2022 também se impõe sobre a administração tributária e certamente deve ser considerada no momento em que se articular a utilização de dados de contribuintes nos sistemas automatizados, sobretudo de blockchain. Observe-se que a proteção de dados em meios digitais fora elevada à direito fundamental, assim, considerando que *blockchains* são cadeias de informações (das mais diversas naturezas) de inúmeros usuários (contribuintes), as mesmas deverão receber níveis de proteção diferenciados, de acordo com seus usos privados ou públicos.

Entretanto, tais padronizações normativas, devem observar um possível confronto com a Transparência Tributária, basicamente filha direta da Transparência da Administração Pública (Centro Interamericano de Administrações Tributárias – CIAT 2018), que inclui: a) disponibilidade e acessibilidade da informação; (b) informações claras e precisas; (a) definição dos atores, funções, responsabilidade do órgão governamental de forma que garanta integridade às informações vinculadas ao destinatário (público em geral ou grupo específico de pessoas). Observando tais padrões de exigência da transparência tributária, em meio aos atos em tecnologia *blockchain*, em especial *smart contracts,* há outro potencial conflito a ser superado.

O primeiro vislumbre do problema pode ser extraído visto de forma interessante por Daniel de Paiva Gomes (2022), o qual entende que a constituição de um fato (jurídico) tributário depende de edição de lei (proposta de *lege ferenda)* conferindo competência para que determinada linguagem computacional, munida por meio de um *smart contract.* Uma vez atribuindo essa competência à linguagem computacional para fins jurídicos, seria viabilizada a *constituição do crédito tributário após a subsunção do evento à norma geral e abstrata de maneira condicional (lógico do se-então ou if then logic).*

Ou seja, existem ainda barreiras de comunicação a qual impõe aos destinatários do direito que sejam ultrapassadas.

A transparência deve alcançar, como em outras áreas de atual discussão (Sunstein, 2018; Doneda & Winner, 2022), de que os algoritmos que são a base da implementação da IA em *smart contract* sejam abertos, e passíveis de revisão, sob o mesmo signo de transparência tributária e oportunidade de contraditório. A implementação dessa tecnologia na área tributária, deve obedecer aos ditames de transparência tributária, cujas bases estão nas garantias constitucionais de liberdade de acesso às informações e de publicidade dos seus atos aos cidadãos (arts. 5º, IV, XIV, XXXIII, XXXIV, *b*, e LX, e 37, §§ 1º e 3º, II, da CF/1988). Contudo, vai além da mera publicidade, sendo um corte transversal sobre a própria Administração Pública, possibilitando seu controle social (Lopez, 2010), garantido constitucionalmente nos procedimentos administrativos tributários, para conhecimento geral de suas decisões (Santi, 2014), resguardados apenas pelas áreas de sigilo. O mesmo valeria quanto à clareza e precisão das premissas e causas da automação do crédito tributário mediante a tecnologia embarcada nas *blockchains* de utilização fiscal.

Pode-se afirmar que a confecção, aprimoramento e parâmetros dos algoritmos que servem à IA como base em *blockchain* de automação de constituição do crédito tributário constituem claramente procedimentos administrativos próprios contidos neles mesmos. Ou seja, o acesso e a transparência quanto a eles são fundamentais para fins de manutenção de preceitos democráticos, de como o contribuinte é ou deve ser cobrado do dever fundamental de pagar tributos.

Antes de qualquer discussão quanto à automação, Engisch apresentava que a função do Direito para a vida de qualquer pessoa é que ele nos diga como *se deve* ou *não agir* (2001). Ou seja, o *dever-ser* dependerá intimamente de como é visto o direito pelo seu destinatário, sendo ele contribuinte, agente fiscal ou julgador. Na prática jurídico-tributária, a noção de legalidade é dependente de significados ou entendimentos práticos do sujeito passivo (contribuinte ou responsável tributário). E por esse motivo, a *lei* é apenas um dos vários elementos que concorrem para formação do pensamento do *dever-ser* no caso concreto (Engisch, 2001).

Entretanto, a *lei*, como veículo introdutor de normas, tem a função de fornecer ao seu destinatário a informação do dever-ser *pré-pronto*, reduzindo incertezas. Nesse ponto, adota-se que a *lei* como texto oriundo das autoridades legiferantes como suporte físico referente a objetos do mundo (significado) e de onde se extraí o conceito ou juízo (significação), em que pode se obter o conteúdo de norma (Carvalho, 2000). Logo, será a *lei* o instrumento de medida e construção da igualdade de tratamento entre os administrados.

Não é demasiado afirmar que a transparência da Administração Pública acaba por se tornar um ponto necessário para realização de igualdade de tratamento. A *lei* busca padronizar condutas. Quando, no processo prático de subsunção e obtenção da norma concreta, a norma abstrata é opaca, possibilita a desigualdade de tratamento. A realidade é fornecedora de elementos e questões novas, por sua vez, gerando normas novas, mesmo sob o aspecto de subsunção da mesma norma abstrata. Para cada elemento novo da premissa menor, a norma geral e abstrata deverá ter previsto tal alteração (Engisch, 2001).

Ou seja, as informações (inclusive de conotação contratual ou normativa) implementadas ou automatizadas em tecnologia *blockchain*, necessariamente devem ser precisas e claras aos destinatários das normas individuais nelas compostas, em especial quanto à constituição e exigibilidade do crédito tributário. Isso serve inclusive para como a IA fora formatada, não podendo ser obscuras. Caso contrário, seriam causa justamente de *opacidade jurídica* (Carcova, 1998), causadora de alienação, litigiosidade, insegurança jurídica, assimetria de conhecimento, desigualdade no tratamento e ineficiência administrativa e arrecadatória. Ou ainda, a opacidade é geradora de assimetrias de conhecimento e, consequentemente, disparidade de várias naturezas entre os agentes da relação, que são diminuídas com a redução das áreas obscuras (Stigliz, 1999). A existência de um ambiente digital ou físico institucional transparente terá consequências nos custos de transação de mercado e espaços sem imposição tributária.

O mesmo deverá mediante as alterações legais cabíveis ser aplicado à tecnologia de *blockchain* aplicada à Administração Tributária. Mesmo que hoje importante parcela dos procedimentos de constituição dos créditos tributários seja automática ou automatizável, ela dependerá de previsão de eventos padrões claros, passíveis de acesso, controle pelo administrado, recurso/revisão contínuos. Isso, porque, efetivamente movimentos tributáveis de grandes massas de operações padronizadas não enfrentariam grandes problemas, o que geraria simplificação e eficiência do sistema, mas, considerando os possíveis riscos de tendências *antiéticas* de IAs, não poderia servir para classificação ou imposição tributária de eventos com especificidades não padronizados ou padronizáveis. Algo seria certo, uma vez simplificado o ordenamento tributário, os desvios padrões seriam facilmente identificáveis.

Situação acima, observando apenas os procedimentos prévios antes do ato de constituição, já fora notado em um contexto de aumento de tecnologias pré-blockchain. Conforme Richard Bird (2010), observando-se o grau tecnológico e normativo, a eficiência arrecadatória perpassaria sempre pela simplicidade do sistema. Isso porque, mediante a simplificação do sistema tributário, chegar-se em um contexto de baixos custos de conformidade, redução dos custos de transação tributária, com a redução das formas de apuração tributária, permitindo eliminar procedimentos e informações inúteis, e aumentando a adesão dos contribuintes. Uma vez simplificados os procedimentos, o Fisco teria a tarefa de facilitar e monitorar a conformidade, separando as desconformidades (Vettorato, 2020). Isso, seria ressaltado mediante meios automatizados em que dispensariam maior atenção e custos dos contribuintes na apuração de seus próprios tributos.

De qualquer forma, em simetria com Daniel Paiva Gomes (2022), grande parte dessas alterações normativas, por dizerem respeito justamente à base de cálculo imponível, sujeição passiva e a forma de constituição do crédito tributário, entre outros, para fins de viabilizar normativamente a utilização de *smart contracts* para fins de constituição do crédito tributário automatizada, deverá ser autorizada no Brasil, provavelmente, por lei complementar. Isso devido à própria previsão do art. 146, da CF/1988, a exemplo de cumprimento que qualquer possível acordo internacional de troca de informações fiscais mediante tal tecnologia.

4. *From auto-regulation to hard regulation of tax digital environmental*

Contudo, o que se vê, pelo menos internamente, é uma raridade de movimentos de regulação mais intensiva da utilização fiscalizatória de tecnologias como *blockchain e smart contracts* baseados em IA, pelo próprio Fisco nacional. Talvez, isso se dê que a natureza do Direito Tributário (sobreposição), o qual em geral está a reboque das demais áreas.

Note-se que uma das principais discussões sobre regulação do ambiente digital é a saída da auto regulação, ou ainda *soft regulation,* em que observado os atuais abusos e omissões à garantias individuais cometidos sem a presença de regulação estatal, questiona-se como deveria o Estado atuar neste ambiente de forma mais intensiva, *hard regulation* (Floridi, 2021). O mesmo se apresenta na atuação dos Fiscos, os quais sem uma regulação forte oriunda de textos legais, encontra-se sem balizas seguras para a sua atuação. No Brasil, a regulação de atuação tributária em ambiente digital apresenta-se, apesar de necessária, apenas de forma tímida. Exemplo da timidez é a Instrução Normativa da Secretaria da Receita Federal do Brasil n. 1888/2019 (IN SRFB n. 1.888/2019), que busca regular a atuação fiscal perante transações com criptomoedas, até por ausência de normas de estrutura oriundas do atual ordenamento jurídico formal, mas com legitimidade normativa questionável.

Indicam-se as discussões da IN SRFB n. 1888/2019, apenas como exemplo da atuação do Fisco brasileiro em ambiente digital, a qual apesar da clara tentativa de alinhamento à orientação internacional apontada pela OCDE no *Crypto-Asset Reporting Framework*, tem seus conceitos e legitimidade interna questionadas (Gomes & Piscitelli, 2022). A IN SRFB n. 1888/2019, ao tentar regular a prestação de informações relativas a operações com criptoativos, desconsiderou a estrutura descentralizada e capilarizada dos agentes ou pessoas que atuam com criptoativos? Isso, especialmente, por somente focar em classificações ainda não consolidadas como criptoativos, exchange de criptoativos, instrumentos de transferência (art. 5º, II, da IN SRFB n. 1888/2019), deixando de regular as atividades econômicas antes de sua conversão em moedas oficiais (tradicionais), pois, em geral, as mesmas dispensam intermediários? Ou seja, a IN, sob a crença de ausência de direito na internet, estaria em uma situação de ocupação de espaços de poder pelo Estado, em que não há regulamento prévio? Essa opinião e dúvidas geradoras de insegurança jurídicas também são compartilhadas por Lopes, Santana e Borges (Gomes, et al, 2022).

Ainda, pouco refletido, há a Lei n. 14.478/2022 que dispõe sobre diretrizes a serem observadas na prestação de serviços de ativos virtuais e sua regulamentação, com objetivo principal de combate à crimes em ou por meio de ambientes digitais (cometidos especialmente por tecnologias baseadas em *blockchains*), como observado ainda seu projeto de lei (Amparo, 2022). Dentre os potenciais conflitos se ora são vislumbrados estão: (1) a ausência de definição clara da autoridade reguladora e fiscalizadora (delegada ao Poder Executivo sem qualquer menção à participação dos setores atingidos); (2) utilização de terminologia diversa à já difundida pela própria IN SRFB n. 1888/2019, a qual deverá ser revista; (3) ausência de delineamento de procedimentos administrativos para fiscalização e aplicação das sanções previstas; e outras inconsistências. Tais situações são claras potenciais fontes de dúvidas e contenciosidade, justamente por não aumentar a transparência, mas por deixar a cargo de um único poder a regulação de uma nova *faceta* do mundo em sua versão digital.

Contudo, tudo isso também representa a tentativa estatal de suprir a necessidade de maior regulação do ambiente digital, inclusive para fins de efetiva apuração do crédito tributário, em especial com implementação legislativa, verificam-se que os desafios são os mesmos que os já apontados por Brownsword (2012).

Brownsword (2012) apresenta a necessidade de regulação além da *auto regulação* do ambiente digital. A regulação de direitos em tal ambiente se espelharia na própria regulação no mundo *off-line*, mas que é objeto de críticas por aqueles que entendem que o ambiente digital seria separado do mundo *off-line*.

Assim, haveriam *quatro pontos chaves* de desafio (*four key challenges*): *prudência, legitimidade, efetividade* e *conexão regulatórias*.

O primeiro desafio seria a *prudência regulatória*, que seria a necessidade dos agentes reguladores buscarem o equilíbrio entre proteção dos direitos dos usuários sem tornar uma barreira para inovação, bem como apresentando limites éticos à inovação.

O segundo, *legitimidade regulatória*, diz respeito à necessidade de adoção de entidade com poderes legítimos de criação de regramento, à instituição de procedimentos e instrumentos (processual) para tratar as relações e infrações ao conjunto normativo, e à definição de marcos regulatórios com estabelecimento de valores a serem preservados (conectado com os limites éticos à serem impostos à inovação). Este seria o caso de maior importância na matéria tributária, em que a regulação deve estabelecer procedimentos (inclusive automatizados) que possam ter parâmetros claros pelo contribuinte, de forma a poder gerar confiabilidade e revisibilidade se necessário.

O terceiro, *efetividade regulatória*, se refere ao *enforcement*, a aplicação de força cogente controlado legitimidade regulatória, de que o estabelecido pelos agentes participantes do sistema regulatório seja cumprido pelos usuários e fornecedores, mesmo que estes sejam automatizados.

O último desafio, *conexão regulatória*, é oriunda da interrelação dos demais com a própria realidade, a qual é mutante em velocidade muito superior à capacidade regulatória, o que gera obsolescência desta última, e problemas de sua adesão pelos participantes do ambiente que se pretende regular. Uma vez observados os desafios chaves, o autor busca os centros de importância a serem objetos de regulação, com a sua apresentação de medo de um *over regulation* que trave a inovação tecnológica. Em resposta a tal medo, propõe a observação do foco de regulação. Esse foco seria a observação dos preceitos éticos de uma sociedade global, evitando um desenvolvimento tecnológico sem bússola moral, mas que possa ser desenvolvido.

Tais desafios não são distantes do que se verifica na regulação e utilização de tecnologias como *blockchain* em matéria tributária.

Conclusões

Ao final, na esperança de ter havido colaboração à discussão proposta, chegam-se a algumas conclusões, de que a aplicação de tecnologias como *blockchain, smart contracts* e inteligência artificial para fins de automação da fiscalização, apuração e constituição de créditos tributários é um caminho natural, inclusive para aumento da eficiência arrecadatória.

Entretanto, nesse caminho vários desafios devem ser superados, como: o efetivo risco de tendencialização das IA, potencialmente contrário a valores protegidos constitucionalmente. Inclui-se a necessidade de aumento da transparência sobre os parâmetros e procedimentos dos algoritmos a serem colocados como base dos *smart contracts,* devendo os mesmos ser considerados como o próprio procedimento de constituição do crédito tributário. A própria transparência dos algoritmos decorre da necessidade de revisibilidade e correção de resoluções *antiéticas.* A importância da possibilidade correção é flagrante em face ao fato que de as IAs enfrentam dificuldades de resolução de questões ambíguas, as quais são resultantes das próprias alterações sociais, econômicas, fáticas, dependentes de interpretação de inúmeros agentes. Ou seja, os Fiscos ao estabelecerem a utilização da tecnologia em questão, não podem desconsiderar a própria diversidade de intérpretes e aplicadores do Direito, sob pena de atentar aos preceitos de um estado democrático.

Entre as barreiras para implementação efetiva da tecnologia de *smart contracts* para apuração e constituição de créditos tributários, há a necessidade de efetiva revisão legislativa, para que haja legitimidade da sua aplicação.

Os desafios a serem superados pelos Fiscos e contribuintes em ambiente digital são semelhantes aos das demais áreas jurídicas, contudo ao que se vê o caminho a ser perseguido está ainda no início.

Referências

Afonso, J. R. R. (2022). Criptomoedas e Moedas Digitais dos Bancos Centrais – Desafios Perspectivas da Tributação no Brasil. *Revista de Direito Público.*19(102), 441-475.

Afonso, J. R. R., & Castro, K. P. (2020). Automação e atenção fiscal. *Conjuntura Econômica*. jan. 2020.

Afonso, J. R. R., Vettorato, G.; Fuck, L. F. (2020). Transparência tributária e eficiência arrecadatória: análise de dados empíricos. *Revista Brasileira de Direito***,** 27(10), 92-111.

Amparo, A.L.S. (2022).*A regulação de criptoativos no Brasil e suas implicações no combate ao crime de lavagem de dinheiro: uma breve análise do Projeto de Lei 4.401/2021.* Universidade Federal de Lavras. https://repositorio.cgu.gov.br/bitstream/1/ 69624/1/Artigo_2022.pdf.

Ataliba, G. (2001). *Hipótese de incidência tributária* (6a. ed.). Malheiros.

Bird, R. (2010). Smart Tax Administration. *Economic Premise.* The World Bank, 36. http://siteresources.worldbank.org/INTPREMNET/Resources/EP36.pdf.

Bossa, G. B., Gomes, E. P., *et al* (2020). Blockchain: tecnologia a serviço da troca de informações fiscais de ameaça à privacidade dos contribuintes?. *Tributação da economia digital* (2ª. ed.). Revista dos Tribunais.

Bottone, G. (2021). A tax on robôs: some food for thought. *Dipartimento delle Finanzes Working Papers.* Ministero dell'Economia e delle Finanze. http://www.finanze.it/opencms/it/il-dipartimento/documentazione/Collana-di-lavori-edi-ricerca/.

Brownword, Roger (2012). The shaping of our on-line worlds: getting the regulatory environment right. *International Journal of Law and Information Technology*, 20(4), Oxford University Press. https://academic.oup.com/ijlit/article/20/4/249/726866?login=true.

Brasil (2018), S.T.J.. Recurso Especial n. 1.495.920/DF. 2018. Relator Ministro Paulo de Tarso Sanseverino, *Diário de Justiça Eletrônico (STJ)*, 07.jan.2018.

Caliendo, P., & Duarte, V. A. (2019). Smart contracts e o futuro da tributação: breve análise das possibilidades e desafios para a tributação decorrente do uso de smart contracts. *Revista Jurídica Luso-Brasileira*, 6(5), 1647-1673. Universidade de Lisboa.

Carvalho, P. de B. (2000). *Curso de direito tributário* (13a. ed.). Saraiva.

Castello, M. G. (2019). *Bitcoin é moeda?* Classificação das criptomoedas para o direito tributário. *Revista Direito GV.* São Paulo : Escola de Direito de São Paulo da Fundação Getúlio Vergas, v. 15, n. 3,

Centro Interamericano de Administrações Tributárias (2018). *Transparência e Prestação de Contas.* CIAT. https://org.sharepoint.com/sites/cds/Conocimientos/Redes/ ComiteEtica/2018__Transparencia_AT_pt.pdf?slrid=4646879e-006b-6000-d1b5-33c788b9ec c1.

Doneda, D., Wimmer, M. (2021). "Falhas de IA" e a Intervenção Humana em Decisões Automatizadas: Parâmetros para a Legitimação pela Humanização. *Revista de Direito Público*, 102 (19), 374-406. Instituto de Desenvolvimento, Ensino e Pesquisa.

Engisch, K. (2001). *Introdução ao pensamento jurídico.* Trad. João Baptista Machado. Fundação Calouste Gulbenkian.

Fillipi, P. de, Swan, M. (2017). Toward a philosophy Vol. blockchain: a symposium. *Metaphilosophy*, 48(5). Wiley.

Floridi, L. (2021). The end of an era: from self-regulation to hard law for the digital industry. *Philosophy & Technology*. https://ssrn.com/abstract=3959766. Oxford Internet Institute.

Gomes, D. de P., Gomes, E. de P., Lopes, F. F.; Santana, H. L. de S., Borges, A. de M. B., Vettorato, G. & *et al* (2022). *Criptoativos, Tokenização, Blokchain, Metaverso: aspectos filosóficos, tecnológicos, jurídicos, econômicos.* Revista dos Tribunais.

Grau, E. (2001). Um novo paradigma dos contratos?. *Revista Da Faculdade De Direito*, 96, 423-433. https://www.revistas.usp.br/rfdusp/article/view/67510. Universidade De São Paulo.

Häberle, P. (1997). *Hermenêutica constitucional, a sociedade aberta dos intérpretes da constituição: contribuição para a interpretação pluralista e procedimental da constituição.* Trad. Gilmar Ferreira Mendes. Sérgio Antônio Fabris Editor.

Kelsen, H. (1998). *Teoria pura do direito* (6a. ed). São Paulo.

Lopez, F. G. (2010). *Accountability* e controle social da administração pública federal brasileira. *Estado, instituições e democracia: democracia.* 2. IPEA.

Mcleod, S. (2017). Bitcoin: the utopia or nightmare of regulation. *The Elon Law Review*, 9, 553-578. Elon University.

OECD (2020), *Taxing Virtual Currencies: An Overview Of Tax Treatments And Emerging Tax Policy Issues.* www.oecd.org/ tax/ tax-policy/taxing-virtual-currencies-an-overview-of--tax-treatments-and-emerging-tax-policyissues.htm. OECD.

Pandolfo, R. (2012). *Jurisdição constitucional tributária: reflexos nos processos administrativo e judicial.* Noeses.

Santi, E. M. D. de (2014). *Kafka, alienação e deformidade da legalidade, exercício do controle social rumo à cidadania fiscal*. Revista dos Tribunais/Fiscosoft.

Stiglitz, J. E (1999). *On liberty, the right to know, and public discourse: the role of transparency in public life*.http://citeseerx.ist.psu.edu/viewdoc/download?doi= 10.1.1.594.93&rep=rep1&type=pdf. Oxford Amnestry Lecture

Sunstein, C. R. (2018). Algorithms, Correcting Biases. *Forthcoming, Social Research (SSRN)*, https://ssrn.com/abstract=3300171.

Raz, J. (2009). *The authority of law (2a. ed)*. Oxford University Press.

Russell, S. J., Norvig, P. (2013). *Inteligência Artificial*, tradução Regina Célia Simille (3ª. ed). Elsevier.

Vettorato, G. (2020). *Transparência Tributária, Custos de Transação Tributários e Eficiência Arrecadatória*. Lumen Juris.

Thornhill, Chris (2021). *Crise democrática e direito constitucional global*. Contracorrente.

27
TRIBUTAÇÃO MUNICIPAL DE *E-PROCUREMENT* E *MARKETPLACE* NO DIREITO BRASILEIRO

Heleno Taveira Torres

1. Digitalização da economia e *e-procurement* – sua recepção pelo direito brasileiro como contratação atípica e complexa[1]

Dentre as variadas novas utilidades que marcam a Nova Economia, os *E-Procurements* se apresentam como plataformas eletrônicas especificamente desenvolvidas para suportar o aprovisionamento das organizações. Isto permite, pois, otimizar a cadeia de fornecimento de bens ou serviços, em termos de tempo e de custos, mediante *automatização das interações*[2] comerciais entre adquirentes, de um lado, e as centrais de compras de fornecedores, de outro.[3]

[1] Agradecimentos a Rodrigo Numeriano Dubourcq Dantas pela colaboração na pesquisa.

[2] "Electronic procurement, commonly referred to as e-procurement, can be defined as the automation of an organization's procurement processes using web-based applications. E-procurement refers to the purchase of goods and services for organizations." Cf. Nawi, Mohd Nasrun; et al. The Benefits and Challenges of E-procurement Implementation: A Case Study of Malaysian Company. In. *International Journal of Economics and Financial Issues*, v. 6, abr. 2016. Disponível em: <https://core.ac.uk/download/pdf/83553566.pdf>. Acesso em: 6 jul. 2020.

[3] Falcão, Amanda da Silva; Correia, Pedro Miguel Alves Ribeiro. *A compatibilidade dos acordos de distribuição exclusiva e das restrições de vendas ativas com o e-commerce.* In Revista de Direito do Consumidor, v. 110, mar-abr/2017, p. 785.

A situação aqui examinada envolve a disponibilização de distintas utilidades, por meio de plataforma eletrônica que funciona como um *marketplace*, isto é, um espaço digital apto a unir, em um ambiente formal de negócios, compradores e fornecedores das mais diversas mercadorias e serviços, os quais permanecerão afastados, nesta condição, das estruturas onde tradicionalmente seriam desenvolvidas suas contratações.

Eis um reflexo claro da digitalização que marca a Nova Economia. Como anota Doris Canen, *verbis*:

> "Os efeitos da digitalização da economia são inquestionáveis. A organização da sociedade e do cotidiano foi rapidamente alterada. As formas de arquivar documentos (dos disquetes para a nuvem), armazenar fotos (de álbuns para o instagram), pedir um táxi (de um telefonema para os aplicativos), ouvir música (dos diskman's para o Spotify) e de comunicação (dos telefones para celulares, Skype etc.) são exemplos claros das alterações no dia a dia.
>
> (...) Vê-se que a digitalização afetou das atividades mais simples às mais complexas. Como aponta a OCDE, uma das principais mudanças na economia facilitada pela digitalização é o rápido crescimento de plataformas on-line multilaterais. Estas geralmente facilitam transações entre vendedores de bens e serviços a consumidores individuais que ocorrem fora das estruturas empresariais tradicionais."[4]

É evidente que as normas jurídicas, tanto numa perspectiva civil, como tributária, devem se adequar à nova realidade. É da própria natureza da digitalização o efeito secundário da disseminação descontrolada de conteúdos.

A esta gerência presta-se o *licenciamento do software* por meio do qual se vê operacionalizado o acesso de compradores e vendedores de produtos e serviços à plataforma eletrônica custodiada e explorada pelo agente.[5]

O comércio eletrônico de bens e serviços traduz uma contratação à distância, sendo o processo de transferência de coisas e utilidades, do ven-

[4] Canen, Doris. Marketplaces: ISS e Desafios. In *Revista de Direito e as Novas Tecnologias*. v. 3, abr-jun/2019, p. 179-280.

[5] Bitelli, Marcos Alberto Sant'Anna. Direito de Autor e Novas Mídias. In *Doutrinas Essenciais de Responsabilidade Civil*, v. 1, p. 882, out/2011; Spencer, Danielle. Proteção à Intimidade no ambiente laboral: uma análise sob a ótica da nova sociedade da informação. In *Revista de Direito do Trabalho*, v. 138, p. 11-42, abr-jun/2010, p. 14.

dedor ao comprador, fundamentalmente afetado pelo referido fenômeno da digitalização. Dele, advêm mecanismos imateriais de comunicação comercial, apresentação de produtos, negociação e, inclusive, distribuição. Há mesmo casos em que toda a operação se desenvolve diretamente *on-line*, inclusive para fins de pagamento.[6]

Nas palavras de Dayana Uhdre, "desmaterialização", "desmonetização", "descentralização/distribuição" e "digitalização" constituem os efeitos, isto é, as "disrupções", da "Quarta Revolução Industrial", a qual estende e transforma os sistemas digitais então imperantes, criando fontes de valor inteiramente novas.[7]

A ausência de tratamento jurídico claro e preciso sobre esses temas não autoriza, porém, todo e qualquer tratamento pelo Estado. E a assertiva resta ainda mais robustecida no âmbito tributário, sob pena de violação à legalidade (art. 150, I, da CF), com grave comprometimento à realização da segurança jurídica, exigida pelo Estado Democrático de Direito brasileiro.

A partir do ambiente virtual, impõe-se resgatar e aplicar alguns conceitos caros do Direito Privado, os quais não podem ser olvidados, pela Administração Fazendária ou mesmo pelos legisladores municipais, para fins de calculabilidade da tributação (arts. 109 e 110 do CTN). Dentre eles, destacam-se a boa-fé contratual e a liberdade de iniciativa econômica, que autorizam os particulares a celebrar os mais variados arranjos obrigacionais, mediante negócios jurídicos decorrentes do exercício da autonomia da vontade, cujo produto não pode ser ignorado pela Administração Fazendária.

Tradicionalmente, a expressão inglesa "procurement" é associada a *suprimentos*, *fornecimento* ou até *agenciamento*.[8] Na espécie, está-se diante de sua versão digital; de solução tecnológica que automatiza as principais atividades de compras de uma corporação, na condição de compradora, mediante integração e estruturação da troca de informações com os seus fornecedores de bens ou serviços, harmonizando, inclusive, os ciclos de

[6] Sobre o tema, confira-se: ROCHA, Roberto Silva. Natureza Jurídica dos contratos celebrados com sites de intermediação no comércio eletrônico. In *Revista de Direito do Consumidor*, v. 61, jan-mar/2007, p. 233.

[7] UHDRE, Dayana. Pontos Polêmicos da tributação de data center no Brasil. In *Revista de Direito Tributário Contemporâneo*, v. 16, jan-fev/2019, p. 179.

[8] CARMO, Lie Uema do. *Contratos de Construção de Grandes Obras*. Coimbra: Almedina, 2019, p. 98-99.

demanda e pagamento, com maior controle e qualidade de gasto dos compradores. E tudo isso se opera por meio de *softwares* orientados a reduzir custos de transação dos setores de compras das empresas.

À redução de custos de transação na aquisição corporativa de mercadorias e serviços, por meio de soluções digitais, volta-se a atividade de *E-Procurement* e suas utilidades correlatas.[9]

Com efeito, a dinâmica dos negócios recomenda a redução de *custos de transação*, como percebeu Ronald Coase, ao tratar da atuação dos atores econômicos no mercado de forma eficiente, organizada e estável.[10/11]

O *E-Procurement*, neste sentido, por meio de uma série de etapas, permite harmonizar reduções de custos e melhorias operacionais dos processos de suprimentos nas organizações. Em uma perspectiva operacional e técnica, a ferramenta é mais do que uma simples cotação eletrônica de bens ou serviços.

[9] É o que se infere dos estudos da *Association for Information Systems*, acerca dos impactos empíricos desta ferramenta: "*E-Procurement refers to the application of Internet technologies in the purchasing process within a firm. Purchasing is a complex process that consists of a series of activities and covers a wide range of areas within an organization.*" ASSOCIATION for Information Systems. *Proceedings International Conference on Information Systems (ICIS) 2009 IT Infusion and its Performance Impacts*: An Empirical Analysis of eProcurement in the Service Industry. Disponível em: <https://aisel.aisnet.org/cgi/viewcontent.cgi?article=1084&context=icis2009>. Acesso em 10 jun. 2020.

[10] "*Outside the firm, price movements direct production, which is coordinated through a series of exchange transactions on the market. Within a firm, these market transactions are eliminated and in place of complicated market structure with exchange transactions is substituted the entrepreneur-coordinator, who directs production.*" Coase, Ronald H. The Nature of the Firm. In *Economica*, New Series, v. 4, n. 16, p. 386-405, nov/1937, p. 388.

[11] "*E-Procurement's benefits fall into two major categories: efficiency and effectiveness. E-Procurement's efficiency benefits include lower procurement costs, faster cycle times, reduce maverick or unauthorized buying well organized reporting information, and tighter integration of the procurement functions with key back-office systems. The benefits of E-Procurement effectiveness include increased control over the supply chain, proactive management of the key data, and higher-quality purchasing decision within organizations. Although, the benefits of E-Procurement are frequently discussed, it has its share of risks. In addition to the technology risks, there are risks associated with the integration of these technologies with existing information systems, with the business models that these technologies impose on supplier-customer relations and with the security and control mechanisms required to insure their appropriate use.*" Parida, Vinit; Soponthummapham, Kittipong; Parida, Upasana. Understanding E-procurement: Qualitative Case Studies. In *International Conference on Electronic Business, nov 2006*. Disponível em: <https://aisel.aisnet.org/cgi/viewcontent.cgi?article=1005&context=iceb2006>. Acesso em 20 jun. 2020.

Isto porque agrega funcionalidades variadas como *data bases*, *Enterprise Resource Planning* – ERP e *web solutions*, o que torna o processo de contratações empresariais de suprimentos mais dinâmico e automático; inclusive, com integração entre os setores de compras e suas solicitações e as demais áreas contábeis e financeiras de uma empresa, com melhor controle, segurança contra desvios e qualidade dos gastos, além de simplificação das operações envolvidas.[12]

Por meio destes "portais virtuais", vendedores e compradores, valendo-se da *internet*, encontram-se para efetuar transações comerciais de bens e serviços corporativos, as quais se evidenciam mais seguras contra desvios, para além de dispensar constantes pesquisas de mercado e cotações.

Trata-se de uma nova utilidade *on-line*, integrante do segmento *business-to-business*[13], que utiliza tecnologias de *e-commerce* como oportunidade de redução de gastos corporativos. Isto porque transfere para a *web*, via *softwares* especializados, o processo de gerenciamento de compra de suprimentos de uma determinada empresa.[14]

[12] Sobre o tema, confira-se: LOPES, David Jaffeth Tavares. *E-Procurement*: *Um estudo de caso sobre suas vantagens e limitações na Magnesita Refratários*. Tese (Mestrado Profissional) – Fundação Cultural Doutor Pedro Leopoldo (Pedro Leopoldo), p. 17. PARIDA, Vinit; SOPONTHUMMAPHAM, Kittipong; Parida, Upasana. *Understanding E-procurement*: Qualitative Case Studies. International Conference on Electronic Business, nov 2006. Disponível em: <https://aisel.aisnet.org/cgi/viewcontent.cgi?article=1005&context=iceb2006>. Acesso em 14 jun. 2020.

[13] "E-procurement is a comprehensive process in which organizations use information technology (IT) systems to establish agreements for the acquisition of goods or services (contracting) or purchase goods or services in exchange for payment (purchasing). Specifically, e-procurement is a B2B purchasing practice that utilizes e-commerce to identify potential sources of supply, to purchase goods and services, to transfer payment, and to interact with suppliers, which is aimed to simplifying commercial transactions between organizations." Cf. HASSAN, Haslinda. TRETIAKOV, Alexei; WHIDDETT, Dick. *Extent of Adoption as Opposed to Adoption*: Case of E-Procurement. Disponível em: <https://aisel.aisnet.org/cgi/viewcontent.cgi?article=1095&context=acis2010>. Acesso em 12 jun. 2020.

[14] *"In its simple terms, E-Procurement refers to the application of e-commerce technologies in support of an organization's purchasing activities. It involves the use of integrated (commonly web-based) communication systems for the conduct of part or all the purchasing process; a process that may incorporate stages from the initial need identification by employees, through search, sourcing, negotiation, ordering, receipt and post purchase review."* RAHIM, Mahbubur; ILHAN, Nergiz; CHEN, Xiaolin. Factors Affecting Benefits of e-Procurement Systems: Experience of An Australian Council. In *International Conference on Electronic Business*, dez 2011. Disponível em: <https://aisel.aisnet.org/cgi/viewcontent.cgi?article=1038&context=iceb2011>. Acesso em 10 jul. 2020.

De modo eficiente, o *E-Procurement* é orientado pelo próprio comprador, à medida que este anuncia os seus pedidos para fornecedores credenciados nas plataformas digitais, os quais irão competir entre si, a fim de que seja alcançada a melhor oferta.[15]

A expressão corresponde a um "termo geral", que acomoda soluções tecnológicas que substituem processos tradicionais de compras "paper-based".[16] Por certo, as obrigações relativas ao uso dessa ferramenta ficam a depender da celebração de contratos que, no caso brasileiro, não encontram correspondência na legislação civil em vigor.

O *E-Procurement* situa-se, precisamente, entre as figuras contratuais atípicas, hauridas da Nova Economia, como modelo de inovação.

Como observa Orlando Gomes, nem todas as formas jurídicas resultam em tipicidade. Vale lembrar que *"os contratos atípicos formam-se de elementos originais ou resultam da fusão de elementos próprios de outros contratos."* Subdividiu-os, assim, o autor em duas categorias: *contratos atípicos propriamente ditos* e *contratos mistos*, os quais se voltam à tutela de interesses não disciplinados sob forma específica em lei, isto é, "não esquematizado em lei", marcados pela "conexão econômica entre diversas prestações", o que forma, por subordinação ou coordenação, uma nova unidade jurídica.[17]

Há três agentes diversos, que poderão figurar em um mesmo contrato ou em instrumentos distintos. São eles: o cliente-comprador (*the buyer*), o cliente-fornecedor que fará lances de preços dos bens ou serviços que ofertará ao primeiro (*the bidding sellers*) e a parte independente que irá ope-

[15] SCHULTZ, Paulo André; FREITAS, Henrique; LUCIANO, Edimara Mezzomo. *Análise e seleção de uma solução de e-procurement para uma empresa petroquímica*. Porto Alegre: Anais do XXXII CLADEA, out. 2002. Disponível em: <http://gianti.ea.ufrgs.br/files/artigos/2002/2002_110_CLADEA.pdf>. Acesso em 10 jun. 2020.

[16] "*[E]-procurement is a catch-all term for the replacement of paper-based procedures with information technology-based communications and processing throughout the procurement process. E-procurement can be a tool to make processes more efficient and promote the effectiveness of procurement. E-procurement technology and processes can be used, where appropriate, at different phases of a procurement process, including publication of tender notices, the provision of tender documents, submission of tenders, the evaluation process, notification of award, ordering, invoicing and payment.*" Cf. SUPPORT for Improvement in Governance Management – SIGMA. *Brief 17*: e-Procurement. Ago. 2017. Disponível em: <http://www.sigmaweb.org/publications/Public-Procurement-Policy-Brief-17-200117.pdf>. Acesso em 10 jun. 2020.

[17] GOMES, Orlando. *Contratos*. 12 ed. Rio de Janeiro: Forense, 1987, p. 111-112.

rar os portais virtuais ou plataformas, promovendo o ambiente digital de negociação (*the market maker*).[18]

Deveras, no segmento *Big-to-Big* brasileiro, a atividade de *E-Procurement* sujeita a um único contrato ou à rede de contratos cuja celebração se faz necessária ao acesso às plataformas de integração comercial entre compradores e fornecedores de suprimentos corporativos de bens e serviços, conjuga diversas prestações a cargo de cada um dos três agentes em referência: o comprador, o fornecedor e a pessoa jurídica que desenvolve, mantém e custodia o portal virtual.

2. Limites à competência dos municípios para tributação dos serviços – particularidades das utilidades digitais disponibilizadas

Conforme dispõe o art. 156, III, da Constituição, compete aos Municípios instituir imposto sobre serviços de qualquer natureza, desde que não se enquadrem na competência dos Estados, a exemplo do que passa com o transporte intermunicipal e interestadual, bem assim com os serviços de comunicação.

Na situação sob exame, importa mesmo delimitar, por primeiro, o *critério material* do ISSQN. Tudo a evitar soluções hermenêuticas ampliativas, por parte da Administração Fazendária, que findem por tributar, como se serviços fossem, todas e quaisquer utilidades encontradas no ambiente dos negócios digitais.

Neste particular, para fins de incidência válida de ISSQN, não bastará que uma dada atividade tenha sido classificada – local ou nacionalmente – como serviço pelo legislador, a exemplo do que passa com o mero licenciamento de *softwares*, previsto no item 1.05 da lista anexa à Lei Complementar n. 116/2003.

Importará, isto sim, que sua materialidade, porquanto indicativa de um fazer humano, amolde-se ao conceito constitucional de serviço (art. 156, III, da CF), nos moldes como tradicionalmente recepcionado pelo Consti-

[18] *"Procurement is the process that buyers use to purchase items from sellers. E-Procurement uses on-line facilities to conduct some of the procurement activities. In general, E-Procurement consists of five major activities: analyze the spending, manage the purchasing requirements, manage the procurement process, implement the new selected supplier(s), and manage the suppliers. E-Procurement has three major players: the buyer, the bidding sellers, and the market maker. The market maker is a firm, independent of the buyer and sellers that provides the facilities, processes, know-how and infrastructure to create an electronic market for conducting competitive bidding."* Hsiao, Ruey-Lin; Teo, Thompson S.H. Delivering on the promise of E-Procurement. In *MIS Quarterly Executive*, v. 4, n. 3, set/2005, p. 343.

tuinte, a partir das prescrições do Direito Privado (art. 110 do CTN). Apenas assim resta preservada a harmonia dos conteúdos normativos que se enfeixam para compor o Direito enquanto sistema.

Ora, o conceito de "prestação de serviços", que traduz a materialidade tributável pelo ISSQN, provém do Direito Privado e constitui, como visto, o núcleo material da competência tributária atribuída aos Municípios brasileiros (art. 156, III, da CF). Deve, pois, ser preservado e mantido segundo o seu significado de base nesta seara de tutela jurídica, em que o livre exercício da vontade dos particulares deve ser respeitado pelo Fisco, salvo em casos de dolo, fraude ou simulação, consoante determina a interpretação sistemática dos arts. 109 e 110 do CTN e dos arts. 5º, XXII, e 170 da Constituição.[19]

A delimitação da competência tributária dos Municípios demanda, portanto, exame atento dos arts. 593 a 609 do Código Civil de 2002, os quais funcionam como a régua das contratações privadas em referência.

Por certo, as remissões legais a "trabalho" ou "obra", de que se valeu o legislador cível, ilustrativamente, confirmam que por "prestação de serviços" entende-se uma obrigação de fazer, apta a gerar utilidades[20], representativas de negócio jurídico por meio do qual uma parte se obriga a um "*fare*", associado a elemento humano, mediante remuneração, sem que isto constitua relação de emprego ou de sujeição especial.

Este foi o conceito, proveniente do direito privado, que ficou incorporado pelo constituinte de 1988, ao formular a norma do mencionado art. 156, III, da Constituição. Nas palavras de Geraldo Ataliba e Aires F. Barreto[21], "prestar serviço indica, na técnica jurídica, atividade *em proveito alheio*."

Neste sentido, o vocábulo "serviço" representa utilidades, envolvendo um fazer humano, as quais são dirigidas a resultados pré-fixados e entre-

[19] *"Art. 109. Os princípios gerais de direito privado utilizam-se para pesquisa da definição, do conteúdo e do alcance de seus institutos, conceitos e formas, mas não para definição dos respectivos efeitos tributários. Art. 110. A lei tributária não pode alterar a definição, o conteúdo e o alcance de institutos, conceitos e formas de direito privado, utilizados, expressa ou implicitamente, pela Constituição Federal, pelas Constituições dos Estados, ou pelas Leis Orgânicas do Distrito Federal ou dos Municípios, para definir ou limitar competências tributárias."*

[20] Como diz Aires Barreto, o "fazer" implica "utilidade", mas não o inverso. Cf. BARRETO, Aires F. *ISS na Constituição e na Lei*. São Paulo: Dialética, 2003, p. 126.

[21] ATALIBA, Geraldo e BARRETO, Aires F. "ISS – Construção Civil – Pseudo-serviço e Prestação de Serviço – Estabelecimento prestador – Local da prestação". *Revista de Direito Tributário* nº 40. São Paulo: Malheiros, p. 90.

gues a outrem mediante remuneração. Como bem esclarecido por Pontes de Miranda, "o serviço ou é inerente à finalidade do contrato, ou está mencionado no contrato, ou ficou sem precisa determinação".[22]

No âmbito do direito privado, a atividade de "*prestação de serviços*" caracteriza-se pela presença dos seguintes elementos: (i) o prestador dos serviços (ou devedor), (ii) o tomador (ou credor) em favor de quem ditos serviços são prestados; (iii) o objeto, que é a prestação de serviços em si mesma, assim compreendida como atividade lícita, material ou imaterial, na qual esteja presente elemento humano, que se revele vantajosa para o seu credor; e (iv) o pagamento de contraprestação.

Tanto este *facere* humano é relevante que o legislador civil se ocupou em não reputar existente serviço nos casos que envolvem relações – também humanas – alcançadas pelas leis trabalhistas ou por normas especiais, a exemplo do regime jurídico dos servidores públicos (art. 593 do CC/2002).

A distinção entre *obrigações de dar* e *obrigações de fazer* é relevante, também, à demarcação de competências tributárias entre Estados e Municípios no particular ora tratado. Não por outra razão, o critério é assente na jurisprudência do Supremo Tribunal Federal – STF, como se infere, ilustrativamente, da ementa do julgado abaixo transcrito:

> "RECURSO EXTRAORDINÁRIO. DIREITO TRIBUTÁRIO. ISS. ARRENDAMENTO MERCANTIL. OPERAÇÃO DE *LEASING* FINANCEIRO. ARTIGO 156, III, DA CONSTITUIÇÃO DO BRASIL. O arrendamento mercantil compreende três modalidades, [i] o *leasing* operacional, [ii] o leasing financeiro e [iii] o chamado *lease-back*. No primeiro caso há locação, nos outros dois, serviço. A lei complementar não define o que é serviço, apenas o declara, para os fins do inciso III do artigo 156 da Constituição. Não o inventa, simplesmente descobre o que é serviço para os efeitos do inciso III do artigo 156 da Constituição. No arrendamento mercantil (leasing financeiro), contrato autônomo que não é misto, o núcleo é o financiamento, não uma **prestação de dar**. E financiamento é serviço, sobre o qual o ISS pode incidir, resultando irrelevante a existência de uma compra nas hipóteses do leasing financeiro e do *lease-back*. Recurso extraordinário a que se dá provimento."[23]

[22] MIRANDA, Francisco Cavalcanti Pontes de. *Tratado de Direito Privado*. 3. ed. Parte Especial. São Paulo: RT, 1984, T. XLVII, p. 31.

[23] RE 547245, Relator(a):Min. EROS GRAU, Tribunal Pleno, julgado em 02/12/2009, DJe-040 DIVULG 04-03-2010 PUBLIC 05-03-2010 EMENT VOL-02392-04 PP-00857 RT v.

Aliando o conteúdo acima à disciplina constitucional tributária do ISSQN, chega-se à conclusão de que será tributada pelos Municípios: (i) a "*prestação de serviços*" assim considerada a partir dos elementos do Direito Civil, desde que expressamente definidos em lei complementar; (ii) realizada em favor de terceiros; (iii) em regime oneroso, o que decorre não só da disciplina do direito privado, mas advém da própria concretização do princípio da capacidade contributiva (art. 145, §1º, da CF).

Referido entendimento foi reiterado nos julgamentos dos Recursos Extraordinários n. 547.245 e n. 592.905, relatados pelo Ministro Eros Grau em 2009. Na ocasião, a Corte, considerando o "arrendamento mercantil" em suas três modalidades: (i) *leasing* operacional, (ii) *leasing* financeiro e (iii) o *lease-back*, assentou que somente as duas últimas estariam sujeitas ao ISSQN. Isto porque o *leasing* operacional se assemelharia à locação de bens móveis, exatamente porque ausente o "fazer" humano, indispensável à sua caracterização como serviço para fins de tributação municipal.[24]

De igual modo, o STF analisou a incidência do ISSQN sobre as atividades desenvolvidas pelos planos de saúde no Recurso Extraordinário n. 651.703, relatado pelo Ministro Luiz Fux. Mais uma vez, resgatou a Corte as balizas constitucionais do conceito de serviço, valendo-se de prescrições de direito privado. E, a despeito da posição mais contundente do Relator,

99, n. 897, 2010, p. 143-159 LEXSTF v. 32, n. 376, 2010, p. 175-200. No mesmo sentido, cf.: RE 116121, Relator(a):Min. OCTAVIO GALLOTTI, Relator(a) p/ Acórdão:Min. MARCO AURÉLIO, Tribunal Pleno, julgado em 11/10/2000, DJ 25-05-2001 PP-00017 EMENT VOL-02032-04 PP-00669; e RE 592905, Relator(a):Min. EROS GRAU, Tribunal Pleno, julgado em 02/12/2009, REPERCUSSÃO GERAL – MÉRITO DJe-040 DIVULG 04-03-2010 PUBLIC 05-03-2010 EMENT VOL-02392-05 PP-00996 LEXSTF v. 32, n. 375, 2010, p. 187-204 JC v. 36, n. 120, 2010, p. 161-179.

[24] *"EMENTA: RECURSO EXTRAORDINÁRIO. DIREITO TRIBUTÁRIO. ISS. ARRENDAMENTO MERCANTIL. OPERAÇÃO DE LEASING FINANCEIRO. ARTIGO 156, III, DA CONSTITUIÇÃO DO BRASIL. O arrendamento mercantil compreende três modalidades, [i] o leasing operacional, [ii] o leasing financeiro e [iii] o chamado lease-back. No primeiro caso há locação, nos outros dois, serviço. A lei complementar não define o que é serviço, apenas o declara, para os fins do inciso III do artigo 156 da Constituição. Não o inventa, simplesmente descobre o que é serviço para os efeitos do inciso III do artigo 156 da Constituição. No arrendamento mercantil (leasing financeiro), contrato autônomo que não é misto, o núcleo é o financiamento, não uma prestação de dar. E financiamento é serviço, sobre o qual o ISS pode incidir, resultando irrelevante a existência de uma compra nas hipóteses do leasing financeiro e do lease-back. Recurso extraordinário a que se dá provimento."*

afirmou-se que essas atividades constituiriam obrigações de fazer nos termos da lei civil.

Mais recentemente, no caso da tributação das atividades de franquia por ISSQN, o STF reassentou a sua tradicional posição, no sentido de associar o conceito jurídico-tributário de serviços ao de uma obrigação de fazer.

Ilustrativamente, eis o que se infere do voto proferido pelo Ministro Relator, Gilmar Mendes, a saber:

> "(...) Quando esta Corte firmou precedente de que o ISS não poderia ser cobrado nos contratos de locação de bens móveis, assim decidiu por ver ali meramente uma obrigação de fazer. O 'caso-líder', o RE 116.121, tinha como pano de fundo a locação de guindastes, mas sem que se incluísse no contrato a mão de obra de seus operadores.
>
> Não havia, portanto, no liame contratual, nenhum serviço envolvido, não havia trabalho (esforço humano) prestado em favor de terceiro. Se houvesse, teríamos ali um serviço, um fazer, e não a mera disponibilização de maquinário. Incidiria, portanto, o ISS. Já, nos contratos de franquia, há sim. E justamente por isso a decisão deve ser diferente.
>
> O 'sistema' de franquia envolve muito mais do que apenas uma cessão de marca, envolve diversas formas de prestação de diferentes serviços. Daí a incidência de ISS, como prevê a lei complementar.
>
> Os fundamentos que adoto não são, portanto, muito diferentes daqueles que utilizamos nesta Corte para afastar a aplicação da Súmula Vinculante 31 e do decidido em sede repercussão geral no RE 626.706, de minha relatoria, nos casos em que a locação de bens móveis se faz acompanhar de outras atividades.
>
> Esta Corte vem decidindo que a Súmula Vinculante 31 não se justifica nas hipóteses em que a locação de bens móveis integra um negócio mais amplo, que inclui a própria aplicação do bem na prestação de serviço.
>
> Para ficarmos no exemplo dos guindastes, poderíamos dizer que o imposto pode ser cobrado nos casos em que o maquinário é empregado no desempenho de certa atividade contratada, não apenas alugado autonomamente. Em tais casos, há serviço, e não apenas locação."[25]

De se concluir, portanto, que, para fins de tributação municipal válida por o ISSQN requer-se: (i) a existência de utilidades representativas de um

[25] STF, Pleno, RE n. 603.136, Rel. Ministro Gilmar Mendes, julgado em 29/05/20, Acórdão de julgamento ainda não publicado.

fazer humano; (ii) prestadas de forma onerosa; (iii) desde que não inseridas na competência dos Estados; e, ademais, (iv) que tenham previsão expressa em Lei Complementar. Este é o regime constitucional da incidência do imposto em foco.

Prestar serviços indica, na técnica jurídica, atividade em proveito alheio. Neste sentido, a prestação de serviços constitui espécie dos "contratos de atividade"[26], os quais têm por escopo um *facere* humano, cumprido mediante *retribuição pecuniária*, em favor do prestador, a fim de satisfazer necessidades, as quais são valoradas economicamente, podendo se revelar autônomas ou não.[27]

3. Funcionalidades da Lei Complementar n. 116/2003 – a atividade de licenciamento de *software* como serviço tributável pelos municípios e seus limites de aplicação à luz de situações concretas

Especificamente ao tratar do ISSQN, o constituinte indicou, de modo exaustivo, a materialidade possível que deveria ser rigorosamente seguida, quer no âmbito das normas gerais de direito tributário, pelo legislador complementar da União (art. 146, III, "a", e art. 156, III e § 3º, da CF), quer no âmbito das leis específicas de cada um dos Municípios, pelos respectivos parlamentos locais.

De se ver, a atividade de licenciamento de *software* encontra-se positivada no item 1.05 da mencionada lista de serviços anexa à Lei Complementar n. 116/2003 (*"1.05 – Licenciamento ou cessão de direito de uso de programas de computação."*).

Não obstante esta previsão expressa, é certo que os valores recebidos, como remuneração pelo mero acesso dos *buyers* ou dos *bidding sellers* às plataforma eletrônicas de *E-procurement*, não dará cabimento à tributação por meio do ISSQN, sob pena de violação à materialidade constitucional deste imposto, que fica a depender, como visto, do resgate ao conceito de "prestação de serviços" para fins do direito privado, enquanto fazer humano oneroso e que não constitua relação de empregou ou de sujeição especial.

[26] A expressão foi tomada por empréstimo da clássica obra de Jean Vincent. Cf. VINCENT, Jean. *La Dissolution du Contrat du Travail.* Paris: Librairie Générale, 1935, p. 27.

[27] CESARINO JÚNIOR, A. F.; CARDONE, Marly. A. Prestação de Serviço. *In:* TEPEDINO, Gustavo; FACHIN, Luiz Edson (Orgs.). *Doutrinas Essenciais* – Obrigações e Contratos. São Paulo: RT,2015, Vol. VI, p. 289.

O excesso do legislador nacional e geral da União, aqui evidenciado, não é novidade. Diversas outras atividades já foram expurgadas da mencionada lista de serviços por razões de inconstitucionalidade, à medida que violada a parametricidade necessária à tributação municipal válida dos serviços. É o caso, ilustrativamente, da locação de bens móveis, que deu azo à Súmula 31 do STF, anteriormente referida, a qual permanece vigente e eficaz, e de algumas atividades do mercado financeiro autorizadas pelo Banco Central do Brasil – BACEN.[28]

Bem reconheceu a Ministra Rosa Weber, à luz do cenário normativo aqui descortinado, que a exigência de lei complementar, prevista na parte final do inciso III do art. 156 da Constituição *não tem a função de definir o que sejam serviços.* Deste modo, a mera presença de uma atividade na lista anexa à Lei Complementar n. 116/2003 não tem o condão, por si mesma, de convertê-la em serviço para fins de tributação municipal.

Merece relevo o voto do Ministro Carlos Velloso, ao relatar o julgamento do Recurso Extraordinário n. 361.829, julgado em 24 de fevereiro de 2006, a saber:

> "Todavia, está ele jungido à norma de caráter geral, vale dizer, à lei complementar que definirá os serviços tributáveis, lei complementar do Congresso Nacional (CF, art. 156, III). *Isto não quer dizer que a lei complementar possa definir como tributáveis pelo ISS serviços que, ontologicamente, não são serviços.* No conjunto de serviços tributáveis pelo ISS, a lei complementar definirá aqueles sobre os quais poderá incidir o mencionado imposto."

[28] DIREITO CONSTITUCIONAL E TRIBUTÁRIO. EMBARGOS DE DECLARAÇÃO EM RECURSO EXTRAORDINÁRIO. IMPOSTO SOBRE SERVIÇOS. LEI COMPLEMENTAR 56/87. LISTA DE SERVIÇOS ANEXA. CARÁTER TAXATIVO. SERVIÇOS EXECUTADOS POR INSTITUIÇÕES AUTORIZADAS A FUNCIONAR PELO BANCO CENTRAL. EXCLUSÃO. HIPÓTESE DE NÃO-INCIDÊNCIA TRIBUTÁRIA. EMBARGOS DE DECLARAÇÃO. SUPRIMENTO DE OMISSÃO. INEXISTÊNCIA DE EFEITO MODIFICATIVO. DESNECESSIDADE DE INTIMAÇÃO PARA IMPUGNAÇÃO. NÃO-VIOLAÇÃO AOS PRINCÍPIOS DO CONTRADITÓRIO E DA AMPLA DEFESA. ENCAMINHAMENTO AO PLENÁRIO. COMPETÊNCIA DA TURMA. DECLARAÇÃO INCIDENTAL DE INCONSTITUCIONALIDADE POR ÓRGÃO FRACIONÁRIO DO STF. VIOLAÇÃO À RESERVA DE PLENÁRIO. AUSÊNCIA. 1. O Supremo Tribunal Federal fixou entendimento de que a lista de serviços anexa à Lei Complementar 56/87 é taxativa, consolidando sua jurisprudência no sentido de excluir da tributação do ISS determinados serviços praticados por instituições autorizadas a funcionar pelo Banco Central, não se tratando, no caso, de isenção heterônoma do tributo municipal. [..] (RE 361.829 ED, Rel. Ministra Ellen Gracie, Segunda Turma, DJe de 19.3.2010)

Sobre esta perspectiva ontológica também se posicionou a Ministra Rosa Weber, ao julgar, mais recentemente, o Tema 296 da repercussão geral. A saber:

> "Em primeiro lugar, observo que o § 4º do art. 1º da LC 116/2003 prevê que 'a incidência do imposto não depende da denominação dada ao serviço prestado'. Consabido que os efeitos jurídicos de um fenômeno dependem daquilo que ele é realmente, e não do nome a ele atribuído pelas partes."

A despeito da previsão da atividade de licenciamento de *software* na lista anexa à Lei Complementar n. 116/2003, tem-se que o ISSQN somente deverá incidir sobre operações específicas, contratadas digitalmente, nas quais esteja presente elemento humano, como é o caso das utilidades de consultoria, de agenciamento, de intermediação ou de gestão de negócios, marcadas que são por um *facere* humano, as quais podem ser diretamente solicitadas no portal eletrônico, por mera liberalidade dos compradores cadastrados, a partir de atos posteriores e autônomos ao mero credenciamento eletrônico no *marketplace.*

3.1. A atividade de licenciamentos genéricos de softwares como meras cessões onerosas de direitos – Inexistência de serviço tributável

Percebe-se que, o mero licenciamento de software como condição de acesso ao portal virtual de E-procurement , pode não envolver qualquer atividade humana de customização de programas de computador *on demand*, mas apenas a concessão temporária de uma chave tecnológica padrão, entregue de forma genérica a todo aquele que se cadastre eletronicamente no mencionado portal.

Pouco importará, assim, que a atividade se encontre prevista no item 1.05 da lista anexa à Lei Complementar n. 116/2003. Como visto, esta não tem o condão de converter em serviço aquilo que extrapole os limites do conceito de serviço, provenientes do Direito Privado e recepcionados pelo Constituinte.

Eis a escorreita posição sustentada pelo Ministro Gilmar Mendes, em seu recente voto condutor do Tema 300, *verbis*:

> "Digo isso porque, como bem se sabe, pudesse o legislador complementar ou municipal 'ressignificar' esse conceito, estaria a manipular os lindes de sua própria competência. Assim, qualquer atividade poderia ser alcançada pela competência impositiva municipal, desde que estivesse incluída na lei

complementar. E, dessa maneira, restaria desestruturada a própria repartição constitucional de competências tributárias."

No mero licenciamento, cobrado mediante previsão contratual específica, está-se diante de cessão temporária de direitos, a qual não requer qualquer *facere* humano, eis porque não pode ser validamente classificada, em termos jurídicos, como serviço para fins de incidência de ISSQN; mormente quando considerado que a referida Súmula n. 31 do STF permanece vigente e eficaz, bem ordenando a condução da questão constitucional aqui examinada.

As cessões de direitos são possíveis, diante da liberdade de estipulação contratual dos agentes privados. Não é diversa a conclusão de Christian Larroument, *verbis*.[29]

Conforme assentado por Pontes de Miranda: "A regra é a transferibilidade dos direitos." Em suas palavras:

> "Os direitos são efeitos; e tais efeitos são situações jurídicas ativas dos sujeitos, de modo que o sistema jurídico pode admitir que a transferência se dê, mantida a identidade do direito, a despeito da mudança subjetiva da relação jurídica (= mudança do sujeito ativo da relação jurídica)."[30]

Cessão de direitos, tão simplesmente, diz com a transferência que o credor faz a outrem de parte de seus direitos.[31] O caso é de *dare*, e não de *facere*, em distinção relevante, já consagrada pela jurisprudência do STF para fins de demarcação da competência tributária dos Municípios, relativamente à tributação dos serviços.[32]

[29] "*Lorsque la cession des droits et des obligations dérivant du contrat conclu par l'auteur n'est pas prévue par la loi, rien n'empêche l'auteur et l'ayant cause de la stipuler dans le contrat en vertu duquel le bien du premier est transmis au second. La liberté des conventions autorise une telle stipulation, laquelle va obéir au droit commun des contrats qui réalisent la transmission d'une créance, d'une dette ou d'un contrat.*" Larruoument, Christian. *Les Obligations* – Le Contrat. 5. ed. Paris: Economica, 2003, T. III, p. 922.

[30] Miranda, Francisco José Cavalcanti Pontes de. *Tratado de Direito Privado* – Parte Geral. São Paulo: RT, 1983, T. V, p. 332-333.

[31] Vieira, Iacyr de Aguilar. Cessão de Direitos e Cessão de Pretensões no Direito Civil Brasileiro. In: Tepedino, Gustavo; Fachin, Luiz Edson (Orgs.). *Obrigações e Contratos.* São Paulo: RT, 2015, Vol. II, p. 201.

[32] Ilustrativamente, verifica-se que diversas situações envolvendo obrigações de dar já foram reputadas alheias à incidência do ISSQN nos termos da jurisprudência do STF. É o caso:

No mesmo sentido, a posição da Corte ao negar que o puro licenciamento de programas de computador seria automaticamente um equivalente de venda de mercadorias, como se infere da ementa do julgamento do Recurso Extraordinário n. 176.626, outrora sob a Relatoria do Ministro Sepúlveda Pertence, o qual foi julgado ainda em 1998, a saber:

"(...) II. RE: questão constitucional: âmbito de incidência possível dos impostos previstos na Constituição: ICMS e mercadoria. Sendo a mercadoria o objeto material da norma de competência dos Estados para tributar-lhe a circulação, a controvérsia sobre se determinado bem constitui mercadoria é questão constitucional em que se pode fundar o recurso extraordinário.

III. Programa de computador ('software'): tratamento tributário: distinção necessária. Não tendo por objeto uma mercadoria, mas um bem incorpóreo, sobre as operações de 'licenciamento ou cessão do direito de uso de programas de computador' ' matéria exclusiva da lide ', efetivamente não podem os Estados instituir ICMS: dessa impossibilidade, entretanto, não resulta que, de logo, se esteja também a subtrair do campo constitucional de incidência do ICMS a circulação de cópias ou exemplares dos programas de computador produzidos em série e comercializados no varejo – como a do chamado 'software de prateleira'(off the shelf) – os quais, materializando o corpus mechanicum da criação intelectual do programa, constituem mercadorias postas no comércio. (...)"

Diversamente do que ocorre com os *softwares* de prateleira ou customizáveis, o valor pago por esses usuários, a título de licenciamento do *software*, é devido em razão de mero acesso a *marketplace* genericamente concebido. Nisto, há obrigação de dar.

Sobre o tema, bem observa Renato Lacerda de Lima:

"Cessões de direito (tais como a licença de uso e a locação de coisas) sejam onerosas ou gratuitas, temporárias ou definitivas, não são serviços, pois não

das operações de leasing (RE 592.905, Rel. Min. Eros Grau, DJ 5.3.2010); da locação de bens móveis (RE 116.121, Rel. Min. Octavio Gallotti, redator para o acórdão Ministro Marco Aurélio, DJ 25.5.2001); e também das atividades realizadas pelas operadoras de planos de saúde (RE 651.703, Rel. Min. Luiz Fux, DJ 26.4.2017). Entre todos esses, destaca-se a firme e pacífica orientação da Corte que afastou a incidência do ISSQN em relação à locação de bens móveis.

envolvem nenhuma prestação de esforço pessoal para outrem (em benefício de terceiro). Não configuram obrigações de fazer."[33]

A referida diferenciação foi bem percebida por Ana Paula Martins de Albuquerque, a saber:

> "A elaboração de um programa de computador a pedido de alguém, particularmente, até se reveste das características de uma obrigação de fazer e, por consequente se configuraria em serviço. Mas, por outro lado, depois do programa elaborado, a simples cessão para o uso não se enquadra em uma obrigação de fazer, tendo em vista que o objetivo único é a obtenção de autorização para utilização do programa, e não a contratação do serviço de um especialista para elaborar o programa.
>
> De fato, a obrigação de dar jamais poderá conduzir à exigência de ISS, porquanto serviço se presta, mediante um 'facere'. Em outras palavras, serviço se faz, não se dá. O conceito constitucional de serviço tributável somente abrange operações que pressuponham obrigações de fazer. Assim, considerando os princípios e normas consagradas pela Constituição Federal, quanto à tributação, tem-se que o conceito constitucional de serviço é a prestação de esforço humano a terceiros, com conteúdo econômico, em caráter negocial, sob regime de direito privado, tendente à obtenção de um bem material ou imaterial."[34]

A distinção entre *softwares* "livres" e *softwares* "restritos" ou "privados" já foi objeto de pronunciamento do STF. Confira-se:

> "*[A] diferença entre software 'livre' e software 'proprietário' não está em nenhuma qualidade intrínseca de qualquer das duas tipologias de programa, porém no que toca à licença de uso. O software é 'livre', quando o detentor do respectivo direito autoral repassa ao usuário o código-fonte do programa, permitindo que este seja livremente estudado, adaptado, alterado, distribuído etc.*"[35]

[33] Gonçalves, Renato Lacerda de Lima. *A tributação do Software no Brasil.* São Paulo: Quartier Latin, 2005, p. 118-119

[34] Albuquerque, Ana Paula Martins. A inconstitucionalidade da Lei Complementar nº 116/2003 quanto à incidência tributária do ISS sobre o licenciamento e/ou cessão de direito do *software.* In *Interesse Público,* ano 9, n; 45, p. 175-176, set-out./2007, Belo Horizonte.

[35] BRASIL. Supremo Tribunal Federal – STF. ADI nº 3059/RS. Relator Ministro Ayres Brito, Relator para o Acórdão Ministro Luiz Fux, Tribunal Pleno, j. 09/04/2015, DJ 07/05/2015.

De fato, esta interpretação corrobora o propósito da lei complementar 116/03, como bem anota Guilherme de Almeida Henriques:

> "Quando prevalecer, na contratação da licença do direito de uso de software, a obrigação de dar, como no caso dos programas standard e não customizados, não haverá que se falar na incidência do imposto municipal. Por outro lado, quando prevalecer a obrigação de fazer, como no caso dos programas sob encomenda, entendemos estarem os mesmos no campo de incidência do ISSQN, encontrando previsão expressa no item 1.05 da lista anexa à Lei Complementar nº116/03."[36]

Ao tratar dos *Contratos de Licenciamento*, à luz das normas protetivas de direitos autorais, existentes ao seu tempo, Pontes de Miranda, igualmente, associou as prestações positivas associadas a esta espécie de negócios jurídicos à locação de coisa, ainda que com a ressalva de que, rigorosamente, apenas há locação de coisas corpóreas, daí porque a espécie contratual em tela mais se aproxima de contratos de uso. Em suas palavras:

> "Em vez de transferir o direito de propriedade industrial sôbre a invenção, pode o titular licenciar a patente, isto é, permitir o uso por outrem do bem incorpóreo.
>
> (...) O contrato de licença é de prestação positiva, o outorgante retira de seu patrimônio algo que dá a outrem. Não se exclui, necessariamente, dêsse uso, que permitiu (prestação de não fazer, ou negativa). E' preciso que haja cláusula que o exclua, ainda que não exclua a outros; ou que a licença mesma seja licença exclusiva."[37]
>
> "(...) **O contrato de licença é à semelhança da locação, sem que, com isso, o possamos reduzir à locação: o objeto dele é bem incorpóreo.** Por outro lado, nem sempre se licencia com exclusividade e há diferença, a ser levada em conta, entre o contrato de licença sem exclusividade e o contrato de licença com exclusividade. Adianta pouco dizer que o contrato é especial. (...). Não é locação, não é venda; porque a locatio só se refere a coisas corpó-

[36] HENRIQUES, Guilherme de Almeida. Tributação do *software* no Brasil – ICMS, ISSQN, COFINS, PIS, IR e CIDE. In *Revista Fórum de Direito Tributário*, ano 11, n. 61, p. 162, jan./fev. 2013, Belo Horizonte.

[37] PONTES DE MIRANDA, Francisco Campos. *Tratado de Direito Privado*, T. XVI, 4. ed. São Paulo: Revista dos Tribunais, 1983, p. 348.

reas e a serviços, e a transmissão de propriedade industrial é efeito de outro negócio jurídico concernente à invenção, como prometer a transmissão (= venda) não é licenciar. Nem se pode dizer contrato especial o que pode assumir caráter de contrato que atribui direito absoluto, real.

A licença exclusiva aproxima do direito real de uso o direito do adquirente da licença e distancia-o do direito do locatário. (...)."[38] (g.n.)

Como bem apontado por Clélio Chiesa, em posição referendada pelo STF em julgados anteriormente examinados, não basta a presença de uma atividade na lista anexa à Lei Complementar n. 116/2003 para que seja considerada como serviço. Eis o que se passa com o licenciamento de *software* que, quando não envolver esforço humano, não dará azo à incidência válida de ISSQN, a despeito de estar previsto no item 1.05 da mencionada lista. Em suas palavras:

> "A Lei complementar, como é cediço, não pode redimensionar as materialidades possíveis demarcadas na Constituição Federal, como é a das prestações de serviços. Dito em outras palavras, a Lei Complementar não pode autorizar a tributação por meio do ISSQN de situações que não se caracterizam como prestações de serviços como é o caso do licenciamento ou cessão de direito de uso de programas de computação."[39]

Falta, deveras, o referido caráter ontológico consagrado pela jurisprudência do STF, ao diferenciar obrigações de *dar* e de *fazer*, não obstante a previsão da atividade em tela no item 1.05 da lista anexa à Lei Complementar n. 116/2003.

Neste sentido, importa perceber, ademais, que o STF, ao julgar o Recurso Extraordinário n. 651.703, em 29 de setembro de 2016, com repercussão geral, bem definiu que em contratos mistos apenas haverá tributa-

[38] Pontes de Miranda, Francisco Campos. *Tratado de Direito Privado,* T. XVI, 4. ed. São Paulo: Revista dos Tribunais, 1983, p. 351.

[39] Chiesa, Clélio. O Imposto sobre Serviços de Qualquer Natureza e Aspectos Relevantes da Lei Complementar nº 116/2003. In Rocha, Valdir de Oliveira (Coord.). *O ISS e a LC 116.* São Paulo: Dialética, 2003, p. 69. Cf. Santos, João Victor Guedes; Xavier, Camila Caçador. A Tributação pelo ISS e pelo ICMS das operações com *software.* In Faria, Renato Vilela; Silveira, Ricardo Maitto; Monteiro, Alexandre Luiz Moraes (Coord.). *Tributação da Economia Digital*: Desafios no Brasil, experiência Internacional e Novas Perspectivas. São Paulo: Saraiva, 2018, p. 402.

ção quando houver "prevalência do serviço", isto é, de um *facere* humano oneroso, que não constitua relação de emprego ou de sujeição especial. E este "fazer" visivelmente inexiste na situação ora examinada.

Mais recentemente, em sessões virtuais ocorridas entre 22 e 28 de maio de 2020, ao apreciar o Recurso Extraordinário n. 603.136/RJ, com repercussão geral reconhecida no Tema 300, o qual esteve sob a relatoria do Ministro Gilmar Mendes, vê-se que o Pleno do STF julgou constitucional a incidência de ISSQN sobre contratos de franquia empresarial, expressamente incluídos entre os serviços tributáveis na lista do Anexo da Lei Complementar 116/2003 (item 17.08), bem assim na lei local do Rio de Janeiro, em discussão no caso.[40]

Para tanto, assentou o Ministro Gilmar Mendes que: *"A controvérsia se apresenta porque o contrato de franquia tem natureza complexa, híbrida e, não raro, pode incluir, na relação jurídica entre franqueador e franqueado, prestações diversas."*

E, neste particular, o Ministro Relator teve o cuidado de esclarecer que, em linha com o julgamento do mencionado Recurso Extraordinário n. 651.703: *"(...) o ISS incide sobre atividades que representem tanto obrigações de fazer quanto obrigações mistas, que também incluem uma obrigação de dar."* Fez questão de assentar, todavia, que isto não representa *"uma superação total do entendimento de que o ISS incide apenas sobre obrigações de fazer, e não sobre obrigações de dar."*

De se resgatar, no caso, portanto, a *ratio decidendi* do Recurso Extraordinário n. 116.121, "caso-líder" no STF, na expressão do Ministro Gilmar Mendes, o qual tinha como pano de fundo a locação de guindastes, sem que se incluísse no contrato a mão de obra de seus operadores. Inexistindo, portanto, no liame contratual, qualquer serviço envolvido, isto é, na ausência de "trabalho (esforço humano) prestado em favor de terceiro", o caso foi reputado como de mera disponibilização de bem móvel e, nesta condição, as utilidades não foram reputadas "serviços" para fins tributários.

Perceba-se, aqui, que, diversamente do que passa com um contrato de franquia, já examinado pelo STF, o qual é misto e, assim, marcado por uma unidade das distintas prestações que contempla, as atividades de *E-Procure-*

[40] Confira-se a ementa do julgado: "Recurso extraordinário com repercussão geral. Tema 300. 2. Tributário. Imposto Sobre Serviços de Qualquer Natureza. 3. Incidência sobre contrato de franquia. Possibilidade. Natureza híbrida do contrato de franquia. Reafirmação de jurisprudência. 4. Recurso extraordinário improvido." (RE 603136, Relator(a): GILMAR MENDES, Tribunal Pleno, julgado em 29/05/2020)

ment envolvem verdadeira combinação de negócios jurídicos, cujos objetos bem podem ser individualizados (licenciamento de software, consultoria, intermediação de negócios, gestão de compras etc) e faturados de forma autônoma, a partir das demandas específicas de cada comprador ou fornecedor cadastrado no *marketplace.*

Esta segregação de atividades, quando a realidade das atividades permitir, não pode ser ignorada pela Administração Fazendária a qual incumbe verificar a eventual existência de "unidade", sendo certo que o licenciamento dos *softwares* pode figurar como contrato autônomo, à medida que constitui uma utilidade por si mesma (consultar fornecedores confiáveis, *e.g.*), inconfundível com contrações que podem ser efetuadas virtualmente, a exemplo de gestão de compras, intermediação de negócios entre outras.

Eis o que assentou o Ministro Gilmar Mendes, no voto condutor do recente julgamento do mencionado Tema 300, envolvendo a impossibilidade de dissociar atividades-fim e atividades-meio, tomando por base a referida "unidade" do contrato de franquia, *verbis*:

> "O contrato de franquia forma-se de umas e outras atividades, reunidas num só negócio jurídico. Nenhumas das referidas prestações, per se, seria suficiente para definir essa relação contratual. Separar umas das outras acabaria por desnaturar a relação contratual em questão, mudando-lhe o sentido prático e o escopo."

Sendo possível individualizar, no caso, os pagamentos contratualmente devidos pelo mero licenciamento do *software* que dá acesso à plataforma daqueles pagamentos devidos em razão de outras utilidades que podem ser contratadas no portal, a título de serviços marcados por fazer humano, a segregação dessas distintas materialidades contratuais e respectivas bases de cálculo para fins de tributação ou de ausência de tributação, relativamente ao ISSQN, é medida que se impõe por respeito à legalidade tributária, constitucionalmente informada (arts. 150, I, e 156, III, da CF) e à própria capacidade contributiva, legalmente balizada (art. 145, § 1º, da CF).

Há outros serviços listados que oferecem maior aderência ao tipo.

Por diversas ocasiões já tive oportunidade de assinalar que quando a Lista de Serviços usa de termos como "congêneres", "similares", ou, como faz no item 17.1, "assessoria ou consultoria *de qualquer natureza, não contida em outros itens desta lista*", de nenhum modo isso pode autorizar ao legislador ou ao agente da Administração Municipal a distanciar-se do conceito-quadro de "serviço" (i), para obter a vantagem de apropriar-se da incidência sobre casos que não sejam equivalentes a prestações de serviços; e igualmente, quando se opere dentre os serviços possíveis, do conceito referente do tipo de serviço usado no item da lista (ii), haja vista a mutação dos regimes e eventual atingimento de situações alheias à lista, mesmo como modalidades de serviços.

Assim, no caso do item 17.1: *"Assessoria ou consultoria de qualquer natureza, não contida em outros itens desta lista; análise, exame, pesquisa, coleta, compilação e fornecimento de dados e informações de qualquer natureza, inclusive cadastro e similares"*, este tem como objetivo autorizar a tributação dos serviços onerosos de assessoria ou consultoria em geral cuja "causa" juridicamente qualificada resida na "pesquisa" ou "coleta" de informações, seguidas ou não de "exame", "compilação" ou "análise" destas, ou apenas pelo simples fornecimento de dados obtidos ou apurados. Neste quadro, qualquer "cadastro" ou espécie de "similares" deve ter coincidência necessária com o serviço de "assessoria" ou de "consultoria", como discriminado, sem qualquer alargamento possível. Assim decidiu, recentemente, o STF, no julgamento do Tema 296 da repercussão geral, outrora sob a Relatoria da Ministra Rosa Weber.

4. Hermenêutica da rede de contratos e distribuição eficiente de ônus contratuais

Nas ilustrativas palavras de Pedro Gonçalves, a prescrição editada por privados só se afirmará como uma norma jurídica (privada) na medida em que exista uma norma jurídica estadual (em sentido amplo, pode falar-se de base legal) que a reconheça como norma jurídica.[41] É o que passa com os contratos em geral, inclusive os atípicos, por força do que dispõe o art. 421 do CC/2002, a consagrar intervenção contratual mínima na seara aqui tratada. Veja-se:

> "Art. 421.A liberdade contratual será exercida nos limites da função social do contrato.

[41] GONÇALVES, Pedro. *Entidades Privadas com Poderes Públicos.* Coimbra: Almedina, 2005, p. 703. Neste particular, os ônus contratuais serão distribuídos conforme uma parte valorize as utilidades decorrentes da prestação imputada à outra. Está-se diante de verdadeira dinâmica de custo-benefício, de modo que as responsabilidades sejam atribuídas, enfim, àqueles que figuram como cheapest cost-avoider relativamente a essas obrigações contratuais.

Parágrafo único. Nas relações contratuais privadas, prevalecerão o princípio da intervenção mínima e a excepcionalidade da revisão contratual."

Em suma, a autonomia individual dos particulares constitui o pressuposto, assim como legitima a heteronomia das normas, também privadas, expedidas pelos negócios jurídicos que pactuam e lhes vinculam o agir.

Neste espaço de autorregulação privada, excetuados os casos que extrapolam os "limites da função social do contrato", é livre a celebração de acordos, cujas disposições estabilizam e conformam os interesses das partes envolvidas, em detrimento da imposição unilateral da vontade de uma parte contratante sobre a outra.

Neste particular, os ônus contratuais serão distribuídos conforme uma parte valorize as utilidades decorrentes da prestação imputada à outra. Está-se diante de verdadeira dinâmica de custo-benefício, de modo que as responsabilidades sejam atribuídas, enfim, àqueles que figuram como *cheapest cost-avoider* relativamente a essas obrigações contratuais.

Esta metodologia, corrente para os casos de atribuição de responsabilidades em termos acidentários, bem pode ser expandida para fins de compreensão de dinâmicas contratuais propriamente ditas. Ilustrativamente, confira-se a lição de Frank I. Michaelman, *verbis*:

> *"The starting point is that in a world where voluntary transactions could be arranged costlessly, primary-cost optimization would result irrespective of the initial placement of liability and we could therefore (except for possible concern about secondary costs or justice) leave it on victims. Thus, suppose it to be clear that the cheapest means to significant reduction of rotary-mower accidents are those, such as altered design, lying within the control of manufacturers. Manufacturers would, then, by definition be the 'cheapest cost-avoiders.'"*[42]

Estes contratos privados traduzem verdadeiros instrumentos de segurança jurídica, à medida que evitam divergências entre os termos e condições de negociações pontuais que lhe são anteriores, assumindo uma posição prevalente, porquanto consolidam tudo aquilo que, em última análise, foi efetivamente avençado pelas partes em negociação. Fixa-se, deste modo, a pauta de atuação válida de cada uma.

[42] MICHAELMAN, Frank I. Pollution as Tort: A Non-Accidental Perspective on Calabresi's Costs. In *Yale Law Journal*, New Haven, v. 80, p. 654 1917.

Sintetizam, então, o ponto de coincidência de interesses pela livre conjunção de vontades, orientada à recíproca satisfação dos objetivos de cada parte. Eis porque a boa-fé deverá funcionar, rigorosamente, como o fio condutor não só da celebração válida dos contratos, mas, igualmente, da conclusão e da interpretação válida das suas disposições, como se infere dos arts. 113 e 422 do CC/2002, abaixo transcritos:

> "Art. 113. Os negócios jurídicos devem ser interpretados conforme a boa-fé e os usos do lugar de sua celebração." (...)
> "Art. 422. Os contratantes são obrigados a guardar, assim na conclusão do contrato, como em sua execução, os princípios de probidade e boa-fé."

Após celebrado, o negócio jurídico deverá ser mantido, portanto, como verdadeira pauta de estabilização das expectativas depositadas pelas partes no vínculo obrigacional que as uniu, pelo princípio da segurança jurídica nas relações de direito privado, sem o que resta comprometida a funcionalidade da liberdade de exercício da vontade, como apta a constituição de normas individuais e concretas.

Neste sentido, nenhuma interpretação das avenças celebradas no ambiente do *E-procurement*, de um lado, bem assim o credenciamento de *buyers* e *bidding sellers*, credenciados em seu portal eletrônico, de outro, poderá suplantar (i) a garantia de liberdade à escolha da melhor "forma"; (ii) a garantia de liberdade à escolha do melhor "tipo" negocial, o que implica a aceitação dos chamados negócios indiretos, mistos e fiduciários; bem assim (iii) o direito à definição da "causa" do negócio jurídico, que pode envolver um ou vários negócios jurídicos, típicos, atípicos ou mistos. Cada um desses elementos é balizado por normas de Direito Privado que não devem ser olvidadas pelas Administrações Fazendárias.

Deveras, os particulares são livres para organizar os seus negócios com eficiência fiscal, dentro dos parâmetros da lei. Não são obrigados, logo, a optar por uma forma fiscalmente mais onerosa, quando há opções legais com menor impacto, ainda que isto envolva a segregação de um único contrato em diversos instrumentos, organizados sob a forma de verdadeira rede contratual.

Com efeito, sob qualquer forma de operação, sempre que o Estado se imiscui no jogo econômico, a sua atuação deverá ser evidenciada ao *nível da excepcionalidade*.[43] É que o Constituinte, ao estruturar o modelo de Estado

[43] Bem Reconhece Diogo de Figueiredo Moreira Neto que o Direito Público, na contemporaneidade, tem refletido mutações que culminam com a maior participação da iniciativa privada

Democrático de Direito, vigente no País, insista-se, ocupou-se em consagrar importantes garantias de defesa dos particulares contra a ingerência estatal excessiva, a exemplo da propriedade privada (art. 5º, XXII e art. 170, I, da CF) e da liberdade de iniciativa econômica (art. 170, *caput*, da CF), já referidas.

Neste particular, convém relembrar que a Lei n. 13.874/2019, fruto da conversão da Medida Provisória n. 881/2019 (que ficou conhecida como "*MP da Liberdade Econômica*"), que "*institui a Declaração de Direitos de Liberdade Econômica, estabelece garantias de livre mercado, análise de impacto regulatório, e dá outras providências*" não deixa dúvidas a respeito da intervenção limitada e excepcional do Estado na economia. Confira-se:

> "Art. 2 São princípios que norteiam o disposto nesta Medida Provisória:
>
> I – a presunção de liberdade no exercício de atividades econômicas;
>
> II – a presunção de boa-fé do particular;
>
> III – a intervenção subsidiária, mínima e excepcional do Estado sobre o exercício de atividades econômicas.
>
> IV – o reconhecimento da vulnerabilidade do particular perante o Estado.
>
> Parágrafo único.Regulamento disporá sobre os critérios de aferição para afastamento do inciso IV do caput deste artigo, limitados a questões de má-fé, hipersuficiência ou reincidência."

Por meio de ajustes de preço, destarte, torna-se possível restaurar a equivalência, ou seja, a justa proporção empiricamente aferível, entre as prestações a cargo de cada uma das partes da relação triangular em causa (*buyers, bidding sellers* e *Market Maker*). Ausente este equilíbrio dos acordos firmados, desnaturam-se os distintos *contratos de intercâmbio*, aqui referenciados, em mecanismo de enriquecimento ilícito de uma das partes da relação jurídica.

Por força da estabilidade dos conteúdos que compõem o sistema tributário nacional, imposta pelos arts. 109 e 110 do CTN, a referida liberdade de tipos, formas e causas negociais – identificada no Direito Privado – é relevante, porquanto repercute, sobremaneira, na eleição das normas de tributação que incidirão sobre o caso.

em áreas peculiares à atuação do Estado, em nítido contraponto à expansão da ação direta do Poder Público, em âmbito econômico-social, na década de 1980. Cf. MOREIRA NETO, Diogo de Figueiredo. A Natureza Jurídica dos Serviços Sociais Autônomos. Rio de Janeiro, Revista de Direito Administrativo, v. 207, p. 80 e 81, jan-mar/1997.

Se a liberdade de criação ou alteração de institutos, conceitos e formas que já tenham sido objeto de tutela pelo Direito Privado, revela-se restrita para o legislador infraconstitucional (art. 110 do CTN), com rigor ainda maior, os preceitos deste ramo jurídico deverão ser observados pelos agentes fazendários, encarregados da interpretação-aplicação normativa (art. 109 do CTN).

Deste modo, na ausência de autorização legislativa, em consonância com o texto constitucional, o caso é de manutenção de um dado negócio jurídico, para fins fiscais, no mesmíssimo quadro de efeitos já previsto pela ordem privada.

Decerto, o art. 109 do CTN não autoriza o abandono das formas de direito privado, convalidando a nociva técnica da interpretação econômica do direito tributário. No País, a legalidade é cogente, de modo que não cabe à interpretação subverter aquilo que, originalmente, foi posto pelo direito civil, mas não alterado, expressamente, pelo legislador tributário.[44]

Idêntico raciocínio aplica-se à desqualificação, por agentes fazendários, de atos praticados por particulares no âmbito civil ou segundo formas da contabilidade. Na ausência de modificação legislativa expressa, o intérprete de determinado instituto, conceito ou forma de direito privado deverá recorrer aos preceitos desta seara, cuja materialidade deverá prevalecer, repita-se, à exaustão.

Os atos e negócios jurídicos entre particulares regem-se pelas normas do Direito Privado, ou seja, pelas regras do Código Civil e outras normas esparsas, a exemplo da Lei n. 6.404/1976. São conteúdos que devem ser preservados pela Administração Fazendária, como medida de realização do princípio da segurança jurídica, na referida dimensão de estabilidade dos conteúdos das normas que compõem o sistema tributário nacional.

Deveras, o contribuinte é livre para organizar os seus negócios com eficiência fiscal, dentro dos parâmetros da lei. Não é obrigado a optar por uma forma fiscalmente mais onerosa, quando há uma opção legal com menor impacto. Se não há ilícito, dolo, fraude ou simulação, os negócios de direito privado dotados de causa jurídica devem ser preservados, com seus efeitos fiscais.

As normas de direito tributário somente admitem a desconsideração dos negócios de Direito Privado em razão da ausência de causa jurídica

[44] No mesmo sentido, confira-se: BALEEIRO, Aliomar. *Direito Tributário Brasileiro*. 11. ed. Obra atualizada por Misabel Abreu Machado Derzi. RJ: Forense, 2005, p. 685-686.

que os legitime. Não sendo este o caso, prevalece a autonomia privada e a liberdade de contratação dos contribuintes, exceto se comprovados dolo, fraude ou simulação, todos eles representativos de ilícitos.

O teste da causa jurídica é o critério adequado para a verificação da coerência da estrutura jurídica adotada. Nenhum outro poderá indicar o objetivo das operações, em respeito à verdade material. Ausente a causa, por certo, não pode subsistir o negócio artificialmente celebrado com o único propósito de obter economia fiscal.

A prevalência dos atos e negócios jurídicos depende sempre da determinação da presença de *causa jurídica*[45], pois, a função jurídica e econômica dos atos inerentes às negociações que venham a ser celebradas.

Neste particular, a *causa jurídica*, retome-se, é a função econômico-social típica do ato de direito privado, o *núcleo* da relação jurídica subjacente àquela forma específica do direito privado em tela.

Os contribuintes são livres para organizar seus negócios de modo a alcançar a maior eficiência e lucratividade possível[46], desde que atuem dentro de sua esfera de liberdade e organização, escolhendo os tipos, as formas e os ambientes mais favoráveis, dentro dos limites legais, suas operações serão sempre válidas.

Deveras, a Administração Fazendária não está livre para dispor, como queiram os seus agentes, das sociedades, suas relações jurídicas e atos por elas praticados em nome próprio. As normas tributárias, inclusive, devem recepcionar os regimes hauridos no Direito Privado e somente diante de razões justificadoras evidenciadas em provas firmes é que pode modificar esse regime, como medida assecuratória da revelação isonômica de capacidade contributiva.

[45] *"Fixado esse conceito de causa dos negócios jurídicos, como encarar a figura da simulação? Na simulação há um vício na causa, pois as partes usam determinada estrutura negocial (compra e venda) para atingir um resultado prático (doar um patrimônio) que não corresponde à causa típica do negócio posto em prática. Na formulação de Orlando Gomes sobre simulação relativa, "ao lado do contrato simulado há um contrato dissimulado, que disfarça sua verdadeira causa."* (GODOY, Marciano Seabra de. Dois conceitos de simulação e suas consequências para os limites da elisão fiscal. In: ROCHA, Valdir de Oliveira (coord.). *Grandes questões atuais do direito tributário.* v.11. São Paulo: Dialética, 2007, p. 297).

[46] *"It has already been seen that it is not improper to keep one's total tax bill as low as possible, making sure that the taxpayer keeps strictly within the law. When dealing with low-tax jurisdictions, the taxpayer and his adviser must be fully conversant with the law, particularly the anti-avoidance provisions prevalent in the tax legislation of most developed countries."* (SAUNDERS, Roy; DEAN, Miles; WILLIAMS, Richard. *The principles of international tax planning.* New Delhi: International Fiscal Services: Taxmann, 2005, 324p).

Conclusões

A atividade de *E-Procurement* situa-se, assim, entre as figuras contratuais atípicas, hauridas da Nova Economia, envolvendo contratação complexa, por contemplar inúmeras prestações, as quais ficam a depender da celebração de verdadeira rede de contratos. Convém, pois, que exista individualização clara dos escopos de cada contratação, em detrimento do mero licenciamento de software, a delimitar as respectivas materialidades econômicas respectivamente envolvidas em cada caso para fins de tributação.

Como visto, a atividade de *E-Procurement* envolve uma visível relação jurídica triangular, a qual é integrada por três agentes diversos, que poderão figurar em um mesmo contrato ou em instrumentos distintos. São eles: o cliente-comprador (*the buyer*), o cliente-fornecedor que promoverá lances de preços dos bens ou serviços que ofertará ao primeiro (*the bidding sellers*) e a parte independente, que irá operar os portais virtuais ou plataformas, promovendo o ambiente digital de negociação (*the market maker*).

Entendimento diverso violaria importantes garantias do modelo de Estado Democrático de Direito, a exemplo da propriedade privada (art. 5º, XXII e art. 170, I, da CF) e da liberdade de iniciativa econômica (art. 170, *caput*, da CF), atualmente positivadas no art. 2º, III, da Lei n. 13.874/2019, que precisamente consagra "*a intervenção subsidiária, mínima e excepcional do Estado sobre o exercício de atividades econômicas.*"

Deveras, a cada polo daquela relação triangular são imputadas prestações específicas, por meio de contratações próprias. Neste espaço de autorregulação privada, por força do art. 421 do CC/2002, excetuadas as avenças que extrapolem os "limites da função social do contrato", será livre a celebração de distintos acordos, cujas disposições servirão para conformar os interesses das partes no segmento de compras e fornecimento de bens e serviços corporativos.

E apenas substituirá incidência válida de ISSQN quando essas contratações envolverem um facere humano, sob pena de greve violação à unidade de sentido do ordenamento jurídico vigente (arts. 109 e 110 do CTN), com prejuízos à segurança jurídica da tributação no País.

28
EL IVA PERSONALIZADO REVISADO: UNA ESTIMACIÓN PARA CUATRO PAÍSES DE AMÉRICA LATINA[*]

Alberto Barreix
Martín Bès
Oscar Fonseca
Maria Belén Fonteñez
Dalmiro Morán
Jerónimo Roca

Introducción

Desde su introducción en Francia a mediados de la década del 50, el impuesto al valor agregado (IVA) fue adoptado por la mayoría de los países del mundo, al punto que Estados Unidos es la única nación desarrollada y uno de los pocos países que no lo aplica. La capacidad del IVA de generar ingresos significativos y estables se debe a que grava el consumo, el componente más significativo del Producto Interno Bruto.

Sin embargo, una de sus características es la regresividad del gravamen medida con respecto al ingreso corriente.[1] Los análisis de impacto distributivo del IVA (Serie de Equidad del BID, 2006, 2009, y 2010; Lustig y Pereira, 2016) muestran que los hogares más pobres dedican un mayor porcentaje de su ingreso al consumo de bienes y servicios gra-

[*] Este artículo está basado en un documento preparado en homenaje al profesor Juan Carlos Gómez Sabaini, el cual será próximamente publicado por la Editorial de la Universidad de Buenos Aires, Argentina (EUDEBA), como parte de la obra titulada "Aportes al debate sobre la tributación en América Latina.

[1] En un estudio para 27 países de la OCDE, Thomas (2020) encuentra que el IVA es regresivo en el ingreso corriente, pero proporcional o levemente progresivo cuando se lo mide sobre el consumo. Sin embargo, destaca el impacto sobre la pobreza, por lo cual resalta la necesidad de compensar a los deciles pobres por el impacto del impuesto.

vados –y, por lo tanto, al pago del IVA– que los hogares de más altos ingresos.[2/3]

La mayoría de los países ha seguido la estrategia "universal" para contrarrestar la regresividad del IVA: identificar bienes y servicios con alta participación en la canasta de consumo de los hogares de menores ingresos y/o considerados de interés social (canasta básica de alimentos, transporte, educación, salud, entre otros) y excluirlos de la base imponible del impuesto (exonerarlos) o gravarlos a una tasa reducida.

La estrategia del IVA Personalizado (IVA P) se contrapone a la estrategia universal. Consta de tres elementos: el primero es la generalización de la base imponible, el segundo es tender a una tasa única de IVA y el tercero es un mecanismo de devolución del impuesto a los deciles de menores ingresos compensando el incremento resultante de la generalización y/o unificación de la alícuota.

Este documento consta de 5 secciones. Luego de esta introducción, la segunda sección analiza las características del IVA, deteniéndonos en

[2] De acuerdo con la hipótesis del ingreso permanente, el IVA sería menos regresivo debido a que permite suavizar el consumo a lo largo de la vida del contribuyente (Caspersen y Metcalf, 1994).

[3] Jenkins et al. (2006) arriban a una conclusión diferente respecto a la regresividad del IVA al analizar el desempeño del impuesto en República Dominicana. La combinación de una base imponible con muchas exenciones, la informalidad en la estructura comercial y preferencias de consumo muy marcadas a nivel de producto y local de venta en cada segmento de la población determinaron que la incidencia del IVA fuera menor en los quintiles más bajos.De este modo, la afirmación de que el IVA es regresivo descansa en el grado de informalidad de los consumos de los deciles de menores ingresos, lo cual es un tema empírico. Por lo tanto, en la medida que se reduce la evasión y la informalidad y aumenta la tasa y la base gravada del IVA, el fenómeno de regresividad del IVA tiende a acentuarse. Otro ejemplo de ello es lo proporcionan Bachas, Gadenne y Jensen (2020) a partir de datos de 31 países. Estos autores sostienen que el IVA puede resultar progresivo en un contexto de alta informalidad. Estos autores utilizan un pase a precios (*pass-through*) del IVA del 10% de las ventas (40% de los insumos intermedios que representan un 25% de las ventas informales), sobre la base del Censo de México de 2013, para afirmar que el pago del impuesto se concentra en los niveles de ingresos más altos, debido a que estos consumen productos en el sector formal. Sin embargo, esta conclusión depende críticamente del porcentaje de pase a precios de los insumos intermedios comprados en el sector formal. Este punto ya fue señalado por Slemrod (2019), comentando el trabajo original del Bachas et al. Slemrod indica que cuando no existe un pase a precios por los insumos formales, el decil más rico paga un 70% más del IVA que el pobre; cuando el pase a precios es del 10% el pago del decil más alto supera en un 47% el pago del IVA del decil más pobre, mientras que cuando el pase a precios es del 30% se eliminaría la progresividad proclamada.

sus aspectos regresivos. En la tercera sección se describen dos estrategias para mitigar este carácter regresivo y en la cuarta tercera se presenta un resumen de las estimaciones de la aplicación del IVA P en cuatro países (Argentina, Costa Rica, República Dominicana y Uruguay). Cierra el trabajo una ultima sección de Conclusiones.[4]

1. Breve descripción del IVA y sus efectos recaudatorios y distributivos

El IVA, junto con el impuesto a la renta y las contribuciones a la seguridad social, constituye uno de los pilares del sistema tributario moderno.[5] El IVA es el principal ingreso fiscal en ALC: representa cerca del 30% de la carga tributaria regional. En el trienio 2017-19, la recaudación del IVA alcanzó en promedio el 5.9% del PIB en la región, un porcentaje cercano al 6.9% del PIB que recaudado a través del mismo impuesto en los países de la Organización para la Cooperación y el Desarrollo Económicos (OCDE) (37) durante el mismo lapso. Esto contrasta con lo que sucede en la imposición sobre la renta [6] (personal y empresarial) en la medida que en promedio los países de la OCDE recaudan un 80% más que el IVA, mientras que en la región casi un 20% menor.

[4] La propuesta del IVA P se basa en Barreix, Bès y Roca (2010 y 2012). Las estimaciones de los cuatro países provienen de Barreix et al (2022). En dicho trabajo se presenta un detallado análisis metodológico y los resultados de varios escenarios de estimaciones para los cuatro países citados.

[5] Un pilar fiscal es aquel que tiene una base amplia y es capaz de generar recaudaciones significativas y estables. Véase Barreix y Roca (2007).

[6] En general, el pilar fiscal “Renta” se refiere a la recaudación tributaria neta vinculada al sistema del IR, incluidas las tasas suplementarias a determinados sectores cuando existiesen, ya sea para personas físicas, personas jurídicas u otros rubros no clasificables (por ejemplo, anticipos retenidos en la fuente). Sin embargo, en algunos casos este pilar incluye otros gravámenes directos sobre los ingresos del gobierno central o subnacional, ya sea que recaigan sobre un sector en particular, tengan otra base de cálculo alternativa (activos), sean de carácter temporal y extraordinario y/o graven ganancias de capital o ingresos específicos no alcanzados por el IR tradicional (Morán y Rojas, 2019).

Cuadro 1. Carga tributaria comparativa en porcentaje del PIB (promedio 2017-2019)

Impuesto \ Región	**OCDE**	**ALC**
Impuesto al Valor Agregado (IVA)	6.9	5.9
Impuesto a la Renta (IR)	11.5	6.0
– IR Personas Jurídicas	*3.0*	*3.5*
– IR Personas Físicas	*8.0*	*2.5*
Contribuciones a la Seguridad Social	9.1	3.9
Otros	6.4	6.9
Total de Ingresos Tributarios	**33.9**	**22.7**

Fuente: Revenue Statistics OCDE-CIAT-CEPAL-BID (2021): https://publications.iadb.org/en/revenue-statistics-latin-america-and-caribbean-2021

El IVA tiene como objetivo fundamental recaudar con la mayor neutralidad posible con respecto a los bienes y servicios. A su vez, a nivel internacional, libera de cargas a las exportaciones y equipara –cuando se aplica de manera generalizada– el tratamiento tributario de las importaciones con la producción doméstica. Además, la tasa única y la eliminación de tratamiento diferencial logran la mayor simplicidad y el menor costo posible para el contribuyente y la administración; más aún, con la introducción de nuevas tecnologías (factura electrónica). Por último, definida su base sobre el consumo, permite desgravar a la inversión. [7]

A diferencia de otros impuestos al consumo (por ejemplo, el impuesto a las ventas minoristas o los selectivos al consumo), el cálculo del impuesto es multifásico: el monto se determina en cada paso de la cadena de transacciones hasta la venta final del bien o servicio en cuestión. Este aspecto del diseño del impuesto favorece su fiscalización, al contraponer los intereses de los contribuyentes en las sucesivas transacciones: el incentivo de vendedores a subestimar las ventas, para así reducir su débito tributario,

[7] Conceptualmente, la obligación tributaria surge de la diferencia entre el monto cobrado en la venta de un bien o servicio (débito tributario) y el abonado en las compras asociadas a la producción de dicho bien o servicio (crédito tributario). Estas últimas incluyen los bienes de capital empleados en la producción del bien o servicio vendido. Habitualmente los bienes y servicios se gravan en el país en que son consumidos (principio de destino): las importaciones son gravadas al ingresar al país, mientras que a los exportadores se les reintegra lo pagado por este impuesto en las compras de insumos (por ejemplo, son gravadas a tasa cero).

se enfrenta con el de los compradores de sobreestimar las compras, lo cual aumentaría su crédito tributario. Las características del tributo, ante una generalización en su base, facilitarían la administración centralizada a lo largo de los territorios nacionales, tal cual ha sido la práctica comúnmente adoptada por la mayoría de los países del mundo.[8]

A pesar de esta oposición de intereses, esta característica propia de su diseño no elimina la evasión, la cual llega a ser significativa en algunos países (Keen y Smith, 2007; FMI, 2011).[9] Para contrarrestarla, los países que con mayor éxito administran este gravamen están dedicando crecientes recursos a la digitalización de la facturación, al prellenado de las declaraciones del IVA y a la introducción de incentivos para facilitar su fiscalización (FMI, 2019; Naritomi, 2019).

El IVA, así como los impuestos al consumo en general, no discrimina por la capacidad de pago de los contribuyentes: se verifica que los deciles más bajos dedican un porcentaje mayor de su ingreso al pago de este impuesto que los deciles superiores. Siguiendo esta línea argumental, se asocia la inequidad en la distribución del ingreso de un país con su estructura tributaria y, en particular, con la participación de los impuestos al consumo sobre el total de la recaudación.

Sin embargo, el impacto distributivo debe medirse sobre el conjunto de la política fiscal y no únicamente sobre los impuestos y mucho menos sobre uno solo de ellos, por más significativo que este sea. En efecto, el impacto relativamente regresivo de un impuesto puede ser neutralizado e incluso revertido a través de la focalización del gasto en bienes, servicios y transferencias en los segmentos de menor ingreso de la población y la aplicación de otros impuestos asociados con una mayor progresividad, como es el impuesto a la renta personal.

[8] Hay algunos arreglos institucionales diferentes, entre los cuales se pueden mencionar los casos de Brasil, donde el impuesto es una facultad tributaria de los estados, y el de Alemania, donde la administración está a cargo del nivel intermedio (*Länder*), el cual coparticipa de la recaudación con el gobierno federal. En Canadá, el IVA es una facultad tributaria del gobierno federal. La agencia tributaria, Canada Revenue Agency, administra el impuesto en todo el territorio con excepción de Quebec, donde el servicio es prestado por la administración tributaria provincial.

[9] La lógica de contraposición de intereses se interrumpe en la venta al consumidor final porque es posible una colusión de intereses: el comprador por no pagar el IVA y el del vendedor por no reportar la venta a efectos del IR.

2. Las soluciones a la regresividad del IVA

En las siguientes páginas de este trabajo examinaremos dos alternativas diferentes para resolver el dilema de la "trinidad imposible de los impuestos al consumo". En palabras de Ainsworth (2006): *"Ningún impuesto al consumo ha tenido los tres atributos críticos de un impuesto progresivo al consumo: una base amplia, una alícuota uniforme y alivio medido para aquellos que presenten mayores necesidades"*.

Comenzamos por presentar la solución de alivio tributario indiscriminado (que denominamos "solución universal") al problema de la regresividad del IVA, que ha tenido una aplicación prácticamente unánime. Esta consiste en intervenciones sobre la base imponible y/o las alícuotas del impuesto, sin discriminar por el ingreso del contribuyente. A continuación, se presenta la propuesta del IVA P, que incorpora la provisión de alivio tributario a segmentos de contribuyentes para contrarrestar el impacto sobre sus ingresos derivado de la ampliación de la base imponible y/o la uniformización de la alícuota.

2.1. El alivio tributario indiscriminado: la solución universal

El primer paso de esta intervención consiste en identificar aquellos bienes y servicios con importante incidencia en la canasta de consumo de los sectores de menores ingresos y/o aquellos cuyo consumo se quiere fomentar por consideraciones de interés social. Los ejemplos clásicos son los productos alimentarios y los medicamentos y servicios de salud, educación y transporte público, e incluso las publicaciones en algunos países. El paso siguiente es eliminarlos de la base imponible (exenciones) y/o aplicarles tasas más reducidas que la alícuota general, o incluso tasa cero, al conjunto de bienes y servicios identificado. Este tipo de intervenciones tiene un carácter universal debido a que beneficia a todos los consumidores, independientemente de su nivel de ingresos. En términos de la trinidad imposible de los impuestos al consumo, la estrategia universal no cumple con los postulados de base amplia ni alícuota uniforme.

La solución universal es una respuesta simplista al problema planteado por la regresividad del IVA. Su debilidad deriva del hecho que las medidas de alivio impositivo instrumentadas a través de tasas múltiples y exenciones de la base imponible benefician más, en términos absolutos, a los que más consumen, es decir, a aquellos individuos de los deciles superiores de la distribución del ingreso. Además de este resultado indeseado, la solución universal tiene un efecto negativo adicional, debido a que resta ingresos tributarios que podrían haber sido destinados a financiar gasto público social focalizado en los deciles más pobres.[10]

A pesar que la solución universal es relativamente fácil de instrumentar desde el punto de vista de la política tributaria, dicha simplicidad no se mantiene desde la perspectiva de la gestión del IVA. Los problemas que genera serán mayores cuanto más compleja sea la estructura de exenciones y tasas múltiples de los bienes y servicios afectados y cuanto más débiles sean las administraciones tributarias, lo cual aumentará al mismo tiempo el costo de cumplimiento de los contribuyentes. En efecto, se presentan dos claros problemas para el cumplimiento de los contribuyentes y para el control de la administración: i) la definición de productos gravables en productos similares (por ejemplo, lácteos y sus derivados); ii) la asignación del valor agregado de los insumos comprados, no directamente afectados a compras gravadas o exentas como sucede en República Dominicana. Finalmente, en términos económicos, la distorsión de precios relativos afecta tanto el comportamiento de los padrones del consumidor final como el de los productores, al fomentar la integración vertical[11] para evitar tener que absorber en sus costos el IVA de los insumos exentos que compra.

En el cuadro 2 se presenta el consumo exento (tratamientos diferenciales) de cada decil y la participación del gasto tributario, asociado a dicho consumo exento, de ese decil en el total del gasto tributario del IVA. Se observa que el gasto tributario, debido a la concentración del ingreso y del consumo, se agrupa en los tres deciles más ricos de la población. Esto plantea lo que se puede denominar el "error de inclusión" de la exención del IVA y deriva del hecho que entre el 40% y el 50% del consumo de bienes y servicios se concentra en los deciles 8 a 10. De este modo, se verifica la situación paradójica que el intento de aliviar a los individuos de los deciles más pobres de la población mediante medidas universales (exención de bienes y servicios del impuesto o aplicación de alícuotas reducidas) acaba beneficiando más a los grupos de mayores ingresos de la sociedad.

[10] En su estudio para seis países de ingresos medios y bajos (Etiopía, Ghana, Senegal, Sri Lanka, Vietnam y Zambia), Harris et al. (2019) llegan a una conclusión similar a la de Barreix, Bès y Roca (2010; y 2012): que las transferencias no condicionadas redistribuyen de manera más efectiva que los tratamientos preferenciales del IVA, es decir, la solución universal.

[11] La integración evita que un productor tenga que absorber el pago del IVA por los insumos exentos que compra, los cuales han acumulado el IVA como costo a lo largo de su cadena de producción.

Cuadro 2: Consumo exento por decil y su participación en el total del gasto tributario(en porcentaje)

Decil	Argentina* (2018)		Costa Rica** (2018)		República Dominicana (2018)		Uruguay* (2016)	
	Consumo exento del decil	Gasto tributario por el consumo exento	Consumo exento del decil	Gasto tributario por el consumo exento	Consumo exento del decil	Gasto tributario por el consumo exento	Consumo exento del decil	Gasto tributario por el consumo exento
1	36,7	3,6	34,4	4,4	63,1	4,8	47,6	6,6
2	34,2	4,6	33,4	5,1	61,0	5,6	49,0	8,4
3	32,6	5,4	30,7	5,9	61,6	7,0	47,2	8,6
4	31,4	6,4	28,4	6,7	58,9	7,3	44,2	9,0
5	29,1	7,1	27,0	7,6	61,3	8,5	46,0	9,6
6	30,7	8,6	27,3	8,6	59,4	9,6	43,8	10,3
7	29,3	9,9	23,3	9,8	57,0	9,1	41,9	10,0
8	27,4	11,5	20,9	11,3	57,7	11,1	41,5	11,2
9	27,4	15,5	20,2	16,4	56,4	13,3	41,1	12,1
10	27,0	27,4	19,1	24,3	56,5	23,7	37,1	14,3

(*) Promedios de consumos gravados a tasas del 21%, del 10,5% y exentos en Argentina; y del 22%, del 10% y exonerados en Uruguay. (**) En el caso de Costa Rica, se categoriza aparte a los "no residentes", cuyo consumo exento es del 11,9% y el gasto tributario correspondiente es del 9,8%. Este cuadro considera la distribución en el consumo doméstico de los deciles 1-10. Fuente: Barreix et al (2022)

2.2. Resolviendo la "trinidad imposible": el IVA P

El punto de partida de la propuesta del IVA P es generalizar la base imponible. Las únicas exenciones que se mantendrían son aquellas que tengan sentido desde el punto de vista técnico de la administración del impuesto y/o las de algunos casos en que resulten necesarias para conservar la consistencia en el tratamiento tributario de conceptos similares.[12]

[12] El ejemplo típico son los servicios de la intermediación financiera, que están exentos por la imposibilidad técnica de imputar con precisión el IVA por los servicios que presta el intermediario financiero a sus depositantes y a sus prestatarios. Esto se debe a que el cruce de los flujos de servicios, del ahorrista y el prestamista, no permite la clara asignación del IVA como es en casos de flujos unidireccionales, tanto de ventas entre empresas de diferentes sectores, por ejemplo, del agro a la industria o de esta al comercio (flujo vertical), o bien entre empresas de un mismo sector (flujo horizontal). Otro ejemplo de dificultad administrativa es el de los alquileres, los cuales son exonerados de la base por la dificultad de controlar a un número significativo de personas no registradas. Esta excepción no tendría justificación si pudiera llevarse a cabo eficazmente su cobro.

Por su parte, como nota adicional, a efectos de igualar el tratamiento de la inversión en activos físicos con la formación de capital humano en un IVA de base consumo, se deberían eliminar, los gastos en servicios de salud y educación (privada) de la base imponible del IVA. La exoneración de los servicios de educación y salud son gastos asociados a la formación de capital humano, por lo cual son una inversión y no un consumo. Solo se justificaría gravarlos por consideraciones de equidad, debido a que el consumo de la provisión privada de estos servicios se concentra en los deciles superiores de ingresos.

El segundo elemento del IVA P consiste en unificar la alícuota impositiva. Esta recomendación responde fundamentalmente a la necesidad de simplificar la administración del impuesto y obtener la mayor neutralidad posible.[13] Con respecto al nivel de la alícuota, esta debe definirse en función de los objetivos de la política fiscal de cada país (nivel de gasto, estructura de ingresos, sostenibilidad fiscal, etc.).

El tercer elemento de la propuesta de personalización del IVA es la provisión de alivio tributario a aquellos individuos que se desee beneficiar. Esto requiere dos tipos de acciones: determinar el monto del alivio por otorgarse e identificar a los beneficiarios del alivio.

Para determinar el monto del alivio se propone estimar la incidencia de la aplicación del IVA sobre el consumo de los distintos deciles que integran la población de un país. El siguiente paso consiste en elegir el decil de corte, lo cual determina el monto del alivio del impuesto a ser otorgado.[14] El alivio será, al menos, el monto equivalente a la totalidad del aumento del impuesto que debería pagar el decil de corte en función de su consumo, considerando entre otros factores la restricción fiscal. Muy posiblemente se genere un excedente que pudiere ser aplicado con diferentes opciones (para más detalles, véase Barreix, Bès y Roca, 2012).

Cabe señalar que el término "P" (Personalizado) proviene del hecho que la propuesta busca compensar el impacto del incremento del impuesto

[13] Si bien tener pocas exenciones y una única alícuota facilita la administración del IVA, el IVA P puede implementarse relajando ambas restricciones.

[14] En este trabajo se ha previsto focalizar el alivio hasta los deciles en que se ubica la línea de pobreza. La inclusión de deciles inmediatamente por encima de esta línea de pobreza (Uruguay en este trabajo) es una decisión de políticas públicas, incluido el objetivo en materia de restricción fiscal. La ubicación de la línea de corte del alivio por otorgar va a determinar el grado de progresividad del IVA P.

sobre el consumo de una persona representativa perteneciente al decil que se pretende beneficiar. En las estimaciones realizadas para este trabajo, el alivio tributario es igual para todos los individuos beneficiados, sin discriminar su decil de ingresos. Esta propuesta descarta efectuar un seguimiento pormenorizado del consumo de los individuos a efectos de aplicar el impuesto a determinados bienes y servicios para desestimular su consumo. Este seguimiento del consumo constituiría una intromisión injustificada en la intimidad de las personas, en general, y en particular de los segmentos más pobres de la sociedad que se busca beneficiar. Adicionalmente, y si bien la evolución del cambio tecnológico reduce el costo del seguimiento del consumo a nivel de producto para cada beneficiario y lo reducirá aún más con la generalización de la factura electrónica en el futuro, el costo actual para la administración tributaria sería importante debido a la cantidad de transacciones por supervisar. Por último, los deciles de menores ingresos tienden a consumir en establecimientos de menor formalidad Jenkins et al. (2006), los cuales encarecería el costo de seguimiento por lo cual deberán ser controlados por la administración tributaria mediante la segmentación correspondiente.

A diferencia de los programas de carácter universal, el siguiente paso de la personalización del IVA requiere identificar a los beneficiarios del programa (es decir, aquellos individuos a los que se proveerá alivio impositivo). Identificar a los beneficiarios de los programas públicos presenta desafíos, agravados en poblaciones carenciadas por el grado de informalidad de grandes segmentos de la población. Esta dificultad de acceso a los programas puede generar situaciones de corrupción que suele materializarse a través de prácticas de "clientelismo". Para superar estos desafíos, la nueva generación de programas de asistencia social de América Latina hizo un enorme esfuerzo metodológico para identificar a los individuos elegibles de los programas. Un ejemplo de esto se observa en los programas de transferencias condicionadas de ingresos en América Latina, donde se registran ejemplos relativamente exitosos de focalización, como los de Argentina, Brasil, Chile, México y Uruguay (Cecchini y Atuesta, 2017). Si bien la aplicación de este conocimiento es algo extendido en el diseño y la implementación de políticas sociales, resulta tan curioso como lamentable que la focalización no haya sido tomada en cuenta con mayor seriedad en el diseño de la política tributaria. Reconocer el potencial de la focalización es uno de los elementos que viabiliza la propuesta del IVA P.

Para esto, se definen parámetros de elegibilidad y luego se realiza la inscripción de los aspirantes al beneficio. La autoselección se combina con la verificación de los parámetros de dichos postulantes por parte de la entidad encargada de la administración del programa. Esta es una actividad compleja, debido a los altos niveles de informalidad que se reflejan en la subdeclaración de ingresos, lo cual puede llevar a cometer errores de inclusión de individuos que no cumplen con los requisitos para recibir el beneficio y errores de exclusión de personas que sí deberían ser consideradas. Los detalles de la metodología de identificación y monitoreo varían entre los países de la región, los cuales han desarrollado exitosamente instrumentos de comprobación previa de medios de vida (*proxy means testing*), donde se realiza un análisis estadístico riguroso contrastando la información de la población beneficiaria con la proveniente de encuestas de hogares, visitas de campo, cruces de información de requisitos de elegibilidad con los de la condicionalidad de la transferencia, etc.

La aplicación de estos instrumentos de focalización permite superar el elevado grado de informalidad que caracteriza a gran parte de las economías en desarrollo. Tradicionalmente, esta informalidad ha tornado "invisibles" a los individuos pertenecientes a los deciles inferiores de la distribución del ingreso, lo cual impide que accedan a servicios de gasto público social. La propuesta del IVA P permite superar esta limitación al incluir a los individuos pertenecientes al sector informal, los cuales pueden representar más del 30% de la población en los países en desarrollo.

Por último, la entrega de beneficios se ha simplificado significativamente mediante la acreditación mensual en una tarjeta electrónica del beneficio, lo cual contribuye a la transparencia del programa y reduce, pero no elimina el clientelismo en la administración del programa. Como se ha sugerido, el monto a acreditar equivaldría a la incidencia del IVA en la canasta de consumo del decil de corte.[15]

De esta manera, y con las tres medidas propuestas, la generalización de la base, la uniformización de la alícuota y la provisión de alivio tributario

[15] A nivel tecnológico, en América Latina se ha consolidado el avance de la factura electrónica de forma masiva en 10 países, mientras que en cinco se encuentra en proceso. Tanto para el enfoque IVA P, para el universal o para la discriminación por tipo de bien o servicio consumido, dichas facturas favorecen la administración, pero en el caso del IVA P se facilita el tratamiento diferencial subjetivo para sectores específicos de consumidores. Tal es el caso de Ecuador para las personas mayores de bajos ingresos o con necesidades especiales. Hay experiencias valiosas en la provisión de alivio tributario en Argentina y Uruguay, y también en Ecuador, donde se hace directamente el descuento del IVA mediante la factura electrónica.

a la población objetivo, el IVA P logra resolver la trinidad imposible de los impuestos al consumo planteada por Ainsworth.

3. Estimación del IVA P en cuatro países de América Latina

Las estimaciones del IVA P para Argentina, Costa Rica, República Dominicana y Uruguay incluidas aquí provienen de Barreix et al (2022) y en términos generales corresponden al escenario de extensión de la base imponible, unificación de alícuotas y provisión de alivio tributario para los deciles de ingresos más bajos propuestos en este trabajo.[16]

Cuadro 3: Carga del IVA por decil de ingreso, situación actual y simulación del IVA P (en porcentaje)

Decil	*Argentina* (2018)		*Costa Rica** (2018)		*Rep. Dominicana* (2018)		*Uruguay* (2016)	
	Situación actual (21%)	IVA P (21%)	Situación actual (13%)	IVA P (13%)	Situación actual (18%)	IVA P (18%)	Situación actual (22%)	IVA P (22%)
1	14,9	12,0	14,6	7,3	5,5	2,8	10,0	9,6
2	12,1	11,0	9,7	6,6	4,4	3,3	8,7	8,7
3	11,1	10,7	9,4	7,8	3,8	3,7	8,7	8,7
4	10,6	10,6	9,3	16,2	3,8	3,8	9,2	10,6
5	10,3	12,2	8,7	15,1	3,4	6,6	8,2	9,5
6	9,7	11,7	8,8	14,7	3,3	6,2	8,5	9,8
7	9,4	11,3	8,7	14,3	3,3	5,7	8,4	9,6
8	9,4	11,2	7,7	12,2	3,0	5,2	8,5	9,6
9	9,0	10,8	8,6	12,8	2,8	4,5	8,0	9,1
10	7,5	9,1	7,5	10,2	2,1	3,2	7,3	8,2
Total	9,1	10,5	8,4	12,0	2,9	4,3	8,3	9,2
Nota: Δ Recaudo, porcentaje del PIB		*0,8*		1,8		1,3		0,6

Nota: Para una descripción detallada de las particularidades del IVA de cada uno de los países analizados en este trabajo y de los supuestos empleados en la estimación de los impactos de los respectivos escenarios ver Barreix et al (2022).
Fuente (Barreix et al (2022)

[16] Las estimaciones incluidas en este trabajo corresponden al primer escenario de Barreix et al (2022). El lector interesado puede consultar el detalle de las especificidades de los distintos escernarios, las cuales reflejan las particularidades del impuesto y de los objetivos del ejercicio de simulaciónen dicha publicación.

En el cuadro 3 resume los resultados de la estimación del IVA P en los países citados.Estas estimaciones confirman que a diferencia de la solución "universal", el IVA P permite proteger, e incluso aumentar, la recaudación de este principal pilar tributario de ALC, contribuyendo a la consolidación fiscal. Esto se obtiene neutralizando la regresividad del impuesto en la población objetivo mediante medidas compensatorias que benefician a los sectores más vulnerables de la población, como se observa en el cuadro 4.[17]

De hecho, ya están implementados en la región una serie de programas que adoptan aspectos de la propuesta del IVA P: i) Argentina aplica desde mediados de los 2000 una serie de programas focalizados en jubilados, pensionados y beneficiarios de la Asignación Universal por Hijo (AUH) donde se devuelve parcialmente el IVA en las compras realizadas mediante tarjeta de débito; ii) Bolivia implementó en 2021 una devolución parcial del IVA a personas con bajos ingresos mensuales, las cuales deben registrarse ante el Servicio de Impuestos Nacionales (SIN), y el beneficio es otorgado automáticamente sobre la base de las facturas emitidas a nombre del beneficiario; iii) Colombia ha estructurado desde 2020 una compensación para los hogares más pobres; iv) desde 2017 Ecuador está focalizando las devoluciones en adultos mayores de escasos recursos y personas con discapacidad calificada para compras de bienes y servicios de primera necesidad de consumo personal, y v) Uruguay focalizó desde 2012 una devolución de IVA en hogares en extrema vulnerabilidad y beneficiarios del programa Asignaciones Familiares (AFAM), con lo que también se busca alentar una mayor formalización de transacciones, ya que el beneficio se condiciona al uso de las compras con las tarjetas, las cuales son monederos electrónicos de programas sociales donde el gobierno

[17] Es importante destacar que existen diferencias entre las estimaciones basadas en encuesta de hogares y el IVA efectivamente ingresado en la administración tributaria. Algunas de ellas surgen de la propia operativa del IVA, que es vertido por empresas que sufren variaciones de inventario durante cada ejercicio, pagan con plazos diferentes al devengamiento, llevan al costo parte del IVA comprado en el caso de bienes exentos o adquiridos al propio Estado, entre otros movimientos, además de que existen problemas para determinar los agregados de consumo y provenientes de las propias encuestas (sobredeclaraciones, subdeclaraciones, errores y omisiones, etc.). Asimismo, cada país utiliza criterios diferentes para medir el nivel de pobreza. Las estimaciones incluidas en este trabajo compensan el aumento del IVA hasta el decil que cubre la línea de pobreza en el período anterior a la pandemia, con excepción de Uruguay, en cuyo caso se extendió a un decil adicional en consideración de las necesidades básicas insatisfechas.

deposita periódicamente los beneficios (Rasteletti, 2021). Por último, a nivel subnacional, el estado de Rio Grande do Sul ha iniciado en diciembre pasado la devolución (trimestral) del IVA estadual (impuesto a la circulación de mercaderías y servicios) por medio de una tarjeta de crédito a familias de bajos ingresos, y están en estudio otros proyectos similares en otros estados de Brasil.

Conclusiones

En este trabajo hemos examinado dos estrategias de mitigación de los efectos regresivos del IVA.

La primera, seguida por la mayoría de los países, es la estrategia "universal", para proveer alivio del IVA a los contribuyentes. La debilidad de la solución universal se debe a que la instrumentación del alivio impositivo a través de tasas múltiples y exenciones de la base imponible constituyen un subsidio generalizado que beneficia más en términos absolutos a los que más consumen, es decir, a aquellos individuos pertenecientes a los deciles superiores de la distribución del ingreso.

Por el contrario, el IVA P permite resolver los desafíos planteados en "la *trinidad imposible*", atendiendo la regresividad del IVA sin perforar la base del impuesto ni reduciendo su recaudación. Lo hace mediante la provisión de alivio tributario de manera focalizada, beneficiando a una población objetivo carenciada.

Resulta claro que, por motivos de eficiencia en la asignación de recursos, y más aún en un marco de insuficiencia fiscal, los subsidios generalizados deben ser sustituidos por subsidios focalizados que beneficien a la población perteneciente a los deciles inferiores de la distribución del ingreso. Esto requiere introducir elementos de focalización en el diseño de políticas y, en el caso de ALC, requiere tener en cuenta el grado de informalidad que de forma desproporcionada a los deciles más pobres de la población.

Además del efecto indeseado provocado por la ausencia de focalización, la solución universal tiene dos efectos negativos adicionales: i) resta ingresos tributarios que podrían haber sido destinados a financiar gasto público social o infraestructura y ii) introduce complejidad en la gestión del impuesto y así facilita el incumplimiento de las obligaciones de los contribuyentes.

Algunas reflexiones adicionales sobre el IVA P permiten destacar que desde el punto de vista fiscal es una devolución de impuestos y no una transferencia, la cual tiene la virtud de auto-financiarse mediante la extensión de la base imponible y/o cambios en las alícuotas. También debe resaltarse el rol de las administraciones tributarias en la gestión del beneficio, actividad para la cual tienen una ventaja comparativa en función de su capacidad de manejar grandes volúmenes de datos y de contribuyentes. Esto se fortalecerá con la generalización de la factura electrónica, que permitirá mejorar la focalización y simultáneamente combatir el fraude tanto al nivel del beneficiario como del contribuyente.Asimismo, en términos de economía política, la claridad en el instrumento facilita su control social y presupuestario, lo cual favorece su aceptación entre los sectores que no son beneficiarios directos. Por último, es de esperar que este tipo de herramienta tributaria se expanda en el futuro debido a la disponibilidad de la tecnología y la demanda de transparencia, e incluso se podrá pensar en complementarlo con otros instrumentos, como el impuesto a la renta negativa.

Es bien sabido que ALC está considerada como la región más desigual del mundo. Asimismo, el trabajo analítico confirma que los sistemas tributarios de la región tienen un impacto muy poco significativo sobre la distribución del ingreso, ya sea concentrador o redistributivo: en ningún caso el coeficiente de Gini de la distribución del ingreso varía significativamente tras los impuestos.

Sin embargo, el hecho de que el diseño del sistema impositivo no vaya a tener mayor impacto sobre la mejora en la distribución del ingreso no quiere decir que no se deba hacer todo lo posible para evitar que un pobre diseño deteriore aún más dicha distribución. Este es el punto central de la propuesta del IVA P: mejorar el diseño del impuesto para compensar a los sectores menos favorecidos de la sociedad, reconociendo el papel crítico de este gravamen en un sistema tributario moderno.

Esta mejora en el diseño del impuesto se logra incorporando al diseño de la política tributaria los instrumentos de focalización y de entrega de beneficios que ya tienen 25 años de aplicación relativamente exitosa en la nueva generación de programas sociales de América Latina. Más aún, el diseño propuesto en este trabajo permite no solo brindar alivio tributario a los sectores beneficiados, sino hacerlo sin deteriorar la recaudación total del impuesto.

Referências

Ainsworth, R. 2006. Digital Consumption Tax (D-CT). Law and Economics, documento de trabajo Nº 06-26. Boston, MA: Boston University School of Law.

Barreix, A. y J. Roca. 2007. Reforzando un pilar fiscal: el impuesto a la renta dual a la uruguaya. *Revista de la CEPAL*, 92. Disponible en: https://repositorio.cepal.org/handle/11362/11195.

Barreix, A., M. Bès y J. Roca. 2010. El IVA Personalizado. Aumentando la recaudación y compensando a los más pobres. Madrid: EuroSocial-Fiscalidad. Disponible en: http://www.eurosocialfiscal.org/index.php/noticias/ver/pagina/2/id_noticia/478.

-------. 2012. Resolviendo la Trinidad Imposible de los Impuestos al Consumo. El IVA Personalizado. En: *Reforma Fiscal en América Latina: ¿Qué fiscalidad para qué desarrollo?* Santiago de Chile: CEPAL y Fundación CIDOB Barcelona.

Barreix, A, M. Bès, O. Fonseca, M. Fonteñez, D. Morán, E. Pineda y J. Roca 2022. El IVA Personalizado revisado: una herramienta para la consolidación fiscal con equidad. Washington. Disponible en https://publications.iadb.org/es/publicaciones?keys=El+IVA+Personalizado+revisado%3A++una+herramienta+para+la++consolidaci%C3%B3n+fiscal+con+equidad

Bachas, P., L. Gadenne y A. Jensen. 2020. Informality, Consumption Taxes, and Redistribution. Documento de trabajo 27429. Cambridge, MA: National Bureau of Economic Research.

BID (Banco Interamericano de Desarrollo) y CIAT (Centro Interamericano de Administraciones Tributarias). 2019. La Presión Fiscal Equivalente en América Latina y el Caribe. Washington, D.C.: BID.

BID – Serie de Equidad Fiscal (2006, 2009 y 2010):

- Barreix, A., J. Roca y L. Villela. 2006. Equidad Fiscal en la Comunidad Andina: Impacto Redistributivo de los Impuestos y Gastos Públicos. Washington, D.C.: BID.
- Barrex, A., M. Bès y J. Roca. 2009. Equidad Fiscal en Centroamérica, Panamá y República Dominicana: Impacto Redistributivo de los Impuestos y Gastos Públicos. Washington, D.C.: EuroSocial Fiscal-BID.
- Barreix, A. y J. Roca. 2010. Equidad Fiscal en Brasil, Chile, Paraguay y Uruguay: Impacto Redistributivo de los Impuestos y Gastos Públicos. Washington, D.C.: EuroSocial Fiscal-BID.

Cabrera, M., N. Lustig y H. Morán. 2020. Fiscal Policy, Inequality and the Ethnic Divide in Guatemala. Documento de trabajo 20 del Center for Inter-American Policy and Research and Department of Economics, Tulane University, and Inter-American Dialogue.

Caspersen, E. y G. Metcalf. 1994. Is a Value Added Tax Regressive? Annual versus Lifetime Incidence Measures. *National Tax Journal*, Vol. 47, Nº 4 (diciembre).

Cecchini, S. y B. Atuesta. 2017. Programas de transferencias condicionadas en América Latina y el Caribe: Tendencias de cobertura e inversión. Serie Políticas Sociales 224 (LC/TS.2017/40). Santiago de Chile: CEPAL.

FMI (Fondo Monetario Internacional). 2011. Revenue Mobilization in Developing Countries. Washington, D.C.: FMI.

-------. 2019. Macroeconomic Developments and Prospects in Low-Income Developing Countries. Washington, D.C.: FMI.

Gasparini, L., Cicowiez, M. y W. Sosa Escudero. 2013. Pobreza y desigualdad en América Latina: conceptos, herramientas y aplicaciones. La Plata: CEDLAS.

Gómez Sabaini, J. C. y D. Morán. 2016. La situación tributaria en América Latina: raíces y hechos estilizados. *Cuadernos de Economía*, 35(67): 1-37.

Harris, T., D. Phillips, R. Warwick, M. Goldman, J. Jellema, G. Inchauste y K. Goraus. 2019. Redistribution via VAT and cash transfers: an assessment in six low- and middle-income countries. Londres: IFS.

Jenkins, G. P., H. P. Jenkins y C. Y. Kuo. 2006. Is the Value Added Tax Naturally Progressive? Documento de trabajo Nº 1059. Kingston, ON: Economics Department, Queen's University.

Keen, M. 2013. The Anatomy of the VAT. Documento de trabajo Nº 13/111. Washington, D.C.: FMI.

Keen, M. y S. Smith. 2007. VAT Fraud and Evasion: What Do We Know and What Can be Done? Documento de trabajo WP/07/31. Washington, D.C.: FMI.

Lustig, N. y C. Pereira. 2016. The Impact of the Tax System and Social Spending in Income Redistribution and Poverty Reduction in Latin America. Madrid: Hacienda Pública Española.

Morán, D. y A. Rojas. 2019. La Presión Fiscal Equivalente (BID-CIAT) en América Latina y el Caribe. Washington, D.C.: BID. Disponible en: https://publications.iadb.org/es/la-presion-fiscal-equivalente-en-america-latina-y-el-caribe.

Naritomi, J. 2019. Consumers as Tax Auditors. *American Economic Review*, 109: 3031-72.

OCDE, CEPAL, BID y CIAT. 2020. Estadísticas tributarias en América Latina y el Caribe, 1990-2018. París: OCDE.

Phillips, D., R. Warwick, M. Goldman, K. Goraus, G. Inchauste, T. Harris y J. Jellema. 2018. Redistribution via VAT and Cash Transfers: An Assessment in Four Low- and Middle-Income Countries. Commitment to Equity (CEQ), Working Paper Series 78, Tulane University.

Rasteletti, A. 2021. IVA personalizado: Experiencia de 5 países y su importancia estratégica para la política y la administración tributaria. [Texto de blog.] Washington, D.C.: BID.

Slemrod, J. 2019. Comments on Bachas, Gadenne, and Jensen. Washington, D.C.: Banco Mundial. Disponible en: https://www.bus.umich.edu/ConferenceFiles/Conference-on-the-Value-Added-of-ValueAdded-Taxes/files/SlemrodBachas%20et%20al%20slides%205-10-19.pdf.

Thomas, A. 2020. Reassessing the regressivity of the VAT. OECD Taxation Working Papers 49. París: OCDE.

29

BIG DATA, INTELIGÊNCIA ARTIFICIAL E *SECRET COMPARABLES* NOS PREÇOS DE TRANSFERÊNCIA[1]

Jonathan Barros Vita

Introdução

O campo da intersecção entre os preços de transferência e as novas tecnologias é extremamente fértil, pois há uma multiplicidade de modelos de negócios com suas respectivas monetizações e lucros, que possuem poucos comparáveis, além da necessidade de uma correta atribuição de lucros no campo transnacional, sem olvidar as questões documentais com grandes volumes de dados disponíveis.

Nesse sentido, faz-se um recorte neste artigo para analisar o tema da relação entre big data e os preços de transferência, que segue na mesma linha de uma publicação que lida com a questão da relação entre LGPD e preços de transferência[2].

Naquele artigo, eram investigados os problemas derivados do fato de o fisco utilizar-se de ferramentas tecnológicas (algoritmos/*bots*) para minerar dados e criar operações parâmetro, com uso intensivo de análise de *big data*, conglobando dados e metadados sensíveis dos contribuintes que são tratados sem grandes preocupações com sua necessária proteção.

[1] Esse texto foi inicialmente publicado em: Vita, Jonathan Barros. Big Data, Inteligência Artificial e Secret Comparables nos Preços de Transferência. In: Priscila de Souza. (Org.). XVIII Congresso Nacional de Estudos Tributários: meio século de tradição. 1ed.São Paulo: Noeses, 2021, p. 799-816.

[2] Vita, Jonathan Barros. Preços de transferência, privacidade de dados e comparabilidade *In: Direito Tributário e Interdisciplinaridade: Estudos em homenagem a Paulo Ayres Barreto*. São Paulo: Noeses, 2021.

Como anverso deste tema, cabe analisar detidamente como essa produção de operações parâmetro nos métodos primários (ou estabelecimento de margens de lucratividade dos métodos secundários) por parte do fisco a partir de bases anonimizadas, por exemplo, é vista como lícita ou ilícita dentro da doutrina clássica dos *secret comparables* dos preços de transferência.

Mais ainda, com essas novas tecnologias, tal identificação pormenorizada de cada um desses elementos componentes das transações sob exame está sendo terceirizada para algoritmos sofisticados que se utilizam de *big data analitics* para agir, quase que impedindo que seres humanos consigam identificar esse processo, vez que se baseiam em uma racionalidade distinta da humana.

De forma análoga e, curiosamente, (até mesmo) as empresas estão se utilizado de tais mecanismos de mineração e tratamento de dados a partir do uso intensivo de big data e inteligência artificial com o fim de produzir suas documentações dos preços de transferência e suas correspondentes operações parâmetro ou alocações de lucros, o que leva a necessidade de revisitar o citado conceito dos *secret comparables.*

Antes de avançar ao plano de trabalho deste artigo, importante estabelecer a premissa de como ocorre o processo de produção de operações parâmetro a partir do sistema de referência proposto[3].

Especificamente, existe um processo de parametrização, em que os elementos/notações básicas das operações sob controle são identificados, seguido de uma busca por comparáveis nos mercados sob exame (comparabilidade) ao qual se acopla a equalização, na qual as operações comparáveis são ajustadas para se adequarem aos parâmetros estabelecidos genericamente e para as circunstâncias específicas do caso concreto.

Dentro de tal campo é que as provas começam a ter sua importância revelada, bem como a correta identificação do que está sendo utilizado como substrato para cada uma destas etapas.

Para cumprir os objetivos desse trabalho, inicialmente será realizada uma análise de como a Teoria das Provas visualiza a construção de operações comparáveis.

[3] Vita, Jonathan Barros. Parametrização, comparabilidade e equalização: premissas teóricas para construção de operações parâmetro nos preços de transferência e na valoração aduaneira. *In: Revista da Receita Federal – estudos tributários e aduaneiros*, v. 2, p. 39-60, 2015.

Secundariamente, a teoria clássica dos *secret comparables* será declinada para que, no último tópico, seja realizada a análise de como as novas tecnologias vem afetando tal conceito.

Finalmente e sob o ponto de vista epistemológico, para atingir os objetivos traçados nesse artigo, o método aplicável é o empírico-dialético, utilizando-se de técnicas de pesquisa bibliográfica e legislativa, e o sistema de referência utilizado[4] é formado da conjugação entre a Teoria dos Sistemas de Niklas Luhmann[5], o Construtivismo Lógico-Semântico de Barros Carvalho[6] e ferramentas específicas do *Law and Economics*[7][8][9].

1. Teoria das Provas e a determinação das operações comparáveis[10]

Sinteticamente, sendo a Teoria das Provas[11] uma forma de determinação de alinhamento entre uma realidade linguística construída e sua admissibilidade condicionada pelas estruturas jurídicas, tem-se que tal teoria é de fundamental importância no estudo dos preços de transferência, dada a necessidade de investigação de dados/elementos situados em extratos linguísticos que devem ser multifacetados para permitir a operação deste instituto.

Nesse sentido, as provas são o mais comum meio circulante/ condicionante que denota os índices dos fatos jurídicos, pois ambos são dados

[4] Para a visão mais global deste sistema de referência proposto: VITA, Jonathan Barros. *Teoria Geral do Direito: Direito Internacional e Direito Tributário.* São Paulo: Quartier Latin 2011.

[5] LUHMANN, Niklas. *Law as a social system.* Oxford: Oxford University Press, 2004.

[6] CARVALHO, Paulo de Barros. *Direito Tributário: linguagem e método.* 5ª edição. São Paulo: Noeses, 2013.

[7] Como representação do texto clássico sobre o tema: POSNER, Richard A. *Economic Analysis of Law.* 9a ed. New York: Wolters Kluwer, 2014.

[8] Como exemplos de coletâneas que representam os clássicos autores do tema: ROEMER, Andrés. *Derecho y economía: uma revisión de la literatura.* Cidade do México: ITAM, 2000; ZYLBERSZTAJN, Décio; STAJN, Rachel. *Direito e economia: análise econômica do direito e das organizações.* Rio de Janeiro: Campus juridico, 2005.

[9] Como exemplos bem acabados de um sistema de referência baseado nos clássicos autores americanos aplicados ao direito tributário: CALIENDO, Paulo. *Direito tributário e análise econômica do direito: uma visão crítica.* Rio de Janeiro: Elsevier, 2009; e CARVALHO, Cristiano Rosa de. *Teoria do sistema jurídico: direito, economia, tributação.* São Paulo: Ed. Quartier Latin, 2005.

[10] Como versão original do texto aqui atualizado: VITA, Jonathan Barros. *Preços de transferência.* São Paulo: Fiscosoft/Revista dos Tribunais/Thomson Reuters, 2014.

[11] Para mais sobre a Teoria das Provas dentro de uma visão similar do sistema de referência: TOMÉ, Fabiana Del Padre. *A prova do direito tributário.* São Paulo: Noeses, 2006.

linguísticos que se pressupõem reciprocamente, combinando-se para permitir a criação da realidade jurídica.

A partir de tal perspectiva e, sob ângulo pragmático da análise dos preços de transferência e a Teoria das Provas, há a necessidade de determinar as formas de provas como suporte da comparabilidade, que (re)criam uma operação parâmetro presumida que será a substituta eventual da operação praticada entre as partes vinculadas, com suas correspondentes equalizações.

Nesse sentido, sob o ângulo das provas, para a composição dos custos e preços médios, uma série de regras são estabelecidas pelos sistemas jurídicos para sua aferição.

Obviamente, lembra-se que, sob o aspecto objetivo das provas, cada um dos métodos possui certas especificidades adicionais em relação àquelas aqui apresentadas, afetando as provas e contraprovas aceitas e seu procedimento de produção.

De qualquer forma, de forma geral, a comprovação dos custos e preços médios é permitida através da análise de alguns suportes físicos:

- publicações ou relatórios oficiais do governo do país do comprador ou vendedor ou declaração da autoridade fiscal, especialmente nas trocas de informações, relações de reciprocidade ou assistência administrativa recíproca;
- pesquisas ou publicações técnicas efetuadas por empresa, instituição ou organismo nacionais ou internacionais de notório conhecimento técnico;
- dados constantes das bolsas de valores nacionais ou internacionais quando globalmente reconhecidas;
- dados/documentos internos (contábeis ou não) as empresas vinculadas, especialmente, na determinação dos custos para os métodos das margens, como os constantes dos contratos de compra e venda e de câmbio registrados ou dados do SISCOMEX, NOVOEX e SISCOSERV (extinto) (estas bases no caso do direito brasileiro), sobre os quais serão realizadas algumas observações no item do *secret comparables*, *infra*; ou
- dados/documentos internos (contábeis ou não) de empresas não vinculadas que fornecerem os dados dos preços de revenda ou, ainda, os seus custos de produção para serem comparados e equalizados em comparação com os custos das empresas vinculadas, sob os mesmos suportes físicos mencionados acima.

Inicialmente, como critério de admissibilidade das publicações, pesquisas, relatórios oficiais, além de todos os outros elementos mencionados, tem-se o fato de que devem ter sido realizados com observância de métodos de avaliação internacionalmente adotados e se referirem a período contemporâneo com o de apuração da base de cálculo do imposto de renda.

Ainda, para que as publicações ou estudos técnicos realizados por organismos, empresas ou instituições devem, para serem considerados como válidos, especificar o setor, o período, as empresas pesquisadas e a margem encontrada, bem como identificar estes dados coletados e trabalhados distribuindo-os por empresa, unidade individual.

Obviamente, o problema da elucidação semântica dos métodos de avaliação internacionalmente reconhecidos é uma premissa que parte, nitidamente, dos princípios contábeis do IFRS.

Cite-se que a avaliação da admissibilidade destes supracitados dados, além dos critérios denotados, deve ser realizada em parecer fundamentado/motivado e seguindo os princípios do devido processo legal, ampla defesa, contraditório e publicidade, declinando os motivos da inidoneidade de tais suportes físicos, o que normalmente deve vir publicizado através dos atos do poder executivo.

De qualquer forma, a desconsideração de documentos é pressuposto de arbitramento dos custos e preços médios pela inidoneidade das provas é uma prerrogativa do executivo e, permite, por decorrência lógica,[12] a construção dos fatos jurídicos correspondentes.

2. Uma síntese da teoria clássica dos *Secret comparables*[13/14]

A produção probatória deve ser pautada nos princípios constitucionais da publicidade, ampla defesa e contraditório e, paralelamente, a produção da operação parâmetro dos preços de transferência é pautada na determina-

[12] Em sentido parcialmente similar: Tôrres, Heleno Taveira. *Direito tributário internacional: planejamento tributário e operações transnacionais.* São Paulo: Revista dos Tribunais, 2001.

[13] Como versão original do texto aqui atualizado: Vita, Jonathan Barros. *Preços de transferência.* São Paulo: Fiscosoft/Revista dos Tribunais/Thomson Reuters, 2014.

[14] Como importante marco da doutrina nacional no estudo deste instituto, inclusive com certos dados do direito comparado: Schoueri, Luís Eduardo. Considerações sobre o princípio *arm's length* e os *secret comparables. Homenagem a Paulo de Barros Carvalho.* São Paulo: Quartier Latin, 2008.

ção de transações comparáveis utilizando o maior número de variáveis de parametrização possível para permitir uma real alocação da equalização.

Nesse contexto, o tema dos *secret comparables*,[15] surge como um importante ponto de tensão no campo da aplicação dos preços de transferência, pois, com o uso destes, há uma impossibilidade de acessar plenamente os dados das operações que servirão como prova/suporte para a construção da operação parâmetro.

Interessantemente, nota-se que o termo adotado para definir essa situação já poderia ser considerado uma contradição em termos, pois o procedimento de comparação deve ser público sob pena de se ferir o supracitado princípio da publicidade na administração pública.

Além disso, a realização de um procedimento desta natureza pela administração pública pode ferir, efetivamente, a ampla defesa e contraditório, pois a comparação nos preços de transferência representa um processo operado entre dois sistemas sociais (direito e economia), mas que exige uma alimentação recíproca de informações entre os sujeitos ativo e passivo tributários.

Sendo essa alimentação recíproca e todos os procedimentos administrativos necessariamente públicos, há a necessária implicação de todos os princípios processuais para condicionar a validade do seu resultado.

É dizer, todo procedimento (entendido como etapa de um processo) deve se submeter aos princípios relativos à sua classe o que, no caso específico do processo administrativo, implica atender aos princípios gerais do processo e aos princípios específicos do processo administrativo.

Prosseguindo, os *secret comparables* são um tema pouco estudado e se estabelecem como um interessante ponto de entrecruzamento entre a Teoria das Provas em seus aspectos objetivo, ou seja, do objeto/conteúdo e admissibilidade das provas, e subjetivo, no contexto dos sujeitos produtores das mesmas, sob o ângulo da viabilização dos processos de comparabilidade, criando operações parâmetro.

Essa utilização destes comparáveis secretos carrega dentro de si uma importante ambiguidade, pois há o segredo sobre o objeto desta construção da operação parâmetro, o que impede determinação de qualidade,

[15] Comparáveis secretos em tradução livre, entretanto esta expressão traduzida não será utilizada por não ser usual na doutrina que permanece utilizado a expressão original em inglês.

etc. (fatores de equalização) e o segredo vinculado aos fatores de precificação das operações utilizadas como suporte para a construção da transação parâmetro.

Nessa perspectiva, historicamente, países como a China o abraçam diretamente, enquanto EUA e Áustria, por exemplo, as rechaçam explicitamente, como bem-posto no relatório do The Platform for Collaboration on Tax[16].

Esse relatório também aponta, alinhado ao UN Practical Manual on Transfer Pricing e ao OECD Transfer Pricing Guidelines (e o report da PwC sobre o tema[17]), além do OECD Paper on Transfer Pricing Comparability Data and Developing Countries, que essas situações se relevam mais fortemente no uso de bases de dados aduaneiras para fins de preços de transferência[18] e tem tido forte problematização em casos julgados.[19]

Utilizando-se o direito brasileiro como parâmetro de análise dos *secret comparables*, historicamente vem ocorrendo um uso desmedido de informações do SISCOMEX[20] para determinação de uma base de dados de comércio exterior, reiterando que este uso de sistemas informacionais deve ser realizado com bastante parcimônia para evitar distorções nas precificações de operações parâmetro, a exemplo.[21]

De qualquer forma, a base de dados do SISCOMEX despersonifica/desindividualiza as operações, produzindo uma artificial redução de complexidades e generalização não congruente dos dados de mundo, retirando

[16] The Platform for Collaboration on Tax (International Monetary Fund (IMF), Organisation for Economic Co-operation and Development (OECD), United Nations (UN) and World Bank Group (WBG)). *A Toolkit for Addressing Difficulties in Accessing Comparables Data for Transfer Pricing Analyses*. 2017.

[17] Esse report foi chamado de: Putting a comparability analysis and search for comparables into perspective.

[18] Com mais comentários sobre tais circunstâncias: Vita, Jonathan Barros. *Relações entre valoração aduaneira e preços de transferência*. São Paulo: Thomson Reuters, 2014.

[19] Para casos judiciais sobre o assunto, tem-se pelo menos duas fontes importantes: https://tpcases.com/tag/secret-comparables/ e Muyaa, E.Transfer Pricing Comparability Adjustments: The Pursuit of "Exact" Comparables. *In: International Transfer Pricing Journal 2014 (Volume 21), No. 5*. Amsterdã: IBFD, September/October 2014.

[20] Não se farão menções a partir daqui ao NOVOEX e a o SISCOSERV, pois estes não são ainda tão utilizados com este fim, entretanto as observações trazidas ao SISCOMEX podem ser extendidas a estes dois mecanismos.

[21] Como importante texto que reitera este alerta: WCO. *Guidelines on the development and use of a national valuation database as a risk assessment tool*. Bruxelas: WCO, 2012.

os elementos necessários à equalização das operações, especialmente, por não conter dados sobre marca, qualidade, quantidades e curva de economia de escala, entre outros.[22]

Logo, o SISCOMEX não pode ser considerado como instrumento plenamente idôneo à verificação/comprovação de operações praticadas entre partes não vinculadas.

Sumarizando, o uso do SISCOMEX pela administração tributária como única base de dados perfaz uma espécie de informação unilateral, privilegiada, sigilosa e inexata, pois inexistem: o acesso das partes não vinculadas sujeitas a controle pelos preços de transferência; nem uma base de dados sobre os aspectos materiais das operações sobre controle.

Secundariamente, importante é mencionar que o uso destes comparáveis às cegas não permitem que haja uma verificação dos fatores de precificação das transações, especialmente, sob o ângulo das posições de mercado dos participantes, pois a generalização provocada pelo uso do SISCOMEX acaba por dar como resultado meros dados estatísticos, sem uma determinação específica de todos os elementos da transação.

Tal constatação é reforçada pela obrigatoriedade do sigilo contida neste sistema, derivante do art. 198 do CTN, que é dada aos participantes das transações que serão utilizadas como provas para a produção da operação parâmetro.

Outrossim, recorda-se que estes dados genéricos não preenchem as condições dadas ao uso dos dados de publicações técnicas, a exemplo, pois não há indicação do período, empresas pesquisadas, critérios utilizados e margens praticadas nestas operações.[23]

Da mesma forma, o uso destas informações deve ser extremamente cuidadoso, pois pode ser manipulado de forma artificial pelo sujeito que está autorizando o uso de seus dados, impedindo a livre concorrência.

É dizer, na precificação das operações uma única observação externa é realizada pelos atores do mercado, ou seja, o uso de dados sigilosos e inter-

[22] Com críticas semelhantes: CARVALHO, Paulo de Barros. Preços de transferência no Direito Tributário brasileiro. *Revista de Direito Tributário Internacional.* São Paulo: Quartier Latin, v. 3, ano 1, nº 3, p. 185-203, jun. 2006; e TÔRRES, Heleno Taveira. *Direito tributário internacional: planejamento tributário e operações transnacionais.* São Paulo: Revista dos Tribunais, 2001.

[23] Novamente, com críticas semelhantes: CARVALHO, Paulo de Barros. Preços de transferência no Direito Tributário brasileiro. *Revista de Direito Tributário Internacional.* São Paulo: Quartier Latin, v. 3, ano 1, nº 3, p. 185-203, jun. 2006.

nos representa um desvio da livre concorrência e segredos comerciais, pois não replica as condições *at arm's lenght*.[24]

Por fim, deve ser reiterado o problema da impossibilidade da surpresa no uso dos dados de outros contribuinte, pois as informações necessárias a construção das operações parâmetro devem ser, como dito, utilizadas de forma recíproca e colaborativa pelo fisco e contribuinte sujeito às regras dos preços de transferência.[25]

Outrossim, importante é mencionar que os *secret comparables* (nacionais ou internacionais) são a negação do princípio da publicidade, ampla defesa e contraditório necessários à constitucionalidade da produção probatória, do que devem ser considerados como não admissíveis no sistema jurídico, a não ser quando tal anonimização não seja evitável, como será visto no próximo item.

3. *Big data*, inteligência artificial e *Secret comparables*[26][27]

Antes de tudo cabe estabelecer alguns parâmetros mínimos a respeito da definição dos conceitos de big data, mineração de dados, análise preditiva, inteligência artificial, entre outros que serão úteis neste subitem.[28]

Dentro desta perspectiva, as chamadas novas tecnologias tem um papel fundamental na digitalização da economia, assim como, na automatização de procedimentos, utilizando-se de uma montanha de dados e metadados (*big data*)[29] que são minerados (extraídos) para realizar decisões prediti-

[24] Com as mesmas críticas: SCHOUERI, Luís Eduardo. Considerações sobre o princípio *arm's length* e os *secret comparables*. *Homenagem a Paulo de Barros Carvalho*. São Paulo: Quartier Latin, 2008.

[25] Em sentido semelhante: SCHOUERI, Luís Eduardo. Considerações sobre o princípio *arm's length* e os *secret comparables*. *Homenagem a Paulo de Barros Carvalho*. São Paulo: Quartier Latin, 2008.

[26] Como versão original do texto aqui atualizado: VITA, Jonathan Barros. *Preços de transferência*. São Paulo: Fiscosoft/Revista dos Tribunais/Thomson Reuters, 2014.

[27] Como importante marco da doutrina nacional no estudo deste instituto, inclusive com certos dados do direito comparado: SCHOUERI, Luís Eduardo. Considerações sobre o princípio *arm's length* e os *secret comparables*. *Homenagem a Paulo de Barros Carvalho*. São Paulo: Quartier Latin, 2008.

[28] Como autor clássico que lida com várias dessas definições: PERELMUTER, Guy. *Futuro Presente*. 1. ed. São Paulo: Editora Nacional, 2019.

[29] Para uma melhor definição do tema: RAUTENBERG, Sandro; DO CARMO, Paulo Ricardo Viviurka. Big data e ciência de dados. *Brazilian Journal of Information Science*: research trends, v. 13, n. 1, p. 56-67. 2019.

vas informadas através de processos de aprendizado de máquina, que fará uma varredura dos sistemas/dados e conseguirá gerar, através de algoritmos de inteligência artificial, um resultado, no caso, uma operação parâmetro, alocação de lucros ou documentação dos preços de transferência.

É dizer, com a evolução tecnológica e as ferramentas sofisticadas que se baseiam em análise preditiva e inteligência artificial[30], houve um movimento, por tanto por parte do fisco, como, mais fortemente, por parte das empresas, de usar *big data* para otimizar o processo de aderência as regras dos preços de transferência.

Nessa perspectiva, normalmente os *secret comparables* eram vistos apenas do lado do fisco, quando este se utilizava de dados aduaneiros ou de bases não 100% públicas para (re)criar as operações parâmetro.

No caso brasileiro, por exemplo, o uso dos dados do SISCOMEX e outras bases de dados governamentais era considerada como um dos grandes problemas na produção de provas no direito brasileiro no campo dos preços de transferência[31].

Polarmente, o movimento dos particulares em tentarem utilizar-se de ferramentas sofisticadas de análise e mineração de dados para (re)criar suas documentações de preços de transferência com suas correspondentes operações parâmetro ou alocações de lucros, através de bases de dados próprias e anonimizadas (ou não), as quais incluem, em muitos casos, operações submetidas a segredo comercial.

Da mesma forma, a automatização dos processos de coleta de dados permitem que os *local files, master files* e os *country by country reports* sejam feitos de forma muito mais sofisticada, com muito mais dados e com uma rapidez e precisão inigualáveis pelos humanos, pois os dados coletados, normalmente, são simulacros das versões reais, mais pobres linguisticamente pela inferior capacidade cognitiva dos humanos.

[30] Como autores brasileiros que lidam de forma genérica com a relação entre inteligência artificial e tributação: CALIENDO, Paulo. Tributação e Inteligência Artificial. In: AFONSO, José Roberto; SANTANA, Hadassah Laís (Coord.). *Tributação 4.0*. São Paulo: Almedina, 2020, p. 465-475; MACHADO SEGUNDO, Hugo de Brito. Tributação e Inteligência Artificial. *Revista RJLB*, n. 1, 57-77. 2020; e ZILVETI, Fernando Aurelio. As repercussões da inteligência artificial na teoria da tributação. *Revista de Direito Tributário Atual*, São Paulo, ano 37. IBDT, p. 484-500. 2019.

[31] Nesse contexto, analisando especificamente a questão da similaridade entre produtos: BELLAN, Daniel Vitor; RIBEIRO, Ricardo Pereira. Conceito de similaridade para efeito de controle fiscal dos preços de transferência. In: FERNANDES, Edison Carlos (Coord.). *Preços de transferência*. São Paulo: Quartier Latin, 2007. p. 115-140.

Portanto, para compreender os novos processos de monetização e as potenciais alocações de lucros através dos métodos secundários como Profit Split Method (PSM), e sua variante Residual Profit Split Method (RPSM) e sua contraparte Transactional Net Margin Method (TNMM), há a necessidade tanto do fisco como dos contribuintes utilizarem big data e inteligência artificial e análise preditiva dos lucros alocáveis.

Tais exemplos de aplicação de novas tecnologias aos preços de transferência indicam uma bilateralidade do uso de comparáveis secretos tanto pelo fisco como pelos contribuintes o que gera uma correspondente crise conceitual ou erosão semântica dos *secret comparables* nesse contexto.

Concretamente, cabe indagar se as clássicas oposições ao uso desses comparáveis secretos ainda deve ser reafirmada com ilícita no sistema jurídico, vez que ambas as partes (fisco e contribuintes) as vêm utilizando.

Mais ainda, os problemas dos *secret comparables* agora se iniciam quando a varredura de dados ocorre de maneira indiscriminada e anonimizada e são potencializados quando o algoritmo é do tipo *black box*, em que se sabe (parcialmente) os dados inseridos e o resultado, entretanto, a compreensão humana não consegue compreender o processo utilizado pelo algoritmo do robô para chegar aquele resultado, impedindo sua auditoria e avaliação de acountability.

De outro lado, a situação se complica quando os dados podem ser gerados por uma lógica não linear (*fuzzy logic*) e em uma forma não compreensível para os humanos, mas, tão somente, para os sistemas.

Complementarmente, com o uso de *big data*, montanhas de dados e metadados podem ser analisados e processados, deixando-se de reduzir complexidades para o seu tratamento por humanos.

Curiosamente, a partir de tal perspectiva, tem-se a possibilidade do diálogo de inteligências artificiais do fisco e dos contribuintes para, cooperativamente ou não, construírem as operações parâmetro (ou estabelecem margens de lucratividade) e chegar a um mínimo denominador comum.

A partir de tal hipótese, os *secret comparables* são um subproduto não só aceitável como natural de tais processos, chegando à possibilidade do que aqui se chama de high frequency taxation[32], em que máquinas dos

[32] O termo é uma corruptela do *high frequency trading* utilizado hoje nas bolsas de valores, em que máquinas/robôs/inteligência artificial realizam operações em milissegundos com ganhos ínfimos, mas que, pela velocidade de compra e venda, permitem lucratividade nas transações.

contribuintes conversam com as máquinas/inteligência artificial do fisco e alocam milissegundo a milissegundo a correta carga tributária a cada uma das transações.

Conclusões

A construção da operação parâmetro nos preços de transferência envolve os processos de parametrização, comparabilidade e equalização, que permitem, a partir dos dados da operação sob investigação e dos parâmetros legalmente estabelecidos, investigar a validade dos fatos jurídicos produzidos e, caso seja necessário, criar a operação substitutiva.

A Teoria das Provas é fundamental para compreender os processos envolvidos na arrecadação de documentos para comprovar tanto quais as operações comparáveis, como determinar os sujeitos responsáveis pela sua produção e infirmar as margens de lucratividade projetadas por aquele sistema jurídico.

Classicamente, no plano internacional e comparado, não se considera como válido o uso do chamados *secret comparables*, como corroborado nos relatórios da ONU, OCDE e PCT e em um grande contencioso internacional, sendo a grande exceção desta posição aquela chinesa.

O Brasil, mais veladamente, faz uso dessa prática através de construções de operações de forma desfundamentada com base nos dados do SISCOMEX, NOVOEX e do revogado SISCOSERV.

Atualmente, o conceito de *secret comparables* ganha um aspecto bilateral, pois é aplicável tanto ao fisco como aos contribuintes, que se utilizam de ferramentas sofisticadas de mineração e análise de big data através de inteligência artificial para produzir *local files*, *master files* e os *country by country reports.*

Da mesma forma, essa análise de big data preditiva por inteligência artificial também é utilizada para criar operações parâmetro dos métodos primários ou estabelecer alocações de lucratividade nos métodos secundários.

O futuro será de uso intensivo de ferramentas de mineração tanto por parte do fisco como dos contribuintes e terá como resultado uma forma de alocação e arbitragem de tributos utilizando-se do diálogo entre inteligências artificiais (do fisco e dos contribuintes) para produzir o quantum tributário ou o ajuste de transações de velocidade hipersônica.

Referências

ANDRADE, Paulo Roberto. Valoração aduaneira e preços de transferência no Brasil: uma comparação objetiva. *Revista de Direito Tributário Internacional*. São Paulo: Quartier Latin – , v. 1, ano 1, nº 1, p. 121-145, out. 2005.

BARRETO, Paulo Ayres. *Imposto sobre a renda e preços de transferência*. São Paulo: Dialética, 2001.

BELLAN, Daniel Vitor; RIBEIRO, Ricardo Pereira. Conceito de similaridade para efeito de controle fiscal dos preços de transferência. In: FERNANDES, Edison Carlos (Coord.). *Preços de transferência*. São Paulo: Quartier Latin, 2007. p. 115-140.

CALIENDO, Paulo. *Direito tributário e análise econômica do direito: uma visão crítica*. Rio de Janeiro: Elsevier, 2009.

CALIENDO, Paulo. Tributação e Inteligência Artificial. In: AFONSO, José Roberto; SANTANA, Hadassah Laís (Coord.). *Tributação 4.0*. São Paulo: Almedina, 2020, p. 465-475.

CARVALHO, Cristiano Rosa de. *Teoria do sistema jurídico: direito, economia, tributação*. São Paulo: Ed. Quartier Latin, 2005.

CARVALHO, Paulo de Barros. *Direito Tributário: linguagem e método*. 5ª edição. São Paulo: Noeses, 2013.

CARVALHO, Paulo de Barros. Preços de transferência no Direito Tributário brasileiro. *Revista de Direito Tributário Internacional*. São Paulo: Quartier Latin, v. 3, ano 1, nº 3, p. 185-203, jun. 2006.

FLUSSER, Vilém. Para uma teoria da tradução. *Revista Brasileira de Filosofia*. São Paulo: Instituto Brasileiro de Filosofia, v. XIX, Fascículo 73, jan.-mar. 1969.

LUHMANN, Niklas. *Law as a social system*. Oxford: Oxford University Press, 2004.

MACHADO SEGUNDO, Hugo de Brito. Tributação e Inteligência Artificial. *Revista RJLB*, n. 1, 57-77. 2020.

MAISTO, Guglielmo. Cross-border valuation for income tax, customs duties and VAT. *IBFD Bulletin*. Amsterdam: IBFD, p. 107-113, mar. 2001.

MUYAA, E.Transfer Pricing Comparability Adjustments: The Pursuit of "Exact" Comparables. *In: International Transfer Pricing Journal 2014 (Volume 21), No. 5*. Amsterdã: IBFD, September/October 2014.

PERELMUTER, Guy. *Futuro Presente*. 1. ed. São Paulo: Editora Nacional, 2019.

POSNER, Richard A. *Economic Analysis of Law*. 9a ed. New York: Wolters Kluwer, 2014.

RAUTENBERG, Sandro; DO CARMO, Paulo Ricardo Viviurka. Big data e ciência de dados. *Brazilian Journal of Information Science*: research trends, v. 13, n. 1, p. 56-67. 2019.

ROEMER, Andrés. *Derecho y economía: uma revisión de la literatura*. Cidade do México: ITAM, 2000.

SCHOUERI, Luís Eduardo. Considerações sobre o princípio *arm's length* e os *secret comparables*. *Homenagem a Paulo de Barros Carvalho*. São Paulo: Quartier Latin, 2008.

The Platform for Collaboration on Tax (International Monetary Fund (IMF), Organisation for Economic Co-operation and Development (OECD), United Nations (UN) and World Bank Group (WBG)). *A Toolkit for Addressing Difficulties in Accessing Comparables Data for Transfer Pricing Analyses*. 2017.

TOMÉ, Fabiana Del Padre. *A prova do direito tributário*. São Paulo: Noeses, 2006.

TÔRRES, Heleno Taveira. *Direito tributário internacional: planejamento tributário e operações transnacionais*. São Paulo: Revista dos Tribunais, 2001.

VICENTE, Marcelo Alvares. *Controle fiscal dos preços de transferência*. 2007. Dissertação (mestrado em direito) – Faculdade de Direito, PUC, São Paulo.

VITA, Jonathan Barros. Parametrização, comparabilidade e equalização: premissas teóricas para construção de operações parâmetro nos preços de transferência e na valoração aduaneira. *In: Revista da Receita Federal – estudos tributários e aduaneiros*, v. 2, p. 39-60, 2015.

VITA, Jonathan Barros. Preços de transferência, privacidade de dados e comparabilidade *In: Direito Tributário e Interdisciplinaridade: Estudos em homenagem a Paulo Ayres Barreto*. São Paulo: Noeses, 2021.

VITA, Jonathan Barros. *Preços de transferência*. São Paulo: Fiscosoft/Revista dos Tribunais/ Thomson Reuters, 2014.

VITA, Jonathan Barros. *Relações entre valoração aduaneira e preços de transferência*. São Paulo: Thomson Reuters, 2014.

VITA, Jonathan Barros. *Teoria Geral do Direito: Direito Internacional e Direito Tributário*. São Paulo: Quartier Latin 2011.

WCO. *Guidelines on the development and use of a national valuation database as a risk assessment tool*. Bruxelas: WCO, 2012.

ZILVETI, Fernando Aurelio. As repercussões da inteligência artificial na teoria da tributação. *Revista de Direito Tributário Atual*, São Paulo, ano 37. IBDT, p. 484-500. 2019.

ZYLBERSZTAJN, Décio; STAJN, Rachel. *Direito e economia: análise econômica do direito e das organizações*. Rio de Janeiro: Campus juridico, 2005.

30
GIG ECONOMY E TRIBUTAÇÃO: DESAFIOS E PERSPECTIVAS

EDVALDO BRITO
ANTONIO ALI BRITO
EDUARDO GALLOTTI RODRIGUES

Introdução

É inconteste o vínculo do homem ao trabalho. Desde os prelúdios da existência humana, tem-se nele forma de subsistência do caráter biológico e social da espécie. Os tipos de trabalho sempre se adequaram às demandas da natureza e da vida comunitária. Não há como pensar, portanto, em relações do tipo cujos termos se mantiveram estáticos ao longo do tempo: negá-lo é ir de encontro à história e à mais pura lógica, afinal, é de se esperar que os constantes avanços tecnológico e econômico tragam, juntamente a si, mudanças em suas repercussões na esfera jurídica das comunidades.

Exemplo clássico da transmutação dessas relações é oriundo da Primeira Revolução Industrial, que tomou lugar no final do século XVIII. Iniciando-se na Inglaterra, o momento histórico é prova cabal da constante metamorfose da condição trabalhista e de sua indissociável conexão com outros aspectos da vida social, econômica e política:

> "Com o advento da Primeira Revolução Industrial, a realidade das atividades laborais existentes até o presente período mudou completamente, partindo de um contexto artesanal e manufatureiro para um centrado na utilização de máquinas que preconizava a produção massificada dos produtos ofertados. Com a inserção dessa nova modalidade de produção, a realidade enfrentada por uma boa parte dos trabalhadores foi a do desemprego; e para

aqueles que permaneceram trabalhando nas indústrias foram as condições de ofício precárias e degradantes".[1]

Veja-se, pois, que a introdução de novo fator tecnológico, o maquinário, ao modelo trabalhista produtivo, representou profunda mudança social e ao modelo econômico vigente. No âmbito social, a humanidade deparou-se com a enfermidade das más condições de trabalho e do desemprego, não mais conjuntural, mas estrutural e causado por fator cuja ascensão era inevitável. [2] No âmbito econômico, o aumento desenfreado da produção gerou novos padrões de consumo. Floresceu o modelo da produção em massa para o consumo em massa.

Respeitando seu caráter inerentemente dinâmico, as mudanças sociais promovidas pela Primeira Revolução Industrial não se fizeram únicas, mas foram seguidas por diversos outros processos revolucionários na indústria trabalhista. A utilização da energia elétrica, na Segunda Revolução Industrial, e o avanço da robótica, na Terceira, são exemplos de inovações industriais disruptivas de grande impacto social e trabalhista que atualmente fazem parte do cotidiano comercial mundo afora.

Já no presente, o panorama tecnológico passa por novo processo de intensa renovação científica, no que é chamado de Quarta Revolução Industrial. O desenvolvimento e a evolução da nano tecnologia e da computação quântica deu origem à Internet das Coisas e à Computação em Nuvem. Apesar do salto, desta vez, ter sido maior, o objetivo-último é o mesmo, o máximo grau de automação da maior quantidade de processos cotidianos e indústrias, para maior eficiência.

A aplicação das conquistas da Quarta Revolução Industrial à emergente indústria dos serviços deu origem a uma série de oportunidades de negócios extremamente lucrativas e disruptivas, tanto do ponto de vista trabalhista, quanto social. Iniciativas como o *Uber*, *Rappi* e *Ifood* tem se utilizado das novas tecnologias para construir um novo paradigma das relações de trabalho, no que se convencionou chamar de *Gig Economy*.

[1] ALMEIDA, Antônio Lucas dos Santos da; ALMEIDA, Saulo Nunes de Carvalho. Automação Laboral e as Novas Relações Trabalhistas: Perquirições Introdutórias da Proteção Jurídica do Trabalhador. *Argumenta Journal Law* n. 32 p. 155-174 jan/jun 2020, p. 158 e 159.

[2] Em inusitado, mas relevante episódio histórico, em resposta a estes problemas sociais, criou-se o Movimento Ludista, em que os operários se uniram em protesto para destruir as máquinas e os meios de produção, que eram consideradas culpados pela vigente conjuntura social.

O termo gig é oriundo da "Era do Jazz", nos Estados Unidos recém-novecentistas. Costumava-se usar a expressão para se referir às apresentações das bandas de Jazz. Como a categoria trabalhava com flexibilidade de horários, de forma autônoma e muitas vezes informal, a ideia foi utilizada para formular o conceito de *Gig Economy*, ou "uberização do trabalho", que apelida uma nova matriz econômica, pautada pela maior autonomia e flexibilidade de horários do trabalhador, em detrimento de seus direitos trabalhistas.

Com tais novidades, não são unânimes as opiniões quanto à natureza jurídica dessas relações de trabalho, tampouco em que termos podem ser consideradas suas repercussões em outros ramos do direito, como o Direito Tributário.

É imperioso, neste cenário, recordar, também, das circunstâncias de intervenção do Estado, especialmente diante da conformação de sua ordem econômica na Constituição de 1988, a partir da atuação no contexto da sua dúplice tarefa de indutor do desenvolvimento econômico e de promotor do bem-estar-social.[3] Com isso, considerando a necessidade de obtenção de meios para a satisfação dessas necessidades coletivas, inclusive as de natureza econômica, surge a imposição da tutela estatal às novas manifestações financeiras por meio da tributação.

Vislumbra-se, assim, o surgimento e a fixação de uma nova atividade econômico-social, revolucionando, como visto, o mercado de trabalho, sem que para ela fosse destinado um ordenamento jurídico consolidado. O presente artigo visa estudar as repercussões tributárias desse fenômeno tecnológico da *Gig Economy*, bem como as maneiras de adaptar nossa legislação às suas peculiaridades.

1. Panorama atual do cenário brasileiro

O Brasil é exemplo de país em que, permeado de uma legislação robusta e, em certa medida, confusa, os expoentes da *Gig Economy* encontraram terra fértil. O surgimento de novos e rentáveis aplicativos de trabalho sob demanda tem sido constante nos últimos anos, como tentativas empreendedoras de igualar o sucesso comercial das gigantes *Uber*, *Rappi* e *Ifood*.

A razão do sucesso dessas empresas transcende suas apelativas políticas de marketing e boa gestão, mas está intimamente atrelada a seus mode-

[3] BRITO, Edvaldo. *Reflexos jurídicos da atuação do estado no domínio econômico*. 3ª ed. São Paulo: Editora Saraiva, 2022, p. 18-22.

los de negócios básicos e às condições econômicas e jurídicas vigentes no Brasil atual.

A ausência de vínculo trabalhista entre estas empresas e os trabalhadores autônomos que se valem de suas plataformas lhes dão massiva vantagem competitiva no mercado contra empresas que possuem vínculo empregatício com os seus funcionários. O custo de manutenção de um trabalhador celetista, em respeito ao Ordenamento Trabalhista Pátrio, pode alcançar 183% de seu salário bruto, segundo estudo da Fundação Getúlio Vargas[4]. Não é surpresa, portanto, que um modelo de negócios que remunere o prestador de serviços baseando-se unicamente em sua produtividade tenha ampla vantagem sobre o modelo empregatício regido pela CLT.

No aspecto tributário, observamos que esse grau de incerteza enseja em um alto padrão de rentabilidade nesse modelo de trabalho, justamente porque não há possibilidade de traçar, nos termos da legislação atual, um paralelismo financeiro entre a arrecadação tributária e a concentração econômica das atividades mencionadas.

A preferência do consumidor sobre os serviços prestados de acordo com este novo modelo comercial é também gritante. Empresas de transporte individual de passageiros e de *delivery* que não se adequaram à nova realidade trabalhista esvaíram-se com o tempo e, atualmente, se não todas extintas, não possuem qualquer perspectiva futura de sucesso comercial. O motivo é evidente: com custos consideravelmente inferiores, as empresas da *Gig Economy* são capazes de funcionar com preços substancialmente menores, sendo, assim, mais atrativas aos consumidores finais.

O Instituto de Pesquisa Econômica Aplicada, IPEA, coletou dados em 2022 com o intuito de traçar panorama do atual estado e do volume da *Gig Economy* no Brasil, especialmente em relação ao setor de transportes.[5] Eis as principais conclusões alcançadas pelo estudo:

[4] A distorção percebida pelo estudo gera situações em que, se um trabalhador possui salário mensal bruto de R$ 730, seu custo será de R$ 2.067,44 para seu empregador: SOUZA, André Portela *et al. Custo do trabalho no Brasil – Proposta de uma nova metodologia de mensuração – Relatório Final*. São Paulo: Fundação Getúlio Fargas – Centro de Microeconomia Aplicada, 2012.

[5] A pesquisa foi realizada no segundo trimestre de 2022: GÓES, Geraldo; FIRMINO, Antony; MARTINS, Felipe. *Painel da Gig Economy no setor de transportes do Brasil: quem, onde, quantos e quanto ganham*. Brasília: IPEA, número 55, nota de conjuntura 14, 2º trimestre de 2022.

A) Aproximadamente 1,5 milhão de pessoas trabalhavam na *Gig Economy* no *conomysetor* de transportes no final de 2021;
B) 61,2% das pessoas ocupadas na *Gig Economy* no setor de transportes atuavam como motoristas de aplicativos ou/e taxistas;
C) 60,1% dos profissionais na *Gig Economy* no setor de transportes não possuem o ensino médio completo;
D) Quanto a distribuição regional dos trabalhadores na *Gig Economy* no setor de transportes, a maior concentração de entregadores de mercadorias via moto e motoristas de aplicativo e taxistas na região Sudeste, enquanto os mototaxistas se concentram nas regiões Nordeste e Norte do país.

No que tange aos rendimentos destes trabalhadores autônomos, o estudo concluiu que a classe possui rendimento médio entre R$ 900 e R$ 1900, tendo este retraído consideravelmente desde 2016. Estes valores variam de acordo com o veículo utilizado (moto ou carro), modalidade de transporte (de pessoas ou produtos), e, de maneira mais relevante, pela produtividade e quantidade de horas empenhadas por cada trabalhador

De qualquer forma, utilizando-se os dados apresentados, chega-se a cenário em que os trabalhadores autônomos no Brasil, resultantes do crescimento da *Gig Economy* no país, são, em sua maioria, representantes das classes sociais D e E.

2. Desafios e perspectivas da tributação na *Gig Economy*

Conforme leciona Giandomenico Majone[6], as mudanças na conjuntura econômica e social ao longo dos anos provocaram a alteração do modelo de tutela estatal pensado para cada um destes fenômenos. Se, antes, era estimulada, como regra geral, a adoção da premissa de que caberia ao poder público intervir, mediante uma posição dirigista na tributação, para induzir as diretrizes de que se serviriam os players da economia nacional, tem se prezado, hodiernamente, pela atuação estatal no sentido de coibir práticas ilícitas, corrigir disfunções mercadológicas e garantir maior eficiência nas relações econômicas.

[6] MAJONE, Giandomenico. From the positive to the regulatory state: causes and consequences of changes in the mode of governance. In: *Journal of Public Policy*, v. 17, n. 2, p, mai/ago 1997, p. 143 e segs.

Tais circunstâncias marcam a mudança do paradigma do "Estado Prestador" para o "Estado Regulador", por meio de uma realimentação contínua entre a autoridade estatal e os agentes setoriais envolvidos nessa regulação, ensejando na ascensão do "cidadão co-partícipe" para a construção de decisões que caracterizem uma postura de maior comedimento desse Estado.[7]

Partindo desta premissa, poder-se-ia defender justamente uma postura estatal mais comedida na arrecadação de receitas oriundas das atividades do *Gig Economy*, para que, assim, seja possível fomentar a livre iniciativa e o desenvolvimento econômico-social no seio deste ramo.

Olvida-se, entretanto, que a ausência de qualquer regramento jurídico-tributário sobre a temática acaba por ensejar em distinção no tratamento dado aos trabalhadores deste setor, que inegavelmente seriam privilegiados por conta desta lacuna legislativa, em contraposição a aqueles que atuam em outros campos desse mercado, à exemplo dos taxistas.

Ora, a doutrina nos ensina que, por força do princípio da isonomia tributária, é vedada a distinção de tratamento de quaisquer contribuintes pelo ente tributante. Pontua, nesse sentido, Roque Carrazza, relacionando tal princípio à nossa forma republicana de condução governamental:

> A lei tributária deve ser igual para todos e a todos deve ser aplicada com igualdade. Melhor expondo, quem está na mesma situação jurídica deve receber o mesmo tratamento tributário. Será inconstitucional – por burla ao princípio republicano e ao da isonomia – a lei tributária que selecione pessoas, para submetê-las a regras peculiares, que não alcançam outras, ocupantes de idênticas posições jurídicas.
>
> O tributo, ainda que instituído por meio de lei, editada pela pessoa política competente, não pode atingir apenas um ou alguns contribuintes, deixando a salvo outros que, comprovadamente, se achem nas mesmas condições.[8]

Bruno Bianco e Thiago Mafra[9], neste sentido, sumarizam bem a incidência de prestações pecuniárias compulsórias nas atividades relacionadas ao atual cenário da *Gig Economy* no Brasil.

[7] ARANHA, Márcio Iório. "Teoria jurídica da regulação: entre escolha pública e captura". In: *Revista de Direito Público*, vol. 16, dez/2019.

[8] CARRAZZA, Roque Antonio. *Curso de direito constitucional tributário*. 29ª edição. São Paulo: Malheiros, 2013, p. 87-88.

[9] LEAL, Bruno Bianco; TANCREDO, Thiago Mafra. Uber e direito tributária: uma análise tributária desta nova tecnologia. In: *Revista de Direito Tributário e Financeiro*. Brasília, v. 2, n. 1 ,Jan/Jun.2016, p. 423 e segs.

A) Na compra dos veículos: apontam os autores que, em razão da dita ausência de vínculo empregatício, os motoristas e motoqueiros que trabalham na indústria, pela circunstância de serem proprietários dos seus próprios veículos, pagariam, como quaisquer outros, prestações como o IPI, ICMS, IPVA, COFINS, PIS, Taxa de Licenciamento e DPVAT. Nesse ponto específico, não tem os mesmos benefícios, por exemplo, dos taxistas, que são isentos do pagamento de ICMS, IPI, IOF, ISS, IPVA, PIS e COFINS.
B) Na prestação dos serviços: defendem a cobrança do ISS em razão da prestação do serviço de transporte municipal, com lastro no item 16.01 da Lei Complementar nº 116, de 2003.
C) No aferimento de renda: observam que, pelo fato dos motoristas lucrarem com 75 a 80% das verbas decorrentes dos serviços prestados, incidiria o IR, com fundamento legal no art. 43 do Código Tributário Nacional.
D) Operação financeira para o pagamento dos serviços: constatam, no ato de transferência pelo beneficiário do serviço por meio de cartão de crédito, a incidência do IOF sobre tal operação de crédito, com lastro no art. 63, I, do CTN e no art. 2, I, b, do Decreto 6306/2007.
E) Propriedade do veículo: pelo já aludido fato de os trabalhadores da indústria serem proprietários dos próprios veículos, os autores sustentam a incidência do IPVA, descrito no art. 155, III, da Constituição Federal. Além disso, diante dessa condição de proprietário, também argumentam a incidência das taxas de licenciamento de veículos, previstas nos arts. 130 e 131 do Código de Trânsito Brasileiro, além do DPVAT, o Seguro de Danos Pessoais Causados por Veículos Automotores de Via Terrestre, descrito no Decreto Lei 73, de 1966.
F) Trabalho autônomo: inobstante as diversas discussões na seara trabalhista sobre a (in)existência de vínculo empregatício, sustentam que, pelo fato de, prioristicamente, ser reconhecida a condição de trabalho autônomo, devem ser pagas as contribuições sociais, impostas pelo art. 12, V, h, da Lei 8.213/1991.

Justamente nessa linha, reconhecem que, apesar do entendimento por eles adotado sobre quais tributos e demais prestações seriam devidos, a ausência de uma legislação específica acaba por ocasionar uma zona de penumbra, em razão da dificuldade de realizar tal raciocínio silogístico de forma clarividente.[10]

[10] O Brasil possui uma das maiores cargas tributárias do mundo, motivo pelo qual existe a incidência de várias taxas, contribuições e impostos que irão ser cobradas deste aplicativo Uber, mesmo ainda não existindo uma regulamentação sobre esse tipo de atividade. O objetivo principal desta pesquisa é proporcionar uma investigação de quais tributos poderão incidir sobre esse aplicativo disponibilizado por meio de um smartphone ou tablet, através do ordenamento jurídico recente, e também do projeto de lei em trâmite no congresso nacional, além da ideologia dos taxistas e da própria Uber sobre o pagamento dos tributos. Compreendem-se como questão problema as lacunas existentes no ordenamento jurídico a respeito do tema, em razão de ser algo novo que possui semelhança a um serviço considerado exclusivo dos taxistas, todavia, realizada por aplicativo digital. Nesta perspectiva, questionasse quais os tributos poderiam incidir sobre esse aplicativo Uber e seu motorista parceiro, responsável pela realização do serviço. [...] O Brasil possui uma das maiores cargas tributárias do mundo, motivo pelo qual existe a incidência de várias taxas, contribuições e impostos que irão ser cobradas deste aplicativo Uber, mesmo ainda não existindo uma regulamentação sobre esse tipo de atividade. O objetivo principal desta pesquisa é proporcionar uma investigação de quais tributos poderão incidir sobre esse aplicativo disponibilizado por meio de um smartphone ou tablet, através do ordenamento jurídico recente, e também do projeto de lei em trâmite no congresso nacional, além da ideologia dos taxistas e da própria Uber sobre o pagamento dos tributos. Compreendem-se como questão problema as lacunas existentes no ordenamento jurídico a respeito do tema, em razão de ser algo novo que possui semelhança a um serviço considerado exclusivo dos taxistas, todavia, realizada por aplicativo digital. Nesta perspectiva, questionasse quais os tributos poderiam incidir sobre esse aplicativo Uber e seu motorista parceiro, responsável pela realização do serviço. Esta concepção apresentada pela detentora dos direitos do aplicativo são as regras atualmente aplicadas, pelo fato de não existir nenhuma legislação ou regulamentação no país, dessa forma tais regras criadas pela Uber são as que devem ser obedecidas. A ideia de parceiro da Uber é bem clara, segundo a empresa dona do aplicativo o parceiro é responsável por todas as despesas, a empresa somente disponibiliza o aplicativo e cobra a taxa referente ao uso. Portanto, questionasse: caso um cidadão brasileiro, que mora em São Paulo, interessado em tornar-se um motorista do aplicativo, comprando um veículo nos padrões exigidos pela Uber, quais tributos deveram ser pagos? [...] A grande incógnita existente é como enquadrar esse motorista, considerado como pessoa física, nos tributos brasileiros, conforme já informado este não é funcionário da Uber, somente o considera como parceiro. Nesse sentido, a necessidade de regulamentação é urgente, para não continuar a ser considerado trabalhador informal, sem direito e deveres, principalmente tributários. Mesmo não possuindo uma regulamentação ou descrição legal sobre a sua atividade, ainda assim deverá realizar o pagamento de tributos que incidirão pelo serviço realizado. Diante deste pensamento pode-se iniciar uma análise por meio da legislação tributária em vigor, sobre quais os tributos que este motorista, trabalhando de forma autônoma e irregular, será obrigado a pagar. Primeiramente, ao verificar a ideologia da Uber sobre o tipo de prestação de serviço que o parceiro realiza, já definida no capítulo anterior, pode-se afirmar que o serviço prestado é de transporte de passageiros de forma individual." *Ibid.*, p. 422, 423-425.

Aliás, essa clarividência é vislumbrada nas próprias lições basilares sobre o princípio da tipicidade.[11], mencionando Ives Gandra da Silva Martins[12] e Alberto Xavier[13], ensinam que tal princípio impõe a estrita observação da hipótese específica de fato gerador reservada a cada um dos acontecimentos da vida abarcados pelo tipo tributário. Fora dessa *facti species*, portanto, não incidiriam tributos.

Nesse contexto, já se teve notícia de tentativas de regular a tributação da *Gig Economy* no Congresso Nacional. Mais especificamente no que tange a disciplina da profissão, Ana Carolina Dias Silviera e Guilherme Klafke[14],

[11] Ives Gandra da Silva Martins festeja o princípio da tipicidade lembrando que 'à estrita legalidade, à indelegabilidade de competência deve-se acrescentar a tipologia cerrada, fechada, inelástica, contendo a norma toda a configuração pertinente e própria à imposição pretendida', razão por que Alberto Xavier afirma que o órgão de aplicação do direito encontra-se 'submetido, quer aos tipos legais de fatos tributários, quer aos tipos de efeitos jurídicos decorrentes da verificação dos fatos, abrangendo a medida do tributo. No Direito Tributário a técnica da tipicidade atua não só sobre a hipótese da norma tributária material, como também sobre o seu mandamento'. Enfim, a hipótese normativa do fato gerador está tão imbricada com os elementos do tipo que cumpre descrevê-los para serem identificados nos acontecimentos da vida real, tal como recomendado pela doutrina, cada vez que se tiver de buscar, nesses acontecimentos, o conjunto de caracteres debuxados na facti species normativa, a fim de assegurar a perfeita incidência da respectiva norma. Cresce de importância a técnica da tipicidade, mediante a qual se verifica a natureza jurídica específica de um tributo, a partir das normas constitucionais que veiculam princípios integrantes do Estatuto do Contribuinte, inclusive as de outorga de competência tributária, passando pelas normas gerais de direito tributário, escoimando-se, assim, o tributo do meio de outras prestações pecuniárias compulsórias. Essa natureza é determinada pela materialidade da hipótese do fato gerador da obrigação tributária, por isso é irrelevante, para qualificá-lo como tributo, a denominação dada pelo legislador, bem assim as demais características formais por ele adotadas, dentre as quais está a destinação legal do produto da sua arrecadação. É pela técnica da tipicidade que se disseca o acontecimento da vida real e o enquadra, ou não, na facti species.": BRITO, Edvaldo. *Direito tributário e constituição: estudos e pareceres*. São Paulo: Atlas, 2016, p. 21.

[12] MARTINS, Ives Gandra da Silva. *Teoria da imposição tributária*. São Paulo: Editora Saraiva, 1983, p. 32.

[13] XAVIER, Alberto. *Os princípios da legalidade e da tipicidade da tributação*. São Paulo: Revista dos Tribunais, 1978, p. 73.

[14] SILVEIRA, Ana Carolina Dias; KLAFKE, Guilherme Forma. *As três ondas de projetos de lei sobre trabalho em plataformas digitais*. CEPI – FGV DIREITO-SP, 24 fev. 2021. Disponível em: https://medium.com/o-centro-de-ensino-e-pesquisa-em-inova%C3%A7%C3%A3o-est%C3%A1/as-tr%C3%AAs-ondas-de-projetos-de-lei-sobre-trabalho-em-plataformas-digitais-e376571db652

do Centro de Ensino e Pesquisa em Inovação da Escola de Direito da FGV-SP, dividiram em três grupos distintos as iniciativas legislativas:

A) Os projetos partidos do impulso causado pelo fenômeno econômico do surgimento destas plataformas digitais, como aqueles que visavam a regulamentação dessas atividades como efetivamente profissionais e parâmetros de segurança para o seu exercício (PL 6429/2005, PL 99/2007, PL 703/2007, PL 2771/2008, PL 7190/2006, PL 4837/2009, PL 1155/2015 PL 2632/2015, PL 3384/2015, PL 4312/2016, PL 5587/2016 e PL 5794/2016)
B) Os projetos de lei apresentados no contexto do debate sobre a "uberização" do trabalho, já trazida acima, visando combater a precarização dos vínculos laborais, assegurando os direitos e garantias destes trabalhadores (PL 448/2019, PL 2255/2019 PL 58/2020, PL 1355/2019, PL 3498/2019, PL5795/2019, PL 6110/2019, PL 5069/2019, PL 5622/2019, PL 6015/2019, 2143/2019, PL 5529/2019, PL 5819/2019, PL 293/2020, PL 328/2020, PL 665/2020, PL 1572/2019, PL 4309/2019, PL 308/2020, PL 594/2020, PL 329/2020);
C) Os projetos apresentados no contexto da pandemia da COVID-19, que alavancou o volume de trabalho nas plataformas digitais, razão pela qual foram apresentadas, no Congresso Nacional, propostas para dar maior previsibilidade e segurança jurídica nessas relações laborais (PL 3538/2020, PL 3554/2020, PLP 180/2020, PL 3748/2020 e PL 4049/2020, PL 3570/2020, PL 3577/2020, PL 3797/2020, PL 4033/2020, PL 4172/2020, dentre outros).

Destaca-se, no contexto tributário, o PL 530, de 2015, proposto pelo então Senador Ricardo Ferraço, do Espírito Santo, no qual previa a incidência de ISS sobre tal atividade econômica, nos termos do tratamento conferido aos taxistas, além dos requisitos de pagamento de taxa de licença e cadastro no Microempreendedor Individual (MEI) ou no Simples Nacional, para que, assim, seja possível o desenvolvimento da atividade. Eis excerto de sua justificativa:

> Ademais, o modelo aqui discutido tem a prerrogativa de estipular preços livres, variando de acordo com a oferta e a demanda, e não tem a obrigação de praticar preços previamente estipulados e estabelecidos em regulamento, como o que ocorre no caso dos táxis. O problema é que como toda inovação tecnológica, o advento dos sistemas precede a sua regulamentação.

No Brasil, a modalidade de transporte de que trata este PL, ainda não está regulamentada, o que gera insegurança jurídica, desconfiança e até conflitos com profissionais de serviços de transporte, que a julgam 'clandestina'. A Constituição da República dispõe que 'é assegurado a todos o livre exercício de qualquer atividade econômica, independente de autorização de órgãos públicos, salvo nos casos previstos em lei' (art. 170, parágrafo único), e ainda que 'é livre o exercício de qualquer trabalho, ofício ou profissão, atendidas as qualificações profissionais que a lei estabelecer' (art. 5, XIII). Notem que a CF garante a livre iniciativa dos cidadãos, sem que o Poder Público possa exercer qualquer óbice, quando não se trata de atividade ilegal. Igualmente, a Constituição assegura que qualquer trabalho, profissão ou ofício pode ser exercido dentro das qualificações que a lei estabelecer. Isso evidencia o dever do Poder Público de regulamentar as atividades, sob pena de se criar certa lacuna jurídica, uma incongruência constitucional, uma vez que, constitucionalmente, o Estado garante o exercício das atividades condicionando-o ao atendimento das qualificações estabelecidas em lei, e ao mesmo tempo se abstém de deliberar sobre quais seriam as qualificações necessárias.

O último substitutivo aprovado neste projeto, relatado pelo Senador Pedro Chaves, do Mato Grosso do Sul, todavia, apesar de falar sobre o dever de "fiscalização e a cobrança dos tributos devidos, na forma da regulamentação", não obteve êxito em pormenorizar qualquer fator tributário potencialmente envolvido.

É também verdade, contudo, que tal proposição fora prejudicada por outros projetos já em tramitação, que tratavam de matérias semelhantes e que culminaram na publicação da Lei 13.640, de 2018, cujos contornos tributários foram, também, genéricos:

"Art. 11-A. Compete exclusivamente aos Municípios e ao Distrito Federal regulamentar e fiscalizar o serviço de transporte remunerado privado individual de passageiros previsto no inciso X do art. 4º desta Lei no âmbito dos seus territórios.

Parágrafo único. Na regulamentação e fiscalização do serviço de transporte privado individual de passageiros, os Municípios e o Distrito Federal deverão observar as seguintes diretrizes, tendo em vista a eficiência, a eficácia, a segurança e a efetividade na prestação do serviço:

I – efetiva cobrança dos tributos municipais devidos pela prestação do serviço;

II – exigência de contratação de seguro de Acidentes Pessoais a Passageiros (APP) e do Seguro Obrigatório de Danos Pessoais causados por Veículos Automotores de Vias Terrestres (DPVAT);

III – exigência de inscrição do motorista como contribuinte individual do Instituto Nacional do Seguro Social (INSS), nos termos da alínea *h* do inciso V do art. 11 da Lei nº 8.213, de 24 de julho de 1991 ."

Art. 11-B. O serviço de transporte remunerado privado individual de passageiros previsto no inciso X do art. 4º desta Lei, nos Municípios que optarem pela sua regulamentação, somente será autorizado ao motorista que cumprir as seguintes condições:

I – possuir Carteira Nacional de Habilitação na categoria B ou superior que contenha a informação de que exerce atividade remunerada;

II – conduzir veículo que atenda aos requisitos de idade máxima e às características exigidas pela autoridade de trânsito e pelo poder público municipal e do Distrito Federal;

III – emitir e manter o Certificado de Registro e Licenciamento de Veículo (CRLV);

IV – apresentar certidão negativa de antecedentes criminais.

Parágrafo único. A exploração dos serviços remunerados de transporte privado individual de passageiros sem o cumprimento dos requisitos previstos nesta Lei e na regulamentação do poder público municipal e do Distrito Federal caracterizará transporte ilegal de passageiros."

Conclusões

A flexibilização e informalidade são características oriundas da liquidez da modernidade. Se, assim como a água, encontramo-nos em constante e veloz mudança[15], é de se esperar que as relações trabalhistas, em acordo com o resto das relações sociais, também se transformem. O fenômeno da *Gig Economy*, portanto, é natural, condizente com seu tempo e com a dinâmica de uma sociedade na qual a única constante é sua instabilidade.

Não é por ser natural e próprio de seu tempo, contudo, que um fenômeno do gênero há de ser deixado por si. É papel do Estado analisar novas situações sociais e buscar meios de, caso necessário, proibi-las, incentivá-las ou regulá-las. Ao final, o que se deve almejar é sempre o desenvolvimento de meios que propiciem o bem-estar e que, fazendo-o, respeitem a

[15] BAUMAN, Zygmunt. *Modernidade Líquida*. Rio de Janeiro: Zahar, 2021.

Constituição Federal, seus princípios e as leis pátrias. É fundamental, neste sentido, a pormenorizada análise das consequências deste novo modelo trabalhista ao cenário nacional, especialmente quando possui tamanha proporção: em torno de 1,5 milhão de trabalhadores.

A tributação, nesta toada, é característica essencial a ser cuidadosamente analisada. Em primeiro lugar, porque não se pode permitir que tão expressivo setor da economia seja mal tributado, isto é, em excesso, ou em deficiência. Necessita-se avaliar o modelo de tributação correto para, ao mesmo tempo, proporcionar justa compensação social à geração de riqueza e não desincentivar a ampliação e a melhoria na prestação destes serviços e, principalmente, o desenvolvimento de novas tecnologias.

Em segundo lugar, para se garantir que será respeitado o ordenamento pátrio. Um modelo regulatório-tributário mal formulado pode, ao fim, resultar no rompimento das garantias constitucionais sensíveis e ir de encontro aos princípios sobre os quais se funda o direito tributário, como o mencionado princípio da isonomia tributária, derivado, em última instância, do princípio constitucional da isonomia.

Como posto, todavia, ainda não se vê com força tentativas legislativas de propor novo e compreensivo modelo tributário aos serviços da *Gig Economy*. Ao que parece, é prioritário ao legislador a regulamentação de outros fatores relacionados à atividade, como a habilitação de trabalhadores e sua competência legislativa geral, como se vê na Lei 13.640, de 2018. Por mais importantes que sejam, contudo, urge a regulamentação do fator especificamente tributário, para que se adeque aos parâmetros jurídicos e sociais nacionais.

A *Gig Economy* é uma realidade não só brasileira, mas mundial, e é reflexo de um avanço tecnológico que se deu de forma constante, desde as primeiras revoluções industriais, quando se consolidou o modelo capitalista de produção. O avanço é bem-vindo, pois representa facilidade, agilidade e bem-estar ao seu usuário. Além de tudo, ainda proporciona novas formas de emprego e de renda ao trabalhador que busca novas fontes de receita. É forçoso, portanto, que floresçam precisos estudos regulatórios e tributários sobre o fenômeno para que não se faça de uma boa novidade tecnológica, um problema econômico, social e jurídico.

Referências

ALMEIDA, Antônio Lucas dos Santos da; ALMEIDA, Saulo Nunes de Carvalho. Automação Laboral e as Novas Relações Trabalhistas: Perquirições introdutórias da proteção jurídica do trabalhador. *Argumenta Journal Law* n. 32 p. 155-174 jan/jun 2020.

ARANHA, Márcio Iório. Teoria jurídica da regulação: entre escolha pública e captura. In: *Revista de Direito Público*, vol. 16, dez/2019.

BAUMAN, Zygmunt. *Modernidade Líquida*. Rio de Janeiro: Zahar, 2021.

BRITO, Edvaldo. *Reflexos jurídicos da atuação do estado no domínio econômico*. 3ª ed. São Paulo: Editora Saraiva, 2022.

BRITO, Edvaldo. *Direito tributário e constituição: estudos e pareceres*. São Paulo: Atlas, 2016.

BRASIL. Senado Federal. *Projeto de Lei nº 530, de 2015*. Institui a lei que regulamenta e organiza o sistema de transporte privado individual a partir de provedores de rede de compartilhamento e insere o inciso XIV ao artigo 4 da Lei 12.587/2012, de forma a definir a modalidade. Disponível em: https://www25.senado.leg.br/web/atividade/materias/-/materia/122685. Acesso em 18 jan. 23.

BRASIL. *Lei 13.640, de 26 de março de 2018*. Altera a Lei nº 12.587, de 3 de janeiro de 2012, para regulamentar o transporte remunerado privado individual de passageiros. Disponível em:https://www.planalto.gov.br/ccivil_03/_ato20152018/2018/lei/l13640.htm#:~:text=LEI%20N%C2%BA%2013.640%2C%20DE%2026,Art.. Acesso em 18 jan. 2023 .

CARRAZZA, Roque Antonio. *Curso de direito constitucional tributário*. 29ª edição. São Paulo: Malheiros, 2013.

GÓES, Geraldo; FIRMINO, Antony; MARTINS, Felipe. *Painel da Gig Economy no setor de transportes do Brasil: quem, onde, quantos e quanto ganham*. Brasília: IPEA, número 55, nota de conjuntura 14, 2º trimestre de 2022.

LEAL, Bruno Bianco; TANCREDO, Thiago Mafra. Uber e direito tributária: uma análise tributária desta nova tecnologia. In: *Revista de Direito Tributário e Financeiro*. Brasília, v. 2, n. 1 ,Jan/Jun.2016.

MAJONE, Giandomenico. From the positive to the regulatory state: causes and consequences of changes in the mode of governance. In: *Journal of Public Policy*, v. 17, n. 2, p, mai/ago 1997.

MARTINS, Ives Gandra da Silva. *Teoria da imposição tributária*. São Paulo: Editora Saraiva, 1983.

SILVEIRA, Ana Carolina Dias; KLAFKE, Guilherme Forma. *As três ondas de projetos de lei sobre trabalho em plataformas digitais*. CEPI – FGV DIREITO-SP, 24 fev. 2021. Disponível em: https://medium.com/o-centro-de-ensino-e-pesquisa-em-inova%C3%A7%C3%A3o--est%C3%A1/as-tr%C3%AAs-ondas-de-projetos-de-lei-sobre-trabalho-em-plataformas-digitais-e376571db652.

SOUZA, André Portela *et al. Custo do trabalho no Brasil – Proposta de uma nova metodologia de mensuração* – Relatório Final. São Paulo: Fundação Getúlio Fargas – Centro de Microeconomia Aplicada, 2012.

XAVIER, Alberto. *Os princípios da legalidade e da tipicidade da tributação*. São Paulo: Revista dos Tribunais, 1978.

31
PODER PARA TRIBUTAR NO CONTRATUALISMO DIGITAL

LUCIANA OLIVEIRA DE SOUZA

Introdução

Na presente década, as tecnologias disruptivas têm conduzido a economia digital a sucessivos, complexos e exponenciais desafios com reflexos sociais, jurídicos e políticos. Nesse contexto, a internet se tornou um conglomerado de plataformas justapostas às aplicações baseadas na tecnologia de *blochchain*, em âmbito planetário, com múltiplas finalidades e responsável pela infraestrutura do tecido da humanidade conectada. Entretanto, essa rede que intensifica as conexões, as possibilidades e a ampliação do potencial humano traz consigo instigantes questões.[1]

A sociedade da informação transformou o mundo físico em sua versão digital, com novos processos de produção de bens e serviços disponibilizados ao consumidor, novos níveis de produtividade, novas relações de trabalho[2], mudanças nas políticas econômicas e sociais, novos níveis de concentração de riqueza e dominação do mercado por organizações cujo negócio fundamenta-se em inovações tecnológicas.

Essa economia digital tornou os modelos de tributação tradicionais, e, por isso, analógicos, em sistemas questionáveis ou incompatíveis com os fundamentos do mundo atual. Desse modo, impõem-se novos desafios que demandam o reposicionamento do Estado no sistema do poder de tributar, posto que a ausência de presença física, as transações complexas, os ins-

[1] Gabriel (2021, p.17)

[2] Afonso, Abreu (2020, p. 33)

trumentos contratuais e acordos empresariais multilaterais, assim como a dependência de ativos intangíveis têm sido decisivos nas ações estratégicas do mundo digital.

As relações entre Estado, mercado, costumes e arquitetura (código)[3] têm estado em constante evolução. Desde o ciberlibertarianismo, passando pelo ciberpaternalismo, pelo cibercomunitarismo[4] e atingindo níveis de tensão explícitos no potencial ciberdominialismo. Diante desse quadro, pretende-se analisar em que medida o contrato social digital[5] implica a redução do poder estatal para tributar negócios digitais, estimulando a desobediência civil.[6]

1. Da economia digital e reflexos tributários

Desde o final do último milênio, as sucessivas inovações disruptivas têm redesenhado o cenário econômico mundial com repercussões sociais e, logicamente, tributárias. A quarta revolução industrial[7], proveniente da conectividade digital por tecnologias de *software,* algoritmos, *big data,* inteligência artificial, *blockchain* e robótica, tem modificado a ciência, a comunicação, a cultura, a economia e a política.[8]

Nas residências, a digitalização tem alterado as rotinas familiares com a "casa inteligente". No trabalho, os sistemas ciberfísicos potencializam os processos de produção em rede e automatizados da "indústria 4.0" e nas "colaborações estruturadas eletronicamente" que dão suporte a videoconferências, *home office* e negócios globalizados. Nos relacionamentos, as "redes sociais" e os "serviços de comunicação por mensagens instantâneas" reduzem distâncias e agilizam respostas. Na segurança, os sistemas de vigilância pessoal, empresarial e governamental contam com modernos "dispositivos digitais". Portanto, a digitalização tem permeado as mais diversas dimensões da vida humana.

Esse novo mundo avança desde o processamento de dados digitais, com as suas infraestruturas de *software e hardware,* até projetos em andamento e implantados de inovações disruptivas, a saber: presença digital,

[3] Fernandes (2018, p. 76)
[4] Lessig (2008, p. 173)
[5] Gregorio (2022, p. 145)
[6] Thoreau (2002, p. 17)
[7] Schwab (2016, p. 15)
[8] Hoffmann-Riem (2022. p.1)

visão como nova interface, tecnologia vestível, computação ubíqua, nanotecnologias, tecnologias implantáveis, supercomputador de bolso, armazenamento digital para todos, internet das coisas e para as coisas, cidades inteligentes, censo por fontes de *big data*, veículos sem motorista, inteligência artificial (IA) nos processos de tomada de decisões, robôs e IA no exercício laboral,[9] novos criptoativos, economia compartilhada[10], arrecadação de tributos por meio de *blockchain*, fabricação aditiva de veículos por meio de impressão em 3D, transplantes de órgãos impressos em 3D, seres humanos de genoma editado, bem como as neurotecnologias.[11]

A digitalização possibilita a criação de valor por meio de novos processos e de múltiplos modelos de negócio. A título de exemplo, a inteligência artificial pode ser utilizada, tanto para o cibercrime, quanto para controlar comportamentos individuais e coletivos, para registrar tendências de desenvolvimento, para potencializar processos de produção e distribuição, para articular tarefas de Estado, inclusive tributárias. Esse cenário modifica e complexifica as oportunidades, bem como o exercício de influência nas relações de poder. Desse modo, afeta a quem atua proativamente, assim como aos sujeitos passivos das mudanças, tanto indivíduos, quanto organizações públicas e privadas.[12]

A transformação digital impõe ao indivíduo, às organizações e ao Estado explorar oportunidades e minimizar os riscos. Assim, na perspectiva da Organização para Cooperação e Desenvolvimento Econômico (OCDE), há quatro premissas básicas para compreender a relação entre a economia digital e a tributação, a saber: a acentuada dependência de bens intangíveis; o uso maciço de dados, especialmente os de caráter pessoal dos usuários e consumidores; a frequente adoção de modelos de negócios multilaterais; e a dificuldade de determinar a jurisdição em que a criação de valor ocorre, em face da mobilidade dos ativos e do estabelecimento.[13]

Esses processos disruptivos tendem a acentuar as relações entre os mundos físico, digital e biológico. No entanto, a realidade brasileira é ditada por um sistema normativo analógico[14], a Constituição da República Federativa

[9] Lee (2019, p. 35)
[10] Sundararajan (2018, p. 54)
[11] Schwab (Op. cit., p. 104)
[12] Hoffmann-Riem (Op. cit., p.2)
[13] OECD (2015, p.16)
[14] Correia Neto; Afonso; Fuck (2019, p. 149)

do Brasil, promulgada em 5 de outubro de 1988, bem como o Código Tributário Nacional, Lei nº 5.172, de 25 de outubro de 1966, sofreram poucas revisões de cunho tecnológico. Assim, as regras atuais de tributação interna e internacional têm se mostrado cada vez mais ineficazes e insuficientes perante a revolução digital conduzindo a planejamentos tributários que importam a elisão fiscal, em particular, das grandes empresas multinacionais de tecnologia (MNE).

Os negócios digitais tendem a pagar muito menos impostos que os tradicionais. Dessa maneira, o Relatório do *Digital Tax Index* de 2017 explicita que, na União Europeia, a taxa efetiva média do imposto sobre a pessoa jurídica era de 8,5% em atividades domésticas digitais, de 8,9% em atividades internacionais digitais B2B (*Business to Business*) e de 10,1% em atividades internacionais digitais B2C *(Business to Consumer*). No entanto, nos negócios tradicionais, as taxas são muito superiores, de 20,9 % em atividades domésticas e de 23,2% para as atividades internacionais.[15]

Esse panorama levou a OCDE a estabelecer o Projeto BEPS[16] (*base erosion and profit shifting)* para evitar a erosão da base de transferência de lucros independentemente do local do "estabelecimento" do negócio digital. Esse projeto se baseia em dois pilares. O primeiro pilar se aplica às maiores e mais lucrativas MNE (empresas multinacionais com rendimento global acima de 20 bilhões de euros e lucro antes de impostos acima de 10%) e realoca parte de seu lucro para os países onde vendem seus produtos e fornecem seus serviços. Atualmente, essas empresas podem obter lucros significativos em um mercado sem recolher compatível volume de impostos nessa localidade.[17]

Sob o segundo pilar, será aplicado um imposto corporativo mínimo global às MNE que atingirem o limite anual de 750 milhões de euros de receita, conforme a Ação 13 do BEPS (relatório país por país). Com as novas regras, as empresas terão os seus lucros tributados a uma alíquota mínima de 15%.[18]

A revolução digital implica um sistema tributário alinhado aos fundamentos da digitalização. No entanto, mesmo no projeto BEPS, o panorama

[15] Afonso; Porto (2017, p. 34)
[16] Bunn; Asen; Enache (2020, p. 3)
[17] OECD (2022, p.1)
[18] OECD (2022, p. 2)

não tem sido tão favorável: a uma, o projeto BEPS demanda um amplo acordo internacional; a duas, as organizações digitais são as maiores beneficiárias do sistema tributário atual e concentram, cada vez mais, poderes econômico, político e intelectual; a três, os contribuintes sobrecarregados pelo sistema tributário analógico concentram, cada vez menos, os poderes do mercado tradicional.

Por hora, as formas e os meios de tributação das novas tecnologias ainda permanecem em estudo, demandando um sistema tributário internacional: mais justo; que busque equilibrar os índices de arrecadação de negócios digitais aos de negócios analógicos; e indutor do desenvolvimento de novas tecnologias no país.[19] Entretanto, a sobrecarga tributária nos negócios tradicionais tende: ao repasse do volume de tributos ao consumidor final; a acelerar o seu declínio; ou ainda a levá-los à desobediência civil.

É nesse cenário que se discute a conformação dos poderes digitais nas relações entre o Estado, o mercado, os costumes e a arquitetura (o código).[20] Esta reflexão permeia as divergências entre o contrato social analógico e o contrato social digital, avançando pelo conjunto de elementos fundamentais ao poder do Estado para tributar na era digital.

2. Do contratualismo clássico e a tributação

Ao refletir sobre poderes e direitos relativos à tributação, emerge uma pergunta: de onde vem esses poderes do Estado? Nesse sentido, a resposta está no contratualismo que inicia a sua sistematização doutrinária nas obras de Thomas Hobbes, especialmente no "Leviatã". Nesta perspectiva, inicialmente, o homem viveria em "estado de natureza" onde sobressairiam aspectos como o egoísmo, a luxúria e as agressões que os condenavam a uma vida solitária, pobre, repulsiva, animalesca e breve. Desse modo, haveria um temor de que o outro viesse a tomar-lhe os bens ou causar-lhe algum mal, pois acreditava-se que todos seriam capazes disso. Esse temor, por sua vez, geraria um estado de desconfiança que os levariam a tomar a iniciativa de agredir antes de serem agredidos.[21]

É neste ponto que interfere a razão humana, levando-os à celebração do contrato social, superando o "estado de natureza" e estabelecendo o

19 OCDE (2021, p. 3)
20 Lessig (Op. cit., p.172)
21 Dallari (2003, p. 12)

"estado social". Assim, Hobbes elabora as duas leis fundamentais da natureza e que estariam na base da vida social.[22] Conscientes dessas leis, os homens celebram o contrato, que é a mútua transferência de direitos que garante a liberdade de todos.[23] E é por força desse contrato puramente racional que se estabelece a vida em sociedade, cuja preservação depende da existência de um poder visível – o Estado – que, financiado por meio dos tributos, deve manter os homens dentro dos limites consentidos e obrigá-los, por temor ao castigo, a realizar seus compromissos e à observância das leis da natureza. Esse é o poder do Estado analógico como um robusto ser artificial construído e alimentado pelo homem natural para a sua proteção.[24]

Em um segundo momento, a teoria de John Locke também sustenta que o estado de sociedade e, consequentemente, o poder político nasce de um pacto entre os homens. Antes desse acordo, os homens viveriam em estado natural, seriam iguais, independentes e governados pela razão. No estado natural, todos os homens teriam o destino de preservar a paz e a humanidade e evitar ferir os direitos dos outros. Nessa perspectiva, o direito de propriedade seria natural, anterior à sociedade e adquirido ao transformar as coisas por meio do trabalho.[25]

Entretanto, no estado natural, o homem estaria exposto à inclinação de beneficiar a si próprio ou a seus amigos. A fim de evitar a concretização dessas ameaças, o homem cria a sociedade política, o Estado, através de um contrato entre homens igualmente livres que o financiam por meio da tributação.[26] Por esse pacto, os indivíduos reunidos buscam empregar

[22] Hobbes (2014, p.111). Parte I, capítulo XIV – Da Primeira e da Segunda Leis Naturais, a saber: cada homem deve esforçar-se pela paz, enquanto tiver a esperança de alcança-la e, quando não puder obtê-la, deve buscar e utilizar todas as ajudas e vantagens da guerra; e cada um deve consentir, se os demais também concordarem, e enquanto se considere necessário para a paz e a defesa de si mesmo, em renunciar ao seu direito a todas as coisas, e a satisfazer-se, em relação aos demais homens, com a mesma liberdade que lhe for concedida com respeito a si próprio.

[23] Hobbes (2021, p. 212), *litteris: [...] freedom signifieth (properly) the absence of Opposition; (by Opposition, I mean externall Impediments of motion;) [...] A Free-man is he, that in those things, which by his strength and wit he is able to do, is not hindred to doe what he has a will to. [...]*

[24] Dallari (Op. cit., p. 12)

[25] Locke (2002, p. 19), a saber: "Todo homem possui uma propriedade em sua própria pessoa, de tal forma que a fadiga de seu corpo e o trabalho de suas mãos são seus".

[26] Locke (2021, p.220), *ipsis litteris: the end of law is not to abolish or restrain, but to preserve and enlarge freedom: for in all the states of created beings capable of laws, where there is no law, there is no freedom: for liberty is to be free from restraint and violence from others.*

a sua força coletiva na execução das leis naturais e renunciam a executá-las pelas mãos de cada um. Desse modo, visa-se a preservação da vida, da liberdade e da propriedade, bem como a repressão às violações desses direitos naturais.

Mais tarde, Rousseau explicou a existência e a organização da sociedade a partir de um contrato social com fundamento na bondade humana no estado de natureza. Por esse ângulo, na impossibilidade de ser aumentada a força de cada indivíduo, o homem, consciente de que a liberdade e a força constituem os instrumentos fundamentais da sua conservação, pensa em um modo de combiná-los e o problema tem solução por meio do contrato social.[27]

Por esse pacto, ocorre a alienação total de cada associado, com os seus direitos vertidos em favor de toda a comunidade. Nesse instante, o ato de associação produz um corpo moral e coletivo, que é o Estado, executor de decisões advindas do povo e financiado por meio de tributos. O soberano, portanto, continua a ser o conjunto das pessoas associadas, mesmo depois de criado o Estado, sendo a soberania inalienável e indivisível.[28]

Entretanto, o Estado se tornou inchado e opressivo. Desse modo, ainda que houvesse investidura somente de profissionais de *escol*, ele ainda seria hipertrofiado pela ambição, debilitado pelo jogo de interesses e pelos objetivos contraditórios. Ademais, a corrupção, as insidiosas coalizões e os agentes públicos ardilosos têm potencializado o declínio da confiança nos governos ocidentais e refletido no desprezo que grande parte dos cidadãos sentem pelo Estado. [29]

Além disso, o Leviatã do século XXI tem se pervertido em inimigo da liberdade, tem absorvido uma profusão de recursos e não tem explorado adequadamente o vasto potencial de produtividade gerado pelas novas tecnologias.[30] Esse quadro tem um custo: o seu espaço no sistema de poder.

[27] Rousseau (2002, p. 32). No Livro I, Cap VI, "Do Contrato Social" o autor esclarece que o contrato surge como meio de: "[...] encontrar uma forma de associação que defenda e proteja a pessoa e os bens de cada associado, de qualquer força comum; e pela qual cada um, unindo-se a todos, não obedeça, portanto, senão a si mesmo, ficando, assim, tão livre como dantes".

[28] Dallari (Op. cit., p. 17)

[29] Micklethwait; Wooldridge (2015, p. 214)

[30] Micklethwait; Wooldridge (2015, p. 219)

3. Do contratualismo digital e a tributação

O poder soberano estatal tem sido submetido às pressões das teorias constitucionalistas da separação dos poderes e do sistema de freios e contrapesos, bem como das teorias pluralistas que demandam o diálogo institucional.[31] Do mesmo modo, a globalização e o intensivo uso da tecnologia geraram a interdependência entre os Estados nacionais, sobretudo, pela concentração de poder nas empresas multinacionais de tecnologia e pela intervenção de autoridades supranacionais nos campos jurídico, militar e econômico. Todo esse panorama coloca em xeque o poder dos Estados nacionais.[32]

Os sistemas de poder do mundo digital (Estado, mercado, sociedade e arquitetura) produzem interferências recíprocas que não têm gerado uma heteronomia sistêmica (sujeição) nem solipsismo (completo isolamento), e sim, gradações de autonomia.[33]

Desse modo, a soberania estatal denota uma autonomia relativa de uma sociedade politicamente organizada e submetida a um estado de vigilância. Isso porque, atores privados têm utilizado dados comportamentais da experiência humana como matérias-primas para práticas empresariais que envolvem a produção e a oferta de bens e serviços, dentro de um cenário global de predição do comportamento futuro[34] e de concentração de capitais econômico, social e político.[35]

Esse panorama do capitalismo de vigilância gera o poder instrumentário que visa a conhecer e moldar o comportamento humano em prol de finalidades próprias ou de terceiros. Refere-se a um poder desenvolvido por meios automatizados de uma arquitetura computacional cada vez mais ubíqua, composta de dispositivos, coisas e espaços "inteligentes" conectados em rede.[36]

Tal perspectiva caracteriza a economia globalizada em que é constante o fluxo[37] e as trocas quase instantâneos de bens, informações e capital que regulam e condicionam, a um só tempo, o consumo e a produção[38]. Dessa

[31] Barros (2019, p.12)
[32] Barros (Op. cit., p.13)
[33] Barros (Op. cit., p. 127)
[34] Zuboff (2021, p.13)
[35] Bourdieu (2021, p. 200)
[36] Zuboff (Op. cit., p.22)
[37] Rezende (2020, p. 126)
[38] Castells (2022, p. 254)

maneira, a célere expansão das tecnologias digitais, em um cenário liberal, impulsionou a acumulação de poder em entidades privadas transnacionais.[39]

É notório que as relações de poder dependem da intensidade e das formas de capital envolvidas[40] – não é diferente no ciberespaço. Dessa maneira, os centros de poder (nós) influenciam e regulam os ambientes. Alguns nós têm poderosos pontos de atração e sobreposição em sistemas, afetando a estrutura do ciberespaço mais do que outros nós e desempenhando o papel de macro-nós ou *gatekeepers*.

E assim é que o sucesso das comunidades das plataformas *online*[41] *não advém da participação democrática, da transparência e da prestação de contas no processo de envolvimento e interação dos usuários, e sim do poder das suas lideranças em moldar as comunidades para garantir uma governança sólida, estável, com baixo alcance tributário e impulsionada pela maximização dos lucros ou resultados.*

À vista disso, as plataformas digitais dominantes têm se apresentado como oligopólio de entidades privadas que controla a troca de informações *online* e que fornece serviços essenciais à sociedade, inclusive serviços públicos.

Certo é que, na atualidade, as plataformas digitais exercem duas formas inter-relacionadas de poderes: os delegados e os autônomos. O exercício de poderes delegados ocorre no domínio do tratamento de dados e da moderação de conteúdos. Ao receber a delegação de funções públicas, as plataformas *online* definem as regras técnicas e o grau de transparência de suas tecnologias, impossibilitando a fiscalização pelos atores públicos que poderiam assegurar os valores democráticos.[42]

No exercício dos poderes autônomos concorrentes com a autoridade pública, os *gatekeepers online* têm definido livremente as regras segundo as quais a informação flui e é processada em escala global, levando ao domínio da informação, que antes era exercido pelas autoridades públicas.[43]

Essas organizações exercem elevado grau de poder transnacional[44], produzem, de forma *top down,* tanto a regulação vertical e unilateral das

[39] Correia Neto; Afonso; Fuck (2020, p. 30)
[40] Bourdieu (Op. cit., p. 205)
[41] KPMG (2021, p. 20)
[42] Gregório (Op. cit., p. 130)
[43] Gregório (Op. cit., p. 142)
[44] Miguez (2018, p. 21)

condutas entre as plataformas e os usuários, quanto a regulação horizontal entre os usuários. Além disso, determinam o trânsito no espaço para a interação de bilhões de usuários, aplicando-lhes penalidades sem prévio processo e sem responsabilização ou reparação em caso de dano – poderes quase absolutos. [45]

Diante da superposição desses poderes, o usuário em estado aproximado à sujeição e sem clareza do pacto digital, aceita os ToS (*terms of service*) que legitimam os amplos poderes quase públicos *online* de dominação nos âmbitos legislativo, executivo e judiciário. Com eles, resta garantida a hegemonia do mercado e da arquitetura (código). Assim emerge o novo *pactum subjectionis* ou contrato social digital. [46]

Diante desse contrato, os *gatekeepers* globais concentram poderes quase públicos. O poder quase legislativo ao promover um conjunto de regras de direito privado misturadas com tecnologia e que não garantem as salvaguardas públicas – *lex informatica*[47]. O poder quase executivo porque fazem cumprir as cláusulas contratuais, sem depender de ordem judicial ou intervenção de autoridades policiais para remover conteúdos ou apagar dados. O poder quase judiciário ao espelhar o papel dos tribunais constitucionais por meio de ponderação de direitos fundamentais como direito à privacidade e à liberdade de expressão. Assim, o cenário de dominação do contrato social digital tende a refrear os impulsos regulatórios tributários.

Conclusões

Diante das inovações disruptivas da era digital, os sistemas tributários do mundo tentam responder ao desafio de acompanhar a tecnologia na velocidade em que ela se estabelece ampliada, modificada e multifacetada.

Compreender a sistemática em que se insere a tributação digital passa por reconhecer os óbices e oportunidades da regulação no âmbito do ciberespaço, envolvendo o Estado, o mercado, os costumes (sociedade) e a arquitetura (código). Note que, a partir do contrato social digital, as relações de dominação do mercado (atores privados digitais) constituído a partir da arquitetura digital (o código) definem e condicionam os poderes, seja da sociedade (porque o código tem o poder de definir compor-

[45] Simoncini e Longo (2022, p. 38)

[46] Gregorio (Op. cit., p.152)

[47] Reidenberg (1998, p. 565)

tamentos), seja do Estado (pelo exercício dos poderes públicos delegados e autônomos).

Nesta assimetria de condições, a tentativa prevalente de regulação tributária efetiva do mercado *online* tem pertencido ao Projeto BEPS que alcança as grandes organizações. No entanto, o mercado tradicional é atingido, independentemente do seu faturamento. Com isso, a tendência é a acumulação de poderes públicos e privados pelos atores privados digitais, a perda de poderes dos Estados nacionais e o estabelecimento de barreiras à regulação tributária por intermédio de: ausência do domínio estatal da arquitetura *online*; exercício de influência nos processos decisórios para a formação da agenda regulatória tributária; e avanços tecnológicos disruptivos recorrentes.

Portanto, o domínio de mercado pelos *gatekeepers online* e a ineficácia na tributação dos negócios digitais pelo Estado podem implicar uma sobrecarga tributária, cada vez maior, sobre o contribuinte alcançado pelo sistema analógico. Essa condição desfavorável dos contribuintes analógicos pode levar a níveis exorbitantes de carga tributária e, como mecanismo de protesto contra os abusos dos tributos é possível que ocorra uma resistência sob o manto da desobediência civil.

Referências

AFONSO, José Afonso; ABREU, Thiago Felipe Ramos de. *Novas relações de trabalho e algumas mudanças necessárias nas políticas econômicas e sociais*. AFONSO, José Afonso (coord). Trabalho 4.0. São Paulo: Almedina, 2020.

_____; PORTO, Lais Kaled. *Tributos sem futuro*. Conjuntura Econômica (Rio de Janeiro), v. 72, p. 32-35, 2018.

BARROS, Alberto Ribeiro Gonçalves de. *O conceito de soberania na filosofia moderna*. São Paulo: Almedina, 2019.

BOURDIEU, Pierre. *O poder simbólico*. 2. ed. Lisboa-Portugal: Edições 70, 2021.

BUNN, Daniel; ASEN, Elke; ENACHE, Cristina. *Digital taxation around the world*. Washington: Tax Foundation, 2020.

CASTELLS, Manuel. *A era da informação*: economia, sociedade e cultura. v.1. A sociedade em rede, 24. ed. Rio de Janeiro: Paz e Terra, 2022.

CORREIA NETO, Celso de Barros.; AFONSO, José Roberto; FUCK, Luciano Felício. *A tributação na era digital e os desafios do sistema tributário no Brasil*. Revista Brasileira de Direito (IMED), v. 15, p. 145-167, 2019.

_____. *Desafios tributários na era digital*. In: AFONSO, J. R.; SANTANA, H. L. (coord.) Tributação 4.0. São Paulo: Almedina, 2020.

DALLARI, Dalmo de Abreu. *Elementos de teoria geral do Estado*. 24. ed. São Paulo: Saraiva, 2003.

GABRIEL, Martha. *Você, eu e os robôs:* como se transformar no profissional digital do futuro. 2. ed. Barueri-SP: Atlas, 2021.

GREGÓRIO, Giovanni de. *Digital Constitutionalism in europe*: reframing rights and powers in the algorithmic society. Cambridge: Cambridge University Press, 2022.

FERNANDES, Victor Oliveira. *Regulação de Serviços de Internet:* desafios da regulação de aplicações over-the-top (OTT) de voz. Rio de Janeiro: Lumen Juris, 2018.

HOBBES, Thomas. *Leviathan.* 10. ed. Indiana: True Sign Publishing House, 2021.

_____. *Leviatã:* ou matéria, forma e poder de um estado eclesiástico e civil. São Paulo: Martin Claret, 2014.

HOFFMANN-RIEM, Wolfgang. *Teoria geral do direito digital:* transformação digital e desafios para o direito, 2. ed. Rio de Janeiro: Forense, 2022.

KPMG. *Taxation of the digitalized economy:* developments summary. Updated: January, 2021.

LEE, Kai-Fu. *Inteligência artificial*: como os robôs estão mudando o mundo, a forma como amamos, nos comunicamos e vivemos. Rio de Janeiro: Globo Livros, 2019.

LESSIG, Lawrence. *Code.* 2. ed. New York: Basic Books, 2008.

LOCKE, John. *John Locke:* the complete collection. Indiana: Delphi Classics, 2021.

_____. *Segundo tratado sobre o governo.* São Paulo: Martin Claret, 2002.

MICKLETHWAIT, John; WOOLDRIDGE, Adrian. *A quarta revolução industrial*: a corrida para reinventar o Estado. Trad. Afonso Celso de Cunha Serra. São Paulo: Portfolio--Penguim, 2015.

MIGUEZ, Santiago Díaz de Serralde. *Tributación, digitalización de la economía y economía digital.* Panamá: Centro Interamericano de Administraciones Tributarias (CIAT), 2018.

OCDE. *Projeto de combate à erosão da base tributária e transferência de lucros da OCDE/G20.* Declaração sobre uma solução de dois pilares para enfrentar os desafios fiscais decorrentes da digitalização da economia. 8 out. 2021.

OECD. *Organisation for Economic Co-operation and Development:* addressing the tax challenges of the digital economy, action 1 – 2015 Final Report, OECD/G20. Base Erosion and Profit Shifting Project. Paris: OECD Publishing, 2015.

_____. *Two-Pillar solution to address the tax challenges arising from the digitalisation of the economy.* jul. 2022. Disponível em: <https://www.oecd.org/tax/beps/faqs-two-pillar-solution--to-address-the-tax-challenges-arising-from-the-digitalisation-of-the-economy--july-2022.pdf>. Acesso em: 4 nov. 2022.

REIDENBERG, Joel R. *Lex informatica:* the formulation of information policy rules through technology. In: Texas Law Review. v. 76, n. 3, fev. 1998. Disponível em: <https://ir.lawnet.fordham.edu/faculty_scholarship/42/> Acesso em: 5 nov. 2022.

REZENDE, Fernando. *A revolução digital e a reforma tributária.* In: AFONSO, J. R.; SANTANA, H. L. (coord.) Tributação 4.0. São Paulo: Almedina, 2020.

ROUSSEAU, Jean-Jacques. *Du contrat social:* ou principes du droit politique. 3. Saint Louis: EBookarama, 2022.

ROUSSEAU, Jean-jacques. *Do contrato social.* São Paulo: Martin Claret, 2002.

SCHWAB, Klaus. *A quarta revolução industrial.* Trad. Daniel Moreira Miranda. São Paulo: Edipro, 2016.

SIMONCINI, Andrea; LONGO, Erick. *Fundamental rights and the rule of law in the algoritmic society.* MICKLITZ, Hans-W.; POLLICINO, Oreste; SIMONCINI, Andrea; SARTOR,

Giovanni; GREGORIO, Giovanni de (eds). Constitutional Challenges in the Algorithmic Society. p. 27. Cambridge: Cambridge University Press, 2022.

SUNDARARAJAN, Arun. *Economia compartilhada*: o fim do emprego e a ascensão do capitalismo de multidão. Trad. André Botelho. São Paulo: SENAC, 2018.

THOREAU, Henry David. *A desobediência civil*: e outros escritos. São Paulo: Martin Claret, 2002.

ZUBOFF, Shoshana. *A era do capitalismo de vigilância*: a luta por um futuro humano na nova fronteira do poder. Rio de Janeiro: Intrínseca, 2021.